청송군(青松郡)의
옛지도(地圖)와 지지류(地誌類)

청송군(青松郡)의
옛지도(地圖)와 지지류(地誌類)

2024년 2월 26일 초판 1쇄 발행

엮은이 青松文化院 · 한국고대사탐구학회

펴낸이 권혁재

편 집 권이지

제 작 성광인쇄

펴낸곳 학연문화사
등 록 1988년 2월 26일 제2-501호
주 소 서울시 금천구 가산디지털1로 16 가산2차SKV1AP타워 1415호
전 화 02-6223-2301
팩 스 02-6223-2303
E-mail hak7891@chol. net

ISBN 978-89-5508-688-1 93910

청송군(靑松郡)의 옛지도(地圖)와 지지류(地誌類)

靑松文化院 · 한국고대사탐구학회

목 차

제1장 | 옛지도(地圖)로 본 청송군(靑松郡)

제2장 | 지지류(地誌類)로 본 청송군(靑松郡)

옛지도(地圖)로 본
청송군(靑松郡)

『동국지도東國地圖**』 경상도**慶尙道 **중 청송·진보 확대**
1589년 이전
서울대학교 규장각 한국학연구원

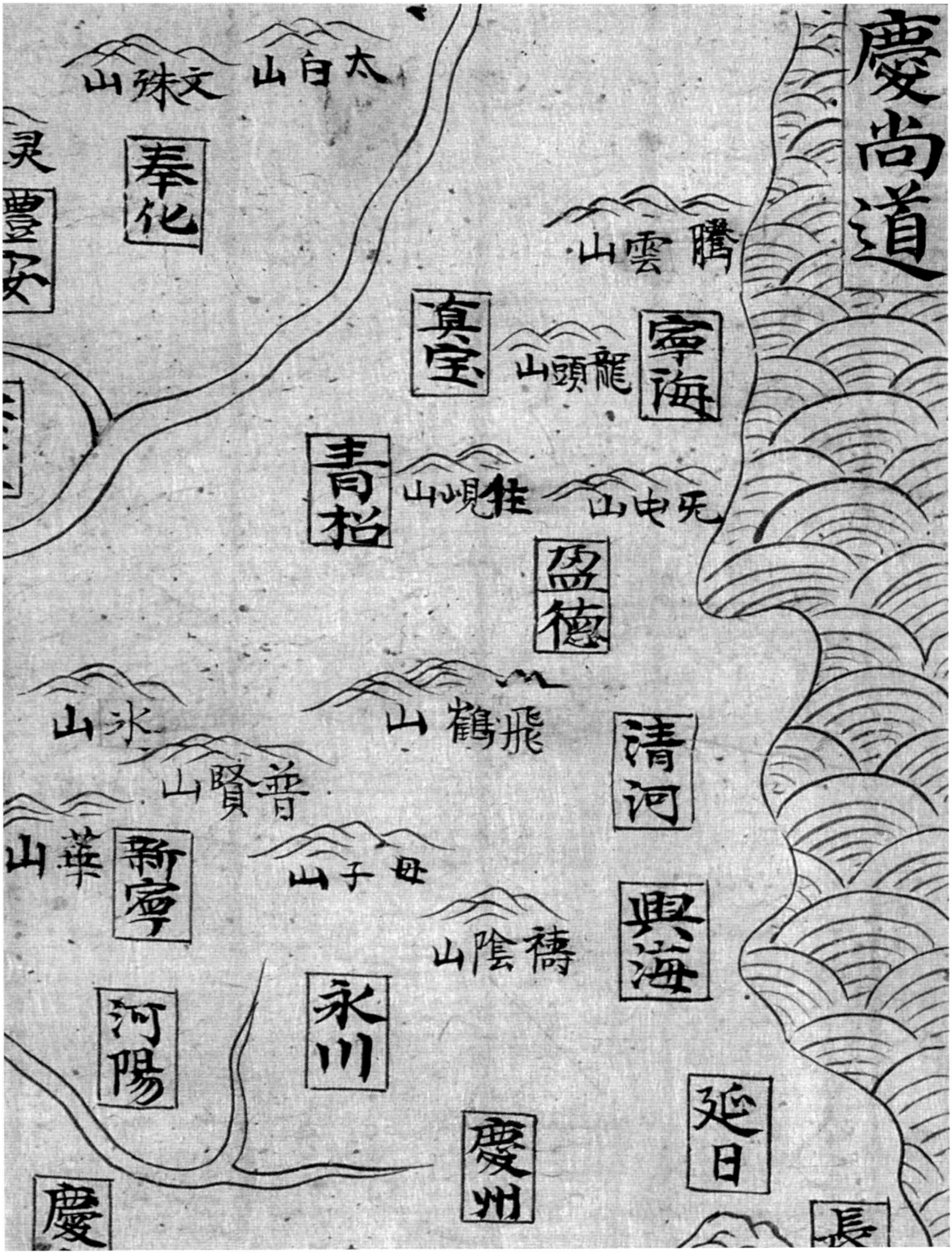

『지도地圖』 경상도慶尙道 중 청송·진보 확대
1604년 이후
국립중앙도서관

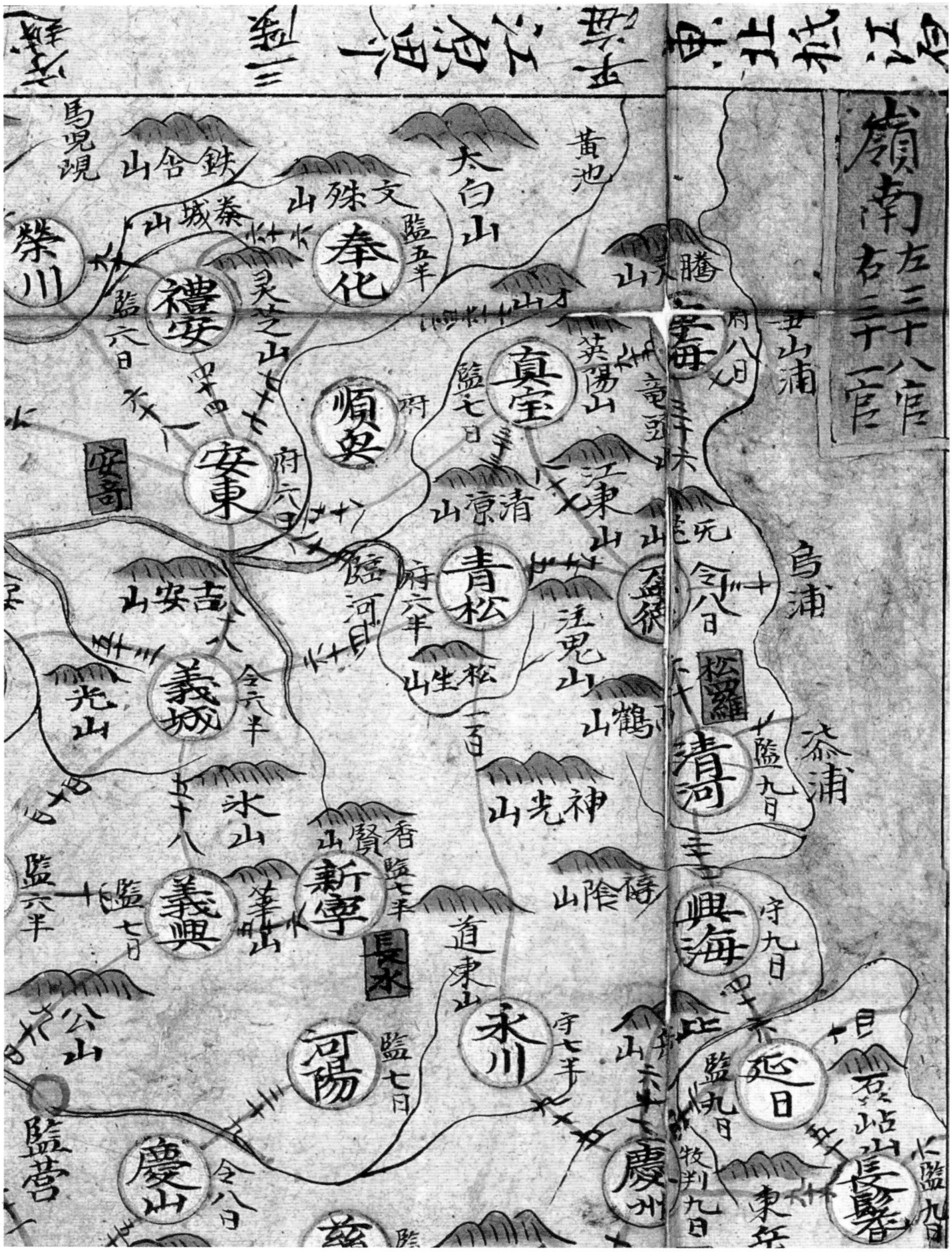

『보율장지도普率章地圖』 영남嶺南 중 청송·진보 확대
1651년 이후
국립중앙도서관

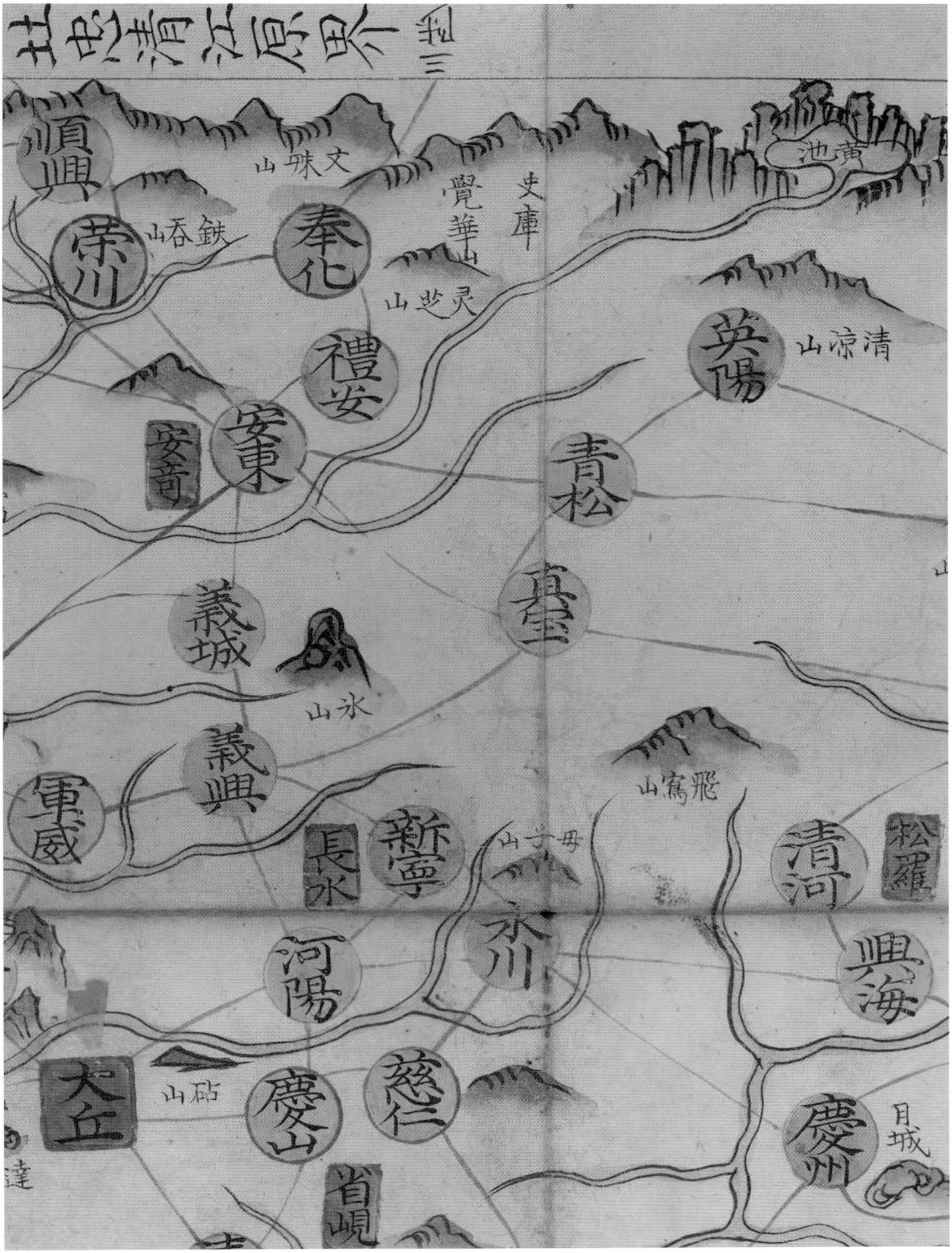

『해동총도海東總圖**』 경상도**慶尙道 **중 청송·진보 확대**
1656-1757년 제작, 1776년 이후 수정
국립중앙도서관

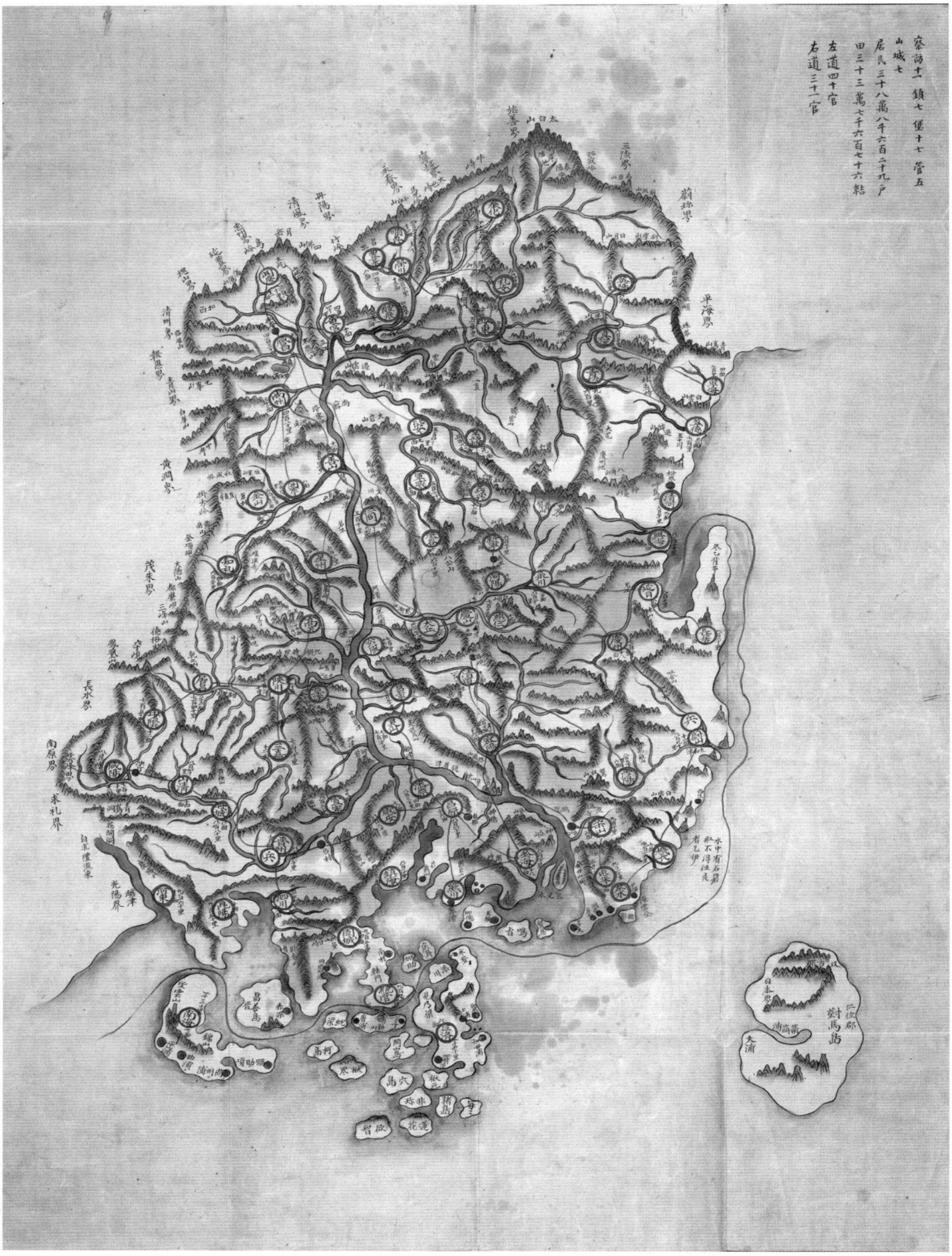

『해동지도海東地圖**』 경상도**慶尙道
1776년 정조 이전
서울대학교 규장각 한국학연구원

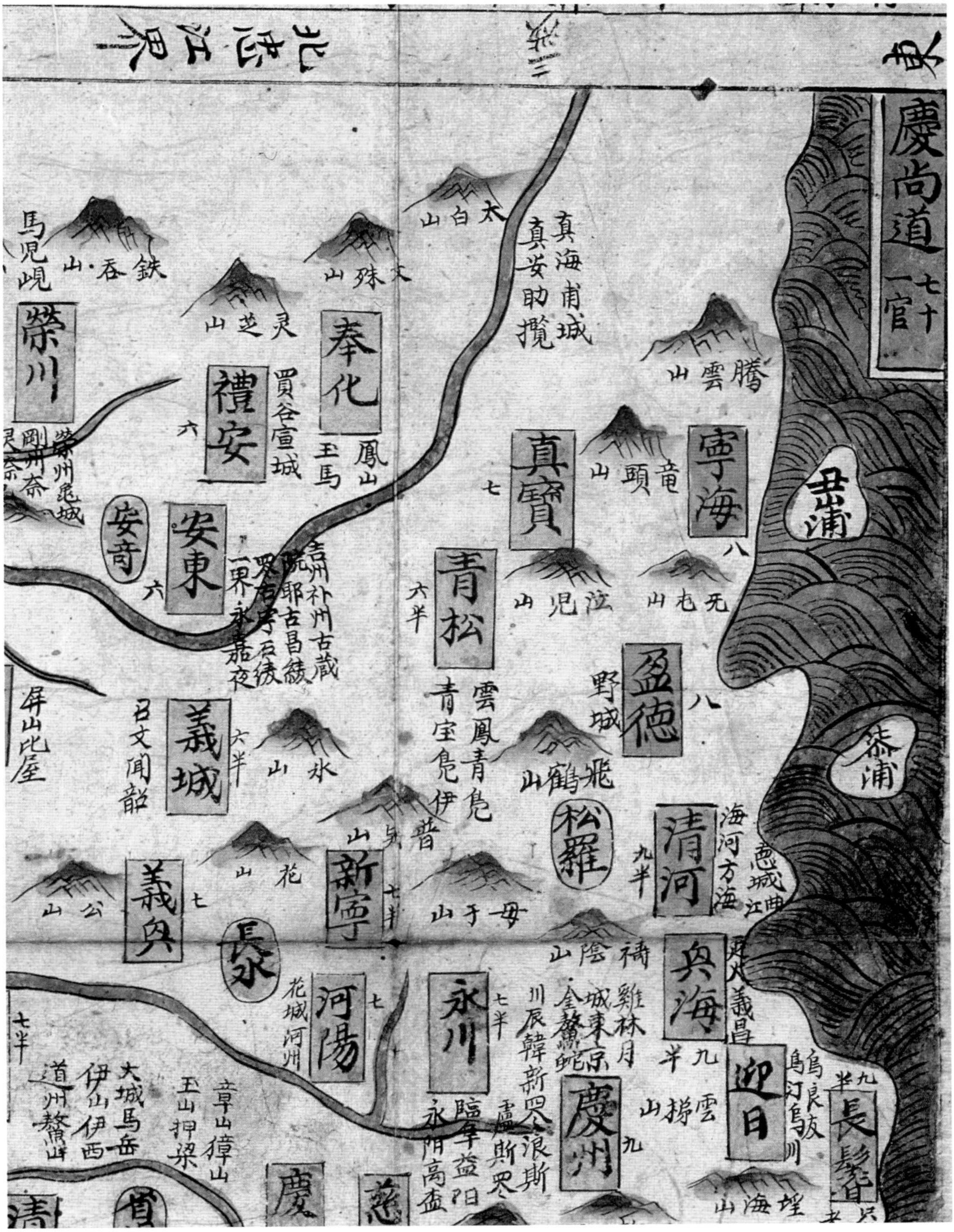

『팔도지도八道地圖**』 경상도**慶尙道 **중 청송·진보 확대**
1684년 이후
국립중앙도서관

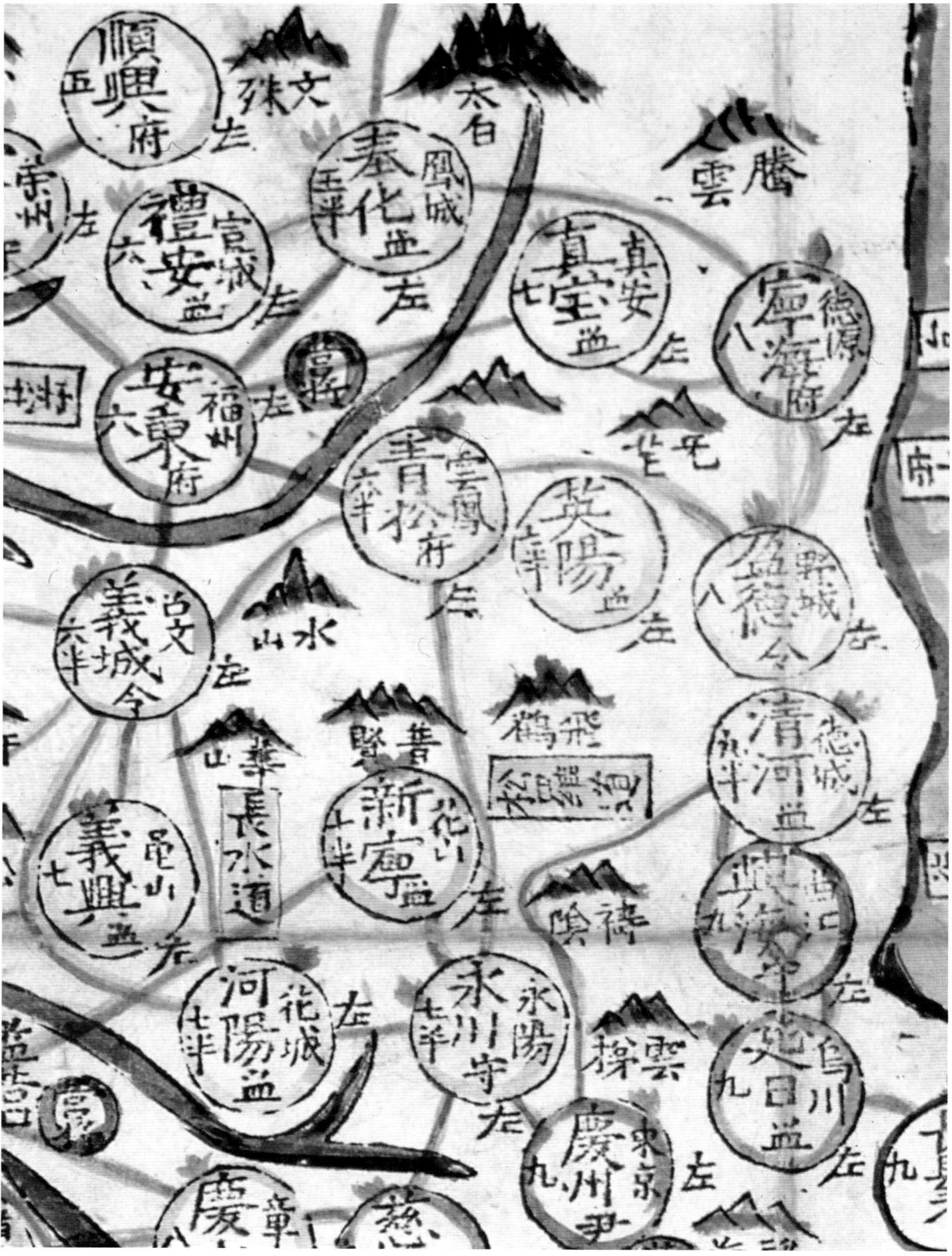

『여지고람도보輿地攷覽圖譜』 병진신총기입幷搢紳總紀入 중 청송·진보 확대
1719년 이후
국립중앙도서관

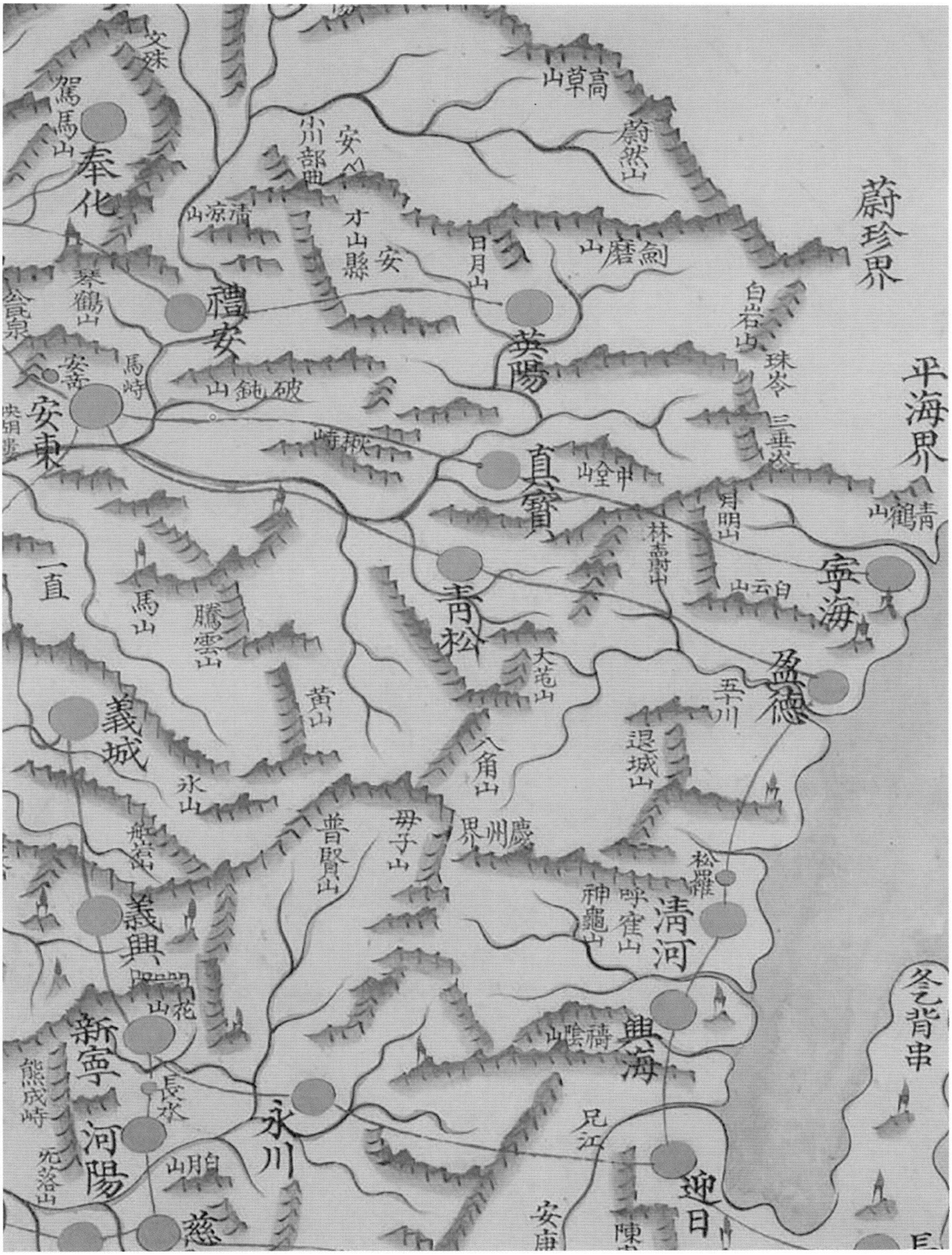

『지도地圖』 3책冊 경상도慶尙道 중 청송·진보 확대
1776년전
한국학중앙연구원 장서각

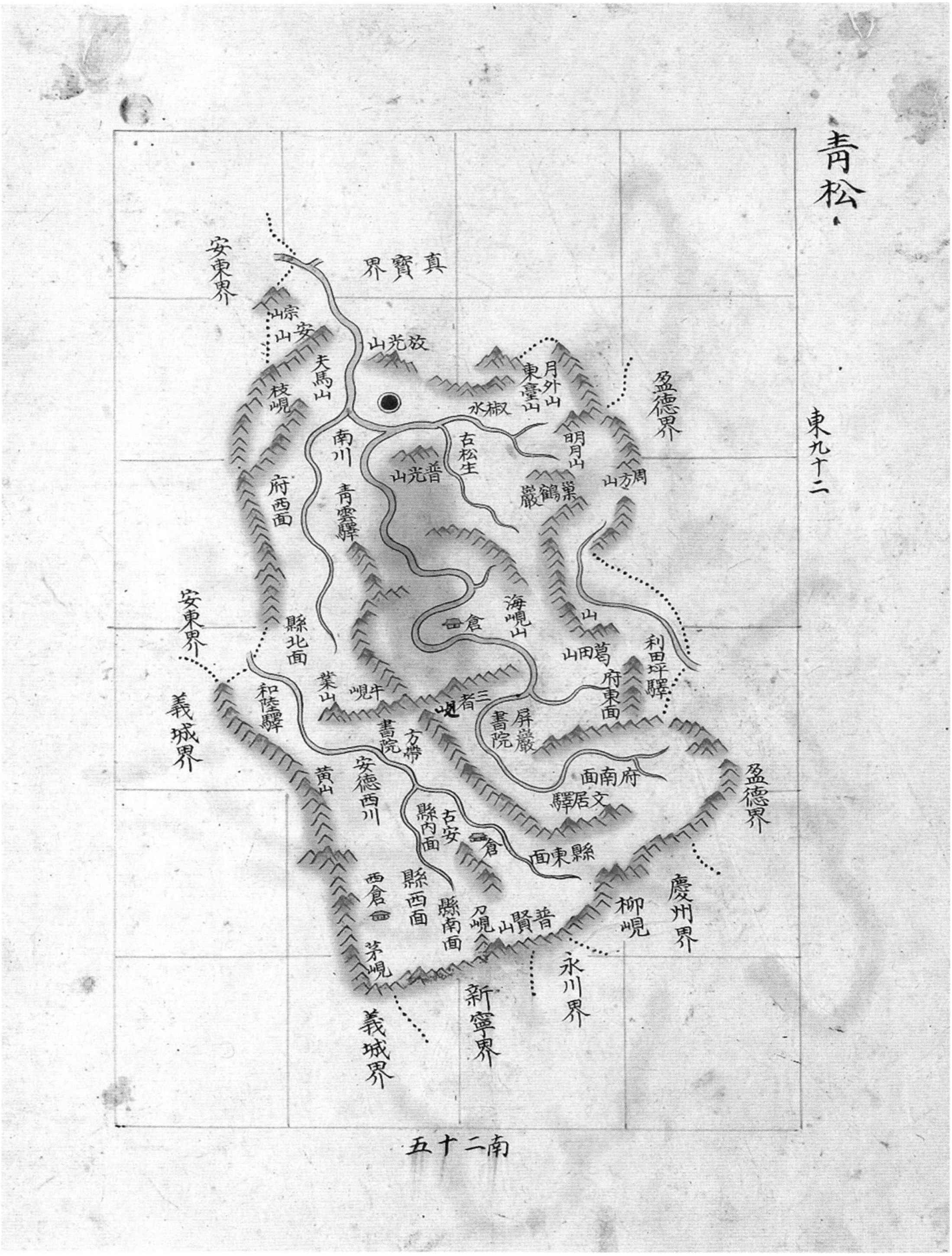

『동국여지東國地圖**』 청송**靑松
1725년
국립중앙도서관

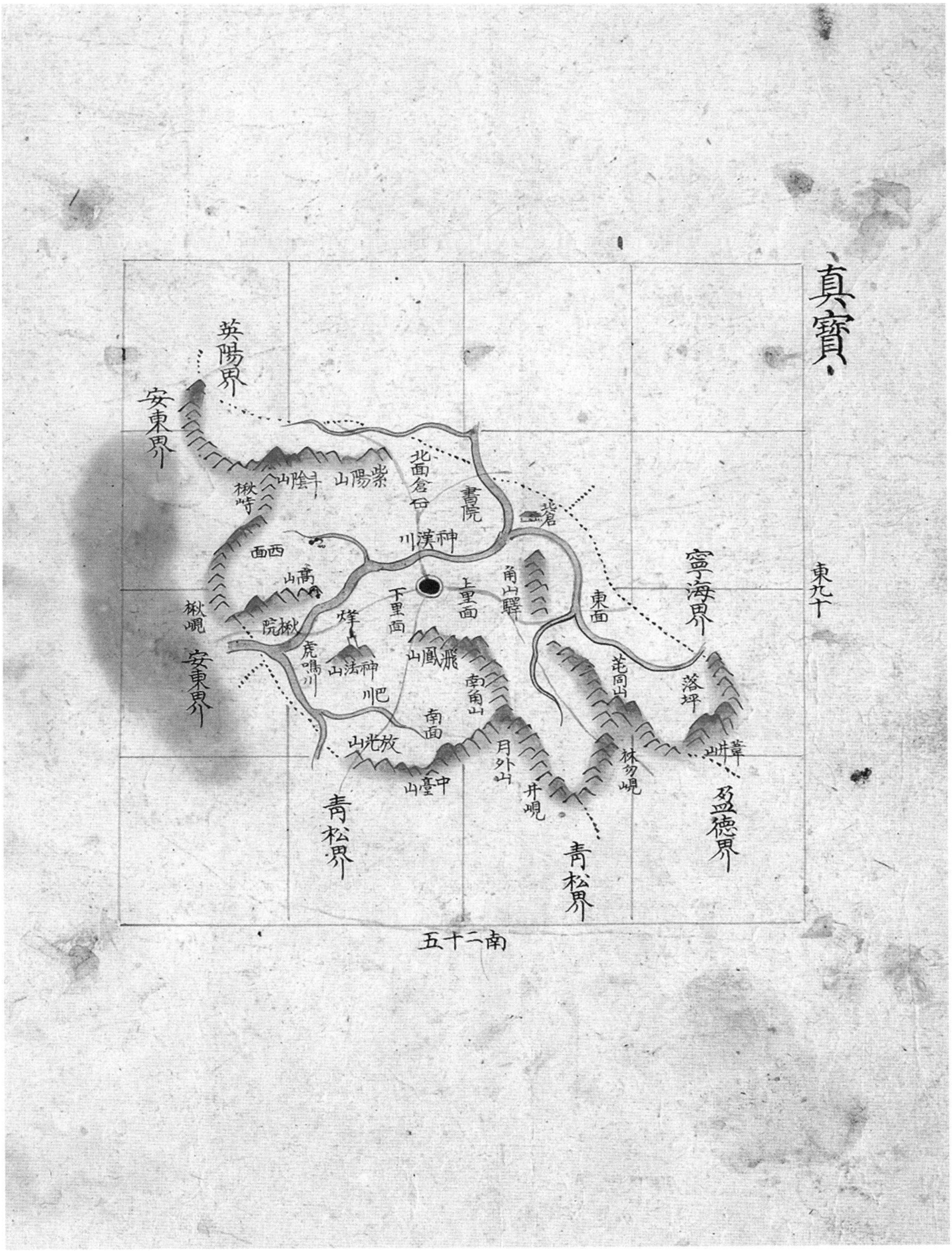

『**동국여지**東國地圖』 **진보**眞寶
1725년
국립중앙도서관

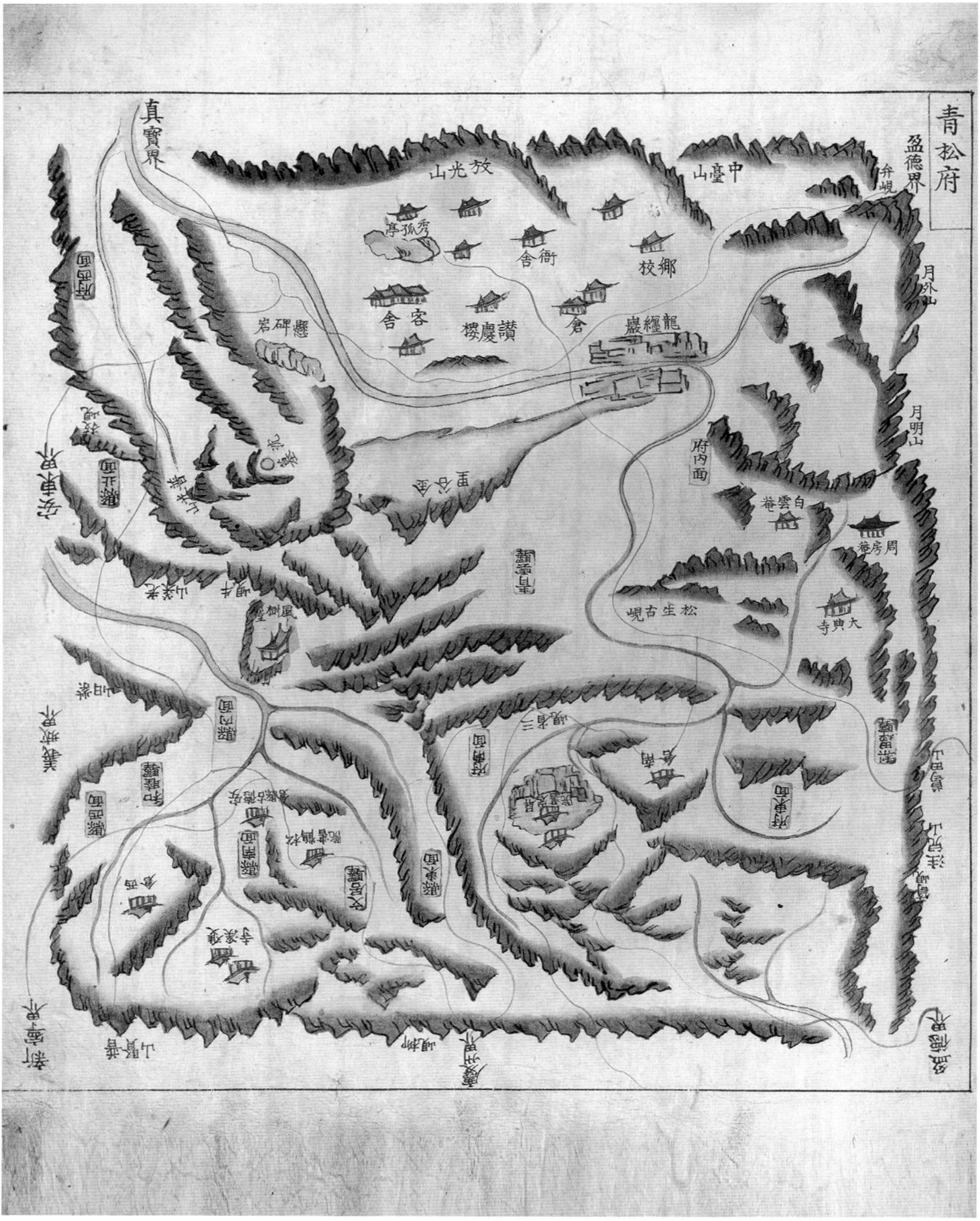

『여지도輿地圖**』 청송부**靑松府
1776년
국립중앙도서관

『여지도輿地圖**』 진보현**眞寶縣
1776년
국립중앙도서관

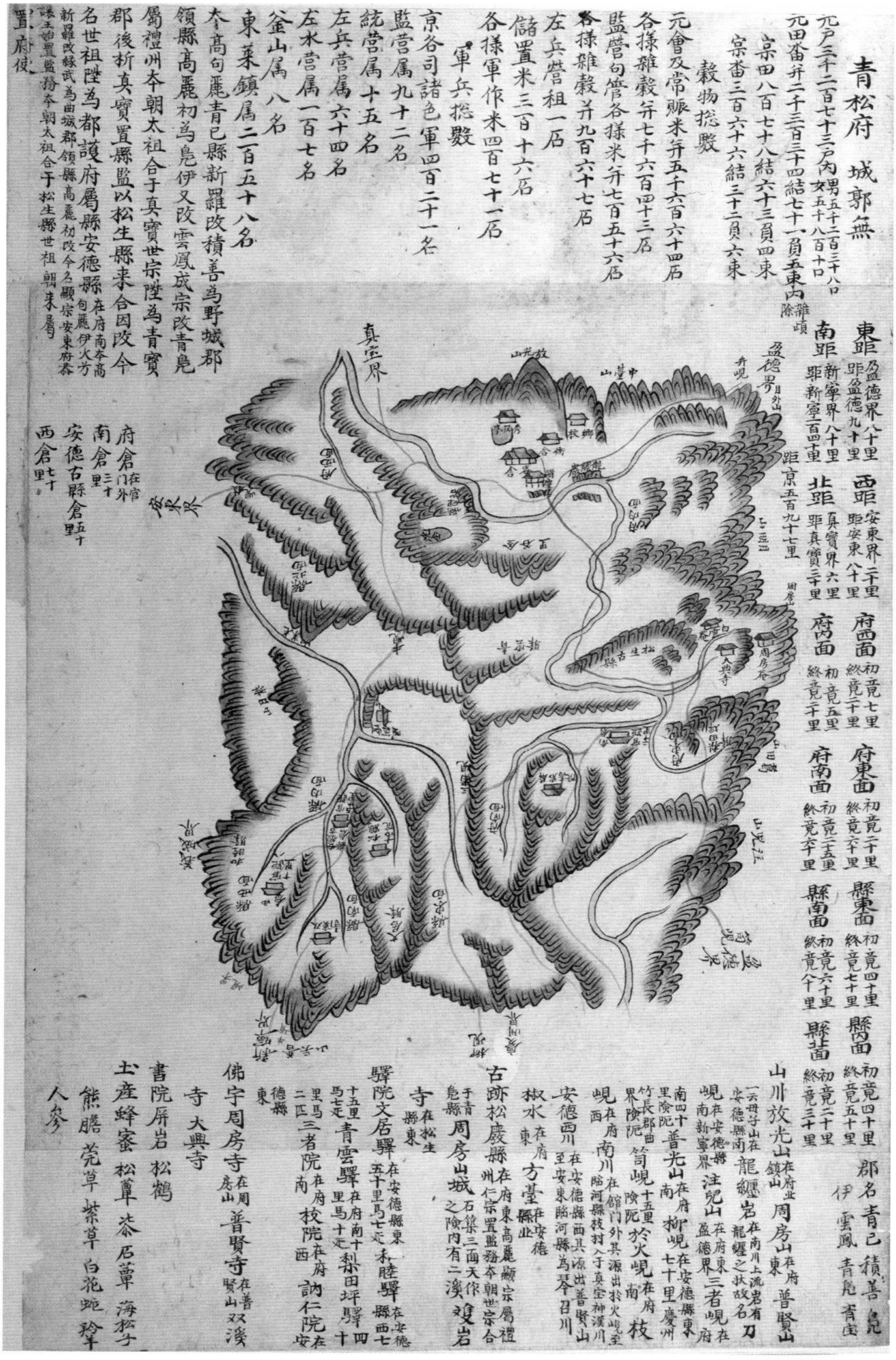

『**해동지도**海東地圖』 **청송부**青松府
영조조(1724-1776년)
서울대학교 규장각 한국학연구원

『해동지도海東地圖**』 진보현**眞寶縣
영조조(1724-1776년)
서울대학교 규장각 한국학연구원

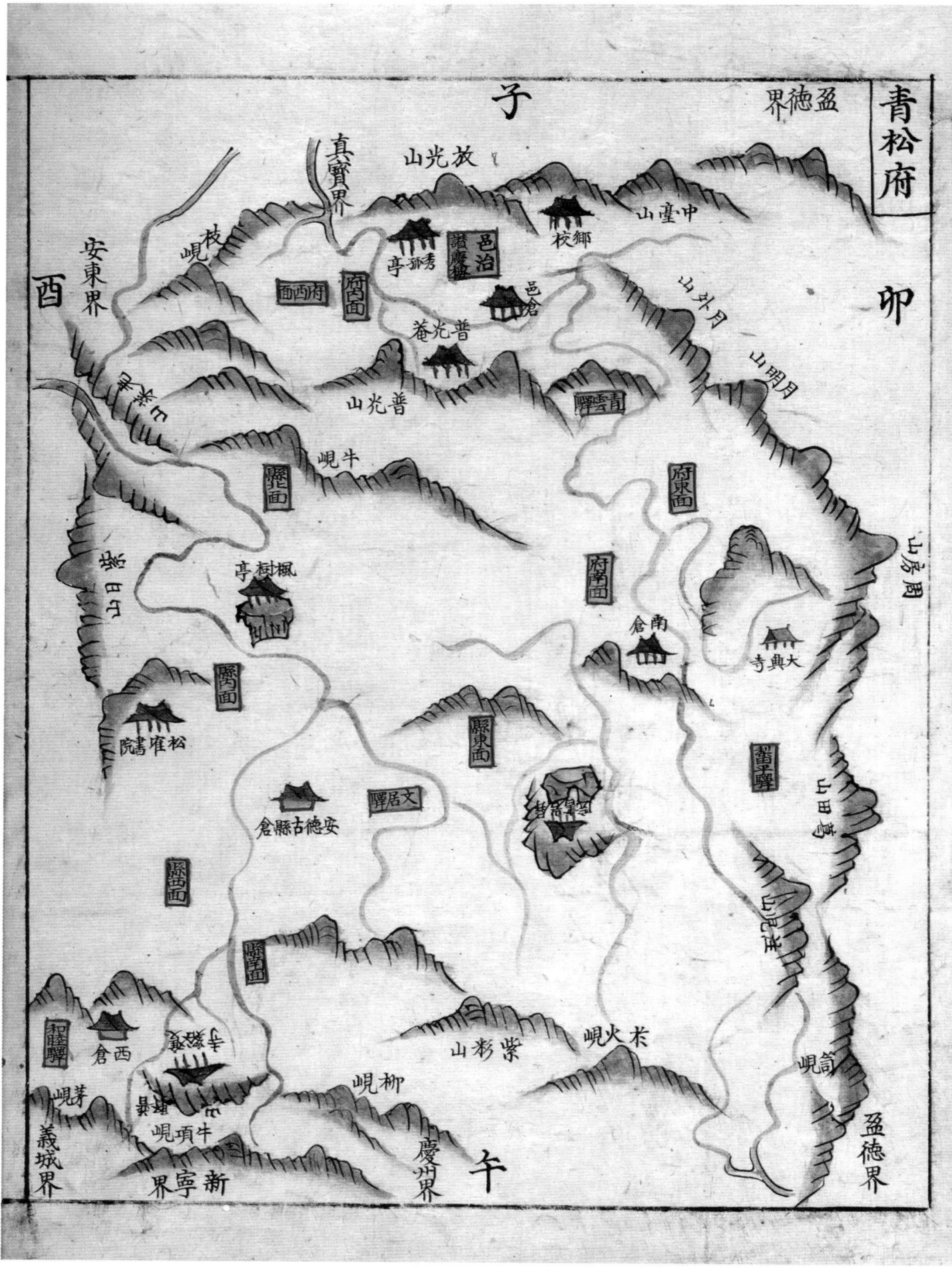

『광여도廣與圖』 청송부青松府
영조조(1737-1776년)
서울대학교 규장각 한국학연구원

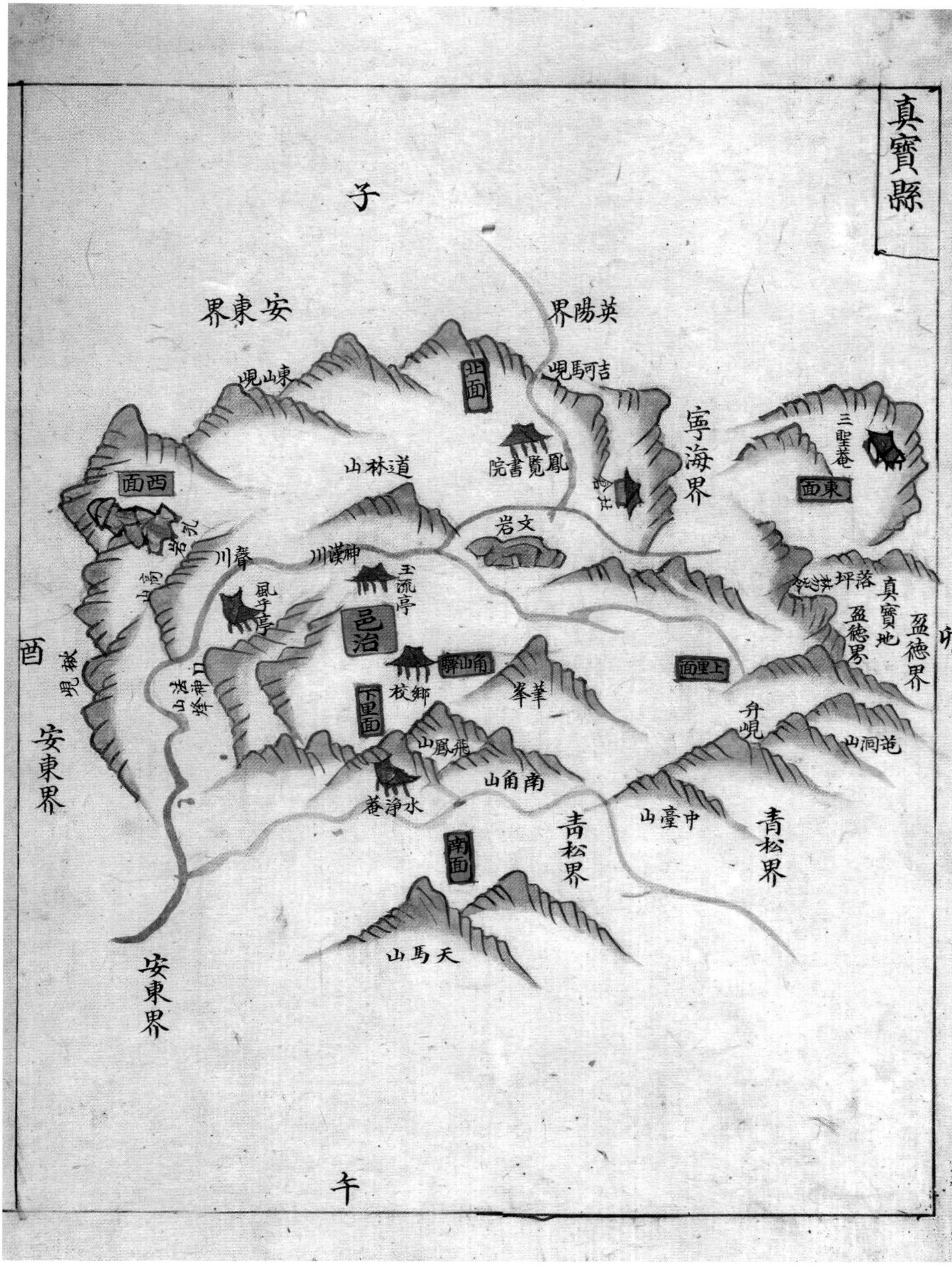

『광여도廣與圖』 진보현眞寶縣
영조조(1737-1776년)
서울대학교 규장각 한국학연구원

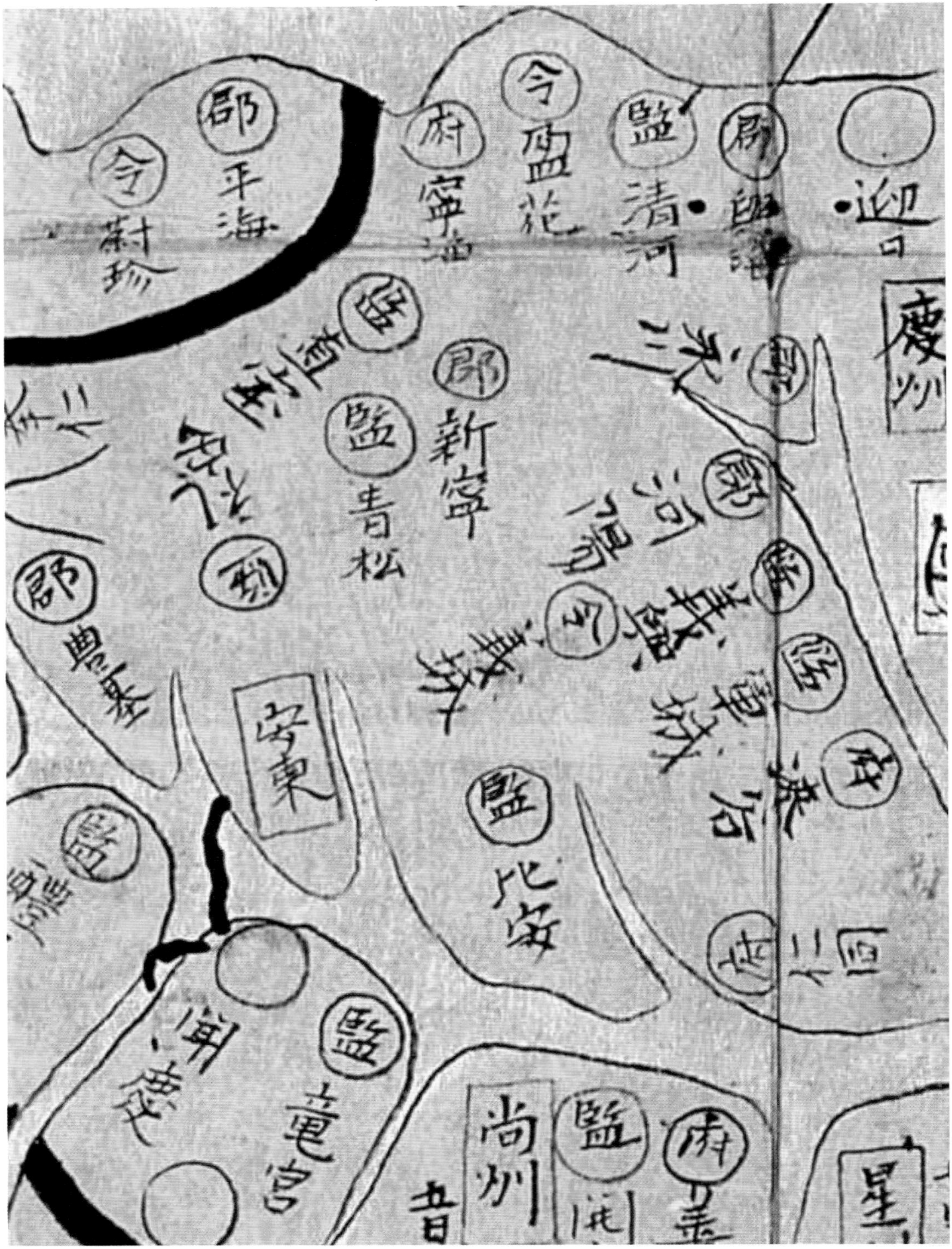

『조선고도朝鮮古圖**』 조선팔도지도**朝鮮八道之圖 **중 청송·진보 확대**
1785년
국립중앙도서관

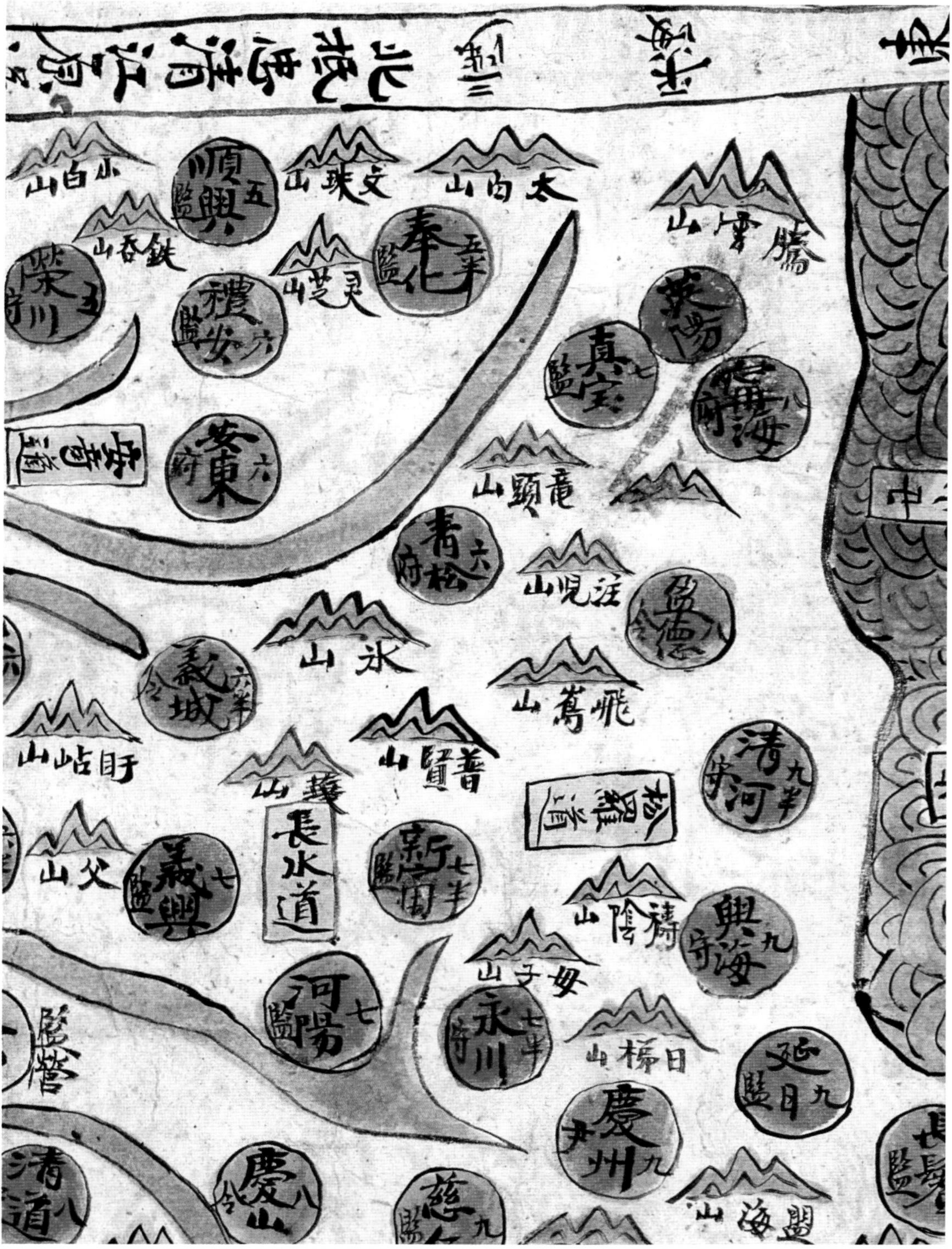

『천하지도天下之圖』 경상도慶尙道 중 청송·진보 확대
1793년 이후
국립중앙도서관

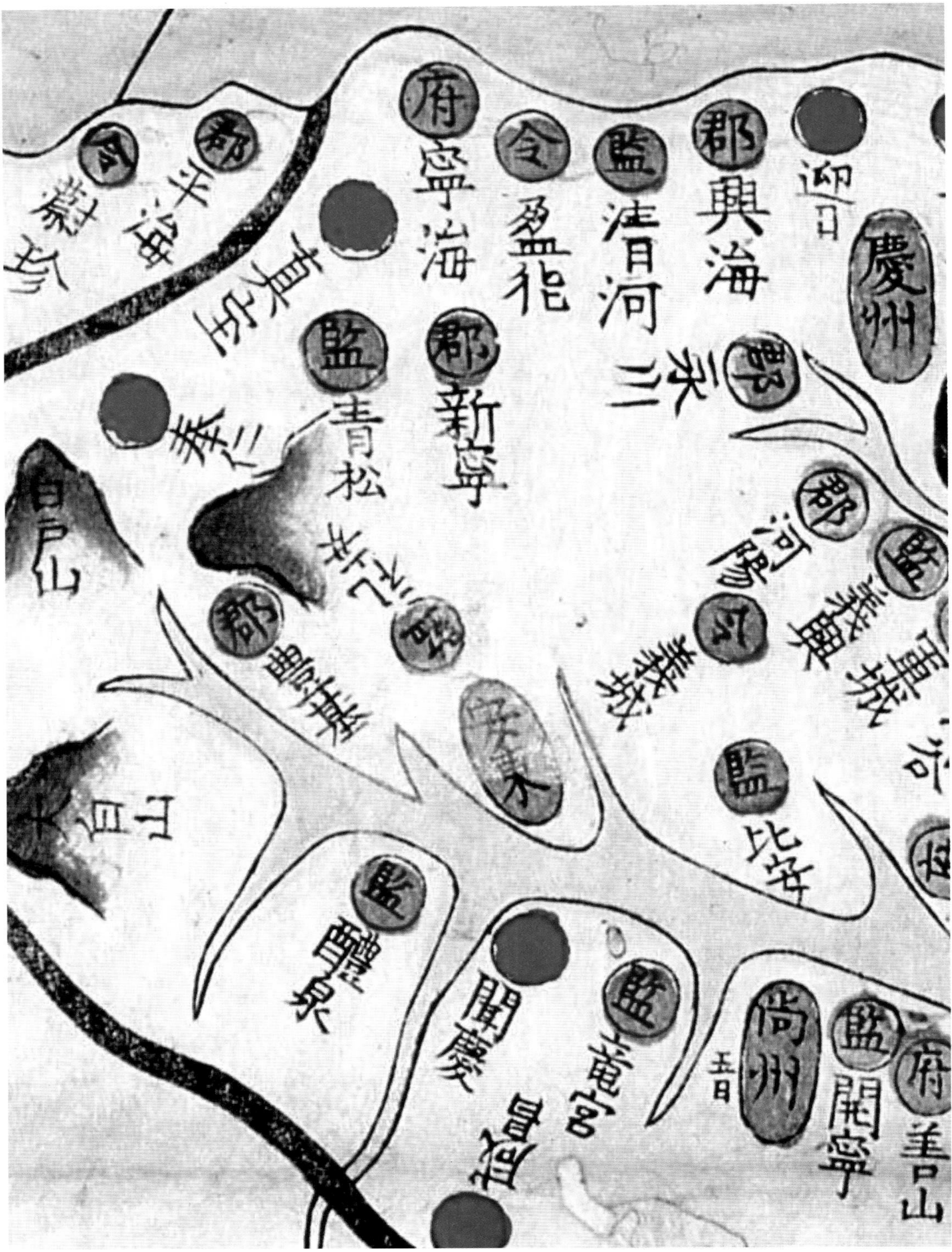

『조선세표지도朝鮮世表全圖**』 조선팔도지도**朝鮮八道之圖 **중 청송·진보 확대**
1806년
국립중앙도서관

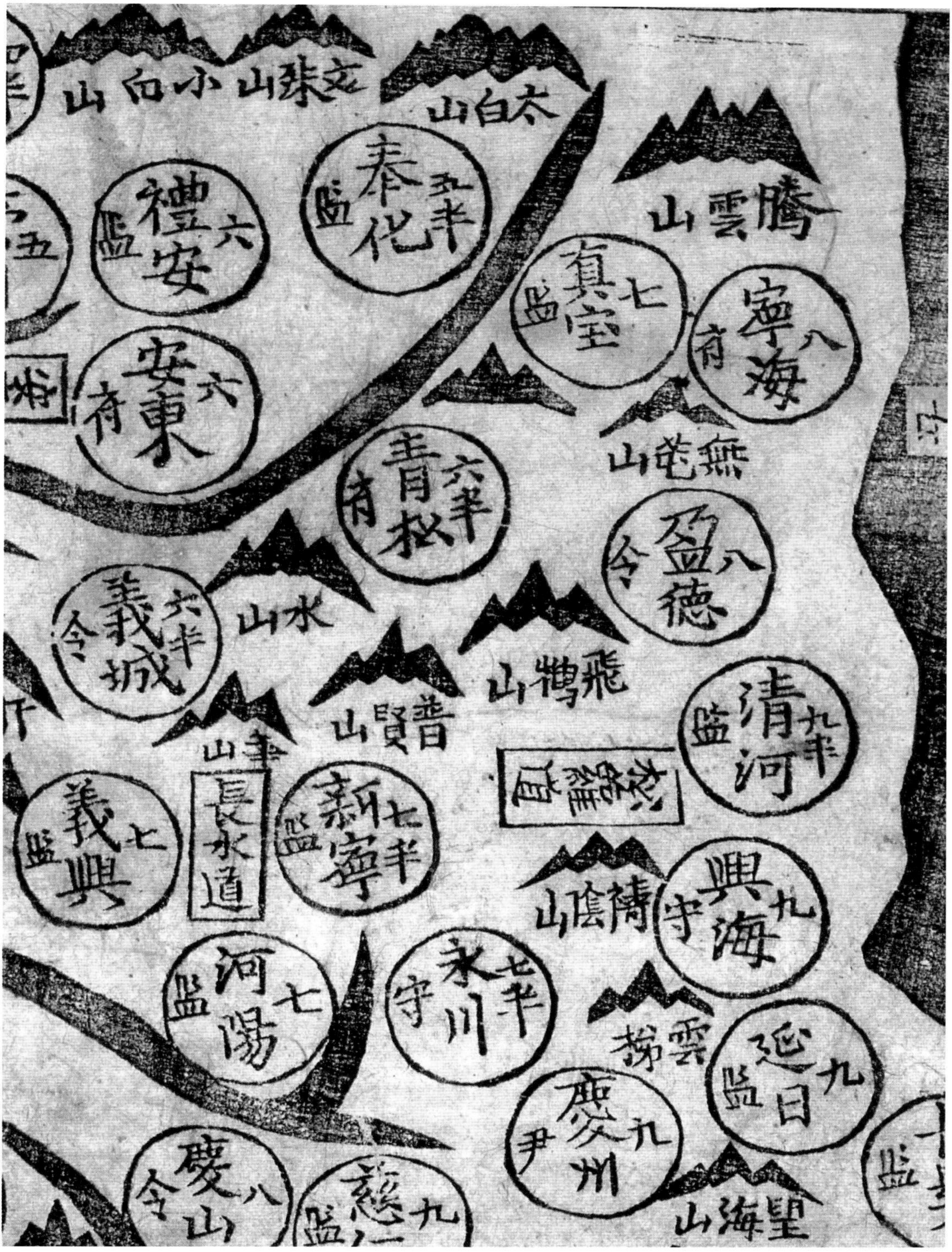

『천하지여天下地輿』 경상도慶尙道 중 청송·진보 확대
17세기 후반
국립중앙도서관

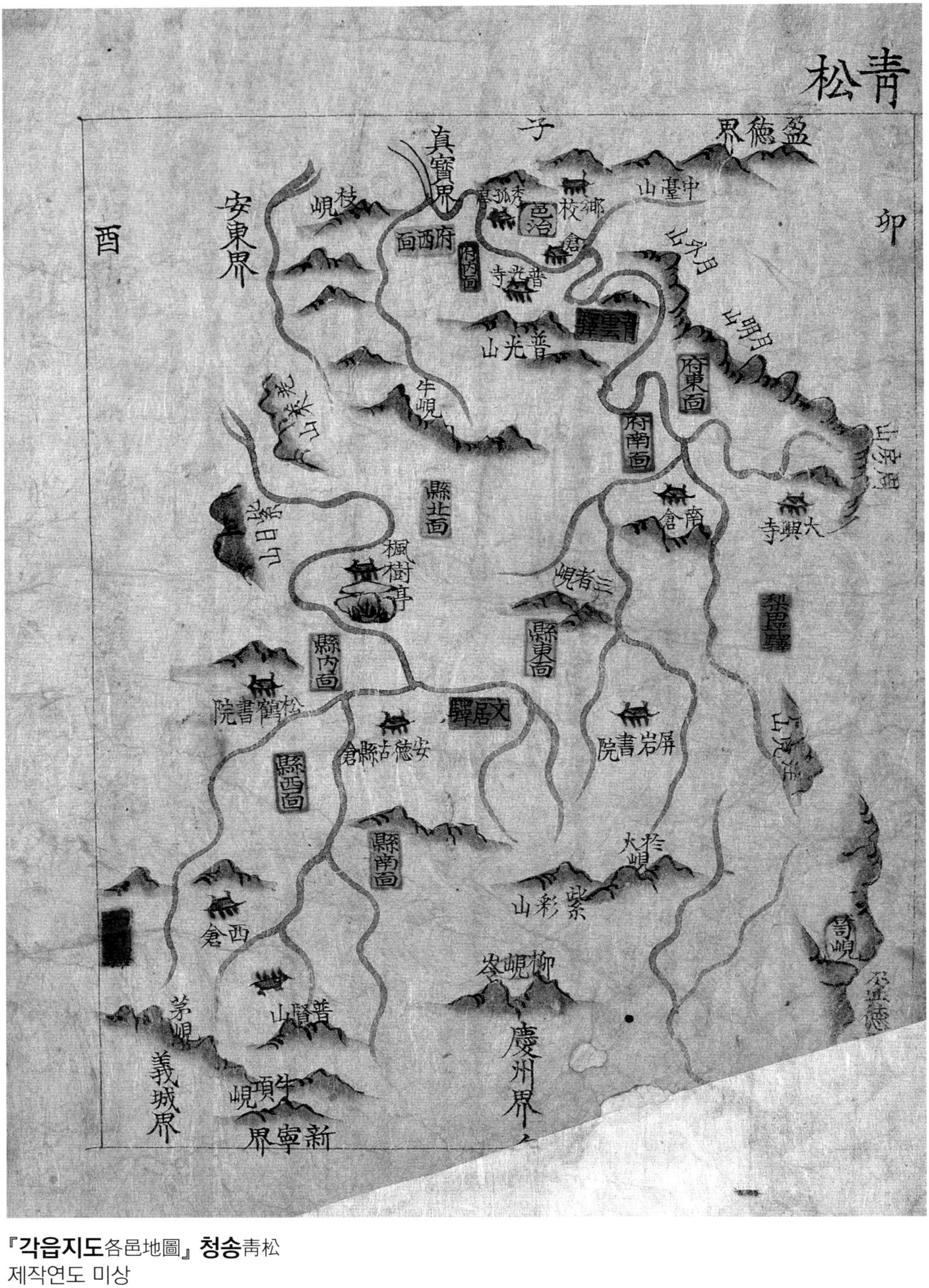

『각읍지도各邑地圖**』 청송**青松
제작연도 미상
국립중앙도서관

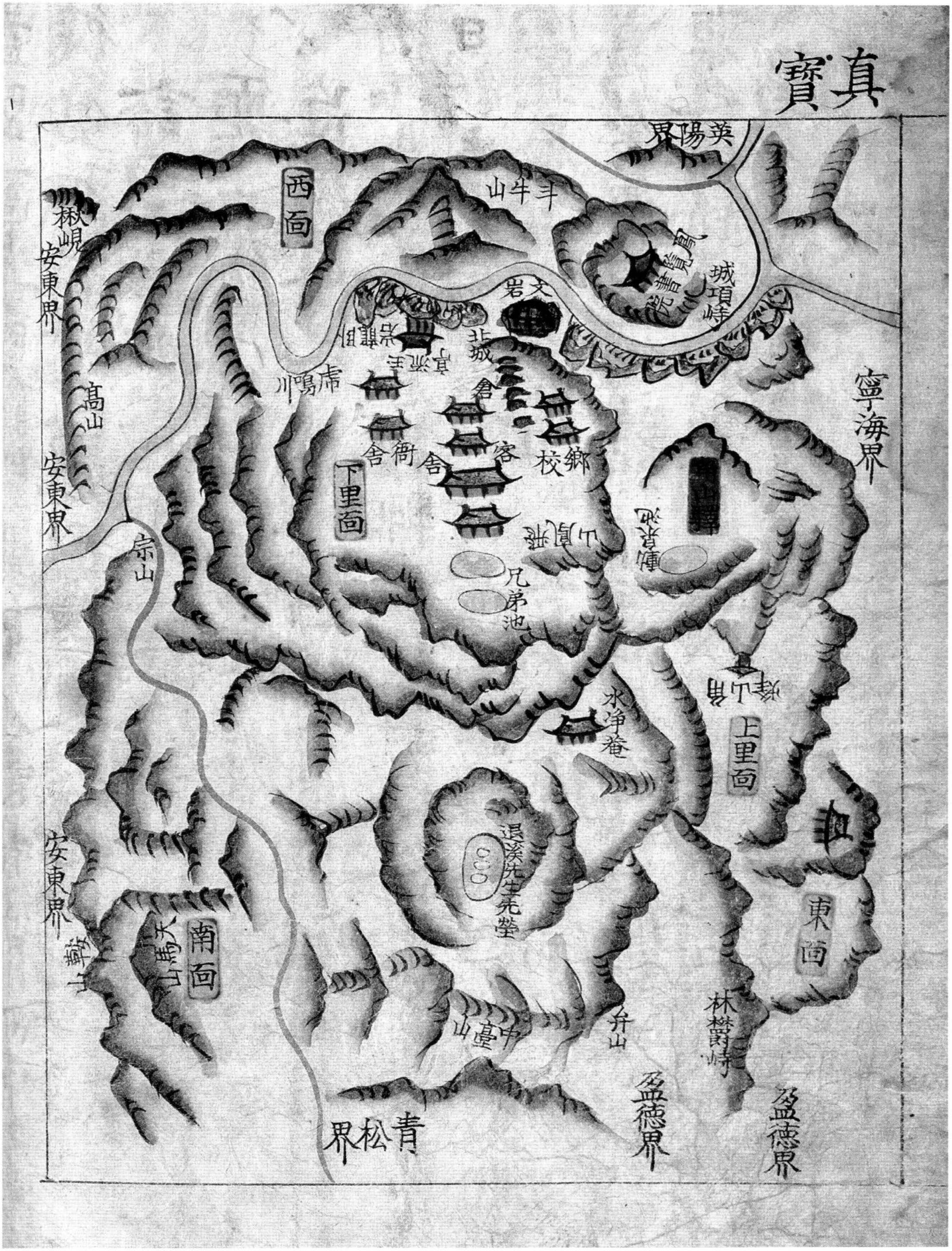

『각읍지도各邑地圖**』 진보**眞寶
제작연도 미상
국립중앙도서관

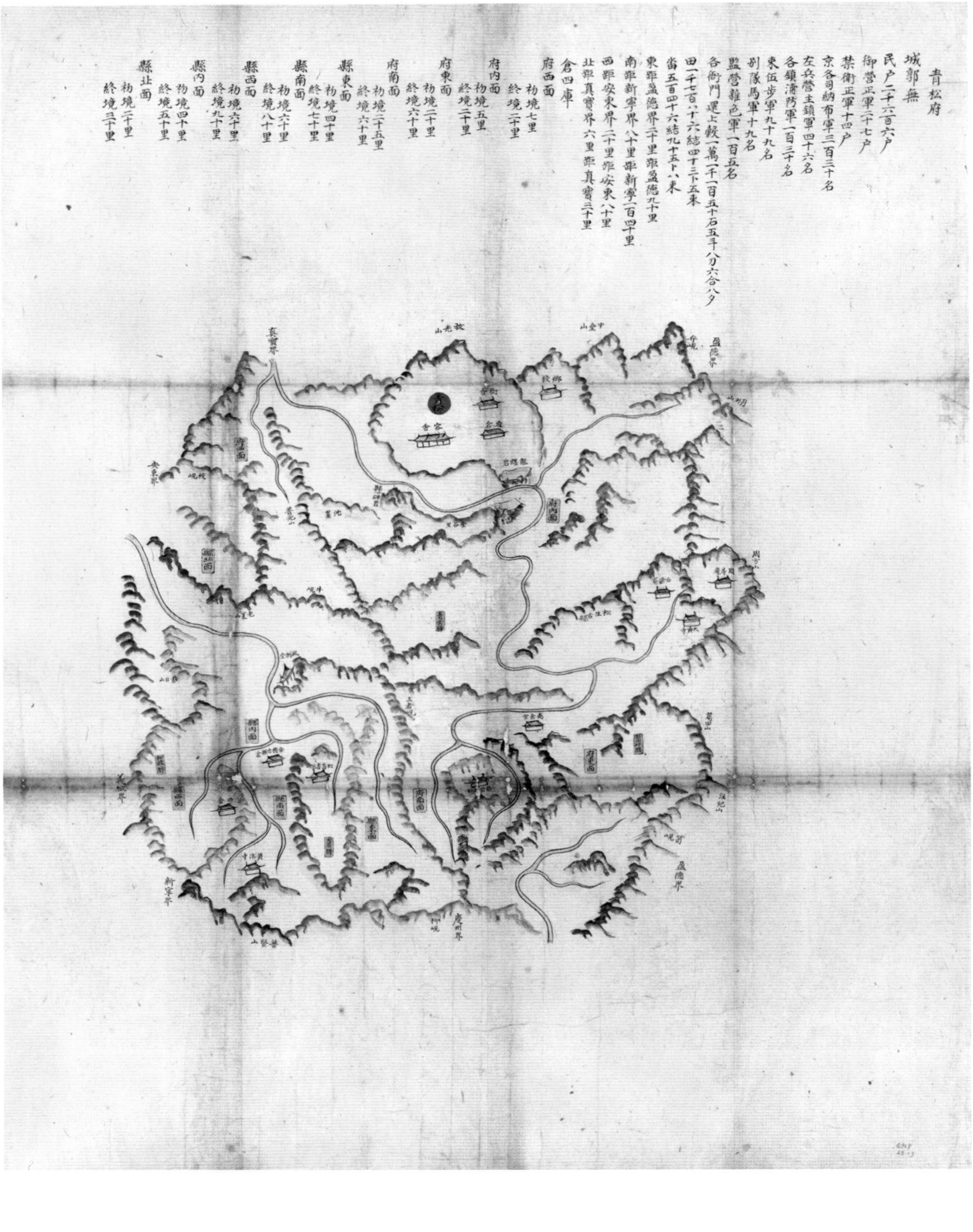

『안동도회安東都會**』좌통지도**左通地圖 **청송부**青松府
제작연도 미상
서울대학교 규장각 한국학연구원

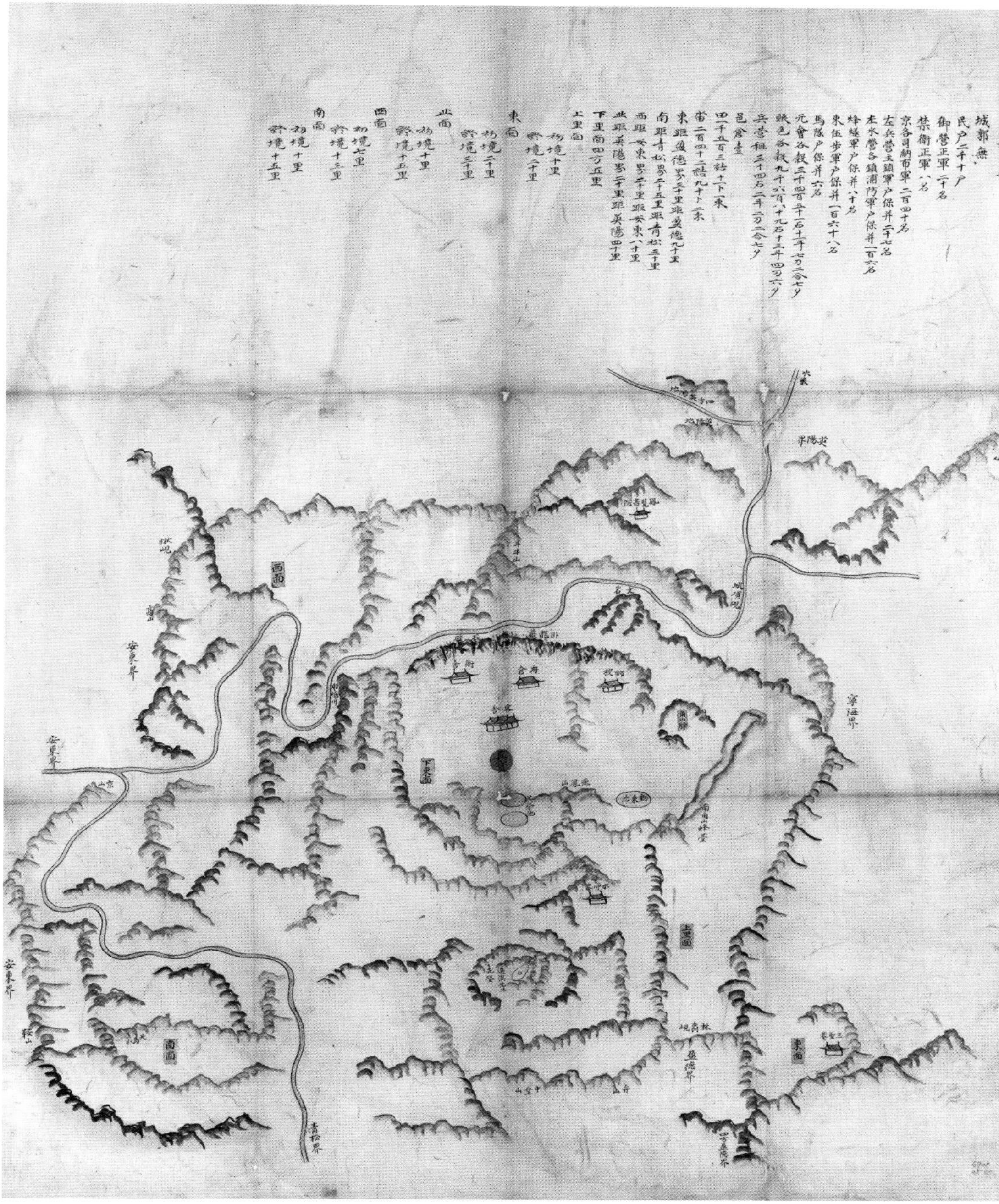

『안동도회安東都會**』 좌통지도**左通地圖 **진보현**眞寶縣
제작연도 미상
서울대학교 규장각 한국학연구원

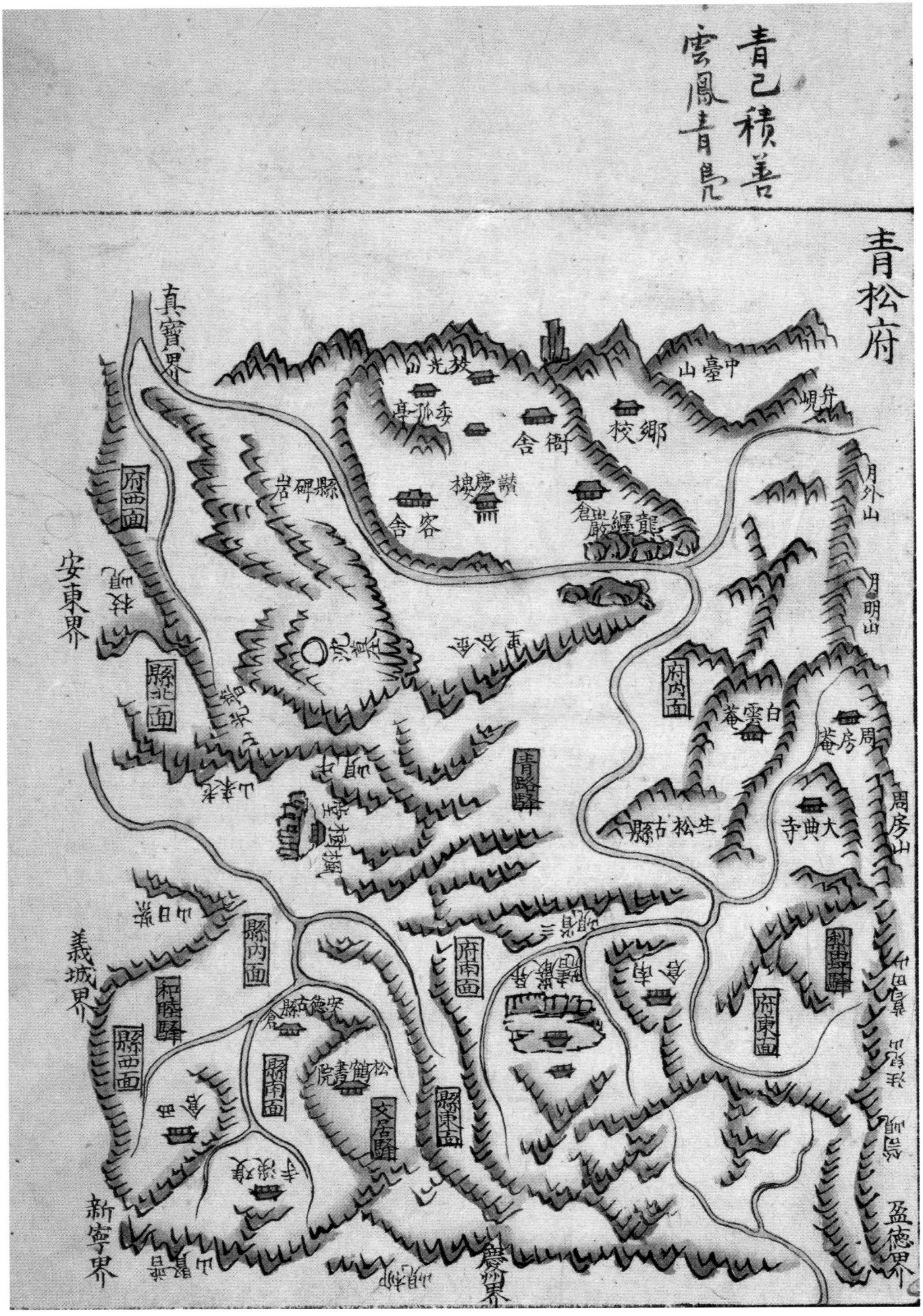

『여지도輿地圖』 청송부青松府
제작연도 미상
서울대학교 규장각 한국학연구원

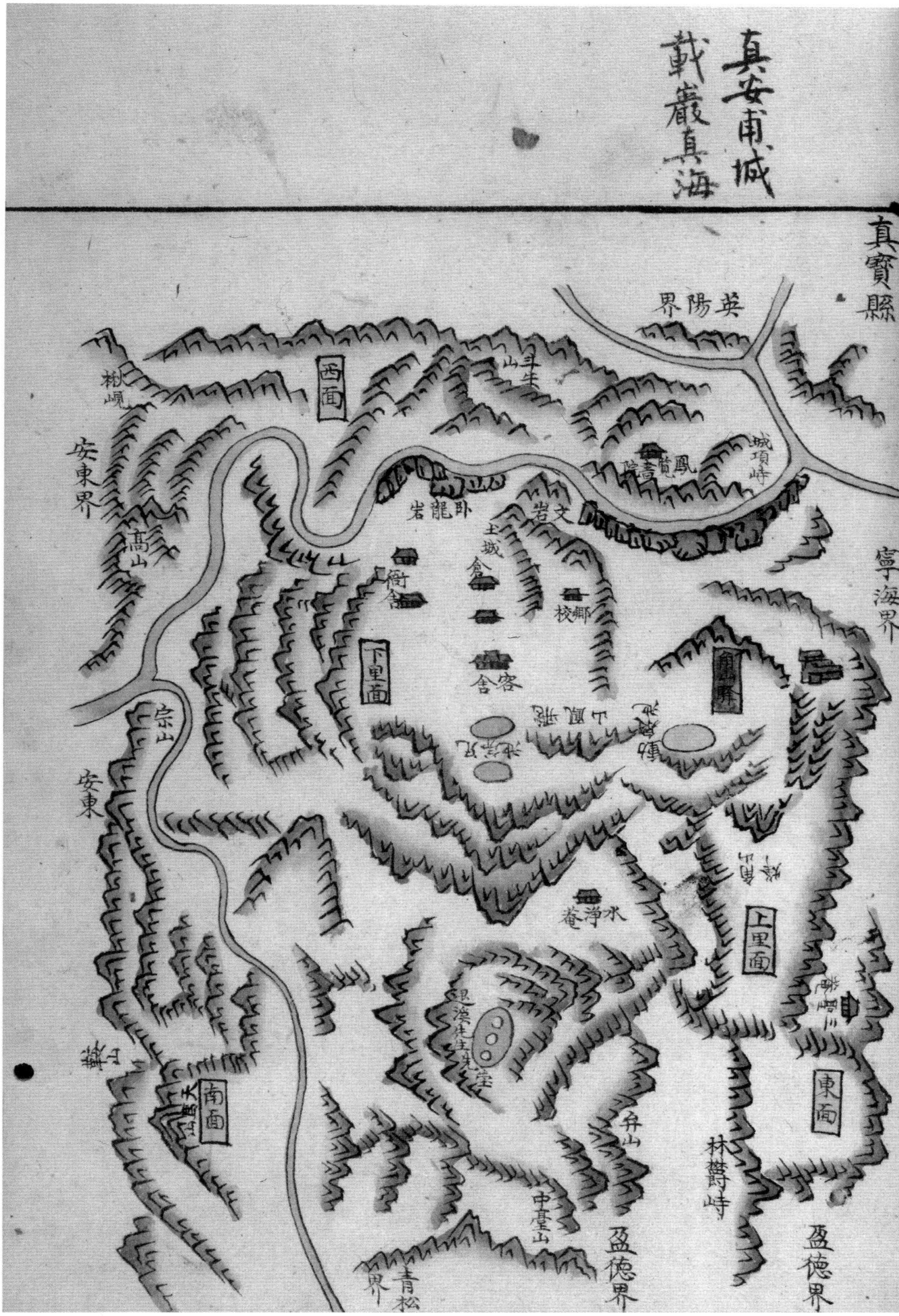

『여지도輿地圖』 진보현眞寶縣
제작연도 미상
서울대학교 규장각 한국학연구원

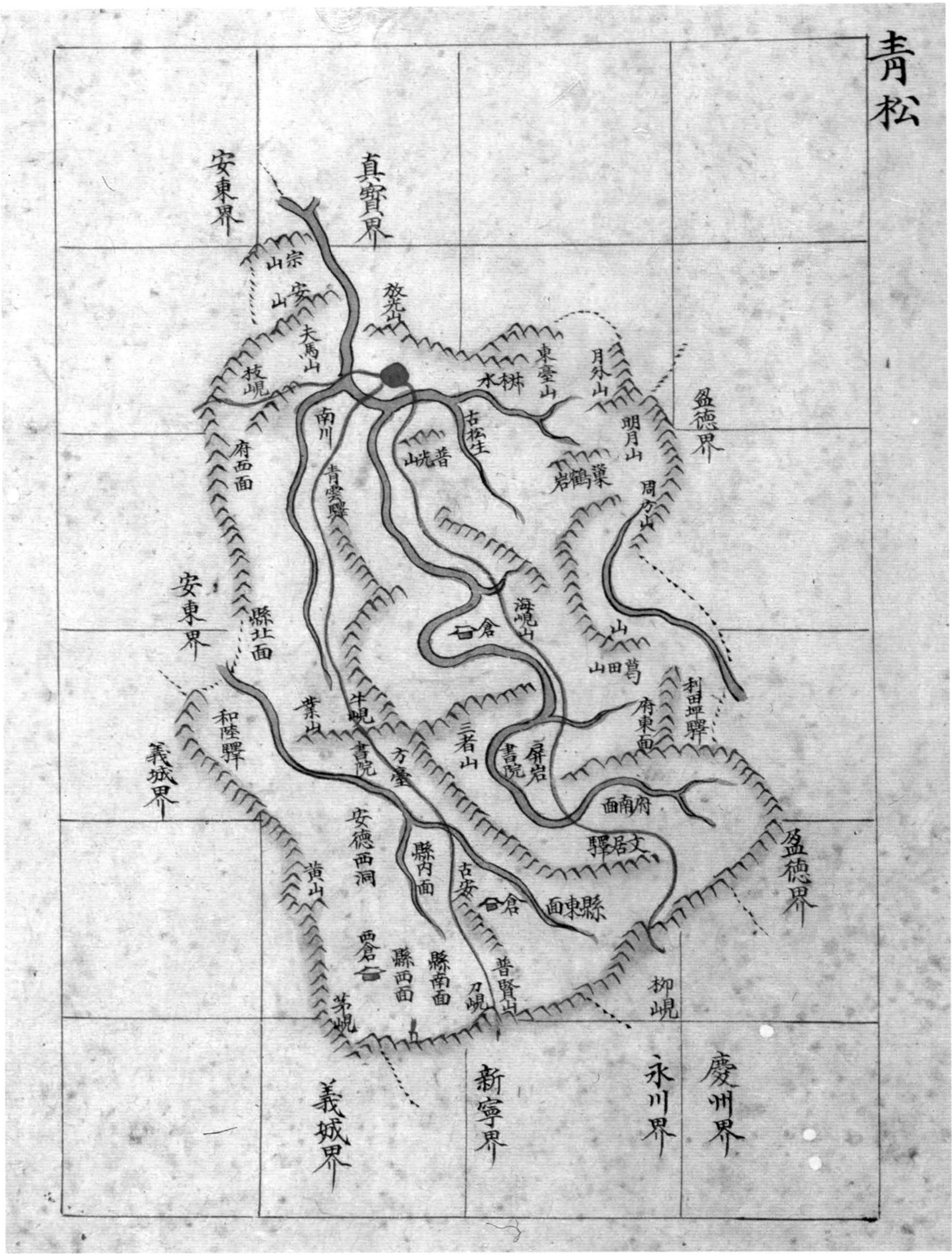

『조선지도朝鮮地圖**』 청송**青松
제작연도 미상
서울대학교 규장각 한국학연구원

『조선지도朝鮮地圖』 진보眞寶
제작연도 미상
서울대학교 규장각 한국학연구원

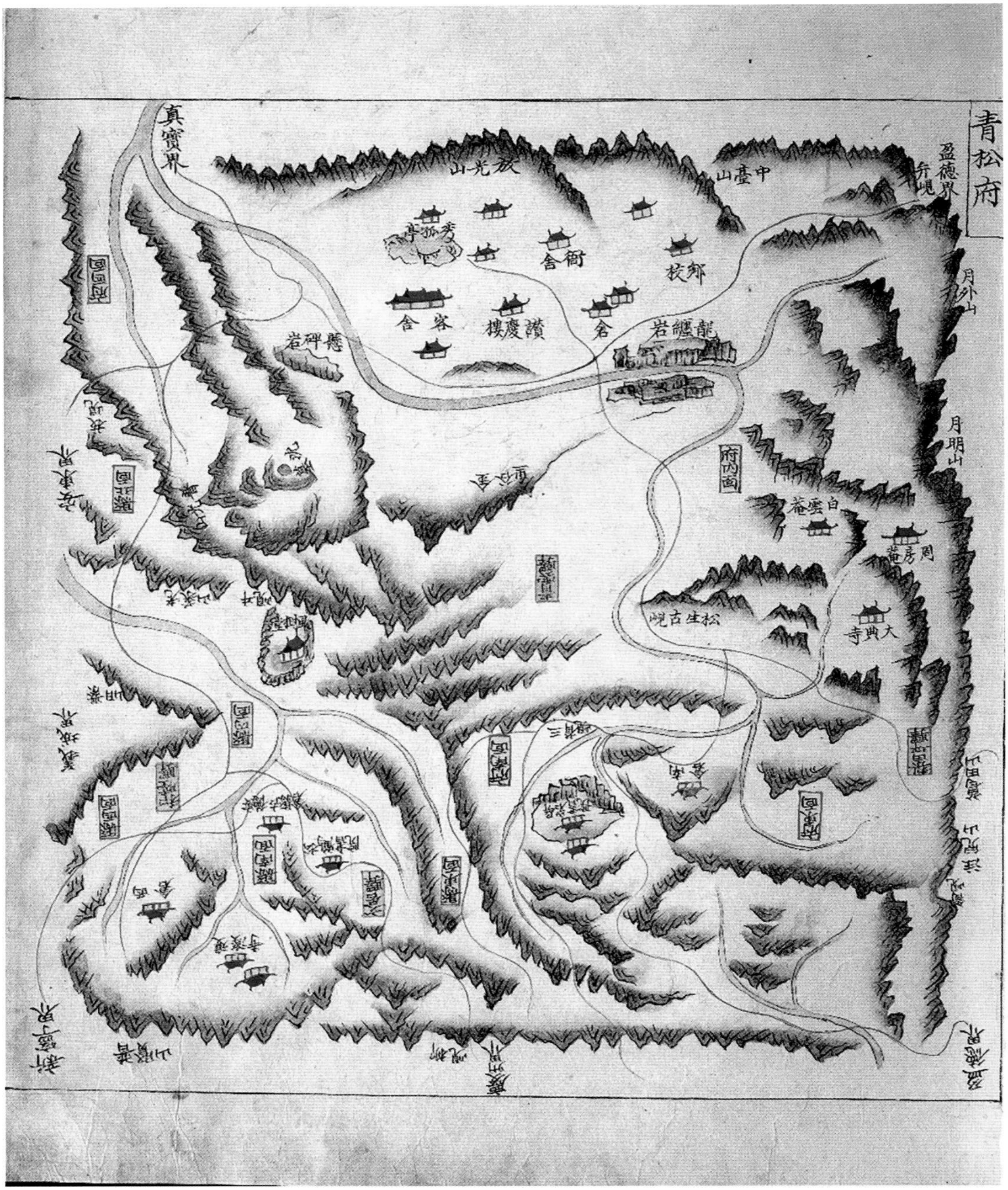

『팔도여지도八道輿地圖**』 청송부**靑松府
제작연도 미상
국립중앙도서관

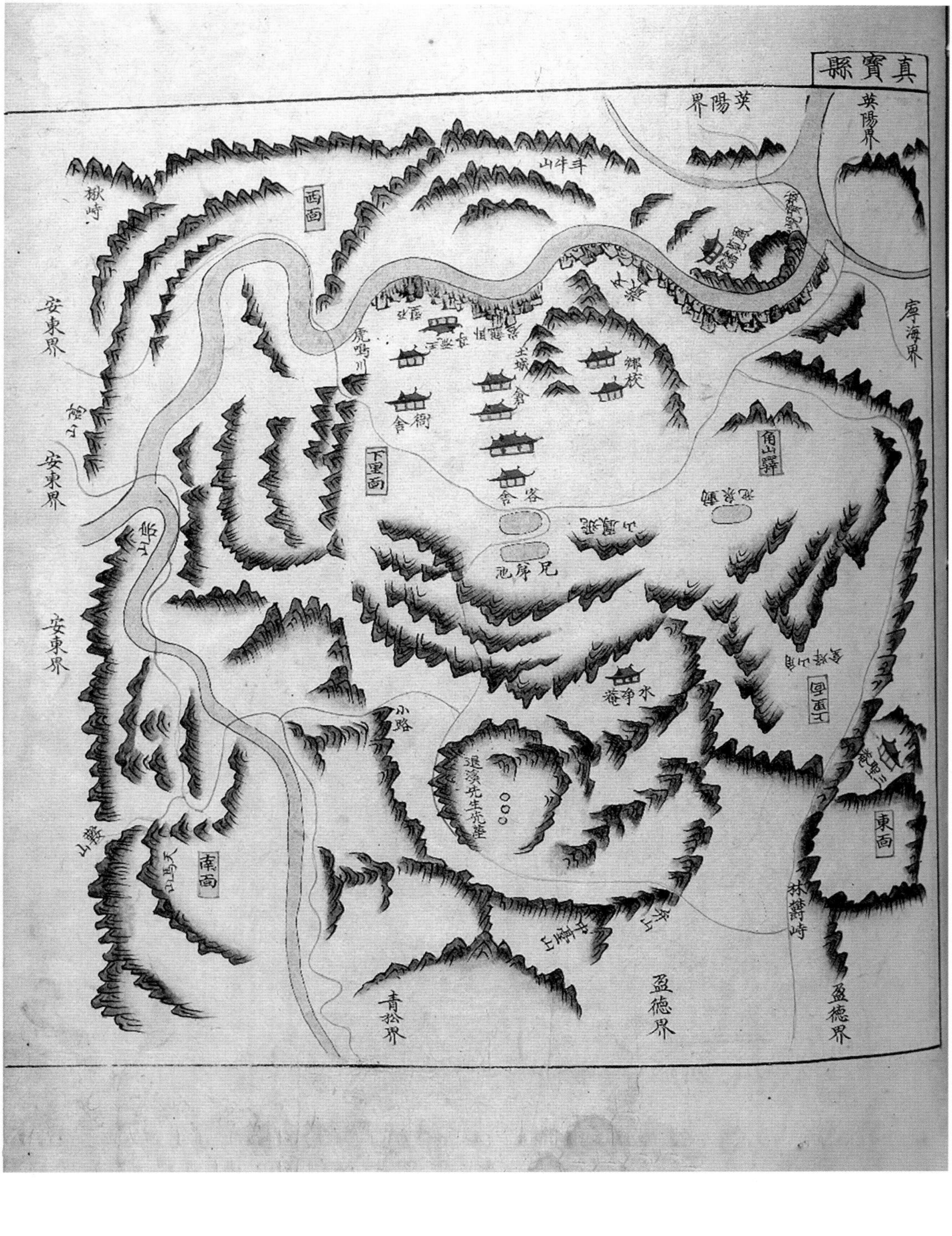

『팔도여지도八道輿地圖**』 진보현**眞寶縣
제작연도 미상
국립중앙도서관

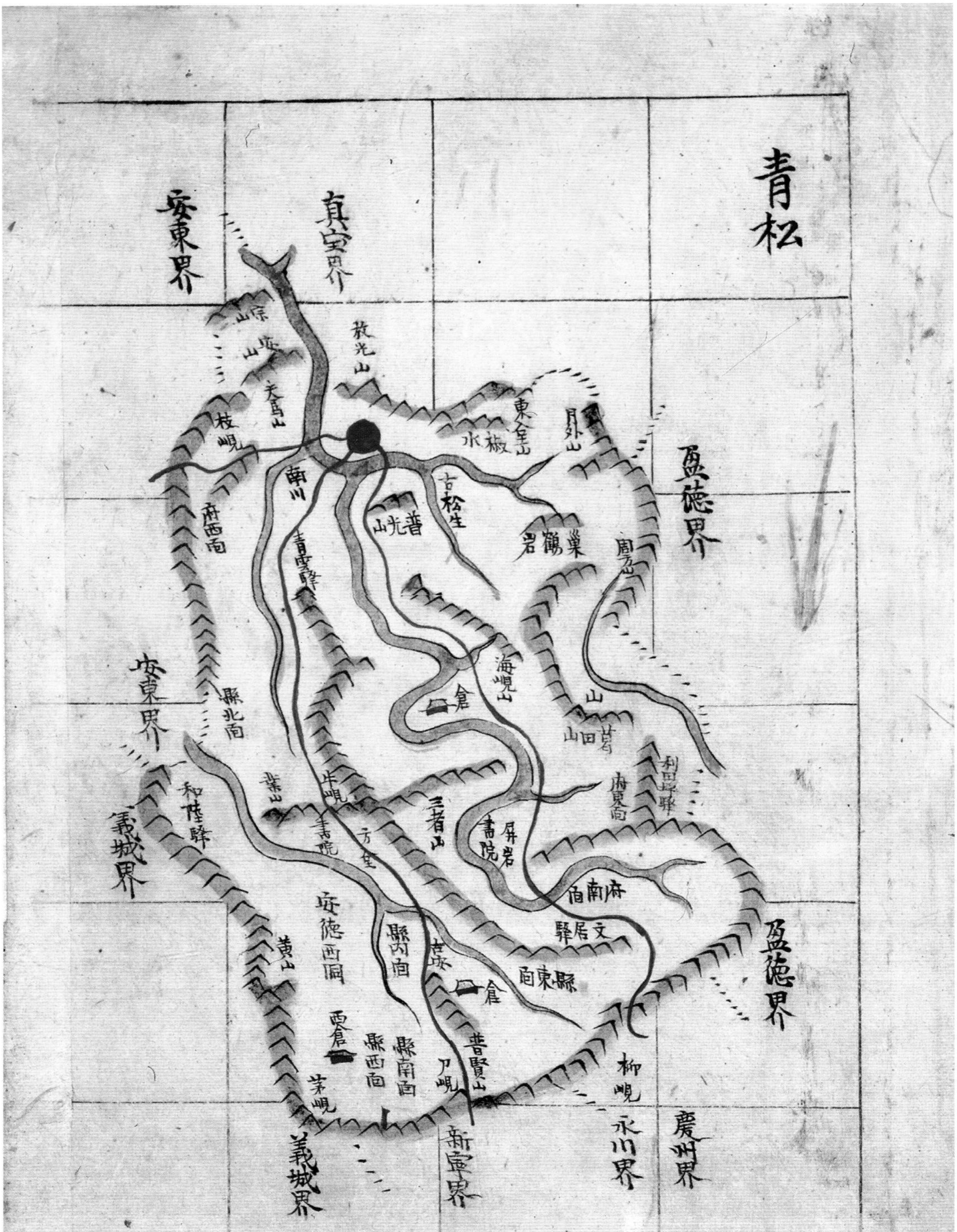

『팔도여지도八道輿地圖**』 청송부**青松府
제작연도 미상
국립중앙도서관

『팔도여지도八道輿地圖**』 진보현**眞寶縣
제작연도 미상
국립중앙도서관

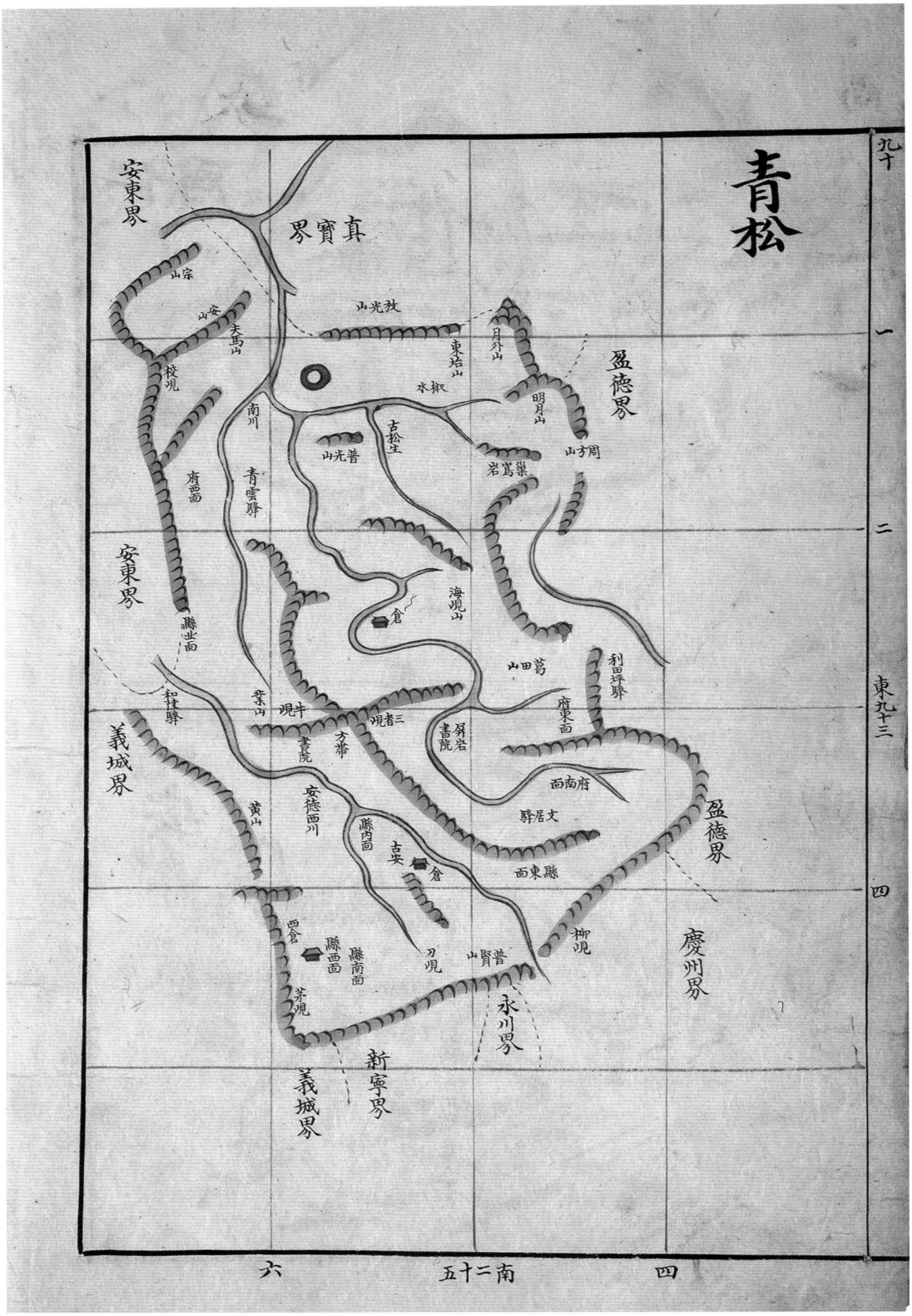

『해동여지도海東輿地圖**』 청송**青松
제작연도 미상
국립중앙도서관

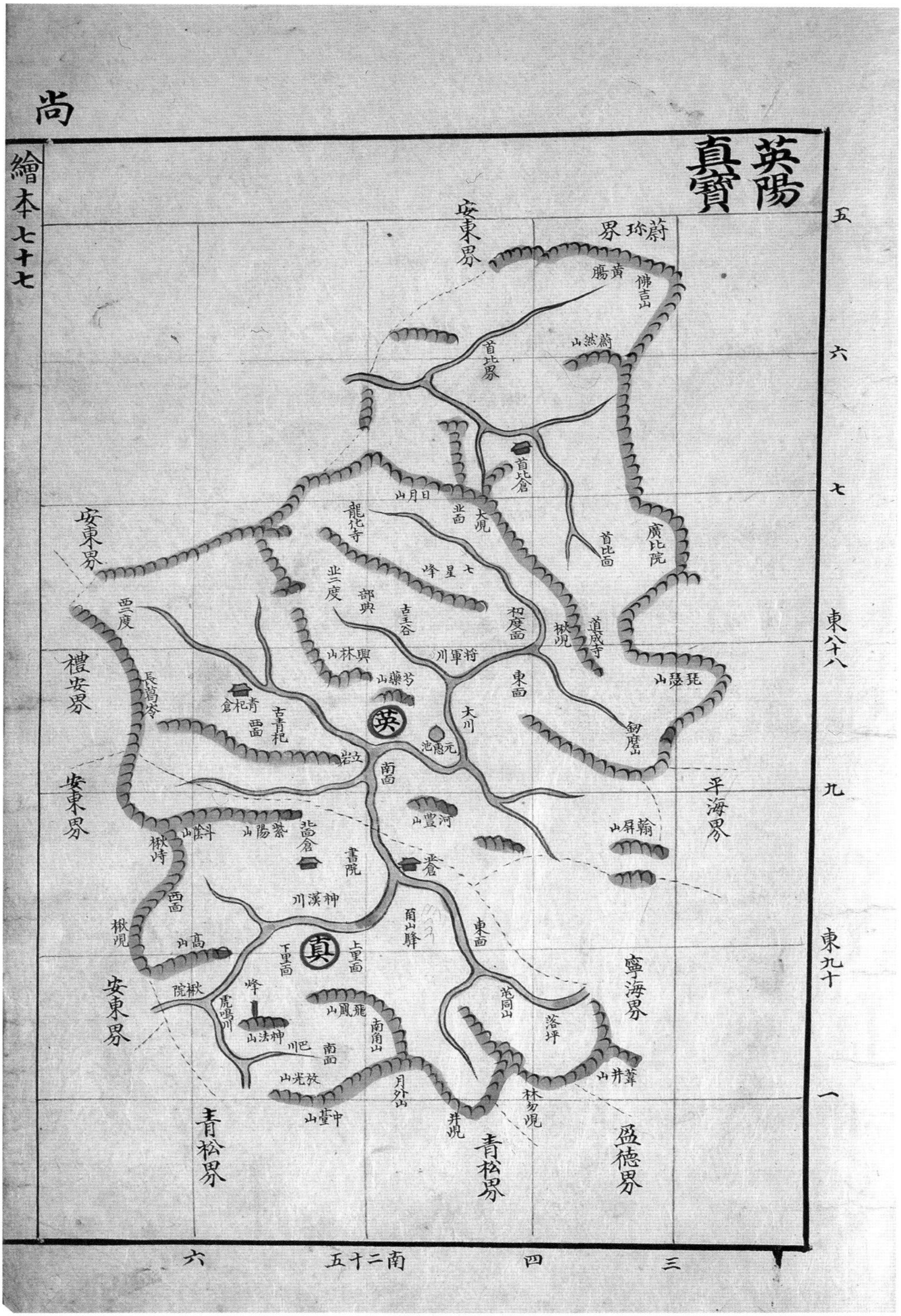

『**해동여지도**海東輿地圖』 **진보**眞寶
제작연도 미상
국립중앙도서관

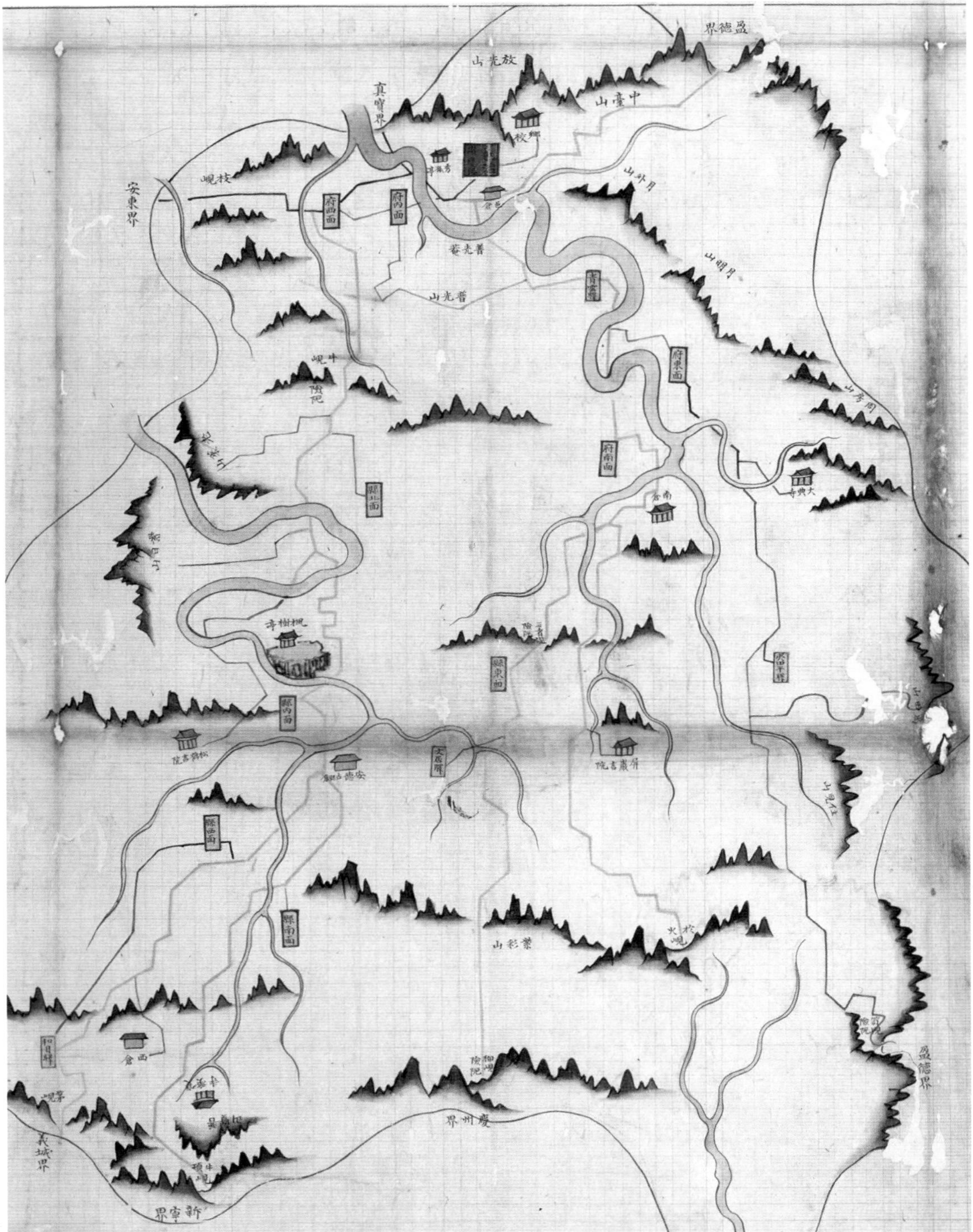

『**비변사인방안지도**備邊司印方眼地圖』 **청송부**青松府
18세기 초·중엽
서울대학교 규장각 한국학연구원

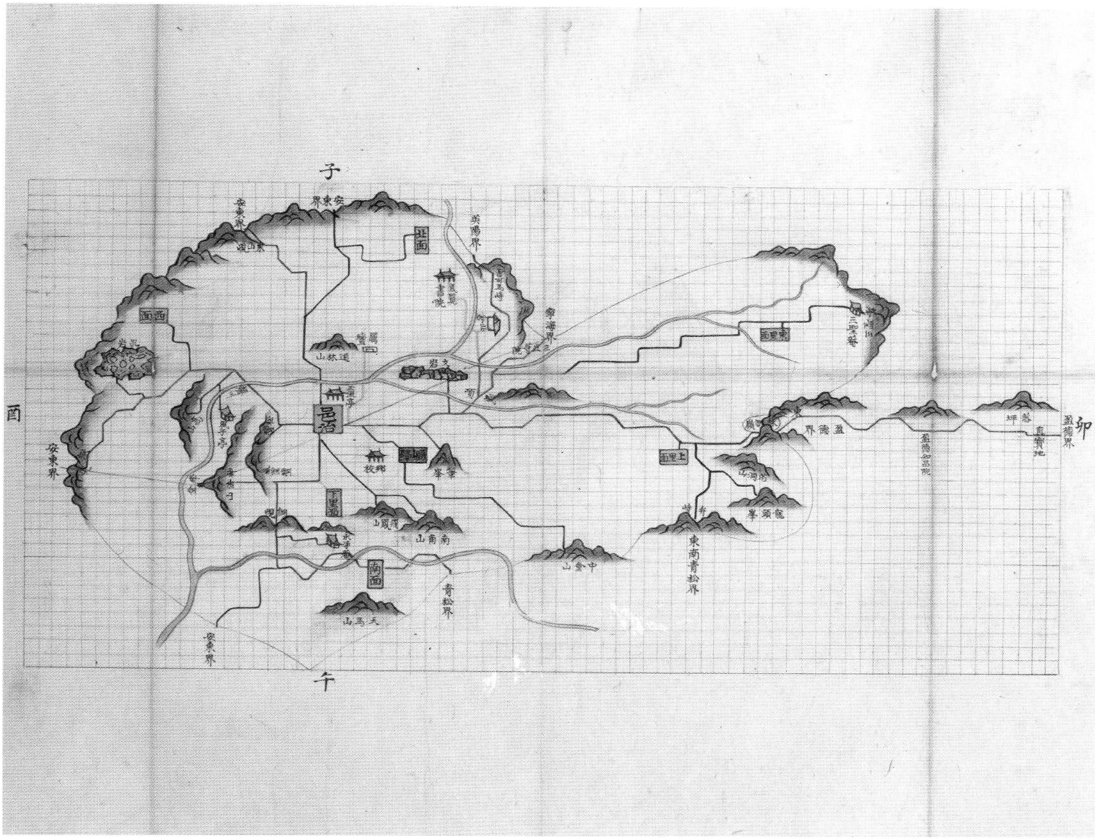

『비변사인방안지도備邊司印方眼地圖**』 진보현**眞寶縣
18세기 초·중엽
서울대학교 규장각 한국학연구원

『동역도東域圖』 경상도慶尙道 중 청송·진보 확대
1800년-1834년
서울대학교 규장각 한국학연구원

『대동지도大東地圖』 영남嶺南 중 청송·진보 확대
1822년
국립중앙도서관

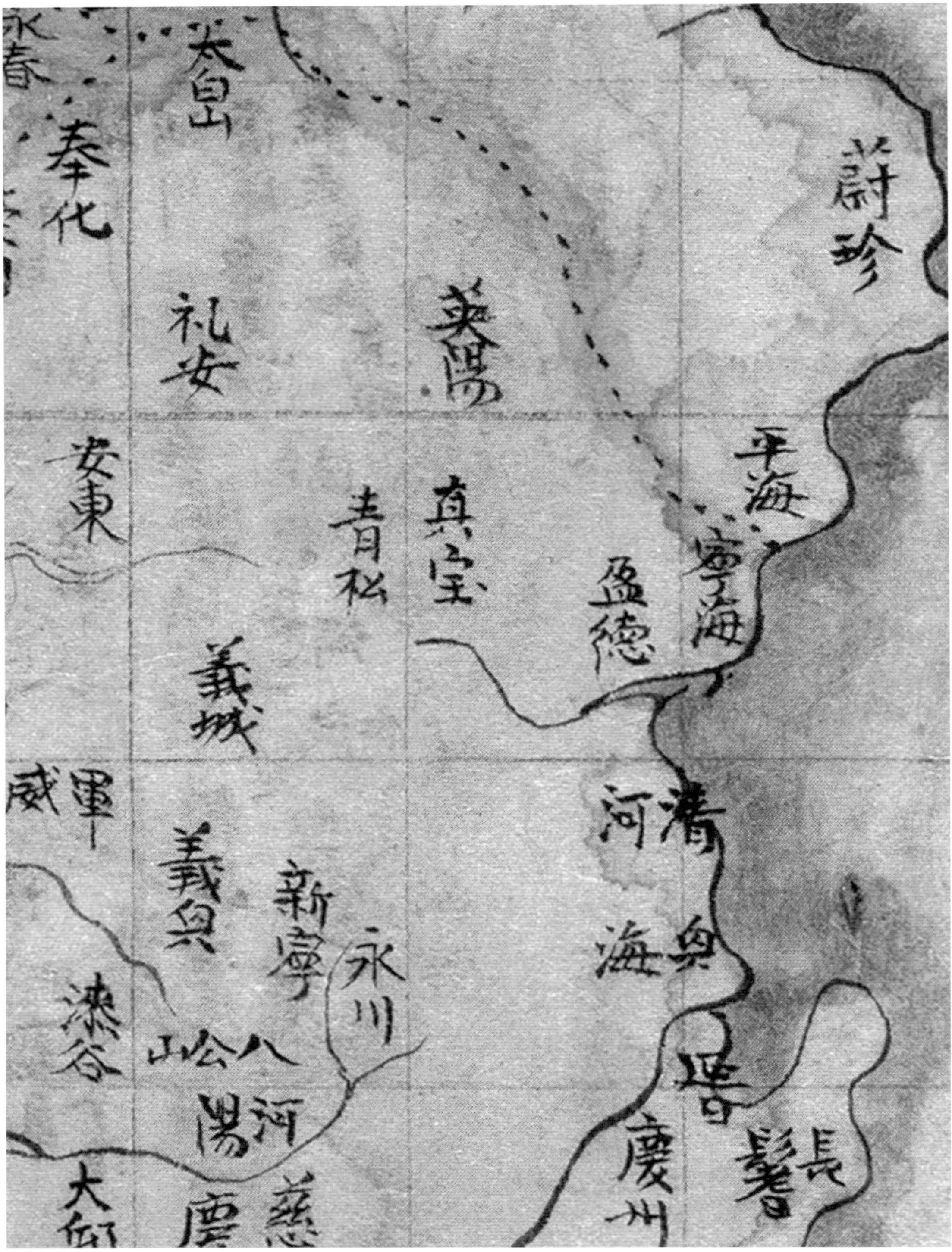

『청구도青邱圖**』 본조팔도군현총도 중 청송·진보 확대**
1823년-1834년
서울대학교 규장각 한국학연구원

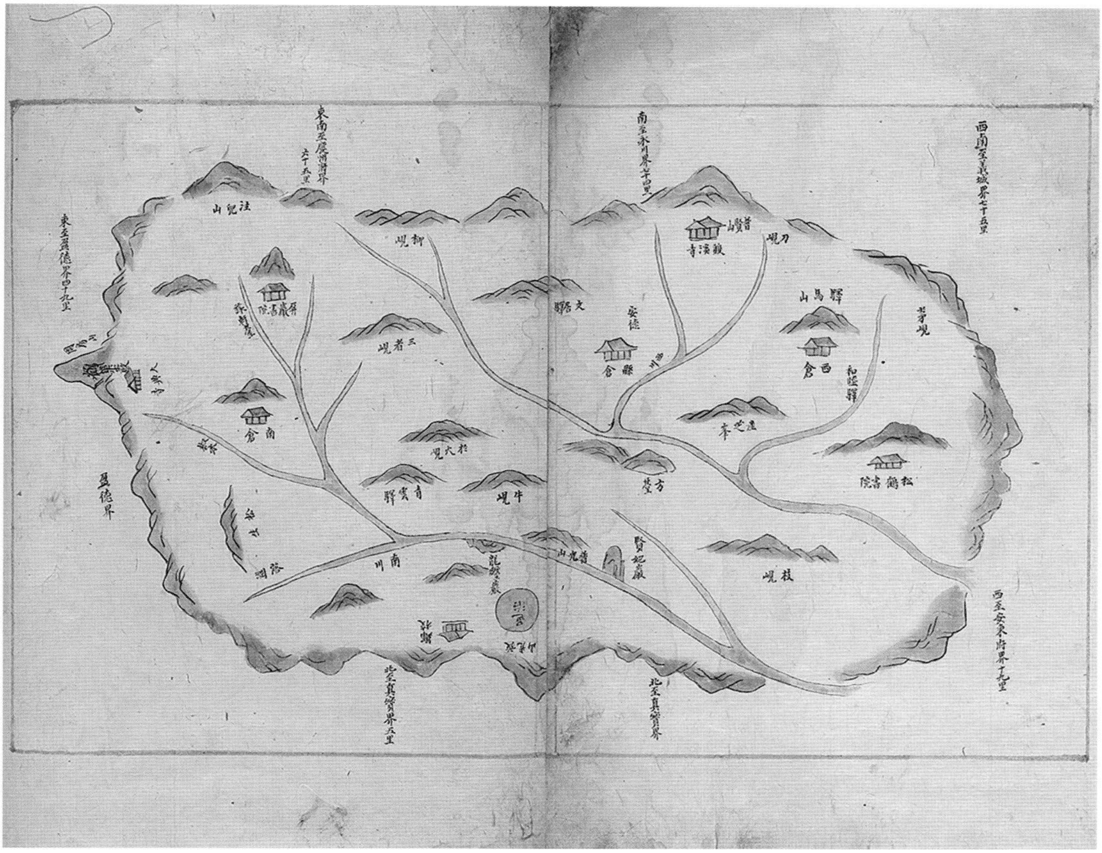

『청송부읍지青松府邑誌**』 청송부**青松府
18세기 중엽
서울대학교 규장각 한국학연구원

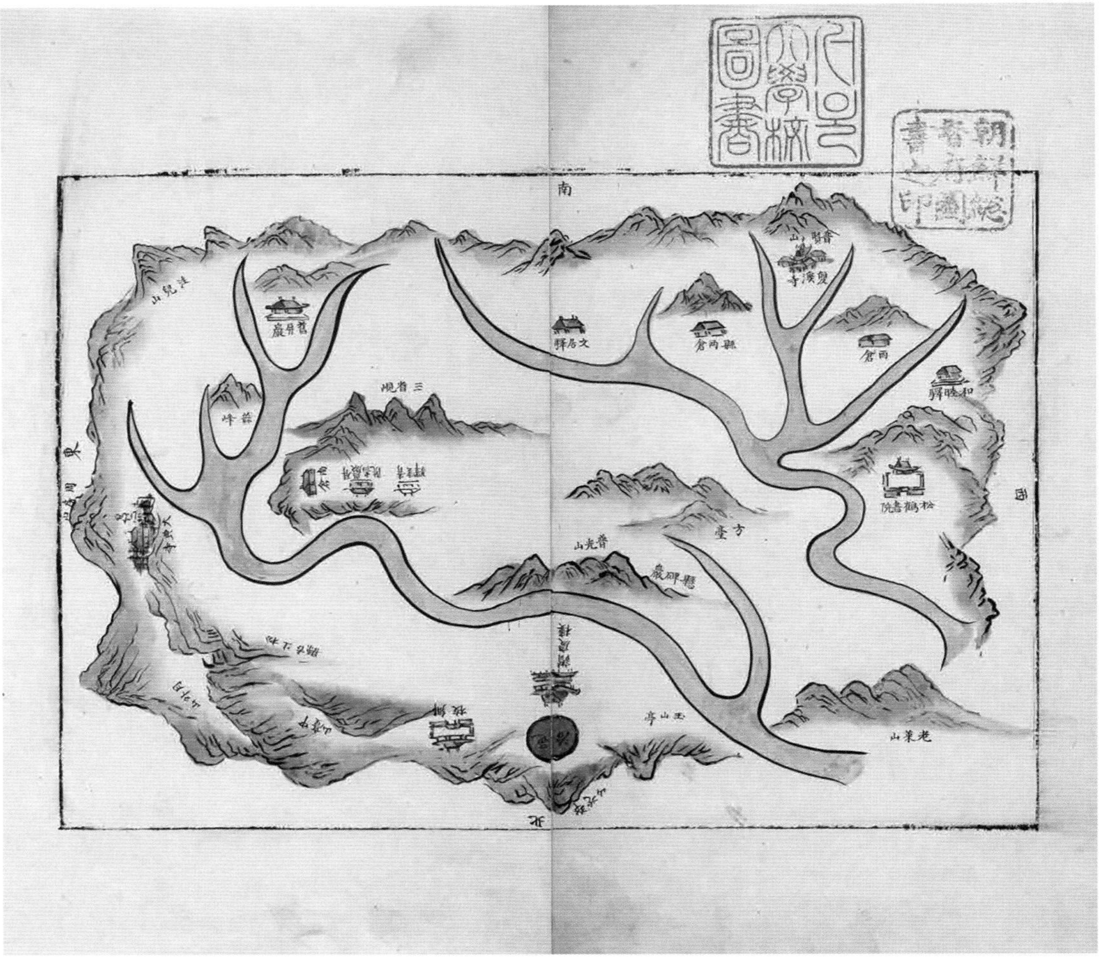

『경상도읍지慶尙道邑誌**』 청송도호부**靑松都護府
1832년경
서울대학교 규장각 한국학연구원

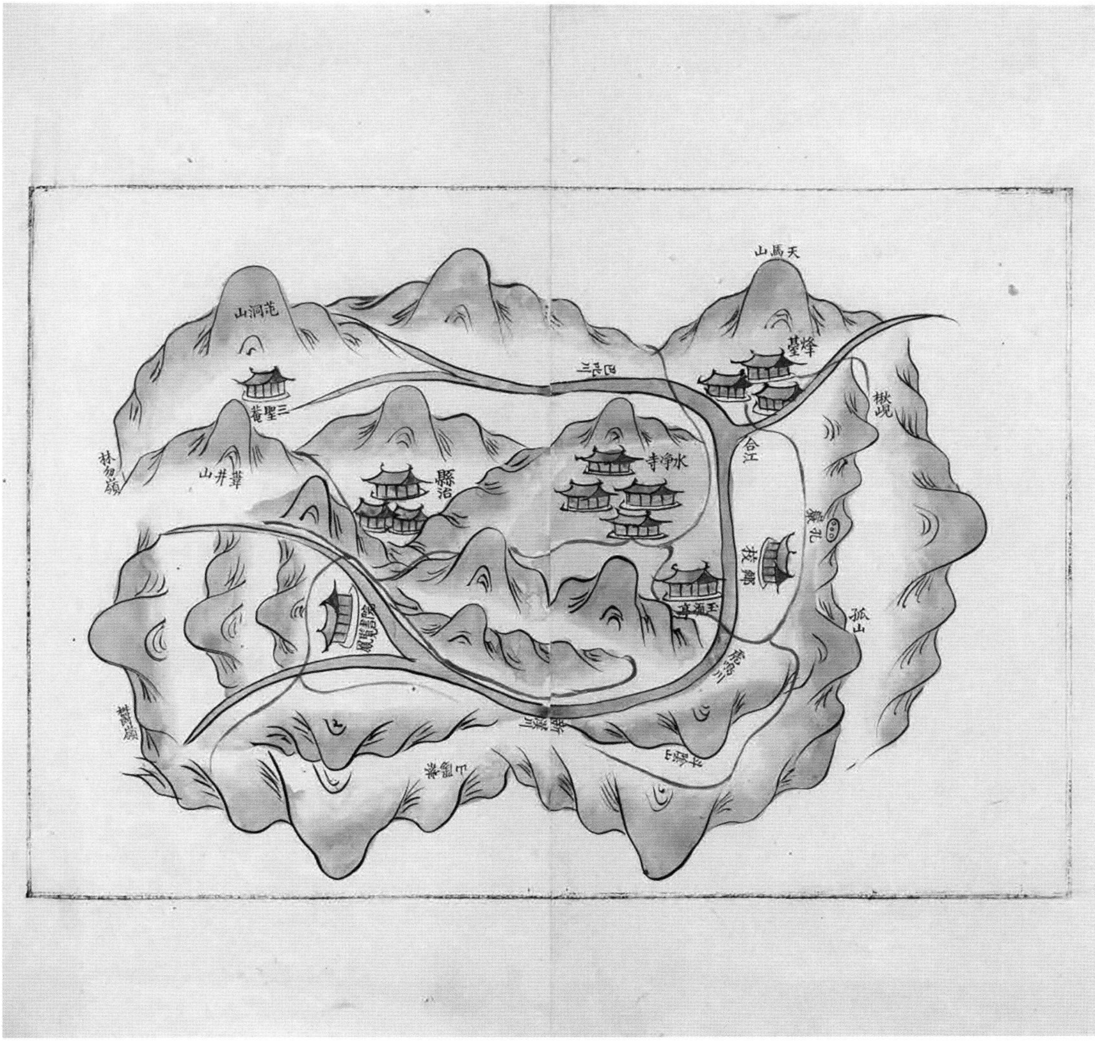

『경상도읍지慶尙道邑誌**』 진보현**眞寶縣
1832년경
서울대학교 규장각 한국학연구원

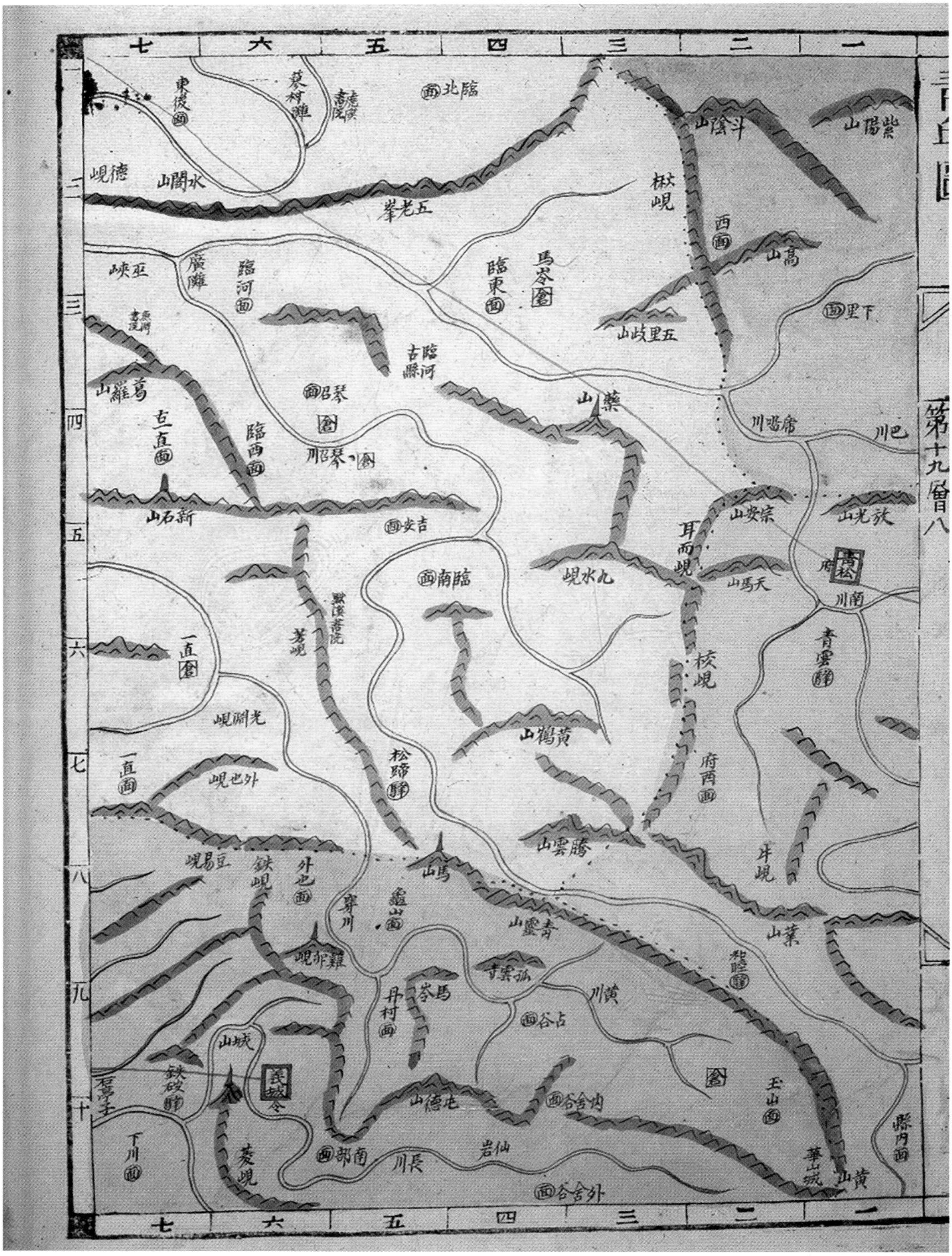

『청구도靑邱圖**』 청송·의성**靑松義城
1834년
국립중앙도서관

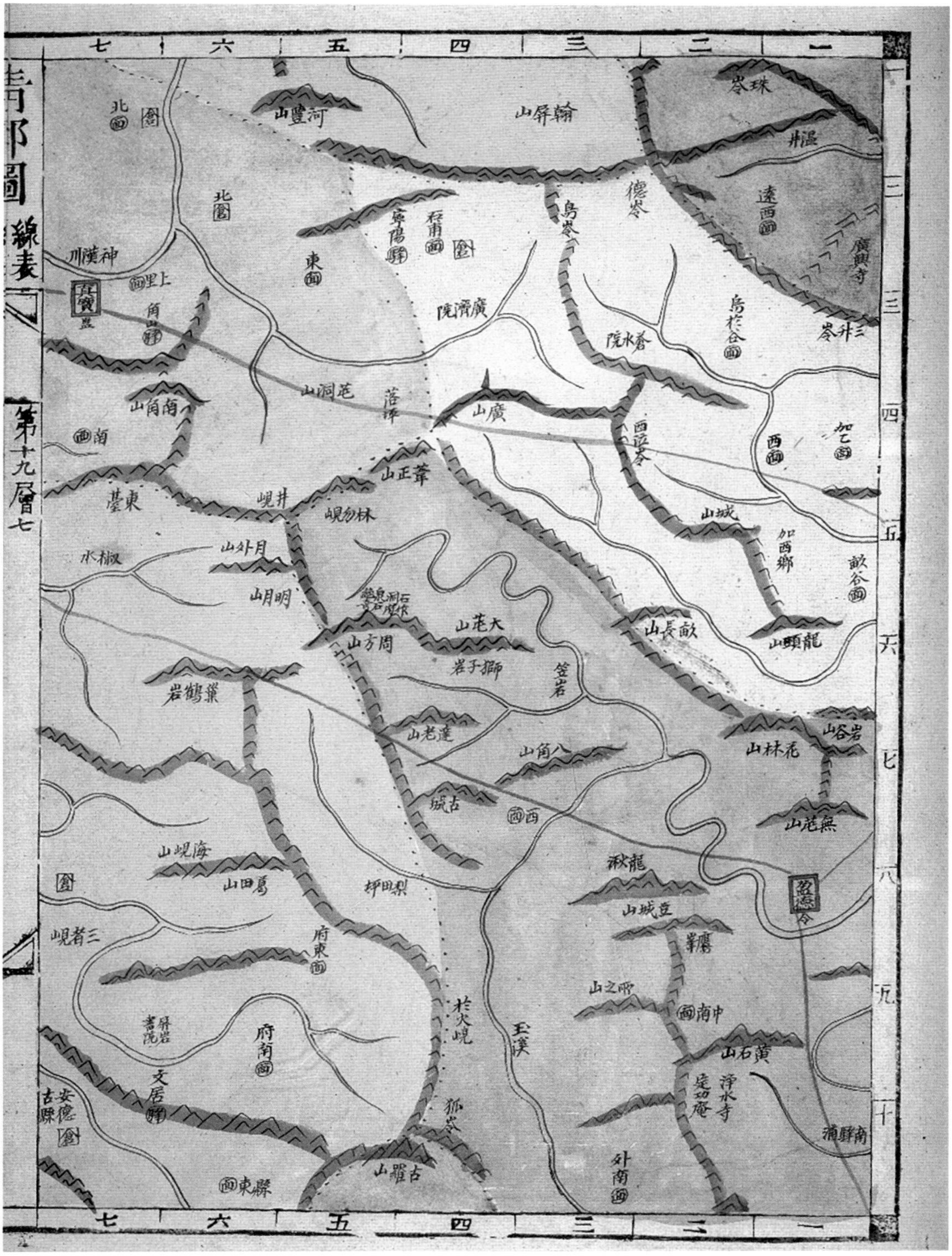

『청구도靑邱圖』 진보·영덕眞寶盈德
1834년
국립중앙도서관

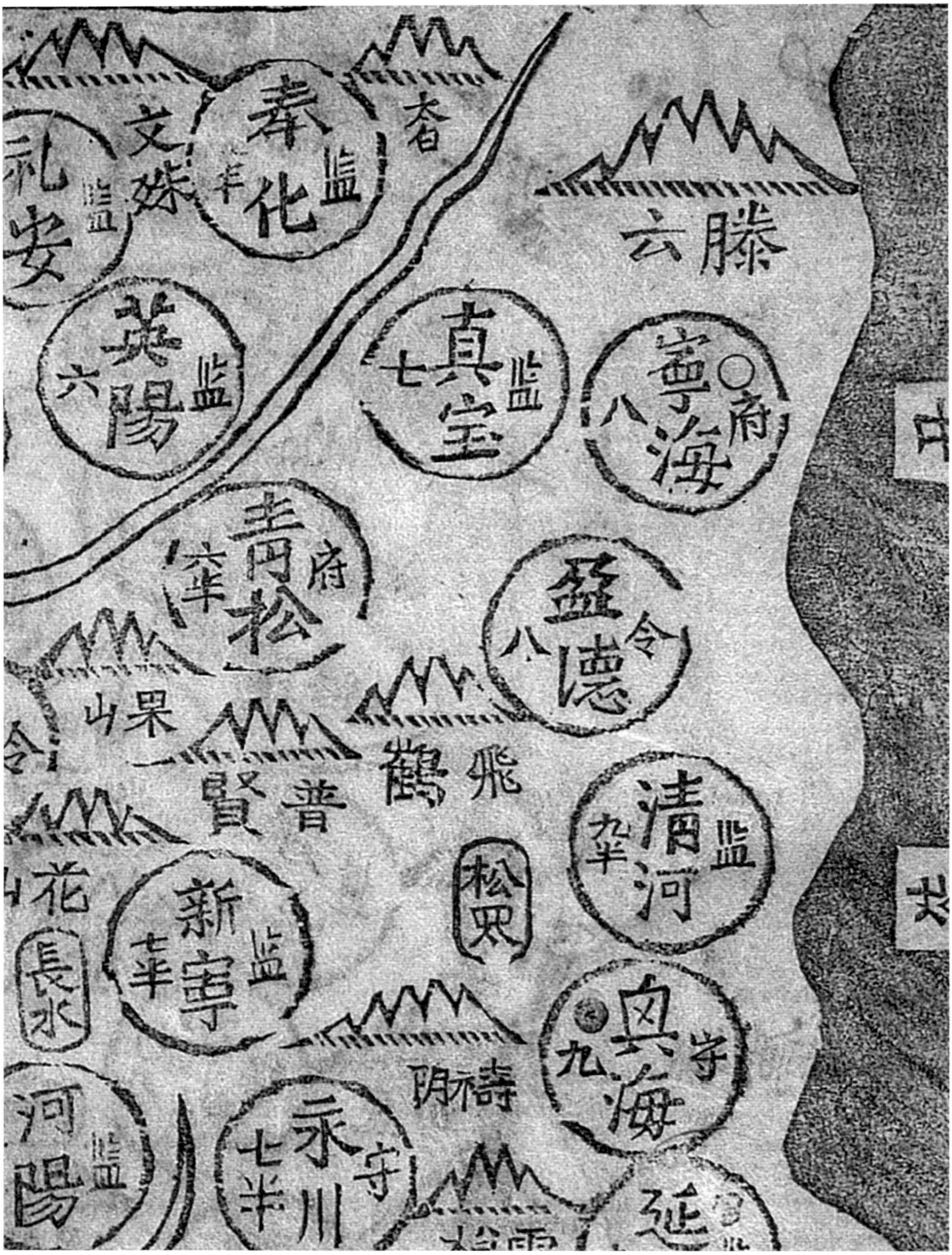

『동국여지도東國輿地圖**』 경상도**慶尙道 **중 청송·진보 확대**
1849년
국립중앙도서관

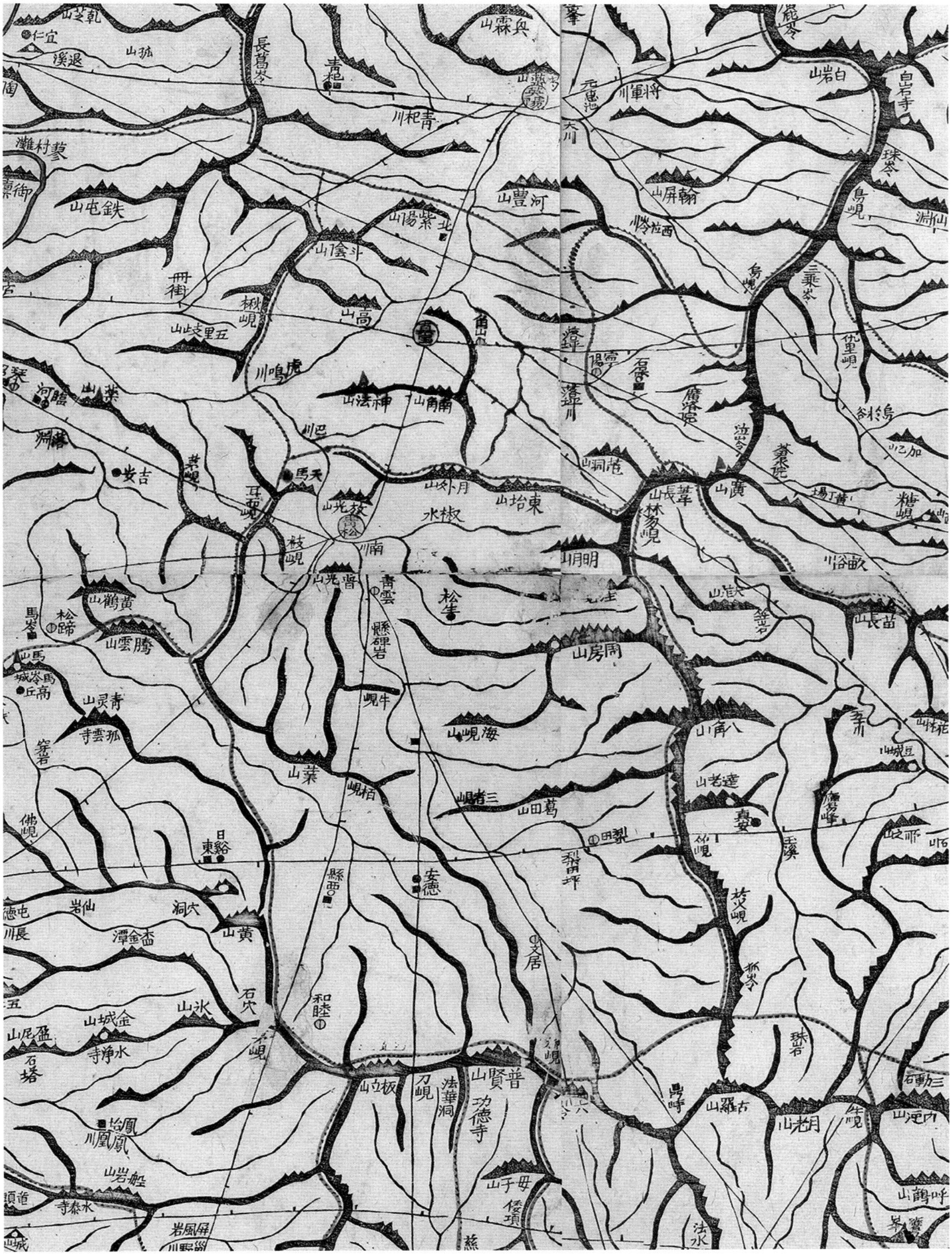

『**대동여지도**大東輿地圖』 **청송도호부**青松都護府 **진보현**眞寶縣
1861년
서울대학교 규장각 한국학연구원

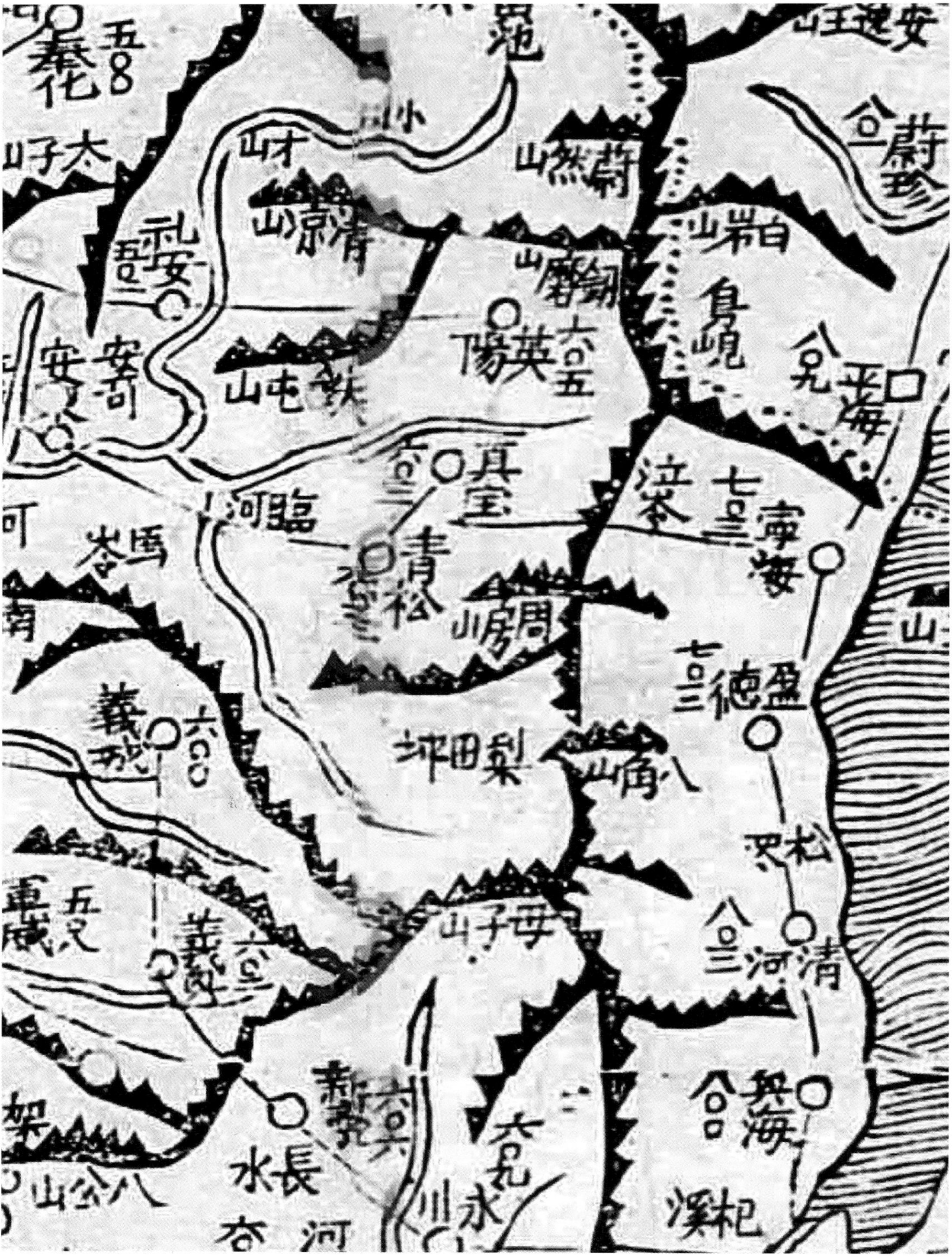

『대동여지전도大東輿地全圖』 중 청송·진보 확대
1859-1869년
국립중앙도서관

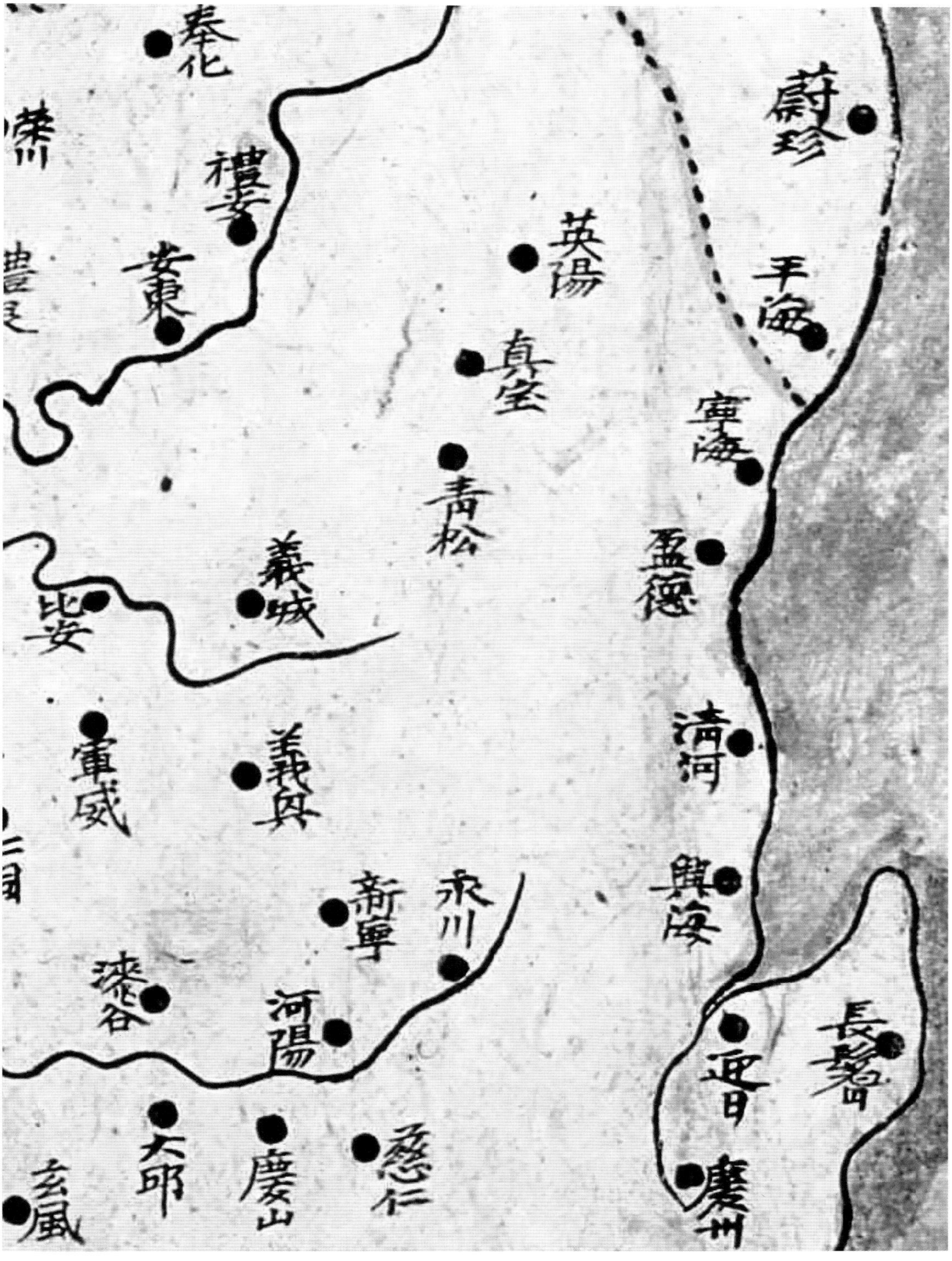

『대동여지도大東輿地圖**』 조선전도**朝鮮全圖 **중 청송·진보 확대**
1861년
국립중앙도서관

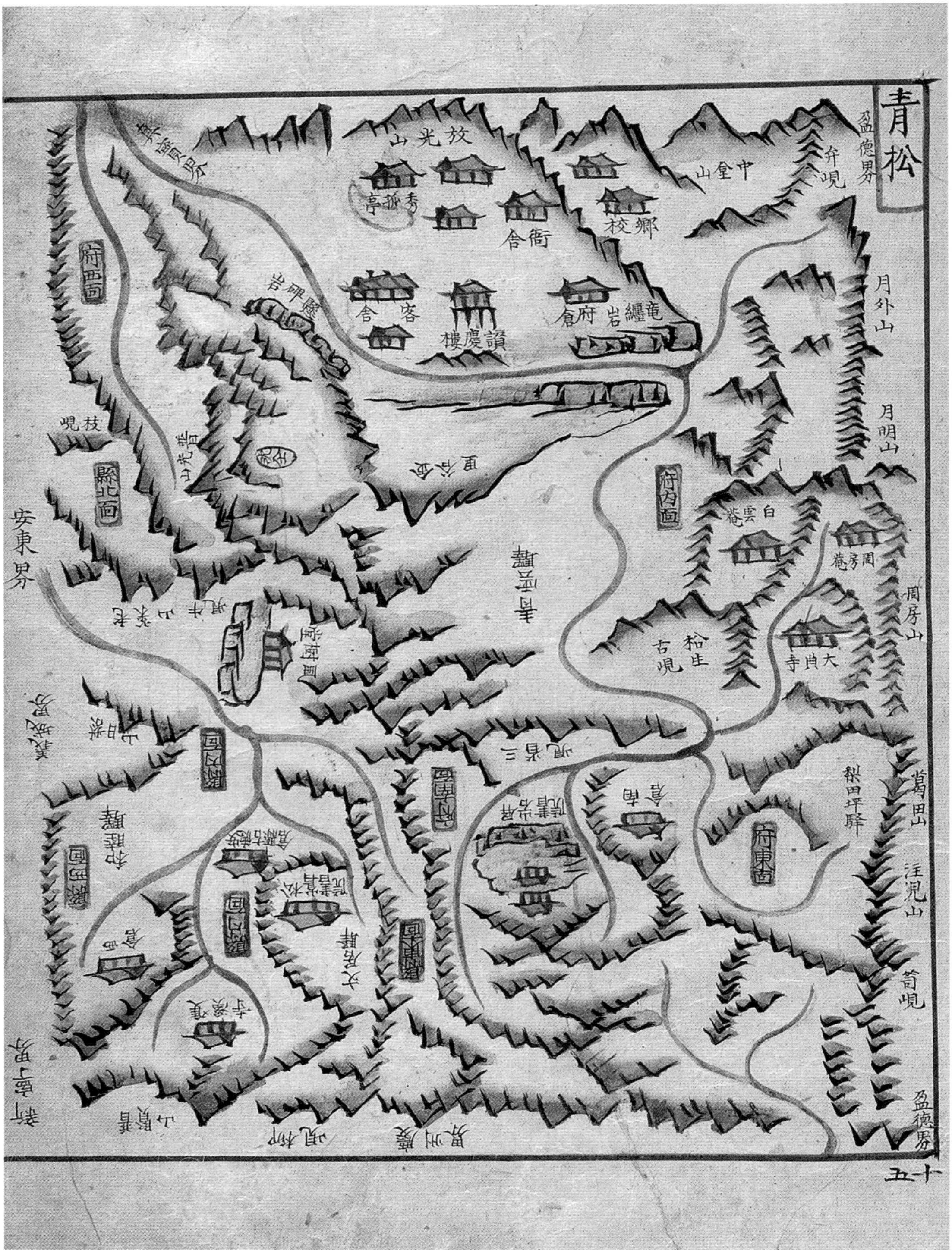

『대한지도大韓地圖』 청송青松
1863년
국립중앙도서관

『대한지도大韓地圖**』 진보**眞寶
1863년
국립중앙도서관

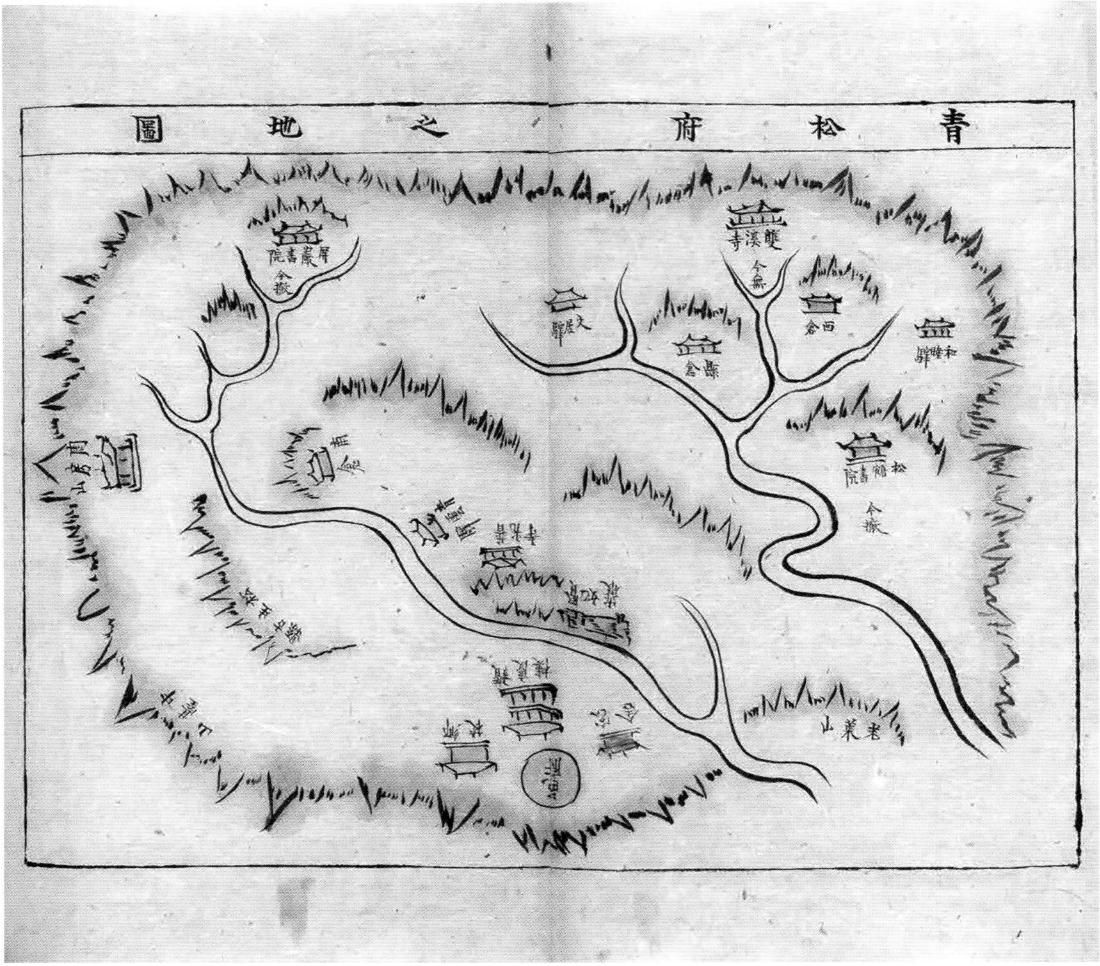

『영남읍지嶺南邑誌**』 청송부지지도**青松府之地圖
1871년
서울대학교 규장각 한국학연구원

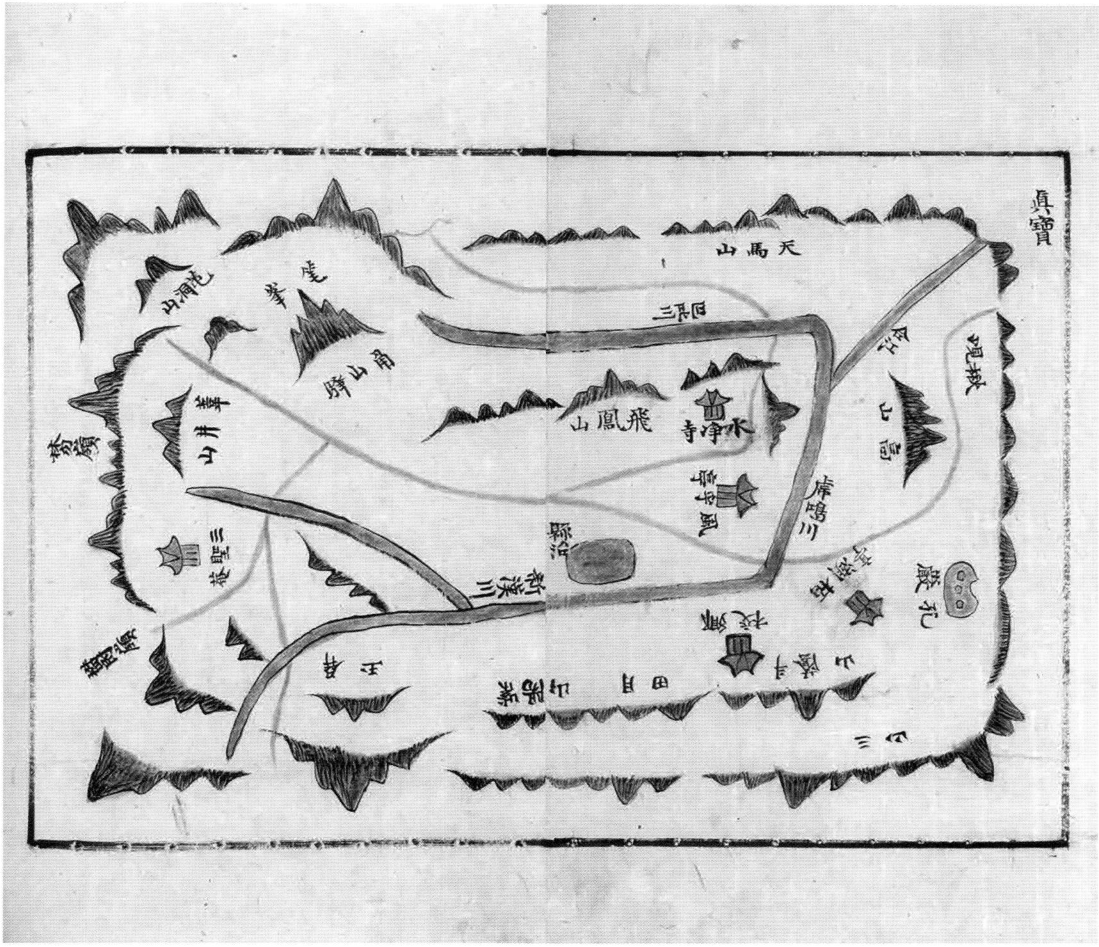

『영남읍지嶺南邑誌**』 진보**眞寶
1871년
서울대학교 규장각 한국학연구원

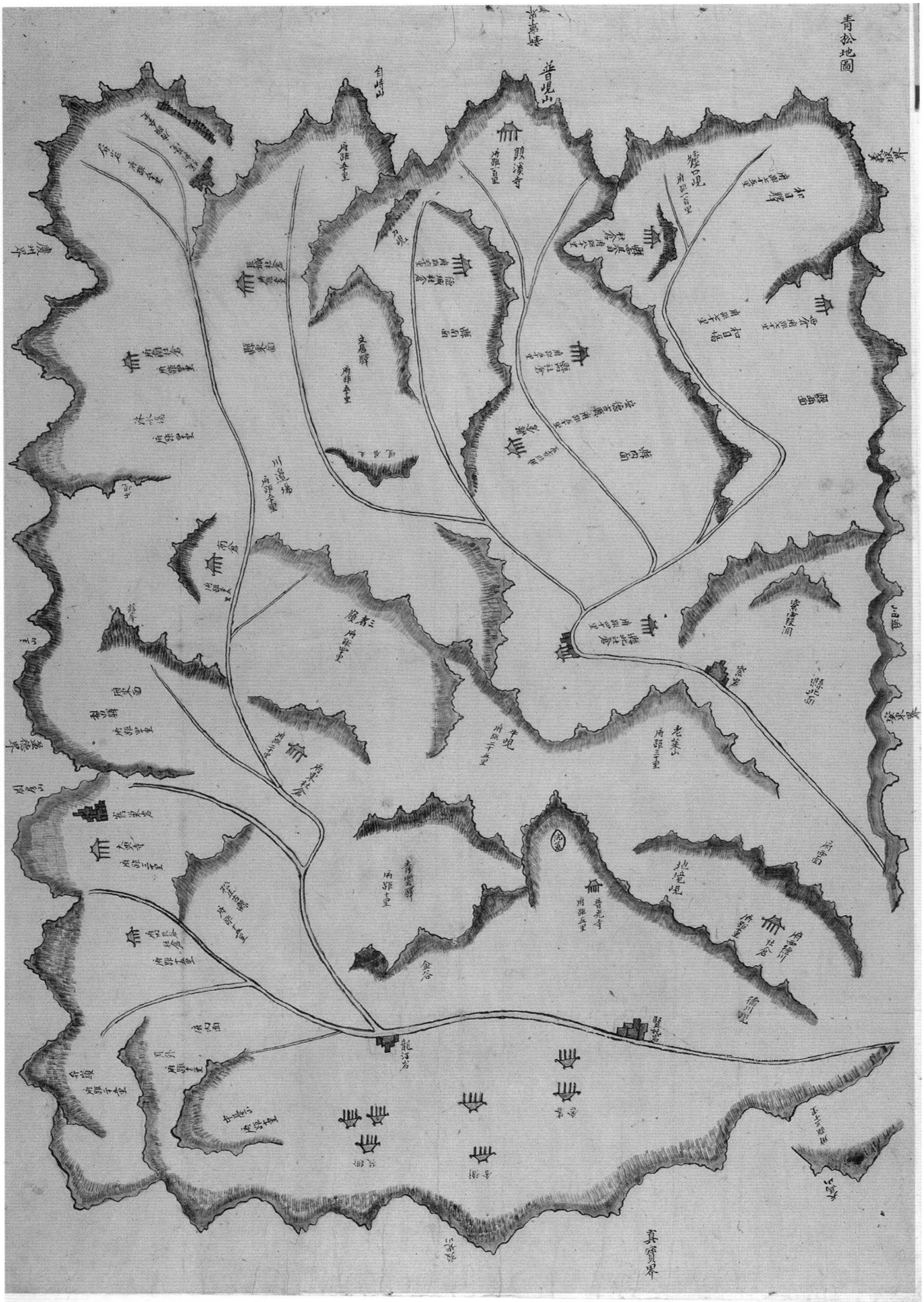

『1872년 지방지도地方地圖**』 청송지도**靑松地圖
1872년
서울대학교 규장각 한국학연구원

『1872년 지방지도地方地圖**』 진보지도**眞寶地圖
1872년
서울대학교 규장각 한국학연구원

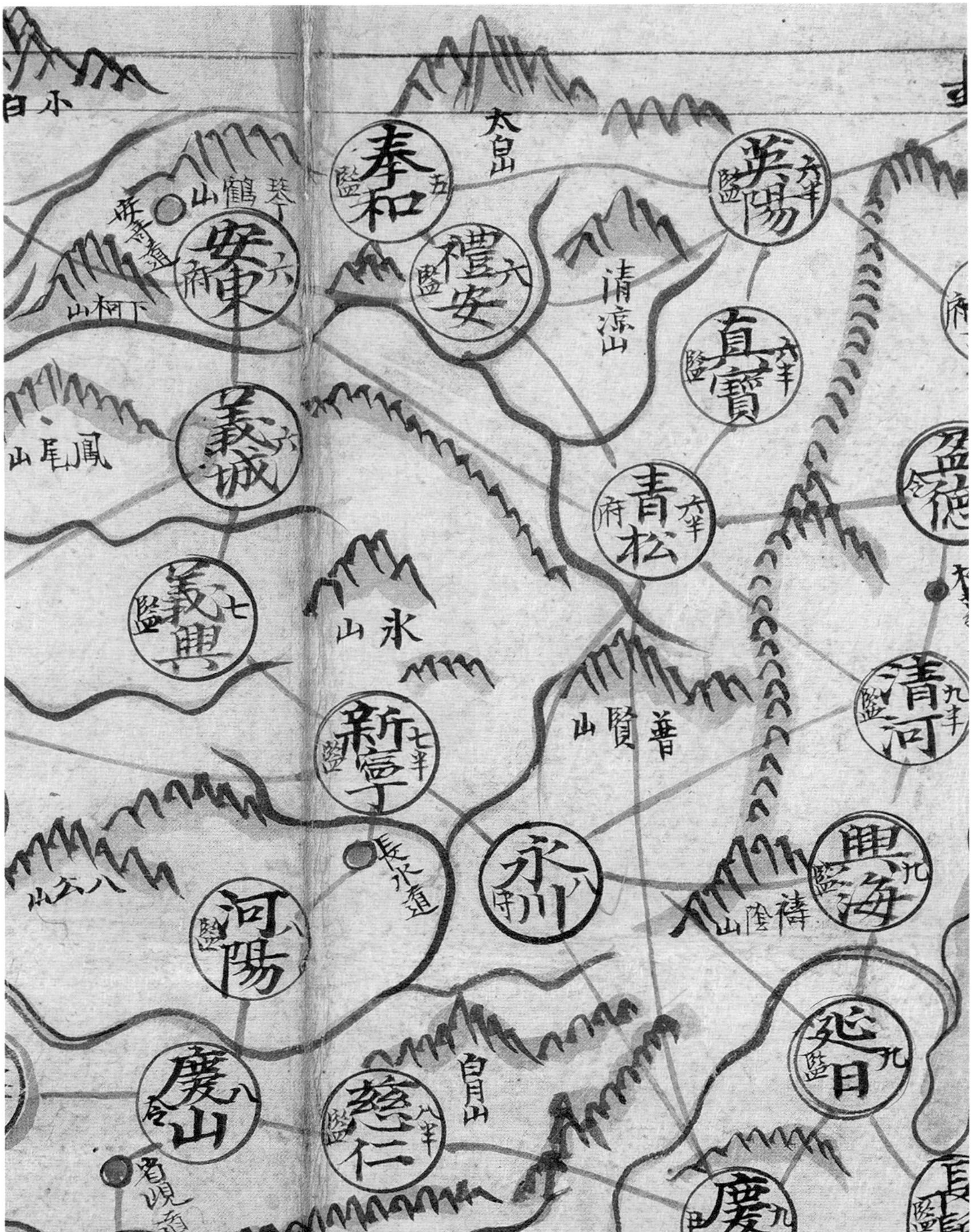

『해동제국지도海東諸國地圖**』 경상도**慶尙道 **중 청송·진보 확대**
18세기 말
서울대학교 규장각 한국학연구원

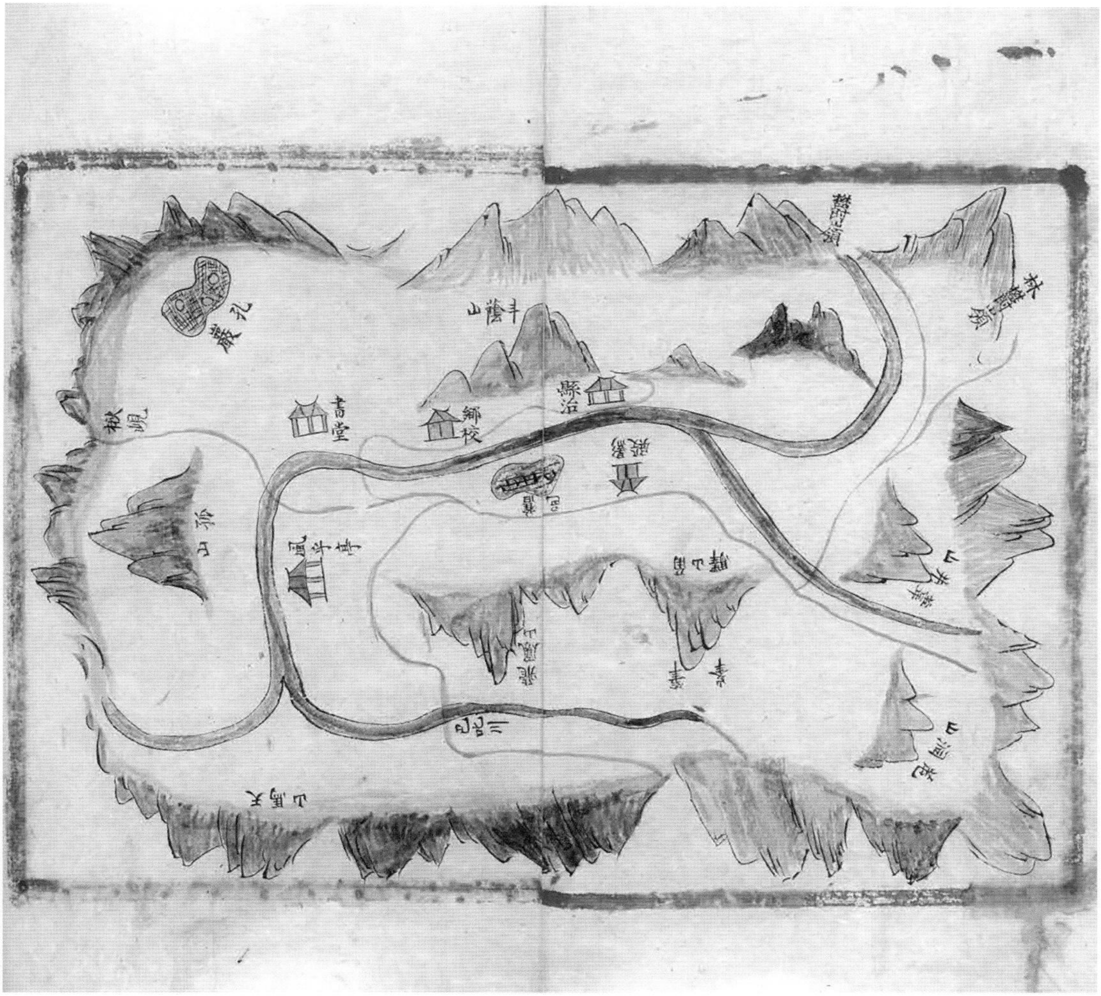

『영남읍지嶺南邑誌**』 진보현**眞寶縣
1895년
서울대학교 규장각 한국학연구원

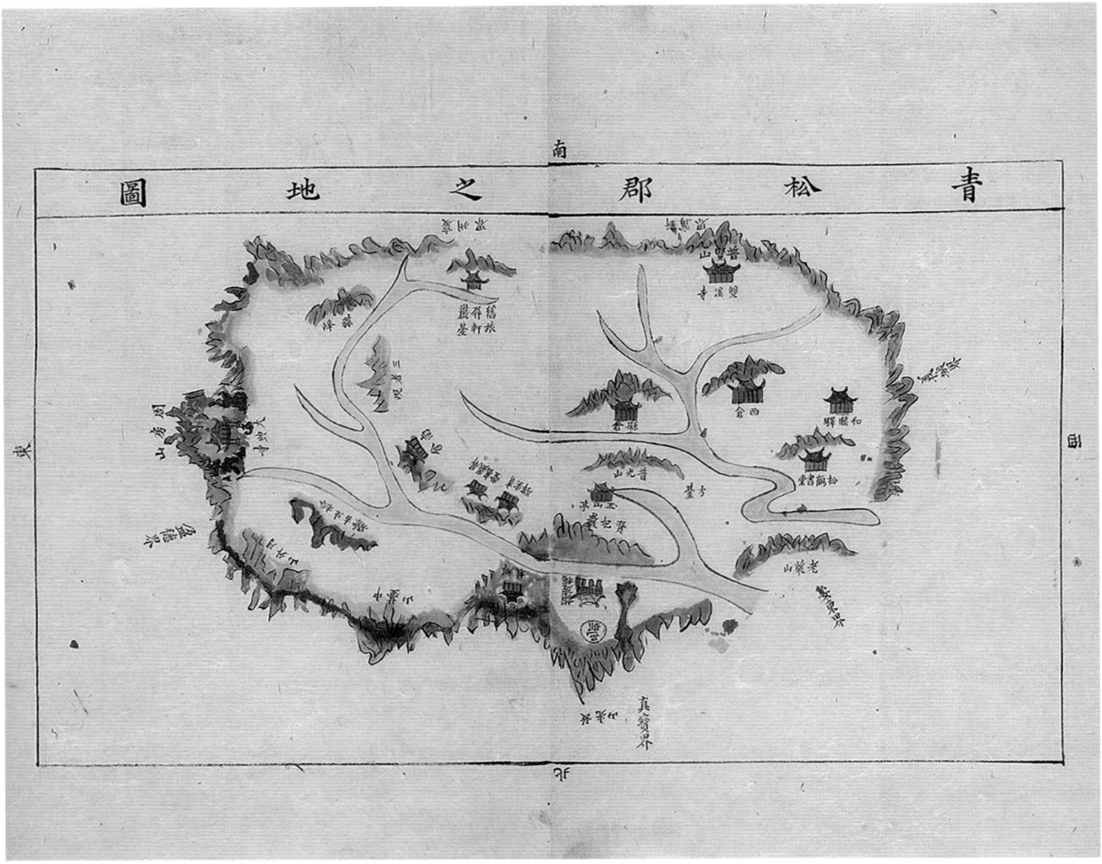

『청송군읍지靑松郡邑誌**』 청송군지지도**靑松郡之地圖
1899년경
서울대학교 규장각 한국학연구원

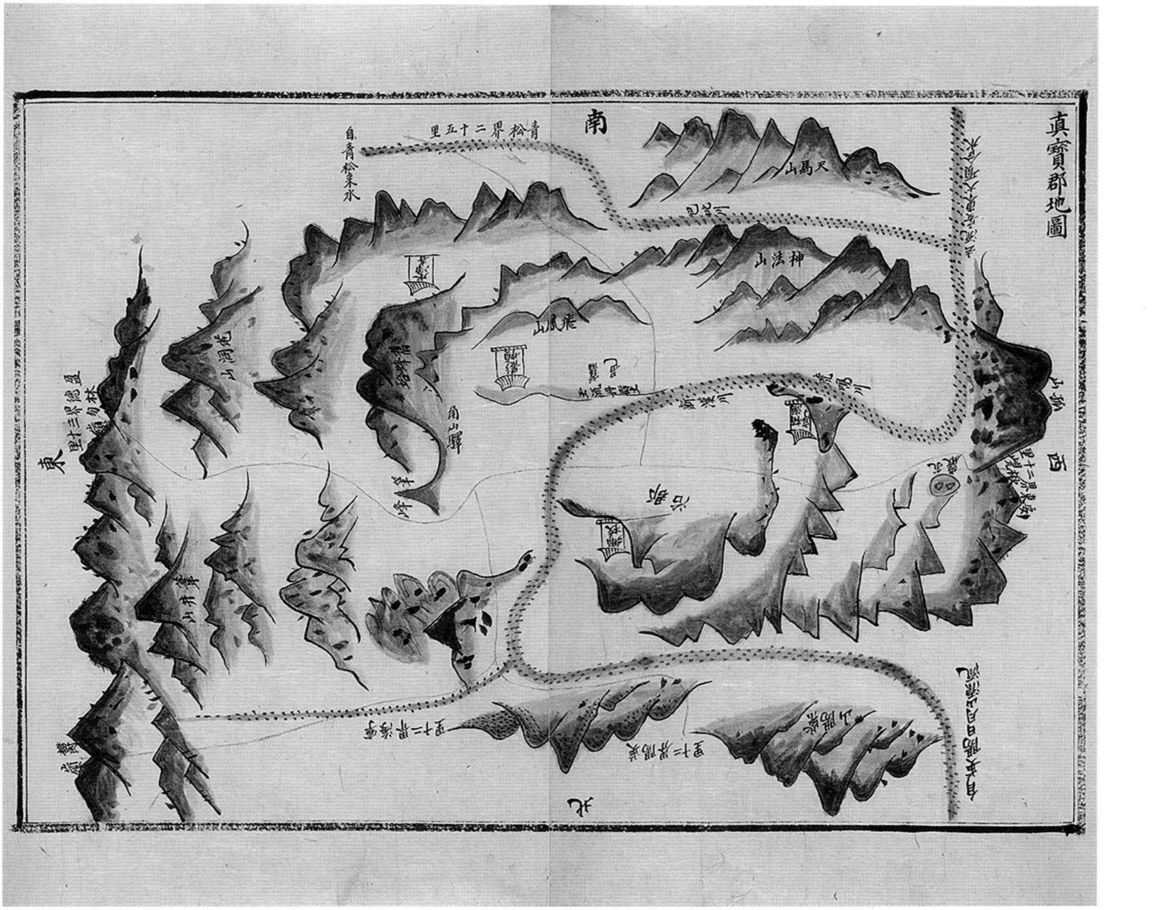

『진보읍지眞寶邑誌』 진보군지도眞寶郡地圖
1899년
서울대학교 규장각 한국학연구원

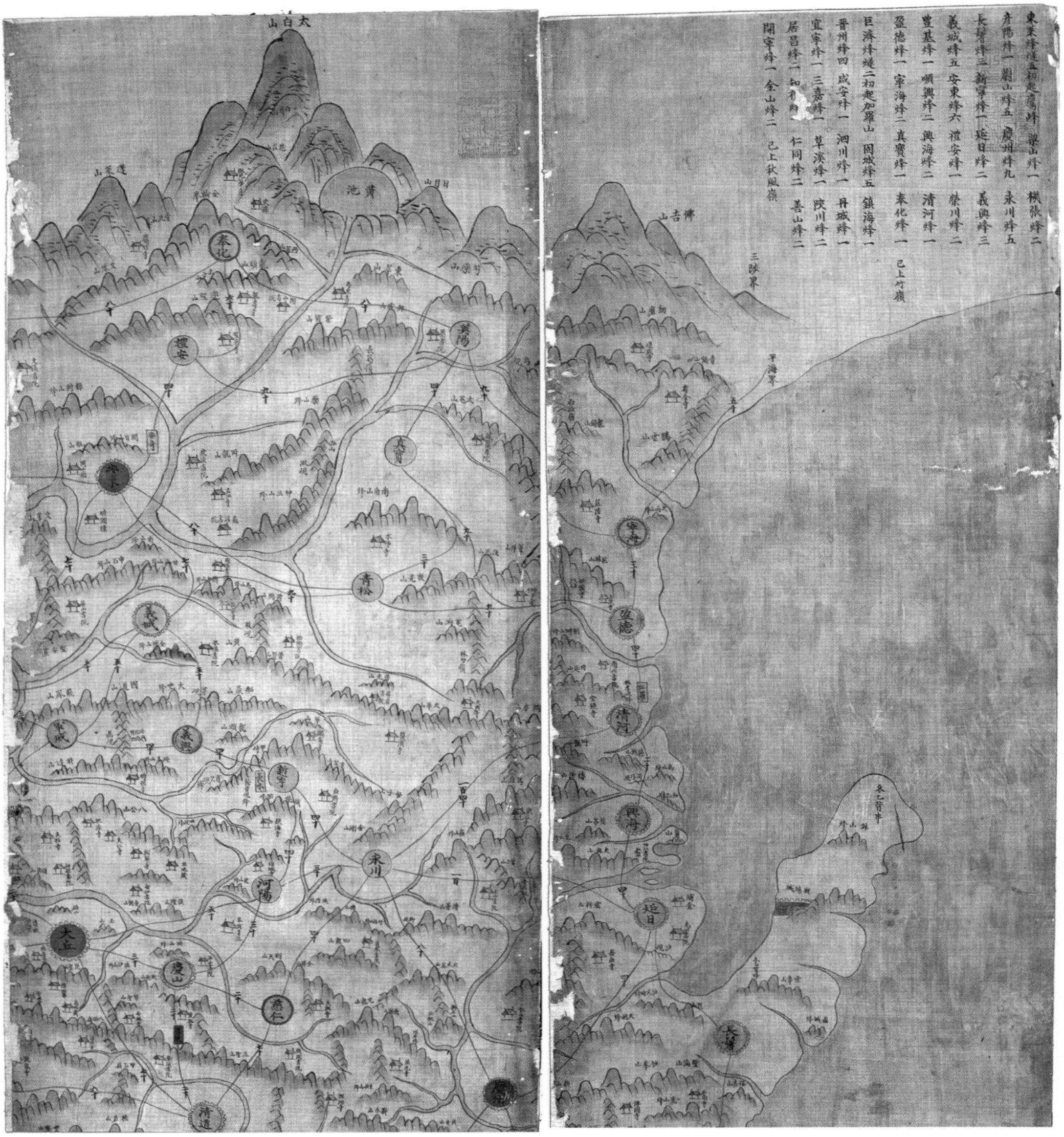

『경상남북도지도慶尙南北道地圖』 청송·진보 확대
제작연도 미상(조선후기)
국립중앙도서관

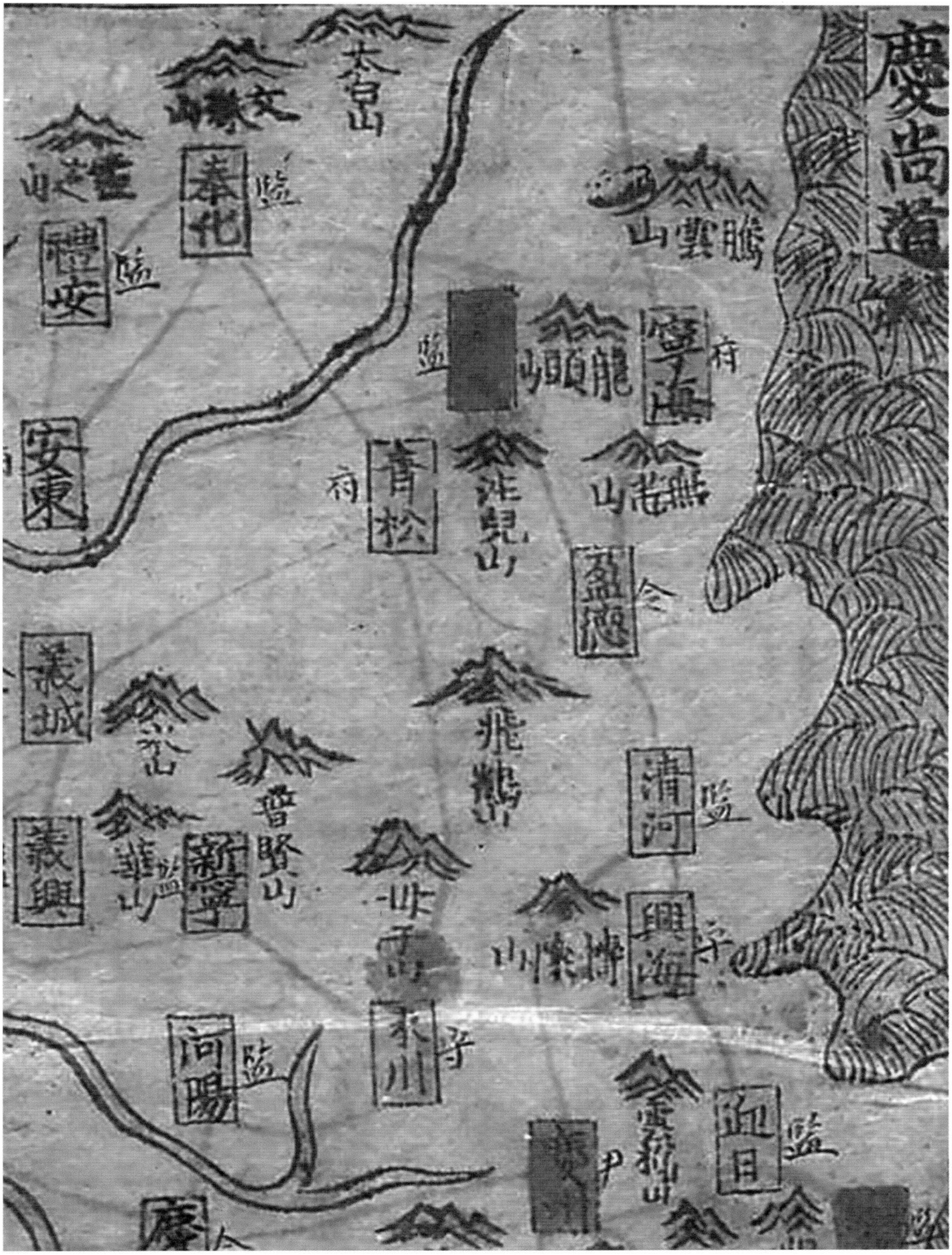

『동람보첩東覽寶帖**』 경상도**慶尙道 **중 청송·진보 확대**
제작연도 미상
한국학중앙연구원 장서각

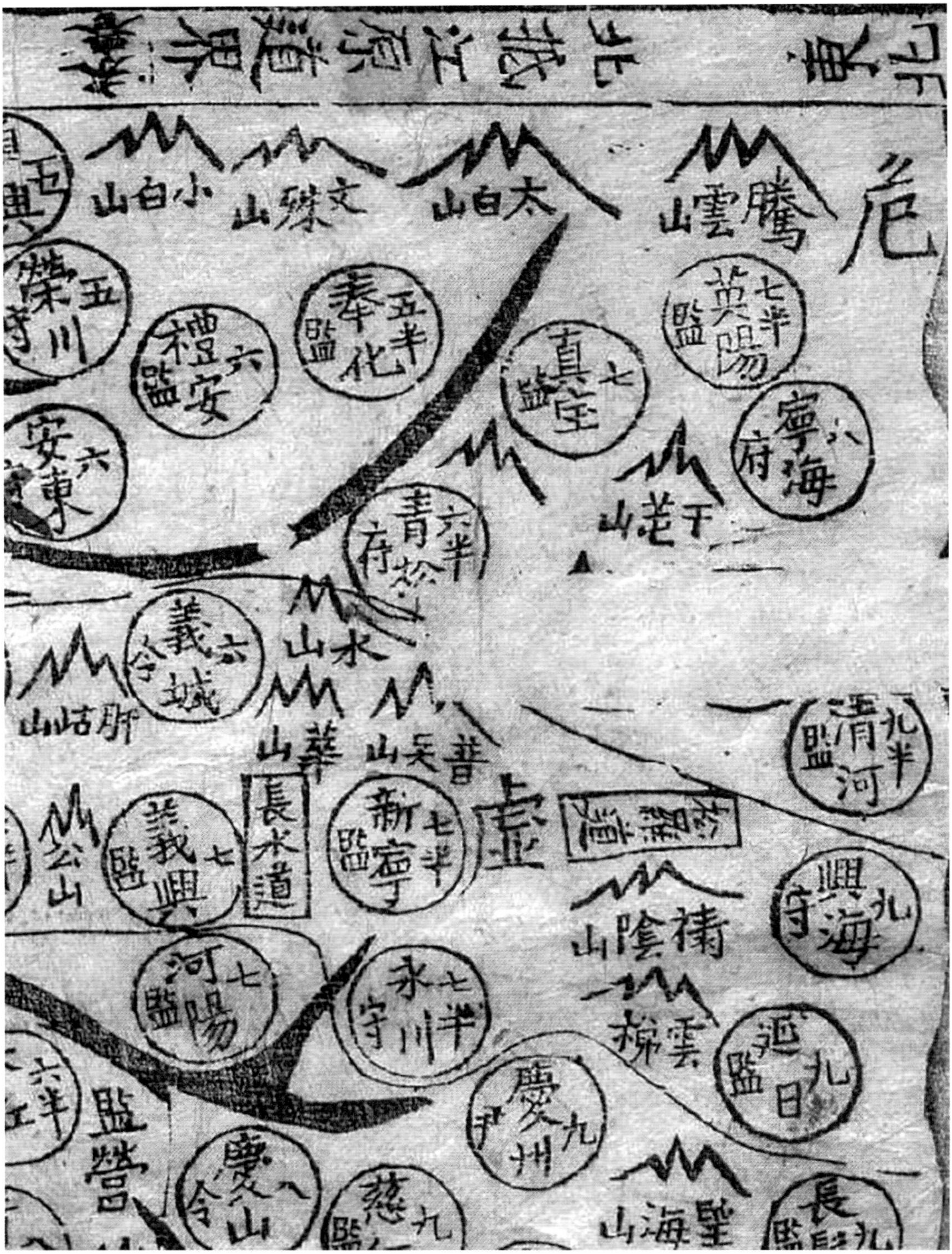

『여지도輿地圖』 경상도慶尙道 중 청송·진보 확대
1800년 이후
한국학중앙연구원 장서각

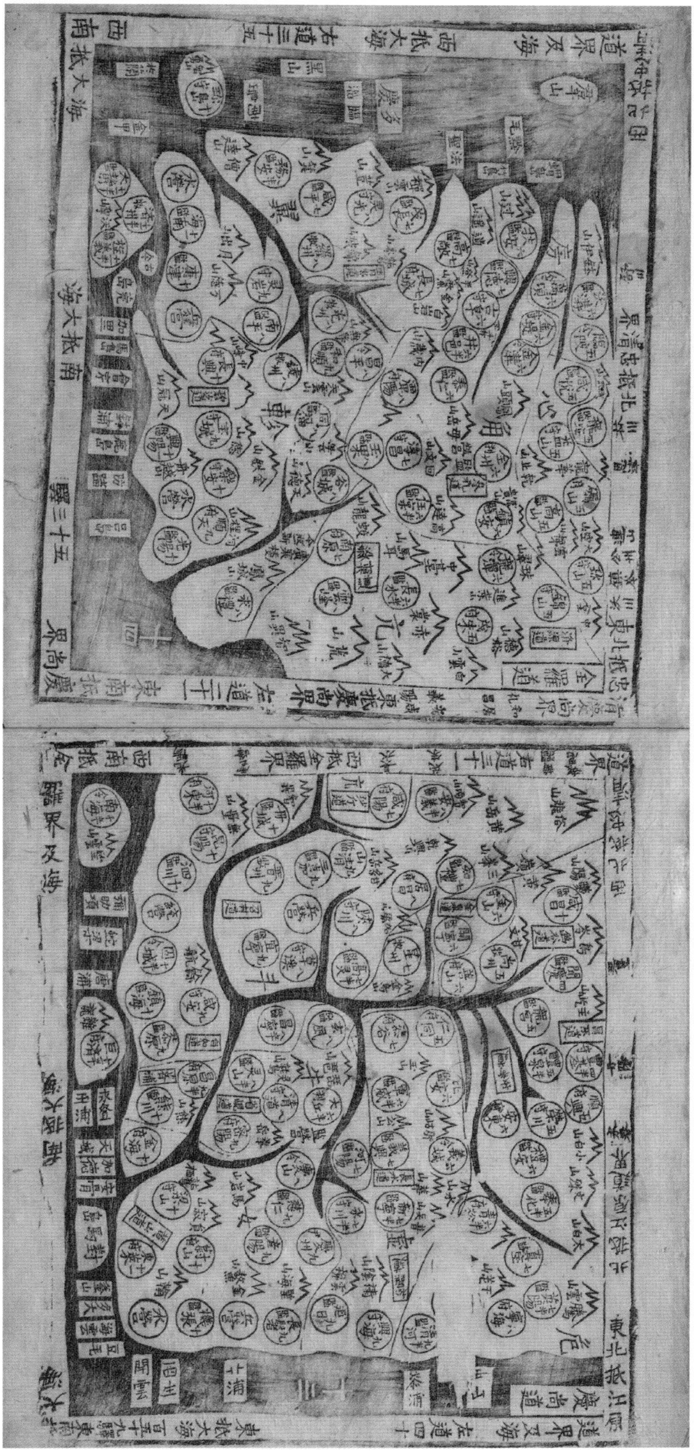

『여지도輿地圖**』 경상도**慶尙道
1800년 이후
한국학중앙연구원 장서각

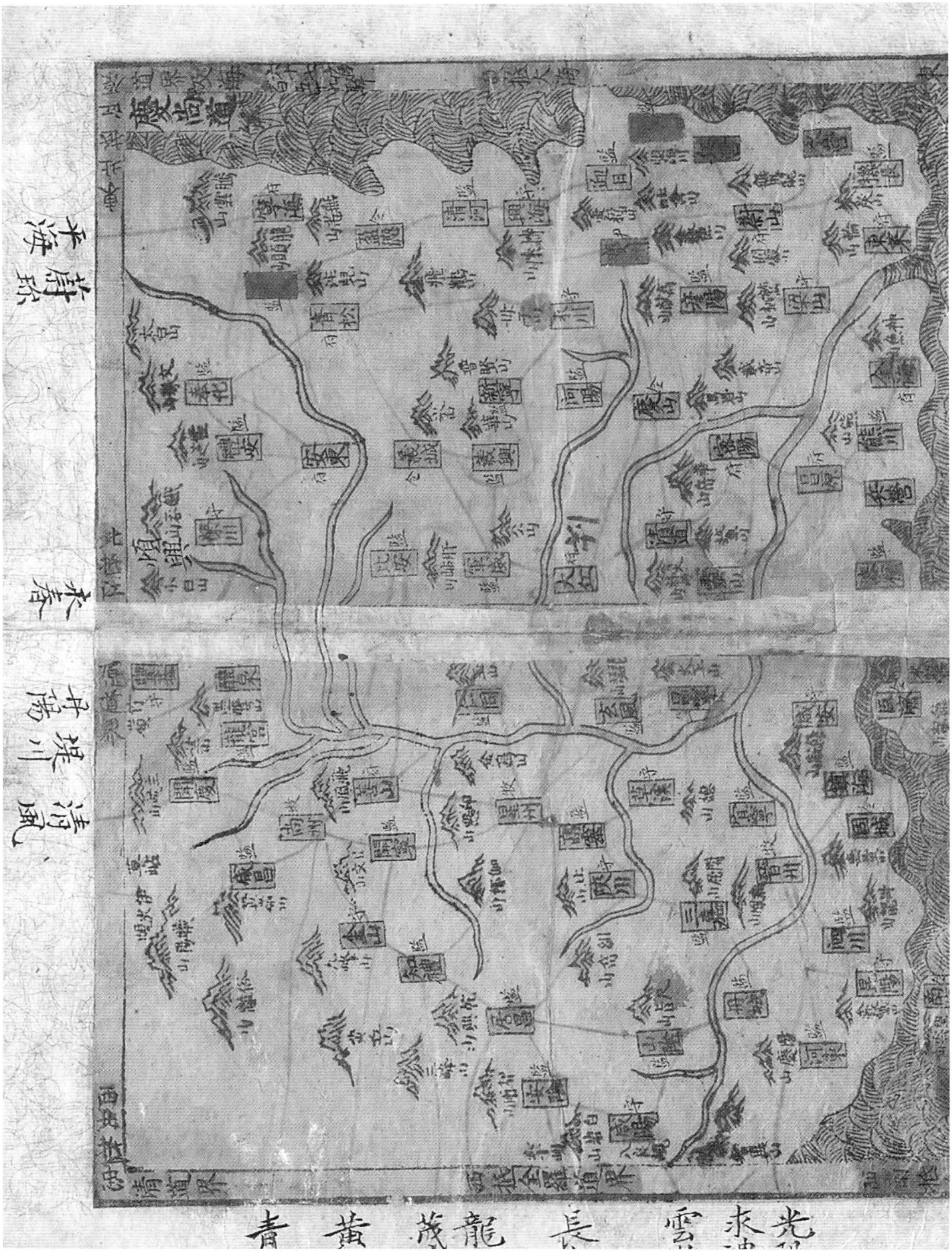

『동람보첩東覽寶帖**』 경상도**慶尙道
제작연도 미상
한국학중앙연구원 장서각

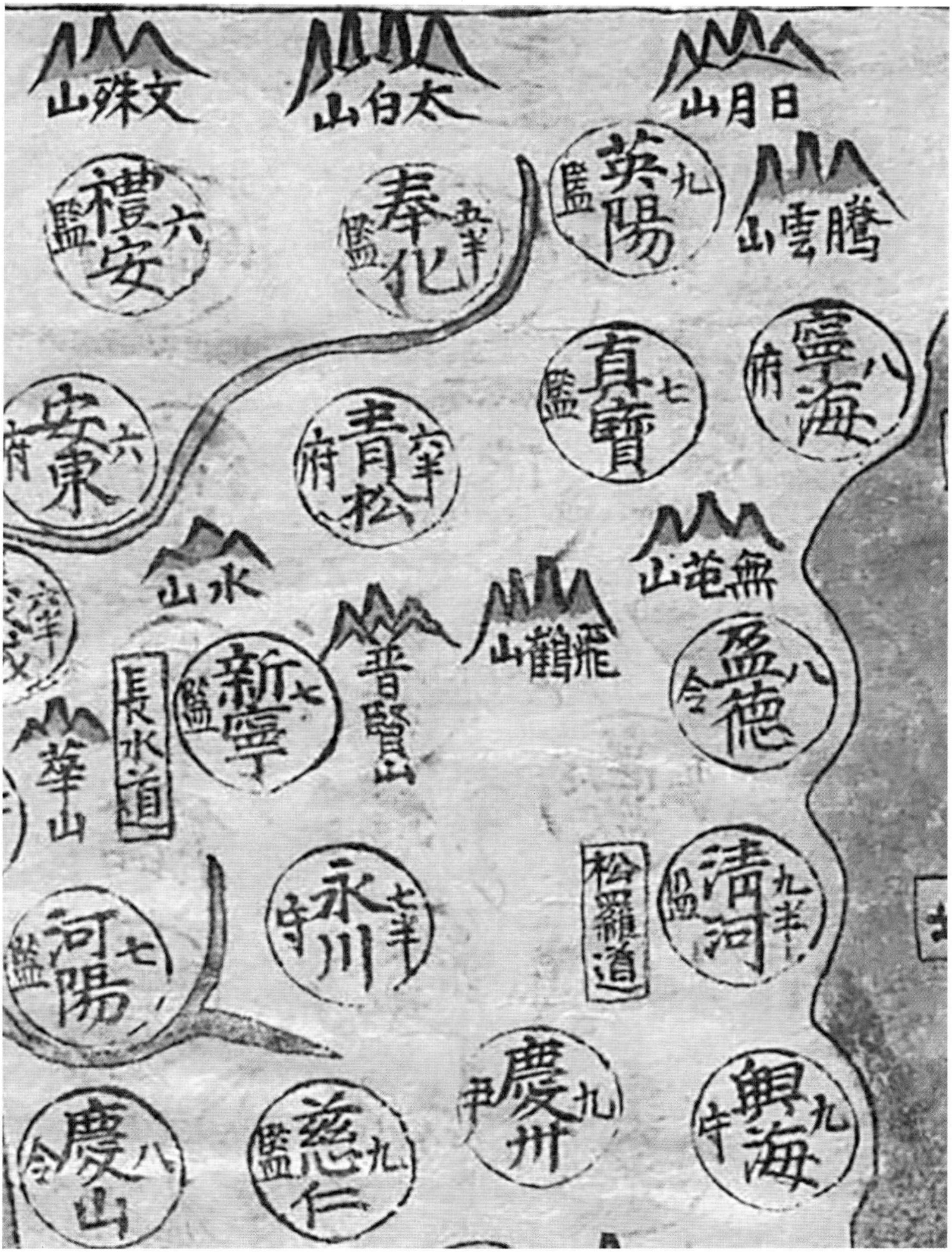

『조선지도朝鮮地圖**』 경상도**慶尙道 **중 청송·진보 확대**
제작연도 미상
한국학중앙연구원 장서각

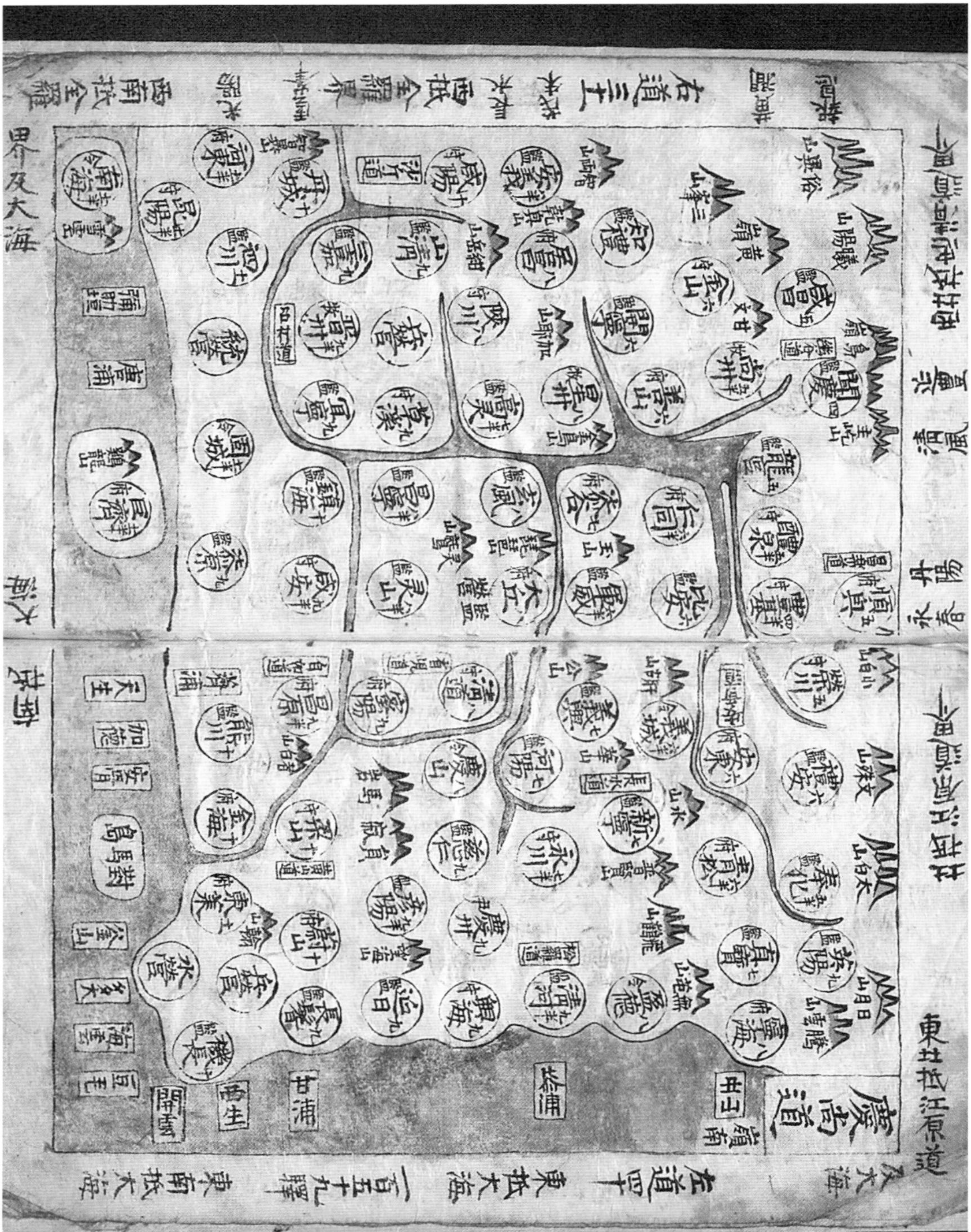

『조선지도朝鮮地圖**』 경상도**慶尙道
제작연도 미상
한국학중앙연구원 장서각

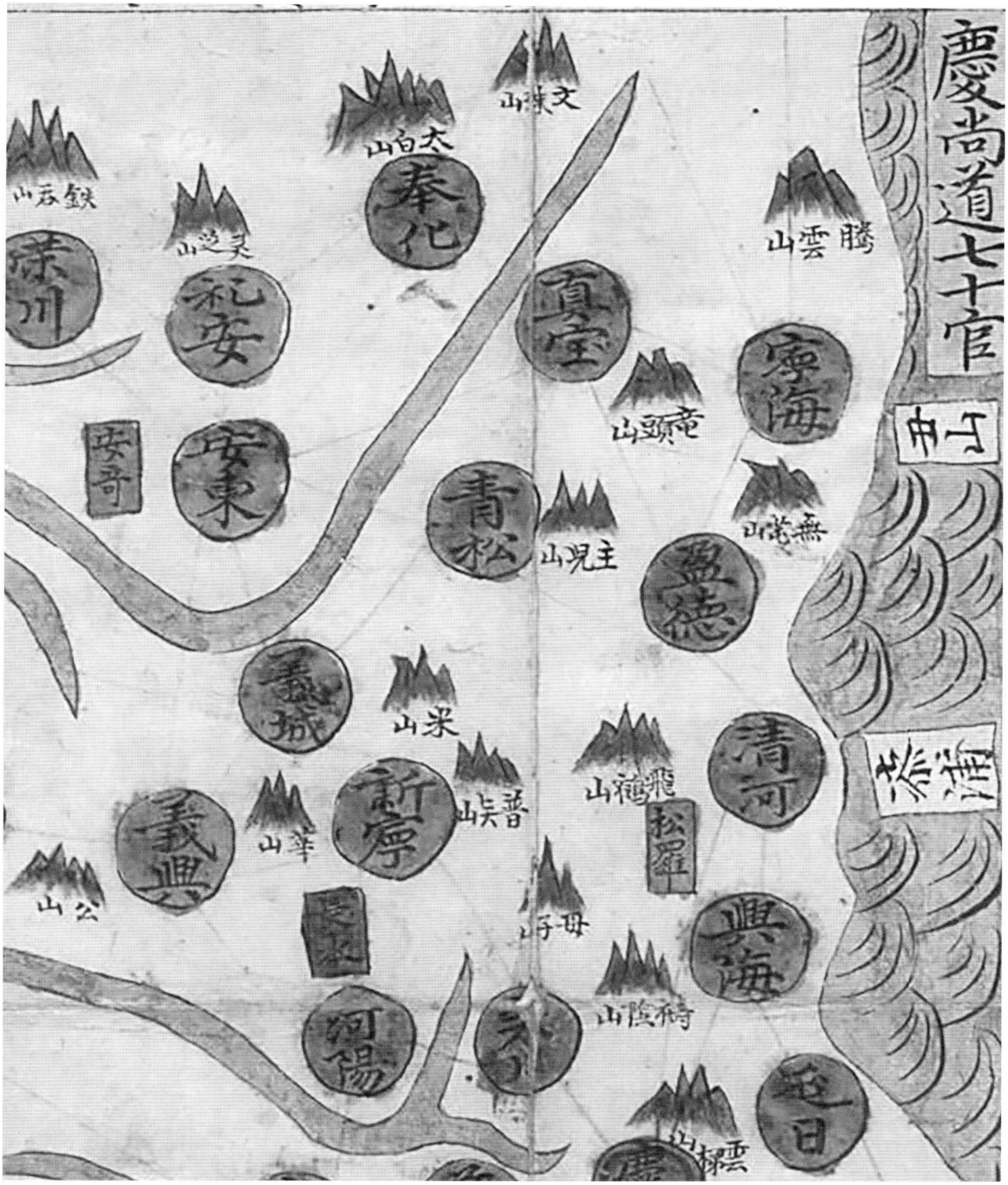

『동국지도東國地圖』 경상도慶尙道 중 청송·진보 확대
제작연도 미상
한국학중앙연구원 장서각

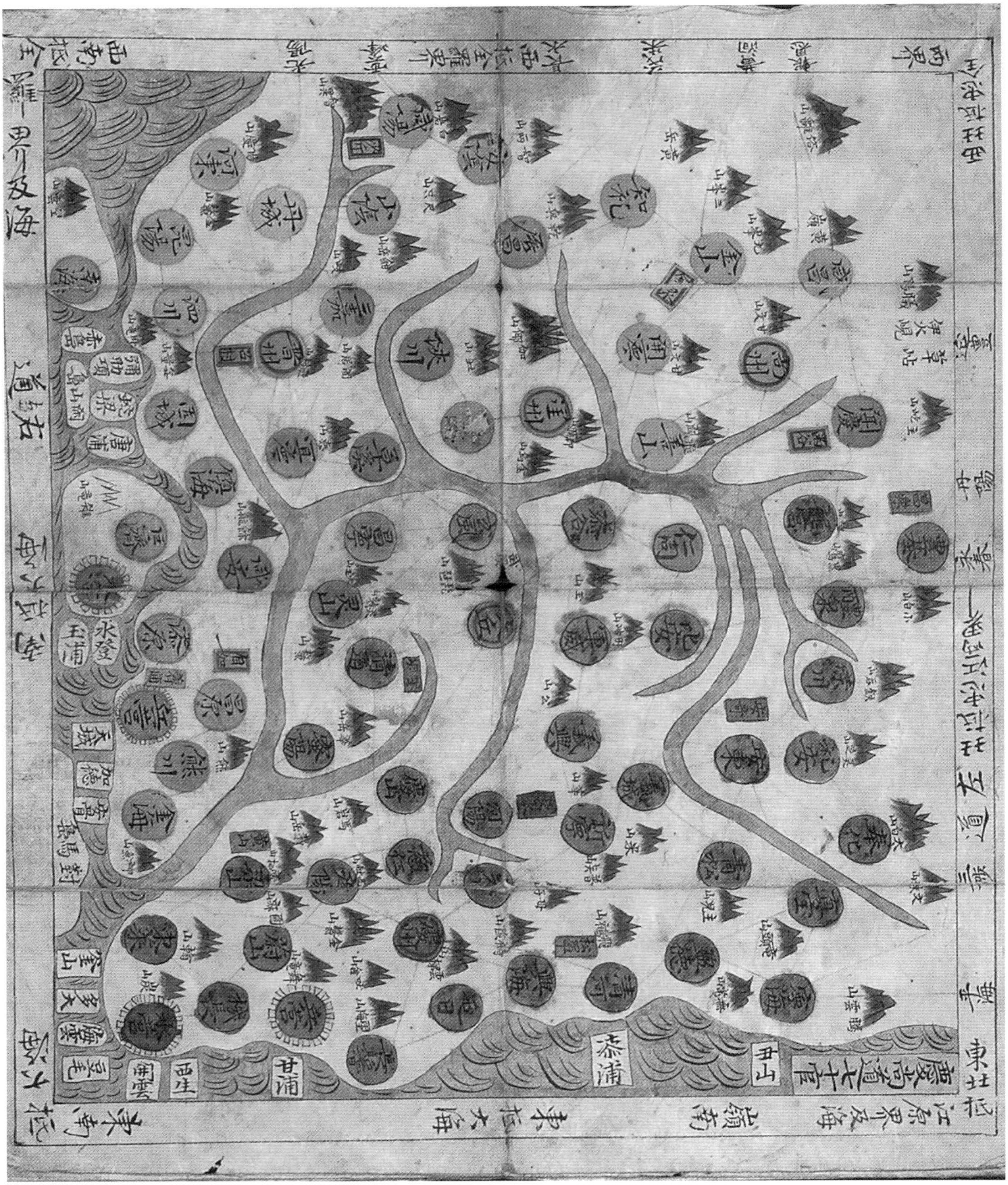

『동국지도東國地圖**』 경상도**慶尙道
제작연도 미상
한국학중앙연구원 장서각

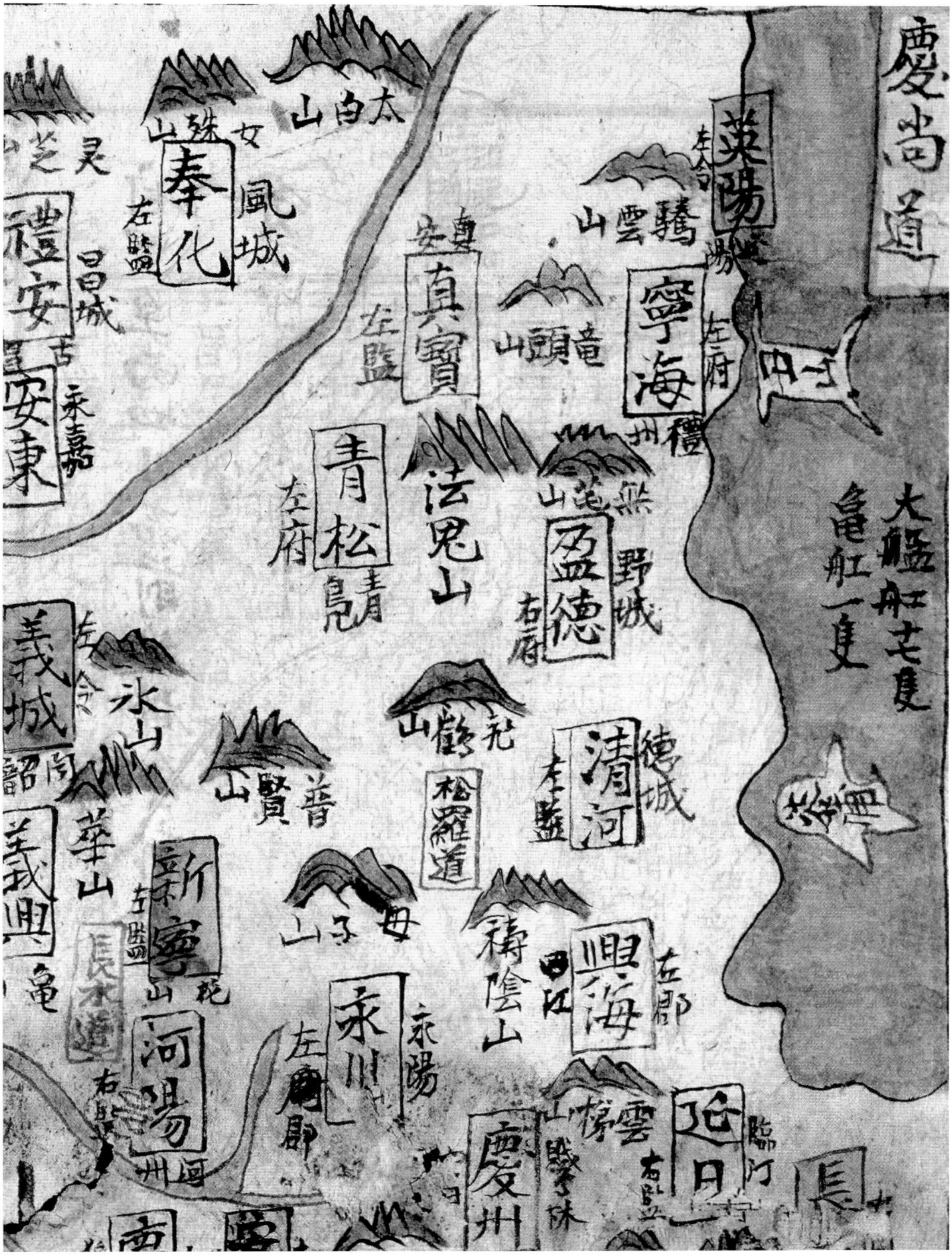

『천하도天下圖』 경상도慶尙道 중 청송·진보 확대
1800년 이후
한국학중앙연구원 장서각

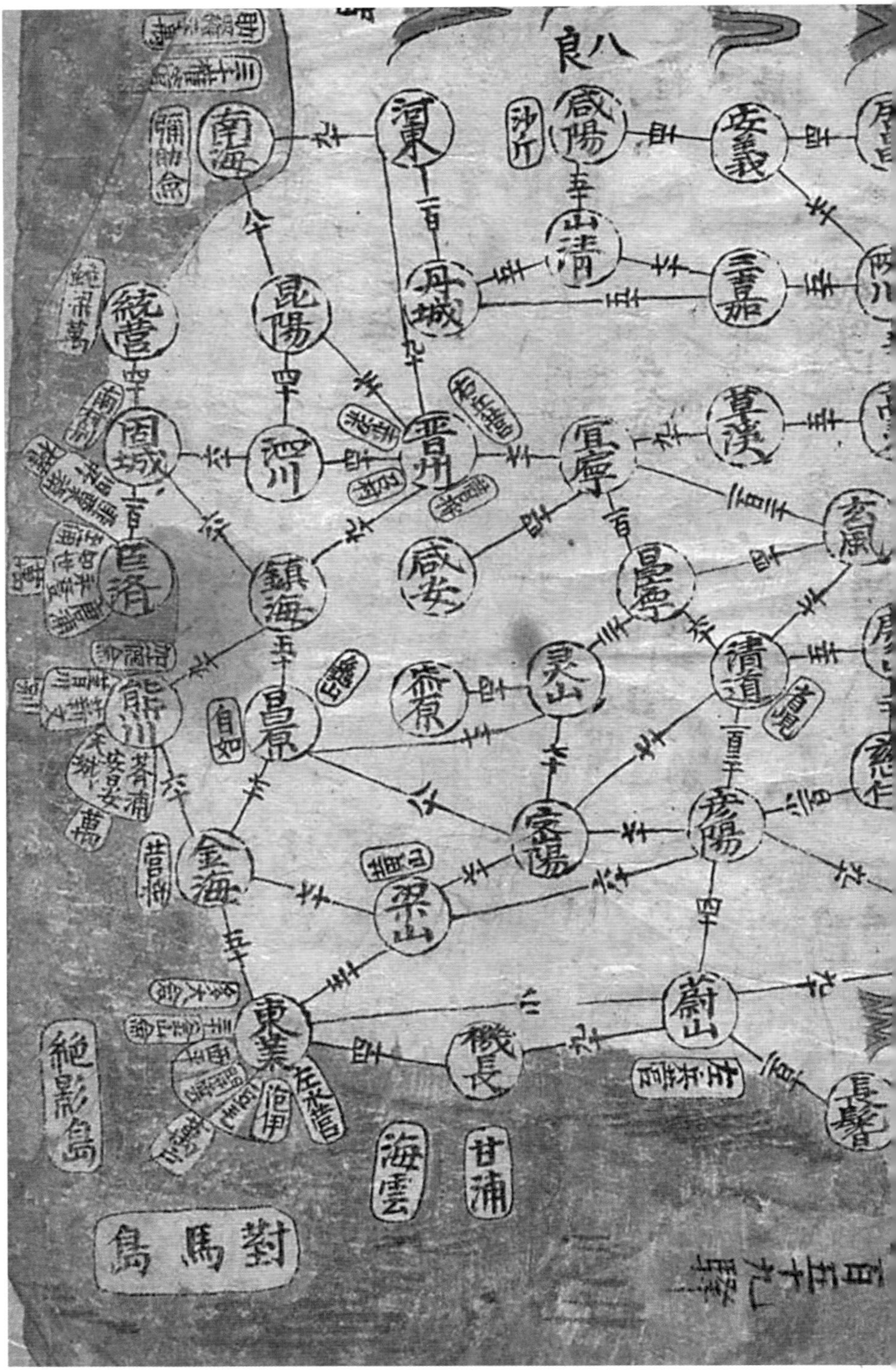

『조선지도朝鮮地圖**』 영남도**嶺南圖
제작연도 미상
한국학중앙연구원 장서각

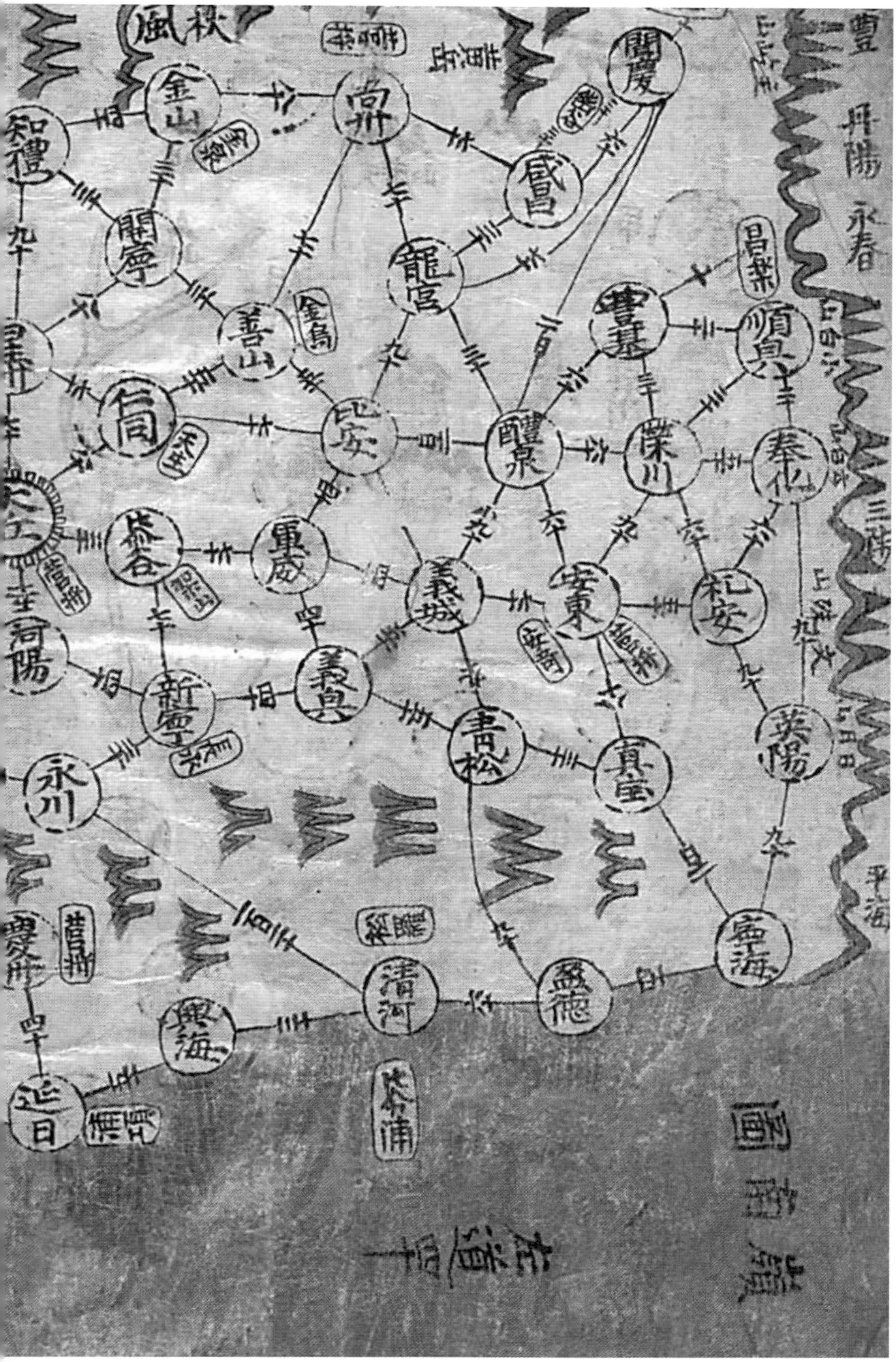

秋風
金山
尙州
聞慶
咸昌
知禮
開寧
龍宮
善山
金烏
豊基
順興
昌樂
丹陽
永春
仁同
比安
醴泉
榮川
奉化
漆谷
軍威
義城
安東
禮安
河陽
新寧
義興
靑松
眞寶
英陽
永川
寧海
盈德
淸河
興海
延日
嶺南圖
慶尙道

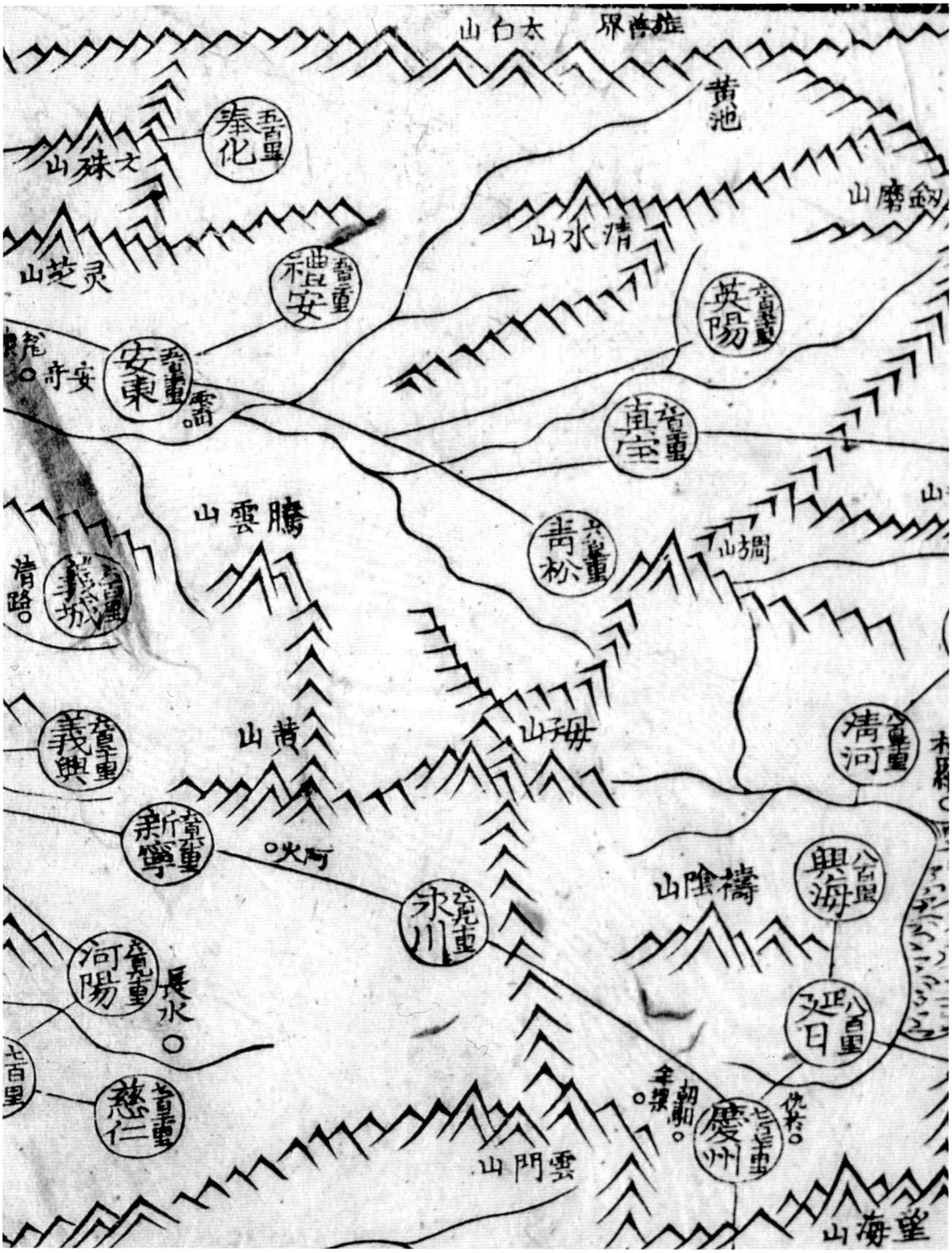

『접역지도鰈域地圖**』 경상도**慶尙道 **중 청송·진보 확대**
1889년 이후
국립중앙도서관

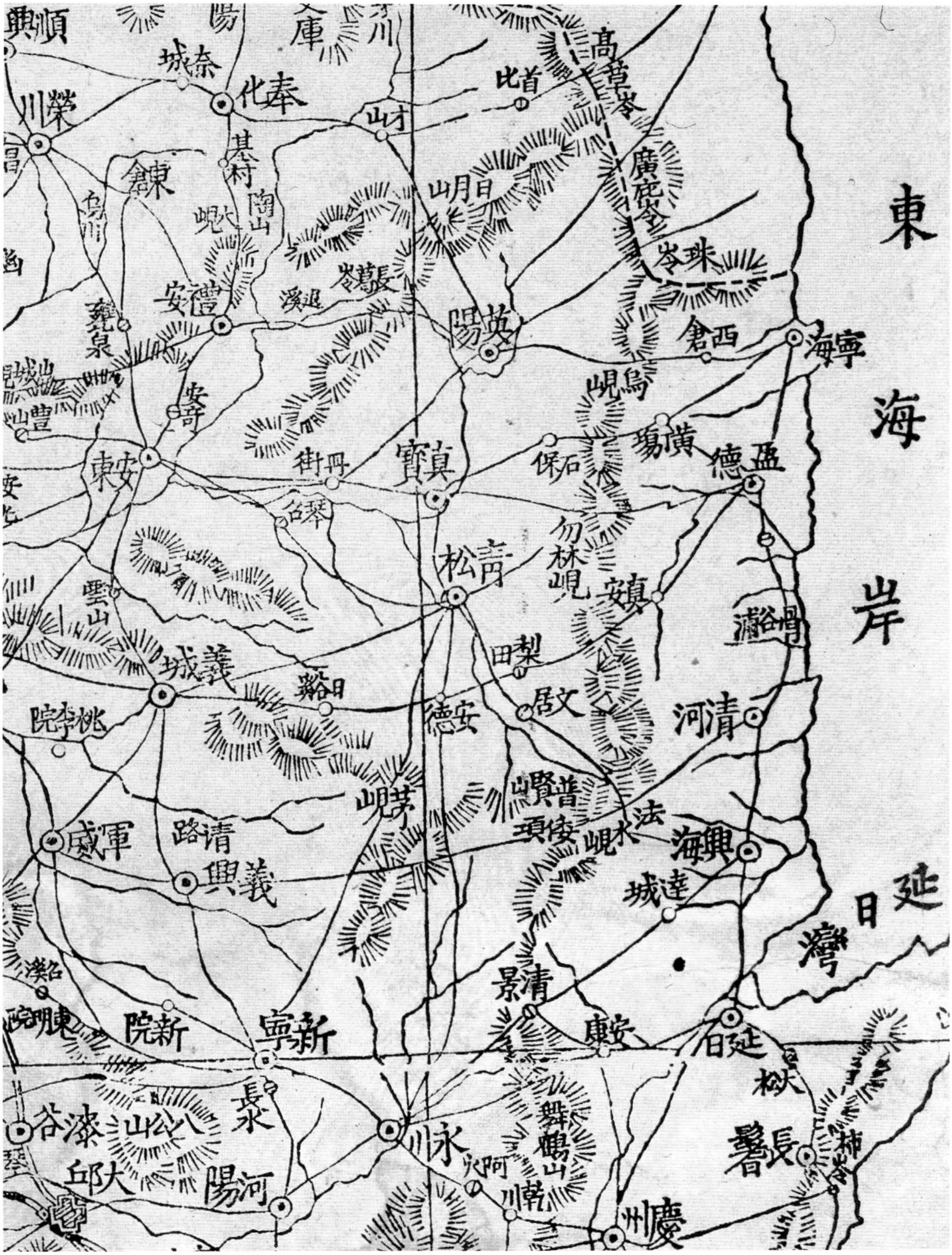

『대한신지지부지도大韓新地志附地圖**』 경상북도**慶尙北道 **중 청송·진보 확대**
1897-1909년
국립중앙도서관

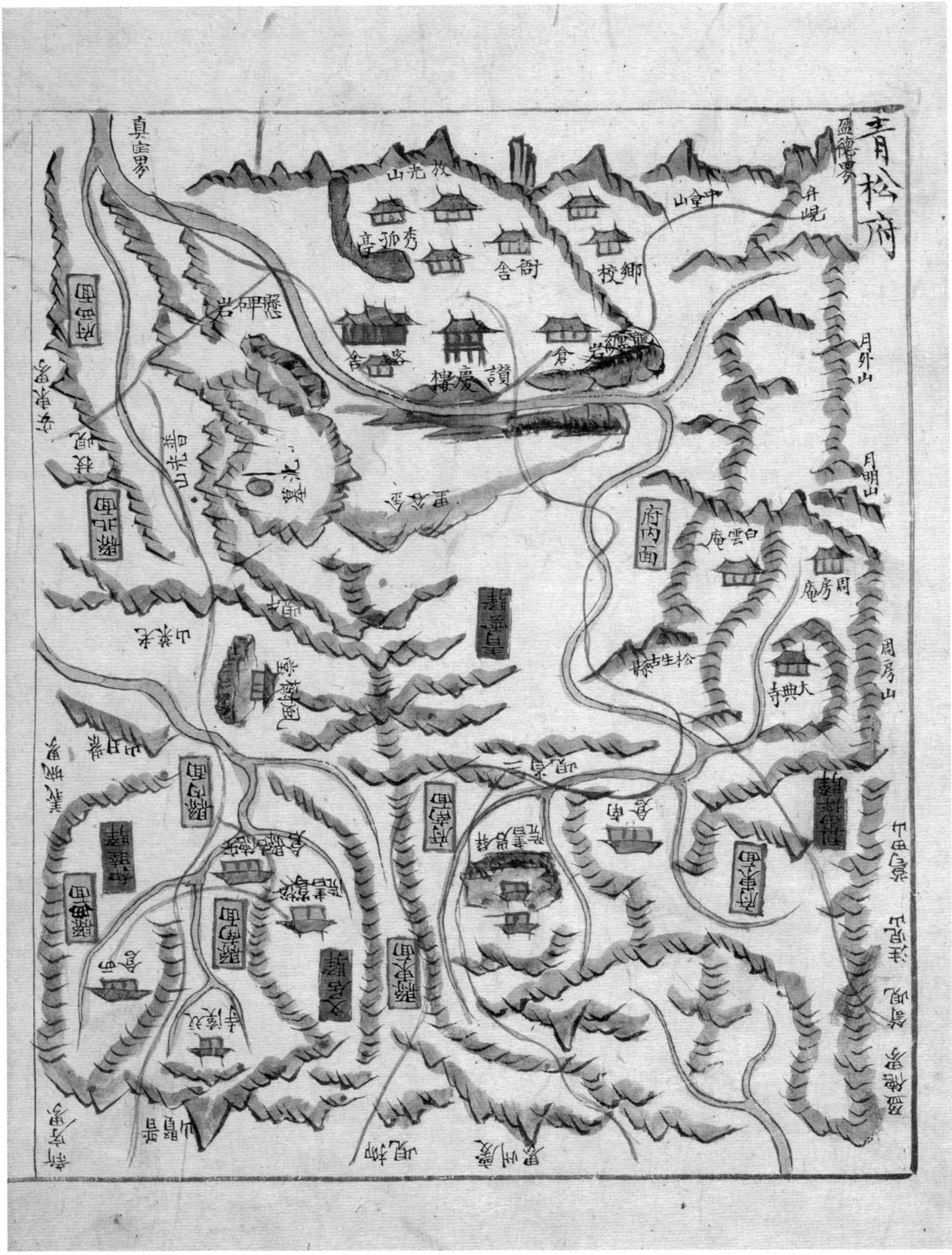

『지승地乘』 청송부青松府
제작연도 미상(조선후기)
서울대학교 규장각 한국학연구원

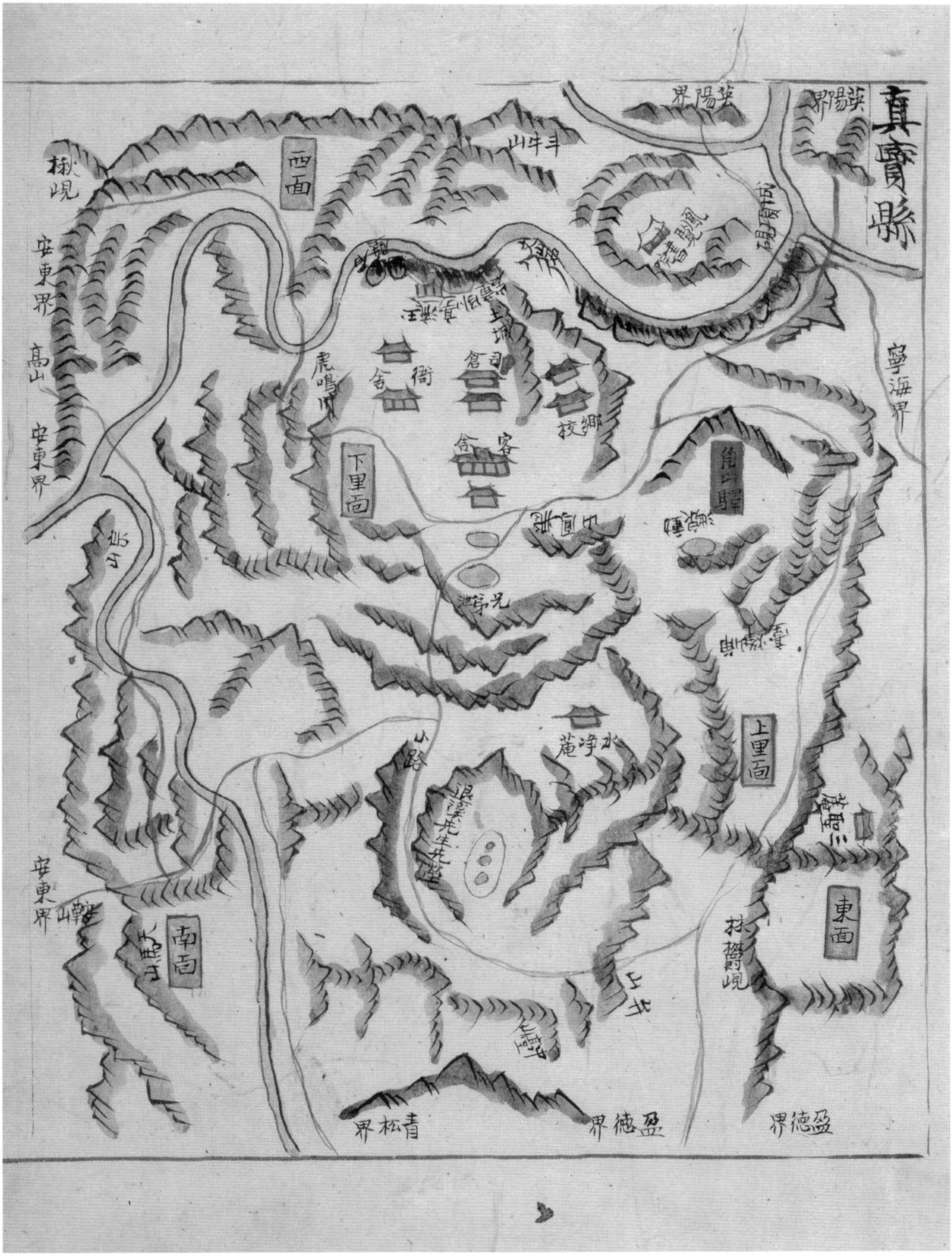

『지승地乘』 진보현眞寶縣
제작연도 미상(조선후기)
서울대학교 규장각 한국학연구원

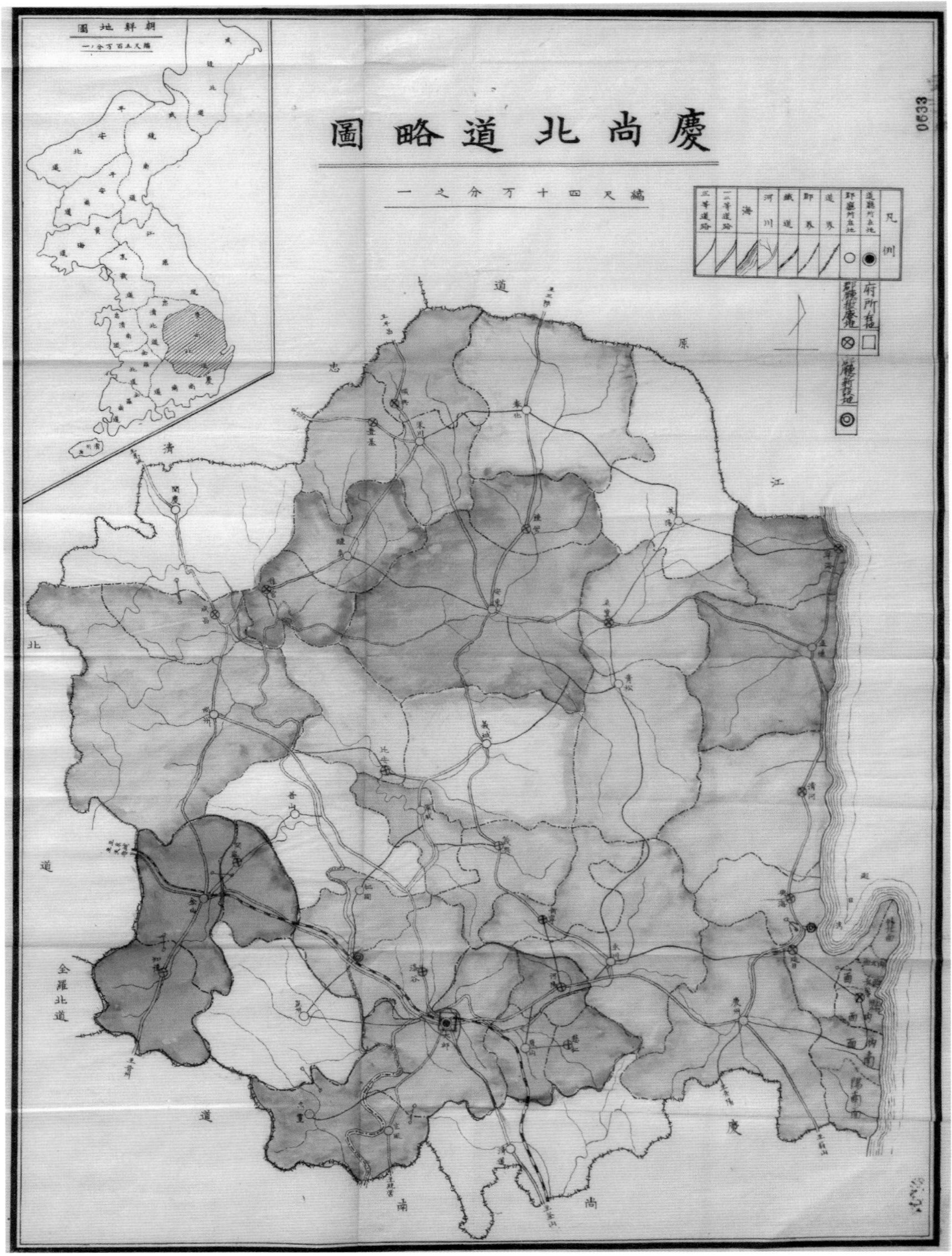

『경상북도약도慶尙北道略圖**』 부군면통폐합시**府郡面統廢合時
1913년경
국가기록원

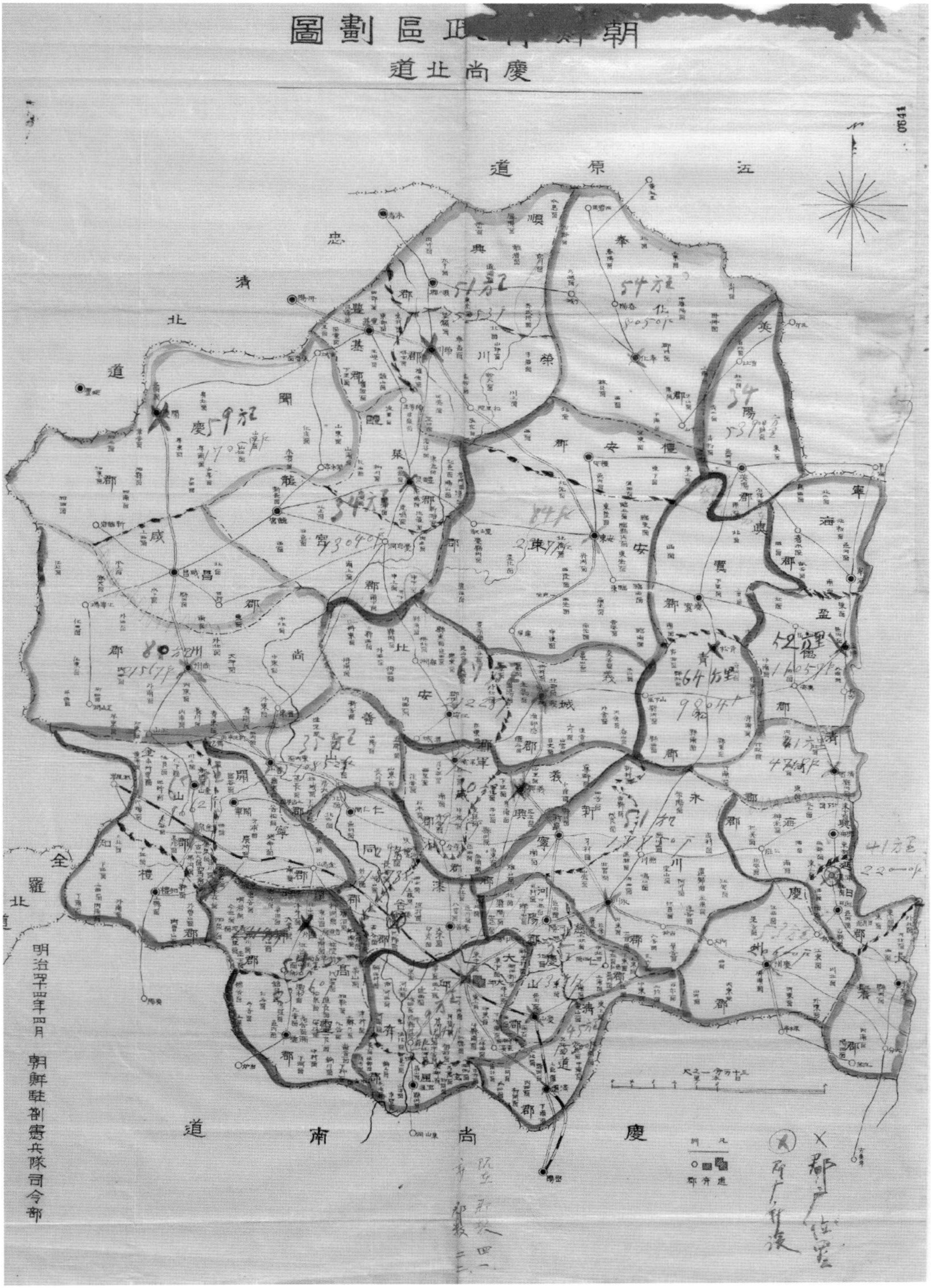

『조선행정구획도朝鮮行政區劃圖**』 경상북도**慶尚北道
1913년경
국가기록원

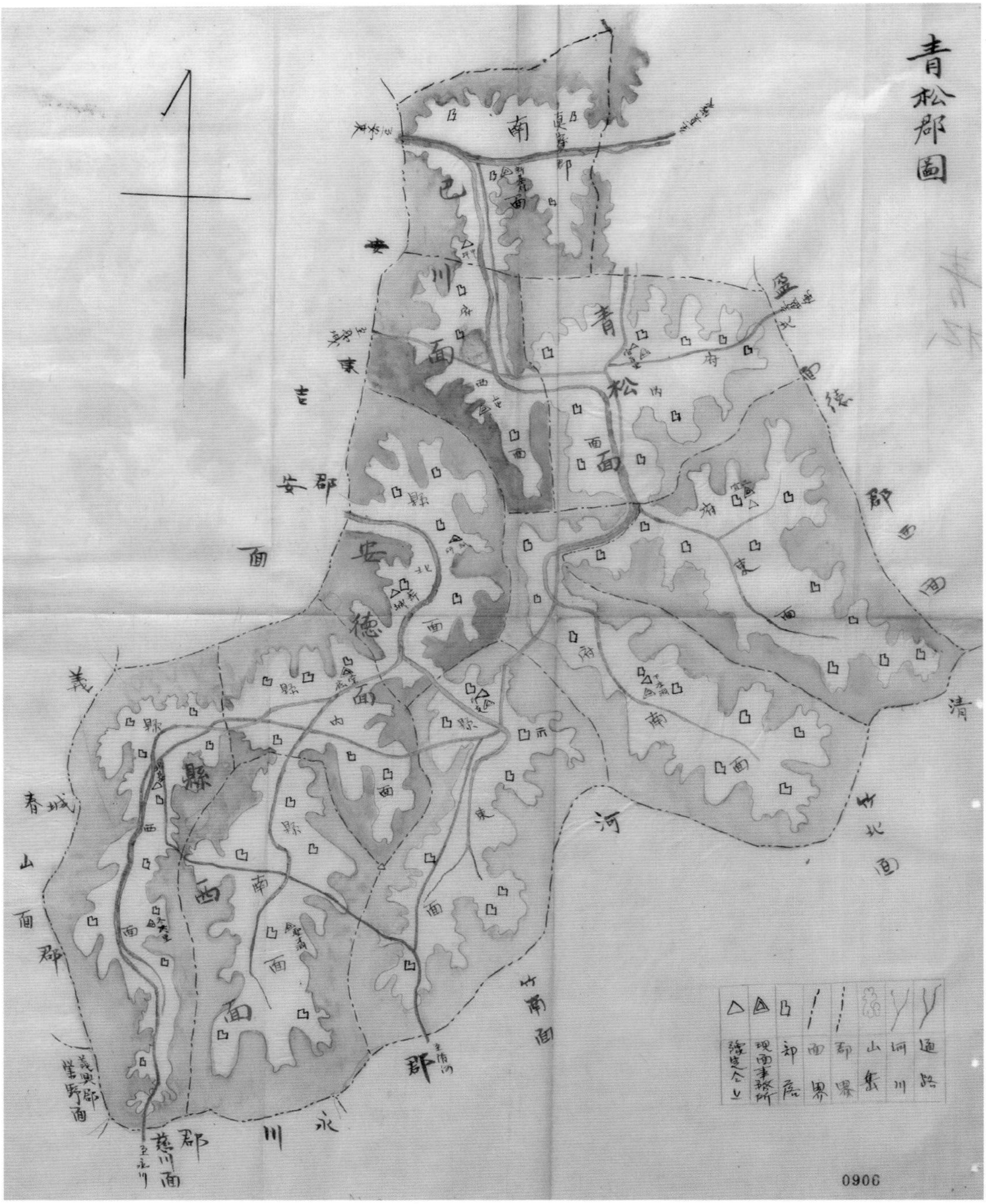

『진보군도眞寶郡圖**』 부군면통폐합시**府郡面統廢合時
1913년경
국가기록원

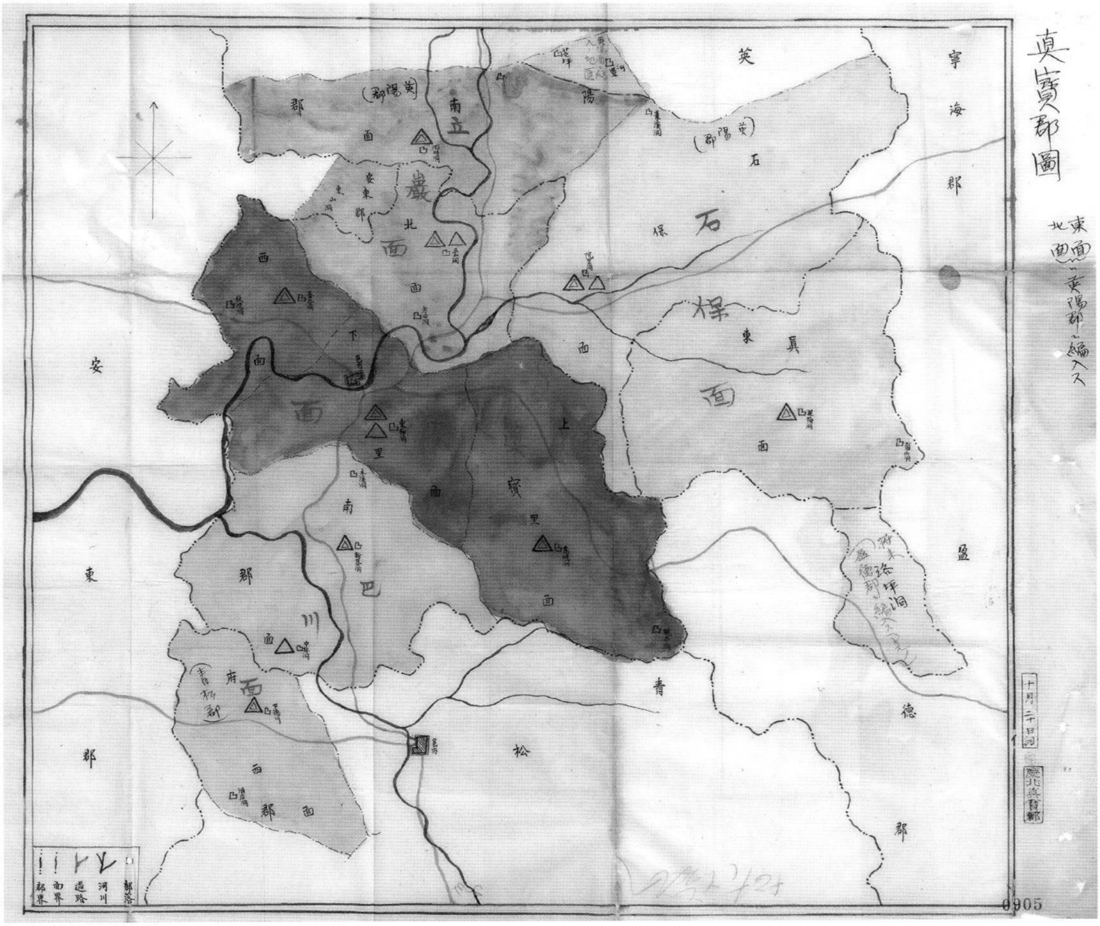

『진보군도眞寶郡圖**』 부군면통폐합시**府郡面統廢合時
1913년경
국가기록원

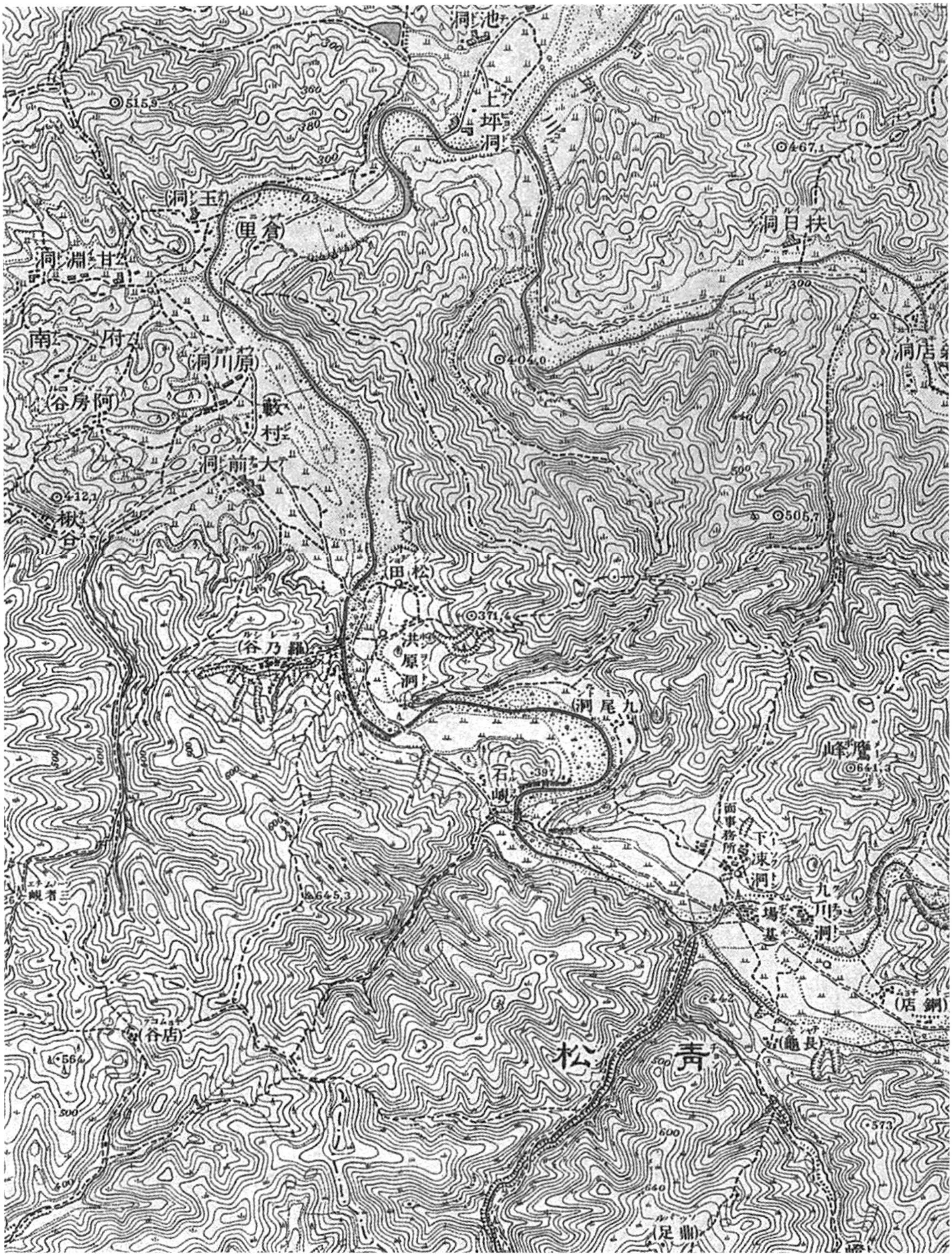

『조선오만분일지형도朝鮮五万分一地形圖**』 청송**青松
1918년경
국사편찬위원회

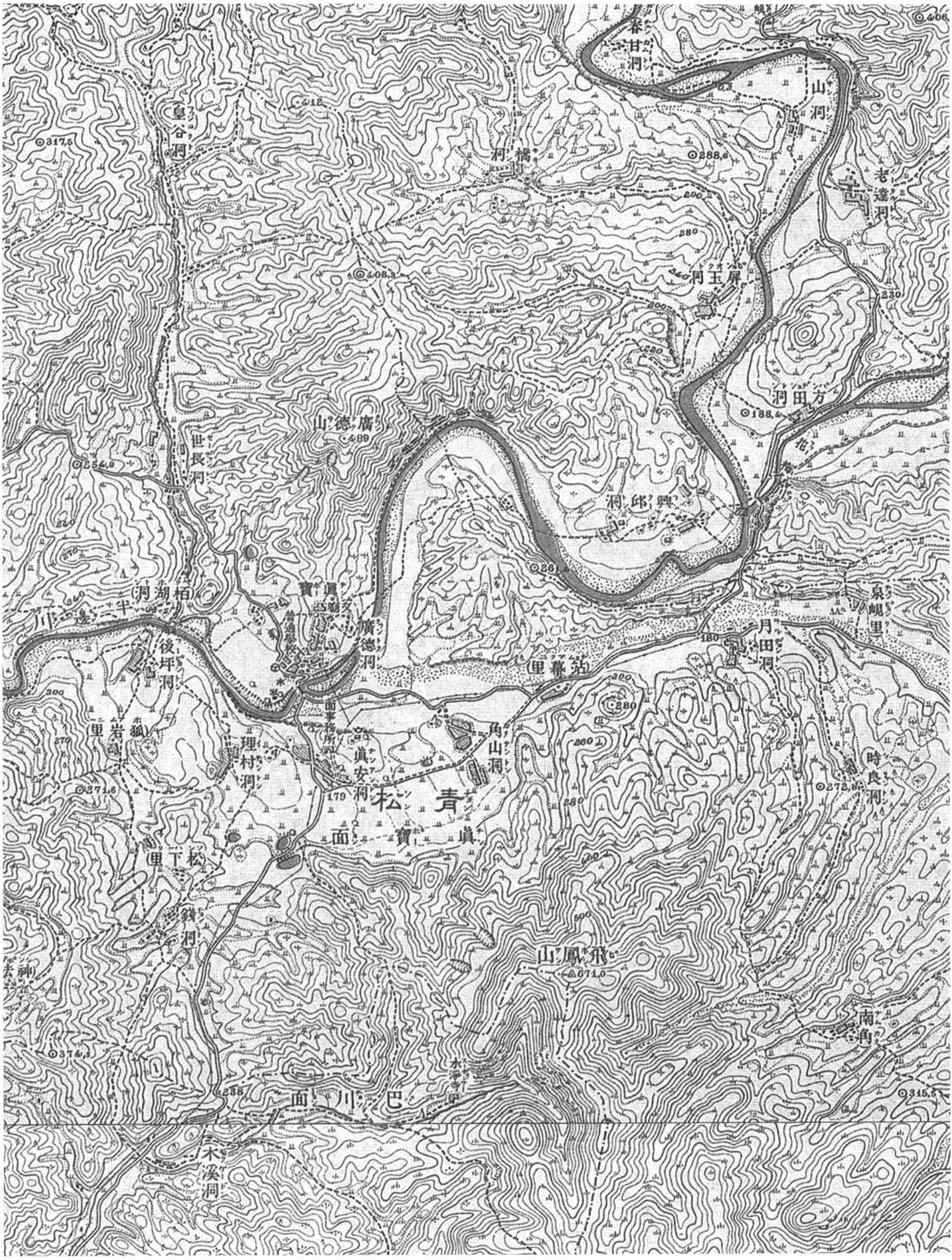

『조선오만분일지형도朝鮮五万分一地形圖**』 진보**眞寶**영양**英陽
1918년경
국사편찬위원회

지지류(地誌類)로 본 청송군(靑松郡)

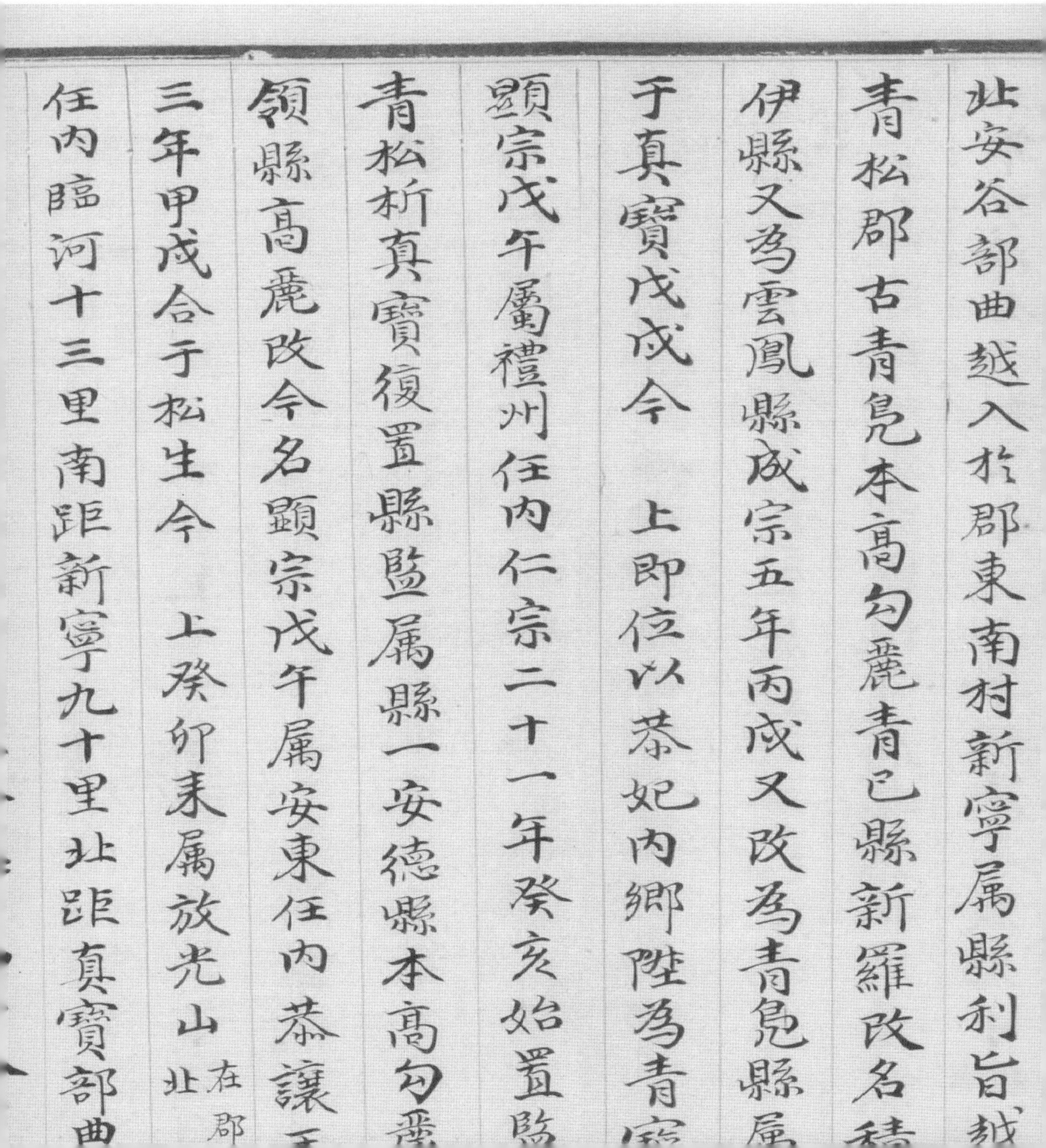
北安谷部曲越入於郡東南村新寧屬縣利旨越
青松郡古青鳧本高句麗青已縣新羅改名積
伊縣又為雲鳳縣成宗五年丙戌又改為青鳧縣屬
于真寶戊戌今 上即位以恭妃內鄉陞為青寶
顯宗戊午屬禮州任內仁宗二十一年癸亥始置監
青松析真寶復置縣監屬縣一安德縣本高句麗
領縣高麗改今名顯宗戊午屬安東任內恭讓王
三年甲戌合于松生今 上癸卯來屬放光山 在郡北
任內臨河十三里南距新寧九十里北距真寶部曲

삼국사기三國史記(1145) 청송군青松郡

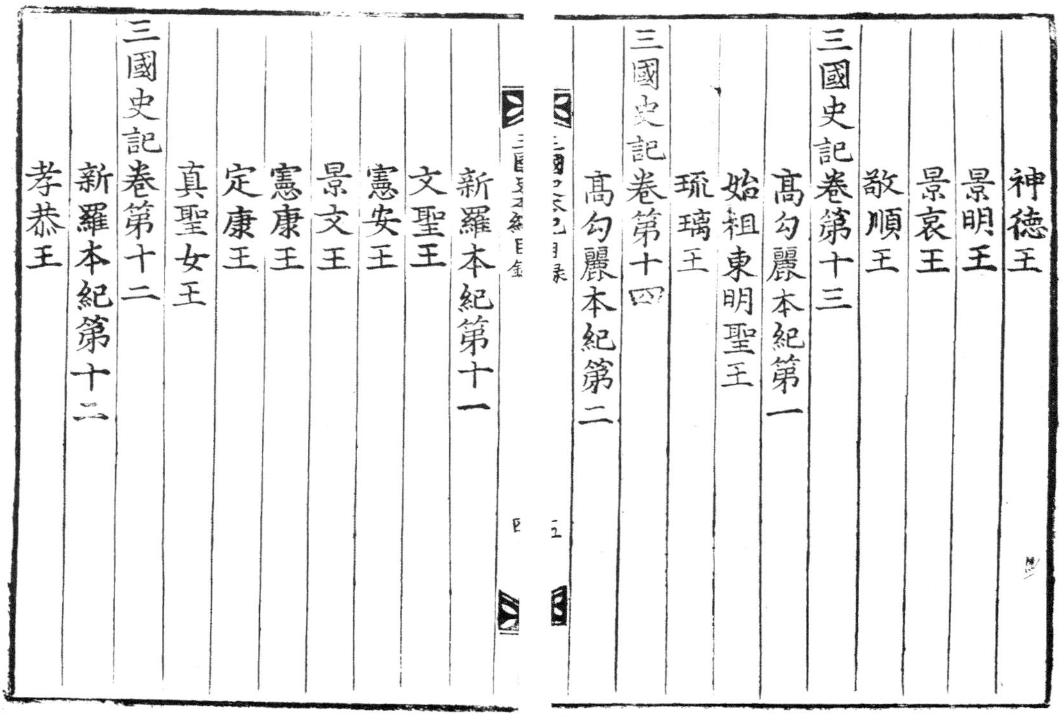

神德王
景明王
景哀王
敬順王
三國史記卷第十三
高句麗本紀第一
始祖東明聖王
琉璃王
三國史記卷第十四
高句麗本紀第二

三國史記目录 五

三國史記目錄 四

新羅本紀第十一
文聖王
憲安王
景文王
憲康王
定康王
真聖女王
三國史記卷第十二
新羅本紀第十二
孝恭王

三國史記卷第十二

輸忠定難靖國贊化同德功臣開府儀同三司檢校太師守太保門下侍中判尚書事兼吏禮部事集賢殿太學士監修國史上柱國致仕臣金富軾奉 宣撰

新羅本紀第十二 孝恭王 神德王 景明王 景哀王 敬順王

孝恭王立諱嶢憲康王之庶子母金氏大赦增文武百官爵一級

二年春正月尊母金氏為義明王太后以舒弗邯俊興為上大等阿飡繼康為侍中秋七月弓裔取浿西道及漢山州管内三十餘城遂都於松岳郡

使移書謝於 太祖夏四月京都大風拔樹秋八月蝗旱

六年春正月下枝城将軍元逢溟州将軍順式降於 太祖 太祖念其歸順以元逢本城為順州賜順式姓曰王是月眞寶城将軍洪述降於 太祖

七年秋七月命旨城将軍城達京山府将軍良文等降於 太祖王遣倉部侍郎金樂録事參軍金幼卿朝後唐貢方物莊宗賜物有差

八年春正月遣使入後唐朝貢泉州節度使王

元年十一月追尊考為神興大王母為王太后十二月甄萱侵大水郡燒盡田野積聚

二年春正月高麗将金相與草八城賊興宗戰不克死之夏五月康州将軍有文降於甄萱六月地震秋八月甄萱命将軍官昕築城於陽山 太祖命命旨城将軍王忠率兵擊走之甄萱進屯於大耶城下分遣軍士芟取大木郡禾稼冬十月甄萱攻陷武谷城

三年夏六月天竺國三藏摩睺羅抵高麗秋七月甄萱攻義成府城高麗将洪述出戰不克死

之順州将軍元逢降於甄萱 太祖聞之怒然以元逢前功宥之但改順州為縣冬十月甄萱圍加恩縣不克而歸

四年春正月載巖城将軍善弼降高麗 太祖厚禮待之稱為尚父初 太祖将通好新羅善弼引導之至是降也念其有功且老故寵褒之 太祖與甄萱戰古昌郡甁山之下大捷殺虜甚衆其永安河曲直明松生等三十餘郡縣相次降於 太祖二月 太祖遣使告捷王報聘兼請相會秋九月國東沿海州郡部落盡降於

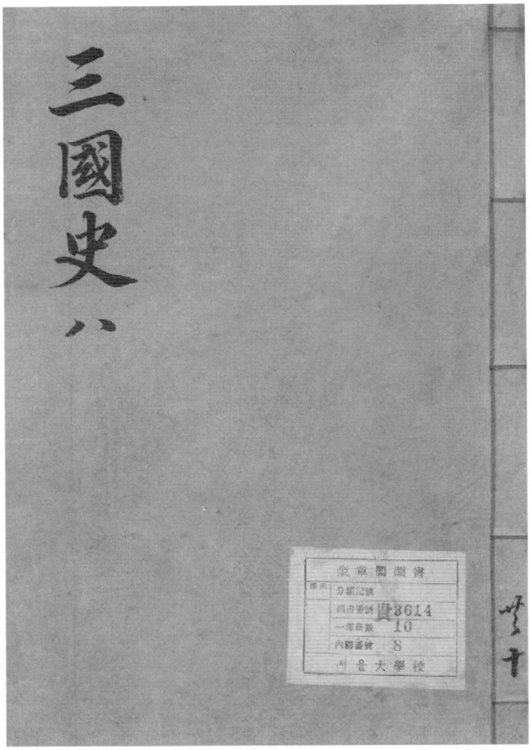
三國史 八
서울大學校

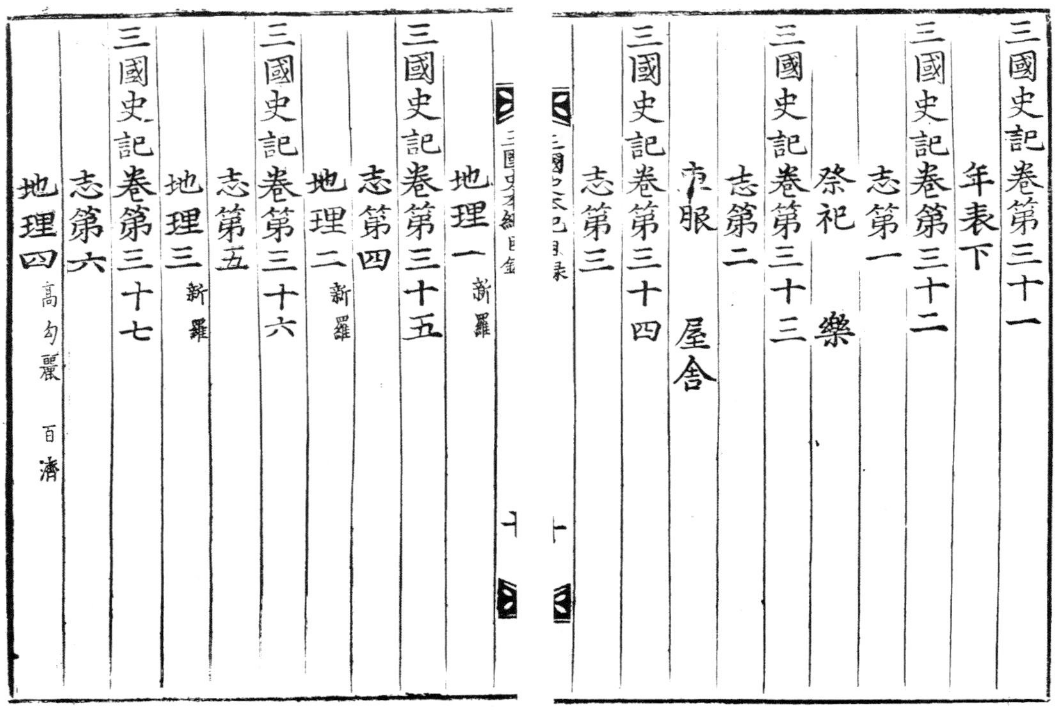

三國史記卷第三十四

輸忠定難靖國贊化同德功臣開府儀同三司檢校太師守太保門下侍中判尚
書事兼吏禮部事集賢殿太學士監修國史上柱國致仕臣金富軾奉 宣撰

雜志第三 地理一

新羅疆界古傳記不同杜佑通典云其先本辰韓種其國在百濟高麗二國東南東濱大海劉昫唐書云東南俱限大海宋祁新書云東南日本西百濟北高麗南瀕海賈耽四夷述曰辰韓在馬韓東東抵海北與濊接新羅崔致遠曰馬韓則高麗卞韓則百濟辰韓則新羅也此諸説可謂近似馬若新舊唐書皆云卞韓苗裔在樂浪之地新書又云東距長人長人者人長三丈鋸牙鉤爪搏人以食新羅常屯弩士數千守之此皆傳聞懸説非實録也按兩漢志樂浪郡距洛陽東北五千里注曰屬幽州故朝鮮國也則似與鷄林地分隔絶又相傳東海絶島上有大人國而人無見者豈有弩士守之者今按新羅始祖赫居世前漢五鳳元年甲子 開國王都長三千七十五步廣三千一十八步三十五里六部國號曰徐耶伐或云斯羅或云斯盧或云新羅脫解王九年始林有鷄怪更名鷄林因以爲國號基臨王十年復號新羅初赫居世二十一年築宮城號金城婆娑王二十二年於金城東南築城號月城或號在城周一千二十三步新月城北有滿月城周一千八百三十八步又新月城東有明活城周一千九百六步又新月城南有南山城周二千八百四步始祖已來處金城至後世多處兩月城始與高句麗百濟地錯犬牙或相和親或相寇鈔後與大唐侵滅二邦平其土地遂置九州本國界内置三州王城東北當唐恩浦路曰尚州王城南曰良州西曰康州於故百濟國界置三州百濟故城北熊津口曰熊州次西南曰全州次南曰武州於故高句麗南界置三州從西第一曰漢州次東曰朔州又次東曰溟州九州所管郡縣無慮四百五十(方言所謂鄕部曲等雜所不復具録)新羅地理之廣袤斯爲極矣及其衰也政荒民散疆土日蹙末王金傅以國歸 我太祖以其國爲慶州

尚州沾解王時取沙伐國爲州法興王十一年梁普通六年初置軍主爲上州真興王十八年

州廢神文王七年唐垂拱三年復置築城周一千一百九步景德王十六年改名尚州今因之領縣三青驍縣本昔里火縣景德王改名今青理縣多仁縣本達已縣(或云多已)景德王改名今因之化昌縣本知乃彌知縣景德王改名今未詳

醴泉郡本水酒郡景德王改名今甫州領縣四永安縣本下枝縣景德王改名今豐山縣安仁縣本蘭山縣景德王改名今未詳嘉猷縣本近(一作巾)品縣景德王改名今山陽縣殷正縣本赤牙縣景德王改名今殷豐縣

古昌郡本古陁耶郡景德王改名今安東府領縣三直寧縣本一直縣景德王改名今復故日谿縣本熱兮縣(或云泥兮)景德王改名今未詳高丘縣本仇火縣(或云高近)景德王改名今合屬義城府

聞韶郡本召文國景德王改名今義城府領縣四眞寶縣本深巴火縣景德王改名今甫城比屋縣本阿火屋縣(一云幷屋)景德王改名今因之安賢縣本阿尸兮縣(一云阿乙兮)景德王改名今安定縣單密縣本武冬彌知(一云冬彌知)景德王改名今因之

嵩善郡本一善郡眞平王三十六年爲一善州置軍主神文王七年州廢景德王改名今善州領縣三孝靈縣本芼兮縣景德王改名今因之尔同兮縣今未詳軍威縣本奴同覔縣(一云如豆覔)景德王改名今因之

開寧郡古甘文小國也眞興王十八年梁永定元年置軍主爲青州眞平王時州廢文武王元年置甘文郡景德王改名今因之領縣四禦侮縣本今勿縣(一云陰達)景德王改名今因之金山縣景德王改州縣名及今並因之知禮縣本知品川縣景德王改名今因之茂豐縣本茂山縣景德王改名今因之

永同郡本吉同郡景德王改名今因之領縣二陽山縣本助比川縣景德王改名今因之黃澗縣本召羅縣景德王改名今因之

管城郡本古尸山郡景德王改名今因之領縣二利山縣本所利山縣景德王改名今因之縣眞縣本阿冬號縣景德王改名今安邑縣

三年郡本三年山郡景德王改名今保齡郡領縣二清川縣本薩買縣景德王改名今因之耆

山縣本屈縣景德王改名今青山縣
古寧郡本古寧加耶國新羅取之為古冬攬郡一云古陵縣景德王改名今咸寧郡領縣三嘉善縣本加害縣景德王改名今加恩縣冠山縣本冠縣一云冠文縣景德王改名今聞慶縣虎溪縣本虎側縣景德王改名今因之
化寧郡本荅達匕郡一云沓達景德王改名今因之領縣一道安縣本刀良縣景德王改名今中牟縣良州文武王五年麟德二年割上州下州地置歃良州神文王七年築城周一千二百六十步景德王改名良州今梁州領縣一巘陽縣本居知火縣景德王改名今因之
金海小京古金官國一云伽落國一云伽耶自始祖首露王至十世仇亥王以梁中大通四年新羅法興王十九年率百姓來降以其地為金官郡文武王二十年永隆元年為小京景德王改名金海京今金州
義安郡本屈自郡景德王改名今因之領縣三漆隄縣本漆吐縣景德王改名今漆園縣合浦縣本骨浦縣景德王改名今因之熊神縣本熊只縣景德王改名今因之
密城郡本推火郡景德王改名今因之領縣五尚藥縣本西火縣景德王改名今靈山縣密津縣本推浦縣一云竹山景德王改名今未詳烏丘山縣本烏也山縣一云仇道一云烏禮山景德王改名今合屬清道郡荊山縣本驚山縣景德王改名今合屬清道郡蘇山縣本率已山縣景德王改名今合屬清道郡
火王郡本比自火郡一云比斯伐真興王十六年置州名下州二十六年州廢景德王改名今昌寧郡領縣一玄驍縣本推良火縣一云三良火景德王改名今玄豐縣
壽昌郡壽一作嘉本喟火郡景德王改名今壽城郡領縣四大丘縣本達句火縣景德王改名今因之八里縣本八居里縣一云北恥長里一云仁里景德王改名今八居縣河濱縣本多斯只縣一云沓只景德王改名今因之花園縣本舌火縣景德王改名今因之
獐山郡祇味王時伐取押梁一作督小國置郡景德王改名今章山郡領縣三解顏縣本雉省火

縣一云義里景德王改名今因之餘粮縣本麻珍一作
彌良縣景德王改名今仇史部曲慈仁縣本奴
斯火縣景德王改名今因之
臨臯郡本切也火郡景德王改名今永州領縣
五長鎭縣今竹長伊部曲臨川縣助賁王時伐
得骨大小國置縣景德王改名今合屬永州道
同縣本刀冬火縣景德王改名今因之罷白縣
本買熱次縣景德王改名今合屬新寧縣
東桑郡本居柒山郡景德王改名今因之領縣
二東平縣本大甑縣景德王改名今因之機張

縣本甲火良谷縣景德王改名今因之
東安郡本生西良郡景德王改名今合屬慶州
領縣一虞風縣本于火縣景德王改名今合屬
蔚州
臨關郡本毛火一作蚊化郡聖德王築城以遮日本
賊路景德王改名今合屬慶州領縣二東津縣
本栗浦縣景德王改名今合屬蔚州河曲一作西
縣婆娑王時取屈阿火村置縣景德王改名今
蔚州
義昌郡本退火郡景德王改名今興海郡領縣

六安康縣本比火縣景德王改名今因之鬐立
縣本只沓縣景德王改名今長鬐縣神光縣本
東仍音縣景德王改名今因之臨汀縣本斤烏
支縣景德王改名今迎日縣杞溪縣本芼兮縣
一云化鷄景德王改名今因之音汁火縣婆娑王時
取音汁伐國置縣今合屬安康縣
大城郡本仇刀城境內率伊山城茄山縣一云驚山
城烏刀山城等三城今合屬清道郡約章縣本
惡支縣景德王改名今合屬慶州東畿停本毛
只停景德王改名今合屬慶州

商城郡本西兄山郡景德王改名今合屬慶州
南畿停本道品兮停景德王改名今合屬慶州
中畿停本根乃停景德王改名今合屬慶州西
畿停本豆良彌知停景德王改名今合屬慶州
北畿停本雨谷停景德王改名今合屬慶州莫
耶停本官阿良支停一云北阿良景德王改名今合
屬慶州
康州神文王五年唐垂拱元年分居陁州置菁
州景德王改名今晉州領縣二嘉壽縣本加主
火縣景德王改名今因之屈村縣今未詳

南海郡神文王初置轉也山郡海中島也景德
王改名今因之領縣二蘭浦縣本內浦縣景德
王改名今因之平山縣本平西山縣(一云西平)景德
王改名今因之河東郡本韓多沙郡景德王改
名今因之領縣三省良縣今金良部曲嶽陽縣
本小多沙縣景德王改名今因之河邑縣本浦
村縣景德王改名今未詳
固城郡本古自郡景德王改名今因之領縣三
蚊火良縣今未詳泗水縣本史勿縣景德王改
名今泗州尚善縣本一善縣景德王改名今永

善縣
咸安郡法興王以大兵滅阿尸良國(一云阿那加耶)以
其地為郡景德王改名今因之領縣二玄正縣
本召彡縣景德王改名今召彡部曲宜寧縣本
獐含縣景德王改名今因之
巨濟郡文武王初置裳郡海中島也景德王改
名今因之領縣三鵝洲縣本巨老縣景德王改
名今因之溟珍縣本買珍伊縣景德王改名今
因之南垂縣本松邊縣景德王改名今復故
闕城郡本闕支郡景德王改名今江城縣領縣

二丹邑縣本赤村縣景德王改名今丹溪縣山
陰縣本知品川縣景德王改名今因之
天嶺郡本速含郡景德王改名今咸陽郡領縣
二雲峰縣本母山縣(或云阿英城)(或云阿莫城)景德王改名
今因之利安縣本馬利縣景德王改名今因之
居昌郡本居烈郡(或云居陁)景德王改名今因之領
縣二餘善縣本南內縣景德王改名今感陰縣
咸陰縣本加召縣景德王改名今復故
高靈郡本大加耶國自始祖伊珍阿鼓王(一云內珍朱智)
至道設智王凡十六世五百二十年眞興大

王侵滅之以其地為大加耶郡景德王改名今
因之領縣二冶爐縣本赤火縣景德王改名今
因之新復縣本加尸兮縣景德王改名今未詳
江陽郡本大良(一作耶)州郡景德王改名今陝州
領縣三三岐縣本三支縣(一云麻杖)景德王改名今
因之八谿縣本草八兮縣景德王改名今草谿
縣宜桑縣本辛分縣(一云朱烏村)(一云泉州縣)景德王改名
今新繁縣
星山郡本一利郡(一云里山郡)景德王改名今加利
縣領縣四壽同縣本斯同火縣景德王改名今

未詳鎔子縣本大木縣景德王改名今若木縣
新安縣本本彼縣景德王改名今京山府都山
縣本狄山縣景德王改名今未詳

三國史記卷第三十四

三國史記卷第三十五

輸忠定難靖國贊化同德功臣開府儀同三司檢校太師守太保門下侍中判尚
書事兼吏禮部事集賢殿太學士監修國史上柱國致仕臣金富軾奉 宣撰

雜志第四 地理二

漢州本高句麗漢山郡新羅取之景德王改為漢州今廣州領縣二黄武縣本高句麗南川縣新羅并之真興王為州置軍主景德王改名今利川縣巨黍縣本高句麗駒城縣景德王改名今龍駒縣

中原京本高句麗國原城新羅平之真興王置小京文武王時築城周二千五百九十二步景德王改為中原京今忠州

槐壤郡本高句麗仍斤內郡景德王改名今槐州泝(泝一作沂)川郡本高句麗述川郡景德王改名今川寧郡領縣二黄驍縣本高句麗骨乃斤縣景德王改名今黄驪縣濱陽縣本高句麗楊根縣景德王改名今復故

黑壤郡(一云黄壤郡)本高句麗今勿奴郡景德王改名今鎭州領縣二都西縣本高句麗道西縣景德王改名今道安縣陰城縣本高句麗仍忽縣

景德王改名今因之
介山郡本高句麗皆次山郡景德王改名今竹州領縣一陰竹縣本高句麗奴音竹縣景德王改名今因之
白城郡本高句麗奈兮忽景德王改名今安城郡領縣二赤城縣本高句麗沙伏忽景德王改名今陽城縣蛇山縣本高句麗縣景德王因之今稷山縣
水城郡本高句麗買忽郡景德王改名今水州
唐恩郡本高句麗唐城郡景德王改名今復故領縣二車城縣本高句麗上忽(一作車忽)縣景德王改名今龍城縣振威縣本高句麗釜山縣景德王改名今因之
栗津郡本高句麗栗木郡景德王改名今菓州領縣三穀壤縣本高句麗仍伐奴縣景德王改名今黔州孔巖縣本高句麗濟次巴衣縣景德王改名今因之邵城縣本高句麗買召忽縣景德王改名今仁州(一云慶原買召一作彌鄒)
獐口郡本高句麗獐項口縣景德王改名今安山縣

長堤郡本高句麗主夫吐郡景德王改名今樹州領縣四戍城縣本高句麗首爾忽景德王改名今守安縣金浦縣本高句麗黔浦縣景德王改名今因之童城縣本高句麗童子忽(一云幢山縣)縣景德王改名今因之分津縣本高句麗乎唯押縣景德王改名今通津縣
漢陽郡本高句麗北漢山郡(一云平壤)眞興王爲州置軍主景德王改名今楊州舊墟領縣二荒壤縣本高句麗骨衣奴縣景德王改名今豐壤縣遇王縣本高句麗皆伯縣景德王改名今幸州
來蘇郡本高句麗買省縣景德王改名今見州領縣二重城縣本高句麗七重縣景德王改名今積城縣波平縣本高句麗波害平吏縣景德王改名今因之
交河郡本高句麗泉井口縣景德王改名今因之領縣二峰城縣本高句麗述爾忽縣景德王改名今因之高烽縣本高句麗達乙省縣景德王改名今因之
堅城郡本高句麗馬忽郡景德王改名今抱州領縣二沙川縣本高句麗內乙買縣景德王改

名今因之洞陰縣本高勾麗梁骨縣景德王改
名今因之
鐵城郡本高勾麗鐵圓郡景德王改名今東州
領縣二幢梁縣本高勾麗僧梁縣景德王改名
今僧嶺縣功成縣本高勾麗功未達縣景德王
改名今獐州
富平郡本高勾麗夫如郡景德王改名今金化
縣領縣一廣平縣本高勾麗斧壤縣景德王改
名今平康縣
兎山郡本高勾麗烏斯含達縣景德王改名今

因之領縣二安峽縣本高勾麗阿珍押縣景德
王改名今因之朔邑縣本高勾麗所邑豆縣景
德王改名今朔寧縣伊川縣本高勾麗伊珍買
縣景德王改名今因之
牛峯郡本高勾麗牛岑郡景德王改名今因之
領縣三臨江縣本高勾麗獐項縣景德王改名
今因之長湍縣本高勾麗長淺城縣景德王改
名今因之臨端縣本高勾麗麻田淺縣景德王
改名今麻田縣
松岳郡本高勾麗扶蘇岬孝昭王三年築城景

德王因之
我太祖開國為王畿領縣二如羆縣本高勾麗
若豆恥縣景德王改名今林縣第四葉
光宗創置佛日寺於其地移其縣於東北江陰
縣本高勾麗屈押縣景德王改名今因之
開城郡本高勾麗冬比忽景德王改名今開城
府領縣二德水縣本高勾麗德勿縣景德王改
名今因之第十一葉
文宗代創置興王寺於其地移其縣於南臨津
縣本高勾麗津臨城景德王改名今因之

海口郡本高勾麗穴口郡在海中景德王改名
今江華縣領縣三江陰縣本高勾麗冬音奈縣
景德王改名在穴口島內今河陰縣喬桐縣本
高勾麗高木根縣海島也景德王改名今因之
守鎮縣本高勾麗首知縣景德王改名今鎮江
縣永豐郡本高勾麗大谷郡景德王改名今平
州領縣二檀溪縣本高勾麗水谷城縣景德王
改名今俠溪縣鎮瑞縣本高勾麗十谷城縣景
德王改名今谷州
海皐郡本高勾麗冬彡音一作忽郡景德王改名

今鹽州領縣一雊澤縣本高勾麗刀臘縣景德
王改名今白州
瀑池郡本高勾麗內米忽郡景德王改名今海
州重盤郡本高勾麗息城郡景德王改名今安
州棲嵒郡本高勾麗鵂嵒郡景德王改名今鳳
州五關郡本高勾麗五谷郡景德王改名今洞
州領縣一獐塞縣本高勾麗縣景德王因之今
遂安郡
取城郡本高勾麗冬忽憲德王改名今黃州領
縣三土山縣本高勾麗息達憲德王改名今因
之唐嶽縣本高勾麗加火押憲德王置縣改名
今中和縣松峴縣本高勾麗夫斯波衣縣憲德
王改名今屬中和縣
朔州賈躭古今郡國志云勾麗之東南濊之西
古貊地蓋今新羅北朔州善德王六年唐貞觀
十一年爲牛首州置軍主一云文武王十三年唐咸亨四年置首若
州景德王改爲朔州今春州領縣三綠驍縣本
高勾麗伐力川縣景德王改名今洪川縣潢川
縣本高勾麗橫川縣景德王改名今復故砥平
縣本高勾麗砥峴縣景德王改名今因之

北原京本高勾麗平原郡文武王置北原小京
神文王五年築城周一千三十一步景德王因
之今原州
奈隄郡本高勾麗奈吐郡景德王改名今隄州
領縣二清風縣本高勾麗沙熱伊縣景德王改
名今因之赤山縣本高勾麗縣景德王因之今
丹山縣
奈靈郡本百濟奈巳郡婆娑王取之景德王改
名今剛州領縣二善谷縣本高勾麗買谷縣景
德王改名今未詳玉馬縣本高勾麗古斯馬縣
景德王改名今奉化縣
岌山郡本高勾麗及伐山郡景德王改名今興
州領縣一鄰豐縣本高勾麗伊伐支縣景德王
改名今未詳
嘉平郡本高勾麗斤平郡景德王改名今因之
領縣一浚水縣本高勾麗深川縣景德王改名
今朝宗縣
楊麓郡本高勾麗楊口郡景德王改名今陽溝
縣領縣三豨蹄縣本高勾麗猪足縣景德王改
名今麟蹄縣馳道縣本高勾麗玉岐縣景德王

攺名今瑞禾縣三嶺縣本高句麗三峴縣景德王攺名今方山縣
狼川郡本高句麗狌川郡景德王攺名今因之
大楊郡本高句麗大楊管郡景德王攺名今長楊郡領縣二藪川縣本高句麗藪狌川縣景德王攺名今和川縣文登縣本高句麗文峴縣景德王攺名今因之
益城郡本高句麗母城郡景德王攺名今金城郡岐城郡本高句麗冬斯忽郡景德王攺名今因之領縣一通溝縣本高句麗木入縣景德王攺名今因之
連城郡本高句麗各(一作客)連城郡景德王攺名今交州領縣三丹松縣本高句麗赤木鎮景德王攺名今嵐谷縣軼雲縣本高句麗管述縣景德王攺名今未詳狶嶺縣本高句麗猪守峴縣景德王攺名今未詳
朔庭郡本高句麗比列忽郡真興王十七年梁大平元年為比列州置軍主孝昭王時築城周一千一百八十步景德王攺名今登州領縣五瑞谷縣本高句麗原谷縣景德王攺名今因之

蘭山縣本高句麗昔達縣景德王攺名今未詳
霜陰縣本高句麗薩寒縣景德王攺名今因之
菁山縣本高句麗加支達縣景德王攺名今汶山縣翊谿縣本高句麗翼谷縣景德王攺名今因之
井泉郡本高句麗泉井郡文武王二十一年取之景德王攺名築炭項關門今湧州領縣三蒜山縣本高句麗買尸達縣景德王攺名今未詳松山縣本高句麗夫斯達縣景德王攺名今未詳幽居縣本高句麗東墟縣景德王攺名今未詳
溟州本高句麗河西良(一作何瑟羅)後屬新羅賈耽古今郡國志云今新羅北界溟州蓋濊之古國前史以扶餘為濊地蓋誤善德王時為小京置仕臣太宗王五年唐顯慶三年以何瑟羅地連靺鞨罷京為州置軍主以鎮之景德王十六年攺為溟州今因之領縣四旌善縣本高句麗仍買縣景德王攺名今因之棟(一作楝)隄縣本高句麗東吐縣景德王攺名今未詳支山縣本高句麗縣景德王因之今連谷縣洞山縣本高句麗穴山縣景德王攺名今因之

曲城郡本高句麗屈火郡景德王改名今臨河
郡領縣一緣(一作梓)武縣本高句麗伊火兮縣景
德王改名今安德縣
野城郡本高句麗也尸忽郡景德王改名今盈
德郡領縣二真安縣本高句麗助攬縣景德王
改名今甫城府積善縣本高句麗青己縣景德
王改名今青鳧縣
有鄰郡本高句麗于尸郡景德王改名今禮州
領縣一海阿縣本高句麗阿兮縣景德王改名
今清河縣

蔚珍郡本高句麗于珍也縣景德王改名今因
之領縣一海曲(一作西)縣本高句麗波且縣景德
王改名今未詳
奈城郡本高句麗奈生郡景德王改名今寧越
郡領縣三子春縣本高句麗乙阿且縣景德王
改名今永春縣白烏縣本高句麗郁烏縣景德
王改名今平昌縣酒泉縣本高句麗酒淵縣景
德王改名今因之
三陟郡本悉直國婆娑王世來降智證王六年
梁天監四年為州以異斯夫為軍主景德王改

名今因之領縣四竹嶺縣本高句麗竹峴縣景
德王改名今未詳滿卿(一作鄉)縣本高句麗滿若
縣景德王改名今未詳羽谿縣本高句麗羽谷
縣景德王改名今因之海利縣本高句麗波利
縣景德王改名今未詳
守城郡本高句麗迃城郡景德王改名今杆城
縣領縣二童山縣本高句麗僧山縣景德王改
名今烈山縣翼嶺縣本高句麗翼峴縣景德王
改名今因之
高城郡本高句麗達忽真興王二十九年為州

名今因之領縣四竹嶺縣本高句麗竹峴縣景
德王改名今未詳滿卿(一作鄉)縣本高句麗滿若
縣景德王改名今未詳羽谿縣本高句麗羽谷
縣景德王改名今因之海利縣本高句麗波利
縣景德王改名今未詳
守城郡本高句麗迃城郡景德王改名今杆城
縣領縣二童山縣本高句麗僧山縣景德王改
名今烈山縣翼嶺縣本高句麗翼峴縣景德王
改名今因之
高城郡本高句麗達忽真興王二十九年為州

三國史記卷第三十六

輸忠定難靖國賛化同徳功臣開府儀同三司撿校太師守太保門下侍中判尚
書事兼吏禮部事集賢殿太學士監修國史上柱國致仕臣金富軾奉　宣撰

雜志第五　地理三

熊州本百濟舊都唐高宗遣蘇定方平之置熊津都督府羅文武王取其地有之神文王攺為熊川州置都督景徳王十六年攺名熊州今分州領縣二尼山縣本百濟熱也山縣景徳王攺名今因之清音縣本百濟伐音支縣景徳王攺名今新豐縣

西原京神文王五年初置西原小京景徳王攺名西原今清州

大麓郡本百濟大木岳郡景徳王攺名今木州領縣二馴雉縣本百濟甘買縣景徳王攺名今豐歲縣金池縣本百濟仇知縣景徳王攺名今全義縣

嘉林郡本百濟加林郡景徳王攺加為嘉今因之領縣二馬山縣本百濟縣景徳王攺州郡名及今亞因之翰山縣本百濟大山縣景徳王攺名今鴻山縣

西林郡本百濟舌林郡景徳王攺名今因之領縣二藍浦縣本百濟寺浦縣景徳王攺名今因之庇仁縣本百濟比衆縣景徳王攺名今因之

伊山郡本百濟馬尸山郡景徳王攺名今因之領縣二目牛縣本百濟牛見縣景徳王攺名今未詳今武縣本百濟今勿縣景徳王攺名今徳豐縣

揷城郡本百濟揷郡景徳王攺名今因之領縣三唐津縣本百濟伐首只縣景徳王攺名今因之餘邑縣本百濟餘村縣景徳王攺名今餘美縣新平縣本百濟沙平縣景徳王攺名今因之

扶餘郡本百濟所夫里郡唐將蘇定方與庾信平之文武王十二年置摠管景徳王攺名今因之領縣二石山縣本百濟珍惡山縣景徳王攺名今石城縣悅城縣本百濟悅已縣景徳王攺名今定山縣

任城郡本百濟任存城景徳王攺名今大興郡領縣二青正縣本百濟古良夫里縣景徳王攺名今青陽縣孤山縣本百濟烏山縣景徳王攺名今禮山縣

黃山郡本百濟黃等也山郡景德王改名今連
山縣領縣二鎭嶺縣本百濟眞峴縣(眞一作貞)景德
王改名今鎭岑縣珍同縣本百濟縣景德王改
州郡名及今並因之
比豐郡本百濟雨述郡景德王改名今懷德郡
領縣二儒城縣本百濟奴斯只縣景德王改名
今因之赤烏縣本百濟所比浦縣景德王改名
今德津縣
潔城郡本百濟結已郡景德王改名今因之領
縣二新邑縣本百濟新村縣景德王改名今保

寧縣新良縣本百濟沙尸良縣景德王改名今
黎陽縣
燕山郡本百濟一牟山郡景德王改名今因之
領縣二燕岐縣本百濟豆仍只縣景德王改名
今因之昧谷縣本百濟未谷縣景德王改名今
懷仁縣
富城郡本百濟基郡景德王改名今因之領縣
二蘇泰縣本百濟省大號縣景德王改名今因
之地育縣本百濟知六縣景德王改名今北谷
縣湯井郡本百濟郡文武王十一年唐咸亨二

年爲州置摠管咸亨十二年廢州爲郡景德王
因之今溫水郡領縣二陰峰(一云陰岑)縣本百濟牙
述縣景德王改名今牙州祁梁縣本百濟屈直
縣景德王改名今新昌縣
全州本百濟完山眞興王十六年爲州二十六
年州廢神文王五年復置完山州景德王十六
年改名今因之領縣三杜城縣本百濟豆伊縣
景德王改名今伊城縣金溝縣本百濟仇知只
山縣景德王改名今因之高山縣本百濟縣景
德王改州郡名及今因之南原小京本百濟古

龍郡新羅幷之神文王五年初置小京景德王
十六年置南原小京今南原府
大山郡本百濟大尸山郡景德王改名今泰山
郡領縣三井邑縣本百濟井村縣景德王改名今
因之斌城縣本百濟賓屈縣景德王改名今仁
義縣野西縣本百濟也西伊縣景德王改名今
巨野縣
古阜郡本百濟古眇夫里郡景德王改名今因
之領縣三扶寧縣本百濟皆火縣景德王改名
今因之喜安縣本百濟欣良買縣景德王改名

龍郡新羅并之神文王五年初置小京景德王
十六年置南原小京今南原府
大山郡本百濟大尸山郡景德王攺名今泰山
郡領縣三井邑縣本百濟井村景德王攺名今
因之斌城縣本百濟賓屈縣景德王攺名今仁
義縣野西縣本百濟也西伊縣景德王攺名今
巨野縣
古阜郡本百濟古眇夫里郡景德王攺名今因
之領縣三扶寧縣本百濟皆火縣景德王攺名
今因之喜安縣本百濟欣良買縣景德王攺名

龍郡新羅并之神文王五年初置小京景德王
十六年置南原小京今南原府
大山郡本百濟大尸山郡景德王攺名今泰山
郡領縣三井邑縣本百濟井村景德王攺名今
因之斌城縣本百濟賓屈縣景德王攺名今仁
義縣野西縣本百濟也西伊縣景德王攺名今
巨野縣
古阜郡本百濟古眇夫里郡景德王攺名今因
之領縣三扶寧縣本百濟皆火縣景德王攺名
今因之喜安縣本百濟欣良買縣景德王攺名

今朗山縣紆洲縣本百濟于召渚縣景德王攺
名今紆州
壁谿郡本百濟伯伊(一作海)郡景德王攺名今長
溪縣領縣二鎮安縣本百濟難珍阿縣景德王
攺名今因之高澤縣本百濟雨坪縣景德王攺
名今長水縣
任實郡本百濟郡景德王攺州郡名及今並因
之領縣二馬靈縣本百濟馬突縣景德王攺名
今因之青雄縣本百濟居斯勿縣景德王攺名
今巨寧縣

因之利城縣本百濟乃利阿縣景德王攺名今
因之武邑縣本百濟武斤村縣景德王攺名今
富潤縣
淳化郡(淳一作渟)本百濟道實郡景德王攺名今淳
昌縣領縣二磧城縣本百濟礫坪縣景德王攺
今因之九皐縣本百濟礫坪縣景德王攺名今
因之
金馬郡本百濟金馬渚郡景德王攺名今因之
領縣三沃野縣本百濟所力只縣景德王攺名
今因之野山縣本百濟閼也山縣景德王攺名

武州本百濟地神文王六年爲武珍州景德王
改爲武州今光州領縣三玄雄縣本百濟未冬
夫里縣景德王改名今南平郡龍山縣本百濟
伏龍縣景德王改名今復故祁陽縣本百濟屈
支縣景德王改名今昌平縣
分嶺郡今百濟分嵳郡景德王改名今樂安郡
領縣四忠烈縣本百濟助助禮縣景德王改名
今南陽縣兆陽縣本百濟冬老縣景德王改名
今因之薑原縣本百濟豆肸縣景德王改名今

江縣
寶城郡本百濟伏忽郡景德王改名今因之領
縣四代勞縣本百濟馬斯良縣景德王改名今
會寧縣季水縣本百濟季川縣景德王改名今
長澤縣烏兒縣本百濟烏次縣景德王改名今
定安縣馬邑縣本百濟古馬旀知縣景德王改
名遂寧縣
秋成郡本百濟秋子兮郡景德王改名今潭陽
郡領縣二王菓縣本百濟菓支縣景德王改名
今因之栗原縣本百濟栗支縣景德王改名今

原栗縣
靈巖郡本百濟月奈郡景德王改名今因之
潘南郡本百濟半奈夫里縣景德王改名今因
之領縣二野老縣本百濟阿老谷縣景德王改
名今安老縣昆湄縣本百濟古彌縣景德王改
名今因之
岬城郡本百濟古尸伊縣景德王改名今長城
郡領縣二珍原縣本百濟丘斯珍芳縣景德王
改名今因之森溪縣本百濟所非芳縣景德王
改名今因之

武靈郡本百濟武尸伊郡景德王改名今靈光
郡領縣三長沙縣本百濟上老縣景德王改名
今因之高敞縣本百濟毛良夫里縣景德王改
名今因之茂松縣本百濟松彌知縣景德王改
名今因之
昇平郡本百濟欿平郡景德王改名今因之一云昇州
領縣三海邑縣本百濟猿村縣景德王改名
今麗水縣晞陽縣本百濟馬老縣景德王改名
今光陽縣廬山縣本百濟突山縣景德王改名
今復之

谷城郡本百濟欲乃郡景德王改名今因之領
縣三富有縣本百濟遁支縣景德王改名今因
之求禮縣本百濟仇次禮縣景德王改名今因
之同福縣本百濟豆夫只縣景德王改名今因
之陵城郡本百濟尒陵夫里郡景德王改名今
因之領縣二富里縣本百濟波夫里郡景德王
改名今福城縣汝湄縣本百濟仍利阿縣景德
王改名今和順縣
錦山郡本百濟發羅郡景德王改名今羅州牧
領縣三會津縣本百濟豆肹縣景德王改名今

因之鐵冶縣本百濟實於山縣景德王改名今
因之艅艎縣本百濟水川縣景德王改名今因
之陽武郡本百濟道武郡景德王改名今道康
郡領縣四固(一作同)安縣本百濟古西伊縣景德
王改名今竹山縣䑰津縣本百濟冬音縣景德
王改名今因之浸溟縣本百濟塞琴縣景德王
改名今海南縣黃原縣本百濟黃述縣景德王
改名今因之務安郡本百濟勿阿兮郡景德王
改名今因之領縣四咸豐縣本百濟屈乃縣景
德王改名今因之多岐縣本百濟多只縣景德

王改名今牟平縣海際縣本百濟道際縣景德
王改名今因之珍島縣本百濟因珍島郡景德
王改名今因之
牢山郡本百濟徒山縣景德王改名今嘉興縣
領縣一瞻䑰縣本百濟買仇里縣景德王改名
今臨淮縣壓海郡本百濟阿次山縣景德王改
名今因之領縣三碣島縣本百濟阿老縣景德
王改名今六昌縣鹽海縣本百濟古祿只縣景
德王改名今臨淄縣安波縣本百濟居知山縣
(居一作屈)景德王改名今長山縣

三國史記第三十六

三國史記卷第三十七

輸忠定難靖國贊化同德功臣開府儀同三司檢校太師守太保門下侍中判尚
書事兼吏禮部事集賢殿太學士監修國史上柱國致仕臣金富軾奉 宣撰

雜志第六 地理四 高句麗 百濟

按通典云朱蒙以漢建昭二年自北扶餘東南
行渡普述水至紇升骨城居焉號曰句麗以高
為氏古記云朱蒙自扶餘逃難至卒本則紇升
骨城卒本似一處也漢書志云遼東郡距洛陽
三千六百里屬縣有無慮則周禮北鎮醫巫閭
山也大遼於其下置醫州玄菟郡距洛陽東北

四千里所屬三縣高句麗是其一焉則所謂朱
蒙所都紇升骨城卒本者蓋漢玄菟郡之界大
遼國東京之西漢志所謂玄菟屬縣高句麗是
歟昔大遼未亡時遼帝在燕景則吾人朝聘者
過東京涉遼水一兩日行至醫州以向燕薊故
知其然也自朱蒙立都紇升骨城歷四十年孺
留王二十二年移都國內城(或云尉那巖城或云不而城)按
漢書樂浪郡屬縣有不而又總章二年英國公
李勣奉勅以高句麗諸城置都督府及州縣目
錄云鴨淥以北已降城十一其一國內城從平

壤至此十七驛則此城亦在北朝境內但不知
其何所耳都國內歷四百二十五年長壽王十
五年移都平壤歷一百五十六年平原王二十
八年移都長安城歷八十三年寶藏王二十七
年而滅(古人記錄自始祖朱蒙王寶藏王歷年丁寧纖悉若此而或云故國原王十三
年移居平壤東黃城城在今西京東木覓山中不可知其然否)平壤城似今西
京而浿水則大同江是也何以知之唐書云平
壤城漢樂浪郡也隨山屈繚為郛南涯浿水又
志云登州東北海行南傍海壖過浿江口椒島
得新羅西北又隋煬帝東征詔曰滄海道軍舟

艫千里高帆電逝巨艦雲飛橫絕浿江遙造平
壤以此言之今大同江為浿水明矣則西京之
為平壤亦可知矣唐書云平壤城亦謂長安而
古記云自平壤移長安則二城同異遠近則不
可知矣高句麗始居中國北地則漸東遷于浿
水之側渤海人武藝曰昔高麗盛時士三十萬
抗唐為敵則可謂地勝而兵強至于季末君臣
昏虐失道大唐再出師新羅援助討平之其地
多入渤海靺鞨新羅亦得其南境以置漢朔溟
三州及其郡縣以備九州焉

漢山州 國原城(一云未乙省 一云託長城) 南川縣(一云南買)
駒城(一云滅烏) 仍斤內郡 述川郡(一云省知買)
骨乃斤縣 楊根縣(一云去斯斬) 今勿內郡(一云萬弩)
道西縣(一云都盆) 仍忽 皆次山郡 奴音竹縣
奈兮忽 沙伏忽 蛇山縣 買忽(一云水城)
唐城郡 上忽(一云車忽) 釜山縣(一云松村活達) 栗木
郡(一云冬斯肹) 仍伐奴縣 齊次巴衣縣 買召
忽縣(一云彌鄒忽) 獐項口縣(一云古斯也忽次) 主夫吐郡
首尒忽 黔浦縣 童子忽縣(一云仇斯波衣) 平淮
押縣(一云別史波衣 淮一作唯) 北漢山郡(一云平壤) 骨衣內縣

王逢縣(一云皆伯 漢氏美女迎安臧王之地 故名王迎) 買省郡(一云馬忽)
七重縣(一云難隱別) 波害平史縣(一云額) 泉井口縣(一云
於乙買串) 述尒忽縣(一云首泥忽) 達乙省縣(漢氏美女於高
山頭點烽火迎安臧王之處 故後名高烽) 臂城郡(一云馬忽) 內乙買
(一云內尒米) 鐵圓郡(一云毛乙冬非) 梁骨縣 僧梁縣
(一云非勿) 功木達(一云熊閃山) 夫如郡 於斯內縣
(一云斧壤) 烏斯含達 阿珍押縣(一云窮嶽) 所邑豆
縣 伊珍買縣 牛岑郡(一云牛嶺 一云首知衣) 獐項
縣(一云古斯也忽次) 長淺城縣(一云耶耶 一云夜牙) 麻田淺
縣(一云泥沙波忽) 扶蘇岬 若只頭恥縣(一云朔頭 一云衣頭)

屈於押(一云紅西) 冬比忽 德勿縣 津臨城縣
(一云烏阿忽) 穴口郡(一云甲比古次) 冬音奈縣(一云休陰)
高木根縣(一云達乙斬) 首知縣(一云新知) 大谷郡(一云
多知忽) 水谷城縣(一云買旦忽) 十谷縣(一云德頓忽)
冬音忽(一云鼓鹽城) 刀臘縣(一云雉嶽城) 五谷郡(一云
弓次云忽) 內米忽(一云池城 一云長池) 漢城郡(一云漢忽 一云息城
一云乃忽) 鵂巖城(一云租波衣 一云鵂巖郡) 獐塞縣(一云古所於)
冬忽(一云于冬於忽) 今達(一云薪達 一云息達) 仇乙峴(一云屈遷)
今豐州 闕口今儒州 栗口(一云栗川) 今殷栗縣
長淵今因之 麻耕伊今青松縣 楊岳今安

嶽郡 板麻串今嘉禾縣 熊閑伊今水寧縣
甕遷今甕津縣 付珍伊今永康縣 鵠島今
白嶺鎮 升山今信州 加火押夫斯波衣縣
(一云仇史峴) 牛首州(首一作頭 一云首次若 一云烏根乃) 伐力川
縣 橫川縣(一云於斯買) 砥峴縣 平原郡(一云北原)
奈吐郡(一云大堤) 沙熱伊縣 赤山縣 斤平郡
(一云並平) 深川縣 楊口郡(一云要隱忽次) 猪足縣(一云
烏斯廻) 王岐縣(一云皆次丁) 三峴縣(一云密波兮) 狌
川郡(一云也尸買) 大楊管郡(一云馬斤押) 買谷縣
古斯馬縣 及伐山郡 伊伐支縣(一云自伐支)

藪狌川縣 一云藪川 文峴縣 一云斤尸波兮 母城郡
一云也次忽 冬斯忽 水入縣 一云買伊縣 客連郡
客一作各 一云加兮牙 赤木縣 一云沙非斤乙 管述縣 猪
闌峴縣 一云烏生波衣 一云猪守 淺城郡 一云比烈忽 㾗谷
縣 一云首乙呑 菁達縣 一云昔達 薩寒縣 加支達
縣 於支呑 一云翼谷 買尸達 泉井郡 一云於乙買
夫斯達縣 東墟縣 一云加知斤 奈生郡 乙阿
且縣 于烏縣 一云郁烏 酒淵縣 何瑟羅州 一云
河西良 一云河西 乃買縣 東吐縣 支山縣 穴
山縣 迂城郡 一云加阿忽 僧山縣 一云所勿達 翼

峴縣 一云伊文縣 達忽 猪迂穴縣 一云烏斯押 平
珍峴縣 一云平珍波衣 道臨縣 一云助乙浦 休壤郡 一云
金惱 習比谷 一作呑 吐上縣 岐淵縣 鵠浦
縣 一云古衣浦 竹峴縣 一云奈生於 滿若縣 一云沔兮
波利縣 于珍也郡 波且縣 一云波豊 也尸忽
郡 助攬郡 一云攬 青已縣 屈火縣 伊火
兮縣 于尸郡 阿兮縣 悉直郡 一云史直 羽
谷縣
右高句麗州郡縣共一百六十四其新羅改名
及今名見新羅志

百濟
後漢書云三韓凡七十八國百濟是其一國焉
北史云百濟東極新羅西南俱限大海北際漢
江其都曰居拔城又云固麻城其外更有五方
城通典云百濟南接新羅北距高麗西限大海
舊唐書云百濟扶餘之別種東北新羅西渡海
至越州南渡海至倭北高麗其王所居有東西
兩城新唐書云百濟西界越州南倭皆踰海北
高麗按古典記東明王第三子温祚以前漢鴻
嘉三年癸卯自卒本扶餘至慰禮城立都稱王

歷三百八十九年至十三世近肖古王取高句
麗南平壤都漢城歷一百五年至二十二世
文周王移都熊川歷六十三年至二十六世
聖王移都所夫里國號南扶餘至三十一世義
慈王歷年一百二十二至唐顯慶五年是義慈
王在位二十年新羅庾信與唐蘇定方討平之
舊有五部分統三十七郡二百城七十六萬戸
唐以其地分置熊津馬韓東明等五都督府仍
以其酋長為都督府刺史未幾新羅盡并其地
置熊全武三州及諸郡縣與高句麗南境及新

羅舊地爲九州
熊川州(一云熊津) 熱也山縣 伐音支縣 西原(一云臂城 一云子谷) 大木岳郡 其買縣(一云林川) 仇知縣 加林郡 馬山縣 大山縣 舌林郡 寺浦縣 比衆縣 馬尸山郡 牛見縣 今勿縣 搆郡 伐首只縣 餘村縣 沙平縣 所夫里郡(一云泗沘) 珍惡山縣 悅己縣(一云豆陵尹城 一云豆串城 一云尹城) 任存城 古良夫里縣 烏山縣 黃等也山郡 眞峴縣(一云貞峴) 珍洞縣 雨述郡 奴斯只縣 所比浦縣 結已郡

新村縣 沙尸良縣 牟山郡 豆仍只縣 未谷縣 基郡 省大兮縣 知六縣 湯井郡 牙述縣 屈旨縣(一云屈直) 完山(一云比斯伐 一云比自火) 豆併縣(一云往武) 仇智山縣 高山縣 南原(一云古龍郡) 大尸山郡 井村縣 賓屈縣 也西伊縣 古沙夫里郡 皆火縣 欣良買縣 上柒縣 進乃郡(一云進仍乙) 豆尸伊縣(一云富尸伊) 勿居縣 赤川縣 德近郡 加知奈縣(一云加乙乃) 只良肖縣 共伐共縣 屎山郡(一云文) 甘勿阿縣 馬西良縣 夫夫里縣

碧骨郡 豆乃山縣 首冬山縣 乃利阿縣 武斤縣 道實郡 礫坪縣 揬坪縣 金馬渚郡 所力只縣 閼也山縣 干召渚縣 伯海郡(一云伯伊) 難珍阿縣 雨坪縣 任實郡 馬突縣(一云馬珍) 居斯勿縣 武珍州(一云奴只) 未冬夫里縣 伏龍縣 屈支縣 分嵯郡(一云夫沙) 助助禮縣 冬老縣 豆肹縣 比史縣 伏忽郡 馬斯良縣 季川縣 烏次縣 古馬彌知縣 秋子兮郡 菓支縣(一云菓兮) 栗支縣 月奈郡 半奈夫里縣 阿老谷縣 古彌縣

古尸伊縣 丘斯珍兮縣 所非兮縣 武尸伊郡 上老縣 毛良夫里縣 松彌知縣 欿平郡(一云武平) 猿村縣 馬老縣 突山縣 欲乃郡 道支縣 仇次禮縣 豆夫只縣 尒陵夫里郡(一云竹樹夫里 一云仁夫里) 波夫里郡 仍利阿縣(一云海濱) 發羅郡 豆肹縣 實於山縣 水川縣(一云水入伊) 道武郡 古西伊縣 冬音縣 塞琴縣(一云捉濱) 黃述縣 勿阿兮郡 屈乃縣 多只縣 道際縣(一云陰海) 因珍島郡(海島也) 徒山縣(海島也或云猿山) 買仇里縣(海島也) 阿

次山郡 葛草縣一云何老一云谷野 古祿只縣一云開要
居知山縣一云安陵 奈己郡
右百濟州郡縣共一百四十七其新羅改名及
今名見新羅志
三國有名未詳地分
調駿鄕 神鶴村 翔鸞村 對仙宮
鳳庭村 飛龍村 飼龍鄕 接仙鄕
敬仁鄕 好禮鄕 積善鄕 守義鄕
斷金鄕 海豐鄕 北溟鄕 鸒金成
接靈鄕 河淸鄕 江寧鄕 咸寧鄕

馴雉鄕 建節鄕 救民鄕 鐵山鄕
金川鄕 睦仁鄕 靈池鄕 永安鄕
金安鄕 富平鄕 穀成鄕 密雲鄕
宜祿鄕 利入鄕 賞仁鄕 封德鄕
歸德鄕 永豐鄕 律功鄕 龍橋鄕
臨川鄕 海洲成 江陵鄕 鐵求鄕
江南鄕 河東鄕 潡瀾鄕 露均成
永壽成 寶劒成 岳陽成 萬壽成
濯錦成 河曲成 岳南成 推畔成
進錦成 潤水成 傍海成 萬年鄕

飮仁鄕 通路鄕 懷信鄕 江西鄕
利上鄕 抱忠鄕 連嘉鄕 天露鄕
漢寧成 會昌宮 邀仙宮 北海通
鹽池通 東海通 海南通 北傜通
末康成 脣氣成 奉天成 安定成
萊遠城 萊津成 乾門驛 坤門驛
坎門驛 艮門驛 兌門驛 大岾城
岱山郡 枯彌縣 北隈郡 非惱城
瓢川縣 皐夷島 泉州 冷井縣
慰禮城 比只國 南新縣 腰車城

沙道城 骨火國 馬頭柵 槐谷城
長峰鎭 獨山城 活開城 茖老城
廣石城 坐羅城 狐鳴城 刀耶城
狐山城 臨海鎭 長嶺鎭 牛山城
里彌城 實珍城 德骨城 大林城
伐音城 株山城 多伐國 近岊城
蘄磐城 椵峰城 党項城 石吐城
富山城 阿旦城 金羅城 耳山城
甘勿城 桐岑城 骨平城一云骨爭 達咸城
西谷城 勿伐城 小陁城 畏石城

泉山城 雍岑城 獨母城 缶谷城
西單城 猴城 櫻岑城 岐岑城
旗懸城 宂柵城 蛙山城 濕水
龍馬 猪岳 山 直朋
達伐 山 赤出島 狗
大丘 沙峴 能谷 風島
斧峴 狼山 叢山 安北河
泊灼城 蓋馬國 句茶國 華麗城
藻國 鎮 檀廬城 加尸城
石城 水口城 甲城 蓋牟城

沙尸城 牛山城 道薩城 白巖城
津安城 蒼巖城 辱夷城 松讓國
苻人國 橫山 白水山 迦葉原
東牟河 優渤水 淹淲水 或云蓋斯水
沸流水 薩水 毛屯谷 鶻嶺
龍山 鶻川 涼谷 箕山
長屋澤 易山 礪津 尉中林
烏骨 沙勿澤 貴湍水 安地
薩賀水 矛川 馬嶺 鶴盤嶺
馬邑山 王骨嶺 豆谷 骨句川

理勿林 車廻谷 曷思水 椽那部
北溟山 閔中原 慕本 豜山
倭山 蠶支落 平儒原 狗山瀨
坐原 質山 故國谷 左勿村
故國原 裴嶺 酒桶村 巨谷
青木谷 杜訥河 柴原 箕丘
中川 海谷 西川 鵠林
烏川 水室村 思收村 烽山
候山 美川 斷熊谷 馬首山
長城 磨米山 銀山 後黃

嬰留山 小獸林 禿山 武厲邏
大斧峴 馬首城 瓶山柵 普述水
烽峴 禿山柵 狗川柵 走壤城
石頭城 高木城 圓山城 錦峴城
大豆山城 牛谷城 橫岳 犬牙城
赤峴城 沙道城 德安城 寒泉
釜山 石川 狗原 八押城
關彌城 石峴城 雙峴城 沙口城
斗谷 耳山城 牛鳴谷 沙井城
馬浦村 長嶺城 加弗城 葦川

狐山 穴城 獨山城 金峴城
角山城 松山城 赤嵒城 生草原
馬川城 泥峴 眞都城 高鬱府
葛嶺 支羅城 或云周留城 大山柵 郁里阿
崇山 張吐野 絶影山 淸津
遺鳳島 大陸 沂隴 鬼栖島
鳳澤 龍丘 連城原 浮雲島
天馬山 海濱島 壑中島 玉塞
連峰 叢林 升天島 乘黃島
八駿山 絶羣山 求麟島 負圖島

吐景山 河精島 遊氣山 平原
大澤 騏驎澤 躡景山 金穴
蘭池 西極山 浦陽丘 鐵伽山
桃林 石礫山 瑞驎苑 麓苑
沙苑 風達郡 曰上郡
總章二年二月前司空兼太子大師英國公李
勣等奏稱奉 勑高麗諸城堪置都督府及州
郡者宜共男生商量准擬奏聞件狀如前 勑
依奏其州郡應須隷屬宜委遼東道安撫使兼
右相劉仁軌遂便穩分割仍揔隷安東都護府

鴨淥水以北未降十一城
北扶餘城州本助利非西 節城本蕪子忽
豐夫城本肖巴忽 新城州本仇次忽 或云敦城
桃城本波尸忽 大豆山城本非達忽 遼東
城州本烏列忽 屋城州 白石城 多伐嶽
州 安市城舊安寸忽 或云丸都城
鴨淥水以北已降城十一
椋嵒城 木底城 藪口城 南蘇城 甘勿
主城本甘勿伊忽 麥田谷城 心岳城本居
尸押 國內州 一云不耐或云尉那嵒城 屑夫婁城本肖

利巴利忽 杇岳城本骨尸押 櫟木城
鴨淥以北逃城七
鈆城本乃勿忽 面岳城 牙岳城本皆尸押
忽 鷲岳城本甘彌忽 積利城本赤里忽
木銀城本召尸忽 梨山城本加尸達忽
鴨淥以北打得城三
穴城本甲忽 銀城本折忽 似城本史忽
都督府一十三縣
嵎夷縣 神丘縣 尹城縣本悅已 麟德縣
本古良夫里 散昆縣本新村 安遠縣本仇

尸波知 賓汶縣本比勿 歸化縣本麻斯良
邁羅縣 甘蓋縣本古莫夫里 奈西縣本奈
西兮 得安縣本德近支 龍山縣本古麻山
東明州四縣
熊津縣本熊津村 鹵辛縣本阿老谷 久遲
縣本仇知 富林縣本伐音村
支潯州九縣
已汶縣本今勿 支潯縣本只彡村 馬津縣
本孤山 子來縣本夫首只 解禮縣本皆利
伊 古魯縣本古麻只 平夷縣本知留 珊

瑚縣本沙好薩 隆化縣本居斯勿
魯山州六縣
魯山縣本甘勿阿 唐山縣本仇知只山 淳
遲縣本豆尸 支牟縣本只馬馬知 烏蠶縣
本馬知沙 阿錯縣本源村
古四州本古沙夫里五縣
平倭縣本古沙夫村 帶山縣本大尸山 辟
城縣本辟骨 佐贊縣本上杜 淳牟縣本豆
奈只
沙泮州本號尸伊城四縣

牟支縣本號尸伊村 無割縣本毛良夫里
佐魯縣本上者 多支縣本夫只
帶方州本竹軍城六縣
至留縣本知留 軍那縣本屈奈 徒山縣本
抽山 半那縣本半奈夫里 竹軍縣本豆肹
布賢縣本巴老彌
分嵯州本波知城四縣
貴旦縣本仇斯珍兮 首原縣本買省坪 皐
西縣本秋子兮 軍支縣
賈躭古今郡國志云渤海國南海鴨渌扶餘柵

城四府並是高句麗舊地也自新羅泉井郡至
柵城府凡三十九驛

三國史志卷第三十七

고려사지리지高麗史地理志(1451) 청송군靑松郡

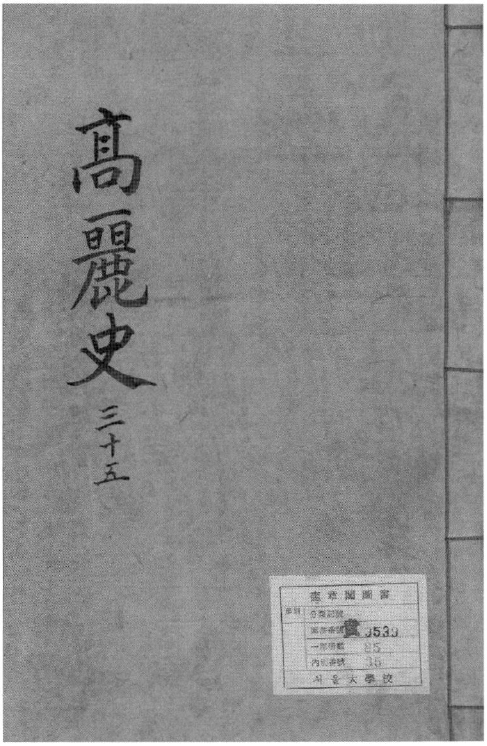

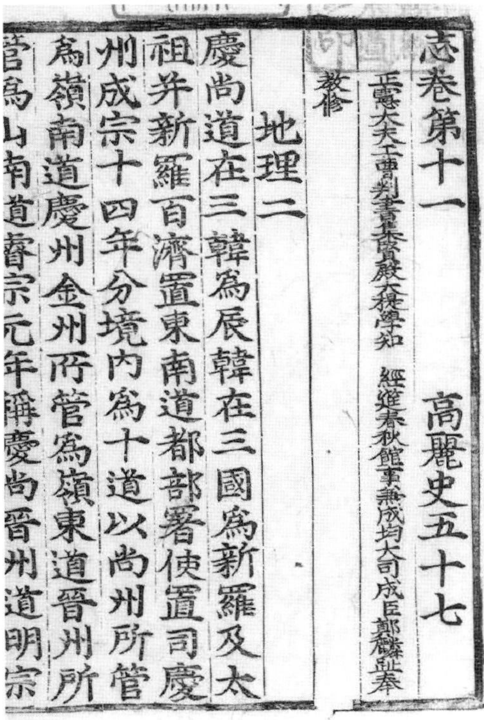
志卷第十一 高麗史五十七
正憲大夫工曹判書集賢殿大提學知 經筵春秋館事兼成均大司成臣鄭麟趾奉
教修
地理二
慶尚道在三韓為辰韓在三國為新羅及太
祖幷新羅百濟置東南道都部署使置司慶
州成宗十四年分境內為十道以尚州所管
為嶺南道慶州金州府管為嶺東道晉州所
管為山南道睿宗元年稱慶尚晉州道明宗

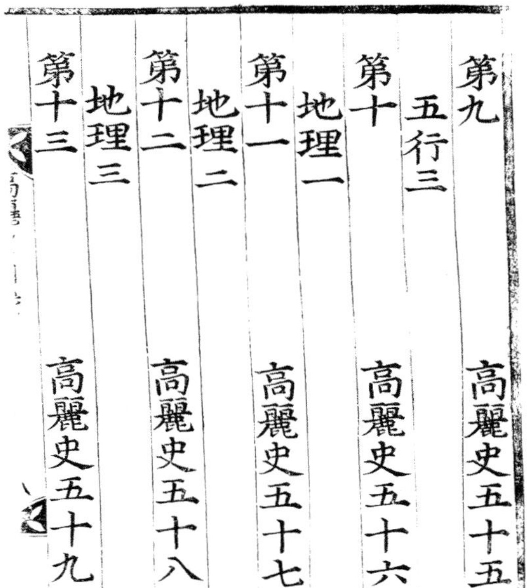
第九 高麗史五十五
五行三
第十 高麗史五十六
地理一
第十一 高麗史五十七
地理二
第十二 高麗史五十八
地理三
第十三 高麗史五十九

志卷第十一　高麗史五十七

正憲大夫工曹判書集賢殿大提學知經筵春秋館事兼成均大司成臣鄭麟趾奉敎修

地理二

慶尚道在三韓爲辰韓在三國爲新羅及太祖幷新羅百濟置東南道都部署使置司慶州成宗十四年分境内爲十道以尚州所管爲嶺南道慶州金州所管爲嶺東道晉州所管爲山南道睿宗元年稱慶尚晉州道明宗元年分爲慶尚晉陜州兩道十六年爲慶尚州道神宗七年爲尚晉安東道其後又改爲慶尚晉安道高宗四十六年以和登定長四州没於蒙古割道之平海德原盈德松生肆溟州道忠烈王十六年又以德原盈德松生移肆東界忠肅王元年定爲慶尚道領京一牧二府三郡三十縣九十二

東京留守官慶州本新羅古都始祖赫居世王開國建都國號徐耶伐或稱斯羅或稱斯

……十一年置監務後改爲彥陽

禮州本高勾麗于尸郡新羅景德王改爲有鄰郡高麗初更今名顯宗九年置防禦使高宗四十六年以衛社功臣朴松庇内鄉陞爲德原小都護府後陞爲禮州牧忠宣王二年汰諸牧改爲寧海府別號丹陽成廟所定有觀魚臺屬府一郡三縣二

甫城府一云載岩城新羅景德王改柒巴火縣爲眞寶縣又改高勾麗助攬縣爲眞安縣高麗初合二縣置府顯宗九年來屬

英陽郡英一作延一本古隱縣後改今名顯宗九年來屬明宗五年置監務別號益陽首比部曲元屬於縣文宗朝移屬蔚珍以附近還屬

平海郡本高勾麗斤乙於高麗初改今名顯宗朝來屬明宗二年置監務忠烈王時縣人僉議評理黃瑞隨駕入元翊戴回還以功陞知郡事別號箕城有溫

泉

盈德郡本高勾麗也尸忽郡新羅改爲野城郡高麗初更今名顯宗九年來屬後置監務又改爲縣令官

青鳧縣本高勾麗青已縣新羅改名積善爲野城郡領縣高麗初爲鳧伊縣又改爲雲鳳縣成宗五年更今名來屬

松生縣顯宗九年來屬仁宗二十一年置監務

爲壽昌郡領縣顯宗九年來屬後移屬大丘別號錦城

河濱縣本新羅多斯只縣(一云沓只)景德王改今名爲壽昌郡領縣顯宗九年來屬後移屬大丘

安東府本新羅古陁耶郡景德王改爲古昌郡太祖十三年與後百濟王甄萱戰於郡地敗之郡人金宣平權幸張吉佐太祖有功拜宣平爲大匡幸吉各爲大相陞郡爲安東府後改爲永嘉郡成宗十四年稱吉州刺史顯宗三年爲安撫使九年改知吉州事二十一年更今名明宗二十七年南賊金三孝心等剽略州郡遣使討平之以府有功陞爲都護府神宗七年東京別抄孛佐等聚衆叛以府有捍禦功陞爲大都護府忠烈王三十四年改爲福州牧恭愍王十年避紅賊南巡駐輦以州人盡心供頓復陞爲安東大都護府(忠烈王以加也鄉人護軍金仁軌有功陞其鄉爲春陽縣忠宣王以敬和翁主鄉德山部曲爲才山縣忠惠王以以宦者姜金剛入元有負紲之勞陞其鄉退串部曲爲奈城縣後又陞吉安部曲爲縣)別號綾羅郡地平郡石陵郡一界郡花山郡古藏郡(皆新羅時稱號)屬郡三縣十一

臨河郡本高勾麗屈火郡新羅景德王改爲曲城郡高麗初更今名顯宗九年來屬

禮安郡本高勾麗買谷縣新羅改名善谷爲奈靈郡領縣高麗初更今名顯宗

九年來屬辛禑二年藏其胎於縣陞爲郡尋陞爲州恭讓王二年置監務以宜仁縣屬之
義興郡顯宗九年來屬恭讓王二年置監務以善州任內缶溪縣屬之後移屬義城縣別號龜山
一直縣本新羅一直縣景德王改名直寧爲古昌郡領縣高麗初復舊號顯宗九年來屬

殷豐縣本新羅赤牙縣景德王改名殷正爲醴泉郡領縣高麗初更今名顯宗九年來屬
甘泉縣新羅時稱號未詳顯宗九年來屬
奉化縣本高勾麗古斯馬縣新羅景德王改名玉馬爲柰靈郡領縣高麗初更今名顯宗九年來屬恭讓王二年置監務別號鳳城

安德縣本高勾麗伊火兮縣新羅景德王改名緣武爲曲城郡領縣高麗初更今名顯宗九年來屬恭讓王二年置監務(恭愍王十八年陞知道保部曲爲宜仁縣屬安東恭讓王二年移屬禮安)
豐山縣本新羅下枝縣(有下枝山一名豐岳)景德王改名永安爲醴泉郡領縣太祖六年縣人元逢有歸順之功陞爲順州十三年陷於甄萱復降爲下枝縣後更今名顯宗九年來屬明宗二年置監務

基州縣新羅時稱號未詳或曰基木鎭高麗初始稱今名顯宗九年來屬明宗二年置監務後復屬恭讓王二年又置監務以殷豐縣屬之別號永定(成廟所定)又號安定
興州本高勾麗及伐山郡新羅景德王改爲岌山郡高麗初更今名顯宗九年來屬後移屬順安明宗二年置監務忠烈王安胎改爲興寧縣令官忠肅王又

安胎陞知興州事忠穆王安胎又陞爲
順興府別號順政(成廟所定)有小白山
順安縣本高句麗柰巳郡新羅婆娑王
取之景德王改爲柰靈郡成宗十四年
稱剛州都團練使顯宗九年來屬仁宗
二十一年更今名爲縣令官高宗四十
六年以衛社功臣金仁俊內鄕陞知榮
州事別號龜城(成廟所定)險阻處有馬兒嶺
義城縣本召文國新羅取之景德王改

爲閒韶郡高麗初陞爲義城府顯宗九
年來屬仁宗二十一年置縣令神宗二
年以嘗陷賊降爲監務忠烈王時倂于
大丘尋復舊(三國史記云景德王改仇火縣爲高丘縣後合屬於)
縣 有風穴又有氷穴(立夏後氷始凝極熱則堅冬則溫氣)
如春
基陽縣本新羅水酒縣景德王改爲醴
泉郡高麗初更名甫州顯宗九年來屬
明宗二年藏太子胎改今名陞爲縣令

官神宗七年南道招討兵馬使崔匡義
與東京賊戰于縣地大捷陞知甫州事
別號淸河襄陽(成廟所定)
全羅道本百濟之地義慈王十九年新羅太
宗王與唐將蘇定方滅百濟遂倂其地景德
王分爲全武二州都督府眞聖王五年西面
都統甄萱悉據舊地稱後百濟王太祖十九
年親征克之成宗十四年以全州瀛州淳州
馬州等州縣爲江南道羅州光州靜州昇州

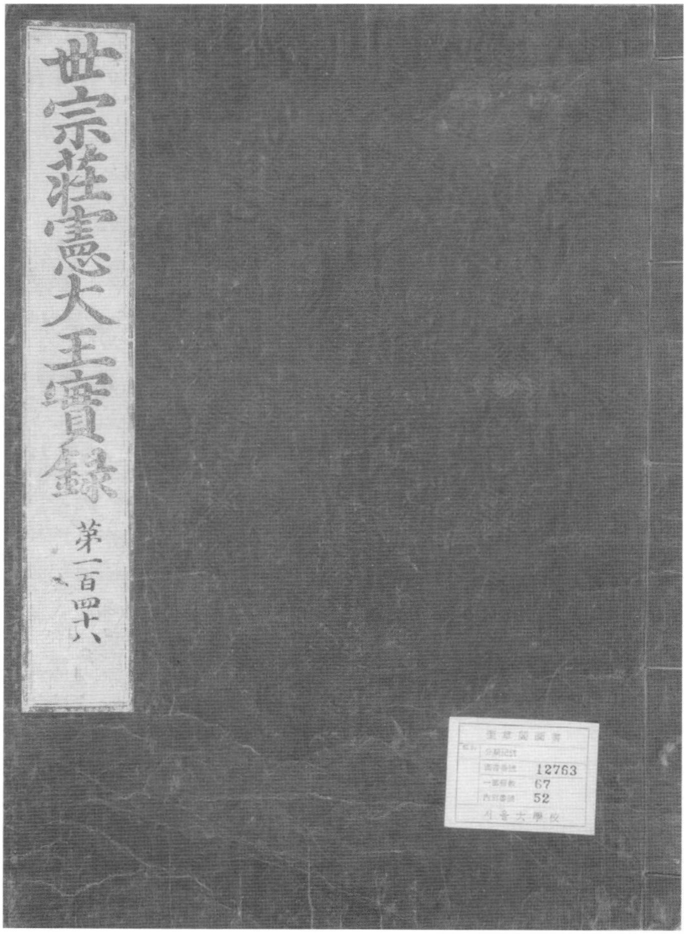
世宗莊憲大王實錄
第一百四十八
12763
67
52

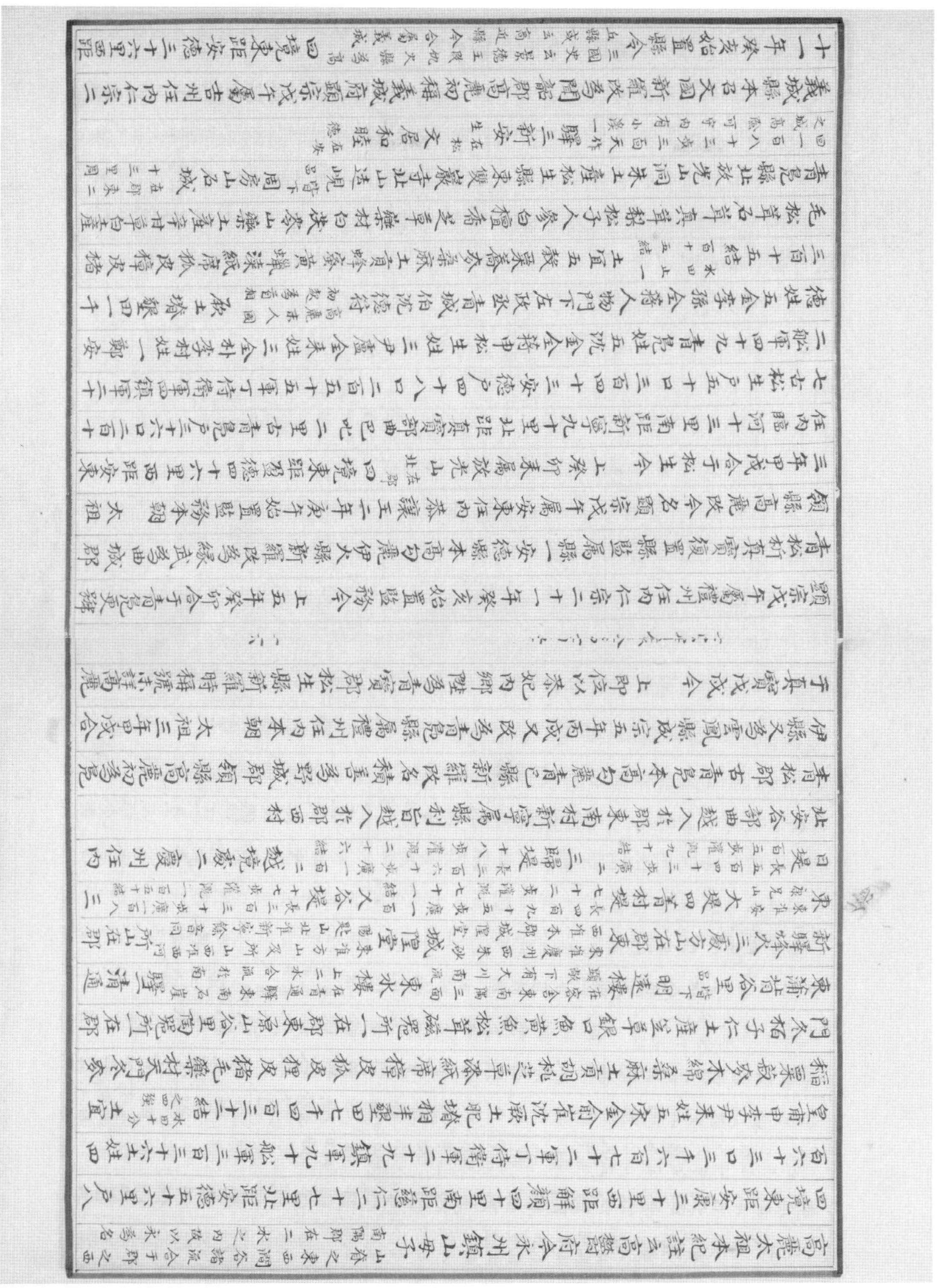
高麗太祖本紀註云高鬱府今永州鎭山母子 山脊之東西澗谷諸流合于郡之西南隔郡在二水之內故以永爲名
四境東距安康三十里西距觧顔四十里南距慈仁二十七里北距安德五十六里戶八
百六十三口三千六百七十二軍丁侍衛軍二十九鎭軍九十船軍三百三十六土姓四
皇甫申李尹來姓五宋金俞崔沈次土肥堉相半墾田七千四百三十二結 水田十分之四強 土宜
稻粟黍麥木綿桑麻土貢胡桃芝草漆紙席獐皮狐皮狸皮猪毛翎藥材天門冬蔘
門冬柏子仁土產芝草銀口魚黃魚松茸磁器所一在郡東暠山谷里陶器所一在郡
東浦北谷里 皆下品 明遠樓 在客舍東南有大川三面流 東水樓 在靑通驛東南石崖上二水合流於南 驛二靑通
新驛烽火三處方山在郡東 東準慶州西準本郡城隍堂 城隍堂 東準方山北準新寧餘音同西準河 所山在郡
東 東準見山安 大堤四菁村堤 長七十四步灌十二結 ... 大谷堤 長三百十七步 灌三十一結 一百五十八結 三
日堤 長五百四十三步 灌二十九結 三歸堤 長三百六十八步 灌二十六結 越境處二慶州任內
北安谷部曲越入於郡東南村新寧屬縣刮旨越入於郡西村
靑松郡古靑鳧本高句麗靑己縣新羅改名積善爲野城郡領縣高麗初爲鳧
伊縣又爲雲鳳縣成宗五年丙戌又改爲靑鳧縣屬禮州任內本朝 太祖三年甲戌合
于眞寶成今 上即位以恭妃內鄕陞爲靑寶郡 松生縣 新羅時稱號未詳高麗
顯宗戊午屬禮州任內仁宗二十一年癸亥始置監務今 上五年癸卯合于靑鳧眞寶
靑松郡 眞寶復置縣監屬縣一安德縣本高句麗伊火兮縣新羅改爲緣武爲曲城郡
領縣高麗改今名顯宗戊午屬安東任內恭讓王二年庚午始置監務本朝 太祖
三年甲戌合于松生今 上癸卯來屬 故光山 在縣北 四境東距盈德四十六里西距安東
任內臨河十三里南距新寧九十里北距眞寶部曲巴比二里古靑鳧戶三十六口二百十
七松生戶五十口三百四十三安德戶四十八口二百五十五軍丁侍衛軍四鎭軍二十
二船軍四十九靑鳧姓五沈金全蔣申松生姓三尹盧全來姓三金朴李村姓一鄭安
德姓五金李孫全蔣人物門下左政丞靑城伯沈德符 高麗末入國初教書相 承土瘠墾田一千
三百十五結 水田四百十五結一 土宜五穀桑麻蒿芥土貢蜂蜜黃蠟漆紙席狐皮獐皮猪
毛松茸石茸眞茸鉛松子人蔘白檀香芝草藥材白茯苓山藥土產守甘草白土產
靑鳧縣北故光山洞出土產松生縣東雙巖寺北山達峴 皆下品 周房山石城 在郡東二十三里周回
四一百八十三步內有小溪一 之城高廢可守內三百天作 驛三新安 在松生 文居和睦 在安德
義城縣本召文國新羅改爲聞韶郡高麗初稱義城府顯宗戊午屬吉州任內仁宗二
十一年癸亥始置縣令 三國史云景德王改今名高麗以大縣爲合屬義城 四境東距安德三十六里西距

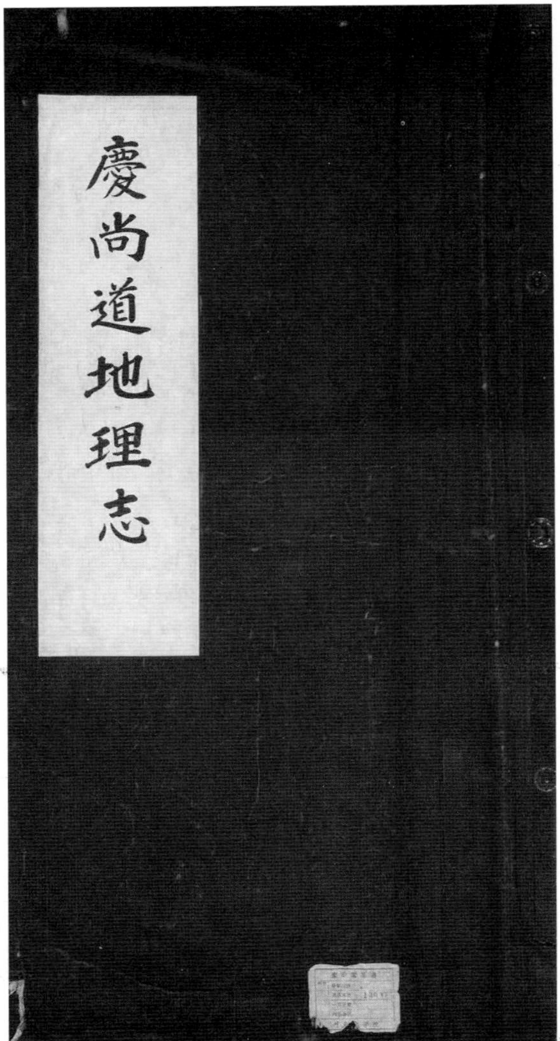
慶尙道地理志

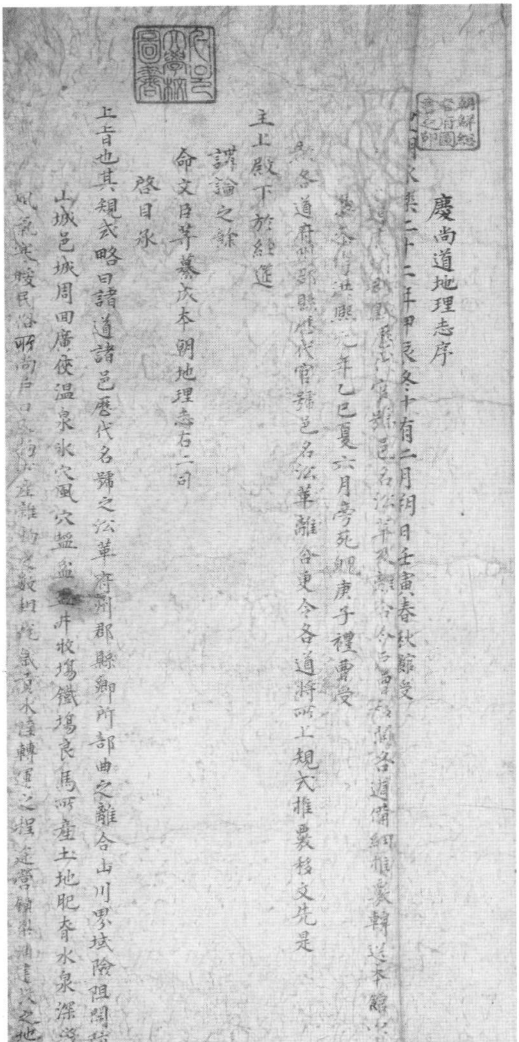
慶尙道地理志序

之境渟蓄而為大小伯周旋而為俗離智異傍海而未趂山極高而水益深神秀英靈之氣含弘醞釀
慶尚之為道經緯乎其間土地之沃饒人物之富庶倍於他道在昔三國之鼎峙也國之新羅歷五十
六王而享國九百九十有二年最為長久定一于高麗王氏以至于
盛代是則此道本新羅之舊居
國家之本根忠臣孝子義夫節婦風流之所尚禮樂文物之所自出盡為之載籍以傳其不朽皆大歲乙巳
冬十有二月朔日丙寅監司敬齋晉陽河演淵亮識

軍丁戰艦之額海中諸島水陸之遠近入島農業人物之有無烟臺烽火所在之處本
朝
先王先后陵寢前朝太祖古昔名賢之墓土姓從仕德藝功業出衆之人古昔相傳靈異之跡推覈移文
據此令知大丘郡事琴柔仁同縣監金鑌主掌其事馳行諮問遵依規式補以闕略纂成一部轉送
于春秋館經歷宜寧氏族南施智慶州府尹蔚山氏族吳公湜判官東萊氏族鄭施介保等咸與請
之更成一部首序其事置于本營辭切事順荒蕪之學不敢固辭暫之經傳夏有禹貢之書周
有大司徒職方氏之籍歷代所記山海經地理志尤致詳焉驗之事業蕭何入秦先收圖籍光武披
圖始知得一版籍之有補於
國家尚矣今我
聖上發於
宸衷特降
綸音纂記本朝之地理其為萬世
慮至矣觀其地勢長白之山延袤萬里起伏而為磨天嶺磨雲嶺鐵嶺金剛五臺雉岳至于慶尚

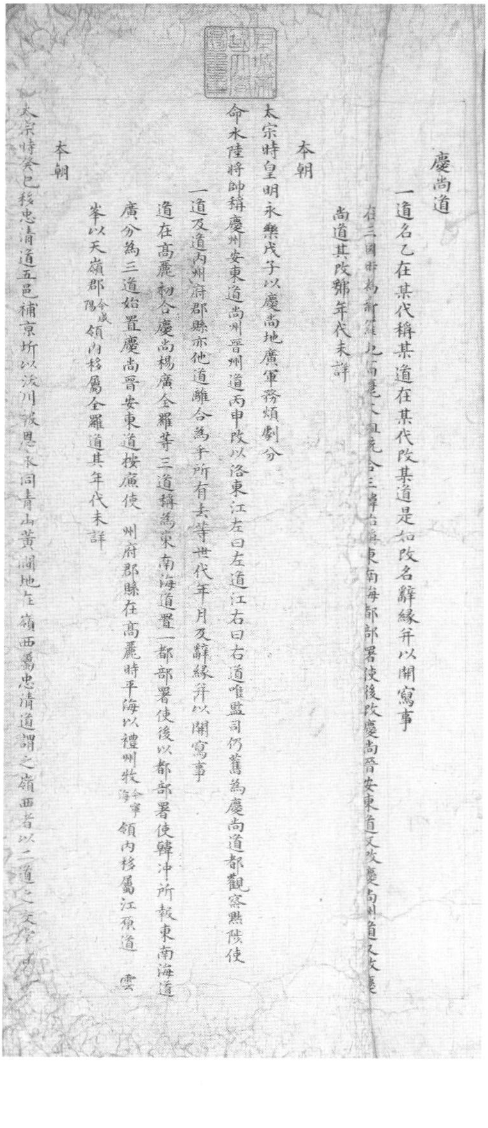
慶尚道
一道名乙在某代稱某道在某代改某道是如改名辭緣幷以開寫事
在三國時爲新羅至高麗太祖統合三韓改爲東南海部部署使後改慶尚晉安東道又改慶尚州道又改慶
尚道其改稱年代未詳
本朝
太宗時皇明永樂戊子以慶尚地廣軍務煩劇分
命水陸將帥稱慶州安東道尚州晉州道丙申改以洛東江左曰左道江右曰右道唯監司仍舊爲慶尚道都觀察黜陟使
一道及道內州府郡縣亦他道離合爲乎所有去等世代年月及辭緣幷以開寫事
道在高麗初合慶尚楊廣全羅等三道稱爲東南海道置一都部署使後以都部署使韓冲所報東南海道
廣分爲三道始置慶尚晉安東道按廉使 州府郡縣在高麗時平海以禮州牧今寧海 領內移屬江原道 雲
峯以天嶺郡今咸陽 領內移屬全羅道其年代未詳
本朝
太宗時癸巳移忠清道五邑補京圻以沃川報恩永同青山黃澗地在嶺西屬忠清道謂之嶺西者以二道之交常

本營慶州府置

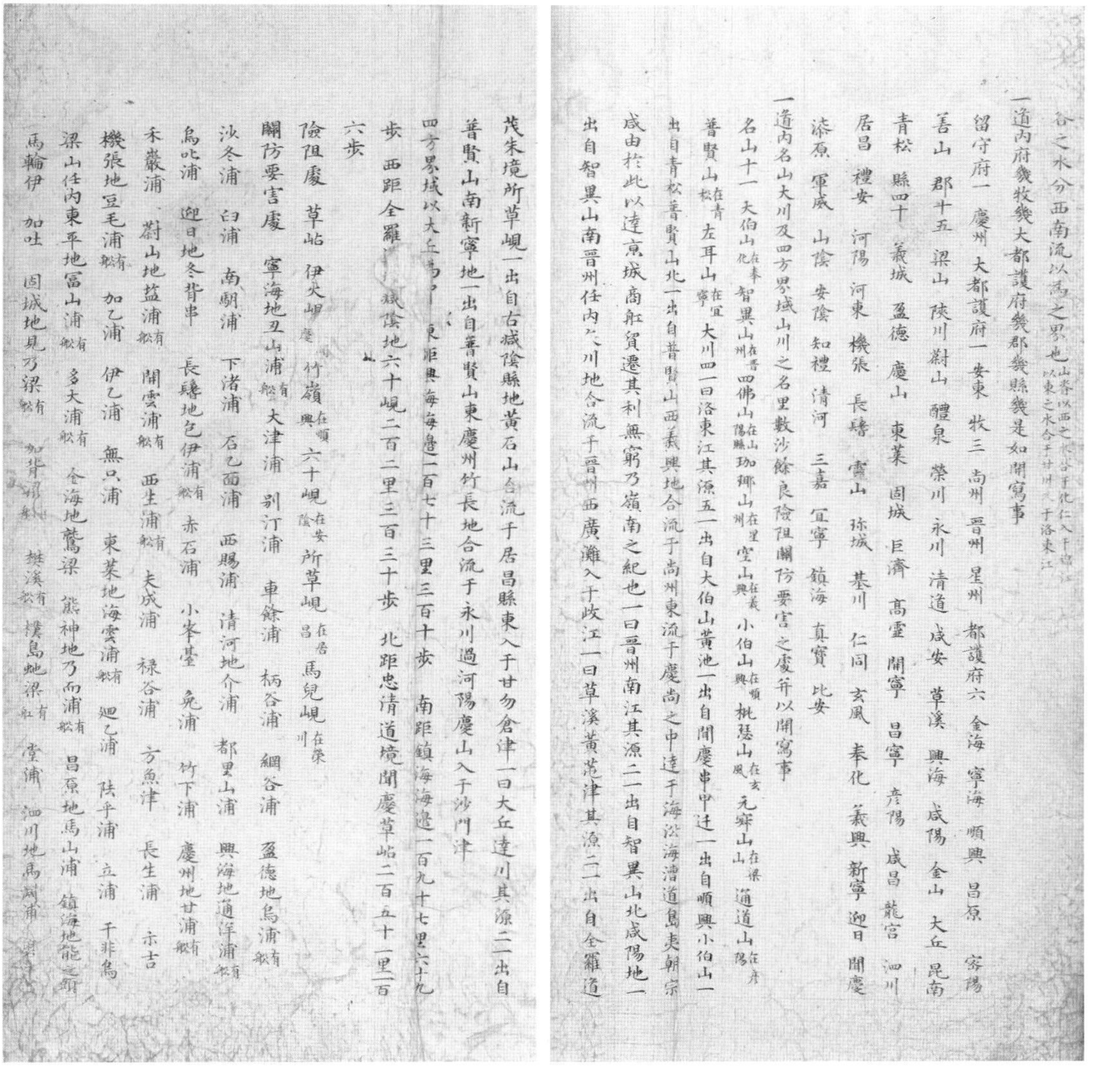

合之水分西南流以爲之界也(山脊以西之水合于化仁入于嵩江 以東之水合于甘州入于洛東江)
一道內府幾牧幾大都護府幾郡幾縣幾是如開寫事
留守府一 慶州 大都護府一 安東 牧三 尙州 晋州 星州 都護府六 金海 寧海 順興 昌原 密陽
善山 郡十五 梁山 陜川 蔚山 醴泉 榮川 永川 淸道 咸安 草溪 興海 咸陽 金山 大丘 昆南
靑松 縣四十 義城 盈德 慶山 東萊 固城 巨濟 高靈 開寧 昌寧 彦陽 咸昌 龍宮 泗川
居昌 禮安 河陽 河東 機張 長鬐 靈山 珎城 基川 仁同 玄風 奉化 義興 新寧 迎日 聞慶
漆原 軍威 山陰 安陰 知禮 淸河 三嘉 宜寧 鎭海 眞寶 比安
一道內名山大川及四方界域山川之名里數沙餘良險阻關防要害之處幷以開寫事
名山十一 大伯山(在奉化) 智異山(在晋州) 四佛山(在山陽縣) 珈倻山(在星州) 空山(在義興) 小伯山(在順興) 枇瑟山(在玄風) 元寂山(在梁山) 通道山(在彦陽)
普賢山(在靑松) 左耳山(在宜寧) 大川四一曰洛東江其源五一出自大伯山黃池一出自聞慶串甲迂一出自順興小伯山一
出自靑松普賢山北一出自普賢山西義興地合流于尙州東流于慶尙之中達于海沿海漕道島夷朝宗
咸由於此以達京城商舡貿遷其利無窮乃嶺南之紀也一曰晋州南江其源二一出自智異山北咸陽地一
出自智異山南晋州任內穴川地合流于晋州西廣灘入于岐江一曰草溪黃芚津其源二一出自全羅道
茂朱境所草峴一出自古縣陰縣地黃石山合流于居昌縣東入于甘勿倉津一曰大丘達川其源二一出自
普賢山南新寧地一出自普賢山東慶州竹長地合流于永川過河陽慶山入于沙門津
四方界域以大丘爲 東距興海海邊一百七十三里三百十步 南距鎭海海邊一百九十七里六十九
步 西距全羅 縣陰地六十峴二百二里三百三十步 北距忠淸道境聞慶草岾二百五十一里一百
六步
險阻處 草岾 伊火峴(在順慶) 竹嶺(在順興) 六十峴(在安陰) 所草峴(在居昌) 馬兒峴(在榮川)
關防要害處 寧海地丑山浦(有船) 大津浦 別汀浦 車餘浦 柄谷浦 細谷浦 盈德地烏浦(有船)
沙冬浦 臼浦 南鯛浦 下渚浦 石乙面浦 西賜浦 淸河地介浦 都里山浦 興海地通洋浦(有船)
烏叱浦 迎日地冬背串 長鬐地包伊浦(有船) 赤石浦 小冬臺 兎浦 竹下浦 慶州地甘浦(有船)
禾巖浦 蔚山地鹽浦(有船) 開雲浦(有船) 西生浦(有船) 夫成浦 祿谷浦 方魚津 長生浦 亦吉
機張地豆毛浦(有船) 加乙浦 伊乙浦 無只浦 東萊地海雲浦(有船) 廻乙浦 陜乎浦 立浦 干非烏
梁山任內東平地富山浦(有船) 多大浦(有船) 金海地鷲梁 熊神地乃而浦(有船) 昌原地馬山浦 鎭海地能之頭
馬輪伊 加吐 固城地見乃梁(有船) 加背梁(有船) 樊溪(有船) 樸島蚍梁(有船) 堂浦 泗川地馬洞浦

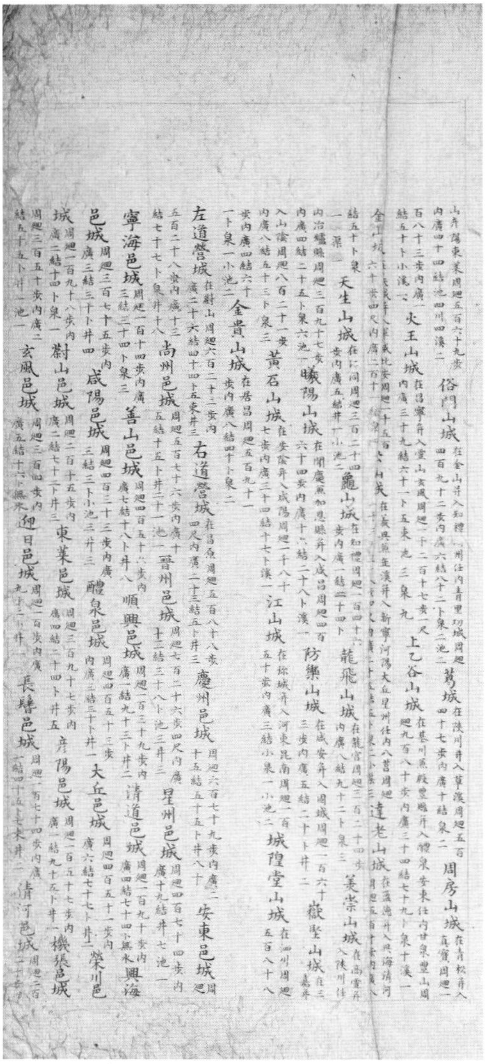

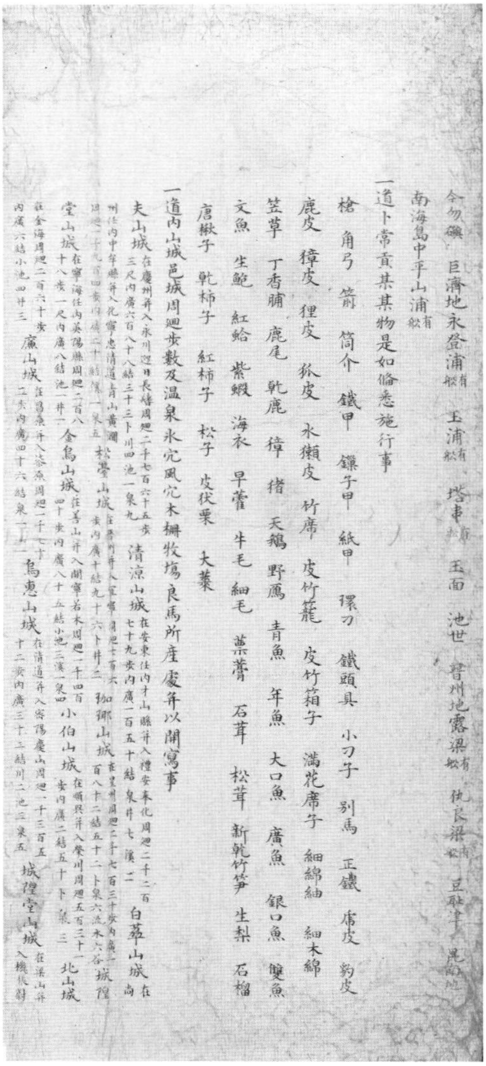

廣二結四十八卜井二 盈德邑城 周廻一百四十一步內廣一結六十一卜井一 禮安邑城 周廻二百九十六步內廣六十六卜無水 鎭海邑城 周廻一百六十六步內廣一結九十五卜井一 固城邑城 周廻三百八十五步四尺內廣五結
十七卜井四 河東邑城 周廻三百七十九步內廣八結六十卜井五池一
温井二 東萊温井 昌原府草末乙温井 氷穴一在義城氷山 風穴一在義興麟角洞 木栅二 慶州東面下西知 巨濟縣
牧場一在梁山任內東平縣南面吾海也項 鐵場七 慶州 安東 盈德 蔚山 陜川 龍宮 山陰
一道內內廂及各鎭在某郡某縣去海口幾里是如施行爲乎矣所屬各官及軍數幷以開寫事
左道內廂在蔚山去海口三里一百四十步所屬 慶州軍官一百十五 守城軍六十四 密陽軍官二十
蔚山軍官八十六 守城軍十三 醴泉守城軍二十五 清道軍官四十五 守城軍二十九 永川軍
官二 守城軍五十一 梁山軍官四十一 大丘軍官六十 守城軍二十二 義城守城軍二十八 慶山軍
官十一 守城軍十八 東萊軍官一 昌寧守城軍十 彦陽軍官十五 守城軍十 河陽守城軍九
機張軍官二 靈山軍官一 守城軍九 仁同守城軍二十三 玄風守城軍十四 義興守城軍十三
新寧守城軍十九 龍宮守城軍十四 軍威守城軍十 比安守城軍十九
合軍官三百九十九 守城軍四百
右道內廂在昌原府去海口馬山浦四里三百十七步所屬 尚州軍官二十三 守城軍八十七 晋州
軍官四十八 守城軍二十七 星州軍官三十六 守城軍五十七 金海軍官六十六 守城軍三十七
昌原軍官七十一 守城軍四十五 陜川軍官五 守城軍十七 草溪軍官十八 守城軍九
咸安軍官五十二 守城軍二 咸陽守城軍二 金山守城軍十二 高靈軍官九 開寧軍官二
守城軍四 固城軍官五十三 守城軍十五 咸昌軍官十五 守城軍十 聞慶軍官十二
守城軍十二 鎭海軍官四 漆原軍官三十九 守城軍五 𢫬城守城軍八 山陰守城軍七
居昌守城軍五 安陰守城軍四 三嘉守城軍十三 宜寧軍官三十六 守城軍十三
知禮守城軍十 善山軍官十一 守城軍三十七
合軍官五百 守城軍四百三十八
鎭四
寧海鎭去海口高城浦五里所屬 安東軍官八十七 守城軍二十二 寧海軍官四十五
守城軍九 順興軍官十九 守城軍四 醴泉軍官十九 榮川軍官三十二 守城軍十六
青松軍官十 守城軍三 禮安軍官二十四 守城軍十二 奉化軍官十八 守城軍五
基川軍官十六 守城軍五 龍宮軍官二十 真寶軍官十 守城軍四

合軍官三百　守城軍八十
迎日鎮去海口林谷浦六里二十歩所屬　安東軍官七十八　守城軍四十　醴泉軍官二十九
永川軍官二十六　大丘軍官一　興海軍官三　守城軍十四　義城軍官三十　義興軍官十二
新寧軍官十　迎日軍官七　守城軍二十一　長鬐軍官三　守城軍一　仁同軍官五十
軍威軍官二十　河陽軍官九　比安軍官二十三　慶州任内省法伊部曲守城軍四
合軍官三百一　守城軍八十
東萊鎮去海口海雲浦九里二歩所屬　密陽軍官一百三十　守城軍五十九　大丘軍官七
東萊軍官四十一　守城軍二十一　昌寧軍官六十一　玄風軍官二十九　靈山軍官三十二
合軍官三百　守城軍八十
泗川鎮去海口江州浦八里所屬　尚州軍官十一　晋州軍官六十七　守城軍四十一　星州軍官三十八
善山軍官二十一　草溪軍官八　陜川軍官十五　金山軍官十三　咸陽軍官十七
昆南軍官三　守城軍三　固城軍官三　彌城軍官十五　泗川軍官七　守城軍五
安陰軍官十九　居昌軍官二十四　河東軍官五　開寧軍官八　知禮軍官十　山陰軍官二

三嘉軍官十四
合軍官三百　守城軍四十九
一道内水營及都萬戶萬戶千戶所領兵船幾隻在某邑某浦泊立是如施行爲旀所騎軍數幷以開寫事
水營二
左道水營所領兵船三十三隻梁山任内東平地冨山浦泊立所騎軍人一千七百七十九名
右道水營所領兵船二十八隻巨濟島中吾兒里浦泊立所騎軍人二千六百一名
左道都萬戶所領兵船二十隻蔚山地西生浦泊立所騎軍人七百六十七名
右道都萬戶所領兵船廿二隻内固城地加背梁留泊船十隻所領十二隻巨濟島中玉浦泊立所騎軍
人一千一百二十二名
寧海地丑山浦千戶所領兵船十二隻所騎軍人四百二十九名
盈德地烏浦千戶所領兵船八隻所騎軍人三百五十三名
興海地通洋浦千戶所領兵船八隻豆毛赤浦泊立所騎軍人二百十八名
長鬐地包伊浦千戶所領兵船八隻加巖浦泊立所騎軍人五百八十九名

慶州地甘浦萬戶所領兵船六隻所騎軍人三百八十七名
蔚山地塩浦萬戶所領兵船七隻所騎軍人五百二名
開雲浦萬戶所領兵船十二隻所騎軍人四百二十名
機張地豆毛浦萬戶所領兵船十六隻所騎軍人八百四十三名
東萊地海雲浦萬戶所領兵船七隻所騎軍人五百八十九名
梁山任內東平地多大浦萬戶所領兵船九隻所騎軍人七百二十三名
金海任內熊神地薺浦萬戶所領兵船九隻所騎軍人八百八十二名
巨濟島中永登浦萬戶所領兵八隻所騎軍人七百名
固城地見乃梁千戶所領兵船二十隻巨濟東面玉浦泊立所騎軍人九百四十名
樊溪萬戶所領兵船十五隻唐浦泊立所騎軍人七百二十二名
晋州地仇良梁萬戶所領兵船十六隻固城地樸島蚫梁泊立所騎軍人七百四十八名
晋州地赤梁萬戶所領兵船十三隻興善島中加乙串泊立所騎軍人七百二十名
任內金良地露梁萬戶所領兵船八隻南海島中平山浦泊立所騎軍人五百六十八名

各浦萬戶副萬戶千戶副千戶隨其人職品差下

一

本朝

先王先后陵寢及檀君箕子祠堂箕子陵前朝大祖廟古昔名賢之墓在某邑其方幾里許是如施行事

太祖影殿在慶州府城內 宣德八年七月 日改林 真殿

恭靖大王胎室在金山郡西黃嶽山自郡相去十里

太宗胎室在星州南祖谷山自州相去三十里

御胎在昆南郡北所谷山自郡相去二十里

新羅始祖赫居世陵在慶州府南雲巖寺北自府相去四里

駕洛國始祖首露王陵在金海府西大岐里自府相去三百步

名賢之墓

大大角干金庾辰墓在慶州府西毛只寺北峯自府相去四里

三重大匡權幸墓在安東西本破谷自府相去十五里

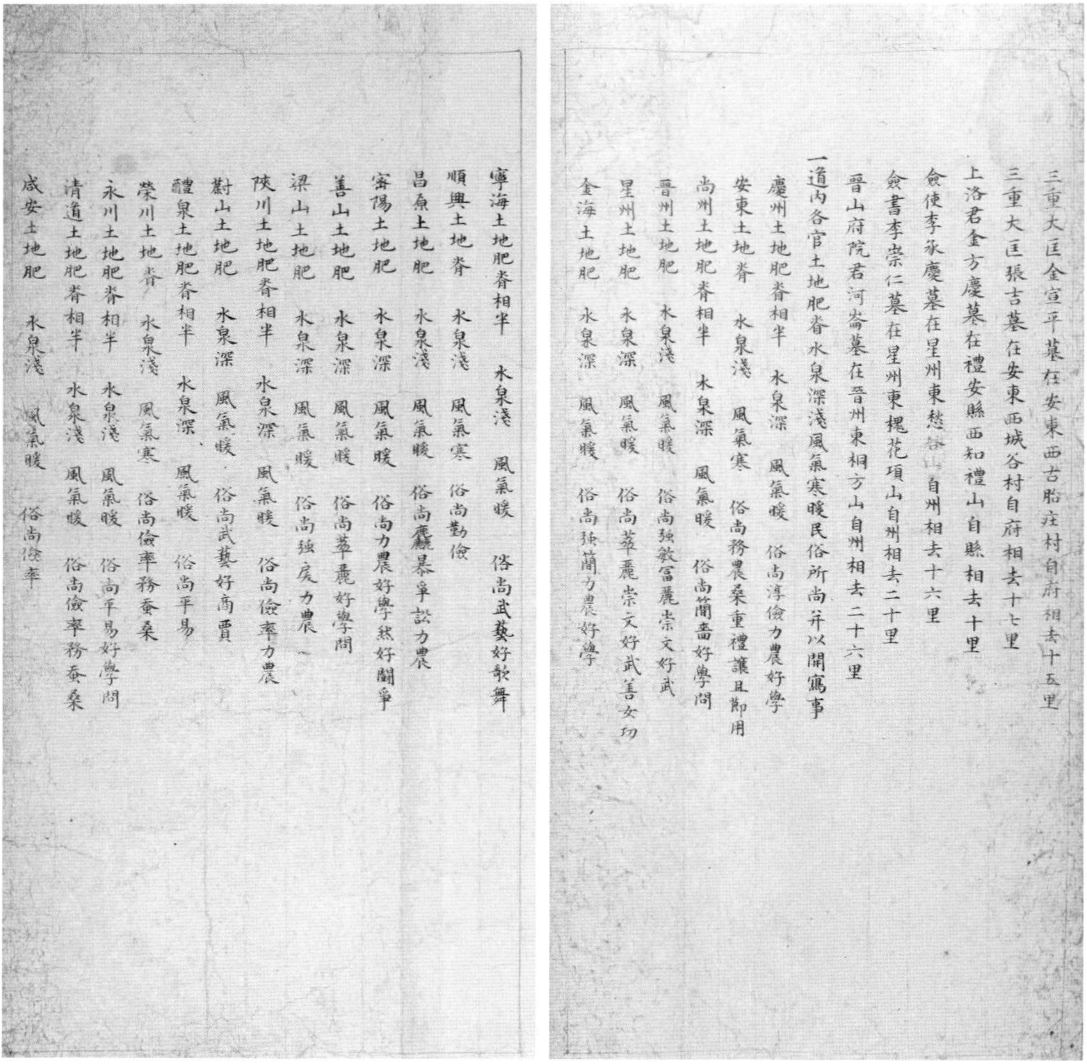
三重大匡金宣平墓在安東西古貽莊村自府相去十五里
三重大匡張吉墓在安東西城谷村自府相去十七里
上洛君金方慶墓在禮安縣西知禮山自縣相去十里
僉使李永慶墓在星州東愁谷山自州相去十六里
僉書李崇仁墓在星州東槐花項山自州相去二十里
晉山府院君河崙墓在晉州東相方山自州相去二十六里
一道內各官土地肥瘠水泉深淺風氣寒暖民俗所尚幷以開寫事
慶州土地肥瘠相半 水泉深 風氣暖 俗尚淳儉力農好學
安東土地瘠 水泉淺 風氣寒 俗尚務農桑重禮讓且節用
尙州土地肥瘠相半 水泉深 風氣暖 俗尚簡嗇好學問
晉州土地肥 水泉淺 風氣暖 俗尚強毅富麗崇文好武
星州土地肥 水泉深 風氣暖 俗尚華麗崇文好武善女功
金海土地肥 水泉深 風氣暖 俗尚強簡力農好學
寧海土地肥瘠相半 水泉淺 風氣暖 俗尚武藝好歌舞
順興土地瘠 水泉淺 風氣寒 俗尚勤儉
昌原土地肥 水泉淺 風氣暖 俗尚麤暴爭訟力農
密陽土地肥 水泉深 風氣暖 俗尚力農好學然好鬪爭
善山土地肥 水泉深 風氣暖 俗尚華麗好學問
梁山土地肥 水泉深 風氣暖 俗尚強戾力農
陜川土地肥瘠相半 水泉深 風氣暖 俗尚儉率力農
蔚山土地肥 水泉深 風氣暖 俗尚武藝好商賈
醴泉土地肥瘠相半 水泉深 風氣暖 俗尚平易
榮川土地瘠 水泉淺 風氣寒 俗尚儉率務蠶桑
永川土地肥瘠相半 水泉淺 風氣暖 俗尚平易好學問
淸道土地肥瘠相半 水泉淺 風氣暖 俗尚儉率務蠶桑
咸安土地肥 水泉淺 風氣暖 俗尚儉率

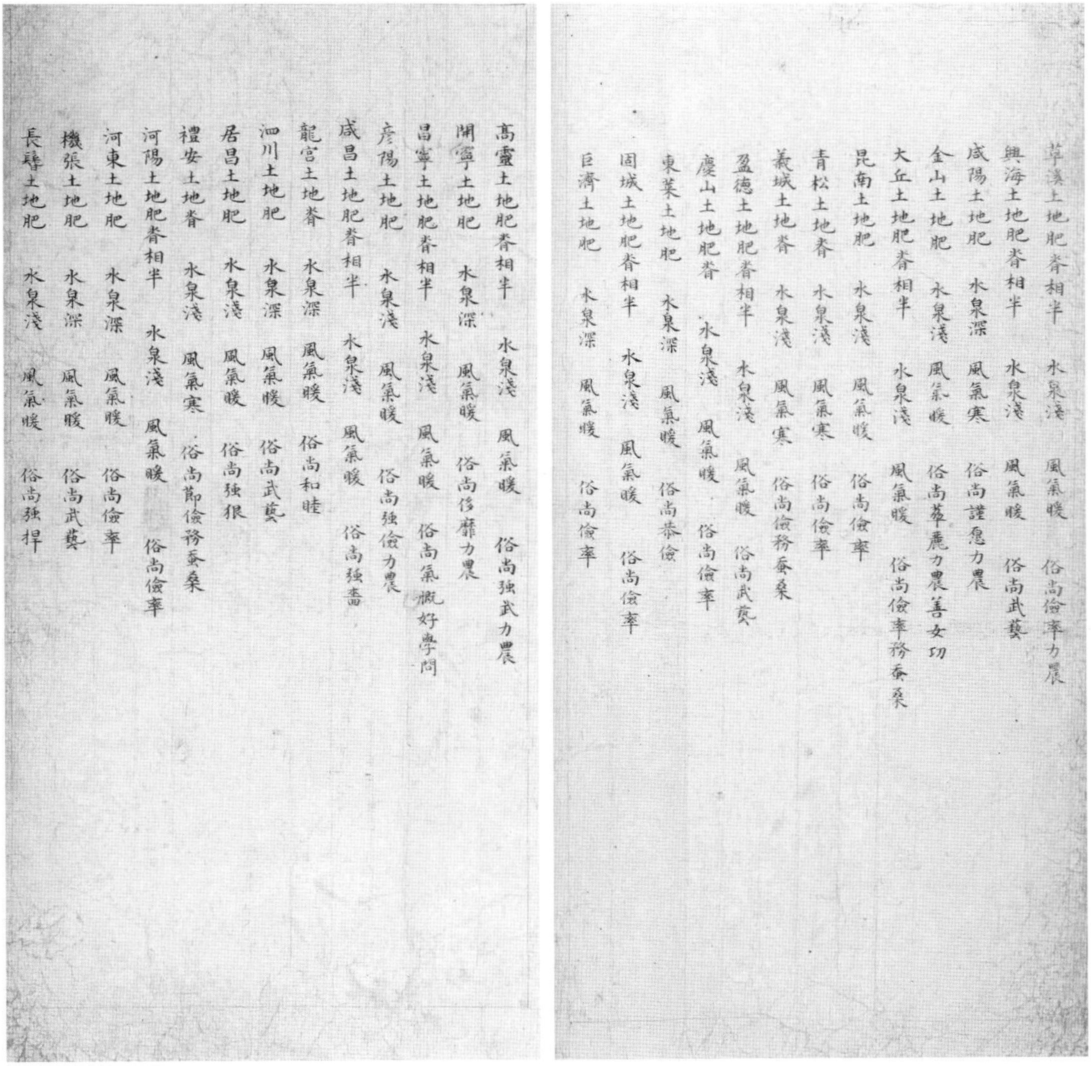

草溪土地肥脊相半 水泉淺 風氣暖 俗尚儉率力農
興海土地肥脊相半 水泉淺 風氣暖 俗尚武藝
咸陽土地肥 水泉深 風氣寒 俗尚謹愿力農
金山土地肥 水泉淺 風氣暖 俗尚華麗力農善女功
大丘土地肥脊相半 水泉淺 風氣暖 俗尚儉率務蚕桑
昆南土地肥 水泉淺 風氣暖 俗尚儉率
青松土地脊 水泉淺 風氣寒 俗尚儉率
義城土地脊 水泉淺 風氣寒 俗尚儉務蚕桑
盈德土地肥脊相半 水泉淺 風氣暖 俗尚武藝
慶山土地肥脊 水泉淺 風氣暖 俗尚儉率
東萊土地肥 水泉深 風氣暖 俗尚恭儉
固城土地肥脊相半 水泉淺 風氣暖 俗尚儉率
巨濟土地肥 水泉深 風氣暖 俗尚儉率

高靈土地肥脊相半 水泉淺 風氣暖 俗尚强武力農
開寧土地肥 水泉深 風氣暖 俗尚侈靡力農
昌寧土地肥脊相半 水泉淺 風氣暖 俗尚氣槪好學問
彦陽土地肥 水泉淺 風氣暖 俗尚强儉力農
咸昌土地肥脊相半 水泉淺 風氣暖 俗尚强嗇
龍宮土地脊 水泉深 風氣暖 俗尚和睦
泗川土地肥 水泉深 風氣暖 俗尚武藝
居昌土地肥 水泉淺 風氣暖 俗尚强狠
禮安土地脊 水泉淺 風氣寒 俗尚節儉務蚕桑
河陽土地肥脊相半 水泉淺 風氣暖 俗尚儉率
河東土地肥 水泉深 風氣暖 俗尚儉率
機張土地肥 水泉深 風氣暖 俗尚武藝
長鬐土地肥 水泉淺 風氣暖 俗尚强悍

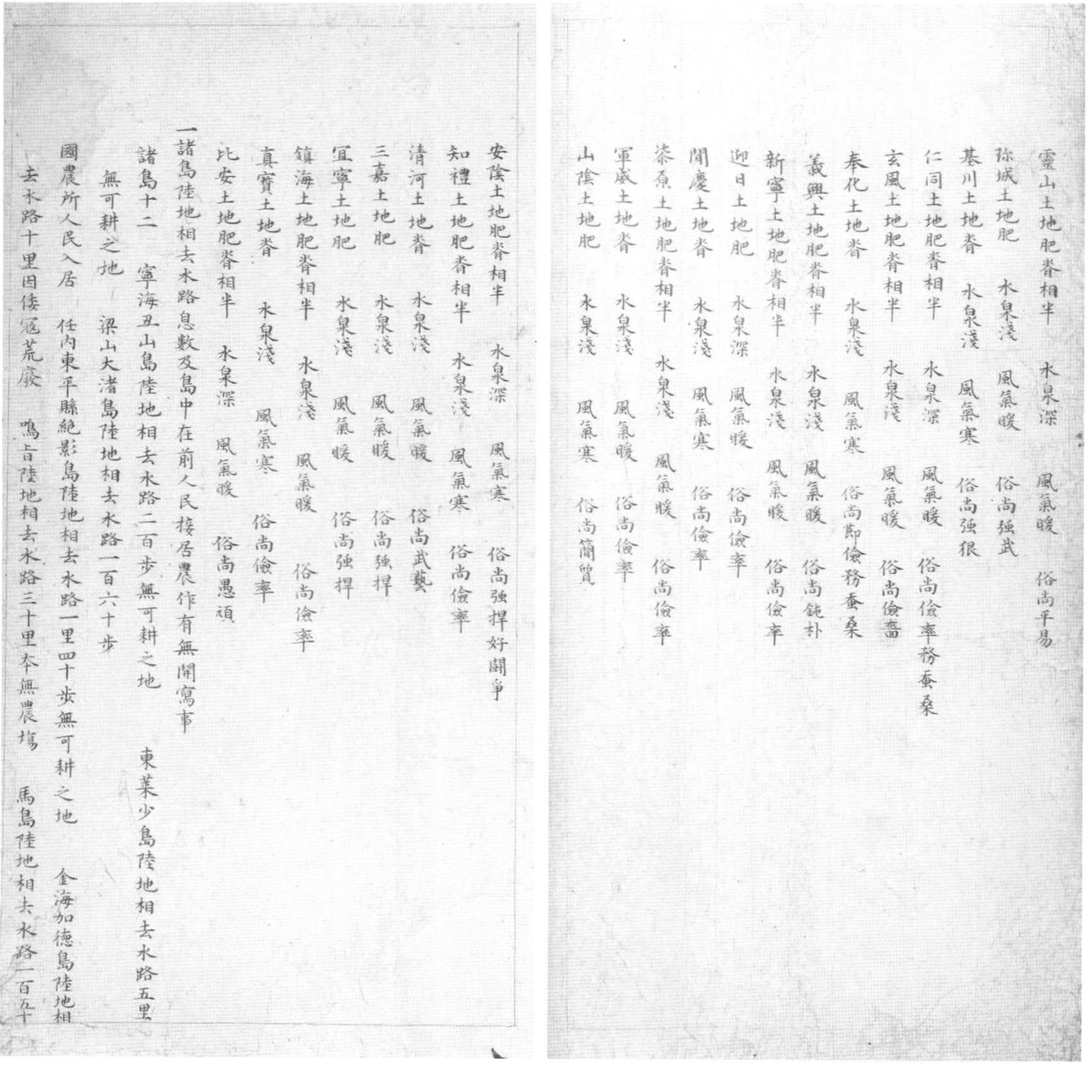

靈山土地肥瘠相半　水泉深　風氣暖　俗尚平易
弥城土地肥　水泉淺　風氣暖　俗尚强武
基川土地瘠　水泉淺　風氣寒　俗尚强狠
仁同土地肥瘠相半　水泉深　風氣暖　俗尚儉率務蚕桑
玄風土地肥瘠相半　水泉淺　風氣暖　俗尚儉嗇
奉化土地瘠　水泉淺　風氣寒　俗尚節儉務蚕桑
義興土地肥瘠相半　水泉淺　風氣暖　俗尚鈍朴
新寧土地肥瘠相半　水泉淺　風氣暖　俗尚儉率
迎日土地肥　水泉深　風氣暖　俗尚儉率
聞慶土地瘠　水泉淺　風氣寒　俗尚儉率
漆谷土地肥瘠相半　水泉淺　風氣暖　俗尚儉率
軍威土地瘠　水泉淺　風氣暖　俗尚儉率
山陰土地肥　水泉淺　風氣寒　俗尚簡質

安陰土地肥瘠相半　水泉深　風氣寒　俗尚强悍好鬪爭
知禮土地肥瘠相半　水泉淺　風氣寒　俗尚儉率
清河土地瘠　水泉淺　風氣暖　俗尚武藝
三嘉土地肥　水泉淺　風氣暖　俗尚强悍
宜寧土地肥　水泉淺　風氣暖　俗尚强悍
鎭海土地肥瘠相半　水泉淺　風氣暖　俗尚儉率
眞寶土地瘠　水泉淺　風氣寒　俗尚儉率
比安土地肥瘠相半　水泉深　風氣暖　俗尚愚頑
一諸島陸地相去水路息數及島中在前人民接居農作有無開寫事
諸島十二　寧海丑山島陸地相去水路二百步無可耕之地　東萊少島陸地相去水路五里
無可耕之地　梁山大渚島陸地相去水路一百六十步
國農所人民入居　任內東平縣絶影島陸地相去水路一里四十步無可耕之地　金海加德島陸地相
去水路十里因倭寇荒廢　鳴旨陸地相去水路三十里本無農塲　馬島陸地相去水路一百五十

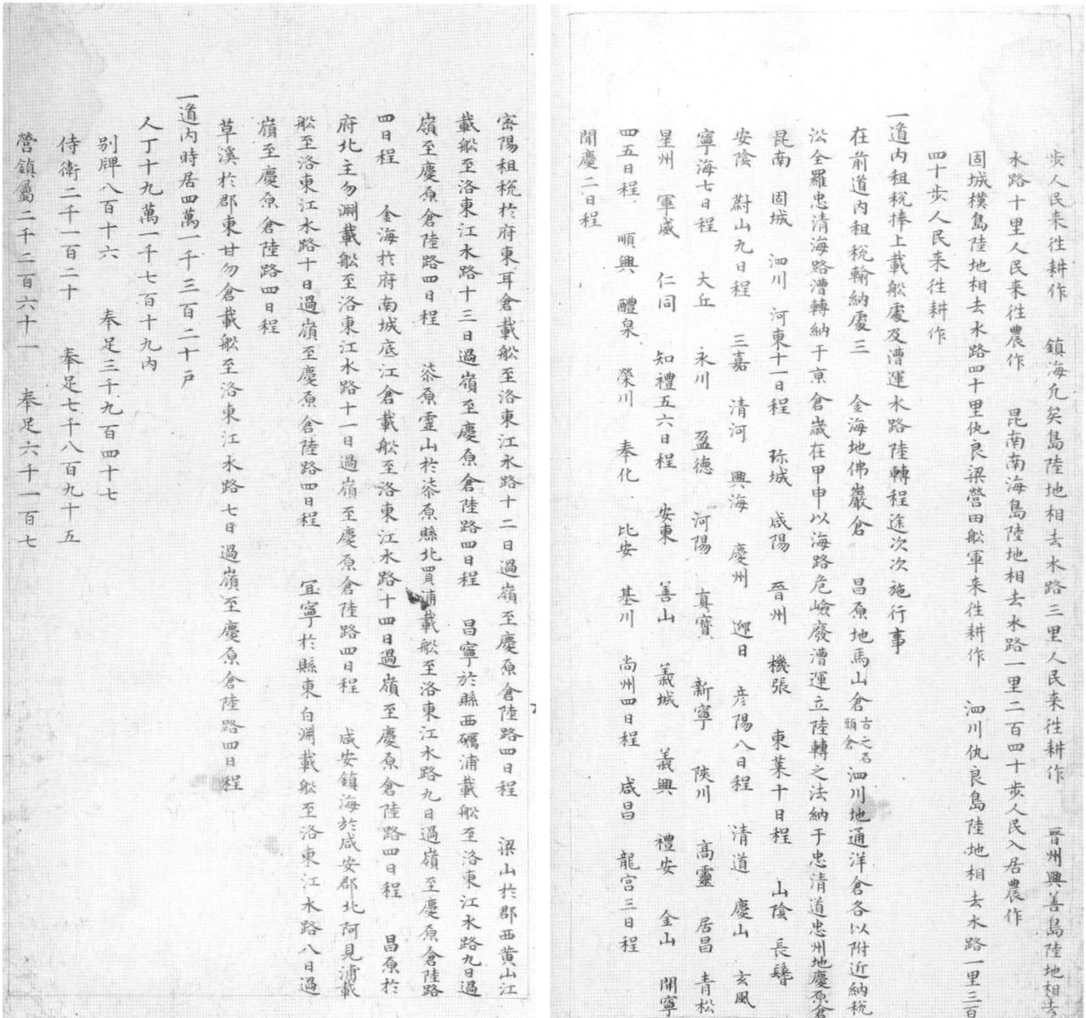

歩人民来往耕作　鎭海允矣島陸地相去水路三里人民来往耕作　晋州興善島陸地相去
水路十里人民来往農作　昆南南海島陸地相去水路一里二百四十歩人民入居農作
固城撗島陸地相去水路四十里仇良梁營田船軍来往耕作　泗川仇良島陸地相去水路一里三百
四十歩人民来往耕作
一道内租稅捧上載船處及漕運水路陸轉程途次次施行事
在前道内租稅輸納處三　金海地佛巖倉　昌原地馬山倉古之石頭倉　泗川地通洋倉各以附近納稅
沿全羅忠清海路漕轉納于京倉歳在甲申以海路危嶮廢漕運立陸轉之法納于忠清道忠州地慶原倉
昆南　固城　泗川　河東十一日程　㫆城　咸陽　晋州　機張　東萊十日程　山陰　長鬐
安陰　蔚山九日程　三嘉　清河　興海　慶州　迎日　彦陽八日程　清道　慶山　玄風
寧海七日程　大丘　永川　盈德　河陽　真寶　新寧　陝川　高靈　居昌　青松
星州　軍威　仁同　知禮五六日程　安東　善山　義城　義興　禮安　金山　開寧
四五日程　順興　醴泉　榮川　奉化　比安　基川　尚州四日程　咸昌　龍宫三日程
聞慶二日程

密陽租稅於府東耳倉載船至洛東江水路十二日過嶺至慶原倉陸路四日程　梁山於郡西黄山江
載船至洛東江水路十三日過嶺至慶原倉陸路四日程　昌寧於縣西礪浦載船至洛東江水路九日過
嶺至慶原倉陸路四日程　柒原靈山於柒原縣北買浦載船至洛東江水路九日過嶺至慶原倉陸路
四日程　金海於府南城底江倉載船至洛東江水路十四日過嶺至慶原倉陸路四日程　昌原於
府北主勿淵載船至洛東江水路十一日過嶺至慶原倉陸路四日程　咸安鎭海於咸安郡北阿見浦載
船至洛東江水路十日過嶺至慶原倉陸路四日程　宜寧於縣東白淵載船至洛東江水路八日過
嶺至慶原倉陸路四日程
草溪於郡東甘勿倉載船至洛東江水路七日過嶺至慶原倉陸路四日程
一道内時居四萬一千三百二十戸
人丁十九萬一千七百十九内
別牌八百十六　奉足三千九百四十七
侍衛二千一百二十　奉足七千八百九十五
營鎭屬二千二百六十一　奉足六千一百七

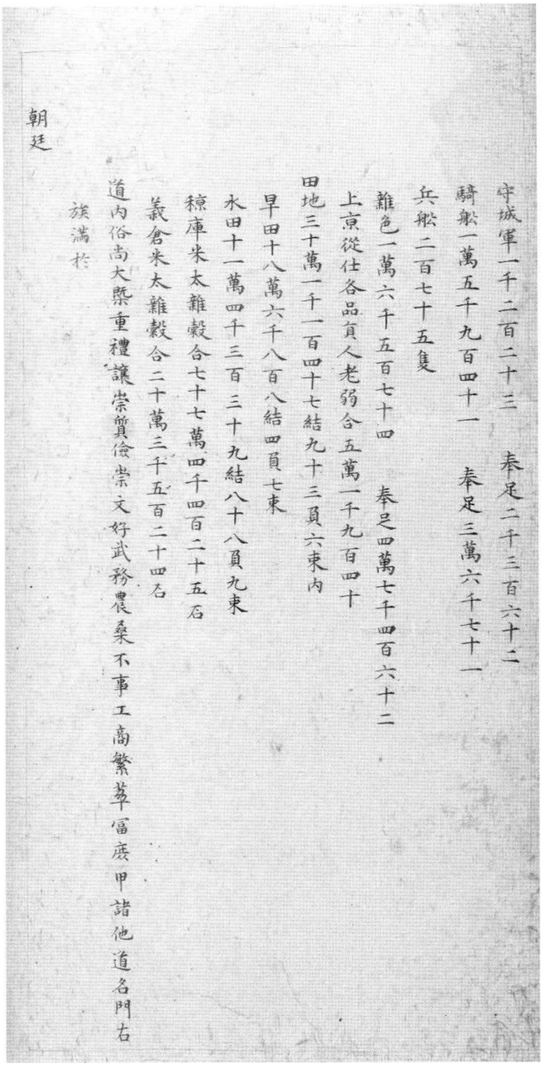

守城軍一千二百二十三　奉足二千三百六十二
騎船一萬五千九百四十一　奉足三萬六千七十一
兵船二百七十五隻
雜色一萬六千五百七十四　奉足四萬七千四百六十二
上京從仕各品負人老弱合五萬一千九百四十
田地三十萬一千一百四十七結九十三負六束內
旱田十八萬六千八百八結四負七束
水田十一萬四千三百三十九結八十八負九束
稤庫米太雜穀合七十七萬四千四百二十五石
義倉米太雜穀合二十萬三千五百二十四石
道內俗尚大槩重禮讓崇質儉崇文好武務農桑不事工商繁華富庶甲諸他道名門右
族滿於
朝廷

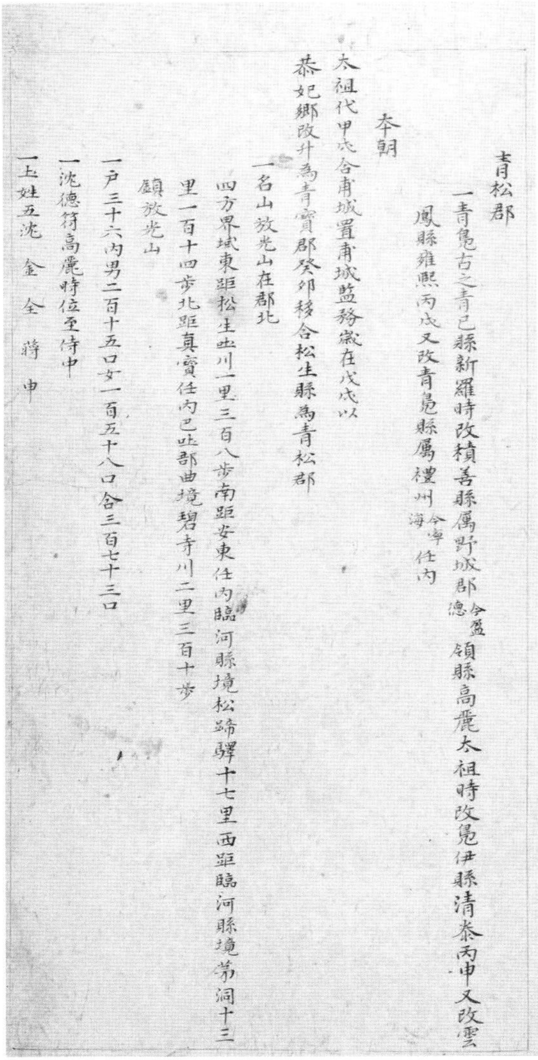

青松郡
一青鳧古之青已縣新羅時改積善縣屬野城郡今盈德領縣高麗太祖時改鳧伊縣清泰丙申又改雲
鳳縣雍熙丙戌又改青鳧縣屬禮州今寧海任內
本朝
太祖代甲戌合甫城置甫城監務㝠在戊戌以
恭妃鄕陞爲青寶郡癸卯移合松生縣爲青松郡
一名山放光山在郡北
四方界域東距松生出川一里三百八步南距安東任內臨河縣境松蹄驛十七里西距臨河縣境弟洞十三
里一百十四步北距眞寶任內巴吐部曲境碧寺川二里三百十步
顧放光山
一戶三十六內男二百十五口女一百五十八口合三百七十三口
一沈德符高麗時位至侍中
一土姓五沈 金 全 蔣 申

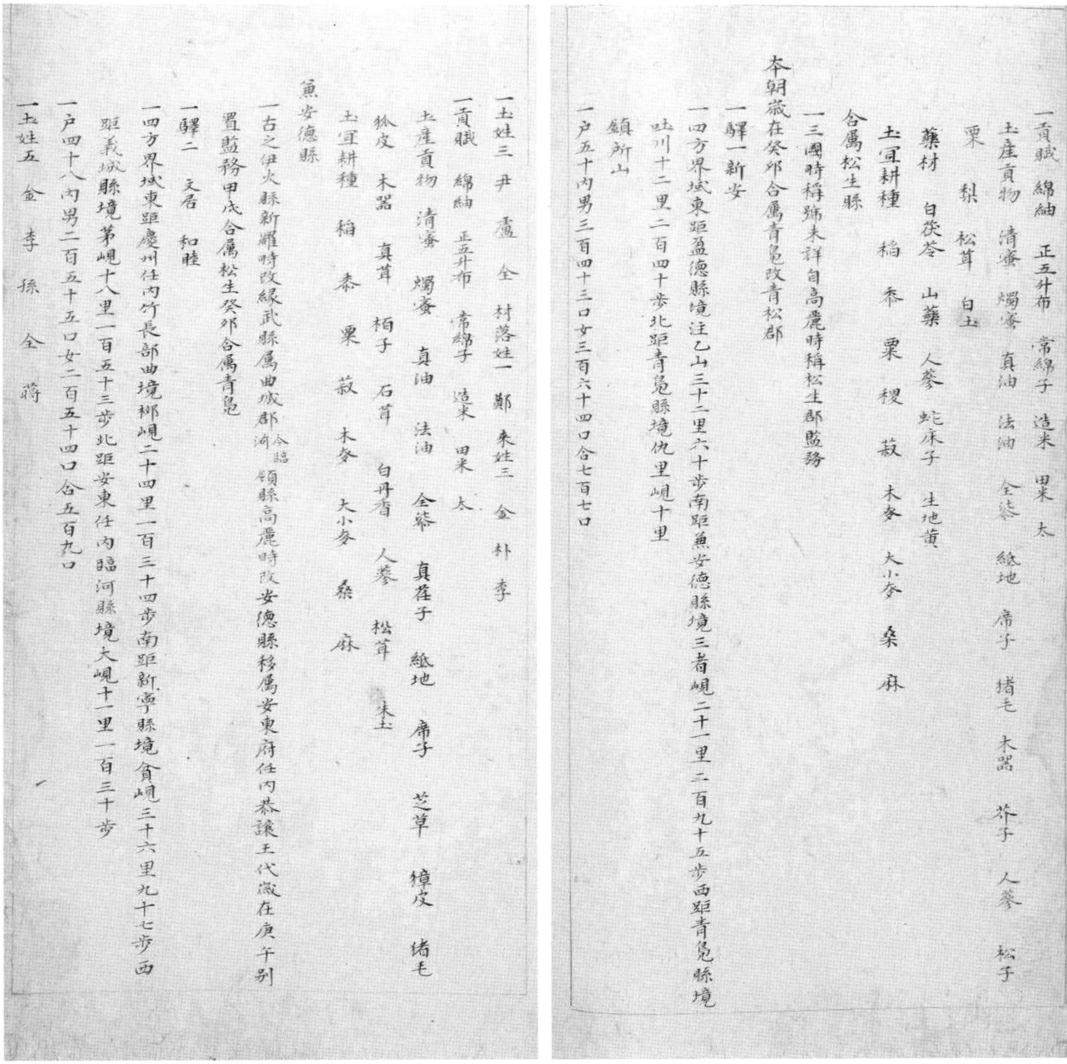

一貢賦 綿紬 正五升布 常綿子 造米 田米 太
土産貢物 清蜜 燭蜜 眞油 法油 全漆 紙地 席子 猪毛 木器 芥子 人蔘 松子
栗 梨 松茸 白玉
藥材 白茯苓 山藥 人蔘 蛇床子 生地黃
土宜耕種 稻 黍 粟 稷 菽 木麥 大小麥 桑 麻
合屬松生縣
一三國時稱號未詳自高麗時稱松生郡監務
本朝歲在癸卯合屬靑鳧改靑松郡
一驛一 新安
一四方界域東距盈德縣境注乙山三十二里六十步南距眞安德縣境三者峴二十一里二百九十五步西距靑鳧縣境
吐川十二里二百四十步北距靑鳧縣境仇里峴十里
鎭所山
一戶五十內男三百四十三口女三百六十四口合七百七口

一土姓三 尹 盧 全 村落姓一 鄭 來姓三 金 朴 李
一貢賦 綿紬 正五升布 常綿子 造米 田米 太
土產貢物 清蜜 燭蜜 眞油 法油 全漆 眞荏子 紙地 席子 芝草 獐皮 猪毛
狐皮 木器 眞茸 栢子 石茸 白丹香 人蔘 松茸 朱土
土宜耕種 稻 黍 粟 菽 木麥 大小麥 桑 麻
眞安德縣
一古之伊火縣新羅時改緣武縣屬曲城郡(今臨河)領縣高麗時改安德縣移屬安東府任內恭讓王代歲在庚午別
置監務甲戌合屬松生癸卯合屬靑鳧
一驛二 文居 和睦
一四方界域東距慶州任內竹長部曲境椰峴二十四里一百三十四步南距新寧縣境貪峴三十六里九十七步西
距義城縣境第峴十八里一百五十三步北距安東任內臨河縣境大峴十一里一百三十步
一戶四十八內男二百五十五口女二百五十四口合五百九口
一土姓五 金 李 孫 全 蔣

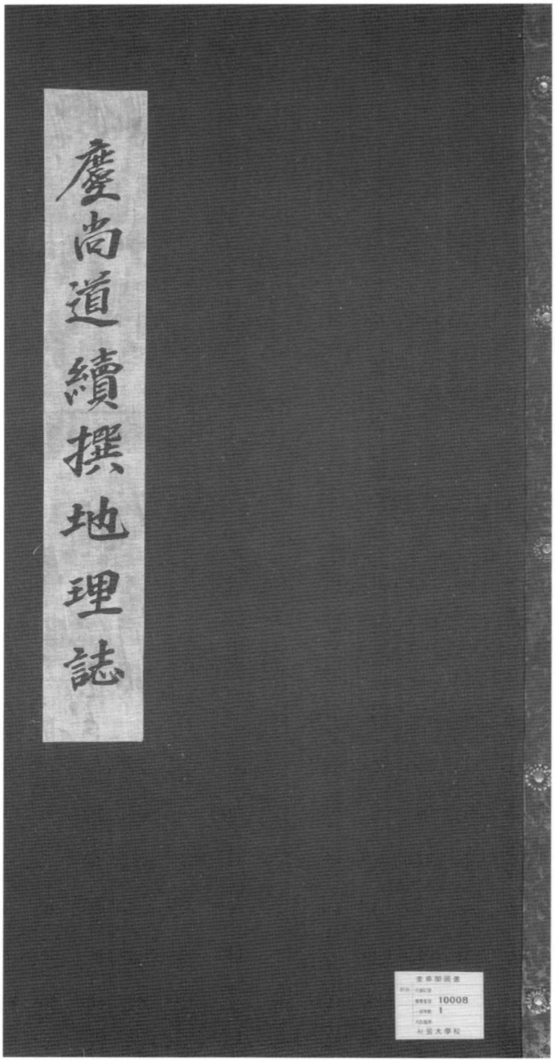
慶尙道續撰地理誌

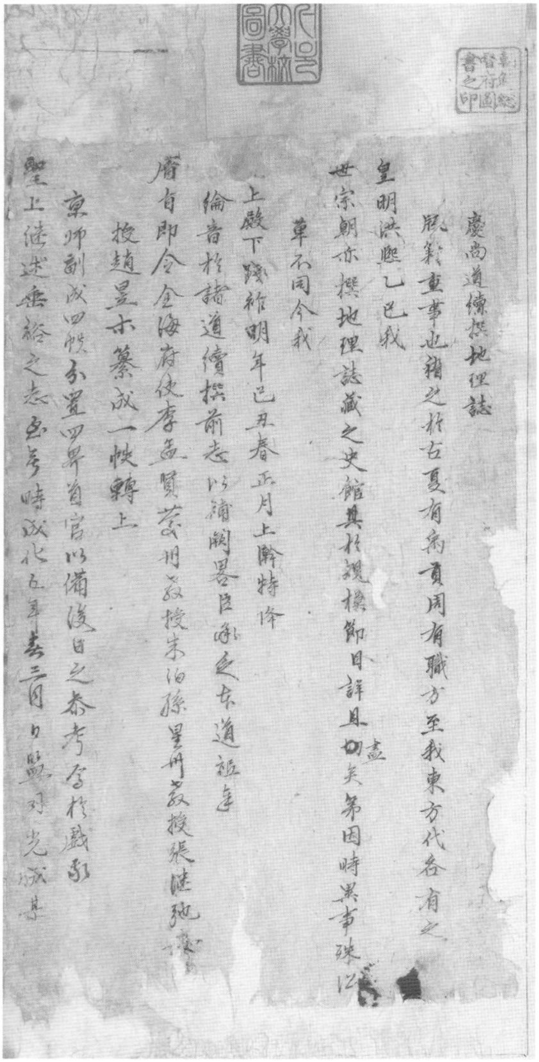
慶尙道續撰地理誌

地理誌續撰事目

一各州鎭庚戌年以後設立革罷升號降號等事

一某界首官領某某州縣主鎭領某某鎭各官土姓內名賢某某

一某屬縣以某事某年來屬曾經守令內名賢某某 一鄕所部曲某某

一某郡貢稅納于某郡某倉又浮海達于京江水路幾里又慶尙道貢稅泝洛東江到某郡踰嶺至某州某倉載舡浮江達于京又兩界及濟州納于某處

一堤堰池澤某處灌漑幾結

一茁盆某某處在某面某里 一講武場在某方某山

一烟臺烽火如某烟臺某烽火與某方某烟臺某烽火相准

一站驛及合排某某各其相距幾里

一牧場在某方某處周廻幾里入放馬牛幾匹水草美惡

一前代陵寢及祠宇名賢祠墓及旌表門閭處 一有名嶺峴名跡

一渡津某舡隻或四時常置或霪雨時用之灘則橋梁有無或四時常置或氷凍雨水時造排分揀施行

一程途自各官至京都幾里 一種養某某藥材

一漁梁某處產某某魚

一陶器所磁器所某某處品上中下

一金銀玉石銅鉛鐵水鐵產出之處及品上中下貢鐵一年幾斤

一邑城及山城行城始築年月周回幾尺高幾尺石築甓築壁城木柵軍倉有無井泉幾處冬夏渴不渴又古基可用與否幷記

一關防如內廂水營各鎭各浦口子石堡在某方某里去官門幾里某各浦兵舡幾隻舡軍幾名各鎭某軍幾名內騎兵幾步兵幾

一有名樓臺及大小樓題

一僧寺某山某寺某宗所屬 一院宇某面某材某院

一險阻要害如鐵嶺鴨綠江龍城蘇城之類 一緊關里名地名幷記

一海島在本邑某方水路幾里自陸地去本邑幾里四面周回相距幾里田畓幾結民家有無

一兩界都節制使本營彼此建置沿革

一兩界沿江各鎭野人所居地名及遠近某某部落多少幷記

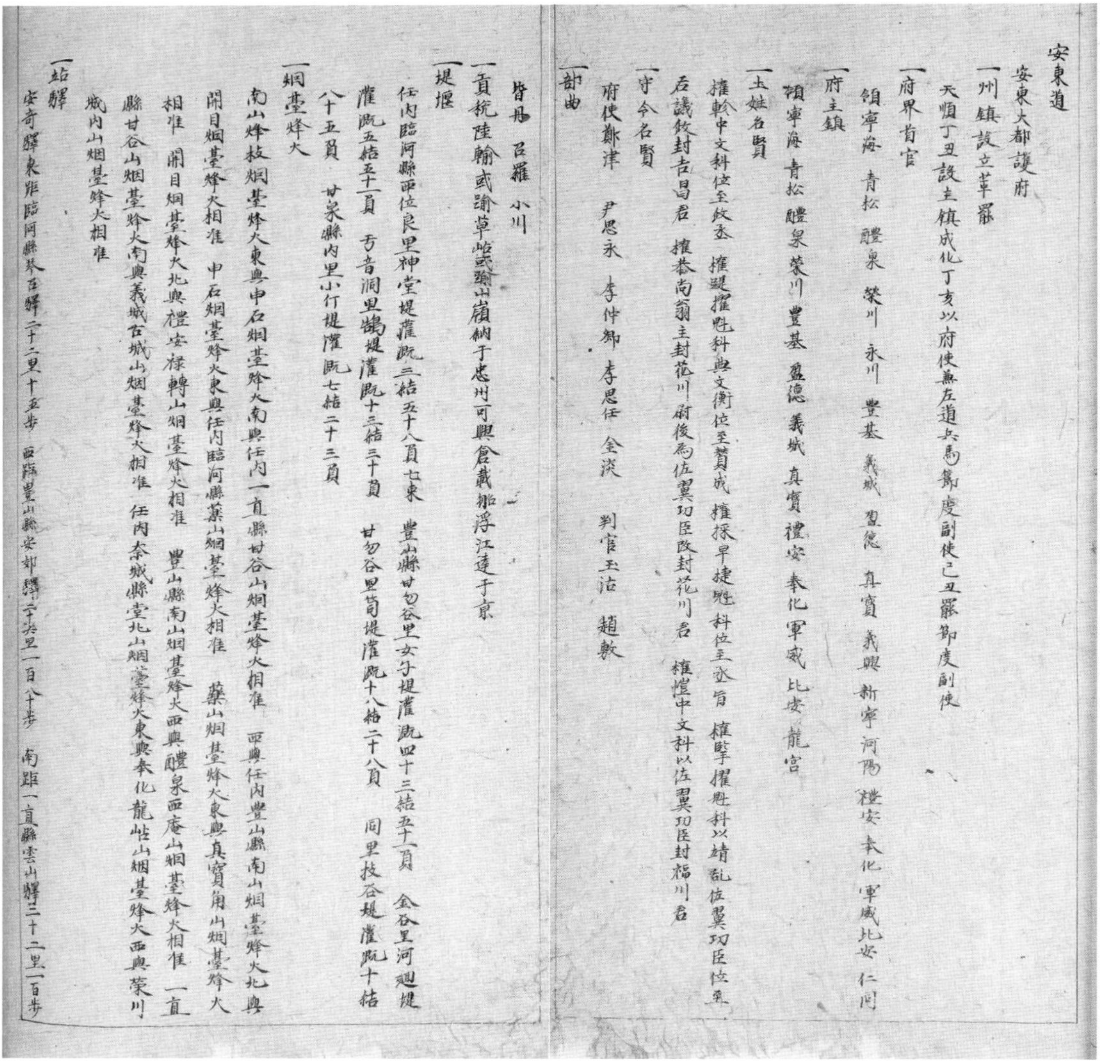

安東道

安東大都護府

一州鎭 設立革罷

天順丁丑設主鎭成化丁亥以府使兼左道兵馬節度副使己丑罷節度副使

一府界首官

領寧海 青松 醴泉 榮川 永川 豊基 義城 盈德 眞寶 義興 新寧 河陽 禮安 奉化 軍威 比安 仁同

一府主鎭

領寧海 青松 醴泉 榮川 豊基 盈德 義城 眞寶 禮安 奉化 軍威 比安 龍宮

一土姓名賢

權軫中文科位至攷丞 權踶擢魁科典文衡位至贊成 權採早捷魁科位至丞旨 權擥擢魁科以靖亂佐翼功臣位至右議政封吉昌君 權恭尙翁主封花川尉後爲佐翼功臣改封花川君 權愷中文科以佐翼功臣封福川君

一守令名賢

府使鄭津 尹思永 李仲㬚 李思任 金淡 判官王沽 趙敷

一部曲

皆丹 召羅 小川

一貢稅陸輸 或踰草岾 或竹嶺 納于忠州可興倉 載船浮江達于京

一堤堰

任內臨河縣西位良里神堂堤灌漑三結五十八負七束 豊山縣甘勿谷里女兮堤灌漑四十三結五十一負 金谷里河廻堤灌漑五結五十一負 亐音洞里鵠堤灌漑十三結三十負 甘勿谷里筍堤灌漑十八結二十八負 同里投谷堤灌漑十結八十五負 甘泉縣內里小仃堤灌漑七結二十三負

一烟臺烽火

南山烽枝烟臺烽火東興甲石烟臺烽火南興任內一直縣甘谷山烟臺烽火相准 西興任內豊山縣南山烟臺烽火北興開目烟臺烽火相准 甲石烟臺烽火東興任內臨河縣藥山烟臺烽火相准 藥山烟臺烽火東興眞寶角山烟臺烽火相准 開目烟臺烽火北興禮安祿轉山烟臺烽火相准 豊山縣南山烟臺烽火西興醴泉西岩山烟臺烽火相准 一直縣甘谷山烟臺烽火南興義城古城山烟臺烽火相准 任內奈城縣堂北山烟臺烽火東興奉化龍岾山烟臺烽火西興榮川城內山烟臺烽火相准

一站驛

安奇驛東距臨河縣琴召驛二十二里十五步 西距豊山縣安郊驛二十六里一百八十步 南距一直縣雲山驛三十二里一百步

西距𥧌泉驛二十三里一百九十步
琴召驛東距青松青雲驛六十三里　南距杺目驛三十里　東南距臨河縣松蹄驛二十六里十二步
安郊驛西北距醴泉通明驛二十五里　西距龍宮知保驛三十七里
𥧌泉驛東距禮安宣安驛二十里　西距榮川平恩驛十七里　北距奉化道深驛四十七里
松蹄驛東南距青松文居驛三十六里　西距琴召驛二十六里十二步
雲山驛南距義城鐵破驛二十五里一百七步
任內甘泉縣幽洞驛西距醴泉通明驛三十里　北距榮川昌保驛二十里
一名賢祠墓及旌門　權幸墓在府西本破谷里　金宣平墓在西古占莊里　張吉墓在西城谷里　節婦孝檣妻金氏旌門在城
內東
一渡津
府東江大項灘　西江映湖樓前灘霖雨時用船隻氷凍時造橋梁　東廣灘臨河縣西大丘迮灘　東望止川灘氷凍時造橋梁
一程途　自府至京都四百四十三里一百二十三步
一種養藥材　香薷荊芥　鶯粟殼　白扁豆　蘇子　黃葵子　惡實　破古紙　牽牛子　草麻子　生地黃　大黃　青木香
一漁梁　南川產銀口魚
一陶器所二　在府南仇㳅村　豊山縣斗畓村皆品下
一金銀產出處　府東勿也灘　琴村灘產黃金歲貢六兩五錢
一邑城石築洪武庚申始築周廻三千九百四十七尺高八尺七寸井泉十八渠一冬夏不渴有軍倉
山城古基任內才山青涼山城基不用
一關防　鎮立防正兵二旅二百五十名內騎兵一百步兵一百五十
一樓　德民樓在城內客舍東
題詠　巡察使安崇善詩暈飛傑閣起墻東景物紛然自不同十里江村桑柘裏滿園松竹畫圖中二天恩化閭
閻洽五袴歌聲德義豊此日登臨知俗厚相傳儉嗇邁唐風
監司權孟孫詩吾鄉形勝冠南東野衍山紆水會同樓閣參差霄漢表綺羅浮動雨雲中地靈古今生稚傑人儉閭
閻盡處豊速節歸來無惠化却慚兒老如觀風
都事崔善復詩樸地閭閻西復東民淳俗儉孰能同凉侵絕澗流磨底暈滴馳峯遠郭中烟火家家知世泰桑
麻處處見時豊昔人義烈光青史勁草須看遇疾風
映湖樓在西南五里許
題詠　三峯鄭道傳詩飛龍在天弄明珠遙落永嘉湖上樓夜賞不須勤秉燭神光萬丈射汀洲

遁村李集詩 花山客半月今日向他州縱有重來約那堪惜別愁船開芳草渡酒盡夕陽樓行役何
時了風塵滿馬頭圃隱鄭夢周詩 閱遍東南郡縣多永嘉形勝覺尤加邑居最得山川勢人物紛然
將相家場圃歲貢饒菽粟樓臺春夢繞鶯花宜須酩酊終今夕萬里初廻海上槎
簽書權近詩 客裏登臨感歎多倦遊羸得鬢絲加海天沉落空懷國鄉郡歸來未有家百尺危欄浮碧落
九重宸翰耀金花長川迥與銀河接且欲逍遙泛一槎

一僧寺 府內下臨寺 府東盧山白蓮寺禪宗屬 水多山修淨寺 法林寺教宗屬

一院宇 府東龍興里觀音院 所乙亇里所乙亇院 府南水泥里舘院 無石里加篤方院 光青院 南谷里虎川院
府西三谷里慈濟院 居千里迎秋院 沙川里迎春院 首北村兜率院 府北大峴鷲飛院 水多村落木院 北谷
里飛沙院 未山村豆毛院 甘勹村吾里院 任內臨河縣東省夫里莖丕院 中邑谷里中邑谷院 縣西部里普濟院
吉安縣南芿峴里芿峴院 豊山縣西新陽里甘勹院 甘泉縣內揚才院 縣東德栗里歸毛院 春陽縣東內乎峴里
內乎院 小川部曲東加羅淵里加羅淵院

寧海都護府

一設立革罷
洪武丁丑設鎭成化丁亥罷

一部曲 石保 首比

一貢物陸輸踰聞慶草岾納于忠州可興倉載船達于京

一堤堰
府內乾達里揖命提灌漑六結九十五負 中里鄉校洞提灌漑九結四十五負 猪堀里貞信提灌漑七結二十負
沙買里項只提灌漑八十結六十負 任內英陽縣東非里里靈穴提灌漑二十三結三負

一塩盆 在府北桐谷里白石汀 保谷里桐谷汀 阿谷里鯨汀 黃竹里長汀 邑內槐市里大津汀府南猪堀畢㫆汀

一烟臺烽火
府東大所山烟臺烽火南與盈德別畔山烟臺烽火相准 北與江原道平海厚里山烟臺烽火相准 府西廣山烟臺
烽火東與大所山烟臺烽火相准 西與真寶角山烟臺烽火相准

一站驛
桐谷驛北距江原道平海達孝驛四十九里 南距盈德酒登驛三十里 西距任內石保部曲英陽驛五十里
英陽驛 西距真寶角山驛十五里

一有名嶺峴 泣峴

一程途 自府至京都五百四十七里一百六十步

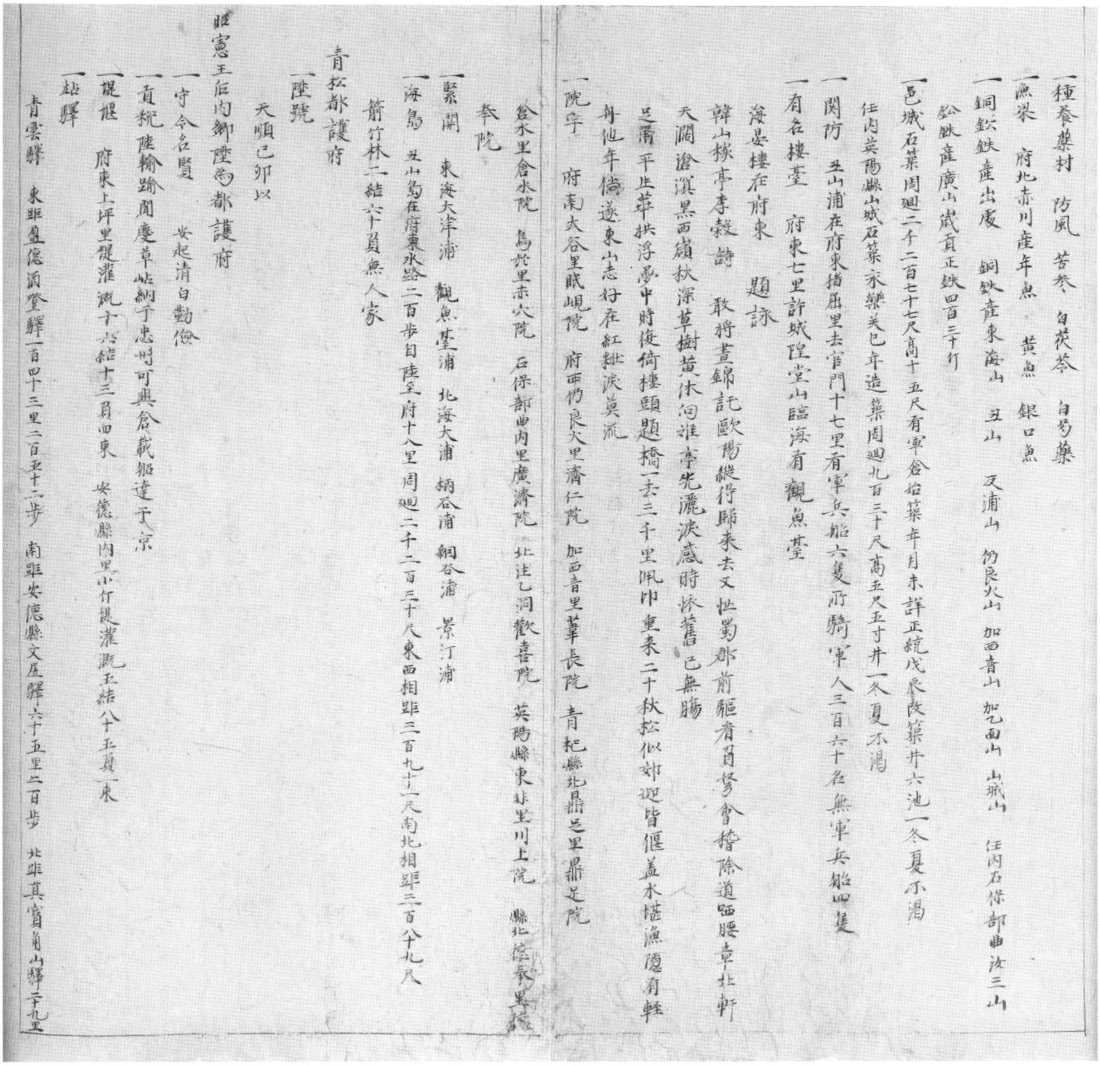

一種養藥村　防風　苦參　白茯苓　白芍藥
一漁梁　府北赤川產年魚　黃魚　銀口魚
一銅鉛鐵產出處　銅鉄產東海山　丑山　及浦山　仍良火山　加西音山　加乙西山　山城山　任內石保部曲汝三山
鉛鐵產廣山　歲貢正鉄四百三十斤
一邑城石築周廻二千二百七十七尺高十五尺有軍倉始築年月未詳正統戊辰改築井六池一冬夏不渴
任內英陽縣山城石築永樂癸巳年造築周廻九百三十尺高五尺五寸井一冬夏不渴
一關防　丑山浦在府東措屈里去官門十七里有軍兵船六隻所騎軍人三百六十名無軍兵船四隻
一有名樓臺　府東七里許城隍堂山臨海有觀魚臺
海晏樓在府東　題詠
韓山稼亭李穀詩　敢將畫錦託歐陽縱得歸來去文恠蜀郡前驅肴召弩會稽除道晒腰章北軒
天闊滄溟黑西嶺秋深草樹黃休問誰亭先灑淚感時懷舊已無腸
足隔平生萍拱浮夢中時復倚樓頭題橋一去三千里佩巾東來二十秋松似妳迎皆偃蓋水堪漁隱有輕
舟他年儻遂東山志好在紅妝淚莫流
一院宇　府南大谷里眠峴院　府西仍良火里濟仁院　加西音里葦長院　青杞縣北鼎足里鼎足院
甑水里倉水院　烏於里赤穴院　石保部曲內里廣濟院　北注乙洞歡喜院　英陽縣東非里川上院　縣北德泰里德
奉院
一緊關　東海大津浦　觀魚臺浦　北海大浦　柄谷浦　綱谷浦　景汀浦
一海島　丑山島在府東水路二百步自陸至府十八里周廻二千二百三十尺東西相距三百九十一尺南北相距三百八十九尺
箭竹林二結六十負無人家
青松都護府
一陞號
天順己卯以
昭憲王后內鄉陞爲都護府
一守令名賢　安起清白勤儉
一貢稅陸輸踰聞慶草岾納于忠州可興倉載船達于京
一堤堰　府東上坪里堤灌漑十六結十三負四束　安德縣內里小竹堤灌漑五結八十五負一束
一站驛
青雲驛　東距盈德酒登驛一百四十三里二百五十二步　南距安德縣文居驛六十五里二百步　北距真寶角山驛二十九里

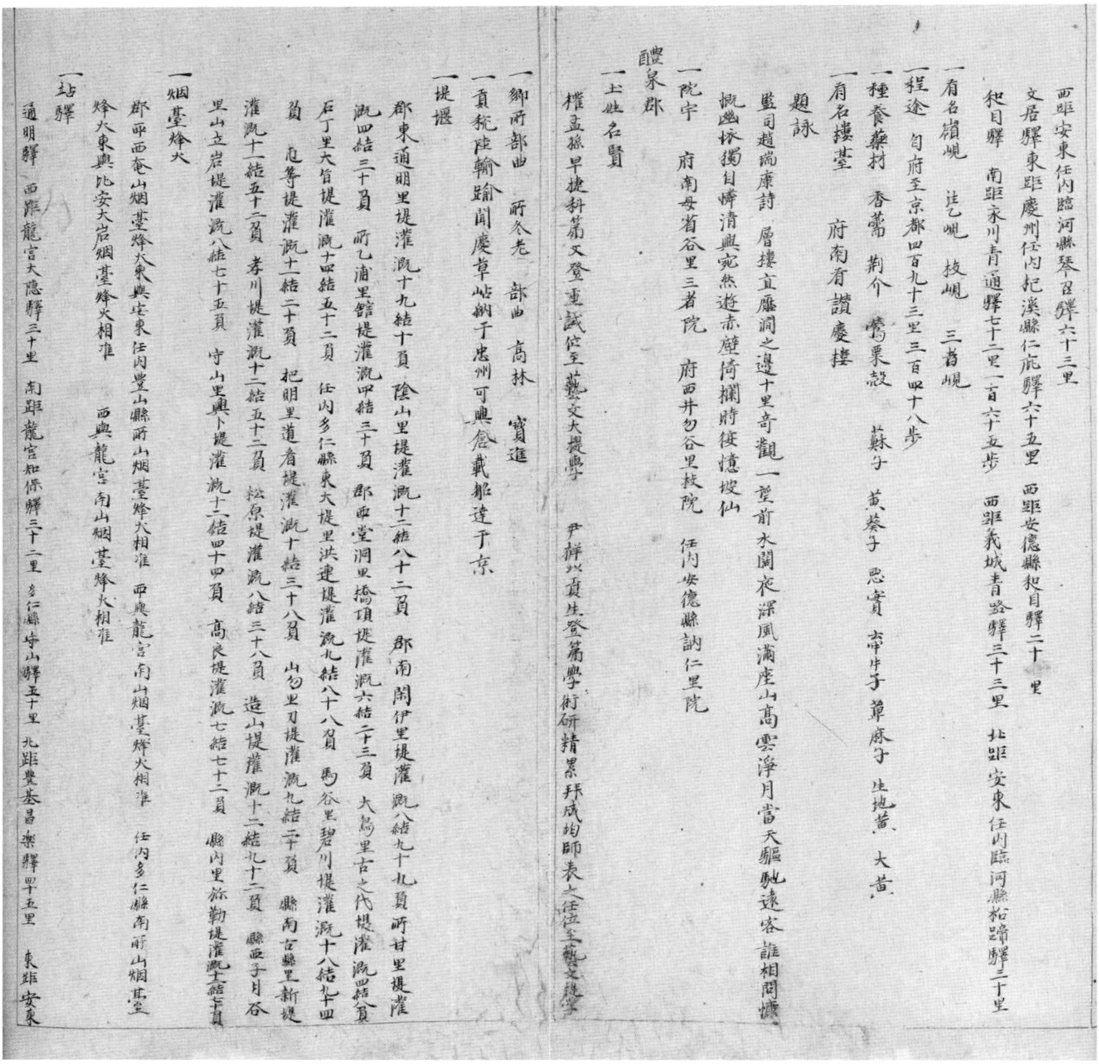

西距安東任内臨河縣琴召驛六十三里
文居驛 東距慶州任内杞溪縣仁庇驛六十五里 西距安德縣和目驛二十里
和目驛 南距永川青通驛七十二里一百六十五步 西距義城青路驛三十三里 北距安東任内臨河縣松蹄驛三十里
一有名嶺峴 注乙峴 枝峴 三者峴
一程途 自府至京都四百九十三里三百四十八步
一種養藥材 香薷 荊介 鶯粟殼 蘇子 黄葵子 惡實 牽牛子 草麻子 生地黄 大黄
一有名樓臺 府南有讚慶樓
題詠
監司趙瑞康詩 層樓直壓澗之邊十里奇觀一望前水閣夜深風滿座山高雲淨月當天驅馳遠客誰相問
慨幽懷獨自憐清興宛然遊赤壁倚欄時復憶坡仙
一院宇 府南毋省谷里三者院 府西井勿谷里枝院 任内安德縣訥仁里院
醴泉郡
一土姓名賢
權孟孫早捷科第文登重試位至藝文大提學 尹祥以貢生登第學術研精累拜成均師表之任位至藝文提學
一鄕所部曲 所冬老 部曲 高林 寶進
一貢稅陸輸踰聞慶草岾納于忠州可興倉載船達于京
一堤堰
郡東通明里堤灌漑十九結十負 陰山里堤灌漑十二結八十二負 郡南開伊里堤灌漑八結九十九負 所甘里堤灌
漑四結三十負 所乙浦里館堤灌漑四結三十負 郡西堂洞里橋項堤灌漑六結二十三負 大烏里古之代堤灌漑四結八負
石丁里大旨堤灌漑十四結五十二負 任内多仁縣東大堤里洪連堤灌漑九結八十八負 馬谷里碧川堤灌漑十八結九十四
負 危等堤灌漑十一結二十負 把明里道看堤灌漑十結三十八負 山勿里刀堤灌漑九結二十負 縣南古縣里新堤
灌漑十一結五十二負 孝川堤灌漑十二結五十二負 松原堤灌漑八結三十八負 造山堤灌漑十二結九十二負 縣西子月谷
里山立岩堤灌漑八結七十五負 守山里興卜堤灌漑十二結四十四負 高良堤灌漑七結七十二負 縣内里弥勒堤灌漑十二結十負
一烟臺烽火
郡西西奄山烟臺烽火東與安東任内豊山縣所山烟臺烽火相准 西與龍宮南山烟臺烽火相准 任内多仁縣南所山烟臺
烽火東與比安大岩烟臺烽火相准 西與龍宮南山烟臺烽火相准
一站驛
通明驛 西距龍宮大隱驛三十里 南距龍宮知保驛三十二里 多仁縣守山驛五十里 北距豊基昌樂驛四十五里 東距安東

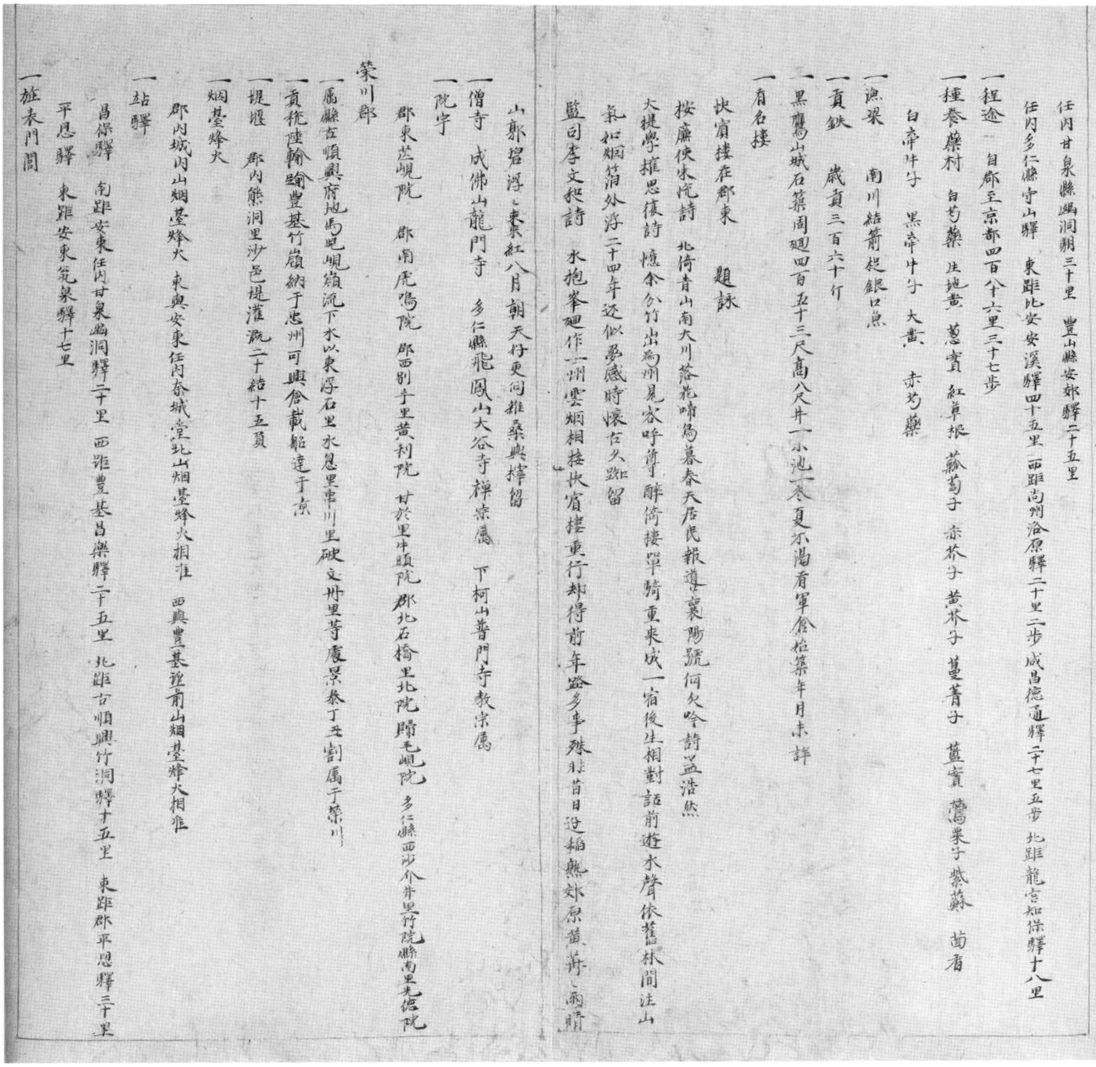
任內甘泉縣幽洞朔三十里　豊山縣安郊驛二十五里
任內多仁縣守山驛　東距比安安溪驛四十五里　西距尙州洛原驛二十里二步　咸昌德通驛二十七里五步　北距龍宮知保驛十八里
一程途　自郡至京都四百八十六里三十七步
一種養藥村　白芍藥　生地黃　葱實　紅草根　蘇葍子　赤芥子　黃芥子　蔓菁子　薏實　鶯粟子　紫蘇　茴香
白牽牛子　黑牽牛子　大黃　赤芍藥
一漁梁　南川結箭捉銀口魚
一貢鐵　歲貢三百六十斤
一黑鷹山城石築周廻四百五十三尺高八尺井一小池一冬夏不渴有軍倉始築年月未詳
一有名樓
快賓樓在郡東　題詠
按廉使宋流詩　北倚青山南大川落花啼鳥暮春天居民報道襄陽號何欠吟詩孟浩然
大提學權思復詩　憶余分竹出爲州晃客呼尊醉倚樓單騎重來成一宿後生相對話前遊水聲依舊林間注山
氣和烟消外浮二十四年迹似夢感時懷古久踟留
監司李文犯詩　水抱峯廻作一州雲烟相接快賓樓重行却得前年路多事殊非昔日遊稻熟郊原黃黃并并雨晴
山郭碧浮浮東棗紅八月朝天行更何推桑與擇留
一僧寺　成佛山龍門寺　多仁縣飛鳳山大谷寺禪宗屬　下柯山普門寺教宗屬
一院宇
郡東芷峴院　郡南虎鳴院　郡西別子里黃利院　甘於里牛頭院　郡北石橋里北院　歸毛峴院　多仁縣西沙介井里竹院縣南里光德院
榮川郡
一屬縣古順興府地馬兒峴嶺流下水以東浮石里水息里串川里破文冊里等處景泰丁丑割屬于榮川
一貢稅陸輸踰豊基竹嶺納于忠州可興倉載船達于京
一堤堰　郡內熊洞里沙邑堤灌漑二十結十五負
一烟臺烽火
郡內城內山烟臺烽火　東與安東任內奈城堂北山烟臺烽火相准　西與豊基望前山烟臺烽火相准
一站驛
昌保驛　南距安東任內甘泉幽洞驛二十里　西距豊基昌樂驛二十五里　北距古順興竹洞驛十五里　東距郡平恩驛三十里
平恩驛　東距安東箕泉驛十七里
一旌表門閭

孝子郡事文載道旌門在郡內里　孝子監正禹濟旌門在郡內西里　孝子監司金甫音旌門在郡東末岩里
一渡津　郡西川鐵鉗灘　副正灘　南川平恩驛前灘氷凍時造橋梁
一程途　自郡至京都六百六十九里
一種養藥村　大黃　荊介　鷰栗　芎藭　牽牛子　蒺藜子　生地黃
一漁梁　郡南川結箭捉銀口魚
一陶器所在郡東三岐里品下
一山城龜山山城石築洪武甲戌始築周廻一千一百九十一尺高七尺井一旱則渴城內二結十四負有軍倉
一樓　字民樓在郡東
題詠
監司洪汝方詩　畫閣崢嶸聳半空經營不日樹豊功周遭郡邑群峯秀直指京城一路通勢與前殊移地軸氣從
今變奪天工汗流禾下辛勤甚安得蒼生共此風
鳥川鄭從韶詩　山廻水抱地夷寬風景難妝一筆端走馬金龜矯首乾至天星月從胥雲巑彈琴止胥要
魚來聽約矢應教德可覩愧毅當年夜坐嘯傍人錯比安堂閑
莪松尹子深詩　百尺高樓眼界寬風煙隨意入毫端溪分燕尾塗邊咽山作鴉鬟畫裏巑邂逅故人
底酩酊風流騷客縱遊觀坐來萬景供佳趣偷得浮生半日閑
一院宇
郡東巾正里孝大院　郡南赤布里文殊院　三岐里金林院　郡西汝見里承利院　新村里長金院
郡北水息里加耳院　郡內日南里德山院　望于里鐵鉗院
一險阻要害　忠清道永春地境馬兒嶺　串赤嶺
永川郡
一貢稅陸輸踰聞慶草岾納于忠州可興倉載船達于京
一堤堰
郡內所只堤灌漑七結　沙村里蓮花堤灌漑六結　鵲山洞槐堤灌漑一結　大內田里吾旀堤灌漑九結　古村
泉旀里亏乙伊堤灌漑二十五結　仇伊谷堤灌漑十結　郡東古村外道堤灌漑十二結　馬乙山馬堤灌漑五結
里小汀堤灌漑二結　濟之堤灌漑十五結　仇矣洞里仇朴堤灌漑十八結　太子洞太子堤灌漑十二結　進谷里牛洞
堤灌漑四十九結　仇朴堤灌漑四結　郡南仇知洞里霜堤灌漑七結　蓮花堤灌漑十二結　加羅村堤灌漑二十四結
又谷里所乙堤灌漑十七結　又谷堤灌漑五十五結　青村堤灌漑七十九結　非川堤灌漑三結　毛沙洞里述是堤
灌漑十一結　枷榆里鳫堤灌漑三結　注金里古毛谷堤灌漑一結　倉水里刀堤灌漑六結　大昌里氷里堤灌漑八結

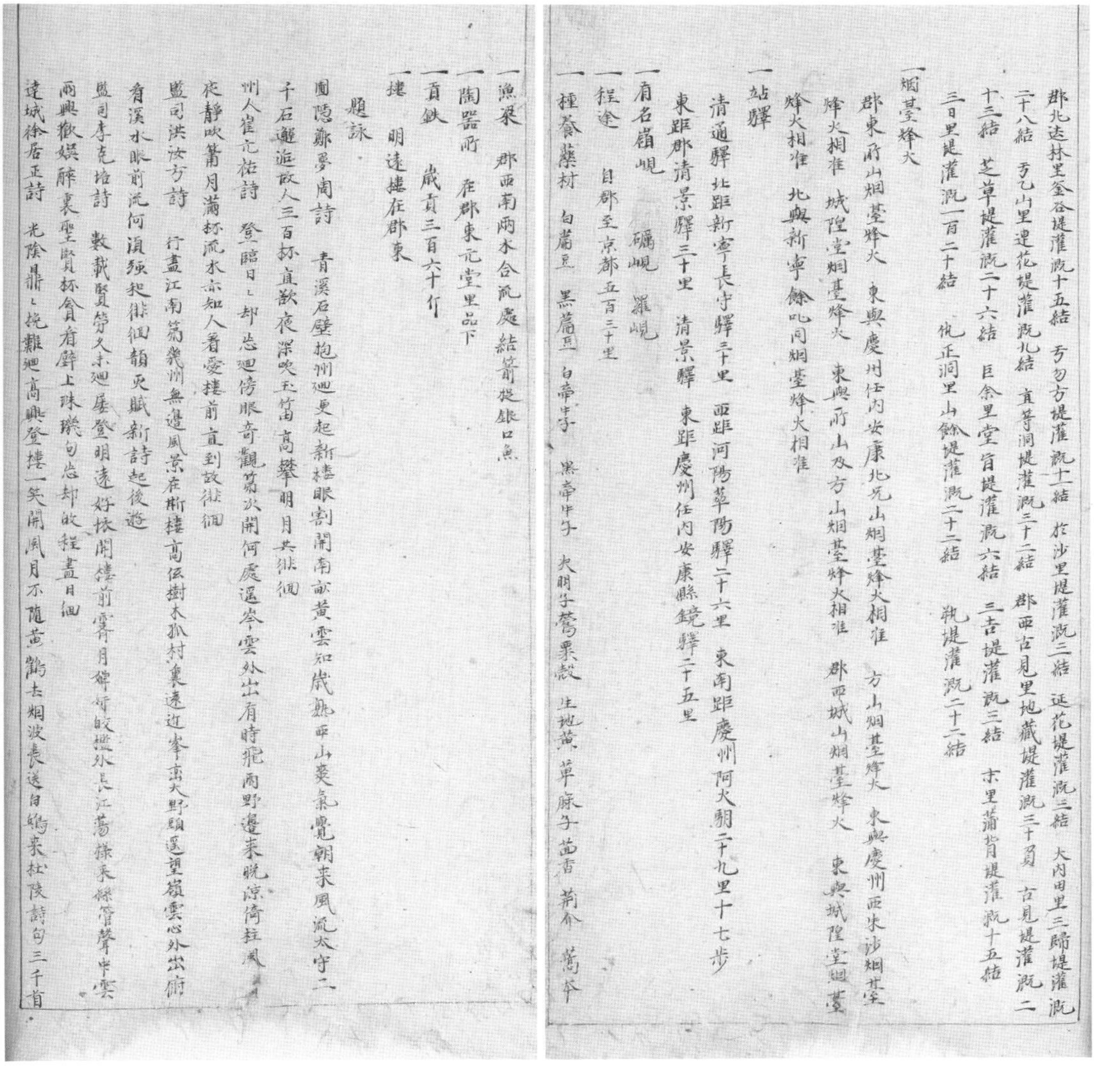

郡北迭林里釜谷堤灌漑十五結 于勿方堤灌漑十一結 於沙里堤灌漑三結 延花堤灌漑二結 大內田里三歸堤灌漑
二十八結 于乙山里連花堤灌漑九結 直等洞堤灌漑三十二結 郡西古見里地藏堤灌漑三十負 古見堤灌漑二
十三結 芝草堤灌漑二十六結 巨余里堂旨堤灌漑六結 二吉堤灌漑三結 未里蒲背堤灌漑十五結
三日里堤灌漑一百二十結 仇正洞里山餘堤灌漑二十二結 執堤灌漑二十二結
一烟臺烽火
郡東府山烟臺烽火 東與慶州任內安康北兄山烟臺烽火相准 方山烟臺烽火 東與慶州西朱沙烟臺
烽火相准 城隍堂烟臺烽火 東與府山及方山烟臺烽火相准 郡西城山烟臺烽火 東與城隍堂烟臺
烽火相准 北與新寧餘叱同烟臺烽火相准
一站驛
清通驛 北距新寧長守驛三十里 西距河陽華陽驛二十六里 東南距慶州阿火驛二十九里十七步
東距郡清景驛三十里 清景驛 東距慶州任內安康縣鏡驛二十五里
一有名嶺峴 礪峴 羅峴
一程途 自郡至京都五百三十里
一種養藥材 白扁豆 黑扁豆 白牽牛子 黑牽牛子 決明子 鶯粟殼 生地黃 草麻子 茴香 荊芥 薄荷
一漁梁 郡西南兩水合流處結箭捉銀口魚
一陶器所 在郡東元堂里品下
一貢鐵 歲貢三百六十斤
一樓 明遠樓在郡東
題詠
圃隱鄭夢周詩 青溪石壁抱州廻 更起新樓眼割開 南畝黃雲知歲熟 西山爽氣覺朝來 風流太守二
千石 邂逅故人三百杯 直欲夜深吹玉笛 高攀明月共徘徊
州人崔元祐詩 登臨日日却忘廻 傍眼奇觀箇箇開 何處遙岑雲外出 有時飛雨野邊來 晚涼倚柱風
衣靜 吹簫月滿杯 流水亦知人看愛 樓前直到故徘徊
監司洪汝方詩 行盡江南第幾州 無邊風景在斯樓 高低樹木孤村裏 遠近峯巒大野頭 遙望嶺雲心外出 俯
看溪水眼前流 何須强把徘徊韻 更賦新詩起後遊
監司李克培詩 數載賢勞久未廻 屢登明遠好樓開 樓前霽月牌軒皎 檻外長江萬綠來 絲管聲中雲
兩興 歡娛醉裏聖賢杯 貪看壁上珠璣句 忘却歸程盡日徊
達城徐居正詩 光陰冉冉挽難廻 高興登樓一笑開 風月不隨黃鶴去 烟波長送白鷗來 杜陵詩句三千首

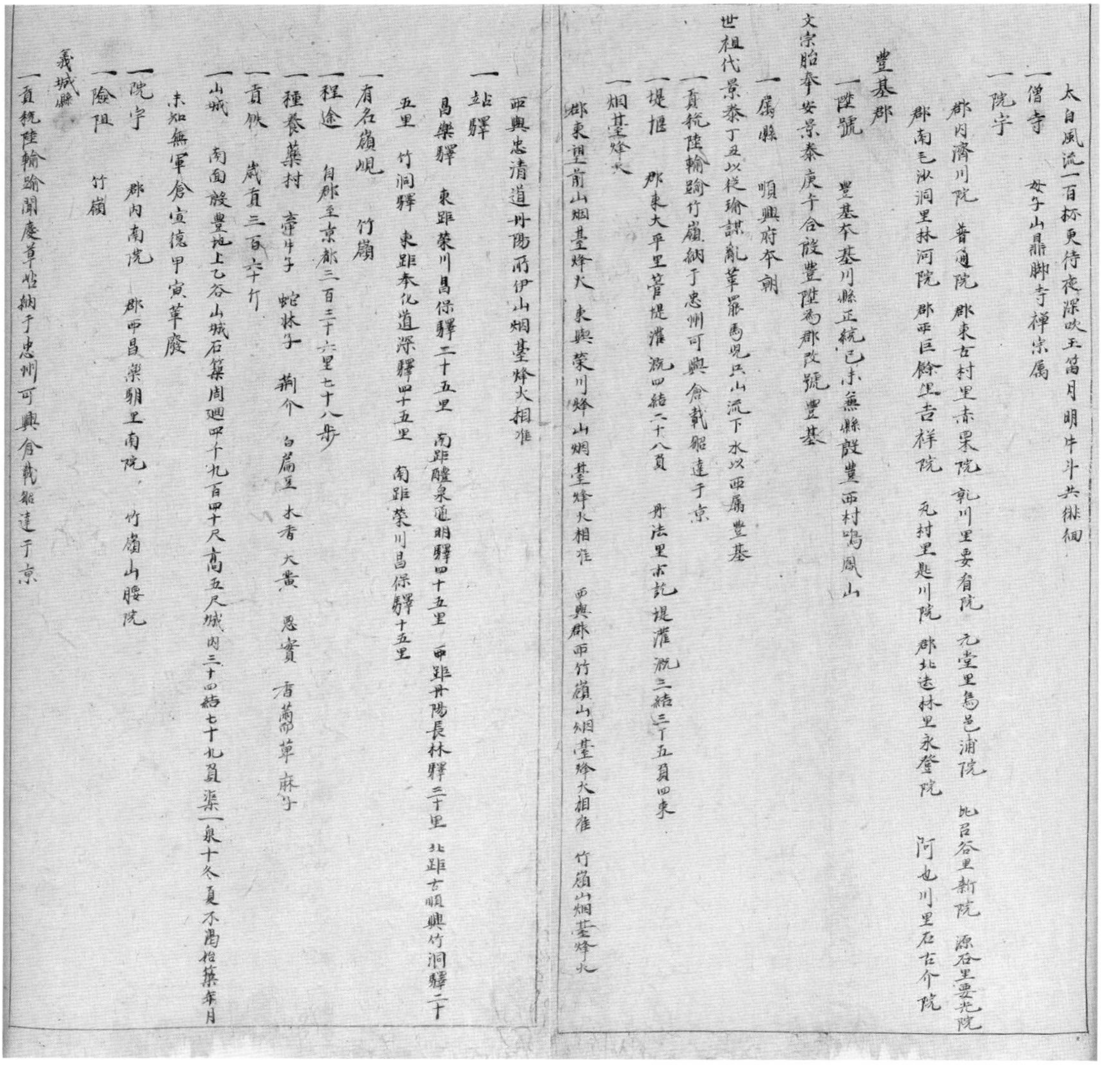

太白風流一百杯更待夜深吹玉笛月明牛斗共徘徊

一僧寺　女子山鼎脚寺禪宗屬

一院宇

郡內濟川院　普通院　郡東古村里赤果院　乾川里要有院　元堂里烏邑浦院　比呂谷里新院　源谷里要光院

郡南毛湫洞里林河院　郡西巨餘里吉祥院　元村里匙川院　郡北迷林里永登院　阿也川里石古介院

豐基郡

一陞號　豐基本基川縣正統己未幷殷豐西村鳴鳳山

文宗胎奉安景泰庚午合殷豐陞爲郡改號豐基

一屬縣　順興府本朝

世祖代景泰丁丑以從瑜謀亂革罷爲兒只山流下水以西屬豐基

一貢稅陸輸踰竹嶺納于忠州可興倉載船達于京

一堤堰　郡東大平里菖堤灌漑四結二十八負　丹法里朮訖堤灌漑三結三十五負四束

一烟臺烽火

郡東望前山烟臺烽火　東興榮川烽山烟臺烽火相准　西興郡西竹嶺山烟臺烽火相准　竹嶺山烟臺烽火

西興忠清道丹陽府伊山烟臺烽火相准

一站驛

昌樂驛　東距榮川昌保驛二十五里　南距醴泉通明驛四十五里　西距丹陽長林驛三十里　北距古順興竹洞驛二十五里

竹洞驛　東距奉化道深驛四十五里　南距榮川昌保驛十五里

一有名嶺峴　竹嶺

一程途　自郡至京都三百三十六里七十八步

一種養藥村　葶藶子　蛇床子　荊介　白扁豆　木香　大黃　惡實　香薷草　麻子

一貢鐵　歲貢三百六十斤

一山城　南面殷豐地上乙谷山城石築周廻四十九百四十尺高五尺城內三十四結七十九負渠一泉十冬夏不渴始築年月

未知無軍倉宣德甲寅革廢

一院宇　郡內南院　郡西昌樂驛里南院　竹嶺山腰院

一險阻　竹嶺

義城縣

一貢稅陸輸踰聞慶草岾納于忠州可興倉載船達于京

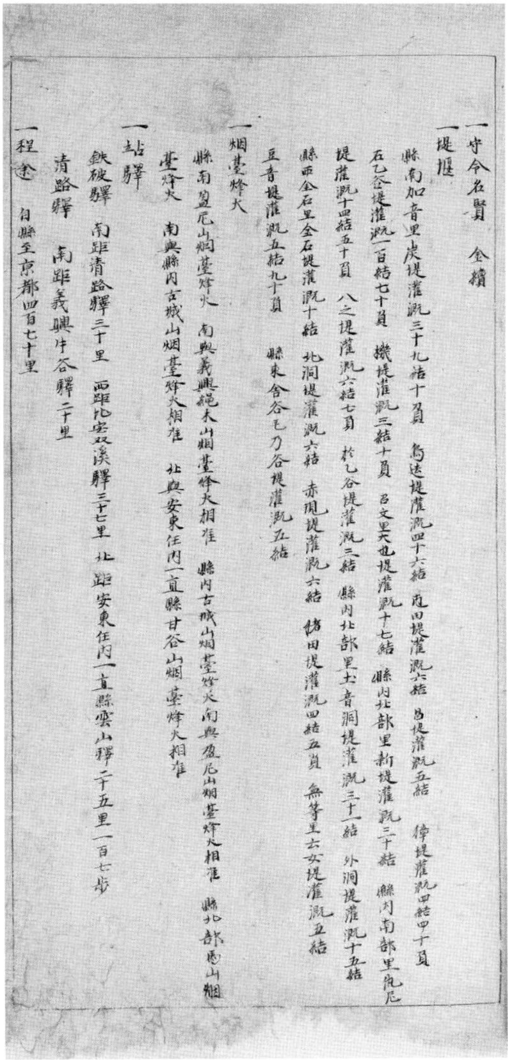
一守令名賢 金績
一堤堰
縣南加音里炭堤灌漑三十九結十負 烏迭堤灌漑四十六結 廣田堤灌漑六結 邑堤灌漑五結 倖堤灌漑四結四十負 石乙谷堤灌漑一百結七十負 機堤灌漑三結十負 召文里大也堤灌漑十七結 縣內北部里新堤灌漑三十結 縣內南部里汎尼提灌漑十四結五十負 八之堤灌漑六結七負 於乙谷堤灌漑三結 縣內北部里土音洞堤灌漑三十一結 外洞堤灌漑十五結 縣西金石里金石堤灌漑十結 北洞堤灌漑六結 赤峴堤灌漑六結 楮田堤灌漑四結五負 無等里古女堤灌漑五結 豆音堤灌漑五結九十負 縣東舍谷毛乃谷堤灌漑五結
一烟臺烽火
縣南盈尼山烟臺烽火 南與義興繩木山烟臺烽火相准 縣內古城山烟臺烽火 南與盈尼山烟臺烽火相准 縣北部甬山烟臺烽火 南與縣內古城山烟臺烽火相准 北與安東任內一直縣甘谷山烟臺烽火相准
一站驛
鐵破驛 南距清路驛三十里 西距比安雙溪驛三十七里 北距安東任內一直縣雲山驛二十五里一百七步
清路驛 南距義興牛谷驛二十里
一程途
自縣至京都四百七十里

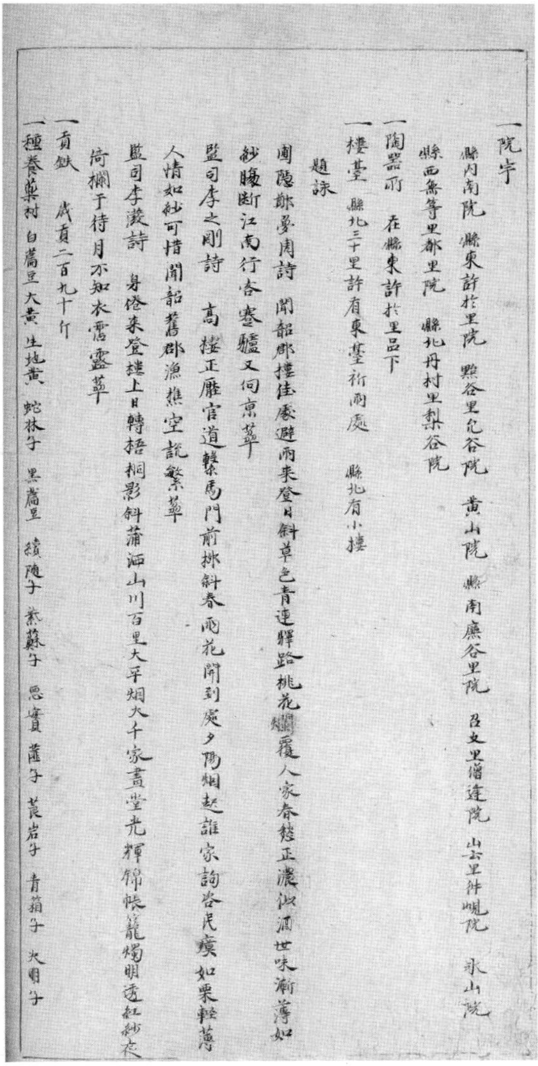
一院宇
縣內南院 縣東許於里院 黙谷里乞谷院 黃山院 縣南廉谷里院 召文里僧蓮院 山云里件峴院 永山院 縣西無等里都里院 縣北丹村里梨谷院
一陶器所 在縣東許於里品下
一樓臺 縣北三十里許有東臺祈雨處 縣北有小樓
題詠
圃隱鄭夢周詩 聞韶郡樓佳處避雨來登日斜草色青連驛路桃花爛覆人家春愁正濃似酒世味漸薄如紗腸斷江南行客蹇驢又向京華
監司李之剛詩 高樓正壓官道繫馬門前排斜春雨花開到處夕陽烟起誰家詢咨民瘼如栗輕薄人情如紗可惜聞韶舊郡漁樵空說繁華
監司李薆詩 身倦來登樓上日轉梧桐影斜蒲酒山川百里太平烟火千家畫堂光輝錦帳籠燭明透紅紗衣倚欄干待月不知衣露盈華
一貢鐵 歲貢二百九十斤
一種養藥材 白萹豆 大黃 生地黃 蛇床子 黑萹豆 續隨子 紫蘇子 惡實 蓮子 莨宕子 青葙子 決明子

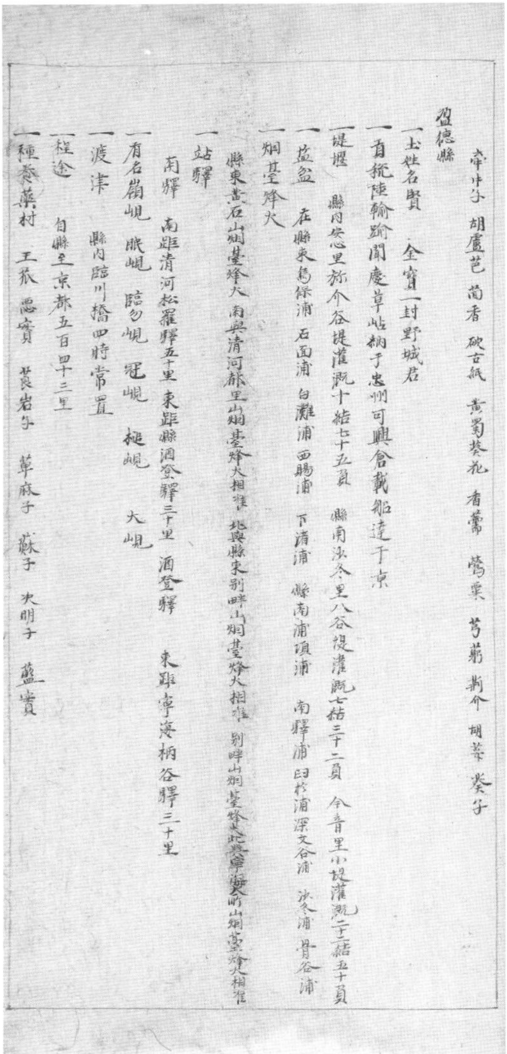

牽牛子 胡蘆芭 茴香 破古紙 黃蜀葵花 香薷 罌粟 芎藭 荊介 胡荽 葵子

盈德縣

一土姓名賢 金寶一封野城君

一貢稅陸輸踰聞慶草岾納于忠州可興倉載船達于京

一堤堰 縣內安心里於介谷堤灌漑十結七十五負 縣南汝冬里八谷堤灌漑七結三十二負 今音里小堤灌漑二十二結五十負

一塩盆 在縣東烏保浦 石面浦 白灘浦 西賜浦 下渚浦 縣南浦項浦 南驛浦 曰於浦 深文谷浦 汝冬浦 骨谷浦

一烟臺烽火

縣東黃石山烟臺烽火 南與清河都里山烟臺烽火相准 北與縣東別畔山烟臺烽火相准 別畔山烟臺烽火北與寧海大所山烟臺烽火相准

一站驛

南驛 南距清河松羅驛五十里 東距縣酒登驛三十里 酒登驛 東距寧海柄谷驛三十里

一有名嶺峴 眠峴 臨勿峴 冠峴 桂峴 大峴

一渡津 縣內臨川橋四時常置

一程途 自縣至京都五百四十三里

一種養藥村 王孫 惡實 莨宕子 草麻子 蘇子 決明子 藍實

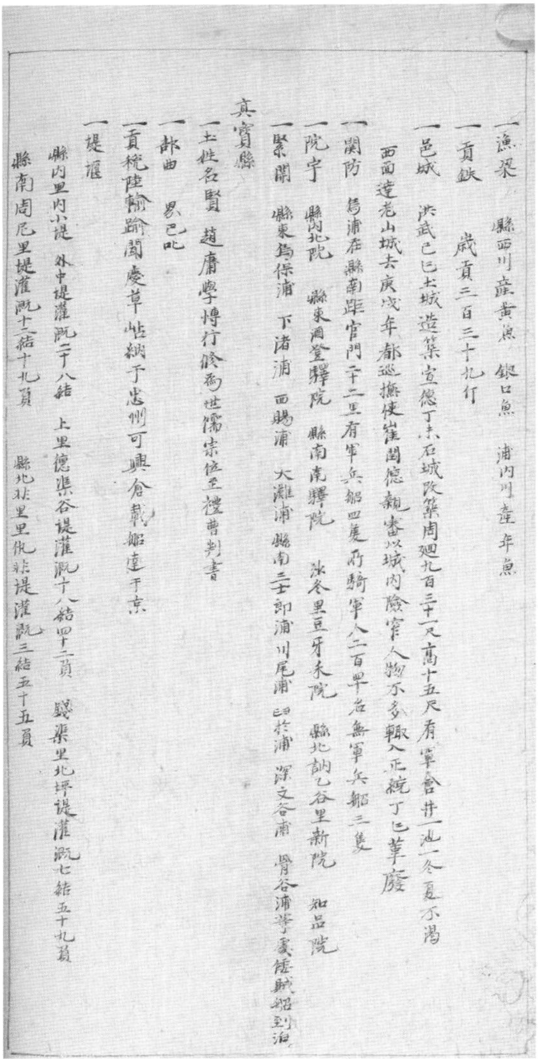

一漁梁 縣西川産黃魚 銀口魚 浦內川産年魚

一貢鐵 歲貢二百三十九斤

一邑城 洪武己巳土城造築 宣德丁未石城改築 周廻九百三十一尺 高十五尺 有軍倉 井一 池一 冬夏不渴

西面達老山城 去庚戌年都巡撫使崔閏德親審 以城內險窄人物不多 輒入正統丁巳革廢

一關防 烏浦在縣南距官門十二里 有軍兵船四隻 府騎軍八二百四十名 無軍兵船三隻

一院宇 縣內北院 縣東酒登驛院 縣南南驛院 汝冬里豆牙禾院 縣北訥乙谷里新院 知品院

一緊關 縣東烏保浦 下渚浦 西賜浦 大灘浦 縣南三士郎浦 川尾浦 曰於浦 深文谷浦 骨谷浦等處倭賊船到泊

眞寶縣

一土姓名賢 趙庸 學博行修 爲世儒宗 位至禮曹判書

一部曲 界已叱

一貢稅陸輸踰聞慶草岾納于忠州可興倉載船達于京

一堤堰

縣內里內小堤 外中堤灌漑二十八結 上里德渠谷堤灌漑十八結四十二負 甑渠里北坪堤灌漑七結五十九負

縣南周尼里堤灌漑十二結十九負 縣北非里里仇非堤灌漑三結五十五負

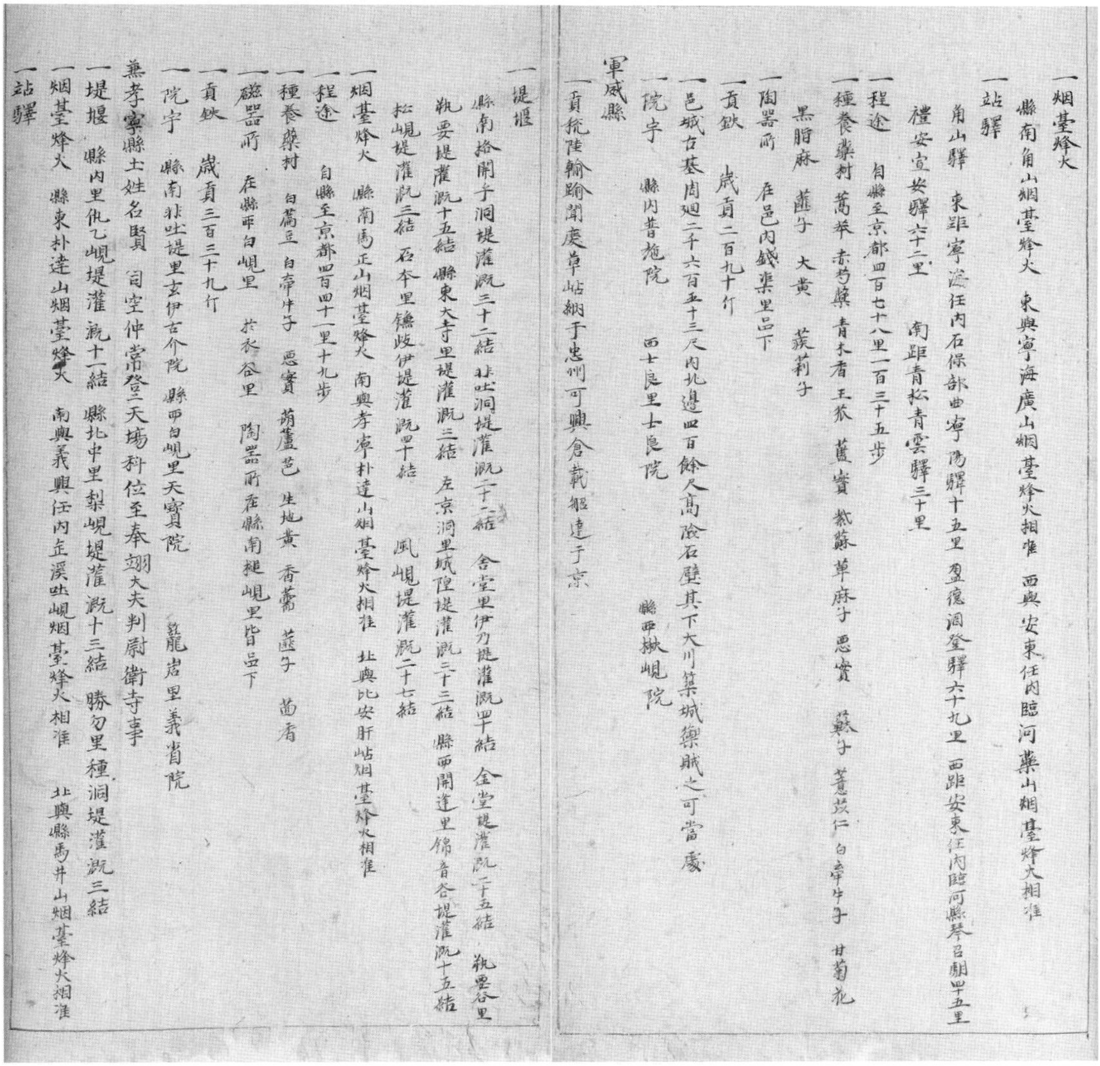

一烟臺烽火　縣南角山烟臺烽火　東與寧海廣山烟臺烽火相准　西與安東任內臨河藥山烟臺烽火相准
一站驛
角山驛　東距寧海任內石保部曲寧陽驛十五里　盈德酒登驛六十九里　西距安東任內臨河縣琴呂驛四十五里
禮安宣安驛六十二里　南距青松青雲驛三十里
一程途　自縣至京都四百七十八里一百三十五步
一種養藥材　萬年　赤芍藥　青木香　王瓜　蓮實　紫蘇　草麻子　惡實　蘇子　薏苡仁　白牽牛子　甘菊花
黑脂麻　薤子　大黃　蒺莉子
一陶器所　在邑內錢渠里品下
一貢鈇　歲貢二百九十斤
一邑城古基周廻二千六百五十三尺內北邊四百餘尺高險石壁其下大川築城禦賊之可當處
一院宇　縣內普施院　西士良里士良院　縣西楸峴院
軍威縣
一貢稅陸輸踰聞慶草岾納于忠州可興倉載船達于京

一提堰
縣南捨開于洞堤灌漑三十二結　非吐洞堤灌漑二十二結　舍堂里伊乃堤灌漑四十結　金堂堤灌漑二十五結　執要谷里
執要堤灌漑十五結　縣東大寺里堤灌漑三結　左京洞里城隍堤灌漑二十三結　縣西開蓮里錦音谷堤灌漑十五結
松峴堤灌漑三結　石本里鑣歧伊堤灌漑四十結　風峴堤灌漑二十七結
一烟臺烽火　縣南馬正山烟臺烽火　南與孝寧朴達山烟臺烽火相准　北與比安肝岾烟臺烽火相准
一程途　自縣至京都四百四十一里十九步
一種養藥材　白萹豆　白牽牛子　惡實　葫蘆芭　生地黃　香薷　薤子　茴香
一磁器所　在縣西白峴里　於衣谷里　陶器所在縣南楗峴里皆品下
一貢鈇　歲貢三百三十九斤
一院宇　縣南非吐堤里玄伊古介院　縣西白峴里天寶院　龍岩里義省院
兼孝寧縣土姓名賢　司空仲常登天場科位至奉翊大夫判尉衛寺事
一堤堰　縣內里仇乙峴堤灌漑十一結　縣北中里梨峴堤灌漑十三結　勝勿里種洞堤灌漑三結
一烟臺烽火　縣東朴達山烟臺烽火　南與義興任內缶溪吐峴烟臺烽火相准　北與縣馬井山烟臺烽火相准
一站驛

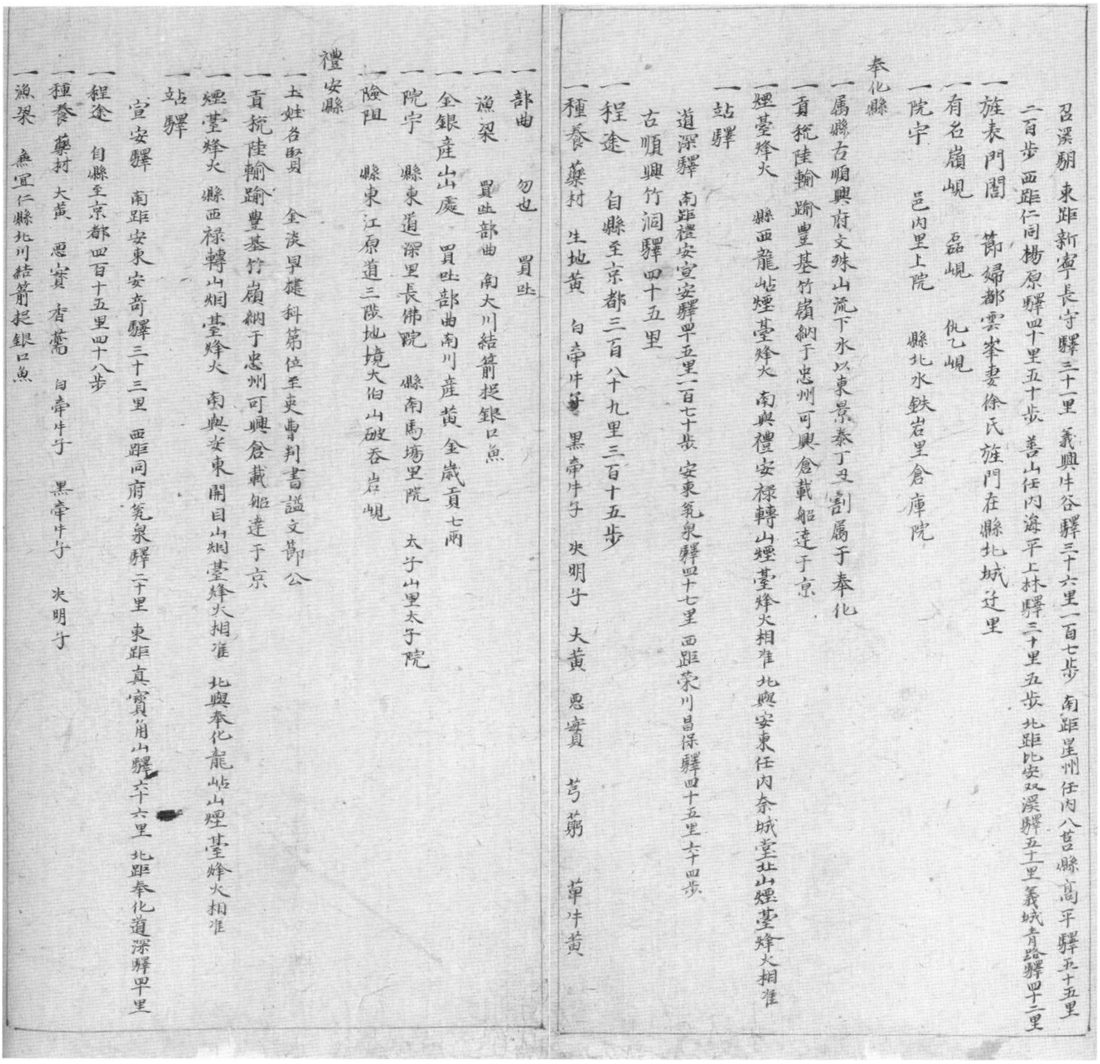

召溪驛 東距新寧長守驛三十一里 義興牛谷驛三十六里一百七步 南距星州任內八莒縣高平驛五十五里
二百步 西距仁同楊原驛四十里五十步 善山任內海平上林驛三十里五步 北距比安双溪驛五十里 義城青路驛卌二里
一旌表門閭 節婦都雲峯妻徐氏旌門在縣北城迂里
一有名嶺峴 磊峴 仇乙峴
一院宇 邑內里上院 縣北水鐵岩里倉庫院

奉化縣
一屬縣古順興府文殊山流下水以東景泰丁丑割屬于奉化
一貢稅陸輸 踰豊基竹嶺納于忠州可興倉載船達于京
一烟臺烽火 縣西龍岾烟臺烽火 南與禮安祿轉山烟臺烽火相准 北與安東任內奈城堂北山烟臺烽火相准
一站驛
道深驛 南距禮安宣安驛卌五里一百七十步 安東甑泉驛四十七里 西距榮川昌保驛四十五里六十四步
古順興竹洞驛四十五里
一程途 自縣至京都三百八十九里三百十五步
一種養藥材 生地黃 白牽牛子 黑牽牛子 決明子 大黃 惡實 芎藭 萆牛黃

一部曲 勿也 買吐
一漁梁 買吐部曲 南大川結箭捉銀口魚
一金銀産出處 買吐部曲南川産黃金歲貢七兩
一院宇 縣東道深里長佛院 縣南馬場里院 太子山里太子院
一險阻 縣東江原道三陟地境大伯山破呑岩峴

禮安縣
一土姓名賢 金淡早捷科第位至吏曹判書諡文節公
一貢稅陸輸 踰豊基竹嶺納于忠州可興倉載船達于京
一烟臺烽火 縣西祿轉山烟臺烽火 南與安東開目山烟臺烽火相准 北與奉化龍岾山烟臺烽火相准
一站驛
宣安驛 南距安東安奇驛三十三里 西距同府甑泉驛二十里 東距眞寶角山驛六十六里 北距奉化道深驛卌里
一程途 自縣至京都四百十五里四十八步
一種養藥材 大黃 惡實 香薷 白牽牛子 黑牽牛子 決明子
一漁梁 無宜仁縣北川結箭捉銀口魚

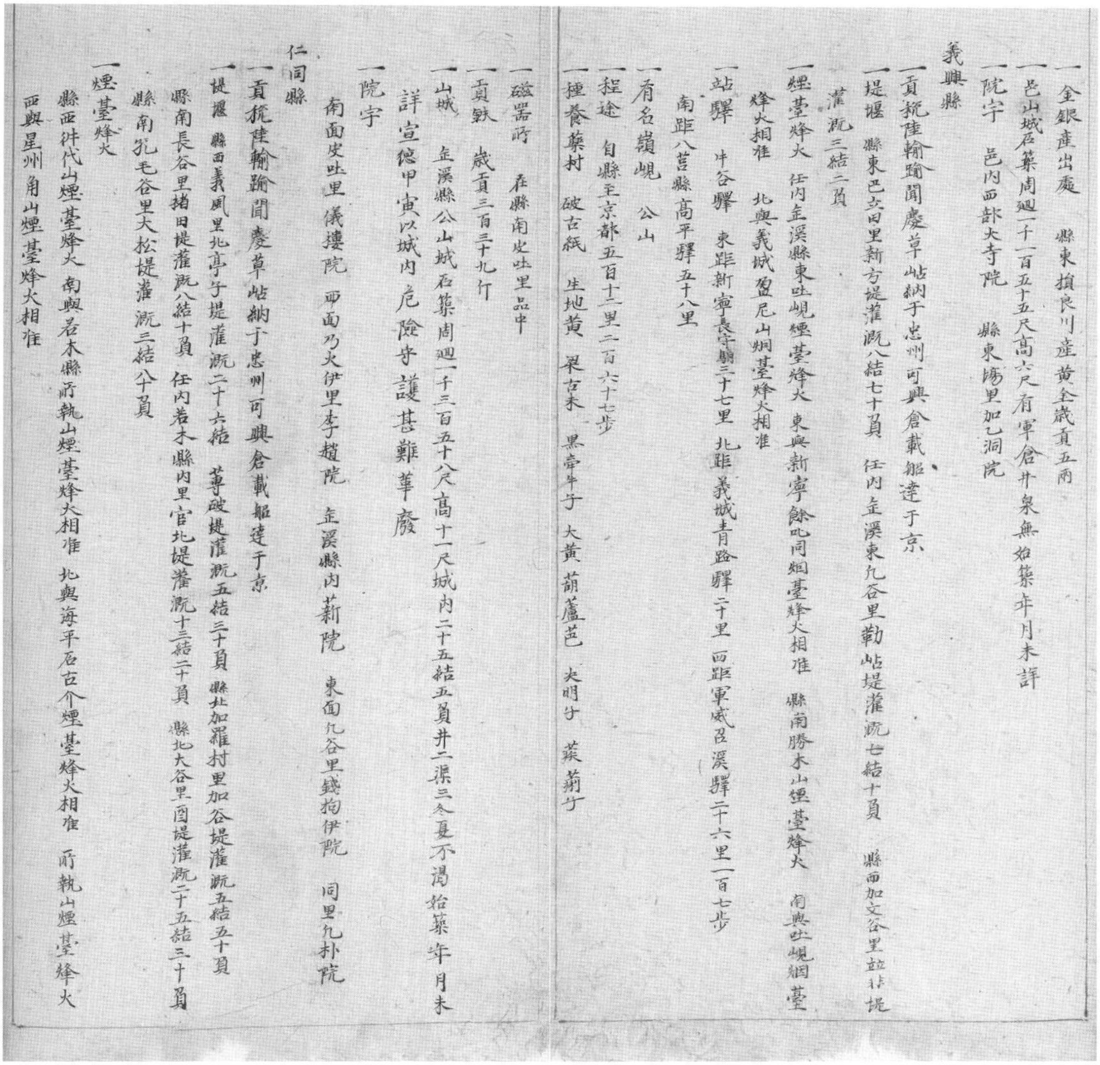

一金銀產出處 縣東損良川產黃金歲貢五兩
一邑山城石築周廻一千一百五十五尺高六尺有軍倉井泉無始築年月未詳
一院宇 邑內西部大寺院 縣東場里加乙洞院

義興縣

一貢物陸輸踰聞慶草岾納于忠州可興倉載船達于京
一堤堰 縣東巴文田里新方堤灌漑八結七十負 任內缶溪東九谷里勒岾堤灌漑七結十負 縣西加文谷里砬非堤
灌漑三結二負
一煙臺烽火 任內缶溪縣東吐峴煙臺烽火 東與新寧餘叱同烟臺烽火相准 縣南勝木山煙臺烽火 南與吐峴烟臺
烽火相准 北與義城盈尼山烟臺烽火相准
一站驛 牛谷驛 東距新寧長守驛三十七里 北距義城青路驛二十里 西距軍威召溪驛二十六里一百七步
南距八莒縣高平驛五十八里
一有名嶺峴 公山
一程途 自縣至京都五百十二里二百六十七步
一種養藥材 破古紙 生地黃 栗古木 黑牽牛子 大黃 葫蘆芭 決明子 菥蓂子
一磁器所 在縣南皮吐里品中
一貢鐵 歲貢三百三十九斤
一山城 缶溪縣公山城石築周廻一千三百五十八尺高十一尺城內二十五結五負井二渠三冬夏不渴始築年月未
詳宣德甲寅以城內危險守護甚難革廢
一院宇
南面皮吐里儀捿院 西面乃火伊里李趙院 缶溪縣內薪院 東面九谷里鐵指伊院 同里九朴院

仁同縣

一貢物陸輸踰聞慶草岾納于忠州可興倉載船達于京
一堤堰 縣西義風里北亭子堤灌漑二十六結 葛破堤灌漑五結三十負 縣北加羅村里加谷堤灌漑五結五十負
縣南長谷里楮田堤灌漑八結十負 任內若木縣內里官北堤灌漑十三結二十負 縣北大谷里酉堤灌漑二十五結三十負
縣南孔毛谷里大松堤灌漑三結八十負
一煙臺烽火
縣西件代山煙臺烽火 南與若木縣所執山煙臺烽火相准 北與海平石古介煙臺烽火相准 所執山煙臺烽火
西與星州角山煙臺烽火相准

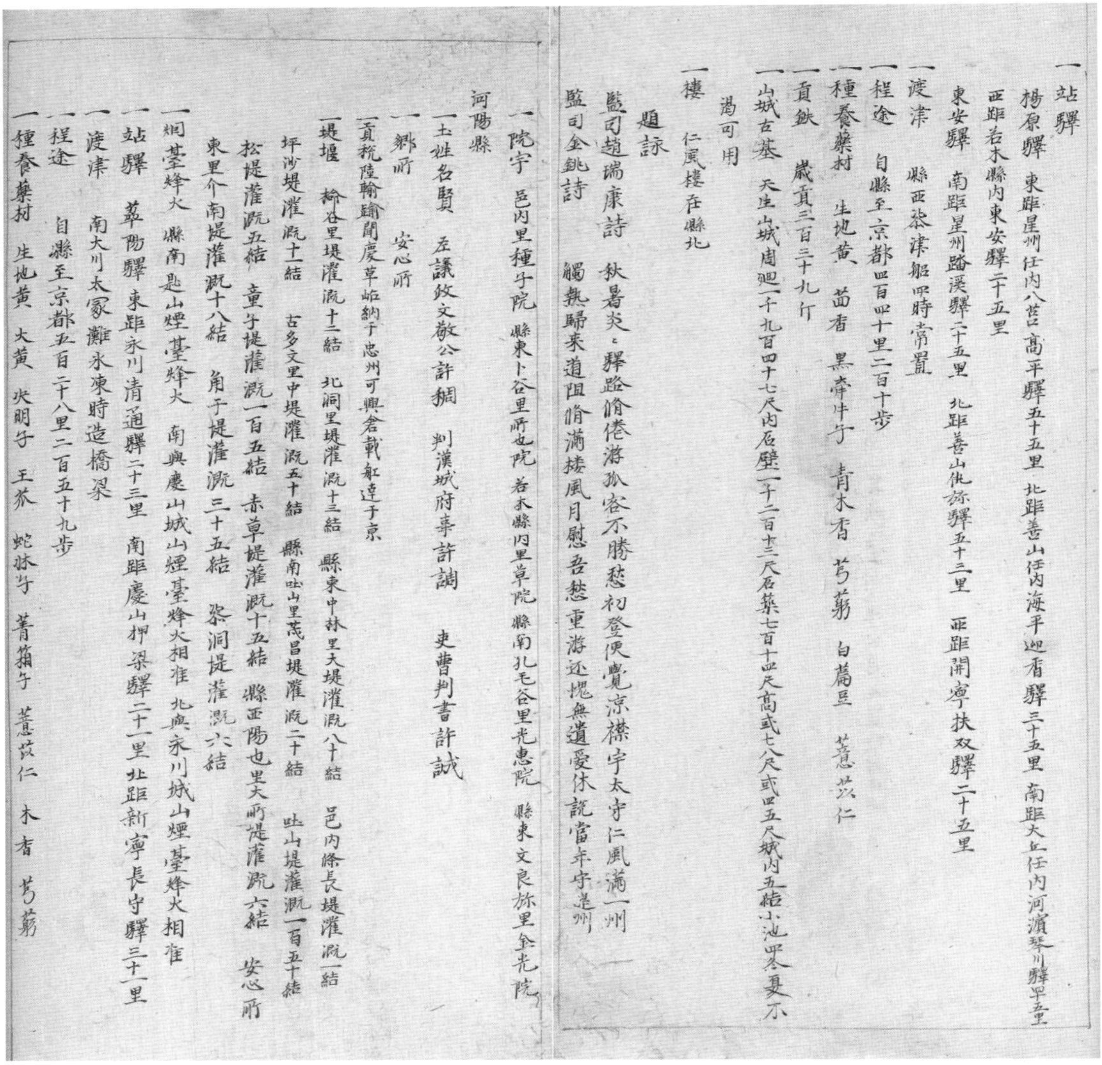

一 站驛
楊原驛 東距星州任内八莒高平驛五十五里 北距善山任内海平迎香驛三十五里 南距大丘任内河濱琴川驛四十五里
西距若木縣内東安驛二十五里
東安驛 南距星州踏溪驛二十五里 北距善山仇旀驛五十三里 西距開寧扶双驛二十五里
一 渡津 縣西柰津船四時常置
一 程途 自縣至京都四百四十里二百十步
一 種養藥材 生地黃 茴香 黑牽牛子 青木香 芎藭 白藊豆 薏苡仁
一 貢鐵 歲貢三百三十九斤
一 山城古基 天生山城周廻一千九百四十七尺内石壁一千二百十三尺石築七百十四尺高或七八尺或四五尺城内五結小池四冬夏不渴可用
一 樓 仁風樓在縣北
題詠
監司趙瑞康詩 秋暑炎炎驛路脩倦游孤客不勝愁初登便覺涼襟宇太守仁風滿一州
監司金銚詩 觸熱歸來道阻脩滿樓風月慰吾愁重游還愧無遺愛休說當年守是州
一 院宇 邑内里種子院 縣東卜谷里所也院 若木縣内里草院 縣南孔毛谷里光惠院 縣東文良旀里金光院

河陽縣
一 土姓名賢 左議政文敬公許稠 判漢城府事許誗 吏曹判書許誠
一 鄕所 安心所
一 貢稅 陸輸踰聞慶草岾納于忠州可興倉載舡達于京
一 堤堰 榆谷里堤灌漑十二結 北洞里堤灌漑十三結 縣東中林里大堤灌漑八十結 邑内條長堤灌漑一結
坪沙堤灌漑十一結 古多文里中堤灌漑五十結 縣南吐山里萇昌堤灌漑二十結 吐山堤灌漑一百五十結
松堤灌漑五結 童子堤灌漑一百五結 赤草堤灌漑十五結 縣西陽也里大所堤灌漑六結 安心所
東里介南堤灌漑十八結 角子堤灌漑三十五結 柰洞堤灌漑六結
一 烟臺烽火 縣南匙山烟臺烽火 南與慶山城山烟臺烽火相准 北與永川城山烟臺烽火相准
一 站驛 華陽驛 東距永川清通驛二十三里 南距慶山押梁驛二十一里 北距新寧長守驛三十一里
一 渡津 南大川太冢灘氷凍時造橋梁
一 程途 自縣至京都五百二十八里二百五十九步
一 種養藥材 生地黃 大黃 決明子 王苽 蛇床子 蔓荊子 薏苡仁 木香 芎藭

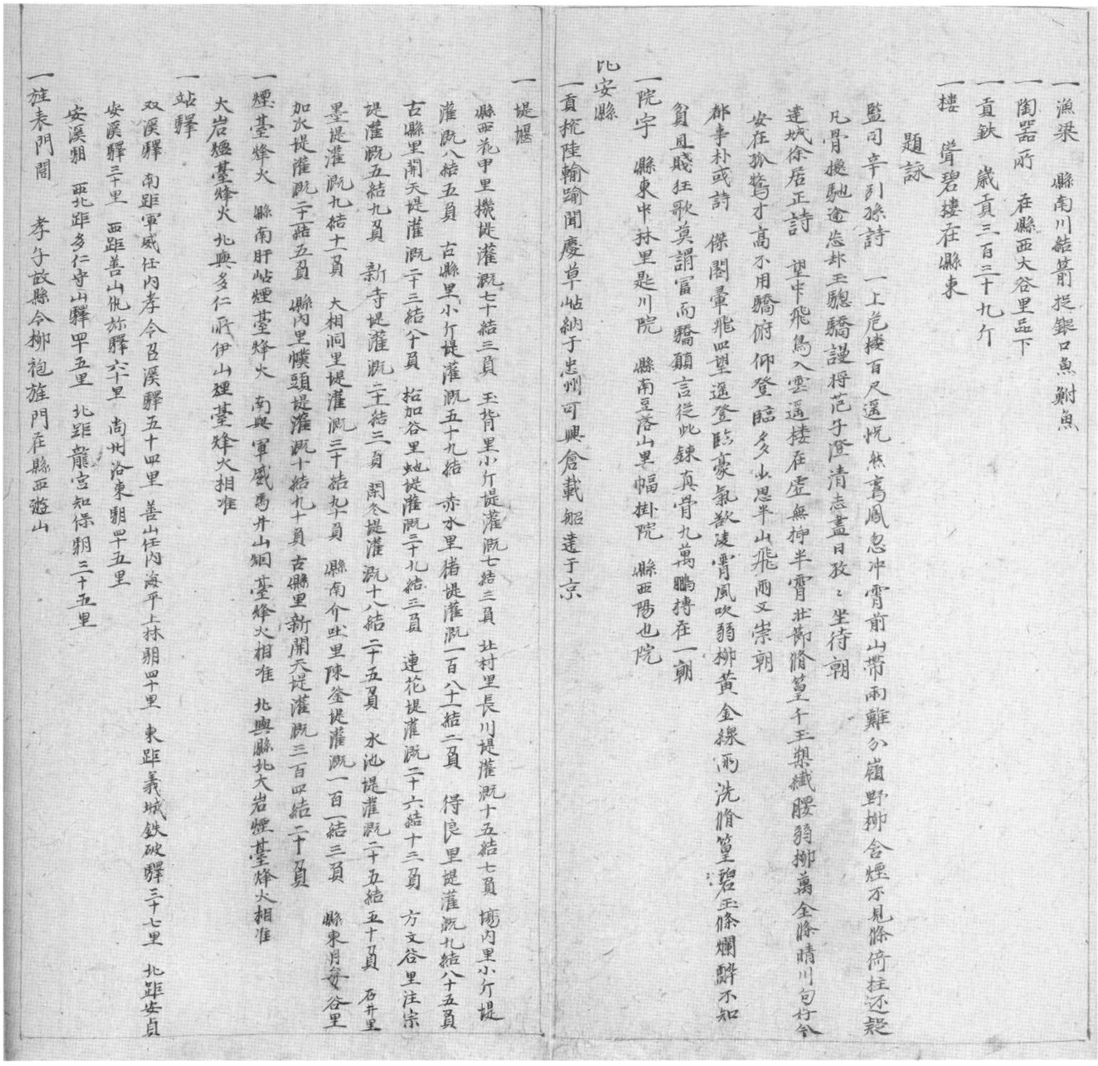

一漁梁 縣南川結箭捉銀口魚鯽魚
一陶器所 在縣西大谷里岳下
一貢鉄 歲貢三百三十九斤
一樓 贊碧樓在縣東
題詠
監司辛引孫詩 一上危樓百尺遙怳然鸞鳳忽沖霄前山帶雨難分嶺野柳含煙不見條倚柱遲起
凡骨換馳途忘卦玉驄驕謾捋范子澄清志盡日孜孜坐待朝
達城徐居正詩 望中飛鳥入雲遙樓在虛無抑半霄壯節脩篁千玉槊纖腰弱柳萬金條晴川句好令
安在孤鶩才高不用驕俯仰登臨多少思半山飛雨又崇朝
郡事朴或詩 傑閣翬飛四望遙登臨豪氣欲淩霄風吹弱柳黃金縷雨洗脩篁碧玉條爛醉不知
貧且賤狂歌莫謂富而驕顚言從此鍊真骨九萬鵬搏在一朝
一院宇 縣東中林里是川院 縣南豆落山里幅掛院 縣西陽也院
比安縣
一貢抗陸輸踰聞慶草岾納于忠州可興倉載船達于京

一堤堰
縣西花甲里機堤灌漑七十結三負 玉背里小斤堤灌漑七結三負 北村里長川堤灌漑十五結七負 塢内里小斤堤
灌漑八結五負 古縣里小斤堤灌漑五十九結 赤水里楮堤灌漑一百八十一結二負 待良里堤灌漑九結八十五負
古縣里開天堤灌漑二十三結八十負 柘加谷里地堤灌漑二十九結三負 連花堤灌漑二十六結十三負 方文谷里注宗
堤灌漑五結九負 新寺堤灌漑二十七結三負 開冬堤灌漑十八結二十五負 水池堤灌漑二十五結五十負 石井里
墨堤灌漑九結十一負 大相洞里堤灌漑三十結九十負 縣南介坐里陳釜堤灌漑一百一結三負 縣東月每谷里
加次堤灌漑二十結五負 縣内里幞頭堤灌漑十結九十負 古縣里新開天堤灌漑三百四結二十負
一煙臺烽火 縣南肝岾煙臺烽火 南與軍威馬井山烟臺烽火相准 北與縣北大岩煙臺烽火相准
大岩煙臺烽火 北與多仁所伊山煙臺烽火相准
一站驛
双溪驛 南距軍威任内孝令召溪驛五十四里 善山任内海平上林朝四十里 東距義城鉄破驛三十七里 北距安貞
安溪驛三十里 西距善山佛旀驛六十里 尙州洛東朝四十五里
安溪朝 西北距多仁守山驛四十五里 北距龍宮知保朝三十五里
一旌表門閭 孝子故縣令柳袍旌門在縣西遊山

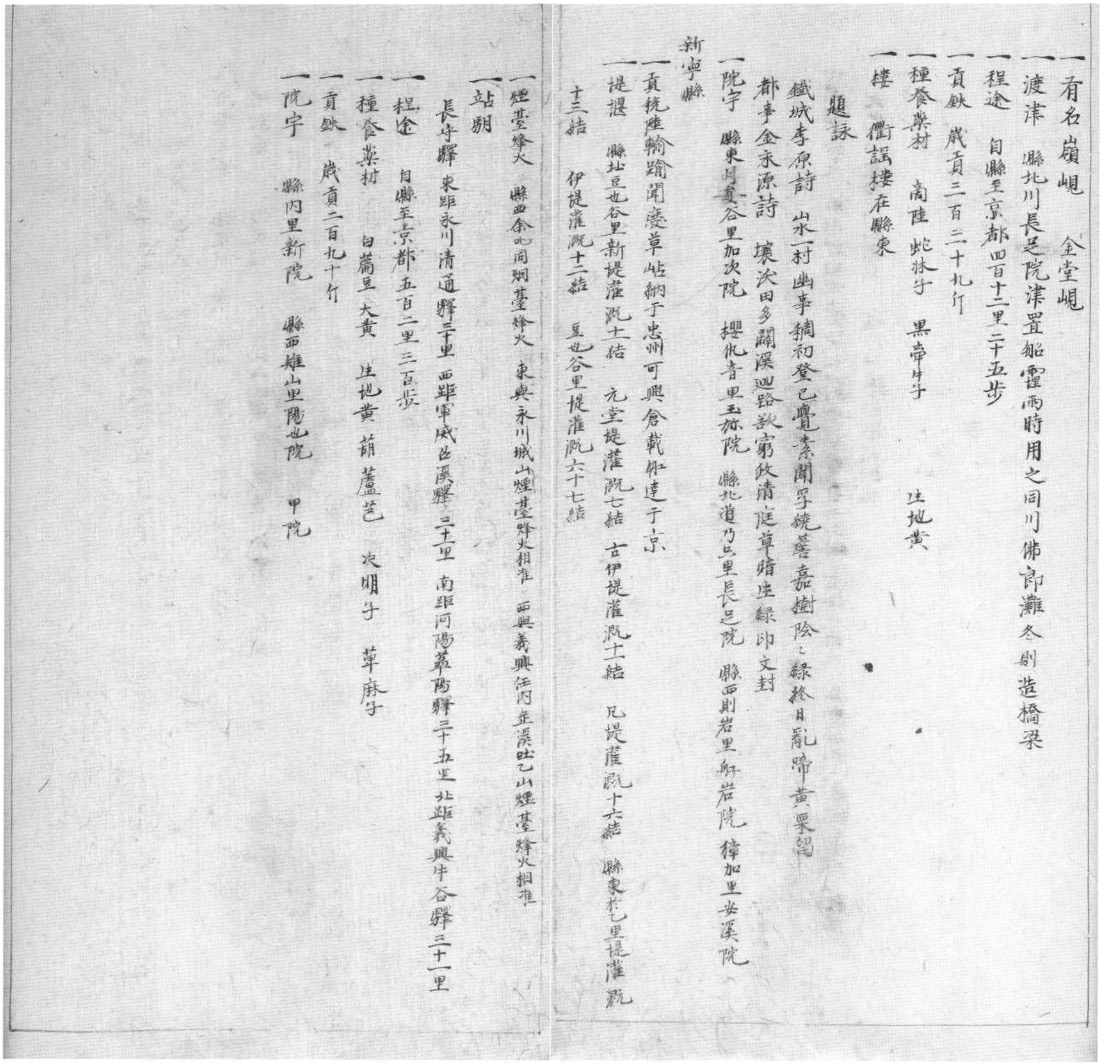

一有名嶺峴　金堂峴

一渡津　縣北川長足院津置船霖雨時用之同川佛郎灘冬則造橋梁

一程途　自縣至京都四百十二里二十五步

一貢鐵　歲貢三百二十九斤

一種養藥材　南陸　蛇牀子　黑帝牛子　生地黃

一樓　衢謠樓在縣東

題詠

鐵城李原詩　山水一村幽事稱初登已覺素聞孚繞簷嘉樹陰陰綠終日亂啼黃栗留

都事金永源詩　壤沃田多闢溪迴路欲窮𢾉清庭草暗生綠印文封

一院宇　縣東月夏谷里加次院　櫻化音里玉旅院　縣北道乃只里長足院　縣西則岩里射岩院　韋加里安溪院

新寧縣

一貢稅陸輸踰聞慶草岾納于忠州可興倉載船達于京

一提堰　縣北豆也谷里新提灌溉十結　元堂提灌溉七結　古伊提灌溉十一結　凡提灌溉十六結　縣東於乙里提灌溉十三結　伊提灌溉十二結　豆也谷里提灌溉六十七結

一烽臺烽火　縣西余比同烽臺烽火東與永川城山烽臺烽火相准　西與義興仁內立溪吐乙山烽臺烽火相准

一站驛

長守驛　東距永川清通驛三十里　西距軍威召溪驛三十里　南距河陽華陽驛三十五里　北距義興牛谷驛三十一里

一程途　自縣至京都五百二里三百步

一種養藥材　白篇豆　大黃　生地黃　葫蘆芭　次明子　草麻子

一貢鐵　歲貢二百七十斤

一院宇　縣內里新院　縣西雉山里陽也院　甲院

동국여지승람東國輿地勝覽(1469) 청송부靑松府 · 진보현眞寶縣

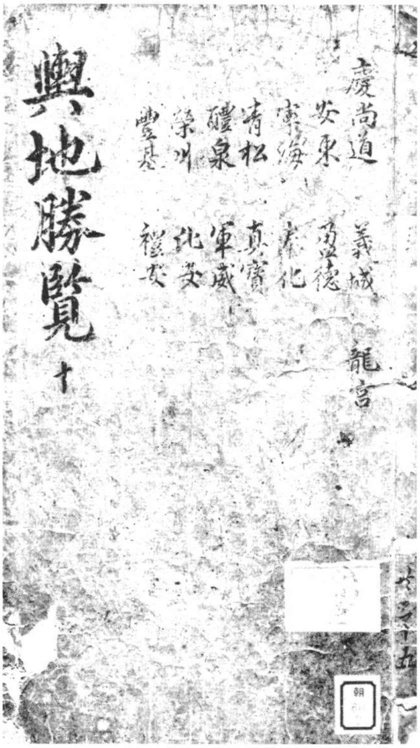

輿地勝覽 十

慶尚道 義城 龍宮

安東 英德

寧海 奉化

靑松 眞寶

醴泉 軍威

榮川 比安

豐基 禮安

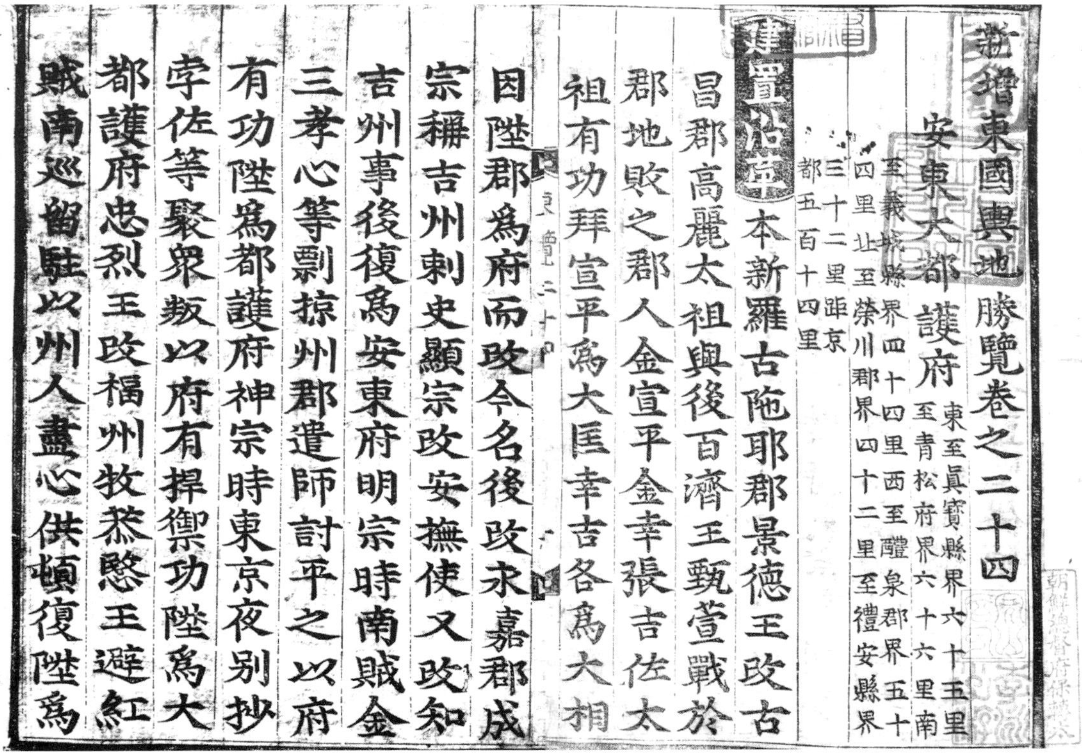

新增東國輿地勝覽卷之二十四

安東大都護府 東至眞寶縣界六十五里至靑松府界六十六里南至義城縣界四十四里西至醴泉郡界五十四里北至榮川郡界四十二里至禮安縣界三十二里距京都五百十四里

建置沿革 本新羅古陁耶郡景德王改古昌郡高麗太祖與後百濟王甄萱戰於郡地敗之郡人金宣平金幸張吉佐太祖有功拜宣平爲大匡幸吉各爲大相因陞郡爲府而改今名後改永嘉郡成宗稱吉州刺史顯宗改安撫使又改知吉州事後復爲安東府明宗時南賊金三孝心等剽掠州郡遣師討平之以府有功陞爲都護府神宗時東京夜別抄孛佐等聚衆叛以府有捍禦功陞爲大都護府忠烈王改福州牧恭愍王避紅賊南巡留駐以州人盡心供頓復陞爲

氣月明生夜凉倚欄時復引壺觴身世兩相忘

奉松亭 海闊波聲壯秋虛颶氣侵松爲保障

蔚成林千載翠陰陰芳草青氈軟晴沙白雪深幾人把酒日相尋乘興谿頻襟

觀魚臺 石壁

千層下滄溟幾丈餘湯湯萬里一堪輿俯瞰數游魚水落漁磯出帆開宿雨踈若令尚父此來居西伯便同車

梵興寺 寶地尋精舍空門薄世情赤鬆白足出巖窩松下說無生夜靜石泉響曉寒鐘梵聲道心潭影共澄清趺坐旋忘形

含恨洞 驊褭紫騮馬夸毗白面郎金鞭指點百花粧中有倚新粧纖手開珠落明眸出洞房上樓相對賞春光一嘆已摧腸

貞信坊 有別彝倫正無非德行清但因節婦秉心貞閭并得佳名烈女風猶在關雎化復行丹陽禮俗古今成自是被文明

青松都護府

東至盈德縣界四十九里南至永川郡界七十四里西至安東府界十九里北至眞寶縣界五里距京都五百九十七里

建置沿革

本高句麗青己縣新羅改積善爲野城郡領縣高麗初爲鳧伊又改雲鳳成宗改青鳧屬禮州本朝

太祖三年合于眞寶縣

世宗即位之年以

昭憲王后之鄉陞爲青寶郡後析眞寶置縣監以松生縣來合因改今名

世祖朝陞爲都護府

屬縣

安德縣 在府南五十三里本高句麗伊火兮縣新羅改綠武爲曲城郡領縣高麗初改今名顯宗屬安東府恭讓王始置監務本朝太祖朝合于松生縣 世宗朝來屬

官員

府使 教授 各一人

郡名

青己 積善 鳧伊 雲鳳 青鳧 青寶

姓氏

(青鳧)沈金全蔣申(松生)尹盧全鄭 村 金朴李 並来(安德)金李孫全薛 蔣一作

風俗

尚儉率 觀風案 民淳俗厚 洪汝方讀慶樓記

形勝

山勢起伏川流盤迴 同上記

山川

放光山 在府北二里鎭山

周房山 在府東三十一里

普賢山 一云母子山在安德縣南二十二里

龍纏巖 在南川上流岩有龍纏之狀故名

刀峴 在安德縣南二十一里新寧縣界

注兒山 在府東三十里盈德縣界

三者峴 在府南三十八里

普光山 在府南五里

柳峴 在安德縣東二十一里慶州竹長部曲界

於火峴 在府南五十二里

枝峴 在府西十里

南川 在客舘門外其源出於火峴至臨河縣枝村入于眞寶縣神漢川

安德西川 在安德縣西三里其源出普賢山至安東府臨河縣爲琴召川

新增

椒水 在府東八里

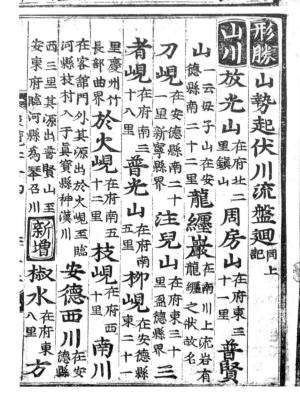

方

臺 在安德縣北

土産 蜂蜜 松蕈 漆 石蕈 海松子
熊膽 莞草 紫草 白花蛇 羚羊
人參

樓亭 讚慶樓 在客館南○洪汝方記宣德己酉仲春之日遵海而東而北至眞寶轉南
行數十里漸見山勢起伏如龍騰而虎踞川流盤迴
若欲去而復來松栢欝乎蒼蒼烟霞晻其靄靄淸幽
一洞依然仙境者乃靑松也俄而軍吏冠服擁道次
郡守備儀仗迎 命白叟黃童鄕學敎坊莫不歌詠
盛德各有詩章旣禮訖登南樓自是民淳俗厚竟日
無狀告者郡守河君濬斯文友也謂余曰是邑乃

王居之鄕嘗以縣陞郡第緣地僻使稀舘舍未備往歲
始基之閒徒搆廳堂暨此樓願名以記之余曰夫河嶽
之靈興者必產其祥祖宗之積累者必流其慶靑原
侍中公之先世世分秀氣於二樂種仁厚於三韓培養
其根本孕毓其精英迄今坤德母儀 王業金枝衍我
朝鮮億萬世無疆之福登斯樓望其基不得不爲之
仰讚也故名之曰讚慶○徐居正詩盡日閑吟倚柱
邊諸賢傑句摠盧前兩山夾走疑無地一徑潛通小
有天欲訪靑鳧今不見閑看白鳥政堪憐此間亦必
逢壺在不用丹丘仍羽仙【新增】金宗直詩樹杪華楹
落照邊登臨高興把盃前川迴蘸却千尋磴山擁偸
他一片天沙麓禎符眞可記排源物色政堪憐擡頭
笑向棲霞客巢許從來未必仙○宗室深源詩懸崖
刻削枕溪邊幽澗喧悠繞舘前西壑雪消泥沒馬東
岡風捲樹參天淸宵短燭燒離恨薄暮孤碪
時暗峰陡覺襄王非夢子夢中雲雨亦神仙

學校 鄕校 在府東一里

驛院 文居驛 在安德縣東十里距府六十里 和睦驛 在安德縣西二十里
茅峴下距府七十里 靑雲驛 在府南十里 三者院 在府南二十六里
枝院 在府西十三里 訥仁院 在安德縣東十七里

佛宇 周房寺 在周房山 普賢寺 在普賢山

祠廟 社稷壇 在府西 文廟 在鄕校 城隍祠 在府西一里
厲壇 在府北

塚墓 沈弘孚墓 在府南五里昭憲王后之遠祖

古跡 松生廢縣 在府東十五里高麗顯宗九年屬禮州仁宗二十一年置監務本朝
世宗朝合于靑鳧縣
周房山城 石築周一千四百五十尺三面天作之險內有二溪
雙巖寺 在松生縣東

名宦 本朝 河濬 徐混 爲府使有治績

人物 高麗 沈德符 靑鳧縣人蔭補司醞直長同正累遷禮儀判書密直副使
出爲西海道元帥賜推誠協贊功臣號位侍中佐我
太祖唱義旋師後錄功爲第一拜左丞相封靑城伯
本朝 沈溫 德符之子寔生昭憲王后官至議政府領議政謚安孝 沈淙 溫之
弟尚太祖女慶善公主封靑原君 沈澮 溫之子參翊戴佐理功臣官至議政府領議政封靑

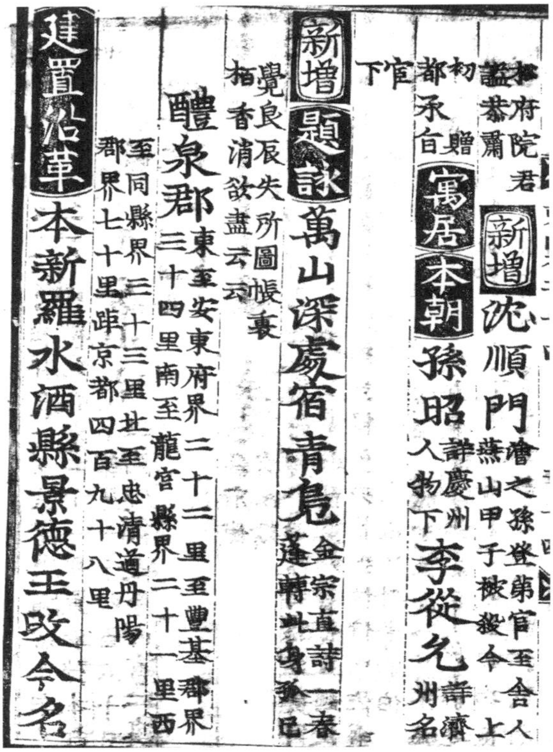

都府院君謚恭肅

新增 沈順門 澮之孫登第官至舍人燕山甲子被殺今上初贈都承旨

寓居 本朝 孫昭 詳慶州人物下 李從允 詳濟州名官下

新增 題詠 萬山深處宿青鳧 金宗直詩一春蓬轉此身孤已覺良辰失所圖帳裏栢香消欲盡云云

醴泉郡 東至安東府界二十二里至豐基郡界三十四里南至龍宮縣界二十一里西至同縣界三十三里北至忠清道丹陽郡界七十里距京都四百九十八里

建置沿革 本新羅水酒縣景德王改今名

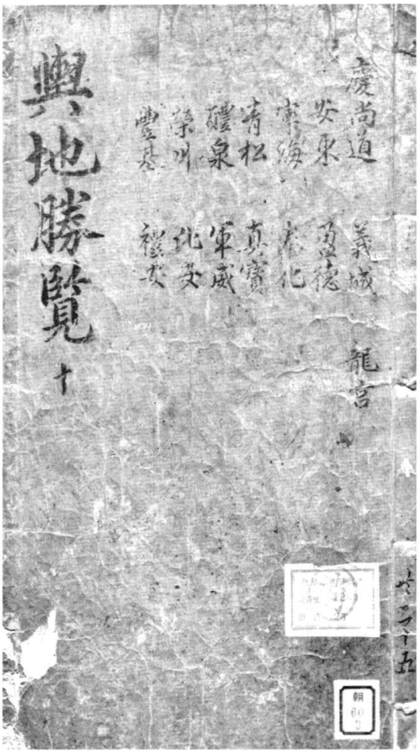

太祖置甫城監務

世宗合於青鳧號青寶郡尋罷改今名復爲縣監

成宗五年以縣人琴孟誠毆辱縣監申石同華屬于青松府九年因土人申訴復舊

【官員】縣監 訓導各一人

【郡名】漆巴火 助攬 眞安 甫城 載岩 青寶 眞海

【姓氏】本縣 趙李金朴白 全續 (春甘)吳 巴叱同

【山川】南角山 在縣南八里 高山 在縣西十里 芼洞山 在縣東二十里 林勿峴 在縣東二十里 神漢川 在縣北一里其源出寧海府日月山經安東府爲尾釜灘合于犬項津南岸石壁四百餘尺因以爲城基而未之築 【新增】楸峴 在縣西十五里

【土産】松蕈 紫草 蜂蜜 人參 地黃 白茯苓 石蕈

【烽燧】南角山烽燧 東應寧海府廣山西應安東府臨河縣藥山

【亭榭】鴨脚臺 在客舘北○徐居正詩好在軒前鴨脚臺能容過客去還來江南誰唱章臺柳隴上無憑驛使梅紅樹近人濃欲滴青山滿眼盡成堆白頭缺掌成何事歲月悠悠付酒杯

【學校】鄕校 在縣南四里

【驛院】普施院 在縣東一里 普賢院 在縣東三十里 楸峴院 在縣西十五里○徐居正詩雲磴崎嶇石徑盤山腰有院兩三間雷聲轉壁雙溪合雨脚連空萬木攅馬跲羊腸雲外去人看鳥背嶂中還顧予不是風塵客何事空吟蜀道難 三亘等院 在縣東十五里

【佛宇】水淨寺 在南角山

【祠廟】社稷壇 在縣西 文廟 在鄕校 城隍祠 在縣北二里 厲壇 在縣北

【古跡】泉宿部曲 在縣東十里 春甘部曲 在縣北十里 巴叱部曲 在縣南十五里 古乙亇部曲 在縣東三十里 省夫部曲 在縣北三十里

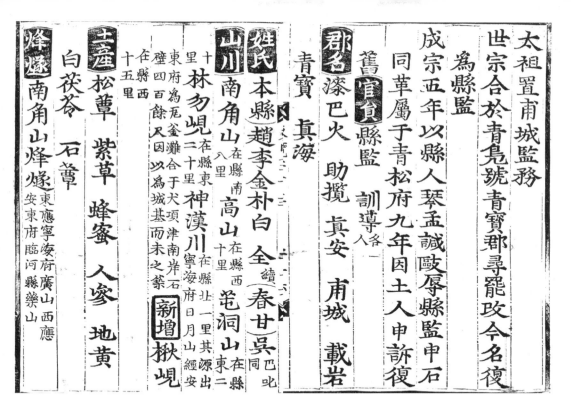

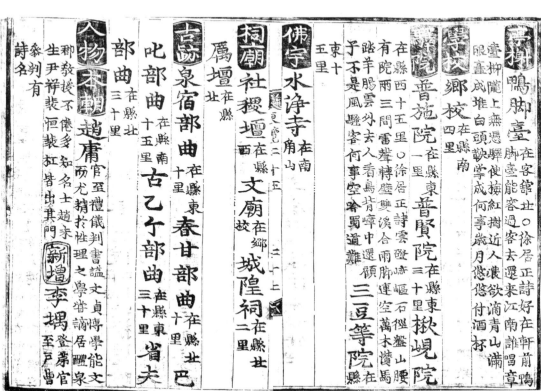

【人物】【本朝】趙庸 官至禮儀判書謚文貞博學能文而尤精於性理之學嘗謫居醴泉郡敎授不倦多知名士趙末生尹祥裴恒裴扛皆出其門 【新增】李堣 登第官至戶曹叅判有詩名

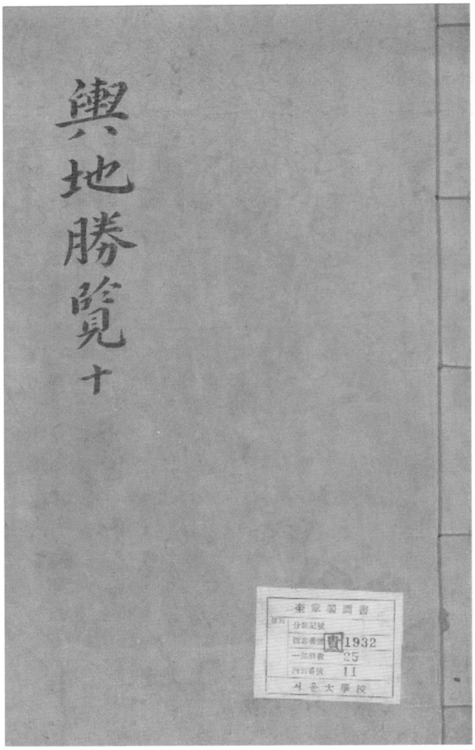

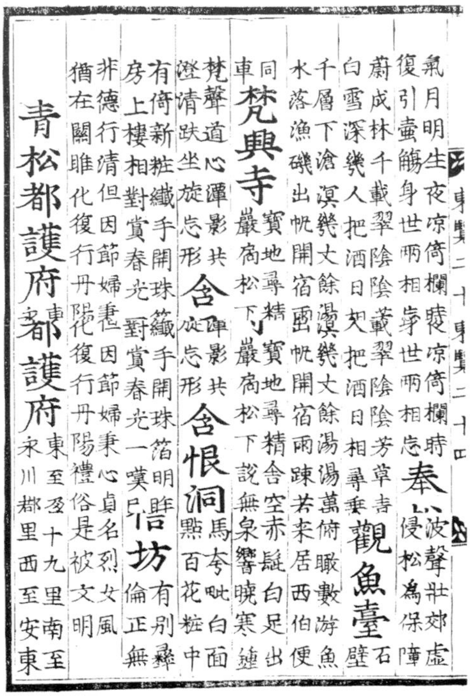

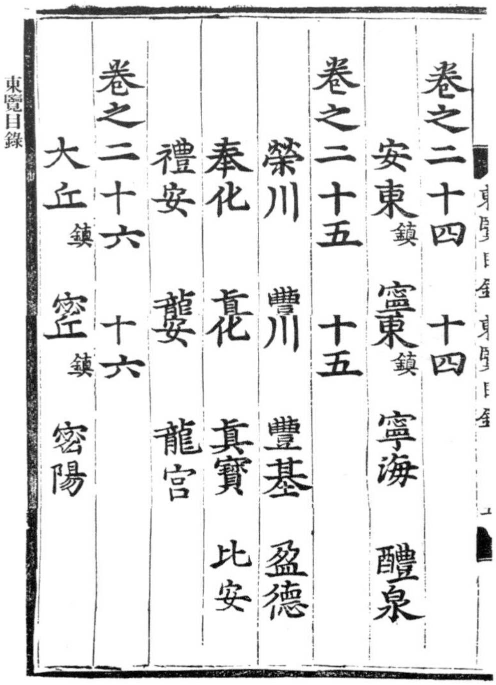
東覽目錄

卷之二十四 十四
安東鎭 寧海 醴泉
卷之二十五 十五
榮川 豐基 盈德
奉化 眞寶 比安
禮安 龍宮
卷之二十六 十六
大丘鎭 密陽

府界十九里北至真寶縣界五里距京都五百九十七里

建置沿革 本高勾麗青己縣新羅改積善爲野城郡領縣高麗初爲鳧伊又改雲鳳成宗改青鳧屬禮州本朝太祖三年合于真寶縣世宗即位之年以昭憲王后之鄉陞爲青寶郡後析真寶置縣監以松生縣来合因改今名世祖朝陞爲都護府

屬縣 在府南五十三里本高勾麗伊火兮縣新羅改綠郡領縣高麗初改今名顯宗屬安東府恭監務本朝太祖朝合于松生縣世宗朝来屬

官員 教授 各一人

郡名 青己 積善 鳧鳳 青鳧 青寶

姓氏 青鳧 沈金全蔣申盧全鄭 村 金朴李 並来 安德 金薛 一作蔣

風俗 尚儉率 觀風案 民淳 方讚記

形勝 山勢起伏川流盤廻 記同上

山川 放光山 在府北二里鎮山 周房山 在府東三十一里 普賢山 一云母子山在安德縣南二十二里 龍纏巖 在南川上流岩有龍纏之狀故名 刀峴 在安德縣南二十一里新寧縣界 注兒山 在府東三十里盈德縣界 三者峴 在府南三十八里 普光山 在府南五里 柳峴 在安德縣東二十一里慶州竹長部曲界 於火峴 在府南五十二里 枝峴 在府西十里 南川 在客館門外其源出於火峴至臨河縣枝村入于真寶縣神漢川 安德西川 在安德縣西三里其源出普賢山至安東府臨河縣爲琴召川 **新增** 椒水 在府東八里 方

臺 在安德縣北

土産 蜂蜜 松蕈 漆 石蕈 海松子 熊膽 莞草 紫草 白花蛇 羚羊 人參

樓亭 讚慶樓 在客館南○洪汝方記宣德己酉仲春之日邅海而東而北至真寶轉南行數十里漸見山勢起伏如龍騰而虎踞川流盤廻若欲去而復来松栢蔚乎蒼蒼烟霞晦其霧靄清幽一洞依然仙境者乃青松也俄而軍吏冠服擁道次郡守備儀仗迎命白叟黃童鄉學教坊莫不歌詠盛德各有詩章既禮訖登南樓自是民淳俗厚竟日無狀告者郡守河君濬斯文文也謂余曰是邑乃

王
后之鄉嘗以縣陞郡第縣陞郡第緣地舍未備徃歲
始墓閣徒構廳堂暨此廳堂暨此樓願余曰夫河嶽
之靈興者必產其祥祖產其祥祖宗之流其慶青原
侍中公之先世分秀氣世分秀氣於二於三韓培養
其根本孕毓其精英迄其精英迄今坤葉金枝衍我
朝鮮億萬世無疆之福無疆之福登斯不得不為之
仰讚也故名之曰讚慶之曰讚慶○徐日閑吟倚柱
邊諸賢傑句揔盧前兩揔盧前兩山夾一徑潛通小
有天欲訪青鳧今不見鳧今不見閑看憐此間亦必
蓬壺在不用丹丘仍羽丹丘仍羽仙新詩樹抄華楹
落一照邊登臨高興把盃高興把盃前川尋磴山擁偷
他一片天沙蘿復符眞蘿復符眞可記政堪憐欂頭
笑向棲霞客巢許從來巢許從來未必深源詩懸崖
刻削枕塽邊幽澗喧咫幽澗喧咫繞節消泥沒馬東
岡風捲樹參天清宵短天清宵短燭燒孤碪
擣暗憐陡覺襄王非夢襄王非夢子夢神仙

學校 鄉校 在府東一里

驛院 文居驛 在安德縣東十里距府六十里 和睦驛 在安德縣西二十里 青雲驛 在府南十里 三者院 在府南二十六里
茀峴下距府七十里
枝院 在府西十三里 訥仁院 在安德縣東十七里

佛宇 周房寺 在周房山 普賢寺 在普賢山

祠廟 社稷壇 在府西 文廟 在鄉校 城隍祠 在府西一里
厲壇 在府北

塚墓 沈弘孚墓 在府南五里 昭憲王后之遠祖

古跡 松生廢縣 在禮 廢縣 在府東此顯宗九年屬禮州仁宁置監務本朝
世宗朝合于 周房山 周房山城 了四百五十尺 㠯險內有二溪
青鳧縣
雙巖寺 在松生縣東 在松生縣東

名宦 本朝 河澹 河澹 徐湼

人物 高麗 沈德符 沈德符 青鳧司醞直長同正累書密直副使
出為西海道元帥賜遺元帥賜推誠協佐侍中佐我
太祖唱義旋師後錄功爵後錄功為第一封青城伯

本朝 沈溫 德符之官至議 溫 德符之子寔王后官至議政府姿孝 沈淙 溫之
弟尚太祖女慶 沈 仙女慶 沈澮 溫戴佐理功臣
善公主封青原君 育原君 宜領議政封青

松府院君諡恭肅 初贈都承旨

新增 沈 新增 沈順門 弟官至舍人被殺今上

寓居 本朝 寓居 本朝 孫昭從允 詳濟州名官下

新增 題詠 萬山深 萬山深處宿 宗直詩一春轉此身孤已
覺良辰失所圖帳裏 所圖帳裏
栢香消欲盡云云 盡云云

醴泉郡 東至安東 東至安東府界至豐基郡界 三十四里 三十四里南至二十一里西
至同縣界二十 縣界三十三里北至丹陽
郡界七十里距 七十里距京都八里

建置沿革 本新羅 本新羅水酒王改今名

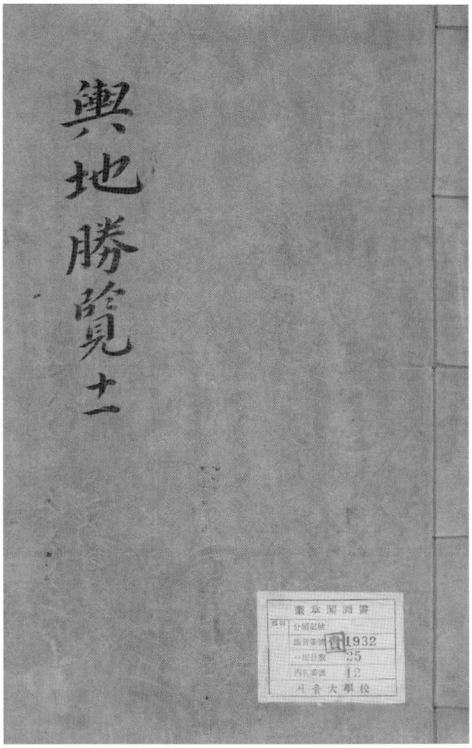
輿地勝覽 十二
1932
25
12

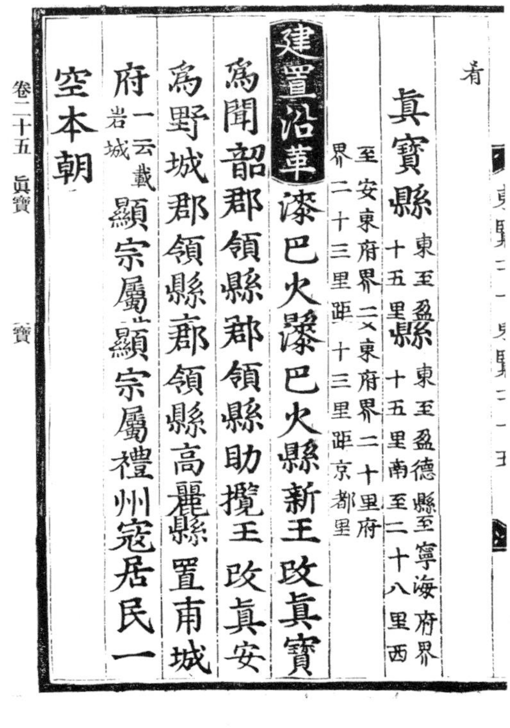
卷二十五 眞寶
看
眞寶縣 東至盈縣東至盈德縣至寧海府界
十五里十五里南至二十八里西
至安東府界二又東府界二十里府
界二十三里距十三里距京都里
建置沿革 漆巴火漆巴火縣新王改眞寶
爲聞韶郡領縣郡領縣助攬王改眞安
爲野城郡領縣郡領縣高麗縣置甫城
府 一云載岩城 顯宗屬顯宗屬禮州寇居民一
空本朝

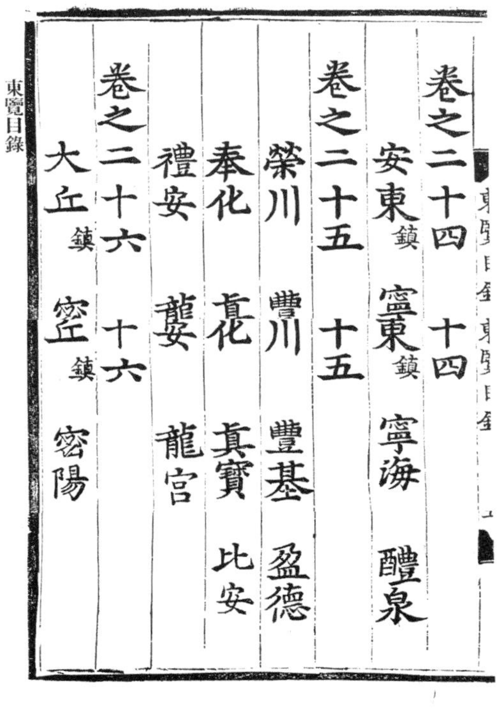
東覽目錄
卷之二十四 十四
安東鎭 [illegible]鎭 寧海 醴泉
卷之二十五 十五
榮川 豐川 豐基 盈德
奉化 靑松 眞寶 比安
禮安 義城 龍宮
卷之二十六 十六
大丘鎭 [illegible]鎭 密陽

太祖置南城監務 城監務
世宗合於青鳧號青鳧號青寶改今名復
為縣監
成宗五年以縣人𤨏縣人琴孟縣監申石
同革屬于青松孛青松府九人申許復
舊 官貟 縣監 縣監 訓導
郡名 漆巴火 助攬 助攬 眞城 載岩
青寶 眞海 眞海

姓氏 本縣 趙李金朴白 全 續 春甘 吳 巴叱同
山川 南角山 在縣南八里 高山 在縣西十里 芼洞山 在縣東二
十里 林勿峴 在縣東二十里 神漢川 在縣北一里其源出寧海府日月山經安
東府為屯釜灘合于犬項津南岸石壁四百餘尺因以為城基而未之築 新增 楸峴 在縣西十五里
土産 松蕈 紫草 蜂蜜 人參 地黃
白茯苓 石蕈
烽燧 南角山烽燧 東應寧海府廣山西應安東府臨河縣藥山

四三三

亭榭 鴨脚臺 在客舘脚臺能 臺 在客舘北○好在軒前鴨脚臺能容過江南誰唱章
臺柳隴上無憑驛使無憑驛使梅紅樹滴青山滿眼矗成堆白頭歎掌𠚤頭歎掌成何事付酒杯
學校 鄉校 在縣南四里 在縣南四里
驛院 普施院 在縣東一里 院 在縣東一里 普賢東里 楸峴院 在縣西十五里○徐𡱐里○徐居正詩石徑盤山腰有院兩三間雷聲轉腦雷聲轉壁雙溪空萬木攢馬踏羊腸雲外去人看鳥去人看鳥背嚘子不是風驟客何事㲱客何事空吟𨱏 豆等院 在縣東十五里
佛宇 水淨寺 在南角山 寺 在南角山

祠廟 社稷壇 在縣西 文壇 在縣西 文廟 在縣校 祠 在縣北二里
厲壇 在縣北
古跡 泉宿部曲 在縣十里 部曲 在縣東十里 壽 在縣北十里 巴
吒部曲 在縣南十五里 古 在縣南十五里 古乙𠆢 在縣東十里 省夫
部曲 在縣北三十里 北里
人物 本朝 趙庸 官至而尤 趙庸 官至禮儀貞博學能文而尤精於聲譜謫居醴泉郡敎授不倦多知名倦多知名士趙登第官生尹祥裴恒裴杠皆恒裴杠皆出其門 堣 至戶曹參判有詩名

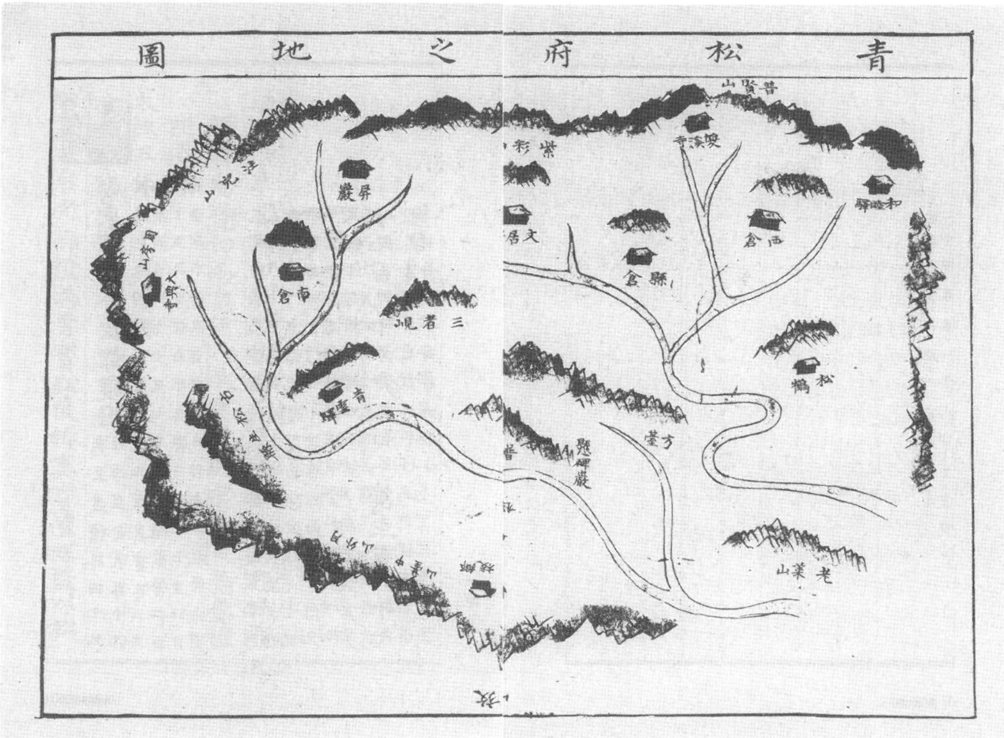

安東鎭管青松都護府 東至盈德界四十九里西至安東界十九里南至永川界七十四里北至真寶界五里距京五百九十七里七日程西距監營二百五十里三日程南距兵營二百八十里四日程南距水營五百里六日程南距統營六百里七日程

坊里 府內面距官門五里府東面距官門六十里府南面距官門六十里府西面距官門十九里縣內面距官門五十里縣東面距官門七十里縣西面距官門九十里縣南面距官門八十里縣北面距官門四十里

己卯式元戶二千九百九十六戶人口一萬三百六十七口內 男四千七百二十七口 女五千六百四十口

道路 自官門東距東面二十里自東面至盈德界注兒山二十九里西距西面十里自西面至安東界杖峴九里南距南倉二十里自南倉至文居驛三十里自文居驛至慶州界柳峴二十里南距縣倉五十里自縣倉至永川界刀峴三十里北距真寶界覺寺五里

(建置沿革) 本高勾麗青己縣新羅改積善爲野城郡領縣高麗初爲鳧伊又改雲鳳成宗改青鳧屬禮州本朝
太祖三年合于真寶縣
世宗即位之年以
昭憲王后之鄉陞爲青寶郡後析真寶置縣監以松

生縣來合因改今名

世祖朝陞為都護府屬縣安德縣 在府南五十三里本高句麗伊火兮縣新羅改綠武為曲城郡領縣高麗初改今名顯宗屬安東府恭讓王始置監務本朝太祖朝合于松生縣世宗朝來屬

郡名 青己 積善 鳧伊 雲鳳 青鳧 青寶

形勝 山勢起伏川流盤迴 洪汝方讚慶樓記

官職 都護府使 文窠從三品座首一人別監三人軍官二十五人人吏三十人知印十二人使令十五名官奴五十八名婢四十三口

山川 放光山 在府北二里自盈德縣弁峴來為鎮山 周房山 在府東三十一里自盈德縣弁峴來 普賢山 一云崷子山在安德縣南三十二里自周房山來 龍纏巖 在南川上流巖有龍纏之狀故名 刀峴 在安德縣南二十一里新寧縣界自普賢山來 注兒山 在府東三十里盈德縣界自周房山來 三者峴 在府南三十八里自於火峴來 普光山 在府南五里自周房山來西麓即沈弘孚墓 柳峴 在安德縣東二十一里慶州竹長部曲界 於火峴 在府南五十二里自周房山來 枝峴 在府西十九里自三者峴來 南川 在客館門外其源出於火峴至臨河縣枝村八于真寶縣神漢川 安德西川 在安德縣西三里其源出普賢山至安東府臨河縣為琴召川 舊增 椒水 在府東八里其源出月外山八于南川 方臺 在安德縣北十里新增川邊甑巖上有風樹亭邑人主簿趙遵道所建為境內第一名勝文忠公金誠一詩巫峽應千疊寒溪幾曲流孤村當曲口危榭倚一巖頭蘿吠雲中犬沙眠海上鷗客來仍坐久春日下汀洲〇副提學李埈詩羽化羅浮有舊風孳家今老此山中仙區烏石應爭秀繪事龍眠敢奪工無復驂雲尋放鶴憶曾吹笛過垂虹三生清福唯君享岐路細徨娛此翁 新增 鶴巢巖 在周房山有鶴巢其上故因名焉文純公李滉以王堂出外求青松不得而得丹陽湖堂屐席留贈諸學士詩青松白鶴雖無分碧水丹山信有緣 洛淵 在府東十里月外山遇旱則禱 懸碑巖 在南川上形如竪碑故名

姓氏 青鳧 沈金全蔣申 松生 尹盧全 鄭 村 金朴李 並來 安德 金李孫全薛 一作蔣 新增 趙權閔申南徐

風俗 尙儉嗇 觀風案 民淳俗厚 洪汝方讚慶樓記

學校 鄉校 在府東一里

壇廟 社稷壇 在府西五里 文廟 在鄉校 城隍祠 在府西一里 厲壇 在府北三里 新增 屛巖書院 在府南五十里文成公李珥文元公金長生合享肅廟壬午賜額 松鶴書院 在安德縣西五里文純公李滉文忠公金誠一文康公張顯光合享肅廟己卯創建未賜額

塚墓 沈弘孚墓 在府南五里昭憲王后之遠祖新增墓前有短碣書以高麗國文林郞衛尉丞沈弘孚之墓仁祖戊子府使崔有渊折給公田使府戶長專幹四節薦享至今不廢

公廨 客舍 新民軒 鄉射堂 將官廳 軍官廳

府司 人吏廳

堤堰 上坪堤 在府東二十里周圍一千五百三尺水深五尺 寶獻堤 在府東三十里周圍三百五尺水深三尺 注山堤 在府東六十里周圍一千一百八十尺水深八尺

倉庫 軍器庫 大同庫 司倉 南倉 在府南二十里 縣倉 在府西五十里 西倉 在府西七十里

物產 蜂蜜 松蕈 今無 漆 石蕈 海松子 今無 熊膽 今無

莞草 紫草 白花蛇今無 羚羊今無 人參

驛院

青雲驛在府南十里南距文居驛四十里東距梨田坪驛四十里西距安東琴召驛六十里北距真寶角山驛四十里中馬二匹卜馬五匹吏四百人奴五十一名婢四十九口

文居驛在府南五十里西距和睦驛三十里北距青雲驛四十里東距梨田坪驛五十里南距慶州仁庇驛六十里中馬二匹卜馬五匹吏二百二十人奴六十六名婢三十六口

和睦驛在安德縣西三十里東距文居驛三十里西距義城青路驛四十里南距義興牛谷驛五十里北距安東松蹄驛四十里中馬二匹卜馬五匹吏一百三十五人奴八十名婢三口

三者院在府南二十六里今無

枝院在府西十三里今無

訥仁院在安德縣東十七里今無

新增

梨田坪驛在府東四十里北距青雲驛四十里西距文居驛五十里東距盈德南驛四十里南距清河松羅驛七十里中馬二匹吏二百二人奴一名婢一口 肅廟辛未設立

牧場無分養馬二匹每年七月或牧場或京寺受來翌年四月上送本寺

樓亭

讚慶樓在客館南○洪汝方記宣德己酉仲春之日遵海而東而北至真寶轉南行數十里漸見山勢起伏如龍騰而虎踞川流盤迴若欲去而復來松栢鬱乎蒼蒼烟霞晻其靄靄清幽一洞依然仙境者乃青松也俄而軍吏冠服擁道次郡守備儀仗迎 命白叟黃童鄉學教坊莫不歌詠盛德各有詩章旣禮訖登南樓自是民淳俗厚竟日無狀告者郡守河君澹斯文友也謂余曰是邑乃 王后之鄕嘗以縣陞郡芽緣地僻使稀館舍未備 往歲始募閑徒搆廳堂暨此樓願名以記之余曰夫河嶽之靈異者必產其辭祖宗之積累者必流其慶青原侍中公之先世分秀氣於二樂種仁厚於三韓培養其根本孕毓其精英迄今坤德母儀 王業金枝衍我朝鮮億萬世無疆之福登斯樓望其基不得不爲之仰讚也題名之曰讚慶○徐居正詩盡日閑吟倚柱邊諸賢傑句摠盧前兩山夾走疑無地一逕潛通小有天欲訪青鳧今不見閑看白鳥正堪憐此間亦必蓬壺在不用丹丘仍羽仙【舊增】金宗直詩樹拟華楹落照邊登臨高興把盃前川迴薄却千尋磴山擁偷他一尺天泌麓稍符真可記摭源物色正堪憐擡頭笑向樓霞客巢許從來未必仙○宗室深源詩懸崖刻削抗坡邊幽澗臆歷繞館前西壑雪消泥没馬東岡風捲樹叅天清霄短燭繞離恨簿暮孤磋擣暗嶙陡覺襄王非蕩子夢中雲雨亦神仙【新增】觀察使洪聖民詩無數風光到眼邊山居三面水居前婿巖芳桂宜晴日暮洞祥雲閣半天真訣未成青鳥報殘生應被白鷗憐夜來怳借仙家宿却恐明朝不是仙○文正公宋時烈重修記青松聖朝之華聲樓名之讚慶者亦以此則其廢而不修者不可之大者也況創之者河公澹則以其子而不死其親者古議然也有難詳之者矣德水李公東溟百宗辭禁掖歸老于善山地 朝家惜其江湖之閑此從班也今年春畀以是府 特兒陞辭而自善徑赴爲公曰吏隱吾宿願也旣至視其屋宇故多支柱頹圮丞召匠鳩材農隙役民旣重建客舍次及斯樓而精緻左加焉俊偷俱宜輪奐咸度既成而士民無不拭目改觀蓋維此府距京師六百里所吉月令辰公將於[illegible]望宸極於雲天縹緲之間咸興士民慶祝君上者無非本支百歲如 仁憲聖妃之時則其助顧我 朝家之慶福何如哉方今中外之禱釐者實有所在而斯樓造成亦其冥冥之一端歟公與河公皆善之人而相與終始焉其亦奇矣公蓋栗谷文成公之從曾孫其爲 宗社顧忠之心固有異於他人矣今年實崇禎著擁徒維也

新增

秀孤亭在客館北萬曆己卯府使高景虛所建文純公李滉書扁額府使翠克選詩昔賢何額秀孤亭爲愛排冬獨也青彩墨至今留板壁銅柯依舊護軒𦐚高叅若木横千尺壽等靈椿閱萬齡藹藹潤邊舍晩醉遲遲巖畔抱幽馨膠漆金鼎酬鉛綠膠合瓊漿習醁醴風送笙簧依律呂濤讌溟渤怳雷霆盡蒼葦偃徒辛苦從赤張良亦省冥升似此翁無吏隱靜觀朝暮卧雲扃

寺刹

周房寺在周房山今廢

普賢寺在普賢山今廢

新增

大典寺在周房山

普光寺在府南五里守護沈弘孚墓

雙溪寺在普賢山

古跡 松生廢縣 在府東十五里高麗顯宗九年屬禮州仁宗二十一年置監務本朝世宗朝合于青鳧縣

周房山城 石築周一千四百五十尺三面天作之險內有二溪

雙巖寺 在松生縣東今廢

名宦 本朝 河濬

徐混 為府使有治績

新增 鄭鵬 為府使清德淡民朝宰有求栢蜜者答曰栢在高峯頂上蜜在民間蜂桶生太守何以得之求者慚愧至今傳以為名言

人物 高麗 沈德符 青鳧縣人蔭補司醞直長同正累遷禮儀判書密直副使出為西海道元帥賜推誠協贊功臣號位侍中佐我太祖唱義旋師後錄功為第一拜左丞相封青城伯

本朝 沈溫 德符之子寔生昭憲王后官至議政府領議政諡安孝

沈淙 溫之弟尚太祖女慶善公主封青原君

沈澮 溫之子叅翊戴佐理功臣官至議政府領議政封青松府院君諡恭肅

舊增 沈順門 澮之子登第官至舍人燕山甲子被殺明宗朝贈都承旨

寓居 本朝 孫昭 詳慶州人物下

李從允 詳濟州名官下

新增 孝子 權澤萬 自幼事父母極誠孝親病嘗糞以試輕重嘗從父出外其母遇火而死自後每灸之肉不忍近口糜粥素蔬居廬三年須臾不離父側拱雉躍魚有孟宗王祥之行父疾革斷指以進幾室而還甦者半日其殁也廬墓水飲一如前喪邦國有喪哀哭食蔬如親喪當宁朝事聞旌閭

金今竹 良人也其母為虎所覽左手執母右手執鎌搏虎大呼追逐虎舍去其母得生顯宗朝事聞旌閭

李愛日 良人也搏虎救母肅廟朝事聞旌閭

忠婢是娘 孝子權澤萬之婢平居事主誠謹隣里稱之主家偶失火是娘冒焰突入內房負女主而出烈炎撲戶不得出遂與同死肅廟朝事聞旌閭

烈女李氏 士人琴以紘妻也其夫為沙汰所壓死殮殯數日自縊死肅廟朝事聞旌閭

金氏 士人尹飛龍妻也年二十三歸尹氏閱月而夫死金氏奔哭始見舅既葬飲食言笑如常居數月其父來視將還送之門曰女不幸失所天義當一死同穴然隱忍至此者徒以未行見禮且未嘗一日供饋饌也今則情禮粗伸當歸見亡夫願勿以薄命女為念後數日哭奠其夫生朝是夜自縊死當宁朝事聞旌閭

權召史 金是起妻也虎攬其夫於庭荷斧斫殺得全其夫事聞旌閭

舊增 題詠 萬山深處宿青鳧 金宗直詩一春蓬轉此身孤已覺良辰失所圖帳裡栢香消欲盡云云

旱田 元帳付一千七百八十九結三負一束內各樣免稅陳雜頃弁八百五十六結六負己卯時起九百三十二結九十六負九束

水田 元帳付五百四十六結九十五負八束內各樣免稅陳雜頃弁二百十一結五十四負二束己卯時起三百三十五結四十一負六束

進貢 人參 胎水 清蜜

糶糴 元會大小米一千一百五十八石十四斗一升雜穀九百二十二石六斗三升賑邑大小米六千三十五石九斗七升雜穀一千九十七石八斗四升常平廳大小米一千四百六十五石十四斗三升雜穀五千三百十四石九斗私賑小米七十三石十三斗九升雜穀四百五十二石二斗七升別會大小米八百二十五石十三斗七升雜穀五百六十六石二斗六升十月開倉十二月封倉己卯條為準

田稅 作木二十四同二疋四月收捧五月以陸路五日至忠州樓巖江四日達于京納戶曹己卯條為準

大同 作木十四同作錢一千四百兩田稅一時收捧上納惠廳米三十五石儲置本官一從惠廳區劃多寡無常己卯條為準

均稅 田稅條木二同四十三疋大同條木二同六疋錢二百十二兩五錢結錢七百五十

三兩二錢田稅一時收捧上納選武布一同
三十疋九月收捧十月以陸路七日達于京
納均廳已
卯條爲準

俸廩 衙祿位五十結米十石太三石公須位十
五結米四石官需米一百八十六石民結
所出每八結雉一首鷄一首每一結柴
三束炭二升生草一丹藁草一丹捧用

軍兵 訓鍊都監砲手保九十六名御營廳正軍
二十七名資保二十九名官納保五十七
名禁衛營正軍十四名資保十五名官納保
三十二名兵曹騎兵二十名步兵三名禁軍
保五名祇直二名皀隷五名京驛保三名
掌樂院樂工保九名工曺匠人五十名校書
館匠人五十四名主鎭軍四十六名水軍一
百六十八名武學十一名射夫七名束伍別
隊十九名保三十八名步軍九十
九名保九十九名補充隊四名

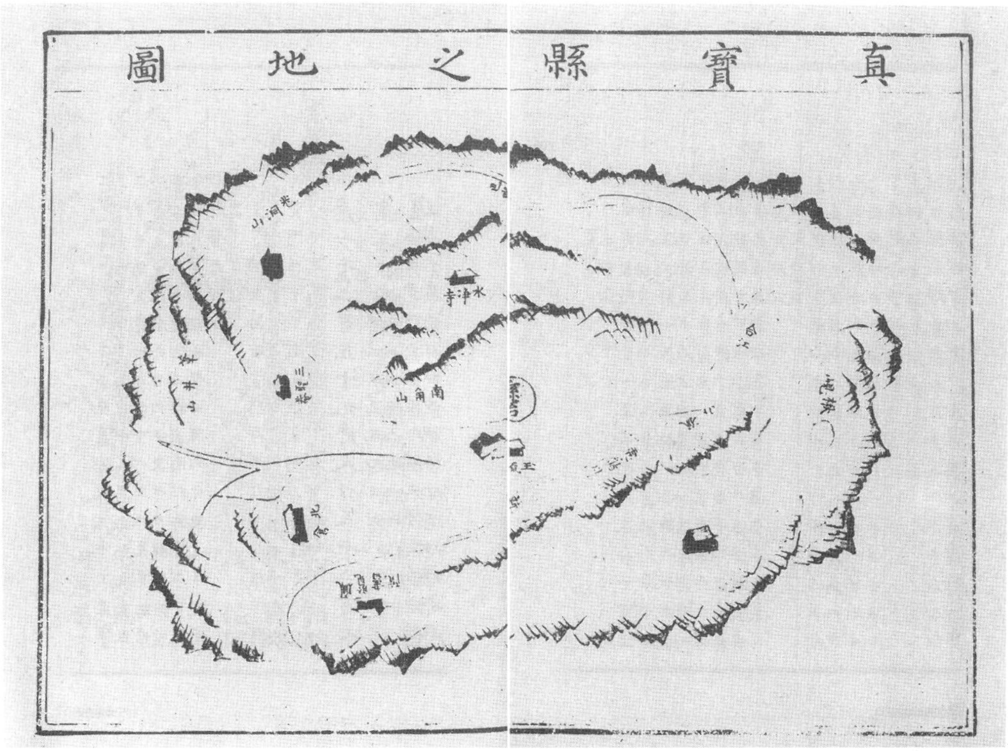

安東鎮管真寶縣東至盈德界三十里至寧海界十五里西至安東界二十里南至青松界二十八里北至英陽界二十三里距京六百六十里七日程南距監營二百六十里三日程東南距兵營二百八十里三日程距水營四百六十里五日程南距統營六百五十里七日程

坊里下里面距官門五里上里面距官門三十里東面距官門四十里西面距官門二十里南面距官門二十八里北面距官門三十五里

己卯式元

戶一千二百五十九戶人口五千八百七十三口內男二千三百九口女三千五百六十四口

道路自官門東距角山驛五里自角山驛至盈德界林勿峴二十五里東北間

界虎鳴川十里自虎鳴川至安東界楸峴十里南距巴川二十五里自巴川至青松界三里北距鳳覽書院十五里自鳳覽書院至英陽界八里

建置沿革 漆巴火縣新羅景德王改真寶爲聞韶郡領縣助攬景德王改真安爲野城郡領縣高麗初合二縣置甫城府一云載巖城顯宗屬禮州後因倭寇戶民一空本朝

太祖置甫城監務

世宗合於青鳧號青寶郡尋罷改今名復爲縣監

成宗五年以縣人琴孟誠毆辱縣監申后同革屬于

青松府九年因土人申訴復舊

郡名 漆巴火 助攬 真安 甫城 載巖 青寶 真海

形勝 如入桃源文純公李滉詩如入桃源是我鄉玉流丹壁映琴堂

官職 縣監蔭六品座首一人別監二人軍官二十人人吏十九人知印九人使令七名官奴二十六口官婢二十八口

山川 南角山在縣南八里祖脉自盈德界林勿峴來爲本縣鎮山南麓有聖穿洞兩崖成壁有懸瀑五六丈祈雨處 狐山在縣西十里祖脉自本縣楸峴來爲本縣水口杆門 芼洞山在縣東三十里祖脉自盈德界林勿峴來山傍有龍頭岺祈雨有驗 林勿峴在縣東二十五里祖脉自寧海江嶺來 新漢川在縣北一里其源出英陽縣日月山西流爲虎鳴川到安東府治東爲廐釜灘八于犬項津南崖石壁四百餘尺因以爲城基而未之築 舊增 楸峴在縣西二十里祖脉自英陽長葛嶺來 新增 葦井山在縣東四十里祖脉自寧海江嶺來其下泉石奇勝有小潭祈雨有驗 巴川在縣南二十里其源出青松火峴西北流到安東界合于新漢川下流

姓氏 本縣 趙金朴白金 續 春甘吳巴吒同 新增 權安東 金義城安東 申寧海 安竹山 李延安載寧原州月城 朴春川 崔全州 南宜寧 鄭東萊

風俗 地薄賦重民貧俗儉觀風案

學校 鄉校在縣東三里

壇廟 社稷壇在縣西三里 文廟在鄉校 城隍壇在縣南四里 厲壇在縣北四里 新增 鳳覽書院在縣北十五里享文純公李滉祠廟庚午賜額

栢湖書齋 在縣西五里徵士李徽逸往來遊賞處後人作亭爲莊脩講劇之所

公廨 客舍 鳳棲軒 鄕射堂 軍官廳 將官廳 人吏廳

堤堰 雙池 在縣南四里周圍五百八十七尺名曰娚妹池水深五尺旱則涸 動天池 在縣南四里周圍六十七尺水深五尺

倉庫 大同庫 軍器庫 戶籍庫 司倉 北倉 在縣北十里

物産 松蕈 人蔘 地黃 白茯苓 石蕈 紫草 蜂蜜 新增 蒼朮 白朮

橋梁 虎鳴川橋 在縣西十里

驛院 角山驛 在縣東五里驛東距盈德來同驛九十里東北間距寧海寧陽驛十五里西距安東琴召驛五十五里南距青松青雲驛四十五里中馬一匹卜馬八匹驛吏二百二十七人奴一百二十五口婢二十五口 普施院 在縣東五里今廢 普賢院 在縣東二十里今廢 楸峴院 在縣西十五里徐居正詩雲磴崎嶇石逕盤山腰有院兩三間雷聲轉壁雙溪合雨脚建空萬木攅馬踏羊腸雲外去人看鳥背嶂中還顧余不是風騷客何事空吟蜀道難今廢 三豆等院 在縣東十五里今廢

牧場 縣分養馬一匹每年八月受來望年四月上送本寺

烽燧 神法山烽燧 在縣西十里東應寧海廣山西報安東藥山相距二十里鷲在南角山以火路不明當亇庚申啓聞移設

樓亭 鴨脚臺 在客館北徐居正詩好在軒前鴨脚臺能容過客去還來江南韻唱章臺柳龍上無憑驛使梅紅樹近人濃欲滴青山滿眼臺成堆白頭鞅掌成何事歲月悠悠付酒盃 新增 王流亭 在縣治後新漢川丹壁上舊名養真堂文純公李滉詩有王流二字故仍名焉 風乎亭 在縣西十里故生員申祉擧孝廉不就莊修隱居處後人仍爲肄業之所

寺刹 水淨寺 在南角山 新增 三聖菴 在葺井山

古跡 泉宿部曲 在縣東十里 春甘部曲 在縣北十里 巴叱部曲 在縣南十五里 古乙亇部曲 在縣東三十里 省夫部曲 在縣北三十里

名宦 本朝 鄭惟一 政尚廉潔文純公李滉贈詩有空聞邑政清如水讀得初心松桂間之句

人物 本朝 趙庸 官至禮儀判書謚文貞博學能文而尤精於性理之學嘗謫居醴泉教授不倦多知名士趙末生尹祥裴桓裴杠皆出其門 舊增 李堣 登第官至戶曹參判有詩名 新增 高麗 白云敏 官至工曹典書 李碩 以縣吏中司馬有廉謹論恭之行以子脩貴追封密直使實爲李滉六代祖 李子脩 碩之子明書業及第官至判典儀寺事至正辛丑從鄭世雲討紅賊有功封松安君 本朝 李滉 字景浩子脩之五世孫官至判中樞府事贈領議政謚文純公配享宣祖廟庭從祀文廟號退溪道學爲東方正嫡詳見禮安縣志

義士 申禮男 從渭之孫遊參判金功之門有文學屢擧不中壬辰亂賊奇其狀貌欲誘與歸國奮曰吾家世忠孝忍爲犬羊臣虜偷生異域耶即自決死 宣廟朝贈工曹參判

孝子 申從渭 天資篤實事親盡誠孝居喪廬墓終制 明廟朝本道監司狀聞命録孝行案知丑山軍事無意仕宦棄歸終老授壽職

孝婦 姜突禮 良家女崔命昌之妻年二十隨其舅禮長耘於山田禮長爲虎所咬命昌年弱驚惶仆地突禮持一鎌直前搏虎虎小却突禮解衣累屍員歸斂葬每以不得救活爲至痛 景廟朝事聞命旌閭

節婦 閔氏

驪興人思騫之女申禮男之妻壬辰亂聞倭寇渡
海嘗自矢曰脫有不幸惟有一死而已一日猝遇
賊見禮男被害衝冒白刃罵賊不絕口賊劒之被
傷窒塞賊義之捨而去事 聞命旌閭 贈貞夫
人見續三綱行實

〔題詠〕數樹墻梨幼若華 文簡公金宗直詩夜入真安雨滿簑松明烟暗燭灰多開牕忽覺簫櫳燥云云

旱田 元帳付一千五百三結十一負一束內各㨾免稅陳雜頉幷九百八十一結五十二負一束己卯時起五百八十四結六十負二束

水田 元帳付二百四十二結九十卜負二束內各㨾免稅陳雜頉幷二百八結十九負四束己卯時起二十六結七負八束

進貢 人蔘 胎水 清蜜 紫草茸 松脂

白茯神 白芍藥 赤茯苓 甘菊 柴胡
赤茯神 白茯苓 麥門冬 槐實 續
隨子 菀蕘仁 連翹 當歸 生雉 生
兔

糶糴 元會大小米并十四碩十斗二升九合雜穀二千三百九十碩七斗十七升二合六舍
賑色大小米并三百四十碩十三斗六升六合九舍雜穀一千五十三碩六斗九升七合
常平廳大小米并一千八十六碩十三斗七升七合八舍雜穀六千五百三十六碩三斗
四升九合三舍別會大小米一百二十五碩三斗八升二合三舍雜穀九百八十碩五斗
二舍私賑雜穀九十六碩一斗三升九合五舍十月開倉十二月封倉己卯條為準

田稅 作木九同二十七疋十一尺五寸四月收捧五月以陸路七日達于京納于戶曹位

太木一同六疋十一尺六寸田稅一時納于宣惠廳田稅條作木四同三十疋田稅一時
納于毓祥宮己卯條爲準

大同 作木五同田稅一時納于宣惠廳米二百四十三碩十三斗五升二合九合儲置本
縣一從惠廳邑劃多寡無常己卯條爲準

均稅 田稅條作木六疋十三尺三寸大同條作木十一疋十九尺結錢三百四十九兩七
戔一分田稅一時收捧上納選武布三十三疋九月收捧十一月以陸路七日達于京納于
均役廳已卯條爲準

俸廩 衙祿位四十結木四十疋公須位十五結木十二疋二十六疋收稅官需米一百九
十六碩十斗民結所收每結雉鷄各一脚紫五束炭三十升藁草五束生草三束武烽用

軍兵 訓鍊都監砲保三十七名御營正軍二十名資保二十一名官保四十名禁衛正軍

八名資保九名官保二十四名別破陣保一名兵曹騎兵二名禁軍保三十六名京驛保
二名樂工保四名工曹匠人保三十名醫女保四名水軍七十八名武學十九名主鎮軍
二十七名束伍馬軍二名步軍八十四名保八十四名烽燧軍一百名

청송부읍지靑松府邑誌(1760)

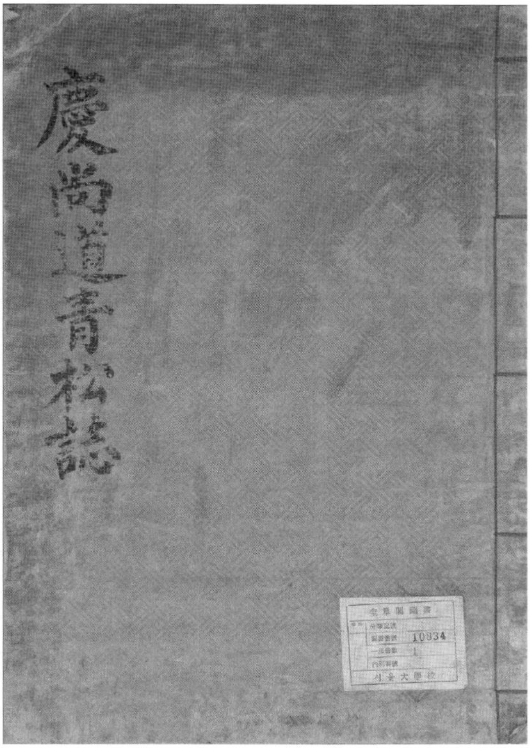

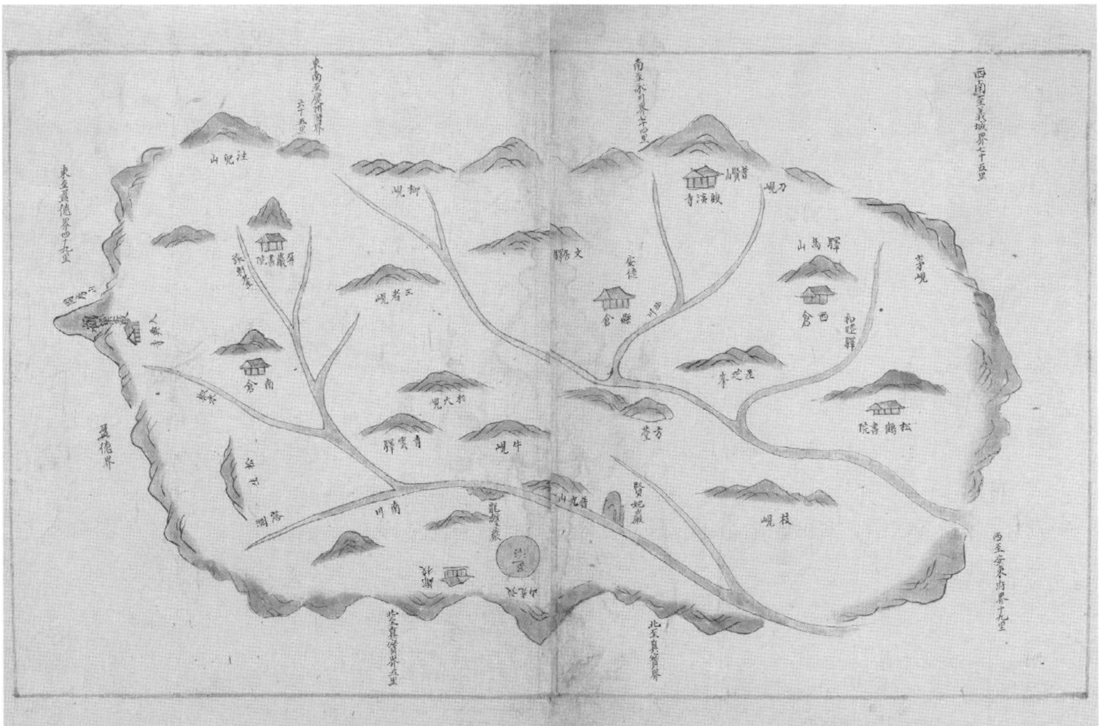

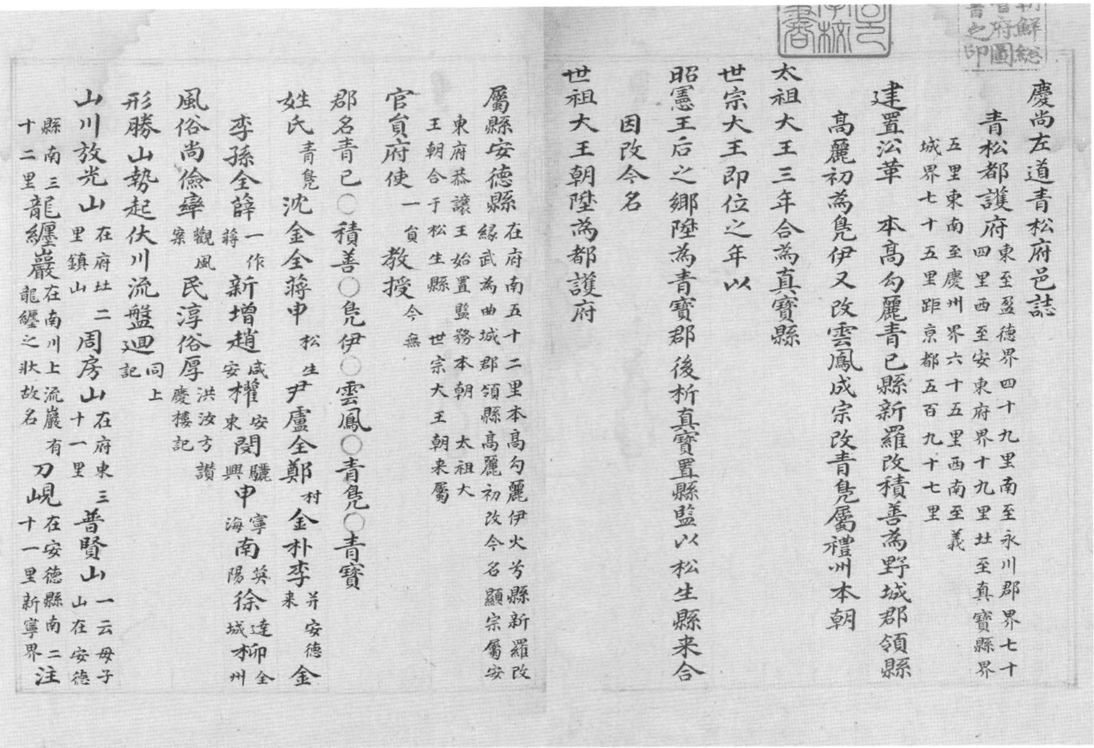

慶尙左道青松府邑誌

青松都護府 東至盈德界四十九里南至永川郡界七十四里西至安東府界十九里北至真寶縣界五里東南至慶州界六十五里西南至義城界七十五里距京都五百九十七里

建置沿革 本高句麗青已縣新羅改積善為野城郡領縣 高麗初為鳧伊又改雲鳳成宗改青鳧屬禮州本朝 太祖大王三年合為真寶縣 世宗大王即位之年以 昭憲王后之鄕陞為青寶郡後析真寶置縣監以松生縣来合 因改今名 世祖大王朝陞為都護府

屬縣 安德縣 在府南五十二里本高句麗伊火兮縣新羅改緣武為曲城郡領縣高麗初改今名顯宗屬安東府恭讓王始置監務本朝太祖大王朝合于松生縣 世宗大王朝来屬

官員 府使一員 教授 今無

郡名 青已○積善○鳧伊○雲鳳○青鳧○青寶

姓氏 青鳧 沈金全蔣申 松生 尹盧全鄭 村 金朴李 来 并安德 金 李孫全𨥉 一作蔣 新增 趙 咸安 權 安東 閔 驪興 申 寧海 南 英陽 徐 達城 柳 全州

風俗 尙儉嗇 觀風案 民淳俗厚 洪汝方讃慶樓記

形勝 山勢起伏川流盤廻 記同上

山川 放光山 在府北二里鎭山 周房山 在府東十一里 普賢山 一云母子山在安德縣南三十二里 龍纏巖 在南川上流巖有龍纏之狀故名 刀峴 在安德縣南二十一里新寧界 注

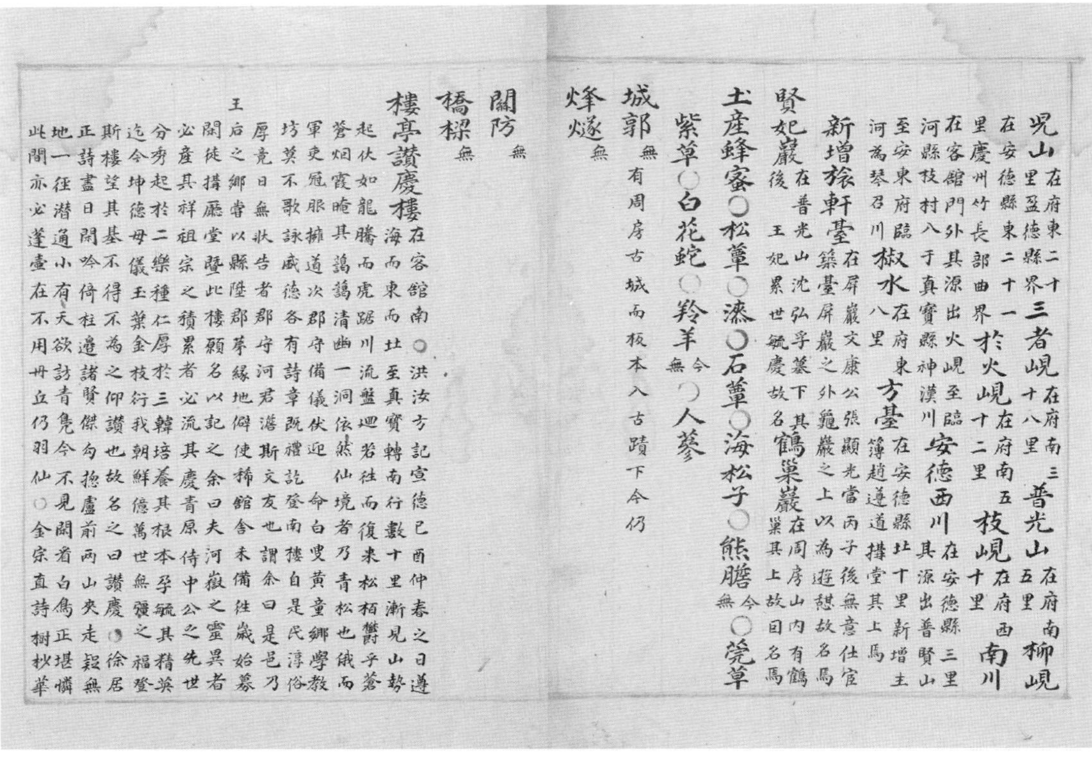

兒山 在府東二十里盈德縣界 三者峴 在府南三十八里 普光山 在府南五里 柳峴 在安德縣東二十一里慶州竹長部曲界 於火峴 在府南五十二里 枝峴 在府西十里 南川 在客館門外其源出火峴至臨河縣枝村入于真寶縣神漢川 安德西川 在安德縣三里其源出普賢山至安東府臨河為琴召川 椒水 在府東八里 方臺 在安德縣北十里新增主簿趙遵道搆堂其上焉

新增 旅軒臺 在屛巖文康公張顯光當丙子後無意仕宦築臺屛巖之外龜巖之上以為遊憩故名焉

賢妃巖 在普光山沈弘孚墓下其後 王妃累世毓慶故名 鶴巢巖 在周房山內有鶴巢其上故曰名焉

土産 蜂蜜○松蕈○漆○石蕈○海松子○熊膽 今無 ○莞草 紫草○白花蛇○羚羊 今無 ○人參

城郭 無 有周房古城而板本入古蹟下今仍

烽燧 無

關防 無

橋梁 無

樓亭 讃慶樓 在客館南○洪汝方記宣德己酉仲春之日遵海而東而北至真寶轉南行數十里漸見山勢起伏如龍騰而虎踞川流盤廻若往而復来松栢鬱乎蒼蒼烟霞晻其藹藹清幽一洞依然仙境者乃青松也俄而軍吏冠服擁道次郡守備儀伏迎 命白叟黃童鄉學教坊莫不歌詠威德各有詩章既禮訖 登南樓自是民淳俗厚竟日無狀告者郡守河君澹斯文友也謂余曰是邑乃 王后之鄉當以縣陞郡第緣地僻使稀館舍未備往歲始募閭徒搆廳堂暨此樓願名以記之余曰夫河嶽之靈異者必産其祥祖宗之積累者必流其慶青原侍中公之先世分秀起於二樂種仁厚於三韓培養其根本孕毓其精英迄今坤德母儀玉葉金枝衍我朝鮮億萬世無疆之福登斯樓望其基不得不為之仰讃也故名之曰讃慶○徐居正詩 晝日閑吟倚柱邊 諸賢傑句摠盧前 兩山夾走穀無地 一徑潛通小有天 欲訪青鳧今不見 閑看白鳥正堪憐 此間亦必蓬壼在 不用毋丘仍羽仙 ○金宗直詩 樹杪華

搖落照邊登臨高興把杯前川迴蘸却千尋登山擁倚他
一片天沙麓禎符眞可記桃源物色政堪憐擡頭笑向棲
霞客巢許從來未必仙 ○ 朱溪君深源詩懸崖刻削枕堧
邊幽澗喧咽繞館前西壑雪消泥沒馬東岡風捲樹粘天
清宵短燭燒離恨薄暮孤砧擣暗憐陡覺襄王非蕩子夢
中雲雨亦神仙 ○ 新增文正公宋時烈重修記曰青松
聖朝之筆摯也樓名之讚慶者亦以此則其廢而不修者
不可之大者也況創之者河公濬則以其子而不死其親
者古誼然也有 難詳之者矣德水李公東溟百宗辭禁掖
歸老于善山地 朝家惜其江湖之閑此從班也今年春
畀以是府特免 陛辭而自善徑赴焉公曰吏隱吾宿願也
既至視其屋宇故多支柱頹圮亟召匠鳩材農隙役民既
重建客舍次及斯樓而精緻尤加焉侈儉俱宜輪奐咸度
既成而士民無不拭目改觀蓋維此府去京師六百里所
吉月令辰公將於此而北望 宸極於雲天縹緲之間咸
興士民慶祝君上者無非本支百世如 仁憲聖妃之時
則其助毓我 朝家之慶福何如哉方今中外之禱蠶者
實有所在而斯樓造成亦其冥冥之一端歟公與河公皆
善之人而 相與終始焉其亦奇矣公蓋栗谷文成公之從
曾孫其爲 宗社顧忠之心固有異於他人矣今年實崇

禎著雍徒維也 ○ 觀察使洪聖民詩無數風光到眼邊山
居三面水居前娟巖芳桂宜晴日冪洞祥雲閟半天眞訣
未成青鳧報殘生應被白鷗憐夜
來悅借仙家宿却恐明朝不是仙 新增秀孤亭 在客館北萬曆己卯
府使高景虛所建文純公李滉 鄕序堂 在客館東 講武堂 在客館東
書送秀孤亭三大字揭楣間
風樹堂 在方臺主簿趙遵道所搆提學李埈詩曰擕樹風長撼螢闌露已晞丘原瞻咫尺朝暮血沾衣

學校 鄕校 在府北一里 新增松鶴書院 在安德縣西五里文純公李滉文忠公金誠一文康公張顯光三賢并享崇禎紀元後己卯創建 屛巖書院 在松生縣南三十三里文成公李珥文元公金長生兩賢合享崇禎紀元後壬午創建賜額

驛院 文居驛 在安德縣東十里距府六十里 和睦驛 在安德縣西二十里茅峴下距府七十里 青雲驛 在府南十里 三者院 在府南二十六里今無 訥仁院 在安德縣東十七里今無 枝院 在府西十三里今無

佛宇 周房寺 在周房山今廢 普賢寺 在普賢山今廢 新增大典寺 在周房山旗巖下
普光寺 在府南五里沈弘孚墓守護 雙溪寺 在普賢山下

祠廟 社稷壇 在府西 文廟 在鄕校 城隍祠 在府西一里 厲壇 在府北

塚墓 沈洪孚墓 在府南五里 昭憲王后之遠祖新增府使崔有瀾折給公田使戶長專幹四節薦享

古跡 松生廢縣 在府東十五里高麗顯宗九年屬禮州仁宗二十一年置監務本朝世宗朝合于青鳧縣
周房山城 石築周一千四百五十尺三面天作之險內有二溪

名宦 本朝河濬 ○ 徐混 爲府使有治績

人物 高麗沈德符 青鳧縣人蔭補司醞直長同正屢遷禮義判書密直副使出爲西海道元帥賜推誠協贊功臣號位侍中佐我 太祖倡義旋師後錄功爲第一拜左丞相封青城伯 本朝沈溫 德符之子寔生 昭憲王后官至議政府領議政諡安孝 沈淙 溫之第尚 太祖大王女慶善公主封青原君 沈澮 溫之子參翊戴佐理功臣官至議政府領議政封青松府院君諡恭肅 沈順門 澮之孫登第官至舍人燕山甲子被殺 明宗朝 贈都承旨 寓居本朝孫昭 詳慶州人物下 李從允 詳濟州名官下

新增沈連源 順門之子有忠孝大節爲世名相選清白吏 明宗朝官至領議政諡忠惠配享明廟 沈鋼 連源之子寔誕 仁順王后封青陵府院君諡翼孝 李衡 文科官至縣監爲治尚清簡 趙淵 生六臣旅之孫早中司馬蔭補禁府經歷 贈戶曹參議時金安老執權知其誤國遂下鄕途中有詩曰暗霧漫空作勢飄日高三丈未全消不嫌遠客征衣濕只恐成陰翳大霄以此見忤安老終身不仕其筆法行于世 申楫 登文科光海時潔身屛跡 仁廟朝官至司僕正嘗學於判書鄭經世之門才學冠諸第有河陰集行于世 閔樞 自少志學屢擧不中好善嫉惡性簡素寡慾爲師心喪三年獎進後生 金汀 官至縣監 徐琫 官至禮賓寺參奉吏參金涌之門第也自少力學能文清操雅度爲遠近士林所服晚年每歲首冬則必奠掃師門墓下 忠 趙亨道 淵之曾孫能文章屢擧鄕漢試壬亂投筆與弟東道從郭再祐八火旺山城倡義討賊當光海時家

食不仕癸亥改玉屢典州郡皆有去思碑甲子适變以精銳先赴亂扈駕丙子虜亂年七十奮疾從軍及嶺兵敗衂憂憤疽背而卒所著東溪集行于世

趙東道 亨道之弟自兒時氣節凝峻壬辰之亂年未弱冠與仲兄亨道從郭再祐規畫討賊之策告長兄守道曰老親在堂兄不可離側弟與仲兄當死於國事遂奮袂而赴倡義事蹟刊行于世

沈清 萬曆登武科壬辰亂以名武守本府倉穀運粮東萊五百里餉軍不乏後以功賞職守門將因賜亭名以碧節後人號碧節公

金夢麒 孝於事親無意仕宦壬辰亂辭於親曰丈夫入而事父兄出而事長上何可臨亂竄伏乎即奉父母寓於縣東召募義兵從花山君權應銖赴永川及賊入郡焚火攻之策大破之江左生靈賴而得全其在陣時距青松百餘里常夜歸覲親晨還轅門其忠勇誠孝兼至功成讓於元帥官至副正

尹忠祐 天啓登武科官至僉正丙亂戰死雙嶺贈軍器寺判官

金夢鰍 登武科從鷄林君李守一討逆适以振武原從功臣歷黃州牧使

沈汀 當丙亂與官軍西上自號募義至雙嶺奮身獨前死於鋒鏑

忠婢是娘 孝子權澤萬之婢平居事主誠謹隣里稱之主家偶失火是娘赤身冒焰突入內房負女主而出烈焰撲戶不得出遂與同死肅廟朝事聞旌閭

孝子

權幹 有學行性至孝父母之葬皆親自負土成墳廬墓三年與鄉人倣呂氏鄉約以為鄉規邑人至今儀則焉

閔世貞 驪興府院君霽之玄孫世居此地中廟朝擢孝廉科官至縣監以孝友聞于朝旌閭

申演 事親孝家法嚴遺母喪以父在不得自盡及後喪居廬歠粥終制三年日必三省墓雖風雨不廢曰中濕痔發杖而後行祭祀必親鄭經世撰墓碣曰聖人所謂十室之邑必有忠信者其不謂是鄉

申慶男 演之子贈通政大夫承政院左承旨性至孝葬父母於十里外每值冬雪輒往親掃人謂之能繼家風云

趙址 淵之孫奉先以禮居喪廬墓一時名賢皆稱其孝

趙守道 址之子早有學行廢舉業以孝友忠信為一家之則壬辰之亂送弟亨道東道與郭再祐倡義火旺山城勉以忠義常西望雪涕背負雙親奔避得全鄉人稱其忠孝兼備

趙遵道 守道之弟德性仁厚孝友篤至搆堂於先壠之下扁之曰風樹堂盖取樹欲靜而風不止之意也守宰薦聞官至主簿

李耻 嘉平府院君亨孫之曾孫自龍宮來居安德縣作亭東溪號望雲以寓思

親之懷及親沒與兄聃廬墓三年

趙咸世 亨道之子自兒時孝行特異十一歲母吳氏患風痺手足不仁晝夜不離側衣食梳洗之節躬自代之一不使人十九歲母病猝劇氣絕斷指進血遂得回甦父年七十赴亂疽背常吮膿血及遭喪歠粥終制遠近嘆服

李泰新 生六臣孟專之八世孫聰明絕人筆法神妙自髫齡已有神童之稱及壯事親盡孝就養無方

權澤萬 自幼事父母極誠孝親病嘗糞以試輕重嘗從父出外其母遇火而死自後燔炙之肉不忍近口蔬粥塩菜居廬三年須史不離父側拱雉躍魚有孟宗王祥之行父疾革斷指以進幾窒而還甦者半日其沒也廬墓水飲一如前喪邦國有喪哀哭食蔬如親喪今上朝事聞旌閭

李益馥 事親至孝父病思食雉肉有雉忽飛入家中執以供親人謂之孝感所致

沈弼良 性至孝事親竭誠及親病身自侍湯既沒泣血成疾幾至不救友愛至篤二弟家貧賣田資活

金今竹 良人也其母為虎所攫左手執母右手持鎌搏虎大呼追逐虎乃捨去其母得生顯宗朝事聞旌閭

金永春 寺婢也父母年皆九十餘為就養之計捨其家夫與子女別搆一屋奉其父母東西乞貸奉養備至府使洪柱震枚報按廉轉聞朝廷

烈女

李氏 士人琴德音孫婦也其夫以絃為沙汰所壓死殮殯後數日自縊死肅廟朝事聞旌閭

金氏 士人尹兆龍妻也年二十三歸尹氏閱月而夫死金氏奔哭始現舅既葬飲食言笑如常居數月其父來視將還送之門曰女不幸失所天義當一死同穴然隱忍至此者徒以未行現禮且未嘗一日供饋饌也今則情禮粗伸當歸見亡夫願勿以薄命女為念後數日哭奠其夫生朝是夜自縊死今上朝事聞旌閭

李氏 益馥之孫士人沈德洙妻也事舅姑極盡誠敬朝夕必親供舅姑命之代婢則曰恐不精潔定省之際必手撫床褥適其溫凊當乙亥夫染癘獨侍在側百方試藥而竟不救殮襲親自為之不委奴僕本生父來即云無以薄命女為念速歸家父還未幾自縊死聞者流涕

權氏 金是起妻也虎攬其夫於庭荷斧斫殺得全其夫事聞旌閭

李愛日 良人也搏虎救母肅廟朝事聞旌閭

題詠

萬山深處宿青鳧 金宗直詩一春蓬轉此身孤已覺良辰失所圖帳裏栢香消欲盡云云

慶尚道青松都護府

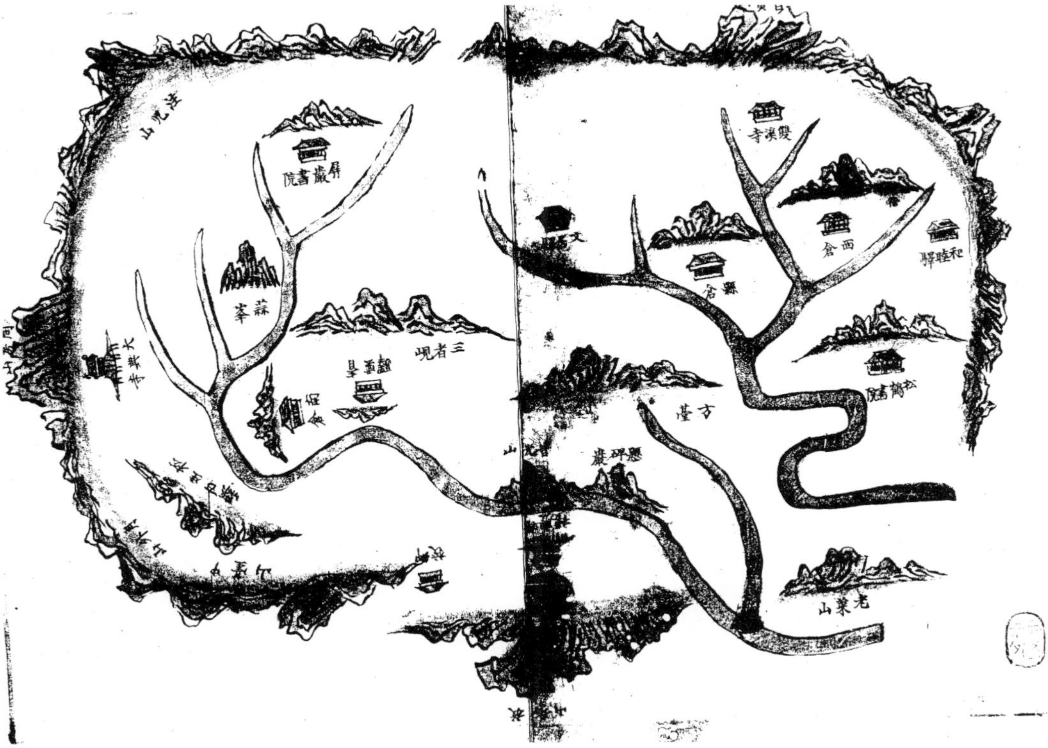

慶尚道青松都護府 東距盈德縣九十里西距安東府八十里南距永川郡一百五十里北距真寶縣二十里西距京五百九十七里西距監營二百五十里南距兵營二百八十里南距水營五百里南距統營六百里

建置沿革 本高句麗青巳縣 新羅改積善為野城郡領縣 高麗初為鳧伊 又改雲鳳 成宗改青鳧屬禮州 本朝 太祖三年合于真寶縣 世宗即位之年以 昭憲王后之鄕陞為青寶郡 後析真寶置縣監 以松生縣來合 因改今名

世祖朝陞為都護府 屬縣 安德縣 在府南五十三里本高勾麗伊火方縣新羅改緣武為曲城郡領縣高麗初改今名顯宗屬安東府恭讓王始置監務本朝太祖朝合于松生縣世宗朝來屬

郡名 青巳 積善 鳧伊 雲鳳 青鳧 青寶

官職 都護府使 文窠從三品座首一人別監三人軍官二十五人人吏三十人知印十二人使令十五名官奴五十八口婢四十三口

姓氏 青鳧 沈 金 全 蔣 申 松生 尹 盧 全 鄭 金 朴 李 安德 金 李 孫 全 薛 蔣一作 趙 權 閔 申 南 徐 並來

山川 放光山 在府北二里自盈德縣弁峴來為鎮山 周房山 在府東三十一里自盈德縣弁峴來 普賢山 一云母子山在安德縣南三十二里自周房山來 龍纏巖 在南川上流巖有龍纏之狀故名 刀峴 在安德縣南二十一里新寧縣界自普賢山來 注兒山 在府東三十里盈德縣界自周房山來 三者峴 在府南三十八里自於火峴來 普光山 在府南五里自周房山來西麓即沈弘孚墓 柳峴 在安德縣東二十一里慶州竹長部曲界 於火峴 在府南五十里自周房山來 枝峴 在府西十九里自三者峴來 南川 在客館門外其源出於火峴至臨河縣枝村入于真寶縣神漢川 安德西川 在安德縣西三里其源出普賢山至安東府臨河縣為琴部川 撒水 在府東八里其源出月外山入于南川 鶴巢巖 在周房山有鶴巢其上故因名焉文純公李滉以玉堂出外求為青松不得而得丹陽湖堂餞席留贈諸學士詩青松白鶴雖無分碧水丹山儘有緣 洛淵 在府東十里月外山遇旱則禱 懸碑巖 在南川上形如豎立故名

風俗 尚儉率 觀風案 民淳俗厚 洪汝方讚慶樓記

坊里 府內面 距官門十五里月幕里距官門一里官吉里距官門一里校洞里距官門一里金谷里距官門五里月外里距官門十里大谷里距官門十五里菊平里距官門七里養靜里距官門八里青雲里距官門十里南介谷里距官門十一里巨大谷里距官門二里松生里距官門十五里 府東面 距官門六十里上坪里距官門二十里上三宜里距官門二十五里下三宜里距官門二十四里新店里距官門三十里法水洞里距官門四十里梨田坪里距官門四十里佐音洞里距官門六十里龍耐洞里距官門六十里 府西面 距官門十九里移士里距官門十五里仄田里距官門十九里仁麻里距官門十五里工德川里距官門十里下德川里距官門十里 府南面 距官門六十里洸峴里距官門六十里花場里距官門六十里陽宙里距官門五十里上東谷里距官門五十里下東谷里距官門五十里安興里距官門四十里洪原里距官門四十里三政院里距官門三十里甘澗里距官門三十里 縣內面 距官門五十里大巨里距官門

五十里馬陂里距官門五十
里縣底里距官門五十里
縣東面
距官門七十
里文居里距
官門五十里安仁里距官門五十三里巨城里距
官門[illegible]十里新豊里距官門六十里訥仁里距官
門七
十里
縣西面
距官門九十里月亭里距官門九十
里文泉里距官門七十八里毛匣里
距官門七十里東川里距官門七十里和睦里距
官門七十里生草田里距官門六十里豆峴里距
官門六
十七里
縣南面
距官門丿十里下德城里距官門
六十里上德城里距官門六十三
里龍堂里距官門七十里
水落里距官門八十里
縣北面
距官門四十里
薪城里距官門
四十里介谷里距官門二十五里老菜里
距官門二十里智府里距官門三十里

戶口 丙午式元戶三千二百四十一戶人口一萬一
千四百九口內 男四千六百五十四口 女六千七百五十五口

田賦 元帳付旱田一千七百[illegible]十四結四負九束內
各樣免賦稅[illegible]雜頉八[illegible]十八結五十負八束
乙巳時起九百七十五結五十四負一束水田五
百四十六結九十五負八束內各樣免稅仍雜頉
二百一納六十三負七束乙巳時起三百四十五
結三十二負一束田稅作木二十六同十三疋十
四尺位太作木三十疋十一尺七寸太同作木
十五同代錢一千王[illegible]丙[illegible]役廳田稅作木一同
四十五疋十一尺二寸大同作木二同六疋十尺
五寸代錢千百十二兩六戔三分結錢八百三十
兩一分於義宮折戔田三十結每結錢七兩六戔
七分式合錢二百三十兩一戔縫役每夫錢十三
兩式春秋分捧一千一百五十九兩八戔進上
人參價四百八十兩柴炭藥草價四百六兩六戔
二分責應廳需用六十兩京主
人役價雉一首鷄一首捧用

軍額
訓鍊都監砲手保九十六名御營廳正軍二十
七名資保二十九名上納保六十一名禁衛營
正軍十四名貢保十五名上納保三十九名兵書
驛兵二十七名步兵九名別驛兵十五名禁軍保
八名袱直二名笆華隊五名京驛保三名掌樂院
樂工保九名工書匠人五十名校書館匠人五十
四名釜山納水軍二百三十四名忠翊衛三十八
名束伍別隊十九名保三十八名步軍九十九名
保九十九名補充隊伍名進武單官八
十一人義僧軍二名青坡驛奴一名

城池 無

倉庫 府倉
南倉 在府南二十里
縣倉 在府西五十里
西倉 在府西七十里
元會蒸米十石大米九石二斗六刀五合九夕小
米二千七十二石二斗四刀一合一夕太二十九
石十四斗七刀六合二夕租五石十一斗二刀九
合九夕粟四十五石六斗五合二夕木麥一百五
十石三斗三刀八合七夕春牟五百四十一石九
斗三刀七合二夕真麥一石九斗五刀六合八夕
常賑廳大米四石[illegible]八合一夕小米一萬
二千八百七十七石斗三刀三合九[illegible]太四千
五百三十七石十四斗九刀一合一夕[illegible]留[illegible]
十七石九斗九刀八合二夕粟一百五十七石下
斗三刀九合木麥一千一百八六七石一刀六合
五夕春牟二千七石十一斗六刀二合一夕真麥
一百七十二石十二斗八刀五合私賑帖價備荒
小米二丁一石六斗五刀六合[illegible]夕太四石一合
九夕租三十六石十三斗五刀六合九夕粟九十
七石七斗二刀四合八夕木麥一千石三斗三刀
一合七夕春牟三十石八斗三刀二夕營賑大
米四十七石一斗八九[illegible]小米五石六斗二刀
二合二夕太十七石五斗三刀一合七夕租四石
十一斗四刀七合三夕粟二石十斗一刀一合九
夕春牟一百六石五斗三刀二合二夕別會大米
二石五斗九刀九合四夕小米五石十四斗六刀
九合三夕太三十七石二斗七刀六合二夕租六
石十二斗四合六夕粟[illegible]七刀九合五夕木麥
十九石八斗九刀六合五夕春牟六百十五石十
一斗五刀二合二夕真麥十八石三斗一刀八合
九夕都合米皮并二萬六千四百
九十二石二斗一刀七合三夕
大同庫
儲置米
九十七
石六斗七刀四合防價米四百石別均米五斗四
刀二合八夕均廳軍作米五石一斗九合八夕備
局軍作米十四斗
九刀二合一夕

關防 無

鎭堡 無

烽燧 無

學校 鄕校 在府東一里

壇廟 社稷壇 在府西五里 文廟 在校 城隍祠 在府西一里 厲壇 在府北三里 屛巖書院 在府南五十里文成公李珥文元公金長生合享肅廟壬午賜額 松鶴書院 在安德縣西五里文純公李滉文忠公金誠一文康公張顯光合享肅廟己卯創建[illegible]官[illegible]林普喆未賜額[illegible]建[illegible]勅課

塚墓 沈弘孚墓 在府南五里昭憲王后之遠祖墓前有碣書以高麗國文林郎衛尉丞沈弘孚之墓仁祖戊午府使崔有淵折給公田使府戶長專幹四[illegible]祭享至今不廢

佛宇 周房寺 在周房山 普賢寺 在普賢山今廢 大興寺 在周房山 普光寺 在府南五里守護沈弘孚墓 雙溪寺 在普賢山 雙巖寺 在松生縣東今廢

公廨 客舍 衙舍 衙東軒 鄕射堂 將官廳 軍官廳 府司 人吏廳

樓亭 讚慶樓 在客館南 秀孤亭 在官館北萬曆己卯府使高景虛所建文純公李滉書扁額 古臺 在安德縣北十里川邊斷崖上有風樹亭邑人主簿趙𢈔道所建永慕之所有諸賢題詠見下

道路 自官門東距府東面二十里自東面至盈德界注見山二十九里西距府西面十里自府西面至安東界枝峴九里南距南倉二十里自南倉至文居驛三十里自文居驛至慶州界柳峴二十里南距縣倉五十里自縣倉至永川界刀峴三十里北距真寶界覺寺五里

橋梁 無

島嶼 無

堤堰 上坪堤 在府東二十里周圍一千五百三尺水深五尺 寶獻堤 在府東三十里周圍三百五尺水深三尺 注山堤 在府東六十里周圍一千一百八十尺水深八尺

場市 邑內場四日九日開市南面東谷場三日八日開市縣東面川邊場五日十日開市縣西面和睦場四日九日開市

驛院 青雲驛 在府南十里南距文居驛四十里東距梨田坪驛四十里西距安東琴韶驛六十里北距真寶角山驛四十里中馬二匹下馬五匹吏四百人奴五十一口婢四十九口 文居驛 在府南五十里西距和睦驛三十里北距青雲驛四十里東距梨田坪驛五十里南距慶州仁比驛六十里中馬二匹下馬五匹吏二百二十人奴六十六口婢三十六口 和睦驛 在安德縣西三十里東距文居驛三十里西距義城青路驛四十里南距義興牛谷驛五十里北距安東松蹄驛四十里中馬二匹下馬五匹吏一百三十五人奴八口婢三口 梨田坪驛 在府東四十里北距青雲驛四十里西距文居驛五十里東距盈德南驛四十里南距清河松羅驛七十里中馬二匹吏一百二人奴一口婢一口肅廟辛卯設立 三者院 在府南二十六里今無 枝院 在府西十三里今無 訥仁院 在安德縣東十七里今無 分養馬二匹每年七月或牧場或京司受來翌年四月上送本寺

牧場 無

形勝 山勢起伏川流盤廻 洪汝方讚慶樓記

古蹟 松生廢縣 在府東十五里高麗顯宗九年屬禮州仁宗二十一年置監務本朝世宗朝合于青鳧縣 安德廢縣 見建置下 周房山城 石築周一千四百五十尺三面天作之險內有二泉

土産 蜂蜜 松蕈今無 茶 石蕈 海松子今無 熊膽今無
莞草 紫草 白花蛇今無 人蔘 羚羊今無
進貢 人蔘 胎水 清蜜
俸廩 衙祿位五十結米十石太三石公須位十五結米四石官需米一百八十六石民結所出
官蹟 青寶知郡事 曹田仁 訓 李維 中訓 李泒 奉列 柳恭
朝奉 青松知郡事 金尚寧 中訓 鄭之雅 中訓 河濬 朝奉 許澄
奉直郎 安起 通善郎 柳侑 奉訓郎 成自諒 奉訓郎 朴昭 通善郎
閔寅 朝奉郎 金斯仲 奉直郎 李達 奉正 尹洪 奉列 青松都護府
使 徐混 奉正 崔尚柔 通訓 李晟 通訓 柳渾 通訓 洪性綱 通政 閔
諴 通訓 權致中 通訓 尹坡 通訓 任淑 通政 薛茂林 通政 李居仁

通政 趙嶔 通訓 崔漢侯 通訓 李承寧 通訓 柳陽春 通訓 沈順道
通政 鄭鵬 奉列清德淡民朝牢有求柏蜜者答曰栢在高峯頂上蜜在民間蜂桶中太守何以
得之求者慚悔至今傳以爲名言 裵益臣 通訓 宋徵 通訓 權五紀 通訓 李
得全 通訓 洪脩 通訓 金良彦 通訓 俞仲翼 通訓 張世弼 通訓 趙
琳 通訓 鄭遇 中訓 琴椅 通訓 李敬長 通訓 張漢輔 通訓 李中標
通訓 金就文 奉列 張應旋 通訓 [illegible] 善 權鎔 通訓 [illegible]克一 通訓
郭赾 通訓 邊永清 通訓 柳世茂 通訓 高景虛 通訓 郭越 通政 金
宇宏 通政 李光俊 通訓 鄭仁貴 通訓 鄭愼 通訓 朴惟仁 通訓 金
弘徽 通政 權春蘭 奉列 黃是 通訓 成大業 通政 黃致成 通訓 李
詠道 通訓 康復誠 嘉善 朴而章 嘉善 吳澐 通政 許旻 通政 吳汝

撥 通訓 李晟 嘉善 李有慶 通政 鄭彦宏 通訓 李久澄 通政 許恒
通政 崔山輝 通政 姜弘重 嘉善 李俔 通政 梁克選 通政 趙希進
通訓 崔煜 通政 崔有淵 通政 李後爽 通訓 申滉 通訓 李顯賢 通訓
金振標 通政 朴純義 通政 金三樂 通訓 金善英 通訓 李衍源
通訓 金鼎夏 通訓 具崟 通訓 李昆 通政 朴弘剛 通訓 雲林 通訓
李敏章 通政 金洪慶 通訓 李世茂 通政 李東溟 通政 李寅熀
通政 姜世龜 通政 俞夏謙 通政 宋光璧 通訓 李文徵 通訓 洪柱
震 通訓 李相勛 通訓 姜砥臣 通訓 徐文徵 通訓 李世晟 通訓 李
彦維 通訓 趙正萬 通訓 李光朝 通訓 李敏英 通政 成瓊 通訓 金
時保 通訓 宋徵基 通訓 沈鳳輝 通訓 尹彬 通訓 朴師漢 通訓 洪

重耉 通訓 尹彙貞 通政 宋徵泰 通政 鄭錫範 通訓 俞直基 通訓
李珪輔 通訓 徐有常 通訓 尹東溟 通訓 趙德洙 通訓 俞彦國
通政 柳健 通政 尹坊 通政 李基德 通政 魚錫定 通政 鄭忠達 通訓
李致中 通訓 申大觀 通訓 閔鍾顯 通訓 沈鏡 通政 尹勉升 通政
徐晦修 嘉善 李世奭 通政 鄭彦暹 通政 林著喆 通政 希教
嘉善 鄭啓淳 通政

科擧 申楫 宣廟丙午登文科光海時潔身屏居仁廟朝官至司僕寺正忝寧社原從功臣
趙時瑗 顯廟朝癸卯登文科官至持平

人物 高麗 沈德符 青凫縣人蔭補司醞直長同正累遷禮儀判書密直副使出爲西海
道元帥賜推誠協贊功臣號爲侍中佐我太祖唱義挾師後錄功爲第一拜左丞相封青城伯

本朝 沈溫 德符之子寔生昭憲王后官至議政府領議政諡安孝 沈淙 溫之弟尚
太祖女慶善公主封青原君 沈澮 泂之子忝胡戴佐理功臣官至議政府領議政封青松府
院君諡恭肅 沈順門 澮之子登第官至舍人燕山甲子被殺而子明宗朝贈都承旨
寓居本朝 孫昭 詳慶州人物下 李從允 詳濟州名宦下 孝子 權澤
萬 自幼事父母極誠孝[illegible]病嘗糞以試[illegible]重[illegible]從父出外其母遇火而[illegible]自後[illegible]灸之[illegible]不恐近
口糜粥素鹽居廬三、須[illegible]不離父側拱[illegible]有孟宗王祥之行父疾革斷指以進熱璧而還甦
者半日其殁也廬墓水歛一如前衰邦國有長衰哭食流如親長　哭廟朝事　聞旌閭 金令
竹 良人也[illegible]母為虎所覺左手執母右手執[illegible]持虎大呼追逐虎答去其母得生　顧宗兩事
聞旌閭 李愛日 良人也[illegible]虎殺母肅宗朝事聞旌閭 忠婢是娘 孝子權澤
萬之婢平居事主誠謹[illegible]里稱之主家偶失火是
娘冒焰突入內房負女主而出[illegible]火撲户不得出

遂與同死[illegible]廟朝事聞旌閭 烈女李 [illegible]士[illegible]琴以紘妻也其[illegible]夫海沙汝所歷死踰
殯數日自縊死肅廟朝事聞旌閭 金氏 士人尹飛龍妻也年二十三歸尹氏閨月而夫
死全氏奔哭姑己勇既葬飲食言笑如常石數月
其父來視將還送之門曰女不幸失所天義當一
死同穴黑魘忍至此者後以未行見禮且未嘗一
日供饋饌也今則備禮粗伸當歸見亡夫頓力以
薄命女為忿後數日哭莫其夫生朝 權召文 金始
是夜自縊死　英[illegible]　事　聞旌閭 起妻
也虎搖其夫於庭荷斧下
殺得全其夫事　聞[illegible]

題詠

讚慶樓記 在客館南洪汝方記宣德己酉仲春
之日邊海而東而北至真寶轉南行
數十里漸見山勢起伏如龍騰而虎踞川流盤迴
若欲去而復來松柏蔚乎蒼蒼烟霞晻其藹藹清
幽一洞依然仙境者乃青松也俄而單吏府服擁
道次郡守備儀仗迎命白叟黃童鄉學教坊莫不
歌詠盛德各有詩章既禮訖登南樓自是民淳俗
厚竟日無訟告者郡守河君濬斷文友也謂余曰

是邑乃　王后之鄉嘗以縣陞郡第緣地僻[illegible]以
館舍未備任歲始募閑徙構廳堂賢此樓頹[illegible]積
記之余曰夫河嶽之靈異者必產其祥祖宗之
累者宓流其慶青原侍中公之先世毓秀氣於二
樂種仁享於三韓培養其根本孕毓其精英迄今
坤德母儀至葉金枝行我朝[illegible]億萬世無疆之福
登斯樓望其藿不舟不為 重修記 青松　聖朝之
之佛讀也故名之曰讀慶修者不華華樓名之讀
慶者亦以此則其廢而　風不　可之大者也況
創之者河公濬則以其[illegible][illegible]衰　其親其[illegible]誼來
也有難詳之者矣德[illegible]　湖之　百宗許[illegible]接歸
老于善山地朝家惜其江自善問此從班也令年
春界以是府時免[illegible]歸而宇誠山徑赴馬公曰吏
隱吾宿頭也既至視其壘客舍多支柱顏兆丞召
匠鳩材農廠饑民既重建度既次及斬樓而精制
光加馬傍儉俱　車夏成六百成而士民[illegible]不試
目改觀益維此蘭畢京[illegible]粟[illegible]里府吉月令辰公
將於此而北望　宸拄木百[illegible]饑鄉々間咸與士
民慶祝者上者無非本支[illegible][illegible]如　仁處聖妃之
時則其助疏我　朝家之及福何如貳方今中外

之禱濩者實有所在而斯莫之造成子其冥冥之
一端歟公與河公皆吾之人丁相與終始為其亦
奇矣公蓋粟谷文成公之從曾振其為　宗社頭
忠之必固有異於他人矣今年實崇積著雍徒雉
詩
也尤庵 盡日有吟傍拄遷諸賢傑句擷、前兩
宋時烈 山夾走疑無地一遲潛通小有天谷訪
青息今不見閑看白鳥正堪憐[illegible]間亦亥逢章在
不用昇立仍羽仙四佳徐居正○掛秋華攝落眠
遷登臨高典把盃前川迴無却千尋蹬山啖偷[illegible]
一斥天沙麓積符真可言[illegible]源物色正堪　壇頭
笑向樓霞客巢許從來　必仙佔畢齋亥宗直○
一春逢轉此身拆已尾良辰失所圖根裡柏伊消
欲畫萬山深處宿青危○惡嶽刹制鼓樂還函洞
蔥盛統館前西登雪消泥沒馬東岡風捲樹系天
清宵短燭燒雌恨薄暮孤磋擲晴憐徒覺襄王非
蕩子夢中雲兩亦神仙宗室深源○無數風光到
眼遷兩居三面水居前媚[illegible]芳桂宜晴日暮洞祥
雲閑半天真訣未戒[illegible][illegible][illegible]生應被白鷗憐夜來
悅借仙家宿卻恐明朝不是仙觀察使洪聖民○
驅路長川慣眼邊青松依舊一樓前方臺列獻真

清界落溪飛濕別洞天嶺炎詩篇吟更好風流御
史老堪憐遊山飲別壯難得莫道茲行望若仙御
史、柳山擁川廻是五城仙源故老說分

青松八景

綏明鄗家八百由天嫁羅業千年始
閑笑息烏無心悲世菱壁詩言志頌時平南州六
十多樓閣應悔雷同浪得名右讚慶樓讚慶前
騁遠情千尋危嵯俯泓清天勞遺化揮神斧地爲
鴻爽聲鐵屏風動筌簫閒上下秋深石穿飛懸青
況然如在前江曲欲申有舟泛月明右龍頭多
何物當年試化龍應夜震皐長空巖腰縈謁
奇踰濕口清冷有故二衣門來時蒼彩龜二步謁
慶送腥風至今崖上松杉老赤甲蒼鬣芳昂同右
蟠龍巖縣破滿村岌月迷數家羅路白蕭條路遺
扇井邦堪洞佰上戴桑盡作喬賓日霞呈紅璁珣
東風夢舞錦裙僂窣來消懸無事事一郡與七未
足翔石松生古縣懸空絕壁裳毫重道氣麻滿
西濮溪水照人人上下歲精谷緒語西東居當尺
謂乾坤突到此方和遠化雄安得連綠衆一田曳
襟濟海並來回扁客臺待到一提境奇扁聲城
有遺基森森御戴千古立中曲屏柳萬何閭似

八鴻溪碾萬蕩欲噴元氣口切期明洞飛千高頂
空笑傲洞氷未足危石周旁夫鎮山磊磊贊碧肩
諸精降聖播民謳理碌洞裡夫花覆株藥幽頭帆
雲繞松蘋便能吹講當瑚光未八公朝使君前
後知多少誰似山靈不世標右放光山天飛流
宜自煮要今詩穿尸屈緣初疑王馬馳奔不雲作
銀虹降飲川地下驚雷無日斷巖閒灑建
我今三味龍傾聽施雨丁寧不爲年石落澗教接
金宗

秀孤亭

昔賢何頓秀孤亭爲愛排舊也書
裕彩墨至今留教壁銅柯依舊
高泰若木橫千尺壽等壑閲萬齡蘚壽
晩翠遲遲巖畔抱幽馨恭全羅酬
衆皆酥醒風送笙簧依律呂濤漢
蒼韋偃徒辛苦赤張良亦杳貝爭似此翁
隱靜觀朝暮臥雲扃府使梁克選〇十載曾從畫
地廻布衣今作編衣來松白鶴仙緣重翠壁此
崖醉眼開熙陝邦能酬青聖意險爽惟勉盡吾丹
孤亭鼓角遲遲發慣面沙鳴盧莫精御史柳綏才

方臺

王峽應千疊寒溪曲流孤村當谷口危樹
倚叢頭籬吠雲中犬沙眠海上鷗客來仍坐

碑板

久春日下汀洲鶴峯金誠一〇羽化羅浮有舊風
携家今老此山中仙區烏石應爭秀繪事龍眠最
奪工無復躋攀尋彷鶴憶曾吹笛過垂虹三生清
福惟君事岐路徊徨娓此翁副提學李塽〇喬樹
風長槭螢花零已影丘園賸咫尺朝暮血沾衣〇
堂前大樹不禁風晞響平生夢 [redacted] 望應山
龍通經營非要葬工 [redacted] 爲王
知抹白虹試發揮在手 [redacted]
音申之悌〇刁刁賛堂非間 [redacted] 黃
擧眼自知情境會君紅次假 [redacted]
不識分明休誇間天翁承旨李寸心
等碑板無本冊在板鄉北挍而俱爲刊欲集長處
碑板無冊板北渚集李許事集

청송부읍지青松府邑誌(1787)

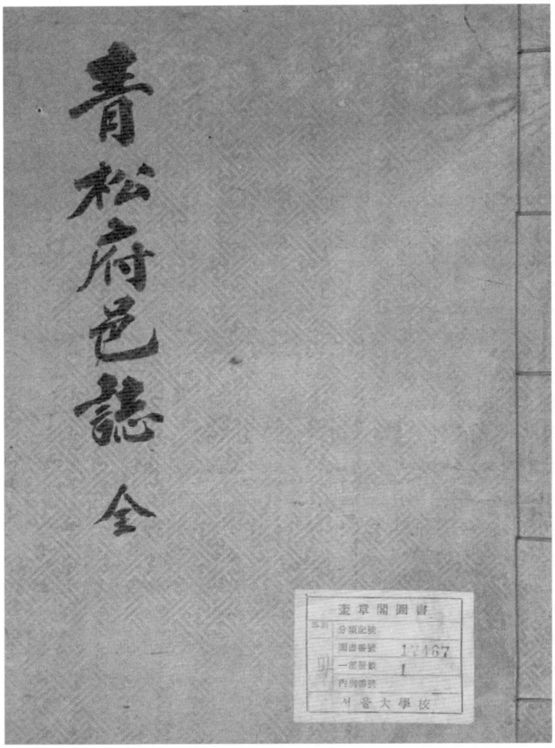

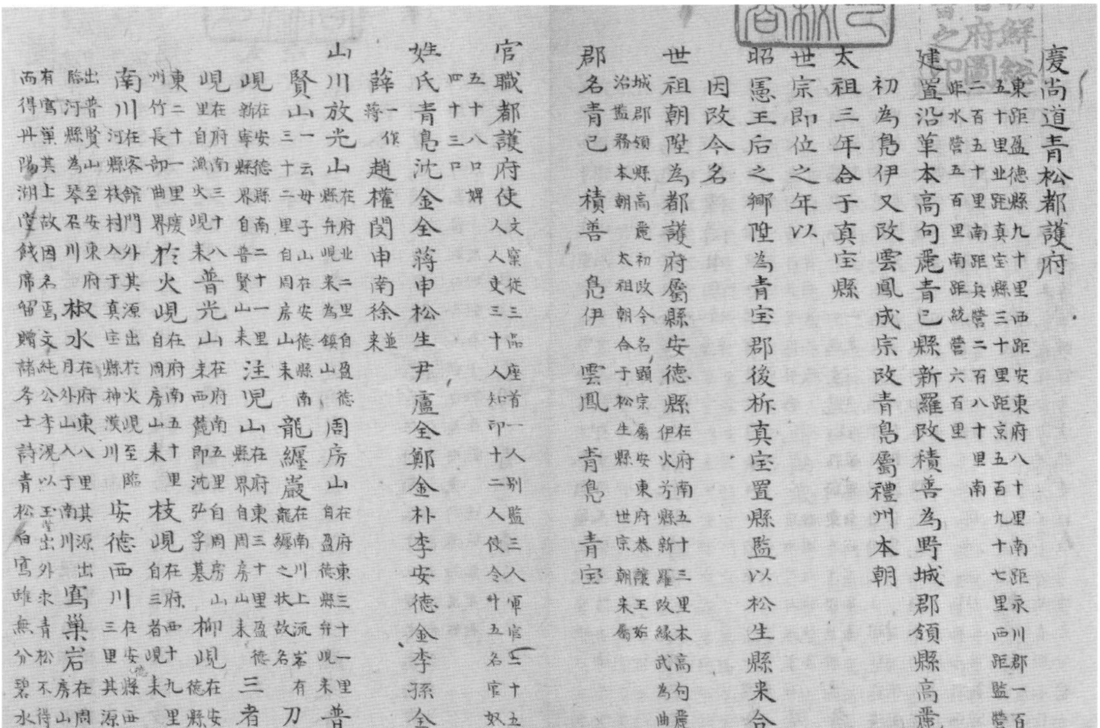
慶尚道青松都護府
東距盈德縣九十里西距安東府八十里南距永川郡一百五十里北距真宝縣三十里距京五百九十七里西距監營二百五十里南距兵營二百八十里南距水營五百里南距統營六百里
建置沿革本高句麗青已縣新羅改積善為野城郡領縣高麗初為鳧伊又改雲鳳成宗改青鳧屬禮州本朝
太祖三年合于真宝縣
世宗即位之年以
昭憲王后之鄉陞為青宝郡後析真宝置縣監以松生縣来合因改今名
世祖朝陞為都護府屬縣安德縣在府南五十三里本高句麗伊火兮縣新羅改緣武為曲城郡領縣高麗初改今名顯宗屬安東府恭讓王始治監務本朝太祖朝合于松生縣世宗朝来屬
郡名青已 積善 鳧伊 雲鳳 青鳧 青宝

官職都護府使 五十八口 四十三口婢 文案從三品座首一人別監三人軍官十五人人吏三十人知印十二人使令二十五名官奴
姓氏青鳧沈金全蔣申松生尹盧全鄭金朴李安德金李孫全薛蔣一作趙權閔申南徐並来
山川放光山在府北二里為鎮自盈德周房山来 周房山在府東三十一里盈德縣界 龍纏巖在府南川上流故名有刀 普賢山在府南二十里一云母子山自周房山来 注兒山在安德縣南周房山来 三者 普光山在府東十八里自普賢山来 柳峴 硯峴在府南三十里自周房山来 枝峴 硯峴在府南五十里 南川在客館門外其源出真宝縣於神漢川至臨河 椒水在府東八十里其源出南川 寓巢岩

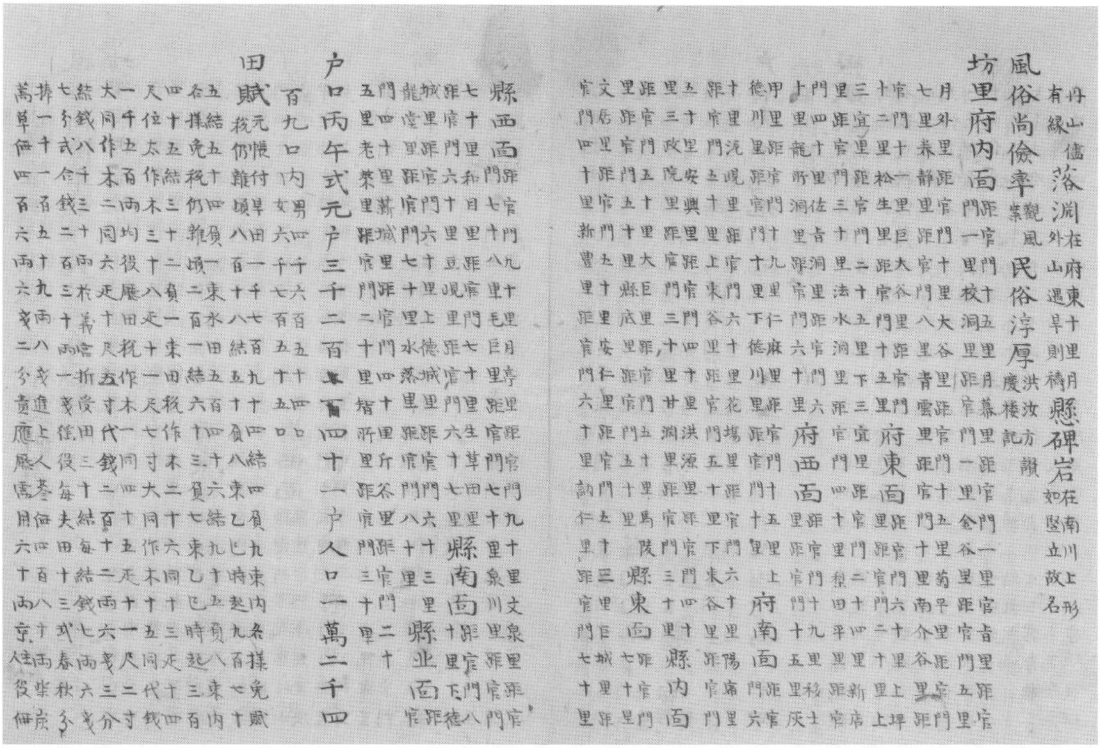

落淵 在府東十里外山遇旱則禱

懸碑岩 在南川上形如竪立故名

風俗 尚儉率

民俗淳厚

坊里

府內面

府東面

府西面

府南面

縣東面

縣內面

縣西面

縣南面

縣北面

戶口 丙午式元戶三千二百■百四十一戶 人口一萬二千四百九口

田賦

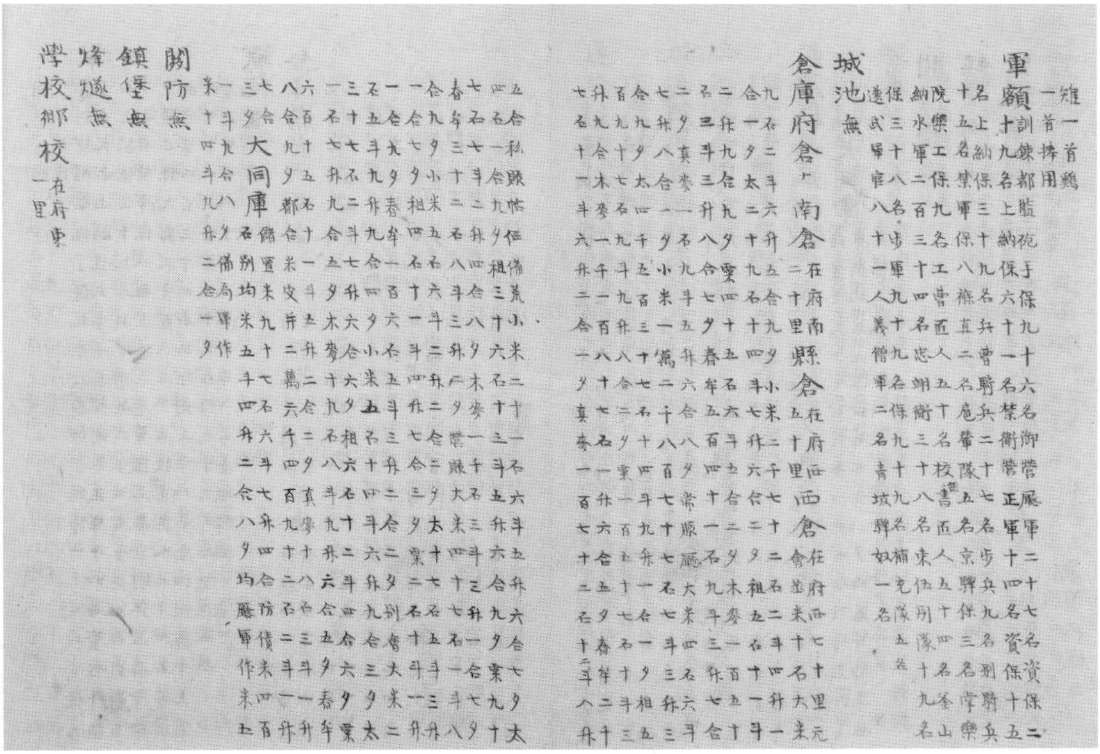

軍額

城池 無

倉庫

府倉

南倉

縣倉

西倉

大同庫

關防 無

鎭堡 無

烽燧 無

學校 鄕校 在府東一里

壇廟 社稷壇[在府西五里] 文庙[在鄕校] 城隍祠[在府西一里] 厲壇[在府北三里]

屛巖書院[在府南五十里文成公李珥文元公金長生合享肅廟賜額] 松鶴書院[在安德縣西五里文純公李滉文忠公金誠一文康公張顯光合享肅廟己卯創建未賜額]

新增 樂一齋[在衙舍東府使林養詰所建爲其置書籍勸諷]

冢墓 沈弘孚墓[在府南五里昭憲王后之遠祖墓前有短碣書以高麗國文林郎衛尉丞沈弘孚之墓仁祖戊子府使崔有淵析給公田使府戶長東軒四節薦享至今不廢]

佛宇 周房寺[在周房山] 普賢寺[在普賢山今廢] 大典寺[在周房山] 普光寺[在府南五里守護沈弘孚墓] 雙溪寺[在普賢山] 雙巖寺[在松生縣東今廢]

公廨 客舍 衙舍 衙東軒 鄕射堂 將官廳 軍官廳 府司 人吏廳

楼亭 讃慶楼[在客館南] 秀孤亭[在館北萬曆己卯府使高景虞所建文純公李滉書扁額] 方臺[在安德縣北十里川遠巖岩上有風樹亭邑人主簿趙遵道所建永慕之所有諸賢題咏見下]

道路[自官門東距府東面二十里自東面至盈德界注兜山二十九里西距府西面十里自府西面至安東界秋峴九里南距南倉二十里自南倉至文居驛三十里自文居驛至慶州界柳峴二十里南距縣倉五十里自縣倉至永川界乃峴三十里北距眞寶界甕寺五里]

橋梁 無、

島嶼 無、

堤堰 上坪堤[在府東二十里周圍一千五百三尺水深五尺] 寶獻堤[在府東三十里周圍三百五尺水深三尺] 注山堤[在府東六十里周圍一千一百八十尺水深八尺]

場市[邑內場四日九日開市府南面來谷場三日八日開市縣東面川過場五日十日開市縣西面和日場四日九日開]

驛院 青雲驛[在府南十里南距文居驛四十里東距梨田坪驛四十里西距安東琴召驛六十里北距眞寶角山驛四十里中馬二匹卜馬五匹吏四百人奴五十一口婢四十九口] 文居驛[在府南五十里西距和目驛三十里北距青雲驛四十里東距梨田坪驛五十里南距慶州仁庇驛六十里中馬二匹卜馬五匹吏二百二十人奴六十六口婢三十六口] 和目驛[在安德縣西三十里東距文居驛三十里西距義城青路驛四十里南距義興牛谷驛五十里北距安東松蹄驛四十里中馬二匹卜馬五匹吏一百三十五人奴八口婢三口] 梨田坪驛[在府東四十里北距青雲驛四十里西距文居驛五十里東距盈德南驛四十里南距清河松羅驛七十里中馬二匹吏二百二人奴一口婢一口辛卯設立肅廟] 三者院[在府南二十六里今無] 枝院[在府西十三里今無] 訥仁院[在安德縣東十七里今無]

牧場 無[分養馬二匹每年七月或牧場或宗司受來翌年四月上送本寺]

形勝 山巒起伏川流盤廻[洪汝方贊慶樓記]

古蹟 松生廢縣[在府東十里高麗顯宗九年屬禮州仁宗二十一年置監務本朝世宗朝合于青島縣] 安德廢縣[見建革下] 周房山城[石築周一千四百五十尺三面天作之險內有二溪]

土産 蜂蜜 松蕈[今無] 茶 石蕈 海松子[今無] 熊膽[今無] 莞席 紫草 白花蛇[今無] 人蔘 羚羊[今無]

進貢 人蔘 胎水 清蜜

俸廩[衙祿位五十結米十石太三石公須位十五結米三石官需米一百八十六石民結所出]

宦蹟 青寶知郡事 曹由仁[通訓]李稚[中訓]李泒若[奉列]柳恭[朝奉]

青松知郡事 金尚寧[中訓]鄭之雅[中訓]河溍[朝奉]許澄[奉直郎]安起[通善郎]柳侑[奉訓郎]成自諒[奉訓郎]朴眂[通善郎]閔仁[朝奉]金斯仲[奉直郎]李達[奉正]尹洪[奉列]

青松都護府使 徐渻[奉正]崔尚粟[通訓]李晨[通訓]柳溥[通訓]洪性綱[通政]閔誠[通訓]權致中[通訓]尹垓[通政]任淑[通政]薛茂林[通政]李居仁[通政]趙欽[通訓]崔漢侯[通訓]李承寧[通訓]柳陽春[通訓]沈順道[通政]鄭鵬[奉列清德淒民朝守有來栢蜜者答曰栢在高岑頂蜜在民間蜂桶尚太守何以得之來者榊梅至今傳以爲名言][通訓]宋徵[通訓]權五紀[通訓]李得全[通訓]洪脩[通訓]金良彦[通訓]俞仲翼[通訓]張世弼[通訓]趙琳[通訓]鄭遍[中訓]琴椅[通訓]李敬長[通訓]張漢輔[通訓]李中樑[通訓]金就文[奉列]張應旋[通訓]李㮾[嘉善]權鎔[通訓]徐克一[通訓]郭赶[通訓]邊永清[通訓]柳世茂[通訓]高景虛[通訓]郭越[通政]金守宏[通訓]李光俊[通訓]鄭仁貴[通訓]鄭愼[通訓]朴惟仁[通訓]金弘徽[通政]權春蘭[奉列]黃是[通訓]成

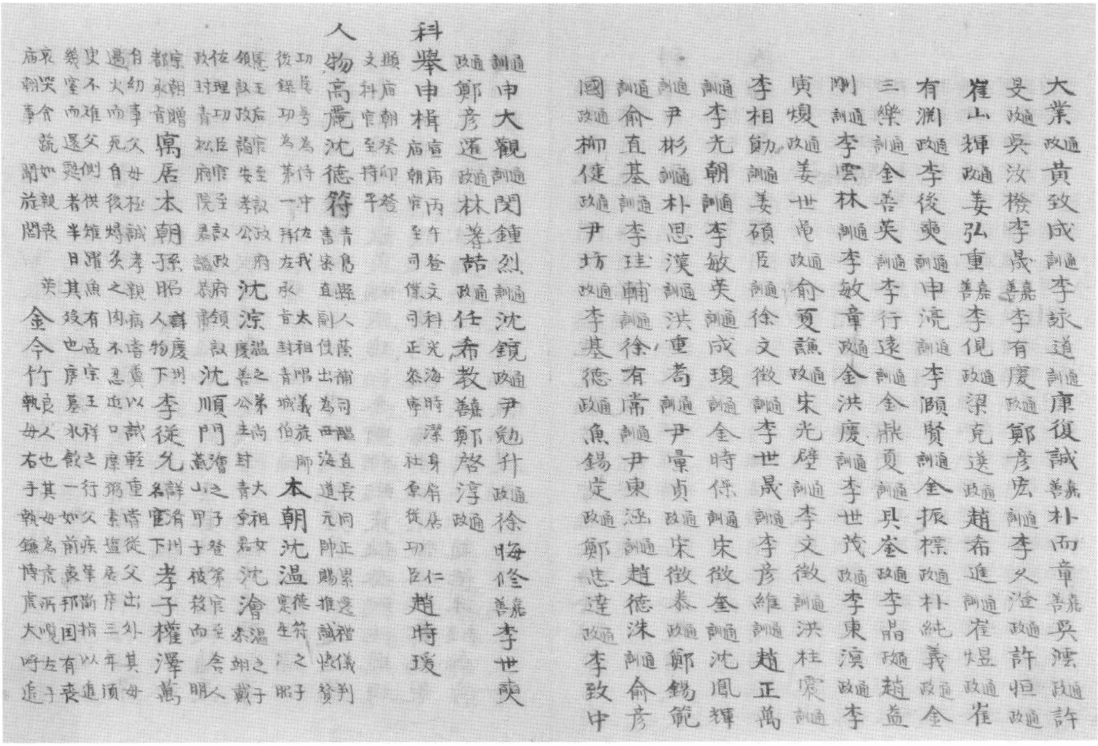
大業 政通 黃致成 訓通 李詠道 訓通 康復誠 善嘉 朴而章 善嘉 吳滚 政通 許
晏 政通 吳汝儉 李晟 善嘉 李有慶 政通 鄭彥宏 訓通 李久澄 政通 許恒 政通
崔山輝 政通 姜弘重 善嘉 李俔 政通 梁克遴 政通 趙希進 訓通 崔煜 政通 崔
有淵 政通 李後爽 訓通 申滉 訓通 李顯賢 訓通 金振標 政通 朴純義 政通 金
三樂 訓通 金善英 訓通 李行遠 訓通 金鼎夏 訓通 李具奎 政通 李晶 政通 趙益
剛 訓通 李雲林 訓通 李敏章 政通 金洪慶 訓通 李世茂 政通 李東濱 政通 李
寅熄 政通 姜世冕 政通 俞夏謙 政通 宋光壁 訓通 李文徵 訓通 洪柱震 訓通
李相勛 訓通 姜碩臣 訓通 徐文徵 訓通 李世晟 訓通 李彥維 訓通 趙正萬
訓通 李光朝 訓通 李敏英 訓通 成瓊 訓通 金時保 訓通 宋徵奎 訓通 沈鳳輝
訓通 尹彬 訓通 朴思漢 訓通 洪重喬 訓通 尹彙貞 政通 宋徵泰 政通 鄭錫範
訓通 俞直基 訓通 李珪輔 訓通 徐有常 訓通 尹東涵 訓通 趙德洙 訓通 俞彥
國 政通 柳健 政通 尹坊 政通 李基德 政通 魚錫定 政通 鄭忠達 政通 李致中
訓通 申大觀 訓通 閔鍾烈 訓通 沈鏡 政通 尹勉升 政通 徐晦修 善嘉 李世爽
政通 鄭彥遜 政通 林蓍喆 政通 任希教 善嘉 鄭啓淳 政通

科舉
申楫
趙時瑗

人物
高麗 沈德符
本朝 沈溫
沈澮
沈淙
沈順門
寓居 本朝 孫昭
孝子 權澤萬
金今竹

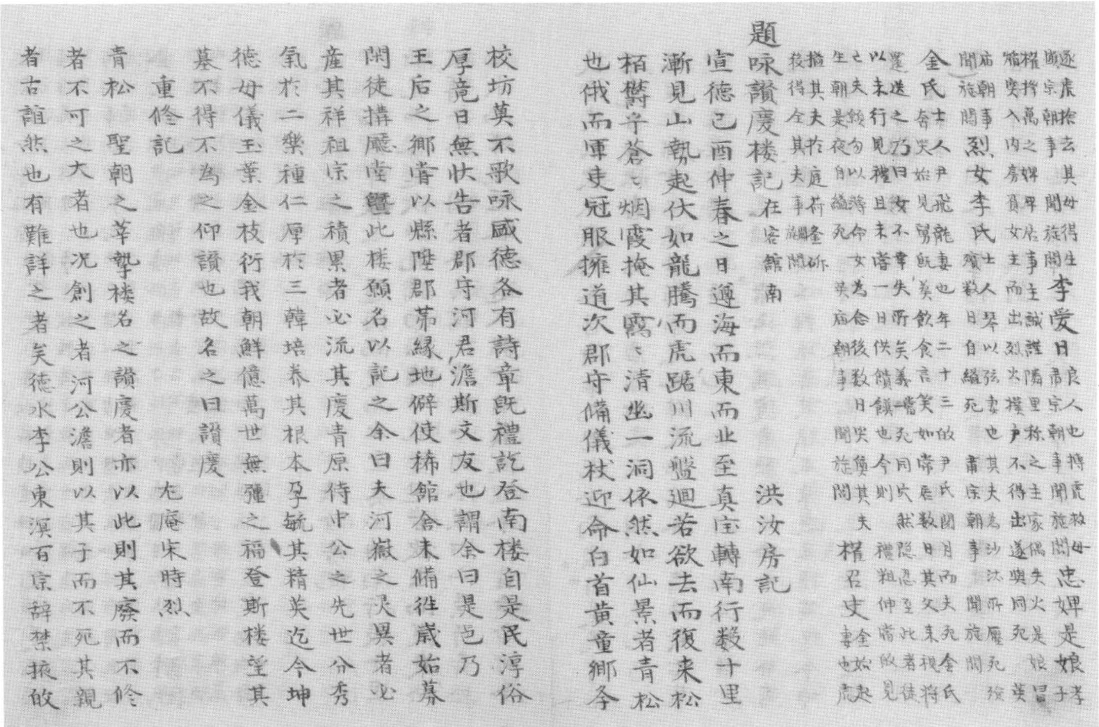
忠婢是娘
李愛日
烈女 李氏
金氏
權召史

題詠
讚慶樓記 在客館南
宣德己酉仲春之日遵海而東而止至真宝轉南行數十里
漸見山勢起伏如龍騰而虎踞川流盤廻若欲去而復來松
栢欝乎蒼蒼烟霞掩其露露清幽一洞依然如仙景者青松
也俄而軍吏冠服擁道次郡守備儀杖迎命白首黃童鄉令
洪汝房記
校坊莫不歌咏盛德各有詩章既禮訖登南樓自是民淳俗
厚竟日無状告者郡守河君澹斯文友也謂余曰是邑乃
王后之鄉背以縣陞郡第緣地僻使稀館舍未備往歲始募
閑徒構廳堂暨此樓願名以記之余曰夫河嶽之炅異者必
產其祥祖宗之積累者必流其慶青原侍中公之先世分秀
氣於二樂種仁厚於三韓培养其根本孕毓其精英迄今坤
德母儀玉葉金枝衍我朝鮮億萬世無彊之福登斯樓望其
墓不得不為之仰讃也故名之曰讚慶
重修記 尤庵宋時烈
青松聖朝之莘摯楼名之讚慶者亦以此則其廢而不修
者不可之大者也況創之者河公澹則以其子而不死其親
者古誼然也有難詳之者矣德水李公東溟百宗辭禁振放

老于善山地朝家惜其江湖之間此從班也今年春再以是
府特免陛辞而自善山徑赴焉公曰吏隱吾宿願也旣至視
其屋宇故多支柱頹圮亟召匠鳩村畏隙役民旣重建客舍
次及斯樓而精緻尤加焉後儉俱宜輪奐咸度旣成而士民
無不拭目改觀盖維此府距京師六百里所吉月令辰公將
於此而北望 宸極於雲天縹緲之間咸與士民慶祝 君
上者無非本支百世如 仁憲聖妃之時則其助毓我 朝
家慶福何如哉方今中外之禱釐者實有所在而斯樓之造
成亦其寅寅之一端歟公與河公皆善之人而相與終始焉
其亦奇矣公蓋栗谷文成公之從曾孫其爲 宗社願忠之
心固有異於他人矣今年實崇禎著雍徙維也
詩
盡日閑吟倚桂邊諸賢傑句揔廬前兩山夾走疑無地一逕
潛通小有天欲訪青鳥今不見閑看白鳥正堪憐此間亦必
蓬壺在不用丹丘仍羽仙 徐居正
樹杪華楹落照邊登臨高興把盃前川迴蘸却千尋嶝山擁
偷他一片天沙麓禎符真可記桃源物色正堪憐擡頭笑向
棲霞客巢許從來未必仙 金宗直
一春蓬轉此身孤已覓良辰失所圖帳裡栢香消欲盡萬山
深處宿青鳥
懸崖刻削枕坱邊幽澗迢遞繞館前西壑雪消泥沒馬東崗
嵐捲樹參天清宵短燭燒難恨薄暮孤砧搗暗憐陟覓衷王
非蕩子夢中雲雨亦神仙 宗室深源
無數風光到眼邊山居三面水居前娟岩芳桂宜晴日幂洞

祥雲閣半天真訣未成青鳥報殘生應被白鷗憐夜來恍惜
仙家宿却恐明朝不是仙 觀察使洪聖民
馹路長川慣眼邊青松依旧一樓前方知列巘直清界落瀑
飛湍別洞天嶺峽詩篇吟更好風流御使老堪憐遊山飲別
非難得莫道茲行望若仙 御使柳綏
青松八景 教授金宗裕
山擁川迴是五城仙源故老說分明周家八百由天妹羅業
千年始闢莫島鳥無心悲世變壁詩言志頌時平南州六十
多樓閣應愧雷同浪得名 右讚慶樓
讚慶樓前騁遠情千尋危嶝俯泓清天勞造化揮神釜地爲
馮夷聳鉄屏風動笙簫聞上下秋深苔蘚點丹青恍然如在
荊江曲欲棹蘭舟泛月明 右城隍赤壁
何物當年試化龍應教霹靂擘長空岩腰縈屈多奇跡湍口
清冷有古窟急雨來時翻彩鬣曉雲濕處送腥風至今崖上
松杉老赤甲蒼髯鬣鬣同 右蟠龍岩
縣破爲村歲月遥數家羅落自蕭條路邊廢井那堪洞陌上
空桑盡作喬西日霞呈紅琥珀東風麥舞綠裱褄籌來消息
無窮事一郡興亡未足嘲 右松生古縣
懸崖絶壁幾重重道氣悠然滿面濃溪水照人人上下岩精
答語語西東居常只謂乾坤窄到此方知造化雄安得連城
琴一曲坐移滄海並來同 右方台
行到招提境轉奇辰韓城堞有遺基森森劒戟千攢立曲曲
屛帳萬仞圍似入鴻濛魂蕩蕩欲呼元氣日期期明朝飛上
高巓坐笑傲淵承未足危 右周房山

鎭山磊〻聳碧霄儲精降聖擩民謠埋銀洞裡春光霞採樂
崗頭晩雲繞松籟便能吹講席瑶光應未入公朝使君前後
知多少誰似山靈不世標　右放光山
天瀉飛流豈自然要令詩客洗塵緣初起玉馬馳奔板終作
銀虹降飲川地下驚雷無日斷岩間洒雪不雲烟我今三吁
龍須聽施兩丁寧不負年　右落淵

秀孤亭　府使梁克選

昔賢何額秀孤亭為愛排冬猶也青彩墨至今留板壁銅柯
依旧護軒屛高參若木横千尺壽等靈春閲萬嶺翳〻澗邊
含晩翠遅〻岩畔拖幽馨膠柒金鼎酬鉛緑醪合瓊醬督醁
醧風送笙簧依律呂濤翻溟澈悅雷霆畫蒼韋偃徒辛苦從
赤張良亦杳濮争似此翁兼吏隠静觀朝暮卧雲扃
十載曾從此地回布衣今作繡衣來青松白鶴仙縁重翠壁
丹崖醉眼開黙陟邦能酬聖意險夷惟勉盡吾才孤亭鼓
角遅〻䔿憒面沙鷗慎莫猜　御使柳綏
方始
玉峽應千疊寒溪幾曲流孤村當谷口危樹俯岩頭羅吠雲
中犬沙眠海上鷗客來仍坐久春日下汀洲　鶴峯金誠一
羽化羅浮有旧風携家今老此山中仙區烏石應争秀繪事
龍眠敢奪工無復翠雲尋放鶴惜曾吹笛過垂虹三生清福
惟君享歧路徊徨媿此翁　副提學李埈
喬樹風長搣萱花露已晞丘園瞻咫尺朝暮血沾衣
堂前大樹不禁風影響平生夢寐中瞻望為縁丘壠通經營

非要剪裁工捷霞未必騈黄鶴種玉應知抹白虹試欲叢揮
須老手記亭終屬后山翁　承旨申之悌
刁〻群在樹間風孝子精忱寓此中擧眼自知情境會名堂
非假託文工思亭祇為瞻丘壠翠浪休誇閒玉虹焆〻寸心
人不識分明報應有天翁　承旨李民宬
碑板 碑無冊板此諸集李評事集等板本在鄕校而俱為刻鉄

진보현읍지眞寶縣邑誌(1786)

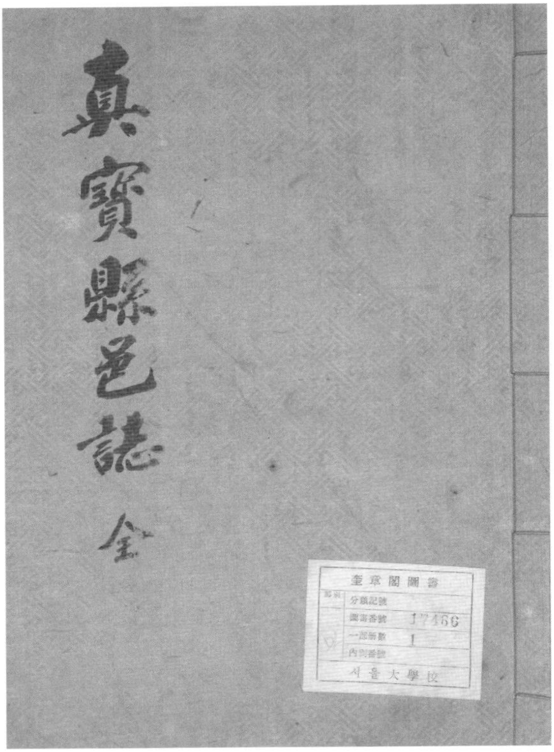

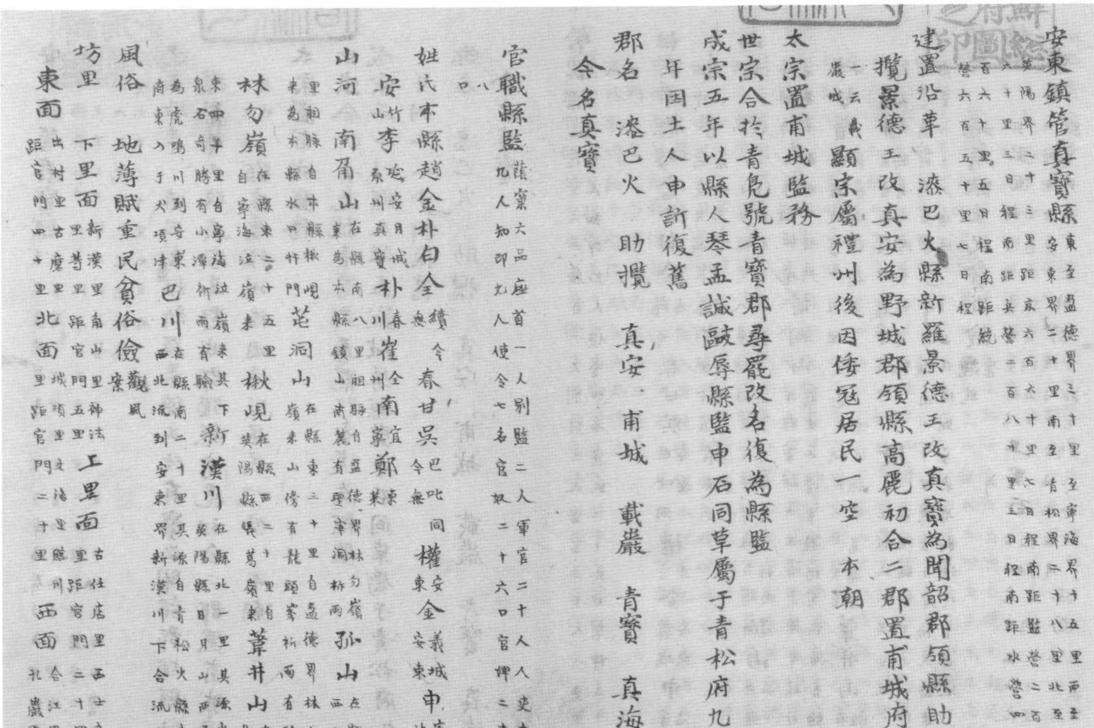

安東鎭管眞寶縣 (東至盈德界三十里至寧海界十五里西至安東界二十里南至靑松界二十八里北至英陽界二十三里距京六百六十里六日程南距監營二百六十里五日程南距統營六百五十里七日程)

建置沿革 漆巴火縣新羅景德王改眞寶爲聞韶郡領縣助攬景德王改眞安爲野城郡領縣高麗初合二郡置甫城府 (一云義城) 顯宗屬禮州後因倭寇居民一空 本朝

太宗置甫城監務

世宗合於靑鳧號靑寶郡尋罷改名復爲縣監

成宗五年以縣人琴孟誠敺辱縣監申石同革屬于靑松府九年因土人申訴復舊

郡名 漆巴火 助攬 眞安 甫城 載巖 靑寶 眞海

令名眞寶

官職 縣監 (蔭窠六品座首一人別監二人軍官二十人人吏十九人知印九人使令七名官奴二十六口官婢二十八口)

姓氏 本縣 趙 金 朴 白 全 春 甘 吳 權 金 申

安 李 朴 崔 南 鄭

山河 南角山 芼洞山 楸峴 孤山 林勿嶺 葦井山 新漢川 巴川

風俗 地薄賦重民貧俗儉

坊里 東面 下里面 上里面 西面 北面

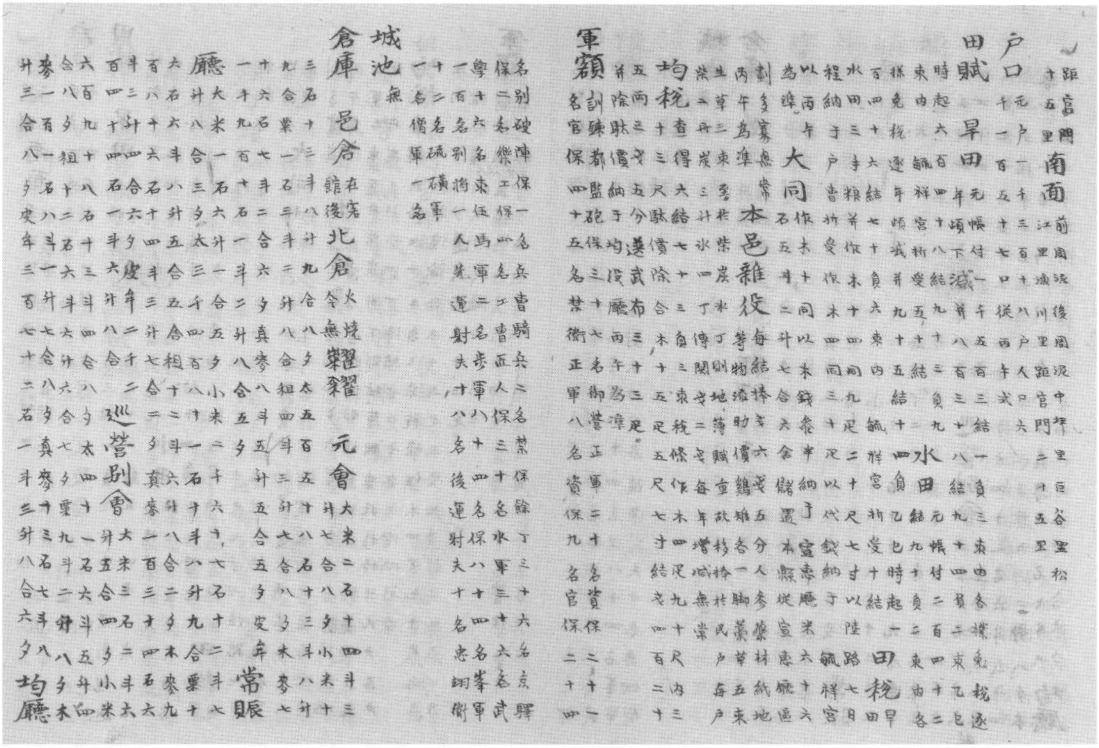

戶口 田賦 旱田 水田 田稅 大同 本邑雜役 均稅 軍額 城池 倉庫 邑倉 北倉 元會 常賑 巡營別會 均廳

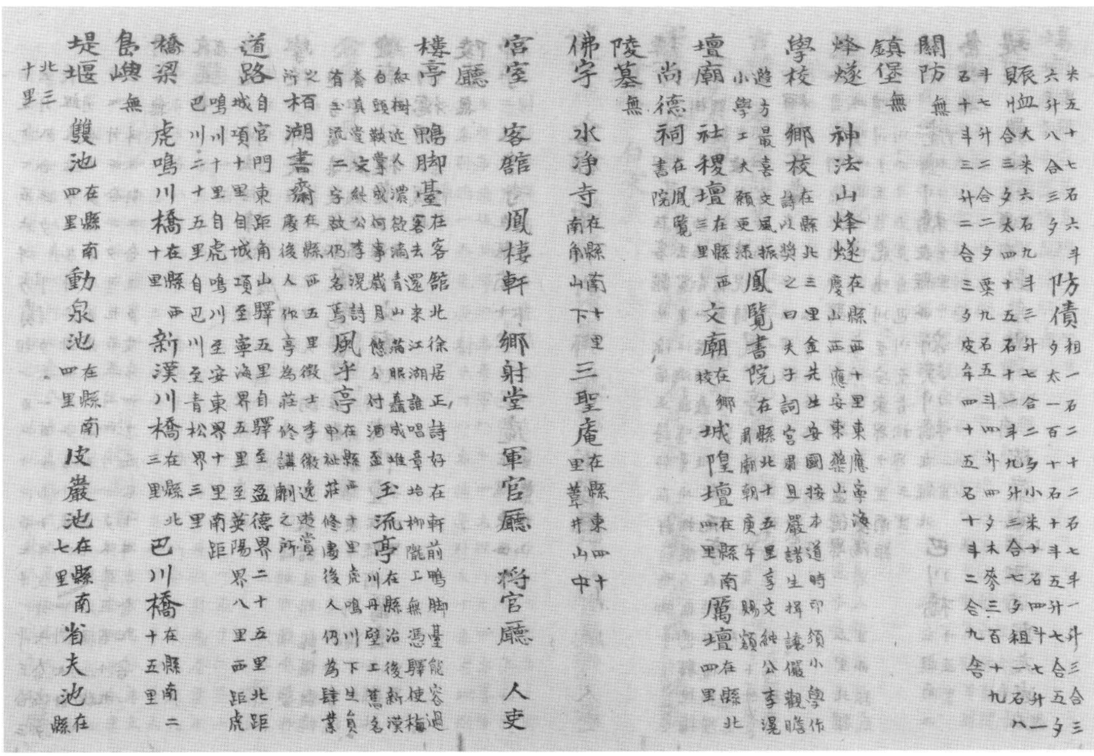

關防 鎭堡 烽燧 神法山烽燧 學校 鄉校 壇廟 社稷壇 文廟 鳳覽書院 城隍壇 厲壇 尚德祠 陵墓 佛宇 水淨寺 三聖庵 宮室 客館 鳳棲軒 鄉射堂 軍官廳 將官廳 人吏 樓亭 道路 橋梁 虎鳴川橋 新漢川橋 巴川橋 島嶼 堤堰 雙池 動泉池 皮巖池 省夫池

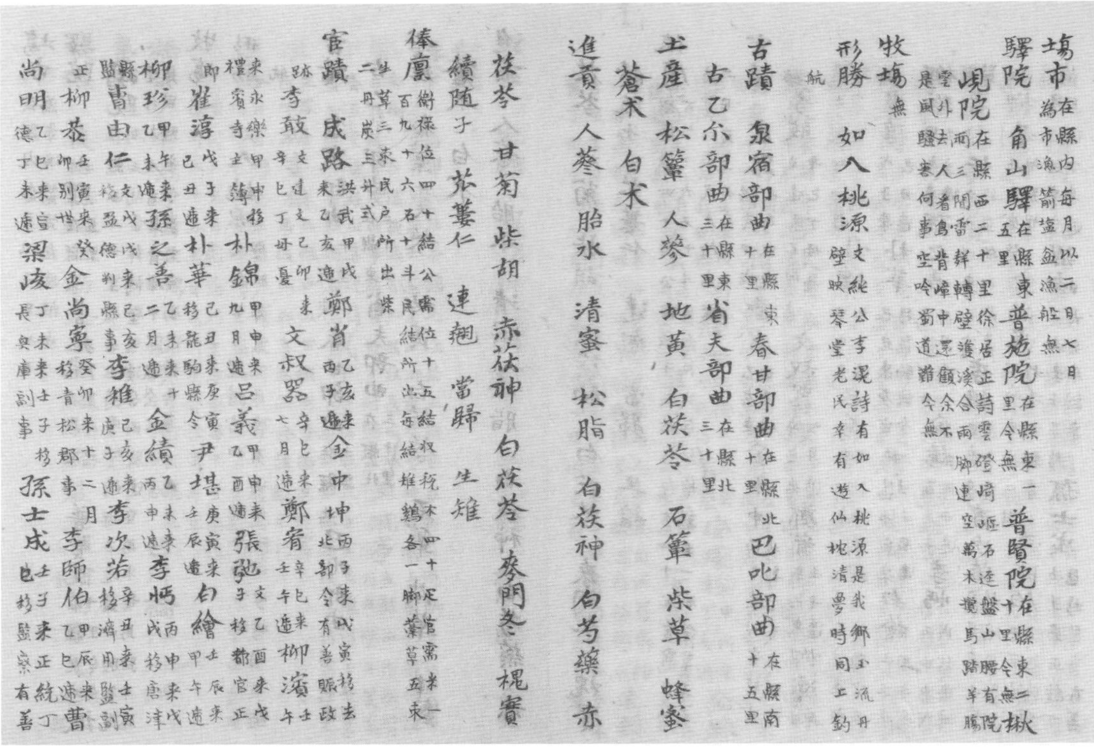

場市 在縣內每月以二日七日爲市漁箭塩盆漁船無
驛院 角山驛 在縣東五里 普施院 在縣東一里今無 普賢院 在縣東二十里今無 楸
峴院 在縣西二十里徐居正詩雲磴崎嶇石逕盤山腰有院雨三間雷拜轉壁護溪合雨脚連空萬木攢馬踏羊腸雲外去人者鳥背嶂中還顧余不是風騷寒何事空吟蜀道難令無
牧場 無
形勝 如入桃源 文純公李滉詩有如入桃源是我鄉玉流丹壁映琴堂老民幸有遊仙地清夢時同上釣航
古蹟 泉宿部曲 在縣東十里 春甘部曲 在縣北十里 巴吒部曲 在縣南十五里
古介部曲 在縣東三十里 省夫部曲 在縣北三十里
土產 松蕈 人蔘 地黃 白茯苓 石蕈 紫草 蜂蜜
蒼朮 白朮
進貢 人蔘 胎水 清蜜 松脂 白茯神 白芍藥 赤
茯苓 甘菊 柴胡 赤茯神 白茯苓 麥門冬 槐實
續隨子 苽蔞仁 連翹 當歸 生雉
俸廩 衙祿位四十結公需位十五結收稅木四十疋官需米一百九十六石十斗民結所出每結雉鷄各一脚藁草五束生草三束民戶所出紫二丹炭三升式
官蹟 成路 洪武甲戌來乙亥遞 鄭肖 乙亥來丙子遞 金中坤 丙子來戊寅移去北部令有善賑政
跡 李敦 文建文己卯來辛巳丁母憂 文叔器 辛巳來七月遞 鄭宥 辛巳來壬午遞 柳濱 壬午
來永樂甲申移禮賓寺主簿 朴錦 甲申來九月遞 呂義 甲申來乙酉遞 張弛 文乙酉來戊子移都官正
郎 崔淳 戊子來己丑遞 朴華 己丑來庚寅移龍駒縣令 尹堪 庚寅來壬辰遞 白繪 壬辰來甲午遞
柳珍 甲午來乙未遞 孫之善 乙未來十二月遞 金績 乙未來丙申遞 李柄 丙申來戊戌移唐津
縣監 青由仁 文戊戌來己亥移盈德判縣事 李稚 己亥來庚子遞 李次若 辛丑來壬寅移濟用監副
正 柳蓁 壬寅來癸卯別世 金尚寧 癸卯來十二月移青松郡事 李師伯 甲辰來乙巳遞 曹
尚明 乙巳來宣德丁未遞 梁唆 丁未來壬子移長興庫副事 孫士成 壬子來正統丁巳移監察有善

賑政跡 權肘 丁巳來戊午遞 金堆 戊午來辛酉遞 權自庸 辛酉來壬戌丁父憂 權誼 壬戌來丁
卯遞 田蓄 丁卯來辛未丁母憂 宋允智 文景泰辛未來丙子移訓鍊院判官清愼正直愛民如子 金強
丙子來丁丑遞 黃季夏 文天順戊寅來己卯遞 孫有文 己卯來辛巳遞 李長生 辛巳來甲申移
世子左翊贊 李質 甲申來成化丙戌遞 金長孫 丙戌來己丑遞 趙忠光 己丑來辛卯移鎮川縣監
申石同 壬辰來癸巳罷因縣人孟試敢府掌隸子青松 趙士光 甲午來六月移高靈縣監 閔誠
文甲午來丙申因御史罷 權致中 文丙申來丁酉遞 南季儕 戊戌來壬寅遞因邑人申許復縣 愼
成從 癸卯來甲辰遞 李欽 甲辰來丙午丁母憂 黃瑾 丁未來辛亥遞 權休 弘治壬子來乙卯遞 林
有童 乙卯來丁巳遞 朴信亨 丁巳來己未丁母憂 金有 己未來庚申遞 洪修 文庚申來甲子遞
李世勳 乙丑來戊辰移別座 閔慶安 正德己巳來甲戌移監察 安處禎 甲戌來乙亥遞 金鍊
丙子來九月換闕寧縣監 韓晟 丙子來戊寅遞 朴亨幹 文己卯來庚辰遞 安克明 辛巳來四月別
世 尹棻孫 辛巳來十月別世 權嶠 文嘉靖壬午來丙戌移成均館典籍愛民爲政百廢修舉 朱懿
丁亥來庚寅丁母憂 張世綱 庚寅來乙未遞 洪期 乙未來丙申因御史罷 郭珣 文丙申來庚子遞
安義 庚子來乙巳遞 徐九淵 文乙巳來庚戌移典籍 金綜 庚戌來辛亥別世 尹希洙 壬子
來乙卯遞 朴永漢 乙卯來丙辰換安陰縣監 李寓 丙辰來己未遞 金清 文己未來辛酉遞 李禮
辛酉來壬戌別世 李孟亨 壬戌來癸亥遞 鄭惟一 文癸亥來乙丑移江原都事文純公李滉與詩曰避
地吾先遂不還窮猿恐尺阻谿山空聞邑政清如水讀初心松桂間廉潔之政此一絶可見矣 成灝 乙丑來丙
寅罷 金斗 丙寅來戊辰罷 李時立 隆慶戊辰來庚午遞 金應濩 庚午來萬曆乙亥移引儀 洪友
益 乙亥來丙子遞 趙徽 文丙子來戊寅別世 成駿德 戊寅來庚辰遞 盧應鴨 庚辰來十二月遞
姜惟慶 庚辰來壬午遞 柳雲龍 壬午來癸未遞 曹沆禧 癸未來乙酉遞 任啓英 丙戌來辛
卯遞有遺愛碑 權好仁 辛卯來十二月遞 金希契 武壬辰來甲午遞 黃應清 甲午來乙未遞
李彰 乙未來戊戌遞 崔山立 文己亥來癸卯遞絢鳳覽書院 崔濂 癸卯來甲寅遞 李忭 戊申來辛
亥遞 鄭之諶 辛亥來壬子遞 金汝秋 壬子來甲寅遞 盧在俊 甲寅來丁巳遞 申純一 丁巳
來十二月遞 李斗男 戊午來九月遞 金聃齡 戊午來辛酉遞 申景植 天啓辛酉來癸亥移楊州
牧 李崝 癸亥來丙寅遞 李榮仁 丙寅來辛未遞 崔克良 崇禎壬申來戊寅遞 李時尚 戊寅

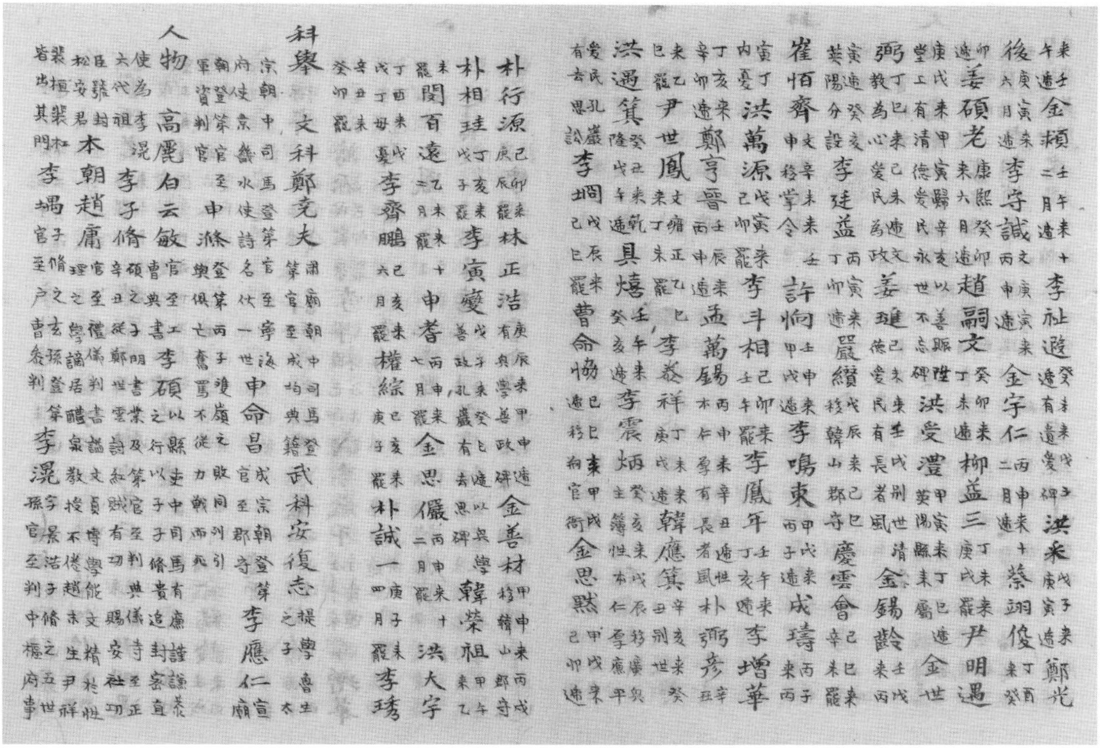

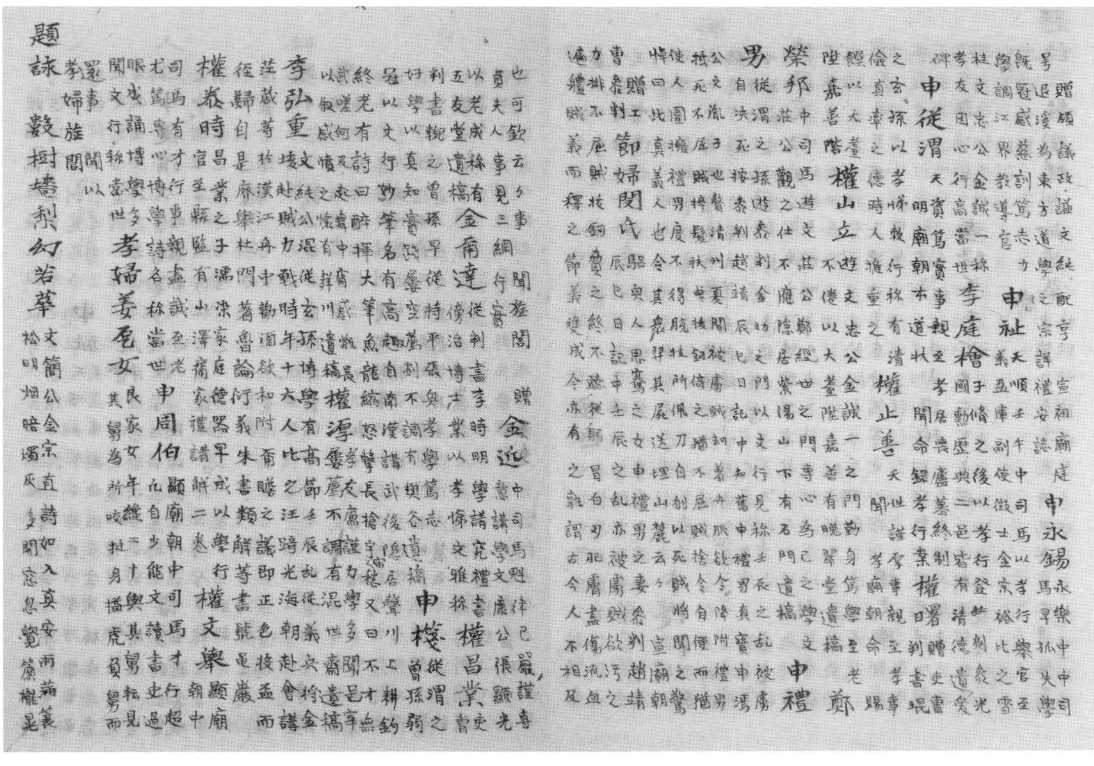

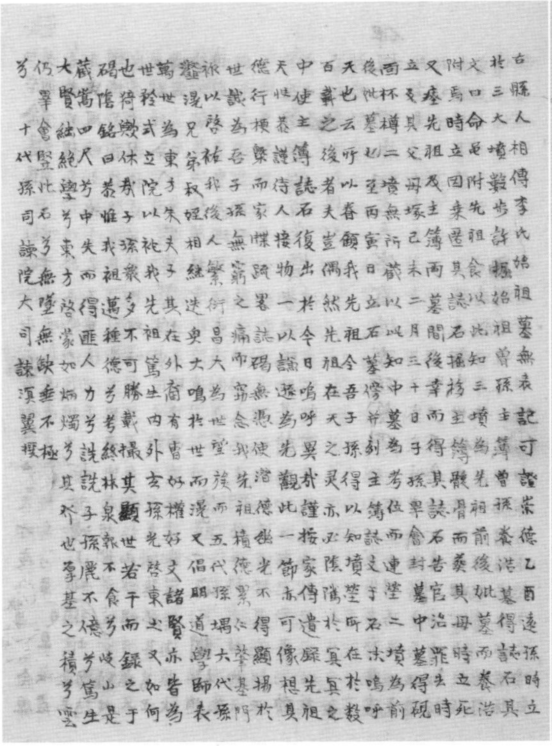

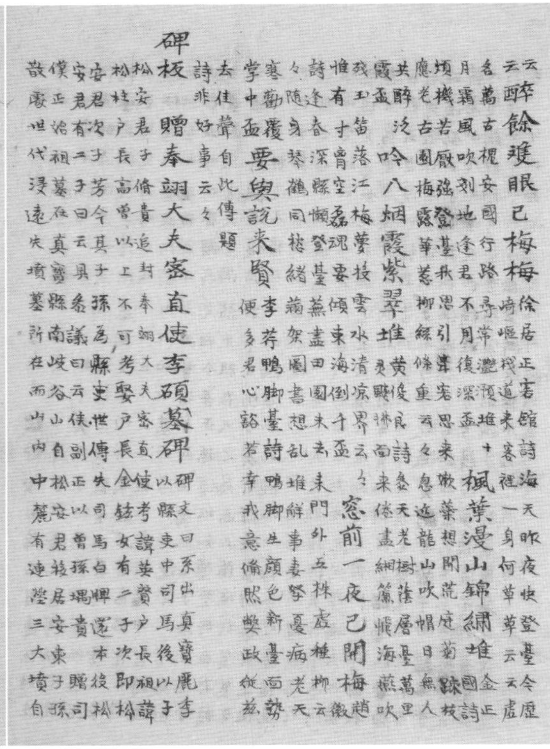

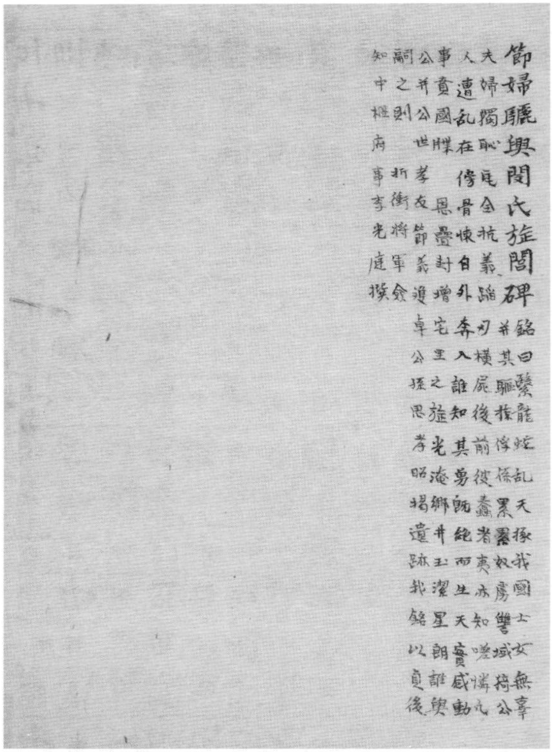

호구총수戶口總數(1789) 청송靑松 · 진보眞寶

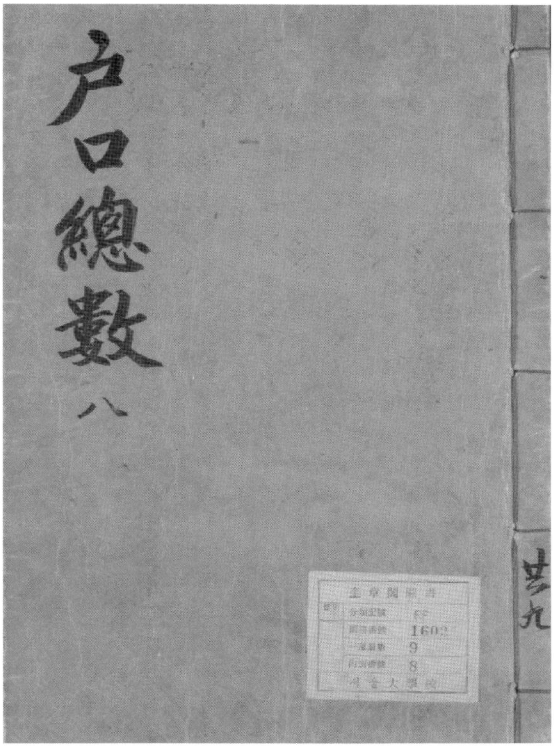

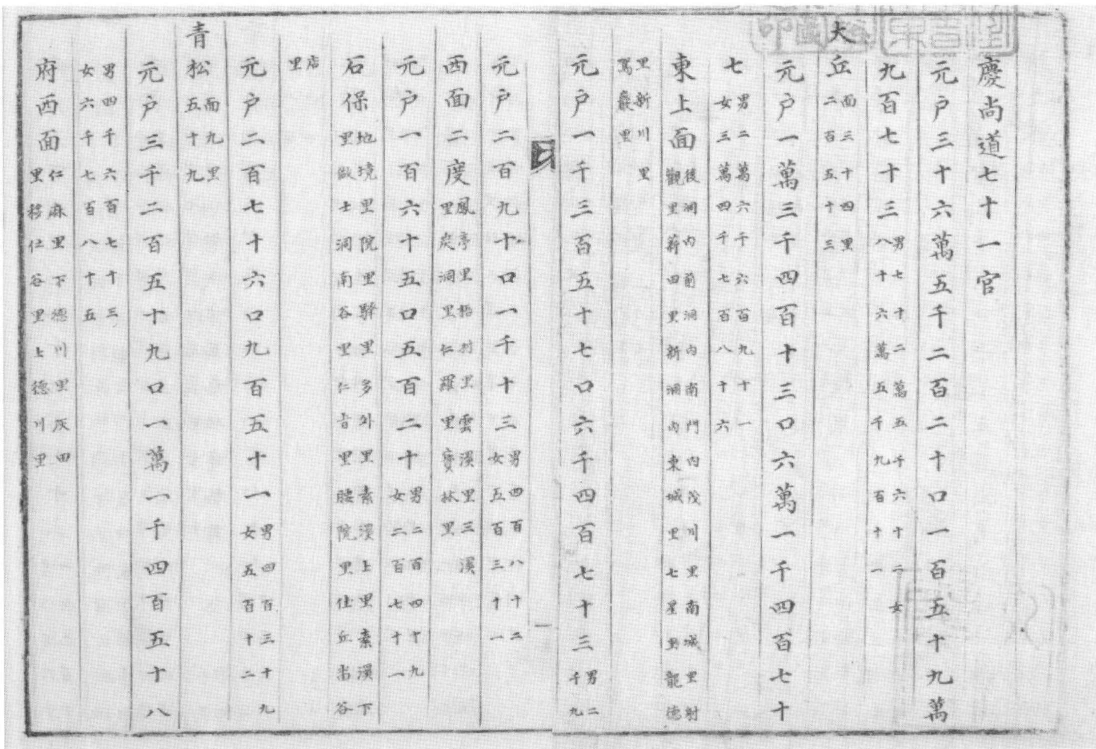

慶尚道七十一官
元戶三十六萬五千二百二十口一百五十九萬
九百七十三 男七十二萬五千六十二 女八十六萬五千九百十一
大丘 面三十四 里二百五十三
元戶一萬三千四百十三口六萬一千四百七十
七 男二萬六千六百九十一 女三萬四千七百八十六
東上面 後洞內 前洞內 南門內 茂川里 南城里 射觀里 新田里 新洞內 東城里 七星里 龍德
里 新川里 篤巖里
元戶一千三百五十七口六千四百七十三 男二千九
元戶二百九十口一千十三 男四百八十二 女五百三十一
西面二度 風亭里 梧村里 雲溪里 三溪里 虎洞里 仁羅里 寶林里
元戶一百六十五口五百二十 男二百四十九 女二百七十一
石保 地境里 院里 騎里 多外里 素溪上里 素溪下里 敬士洞 南谷里 仁吉里 腰院里 佳丘 峕谷
店里
元戶二百七十六口九百五十一 男四百三十九 女五百十二
青松 面九 里五十九
元戶三千二百五十九口一萬一千四百五十八
男四千六百七十三 女六千七百八十五
府西面 仁麻里 下德川里 灰田里 移仁谷里 上德川里

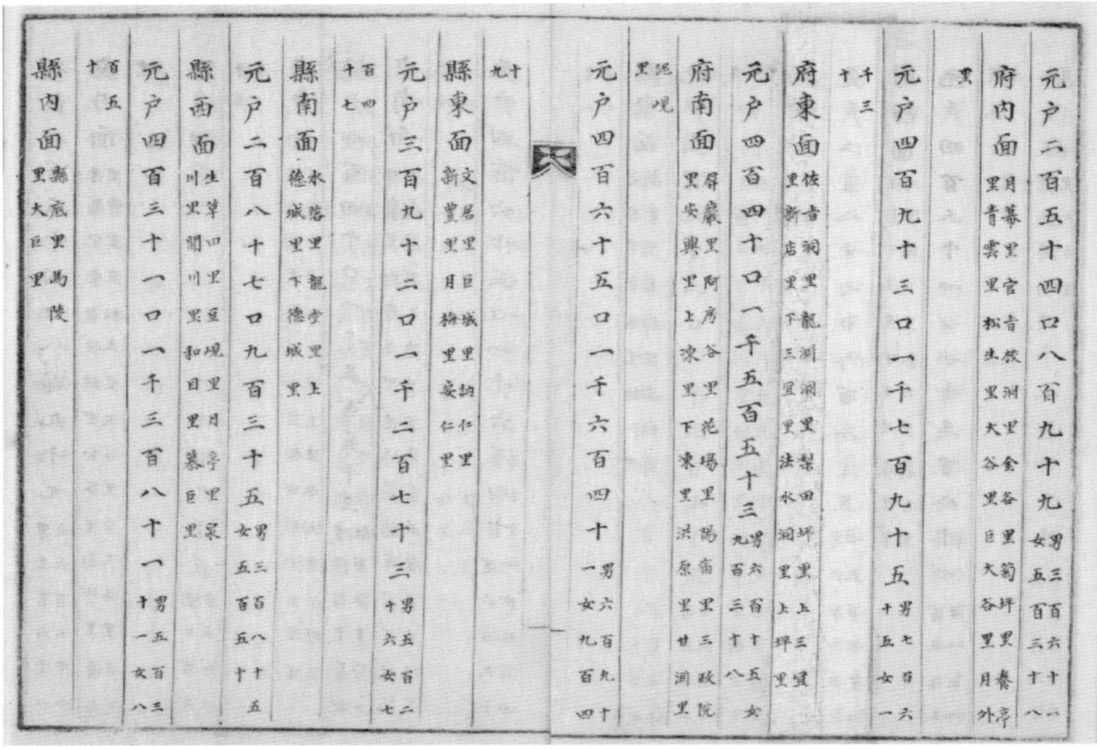

元戶二百五十四口八百九十九 男三百六十一 女五百三十八
府內面 月幕里官音校洞里金谷里菊坪里養亭 里青雲里松生里大谷里巨大谷里月外
里
元戶四百九十三口一千七百九十五 男七百六 十五女一
千三 十
府東面 佐音洞里龍淵洞里梨田坪里上三貫 里新店里下三星里法水洞里上坪里
元戶四百四十口一千五百五十三 男六百十五 九百三十八 女
府南面 屛巖里阿房谷里花場里陽宿里三政院 里安興里上涑里下涑里洪原里甘洞里
泥峴 里
元戶四百六十五口一千六百四十 男六百九十 一女九百四
九十
縣東面 文居里巨城里訥仁里 新豊里月梅里安仁里
元戶三百九十二口一千二百七十三 男五百二 十六女七
百四 十七
縣南面 水落里龍堂里上 德城里下德城里
元戶二百八十七口九百三十五 男三百八十五 女五百五十
縣西面 生草田里豆峴里月亭里泉 川里開川里和目里暮巨里
元戶四百三十一口一千三百八十一 男五百三 十一女八
百五 十
縣內面 縣底里馬陵 里大巨里

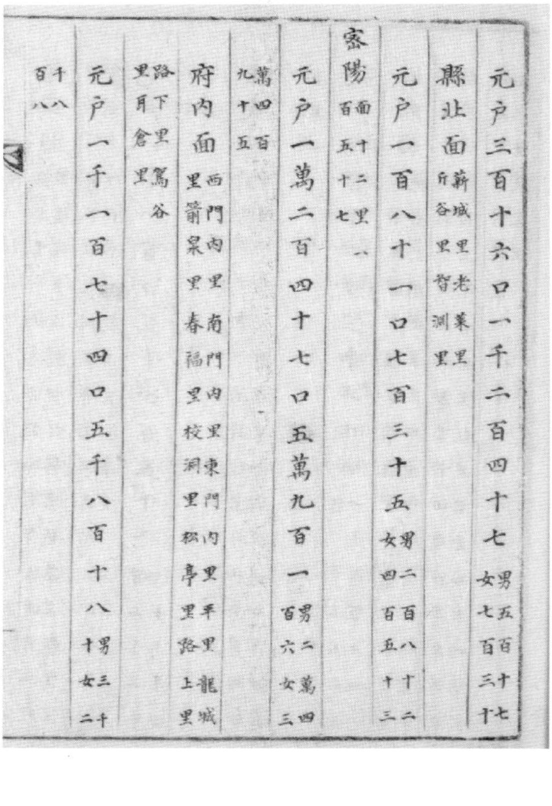

元戶三百十六口一千二百四十七 男五百十七 女七百三十
縣北面 薪城里老萊里 斤谷里智洞里
元戶一百八十一口七百三十五 男二百八十二 女四百五十三
宻陽 面十二里一 百五十七
元戶一萬二百四十七口五萬九百一 男二萬四 百六女三
萬四百 九十五
府內面 西門內里南門內里東門內里平里龍城 里箭泉里春福里校洞里松亭里路上里
路下里鶯谷 里月倉里
元戶一千一百七十四口五千八百十八 男三 十女二
千八 百八

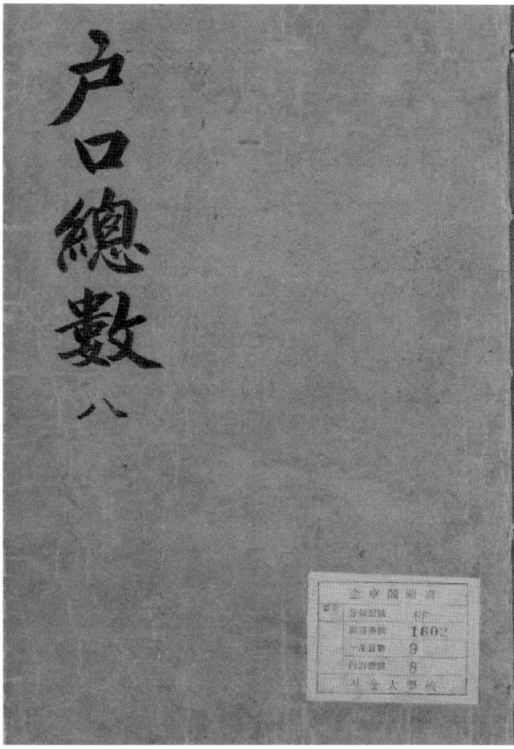

戶口總數 八

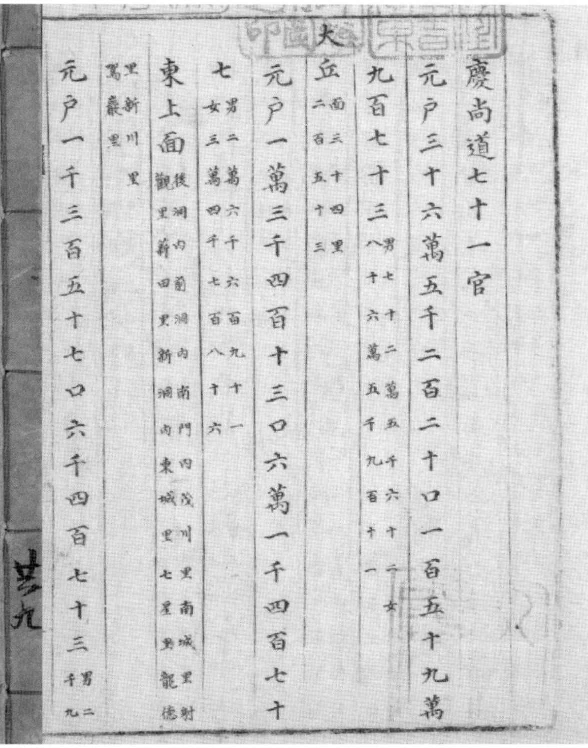

慶尚道七十一官

元戶三十六萬五千二百二十口一百五十九萬九百七十三

大丘

元戶一萬三千四百十三口六萬一千四百七十七

東上面

元戶一千三百五十七口六千四百七十三

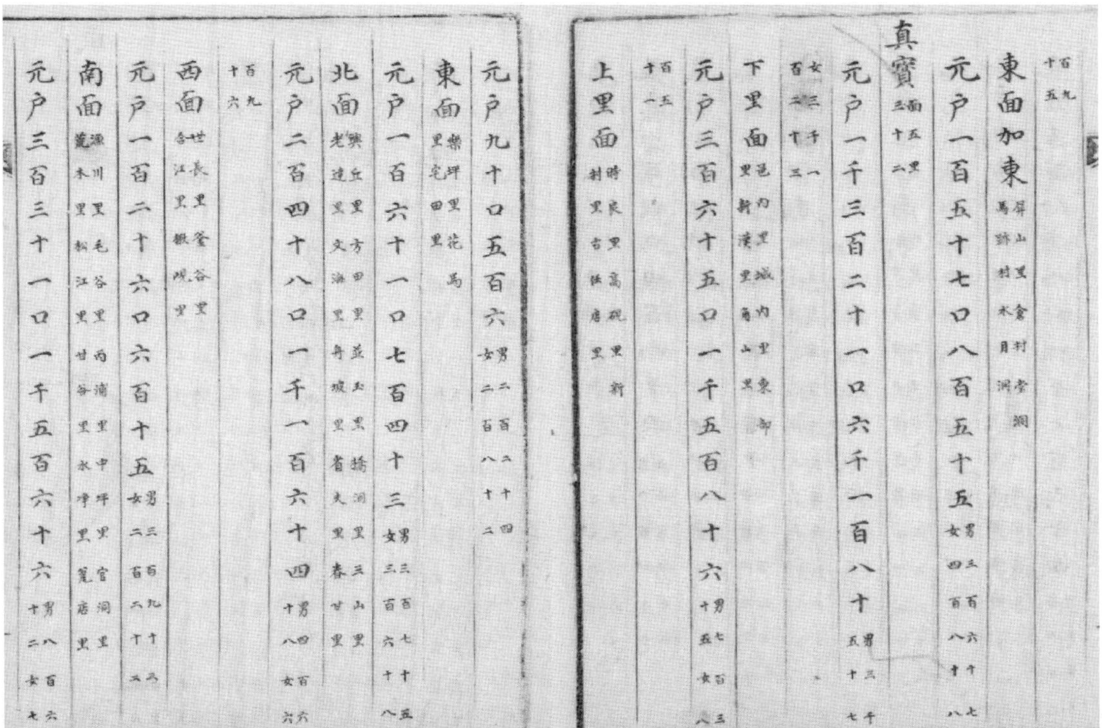

東面加東

元戶一百五十七口八百五十五

眞寶

元戶一千三百二十一口六千一百八十

下里面

元戶三百六十五口一千五百八十六

上里面

元戶九十口五百六

東面

元戶一百六十一口七百四十三

北面

元戶二百四十八口一千一百六十四

西面

元戶一百二十六口六百十五

南面

元戶三百三十一口一千五百六十六

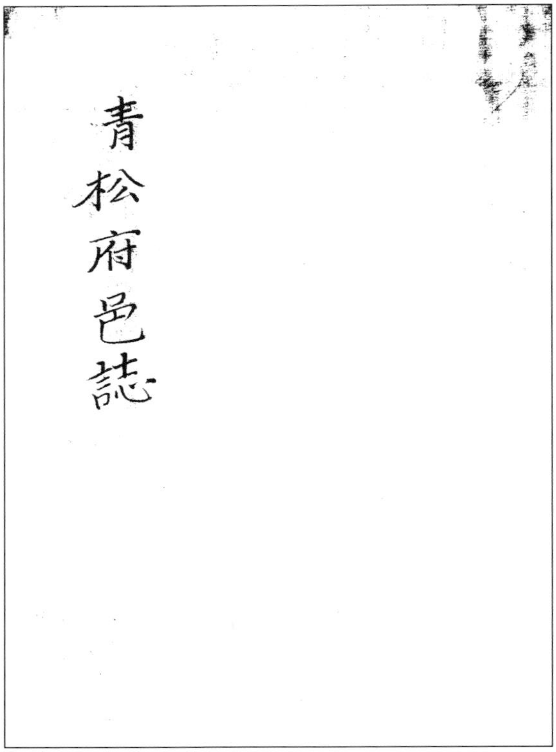

青松府邑誌

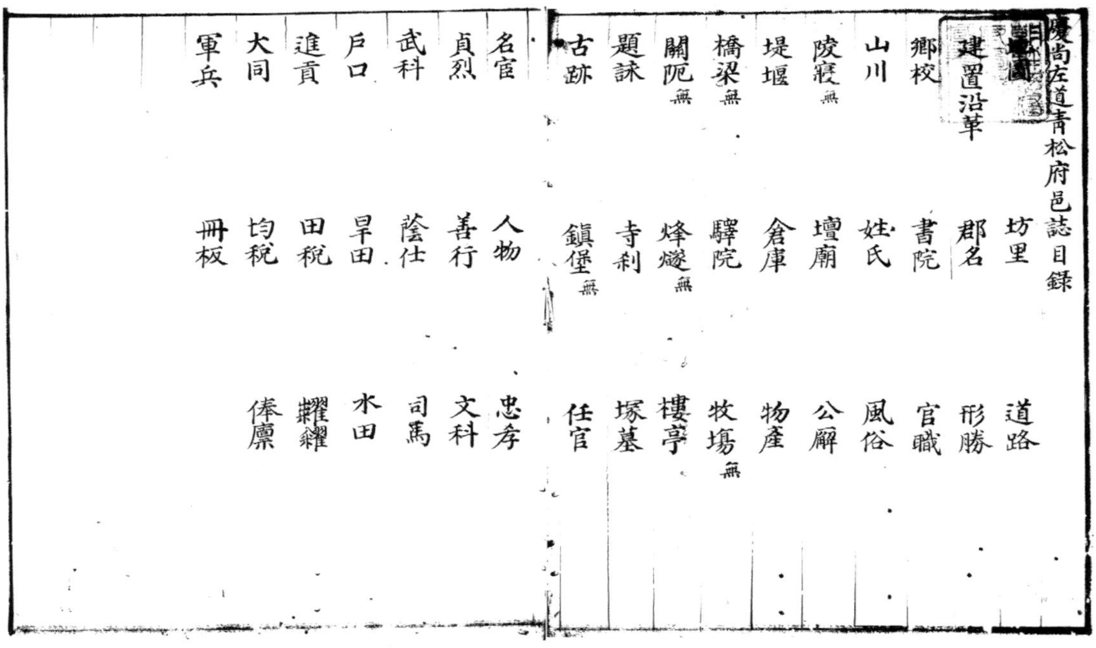

慶尚左道青松府邑誌目錄

[illegible]圖 坊里 道路
建置沿革 郡名 形勝
鄉校 書院 官職
山川 姓氏 風俗
陵寢無 壇廟 公廨
堤堰 倉庫 物產
橋梁無 驛院 牧場無
關阨無 烽燧無 樓亭
題詠 寺刹 塚墓
古跡 鎭堡無 任官

名宦 人物 忠孝
貞烈 善行 文科
武科 蔭仕 司馬
戶口 旱田 水田
進貢 田稅 糶糴
大同 均稅 俸廩
軍兵 冊板

1 2

4 3

安東鎭管靑松都護府 東至盈德界四十九里南至永川郡界七十四里西至安東界十九里北至眞寶縣界五里東南至慶州界六十五里西南至義城界七十五里距京五百九十七里西距監營二百五十里南距兵營二百八十里南距水營五百里南距統營六百里

坊里 府內面距官門五里府東面距官門六十里府南面距官門六十里府西面距官門十九里縣內面距官門五十里縣東面距官門七十里縣西面距官門九十里縣南面距官門八十里縣北面距官門四十里

道路 自官門東距東面二十里自東面至盈德界注兒山二十九里西距西面十里自西面至安東界枝峴九里南距南倉二十里自南倉至文居驛三十里自文居驛至慶州界柳峴二十里南距縣倉五十里自縣倉至永川界刀峴三十里北距眞寶界甓寺五里

建置沿革 本高句麗靑已縣新羅改積善爲野城郡領縣高麗初爲鳧伊又改雲鳳成宗改靑鳧屬禮州本朝太祖三年合于眞寶縣

5

世宗卽位之年以昭憲王后之鄕陞爲靑寶郡後析眞寶置縣監以松生縣來合因改今名

世祖朝陞爲都護府屬縣安德縣 在府南五十三里本高句麗伊火兮縣新羅改緣武爲曲城郡領縣高麗初改今名顯宗屬安東府恭讓王始置監務本朝太祖朝合于松生縣 世宗朝來屬

郡名 靑已 積善 鳧伊 雲鳳 靑鳧 靑寶

形勝 山勢起伏川流盤迴 洪汝方讚慶樓記

學校 鄕校 在府東一里觀察使金安國送小學詩旌鉞徒勞七十州綵毫未副聖君憂唯將小學裨治敎但恐諸生忽講求○入甲戌轉達重修府使李文徽重修記曰靑鳧校舍昔在府之北國洞之內而地炭業基湫隘不合聖廟之所也其在章甫尊聖之心常有所不安而咸曰擇可地可移之儒生請馬府伯從馬報按道啓朝廷而改建于舊基之西原今之校宮是也其年萬曆甲辰也其侯李公詠道也環甲辰而至甲戌九十有餘歲矣今之基亦地勢

6

高而風雨不蔽廟坐危而棟宇已傾冊賸旣湮簷瓦多隕廟以不得安靈士以不能安心由今視昔還如不還執綱趙重尹掌議李龜齡申邦儁有司趙嶝一日諭于余曰國有令甲雖不敢移建而廟宇既圯不可不重修余即往奉審所見如所聞舉宗狀以聞之匠石已具經役有期而非但地道不寧且之移安之所從舊址開新基即廟下平穩之地也雖畧於仍舊繕緝而亦非別移他所也工旣訖有司請余以記之余記其顛末而因為之誠曰今也聖廟旣去危而就安士子宜革舊而從新遵夫子之時習體夫子之一貫孜孜乎講學勉勉焉言行蘊之為道德發之為文章以之修身而有廣胖之美以之善俗而有以寧之休則歆奉之誠展矣學校之興盛矣必將振作於當時而有辭於後世惟我諸生盍於此勗之哉

壇廟

社稷壇 在府西五里 **文廟** 在鄕校 **城隍祠** 在府西一里 **厲壇** 在府北三里

屛巖書院 在府南五十里文成公李珥文元公金長生合享 肅廟壬午賜額

松鶴書院 在安德縣西五里文純公李滉文忠公金誠一文康公張顯光合享 肅廟己卯創建

樂一齋 在官衙東 正廟乙巳府使林蓍喆始建記曰余自莅府以來所與嘯咏而優游者惟是邑中諸章甫也或課試於文墨或跌宕於

7

詩酒其於一邑之士殆無不識其面竊其蘊而論其人則學皆忠樸秀其才則彬多敏瞻以至重稱之未成者亦能工於擧業興長者相勝員心常嘉歎竊謂鄕曲之風尙有不泯而第恨官殘俸薄財力不敷未嘗著意於興學之方及余臨歸始聞鄕校與兩書院古有養士之判近緣校院之貧殘盡歸於冗費於無實於禮士云家塾州庠敎養人材蓋是 聖代之美制而初無其財則已有之而無其實者是何說也今欲更張而改圖之則似不若以此財力別設一所使之專管於供士乃可有實效以是謀周諮於士林則士林咸是余言因令校院盡出別判田案且於官俸中劃給如干物成節目設廳舍而名其所曰樂一齋蓋取諸三樂中一樂之義也司馬設所適在此時而緣於草創未有舍館兼屬主管教育之節擬以先覺覺後之道庶幾有補云爾○生員趙相彥記曰夫三代之教國有學州有序家有塾其大小雖殊而興學設教之意則一也吾東方文教丕闡作成導率之方倣擬三代青襟章布之士擧皆鼓舞於化育之中豈不倚歟休哉試以嶠南言之達城有樂育齋東都有育英齋一善之右文開韶之三日莫不有多士依歸之所而吾鄕巖邑也間有志學之士抱憤興而無所於歸至於塲屋間從遊者亦患隸業之無地鄕校及鶴巖兩院之所謂別辦本為養士設施者而近來各所氣勢殘薄盡入於本所冗費雖值拼年未聞設接之擧或有

8

之而徒歸於塞責而已其於養士有名而無實者久矣何幸我侯莅茲土三年作士興學靡不用極或設塲以試之或居接以課之迨無虛月及其歲滿而歸也慨然於養士之無所措金出衆捐為設施之基於是校院如干地鄕中亦出如干銅奠基於官衙之東步武許地勢軒敞景致幽閒南望諸山妍秀綠水縈回有多士拱揖趨走之象而聞晨鍾發吾人警省之心真城市中山林而若有待者然誠不偶然也苟非我侯所存超然有得於循吏簿書之外者烏能辦此於官簡東裝之日乎青衿多士之齋自我侯始有而我侯作興之功其亦永有辭於南州矣不旬日功告成廚舍垣墻亦次第而成傍近徒役之樂事赴功亦可見也齋既成扁之曰樂一我侯之所命名也樂一之義盡於原序中若夫衆行餘例於節日中為我青衿儒士者可不各惕慮思所以副我侯所須之萬一哉不侫忝在剏設之任南君明漢實與之主管是事不侫於此等事未免生踈且以疾病未得終始斡攝南君有獨賢之苦云爾

城地 無

官職 **都護府使** 文窠從三品 座首一人 別監三人 軍官二十五人 人吏三十人 知印十二人 使令十五名 官奴五十八名 婢四十三口

9

山川

放光山 在府北二里自盈德縣弁峴來為鎭山

周房山 在府東三十一里自盈德縣弁峴來

普賢山 一云母子山在安德縣南三十二里自周房山來

龍纏巖 在南川上流巖有龍纏之故狀石

刀峴 在安德縣南二十二里新寧縣界自普賢山來

注兒山 在府東三十里盈德縣界自周房山來

三者峴 在府南三十八里自於火峴來

普光山 在府南五里自周房山來西麓即沈弘孚墓

柳峴 在安德縣東二十一里慶州竹長部曲界

於火峴 在府南五十二里自周房山來

枝峴 在府西十九里自三者峴來

南川 在客舍門外其源出於火峴至臨河縣枝村入于眞寶縣神漢川

安德川 在安德縣西三里其源出普賢山至安東府臨河縣為琴召川

椒水 在府東八里其源出月外山入于南川

方臺 在安德縣北十里川邊巖上有風樹堂邑人主簿趙遵道所建永慕之所有諸賢題詠見下

鶴巢巖 在周房山有鶴巢其上故因名焉文純公李滉以玉堂出外求青松不得而得丹陽湖堂餞席留贈諸學士詩青松白鶴雖無分碧水丹山儻有緣

落淵 在府東十里月外山遇旱則禱雨

賢妃巖 在普光山沈弘孚墓下王妃累世毓慶故名

天矢石 自古諺傳周房洞有澤多金鰲到寺膳夫醨而進膳

10

[illegible]作有黑虎大如犢仰隤自天透瓦屋到床監務遂喪亡因疾作數日死名其居曰天矢至今留店 于庵中見司僕正申樑雜記中

姓氏 青鳧沈金全蔣申松生尹盧全鄭金朴李安德金李孫 全薛 蔣一作 趙權閔申南徐

風俗 尚儉嗇 觀風案 民淳俗厚 洪汝方讃慶記

陵寢 無

公廨 客舍 新民軒 鄕射堂 將官廳 軍官廳 府司 人吏廳

堤堰 上坪 在府東二十里周圍一千五百三尺水深五尺 寶嶽堤 在府東三十里水周圍三百五尺三深尺 注山堤 在府東六十里周圍一百八十尺水深八尺

倉庫 軍器庫 大同庫 司倉 南倉 在府南二十里 縣倉 在府西五十里 西倉 在府西七十里

物産 蜂蜜 松蕈今無 茶 石蕈 海松子今無 熊膽今無 莞草 紫草 白花蛇今無 羚羊今無 人參

橋梁 無

驛院 青雲驛 在府南十里南距文居驛四十里東距梨田坪驛四十里西距安東琴召驛六十里北距真寶角山驛四十里中馬二匹卜馬五匹吏四百人奴五十一名婢四十九口

文居驛 在府南五十里西距和睦驛三十里北距青雲驛四十里東距梨田坪驛五十里南距慶州仁庇驛六十里中馬二匹卜馬五匹吏二百二十人奴六十六名婢三十口

和睦驛 在安德縣西三十里東距文居驛三十里西距義城青路驛四十里南距義興牛谷驛五十里北距安東松蹄驛四十里中馬二匹卜馬五匹吏一百三十五人奴八口婢三口

梨田坪驛 在府東四十里北距青雲驛四十里西距文居驛五十里東距盈德南驛四十里南距清河松羅驛七十里中馬二匹吏二百二人奴一名婢一口 肅廟朝辛卯設立 三者

院 在府南二十里今無 枝院 在府西十三里今無 訥仁院 在安東縣東十七里今無

牧場 無 分養馬二匹

關防 無

烽燧 無

樓亭 讃慶樓 在客館南○洪汝方記宣德己酉仲春之日道海而東而止至真寶轉南行數十里漸見山勢起伏如龍騰而虎踞川流盤廻若欲去而復來松栢蔚乎蒼蒼烟霞晻其藹藹清流一洞依然仙境者乃青松也俄而軍吏冠服擁道次郡守備儀仗迎 命白叟黄童鄕學敎坊莫不歌詠盛德各有詩章旣禮迄 登南樓自是民淳俗厚竟日無狀告者郡守河君演斯文友也謂余曰是邑乃 王后之鄕嘗以縣陞郡募緣僻使稀館舍未備往歲始募閒徒搆廳堂暨此樓願名以記之余曰夫河嶽之靈興者必產其祥祖宗之積累者必流其慶青原侍中公之先世分秀氣於二樂種仁厚於三韓培養其根本爭毓其精英迄今坤德母儀王葉金枝行我朝鮮億萬世無疆之福登斯樓望其墓不得不仰讃也故名之曰讃慶 洪汝方

重修 文正公宋時烈記 青松 聖朝之莘摯

樓名之讃慶者亦以此則其廢而不修者不可之大者也況創之者河公遴則以其子而不死其親者古誠然也有難詳知者矣德水李公東淇百宗辭禁掖歸老于善山地 朝家惜其江湖之間與從班也今年春畀以是府時兌陞辭而自善徑赴爲公日吏隱吾宿願也旣至視其屋宇故多支柱頹圮並召匠始封農隙役民旣東建客亡次及斯樓而精緻尤加焉修儉俱宜輪奐咸虔旣成而士民無不拭目改觀蓋惟此府距京師六百里所吉月令辰公將於此而北望宸極於雲天縹緲之間咸與士民慶祝君上者無非本支百世如 仁憲聖妃之時則其助毓我 朝家之福何如哉方今中外之情贊者實在所在而斯樓進成亦其冥冥之一端歟公與河公皆善之人而相與於始爲其赤膏矣公盖宗石文成公之從曾孫其爲 宗社願忠之心固有以異於他人者矣今年則實崇禎着雍後紀也

秀孤亭 在客館北萬曆己卯府使高景虛所建文純公李滉書扁額府使梁克選詩昔賢何顯秀孤亭爲愛排空獨也青彩墨至今留板壁銅柯依舊蔭前庭脊高秦嵩木横千人奇苛實榜閣萬嶺鬱鬱澗邊舍晩早遲遲叢畔抱幽賢勝恭金鼎斛鉛絲勝合攫衆皆酥醺風送笙篁依律呂詩翻渾勵況當運畫蒼常但徒辛苦從赤很良亦眇其爭似此簡余吏隱郡齋朝暮卧壁扃

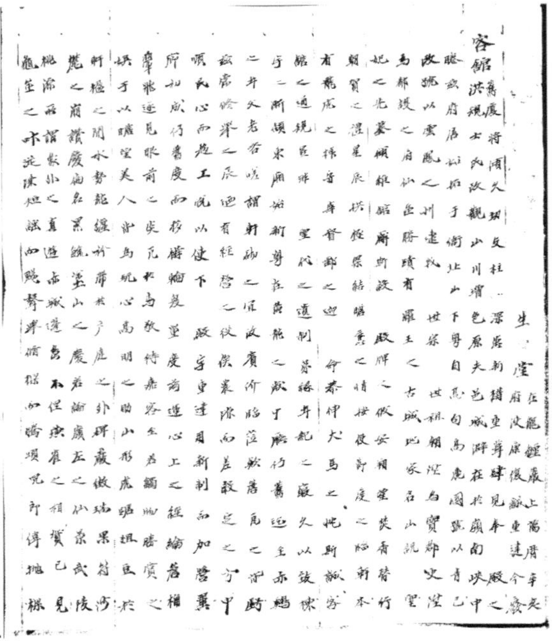

15

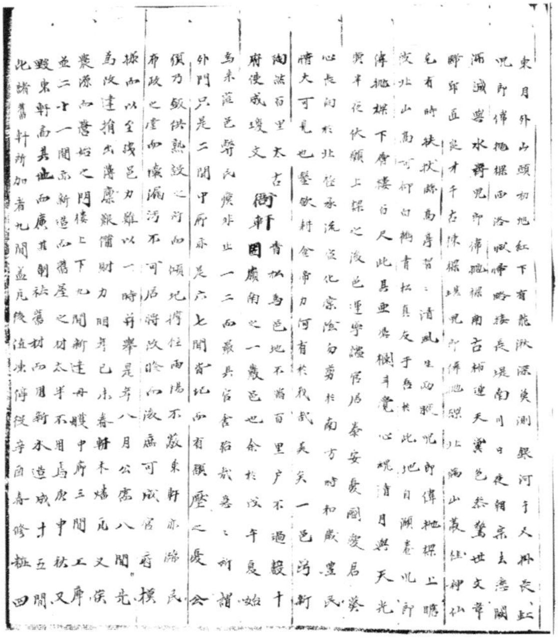

16

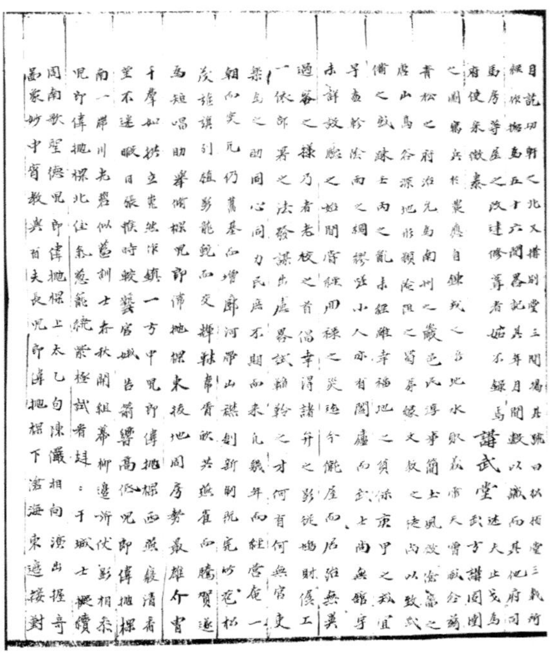

17

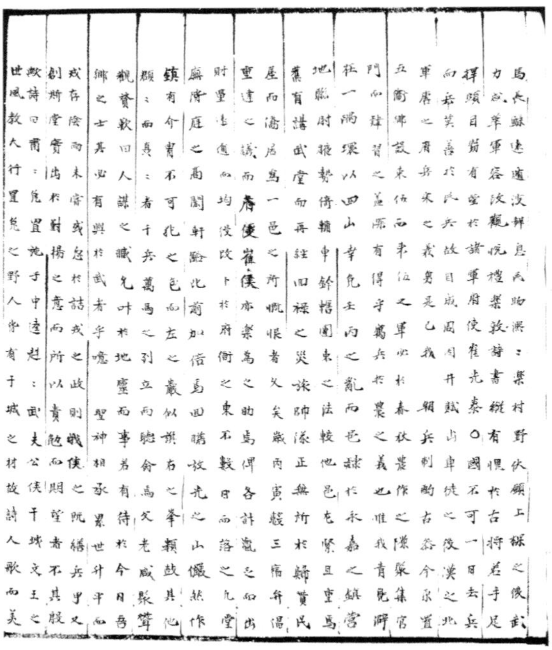

18

之顛萌驊奮之屬雖玄卑微均是 聖朝化育中一物耳
入而講覲上事長之道尚知書趣袂扱跖之勇則他日千
城之才安知不對狄木處顛士處病火餘民物
單岑也歟 內明淡記

讚慶樓記

之蕭條馬斯卓犖斯龍眼
前銘宇之突兀爾名忠義攸舊閣新當公維兹白鳥清鄰
厥有青鳥靈龜地名積善學自高麗新羅朝開闢千年天
眷毓祥符我 昭憲端懿后本支百世賢革光嶽如拱如
揖虎踞龍盤 聖子神孫丕顯丕承鵲巢麟趾肆河佚起
樓而志慶暨洪公作記而頌休山之高水之長萬千氣像
前者吁後者應朝夕登臨勝彼松栢蒼蒼尙記 聖母之
種植宜爾子孫蟄蟄幾八詩人之詠歎不意回祿之呂突
遽鶯飛鶩之枝蜿蜒天然蟠連焼二百餘民家捲地狂飆
蕩蓋數十間 閤太守之不能反風滅火誠有愧焉小民
之不能也士夫居後何幸也蓋是樓命名之義本非偶然
況今日同慶之辰宜勿毀已遂乃謀諸良匠涓兹吉辰若
衆若米若麻若錢 朝家之恤典屢降自東自西自南自
北營邑之工師咸趍伐鼓鼟鼟青雲梨田之役夫奔奔走
括土橐橐雙溪水巻之僧徒後先是謂來者如雲果見成
之不日可謂鳥王始歎無地起樓相對層樓綺驗自天有
佑南有樛木濡帶文林之遺風壯哉 楓宸倍切舉對之
深祝望美人兮渺渺更上一層同我民兮祁祁皆呼萬歲
兹陳短頌助擧修樑兒郎偉拋樑東瑞日初生大海東一

19

朶紅花繞鳳葛 聖人之母降吾東兒郎偉拋樑西蔥籠
佳氣來東西千年壯粒多靈異生 聖吾鄉是岐西兒郎
偉拋樑南坤化至今配二南止女聲樓日四拜祝君之壽
齊終南兒郎偉拋樑北樓在斗南辰在北古柏千株蔭澗
地黃門香日從天北兒郎偉拋樑上燕燕飛飛拜下上看
取須臾成百尺峽民惟識愛君上兒郎偉拋樑下深深澗
海經其下願將屋角義千萬拜獻龍樓我 殿下伏願上
樑之後一樓攸觀百祿文華紋總繡戶並雙光而增輝玉
葉金枝暨萬世而垂蕃華構翼翼行人過客之咸嗟寶籙
綿綿泰山盤石之永 黃府使韓光近○嘗讀斯干詩者之
君子愛居之深祝君之切雖宮室屋宇之間亦致甚期望
讚美之誠蓋其忠厚之至觀萬與思情見于辭自不能已
也青松之蘇以 王后李貫什馬府先墓在其南山水迴
抱松栢蔚然而慶毓于 昭憲端懿二王后之聖在昔河
決滿之營建斯樓而以讚慶爲亦詩人之意也歲辛亥韓
侯光近自銀臺作守是府政淸事擧民安於慈惠翌年壬
春邑人不戒于火延爇二百家斯樓亦被其燹矣百年輪
奐欻然盡矣侯早起而彷徨顧望而歎曰吾既無誠不能
反風而民既罹其災樓亦隨之矣則有粟米麻絲 朝家
之拯典可以仰體而無憂至於樓額名而恐不輕而重責
既在吾其何敢一日闕也於是捐廩鳩財以閏月癸丑而
功告成樓之在焦土燹壁之間不過旬朔之迍而東西迴

20

客有歎月之行者其惡也徒見其眼前之突兀如鶩日在
而所異者蓋有新麗勵無督封丹青照碧煥然增色而已
侯之高功不亦勤且敏歟世之率百里者其封域之內臨
江依山之地樓臺勝槩類爲廢址過客咨嗟而不忍去者
凡幾處哉其初非不欲改修其終非不盡拋志有其心而
力不及有其力而心不足滔滔皆然侯能心手相應才力
俱到不移時而事成可謂奇矣是天假回祿氏一炬俾揆
讚慶樓而目於傚頃之間益新其命名增其麼以遺續休
祉於無窮也豈不待也哉因為抑有感焉嶠南自古多名
樓臺高華顯敞之觀勝於斯倍蓰矣然而燬則置之地則
已之無大關於踏翰而斯樓也則 君有德而頌之邦有
慶而讚之雖尋常屋宇之微顧名而思觀物之興君子之
情有不容斯須已哉此侯所以不日修改而忠愛之誠油
然行於間者也斯不亦詩人之遺意也歟 完山李種徵記

玉山亭記

以目而賞之不如以心而會之古人蓋有此論
而非達觀者無足與於此者世之人窮眼矚玩
觀遊樂者莫大於樓閣臺榭以具塵塵囂其態者言之翼
然傑構臨乎大堤平沙之隈甍甍輝映棟壁炫煌遠望而
峯巒之立立對以凡葉倚瞰而川浦之滔滔間以巖石芳
紅猗樹爛錄盈疇以至山鳥渚鷗之翱翔自樂無非可人
意而騎人眼則對此賞之亦足以誇美而彼固在我外物
也細究而默量則抑有景內之別穀神景自扶輿磅礴之

21

初散而爲萬殊者其原則一心雖狀態之各殊其巧而造
化之工大小巨細之無間故以心而會之則雖彼許多淘
擢而呈露者莫非我丹田一圓中去來之物而已是以古
之大觀之士以天地間形狀林總之類包得在此心上渠
渭故不但外而賞之必先內以會之推其源探其理以極
夫化化生生之妙也是道者指點乎坐立起居之所觀只
稱其樑桷之崇高結構之華鮮對眺傍眺之函供也哉以
此言之中國之岳陽與月波大小不齊而均一樓閣也我
東之鍊光與真石制度各異而同一臺榭也宋儒有言曰
遊覽者不以心觀乎理則其賞玩者在外而不在內也余
於青鳧之玉山亭
亦云 府使李基德

衙軒題詠

嶺外青松府銀章避世翁拙誇修得道文字靜淑
切庭樹遲遲日墻花冉冉風因循契夙怡轉覺篤
緣空巖郡無公事偃遊病亦堪高眠一簾下危坐四山蒸
性豈推移化靈應靜養涵居閒得性情廣覺虎生懲爲官
似隱隱淹泊兩逢秋樓與烏鵲定聲將鹿豕遊節性知境
安蚤分了名浮獨惟烟霞癖顚狂老未休鷗閒還洲淨叟
裡小江湖客去黃棍當公餘素帙供士應推理世天放佚
吾徒少曠經巾墊欹梧病物孤山亭引閒步扶杖上逶迤
壁揭退翁掌扇仍陶令詩因之生逸意使欲賦歸辭向夕
松陰轉盈柱日每遲庭月團團樹搪風瑟瑟松孤吟使君

22

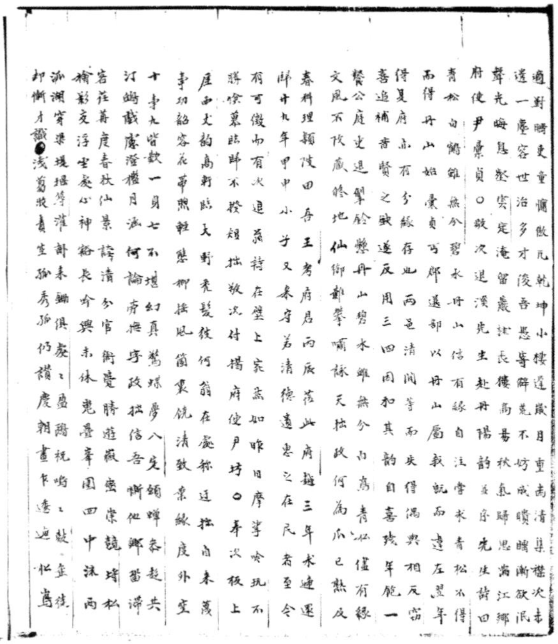

23

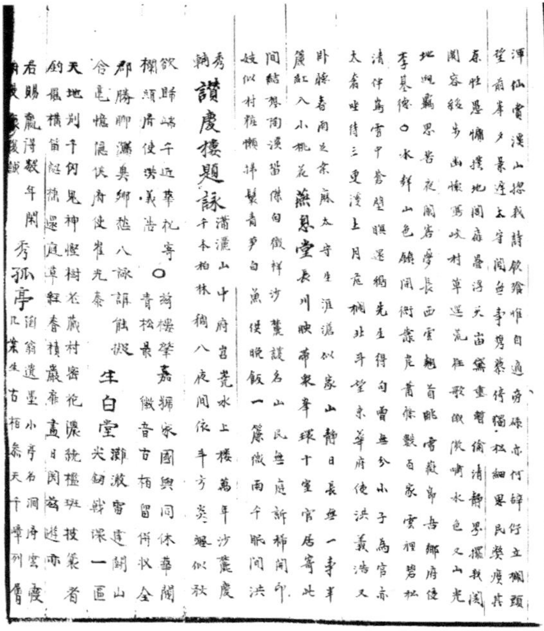

24

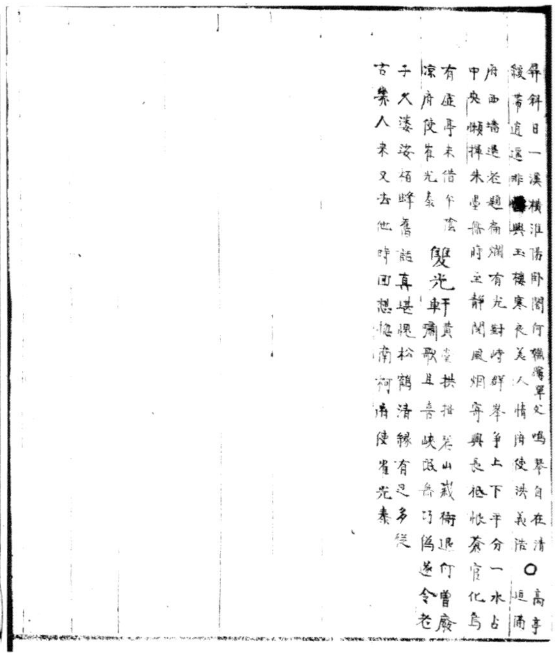

25

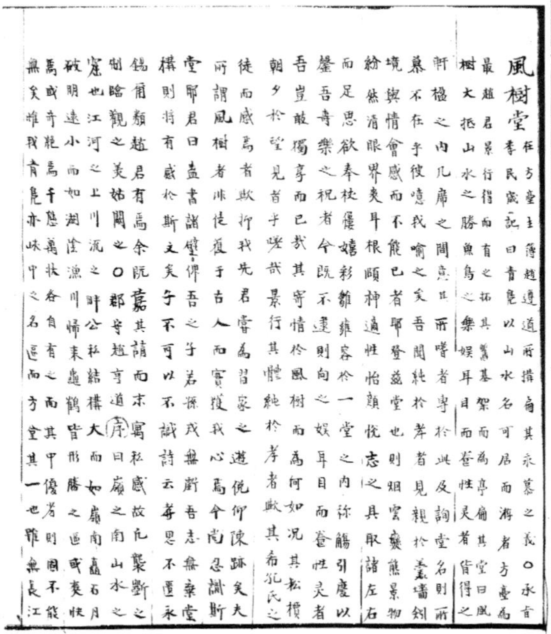

26

太河名山距野之雄其境界之幽僻巖壁之競秀亦不讓
多於扁之諸名勝金之上舊有亭爲㑹䆠嘉亭之勝而每
嫌其人之不逮歲壬辰亂作而亭火於行人之手風流勝
賞不得復見者將三十年于茲已未之春吾弟景行買山
而重建之南置燠室北開涼堂舊其礎而新其宇地與人
於是有遇是時崇日之火天有以相之歟亭之作不但爲
山水之勝軒楹之侈而已吾弟其有思乎吾先毋華於金
金之山距於堂僅一衣帶耳往來是於斯登眺目於斯隨
日瞻望起慕興懷爲如何哉然則仰對蒼壁俯臨清流樂
不專矣贍眺沙汀把杯松軒興不在矣興愴於雨露之沾
濡抱哀於樹風之不靜咨嗟詠嘆如有求而不得者其誰
知之其誰知之歟亭之扁茲堂而作是記其亦知景行于
噫吾兄弟於是淚矣感而書之

五宜軒 參判李夏鎮序曰軒以五宜名名得其宜也宜奚宜宜適其所宜也
宜於宜者固不宜於不宜以吾子之賢所宜乃在春秋涼
燠之間而繼之以接北之宜其於世之馳騖形役之勞豈
非所不宜於心者耶因其宜而反其不宜之濶吾子其適
於人遠深敢不樂爲之說而張於人雖然吾子之宜識宜
矣無其所宜者止於是而已不有藏修待用之具耶其抑
者知數歲輝姑欲以此自誤耶自非於者此非吾子之所
宜也余雖未及登吾子之門數與阿咸伯玉君語知吾子
信於一家不苟然而已也顧今世雖不可謂極治亦不可

27

宜也余雖未及登吾子之門數與阿咸伯玉君語知吾子
信於一家不苟然而已也顧今世雖不可謂極治亦不可
謂極亂所君子可出之時也子而苟踏于于之轍則上之
措諸廊廟而宜次之顯於卿月而宜下之用於臺省而宜
外之試於盤錯而亦宜以至凡百執事無所處而非宜吾
知吾子去彼五宜而就此五宜也無疑矣何爲久宜其不
宜而宜反不宜其可宜者耶何傷乎亦各其志也風人所
謂考槃在阿即吾子有焉所詠四時之宜特其寓言者耳
若夫置身於五宜之間而五其宜者豈近於中倫中清之
放言者耶於其阿咸之歸姑序其宜而識其所宜云爾 ○
參判李沃記曰心無所外役而能泰然於靈臺者可以遇
其宜而宜焉不然將營營世利上得不得爲已憂而已何
得以宜焉今上舍趙公嶺之鄉族大者也累擧不中於有
司退居林下數十餘年搆堂五宜以寓意焉宜之爲言適
於我而不求他之謂也春雨旣濡草木有花開其鄰澤而
宜於花也秋天寥廓月光澄明賞此靈景而宜於月也寒
寒天地冱大炎土山焦樓高爽塏室嚴陽和則是宜於四
時而無時而不宜也夫合四時之宜爲一身之宜則四與
一爲五堂以之名也雖然花月之好不能自宜涼燠之宜
各有其時聞其香而樂之誰與見其景而愛之者誰歟朱

28

烏玄武乃天之令而或因或隙各隨其氣者亦誰歟是知
四時有異而宜四時之宜者人也雖然心有所外役而百
骸九竅從而苦焉顧安所宜焉是知人雖有四時之宜而
宜一身之宜者亦心也向使主人模邈隨人浚求遂擧不
厭徒知求於人而不知適於己者亦殆矣夫余求所宜而
不得者先賀趙公之宜書此而歸之繼之歌曰公作軒宜
花月光宜襟香宜德公入軒宜涼燠寒亦煖火不熱公有
身無不適世之人鮮能及抱五宜扁其顏誰之歌李文君
○尹彙貞重修記曰趙君岷以其先王父所爲五宜
軒敍示余因述其遺事且曰軒久圮壞今易而新之乞賜
一言紀續余受而讀之曰嗚呼此可以觀亭觀衰盛興
廢之理也夫世之出入將相處功名之會者顧莫不營置
別業極爽塏壯制度以夸美人而其人者類馳掌世務卒
不暇一出遊息門閭寂寞之濱爲行子遊覽眺吟望之
所旣而毁瑞荒落轉易其主問之則以身死其子孫不能
有此曰皃刑戮而歸之官也噫其始之經之也豈欲其如
此己也衰盛無常興廢有時亦有過豐嗇侈儉神忌之
不可適者也若五宜翁所居在青松府南安德之里去京
師七百里以處僻遠故人不爭利又簡樸易安故得傳之
累世至所謂世遠亦蕩所宜處也翁寡通士不芳逐棄博

29

嘗三楹小軒於室南偃仰遊息燕處其中爲風月主人
歷閱四十寒暑以壽終與軼掌世務有亭觀而不一出者
行如此其於閭旁遊必有枯取舍之者矣其自叙以趣閑
律占形勝擬之康樂之閒道許汜之問舍蓋其意不欲一
從心於外之者扁軒以五宜亦寓言者而寄趣於身辭曰
色之外況涼與燠又豈足以樂翁之心哉詩不云乎考槃
在澗碩人之寬獨寐寤言永矢不諼翁其有之矣翁之孫
岷因舊基改建其軒軒故有一時文章老師題詠徧壁既
汶軒並移揭焉遂前觀翁可謂有後不棄爲其子孫世守
而增飾焉則雖及百世可也余適守是府聞翁之風而悅
之今於吾趙君之託不辭而應至其五宜之義已於翁自
敍盡之特嘉趙君不棄其基因感亭觀衰盛廢興之理於
是乎書

玉山亭 在府西五里忠義衛沈世勲之所搆也

旅軒臺 在屛巖文康公張顯光丙子後無意仕宦築臺於巖之上以爲遊翫故名

題詠

讚慶樓 徐居正詩曰盡日閑吟倚柱遲諸賢傑句揔盧
前兩山夾走疑無地一逕潛通小有天欲訪青
覺今不見閑看白鳥正堪憐此間亦必蓬壺在不用丹立
仍烟仙 ○金宗直詩曰樹杪華檻落照邊登臨高興把盃
前川迴繞郡千尋磴山擁倫他一尼天沙麓稍符真可記
桃源物色正堪憐樓頭笑向樓霞客巢許從來未必仙 ○
一春蓬轉此身孤已覺良辰失所圖帳裡松香消欲盡萬山
深處宿青覓 ○宗室深源詩曰懸崖刻削桃埂邊幽澗隱

30

廻統館前西壑雪消泥沒馬東崗風捲樹參天清宵短燭
燒離恨薄暮孤碪擣暗憐徒費襄王非蕩子夢中雲雨亦
神仙○觀察使洪聖民詩曰無數風光到眼邊山居三面
水爲前娟巖芳桂宜晴日暮洞深雲關半天真訣未成青
鳥除殘生應被白鷗憐夜來恍借仙家宿却恐明朝不是
仙○御史柳綏詩曰驛路長天慣眼還青松依舊一樓前
方臺列巘真清界落瀑飛湍別洞天巖峽詩編吟更好風
流御史老堪憐遊山欲別忙難得眞道茲行望若仙○

青松八景

山擁川迴是五城仙源故老說分明周家八百由
天姝羅縈千年始開奠危島無心悲世變壁詩言
志頌時平南州六十多樓閣應愧雷同浪得名右讚慶樓
○讚慶樓前勝遠情千尋危磴俯泓清天勞造化揮神斧
地鳥憑夷聳鐵屏風動笙簫聞上下秋深岩鮮點丹青恍
然如在剡江曲欲棹蘭舟泛月明右城隍赤壁何物當年
試化龍應教霹靂掣長空巖腰縈屈多奇跡滿口清冷有
故宮毫雨來時龘彩鬣曉雲濕處送腥風至今庭上松杉
老赤甲蒼髯彷佛同右蟠龍巖○縣破為村歲月遷數家
籬落自蕭條路邊廢井邦堪泅陌上空桑盡作喬西日霞
呈紅琥珀東風參舞綠裙腰箏來消息無窮事一郡興亡
未足嘲右松生石縣巖崖絕壁巍重重道氣悠然滿西濛
溪水照人人上下巖楂答語語西東居常只謂乾坤廓到
此方知造化雄安得連城琴一曲坐移滄海幷來同右方

31

臺○行到招提境轉奇辰韓城堞有遺基杰杰劒戟千攢
立谷谷屛幃萬仞圍似入鳴濛魂蕩蕩欲呼元氣口期期
明朝飛上高頭坐笑傲澗冰未足危右周房山○鎮山磊
磊聳碧霄儲精降聖播民謠理銀洞裡春花霞抹樂尚頌
曉雲繞松顚使能吹講席璇光塵未入心朝迭君前濺如
多小誰似山靈不世標右放光山○天漏飛流宜自然夢
令詩客洗塵緣初疑玉馬馳奔坂終作銀虹滌飲川如下
驚雷無日斷巖間洒雪不雲連我今三叫能須聽施雨丁
寧不負年
右落淵

秀孤亭

御史柳綏詩曰十載曾從此地迴布衣今作繡衣來
青松白鶴仙緣重碧壁丹崖醉眼開黜陟那能酬
聖意險夷惟勉盡吾才孤亭鼓
角道道發慣雨沙鷗倦莫猜

風樹堂

方虛趙遵道先東萍亭道詩曰痛泣平生撼樹風況
今丘壠一望中不堪夢寐驚成幻無賴絞綃濕出工
吟勝有要詩似錦把盃寧作氣如虹往來堂下終身慕爾
我年俱五十翁○副提學李埈詩曰羽化羅浮有舊風孝
家今克此山中仙區鳥石應爭秀繪事龍眠敢奪工無復
煙雲尋故鶴憶曾吹笛過壺虹三生清福惟君享岐路細
復愧此翁○橋樹風長撼堂花露已晞丘園臨咫尺朝暮
血沾衣○承旨申之悌詩曰堂前大樹不禁風影響平生

32

夢寐中略望為緣丘壠通經營非要剪裁工樓霞未必驂
黃鶴種玉應知採白虹試欲揮須老手記亭終屬戶山
翁○承旨李民宬詩曰刀刀聲在樹間風孝子情懷寓此
中樂眠自知情境會名堂非散記文工思亭起鳥瞻丘壠
翠浪休誇閒玉虹炯炯寸心人不識分明報應有天翁○
文忠公金誠一詩曰玉峽瘦千疊寒濤勢曲流孤村當谷
口危樹倚巖頭籬吹雲中大沙眠海上鷗客來仍坐久春
日下汀洲○司僕正申楫詩曰望雲遺跡見家風樹堂
成咸慨中孝子寸心能善述思亭千載更同工聲名必達
求忠日瑞慶應徵吸酒虹愧我偏依河壠草晨昏還曠拜
吾翁○府使鄭彦宏詩曰青青原上樹風撼露先晞一
堂追慕地無復舞菜衣

五宜軒

領議政壺谷南龍翼詩曰庭事軒名必五宜四時宜
府一乎宜炎涼風月賜神豪著我荒詩得不宜○判
書滄翁鄭斗卿詩曰靜散青山地而無塵世喧聊將一絕
句遠寄五宜軒○承旨具鑑淹中詩禮古名鄉才行郎卿
世襲芳一面濟山三畝宅四時光景五宜堂圖書滿壁無
贊樂富貴如雲不危方已辦青鞋與布襪倚容裏着待仙
庄○判書梅山李夏鎮詩曰小軒風日暖何物不宜春柳
颭時牽蝶花飄或點巾舞雩詠未足洛社座應新千里遙
隨壁心交信有神右春宜風閑居忘暑序黃葉乃新秋為
翫月生當早聲簾上鉤宿明曲砌淨狩蝶小軒幽更覺添

33

奇勝賞鴻乙滿曠右秋宜月竹日午高蒼松風灑長夏庭
閒亂水間門掩青山下但有清樂深曾無塵極暇華山如
可分傍此營茅舍右夏宜凉暖氣留深屋方冬不似冬香
濃當案桂新怒半庭松燭炭添三節新醅盡百種偶然閒
小牖逼寸眼闌鍾右冬宜幽雅壯適雲泉癖既生天地間塵
中紛役志世外獨偷閒靜極披黃卷清來對碧山仙居元
縹緲城鎖竟誰攀右此身宜處其間○孤松申弘望詩曰
東風起幽竪入野草空谷一任吹裏鬢何嫌落醉巾款傾
花影亂搖颺柳絲新緬想詠歸興山林足養神雲陰廊掃
畫柱影一天秋群疑忽如畫踈簾催上鉤興因詩自遣人
與景俱幽清福君偏享塵中知者晴小軒納夕涼峽裡政
炎夏露頂倚床邊披襟卧鋪下心神自爽清時日還多暇
借問熱中人何如趙上舍幽人不出戶偃息過深冬但聽
風敲竹寧知雪亞松爐烟凝滿壁罇酒暖盈鍾堪笑紅塵
客衝寒趁晚鍾知君多道氣瀟洒出塵間小構宜徑歲殘
年合養閑興來長對酒眠起飽看山歎我裏顏甚高蹤不
可攀○府使金鼎夏詩曰東風昔昔簾捲小軒春誰放
扇和氣不妨吹短巾侵花紅半墜拂柳綠尖新料飽刀刀
興幽吟足暢神曲檻迴臨虛儀儀風漱夏清幽誇獨專吟
賞憐多暇引興錄博前招凉淨几下冷然興目謀永矣趨
營舍一尺晴空月娟娟娟素秋猶憐深夜照賴下半簾鉤
軋露光逾冷寬簷與更幽此間生事足清意有知晴雲山

34

圖一室那伯迴玄冬幽幌㝢殘雪茫橺謎碧枌何須燈燕
玉尺額醉仙鍾轉覺蒲團穩酣眠到曙鍾押水開層樹身
遊積翠間少微誰道有浮世此偏閑逸與三盃酒幽樓數
疊山自憐塵累重咫尺阻躋攀○府使崔光泰詩曰萬事
人間誰得宜安身適性是為宜溫凉光霽皆吾有祖以傳
孫世世宜○宜五宜何事和風翁一春吹輕清透襖煖重冷
侵巾送雨花容嫩驅雲霽景新無煩一錢買耳得恰神宜五
宜何事春歸而雨夏槐陰當座隅竹影篩簾下雨過晚郊餘風
來遠岫暇紅塵揮汗人幾日氷田含宜五宜何事水輪政九秋
借鷲幻瑤窟魚掬映波鉤透影虛生白容光便燭幽看顔看大地
銀浪混雎畸宜五宜何事天時屬大冬何勞撻北户徒事爇孤枌
晩睡酣三丈微醺當萬鍾爊爐坐待晩還聽翠微鍾宜五宜何事
身宜四序間炎凉無不適風月有餘閑熱酌花前酒時
看雨後山吾非逃世者雲路莫容攀右五宜軒記韻

玉山亭

二可堂同樞趙相抃詩小序曰周王一枝起ㄷ伏ㄷ北
走西北為玉山上舍合流處真勝地也主人之先君子
拓基構亭扁曰玉山主人請余詩以詠之杖贈供目烟花塵世
外賞心魚鳥畫圖中主人於此莊修好為象都輸一詠宮又曰
光寺晨鍾來繫枕谷軒暮角卧聞鮮
前麓細雨跡烟翠便覺心神逸裡清

35

旅軒臺

進士權濂詩曰為訪巖門度遠林龍山紅樹半秋
陰臺空尚認先生迹石老應持太古心風掃斷崖
多葉韻暮櫻荒寺振節音將游玉澗神先爽共把新詩
一朗吟○參知李象靖詩曰一道清溪萬樹林屏巖圍
繞影陰ㄷ形若闘玉間真而繫欲將天見苦心大抵區
烟皆別界尋常會鳥亦奇奇荒臺寂寞人河處繫馬汀
洲為一吟○同樞趙相抃詩曰扶老殷勤訪遠林亮生
芳躅在屏陰楓丹峽口三秋節月白巖頭萬古心洗卿
間邊如奉誨拆躋臺上悅水音同來遊客逢ㄷ發百歲
餘懷付一吟○進士趙相彦詩曰旋老吾東在縫間百
年遺躅兔高臺明沙白石
昭回地短策針吊後學來

周房山

進士權濂詩曰巨石叢巖鼓不齊洞天深鎖白雲低
何土敲參鶴歸亂老鶴巢空樹色迷絶頂欲窮千里
目凌虛誰作百層梯若山與我皆顔面信筆何妨續舊題○
參知李象靖詩曰洞府深ㄷ翠樹齊一節孤倚夕陽低千雲
危壁虛空立噴雪懸流咫尺迷玄鶴無蹤前夜夢清都那得
上天梯摩崖古石還昭很苔繞難尋舊日題○同樞趙相抃
詩曰謫仙千載浪遊齊萬丈旗肅氣不低浪水峯寒玄鶴遠
臥龍潭古白雲迷仙翁肥錫歸山欄俗客遊節下石梯盡日
流吟仍坐久風光非獨昔人題○余樞金宗德詩曰似讀春
秋境不齊縱移一步判高低遊觀豈識神工妙理會還教俗

36

見迷峻處浮生面轉急鍾鮮解作喚醒梯
晴春坎地三千丈蟠屈叢中數句題

落淵

進士趙始變詩曰月外深秋官府東天開形勝化
翁工快作雷動龍門努怒氣風生廳濕雄六月晴
坐飛白雪千尋壑懸長虹仙遊
咫尺塵兒戲白笑生平俗累中

37

人物

高麗沈德符 青鳧縣人蔭補司醞直長同正累遷禮儀
判書密直副使出為海西道元帥賜推誠
協贊功臣號位侍中佐我 太祖倡義旋 本朝沈溫 之子德符
師後餘功為爭一拜左丞相封青城伯
寔誕 昭憲王后官至 太祖大王
議政府領議政謚安孝 沈淙 溫之子尚慶慎公主封青原君 沈澮
溫之子登翊戴佐理功臣官至議政府領議政封青松府院君謚恭肅 溫之孫登第
沈順門 官至舍人燕山甲子被殺 明宗朝
沈連源 順門之子有忠孝大節為世名相選清白吏 明宗朝官至領
議政謚忠惠 配享 明廟
權幹 少有學行除立鄉規邑人至今儀範
沈鋼 連源之子寔誕 仁順王后封青陵府院君謚翼孝
閔興 號興府院君文度公齊之曾孫以 王室外戚授進義副尉龍驤衛攝司勇
閔世卿 興之子以 元敬王后五寸孫蔭族親補階至宣略將軍
孫昭 詳慶州人物下
李衡 文科官至縣監為治清簡
李從允 衡之子許濟州名官
趙淵 號耐軒生六臣漁溪貞節公旅之孫早中司馬隱補某府經歷 贈户曹叅議時金安老執權知其
誣閔遂下鄉蓮中有詩曰暗霧從空作勢飄日高三丈未
全消不嫌遠客衣沾濕只恐成陰蔽大昭以此見忤安老終身不仕其業法行于世
閔樞 世卿之子目少

38

志學屢擧不中好善疾惡簡素寡欲爲師心喪三年奬進
後生承旨申中之情有祭文曰如及聖門德行可言
申楫 宣廟丙午登文科光海時潔身屛跡 仁廟朝官至司僕正嘗學於判書鄭經世之門才學冠諸孫有
河陰集行于世 金玎 官至縣監 徐琫 號梅軒官至禮賓寺參奉早參金涌門弟也自少力學能文淸操雅
度爲建延上林所愛晩年每歲爲冬以莫掃師門墓下其常享祝日居焉生三誠徵事一有遺集行于世
忠義趙亨道 號東溪洞之曾孫能文章屢擧鄕漢試壬亂投筆與弟東道從郭再祐入火旺山城倡義討賊嘗
光海時家食不仕癸亥 改玉褒典州郡皆有去思碑甲子近璥以精毓先赴亂危 駕錄二等勳丙子虜亂年七
十奮疾從軍及聞兵敗嗚咽憂憤疽背而卒所著東溪集行于世 趙東道 字道之弟自兒時氣節爽峻壬辰之
亂年十五與仲兄亨道從郭再祐規畫討賊之策告長兄守道以老親在堂兄不可離側仲兄赴陣弟固當守屍遂
奮袂而赴倡義于火旺山城事蹟刊行于世 官至副正 沈淸 萬曆登武科壬辰亂以名武守本府倉廒延禦東巢五百
里餉軍不乏後以功賞職守門將 因賜亭名以砦節後入號砦節公 金夢麒 孝於事親無違仕官壬辰
亂辭於親曰丈夫八而事父兄出而事長上何可臨亂伏守卽奉父母寓於縣東召募義兵從犯山君樺應鉉赴

39

永川及賊入郡籌火攻之策大破之江左生靈賴而得全
其在陣時卽靑松百餘里常夜歸覲親晨還帳門其忠孝
識孝義至切成讓於元帥官至副正 金夢瓛 登武科從鷄林君李守一討逆适以操斗東從功臣歷肅川牧使
沈湖 萬曆甲午武科官至縣監 沈汀 當丙子亂與官軍而上自狐募義至變勝奮身獨前死於鋒鏑人咲
其忠勇 南繼曹 在英湯時當壬亂從兄胤曹赴倡義仲以書作別曰兄今赴急於國難但竭力於國
事更勿念及家庭因奉母移寓靑松人稱忠孝兩全 尹忠祐 天啓登武科官至僉正以丙子雙嶺戰功臣 贈
軍器寺判官 忠婢是娘 孝子權澤萬之婢平居事上誠敬隣里以權之主家偶失火是娘赤身冒炎突入
內房負女主而出烈焰撲戶不得出遂與同死 肅廟朝事聞旌閭
孝子閔世貞 驪興府院君寧之玄孫世卿之弟 中廟朝擢孝廉科以孝友聞于 朝賜賞旌閭官至縣監
李恥嘉 平府院君亨孫之曾孫自龍宮來居本府宓德縣作亭于東溪上揭號望雲以寓思親之懷及親沒與
兄鵬廬墓三年 申演 事親孝嚴家法除謹肄習讀官 贈官至宣略將軍 嘉善大夫漢城府右尹遭母喪以父
在不得自盡及後喪居廬歠粥終制三年之內日必三省
墓雖風雨不廢因中濕痿躄杖而後行祭必親之壬癸之

40

亂遠近士夫爲糊口來者塞閭里號泣丐命而入莫有惠
者獨惻然憫之罄家儲悉周之全活者甚多而資產遂罄
判書鄭經世撰墓碣曰聖人所謂十室之邑必有忠信者其不謂之耶其可使之無傳耶昭載行錄中 權幹
性至孝父母之歿皆親自負土廬墓三年與鄕人做呂氏鄕約以爲鄕人儀則 趙址 號望雲生六臣貞節公旅
之玄孫耐軒洞之孫奉先以禮居喪廬墓一時名賢皆稱其孝官至刑曹判書 申慶男 號松隱演之子
性至孝養父母於十里外每值冬雪親入之能紹家風 贈通政大夫承政院左承旨 趙守道
望雲址之子惟一齋金彥璣之門弟也早有學行廢擧業以孝友出倍爲一家之則壬辰之亂送弟亨道東道與郭
再祐忘身倡義火旺山城勉以忠義常西望雪涕背負雙親奔避得全鄕人稱其忠孝兼備 趙遵道 號方
壺守道之弟惟一齋金彥璣之門弟也德性仁厚孝友篤至壬辰之亂勸兄與弟赴亂倡兩親於門全構堂於親壠之
下扁之曰風樹堂蓋取樹欲靜而風不止之意也守牢巢以寢卽焉 聞主傳 趙咸世 號五宜軒東溪亨道
之子自兒時孝行特異十一歲母喪與氏悲風痺于足不仁晝夜不離側衣食梳洗之節躬自代之一不使人十九歲
母病猝劇氣絶斷指進血遂得回甦父年七十赴亂直皆常吮膿血及遭喪啜粥終制遠近歎服受學於張旅軒顯

41

光之門金東溟世濟以學行累薦寢郎不就晩年以主簿
仲父命亟赴公車中壬辰司馬以五宜名軒取春宜風
夏宜涼秋宜月冬宜煖也宜處其間之義也參判李貝
鎭梅山恭判李沃傳泉齋判吉南龍翼參奉判鄭十卿
溟翁永昔共座俱有序記題詠尾尹集及參碣撰曰居
家之謹慎俗之貞有韞匿施理也依怛孝有淸操壽考康
寧永延發 光 李之經 號長軒慶生之子父病劇嘗糞以試其吉兇之 官至 贈通政大夫刑曹參議 李
垓 慶生之孫母病氣絶斷指注血逆得回甦 李泰新 生六臣孟專之八世孫聰明絶人筆法神妙自號岑嶺
已有神童之稱及壯事親盡孝軌養無方 權澤萬 自幼事父母極誠孝親病嘗糞以自試糙重嘗從父出外
其母遇火而死因抜焰炎之肉不忍近口蔬粥菹菜居廬
三年須臾不離父側拱雉躍魚有孟宗王祥之行父疾革
斷指以進幾窒而還甦者半日其沒也廬墓水飮一如前
喪邦園有良家天食晩如親喪 英宗朝事 聞旌閭
李益馥 事親至孝父病思食雉肉有雉忽飛入家中親以供親人謂之孝感所致 沈衡良 性至孝事
親竭誠及親病身自侍湯親沒泣血成疾幾至不救及喪至篤二弟家貧賣田資活 金令竹 良人也其母爲
虎所覺左手執母右手持鎌持斧大呼追逐虎乃捨去其母得生 顯宗朝事 聞旌閭 承春 寺婢也父

42

母年皆九十餘爲就養之計捨其家夫與子女別指一屋
奉其父母東西乞貸奉養備至府使枚報按廉轉 聞旌閭
琴德音 母病氣絶割指求生 孫六錫 母病割指注血斷
烈女李氏 士人琴應奇孫婦也其父以鯨爲沙汰所壓死殮殯數日自縊死 肅廟朝事 聞旌閭 金
氏 士人尹熙龍妻也年二十三歸尹氏閱月而夫死金氏
哀哭始見舅姑飮食言笑如常居數月其父來視將
還送之門曰汝不幸失所天義當一死同穴然隱忍至此
者徒以未行見禮且未嘗一日供饋饌也今則情禮粗伸
當歸見亡夫顏而以薄命女爲念後數日哭奠
其夫生朝是夜自縊死 英廟朝事 聞旌閭 李氏 盧韻之孫
士人沈德洪妻也事舅姑極盡誠敬朝夕必親供舅姑命
之代婢則曰恐不精潔也者之際必手櫛床褥適其溫凊
當乙亥夫染癘獨侍在側百方試藥而竟不救殮襲親自
爲之不委奴僕奉其父來即去無以薄命女爲念速歸家
父還未幾自縊死 權氏 金是起妻也虎攫其夫於庭持斧斫殺得全其夫事 聞旌閭 李
人稍出天孝烈
愛日 良人也侍師救母 肅廟事 聞旌閭
文科鄭佶 登文科官至高靈縣監 鄭孝本 佶之子登文科官至禮安縣監 鄭允 佶之孫登文科官至

43

傳士申楫 慶男之子官至司僕寺正 宣廟朝丙午登文科扈從功臣一等 仁廟朝 趙時
瑗 亨道之孫咸哲之子 顯廟朝癸卯登文科官至持平 李衡 登文科官至咸昌縣監 李從允
孫松爲衡之子月城君延堅之孫 世祖朝中司馬丙試
成化戊子登第官至濟州牧使州有不忌碑其邑誌曰政
尙清閑吏畏民悅求去諸曰惟貸清儉不爲衣襪有古人
風以清白稱睦都正萬中撰曰蠅翔臺湖入侍
御一子海隅以身不識其人論
其世不見其人視其所六
武科李慶生 恥之孫 宣廟己亥武科屢遷六品官至通政大夫辭以親老終不就仕 趙亨道 淵之
孫累舉不中壬辰之亂慨然投筆 宣廟朝甲午登武科官至鳥善槐山郡守 嚴弘武 宣廟朝登武科官
至部將 韓仁風 萬曆甲午登武科官至萬戶 沈清 萬曆甲午登武科官至守門將 沈湖 萬曆
甲午登武科官至縣監 金夢鰍 宣廟朝登武科官至判官 金聲達 萬曆己亥登武科
金夢龍 萬曆己亥登武科 黃克一 萬曆庚申登武科原從功臣宣畧將軍訓鍊院 天啓五年振
權知奉事 金克構 萬曆庚申登武科 趙儉凱 天啓辛酉登武科 申樹 天啓辛酉登武科官

44

部將 金起男 天啓辛酉登武科 鄭雲 天啓辛酉登武科 沈澤龍 天啓辛酉登武科 李彦
碩 天啓辛酉登武科 尹忠祐 天啓辛酉登武科官至僉正 鄭淵明 萬曆甲午登武科官至訓鍊院奉事
蔭仕趙淵 縣令銅虎之子官至經歷 權自庸 官至縣監 趙遵道 孝友之行鄉黨補馬官至主簿
龍蛇之亂七年倚懷一室之內哉危 聖代倡義者鼎數
殺身殉國視若蔽屣時母貞夫人權氏年邵多疾藥餌
扶將之節躬自當之以是未隨諸父兄義陣之後嘗激慨
有詩曰海內春初至江南賊未廻寧亏多恨慨雪涕獨徘
徊又曰手向遼雲嘯詩從塞月聯追痛張巡遠誰能守睢
堅又曰男兒事業豈徒共會斬巨魅秀吉來凌烟閣上留
名後疑向滄洲但釣臺其敵慨之
志如此故人稱趙孝忠孝兩全 金玎 官至青山縣監
司馬朴秀孫 中司馬 曹致唐 中司馬 趙淵 正德庚午中司馬官至察訪 閔世貞
蔚山乙卯中司馬 閔宗孝 樞之子庚午中司馬 宣廟 閔根孝 宗孝之弟庚午中司馬 宣
趙咸英 亨道之子廟癸丑中司馬 宣 趙咸章 咸英之弟廟甲午中司馬 宣 趙咸世 咸章
之弟 孝廟壬 申光斗 慶男之孫 仁廟戊子中司馬 趙時琛
辰中司馬持身勤行士林推許

45

名宦本朝河澹 徐混 爲府使有治績 鄭鵬 爲府使清儉沈默有求栢簽者春日
栢在高峰頂上蜜在民間蜂蘭堂太守何以得之否者慚悔至今傳以爲名言 朴惺 玄風人萬曆丙申入周房
山下號大庵癸卯除府不起 新增林蒼喆 好士恤民與學校獎掖官之日創迎紫一齋與邑儒吟哦
自適禮遇欽洽邑人不忘歲有儀物
宦蹟青寶知郡曹由仁 通訓 李稚 中訓 李派若 奉列 柳恭 朝奉 青松知
郡事金尙寧 中訓 鄭之雅 中訓 河澹 朝奉 許澄 奉直郎 安起 通善郎 柳侑
奉訓郎 成自諫 奉訓郎 朴昭 通善郎 閔寅 朝奉 金斯仲 奉直郎 李瑋 奉正 尹
洪 奉列 青松都護府使徐混 奉正 崔尙柔 通訓 李晨 通訓 柳渾 通訓 洪牲
綱 通政 閔誠 通訓 權致中 通訓 尹垓 通訓 任淑 通政 薛茂林 通政 李居仁 通

46

趙歡 訓通 崔漢侯 訓通 李承寧 訓通 柳陽春 訓通 沈順道 改通 鄭鵬 別奉 裵
益臣 訓通 宋徽 訓通 權五紀 訓通 李得全 訓通 洪脩 訓通 金良彥 訓通 俞仲
翼 訓通 張世弼 訓通 趙琳 訓通 鄭適 訓中 琴椅 訓通 李敬長 訓通 張渶輔 訓通
李中樑 訓通 金乾文 別奉 張應旋 訓通 李榮 嘉善 權鎔 訓通 徐克一 訓通 郭
赳 訓通 邊永清 訓通 柳世茂 訓通 高景虛 訓通 郭越 改通 金宇宏 改通 李光
俊 訓通 鄭仁貴 訓通 鄭慎 訓通 朴惟仁 訓通 金弘徽 改通 權春蘭 別奉 黃是
訓通 咸大業 改通 黃致成 訓通 李詠道 訓通 康復善 嘉善 朴而章 嘉善 吳澐
改通 許旻 改通 吳汝檖 訓通 李晟 嘉善 李有慶 改通 鄭彥宏 訓通 李久澄 改通
許恒 改通 崔山輝 改通 姜弘重 嘉善 李俔 改通 梁克選 改通 趙希進 訓通 崔
熤 改通 崔有淵 改通 李後輿 訓通 申滉 訓通 李順賢 訓通 金振標 改通 朴紀
義 改通 金三樂 訓通 金善英 訓通 李行源 訓通 金鼎夏 訓通 吳崟 訓通 李晶

47

咸[illegible]益[illegible] 訓通 李雲林 訓通 李敏章 改通 金洪慶 訓通 李世茂 改通 李東
溟 改通 李寅燮 改通 姜世龜 改通 俞夏謙 改通 宋光璧 訓通 李文徵 訓通 洪
杜震 訓通 李相勛 訓通 姜碩臣 訓通 徐文徵 訓通 李世晟 訓通 李彥維 訓通
趙正爲 訓通 李光朝 訓通 李敏英 改通 成瓊 訓通 金時保 訓通 宋徵奎 訓通
沈鳳輝 訓通 尹彬 訓通 朴師渶 訓通 洪重喬 訓通 尹彙貞 改通 宋徵泰 改通
鄭錫範 訓通 俞直基 訓通 李挂輔 訓通 徐有常 訓通 尹東涵 訓通 趙德洙
訓通 俞彥國 改通 柳健 改通 尹坊 改通 李基德 改通 魚錫定 改通 鄭忠達 訓通
李致中 訓通 申大觀 訓通 閔鍾烈 訓通 沈鏡 改通 尹勉升 改通 徐晦修 嘉善
李世輿 改通 鄭彥逻 改通 林晉喆 改通 任希教 嘉善 鄭啓淳 改通 李濟萬
改通 姜游 改通 申光履輯光近 曺允精 訓通 李晉天 改通 洪彥喆 改通 洪義
浩 通改 俞漢謨 改通 洪受浩 訓通 李勉齊 訓通 金孝建 改通 尹悌東 訓通

48

戶口 元戶三千一百四十七戶內男四千八百二十七口女六千二百四十二口

旱田 元帳付一千七百八十結八十五負一束內各樣免稅及陳雜頃七百七十六結十負一束甲午時起一千四結七十五負

水田 元帳付五百四十六結九十五負八束內各樣免稅及陳雜頃一百九十二結四十二負五束甲午時起三百五十四結五十三負三束

進貢人參清蜜栢子胎水

糶糴 元會大小米一千六百三十八石三刀七合雜穀一千八百四十八石七斗九刀八合六夕

常賑廳 大小米三千八百十五石六斗六刀二合九夕雜穀三千七百三十四石六合四夕

私賑 帖價

備荒 小米二十七石四斗八刀八合一夕雜穀四百九十石十四斗八刀一合一夕

移劃 壬大米三石九斗六刀九合九夕戊太九百九十七石六斗四刀一合二夕

關東 別會大米二十七石六斗五刀二合三夕

49

別置 內大米三十四石賣九斗七刀五合

備軍 租九石四斗三刀四夕

營賑 大小米十七石八斗三刀六夕雜穀二百五十一石十四斗九刀四合三夕

別會 大小米一千六百六十八石十二斗四刀九合五夕雜穀三百八十九石十斗一刀七合四夕

均軍米 五石八斗九刀五合七夕

備軍米 二石二斗五刀八合七夕

田稅 作木二十八同二十五疋二十二尺二寸四月收捧五月以陸路納于戶曹位太木三十八疋十一尺七寸惠廳納

大同 作木三十同內一半本木十五同一半代錢一千五百兩田稅一時收捧以陸路納于宣惠廳

均稅 田稅條木二同十一疋十六尺一寸大同條六四同十二疋二十一尺內一半本木二同十尺五寸一半代錢二百十二兩六戔三分田稅一時收捧選武軍官八十一人每名布一疋秋捧並納均廳

50

俸廩 衙祿位五十結米十石太三石公須位十五結米四石官需米六百八十六石民結所出
軍兵 訓鍊都監砲手保九十六名御營廳正軍二十七名資保二十九名官納布五十七名禁衛正軍十四名
資保十五名官納保三十二名兵曹騎兵二十七名步兵
九名別騎兵十五名禁軍保五名[illegible]直二名[illegible]筆派五名
京驛保三名掌樂院樂工保九名工曹匠人五十名校書
館匠人五十四名釜山鎭水軍二十三十四名忠翊衛十
八名未保別隊十九名保三十八名步軍九十九名保九
十九名補充隊四名
冊板 北渚集李評事集寺板本在鄉校而今爲刓缺
古跡 松生廢縣 在府東十五里高麗顯宗九年屬禮州仁宗二十一年置監務本朝 世宗朝合于青鳧縣
周房山城 石築周一千四百五十尺三面天作之險內有二溪有周王窟龍湫鶴巢臺諸景
雙巖寺 在松生縣東今廢
鎭堡 無
寺刹 周房寺 在周房山今廢 普賢寺 在普賢山今廢 大典寺 在周房山 普光寺

51

在府南五里寺
廢沈弘孚墓
塚墓 沈弘孚墓 在府南五里 明懿王后之遠祖也府使崔有閔折衝公田使府戶〻壽幹曰郎房亭
鷄城君孫士晟墓 在安德縣東十里

丁卯三月 日 校正

行使

52

青松府治僻在嶺左之東北一隅曾巒重嶺聯絡延亘於百里之內
長川混〻經緯乎其間山田較水田居十之七八民火耕刀劚種穋〻給
赭以爲生故其貲產多乏而少羸然淳質罕爭訟每歲公賦不後時士
則守先正遺矩勅躬勖書彬〻有文與宣城永嘉并稱爲鄒魯之鄉
焉不佞叨守本州已有年矣粗識其士風物産而閒索邑志而觀之
踈畧無可考竊欲修整而未暇鄉中人士聞而歲造曰此吾儕責也今
不爲將何以稽往而垂後遂取前後四五本合備列目正訛補缺其於人
物尤致詳焉有持先世事行願追入者幷靳而不之許懼其私而濫也
至既成示余而要余一言噫人傑地靈之說信有徵矣華於門閥盛於
科甲而忠義孝烈之炳〻烺〻照人耳目者踵相接也諸君其將恃此而
自多歟昔柳子厚志鐵爐步曰世有負其姓而立於天下者曰吾

53

門大從不我敵也問其位與德曰久矣其先也然而彼猶曰我大世亦
亦甚已大其昌於姊有異於茲步乎斯言也可謂[illegible]於自譽而深於諷
人矣今諸君思欲闡揚先美有此編摩之役意誠勤矣而果能砥行立
名繩其祖武入而修於鄉黨出而儀於朝廷使世之人稱之曰某居某土
其先爲某云爾則所以闡揚者顧不大歟不然則是志也即一鐵爐之
步已矣盍亦相勸而共勉也哉

丁卯季春上澣府使完山崔光泰書

54

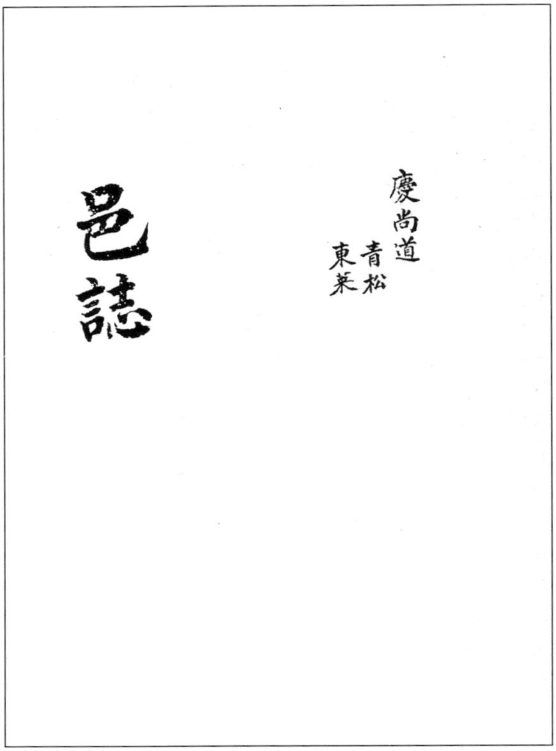
慶尙道
青松
東萊
邑誌

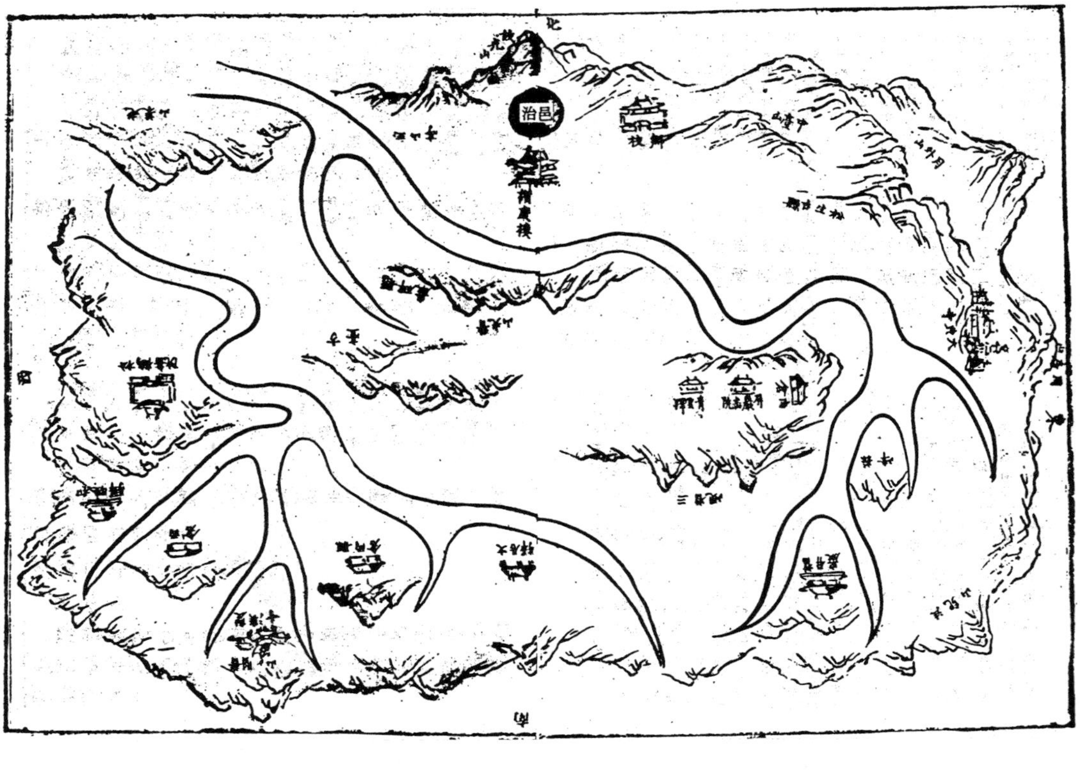
北
邑治
西
東
南

青松府邑誌

建置沿革本高句麗青已縣新羅改積善為野城郡領縣高麗初為鳥伊又改雲鳳成宗改青鳧屬禮州本朝

太祖三年合于真寶縣

世宗即位之年以

昭憲王后之鄉陞為青寶郡後析真寶置縣監以松生縣来合因改今名

世祖朝陞為都護府屬縣安德縣安德在府南五十三里本高句麗伊火芳縣新羅改緣武為曲城郡領縣高麗初改今名顯宗屬安東府恭讓王始置監務本朝 太祖朝合于松生縣 世宗朝來屬

郡名青已 積善 鳥伊 雲鳳 青鳧 青寶

官職都護府使文從三品座首一人別監二人軍官二十五人人吏四十人知印十五人官奴十五名使令十五名官婢十三口

姓氏青鳥沈青松本貫金全蒋申松生尹松生本貫盧全鄭金朴李安德金李孫全薛一作蒋趙權閔申南徐

山川放光山在府北二里自盈德縣弁峴來為鎮山周房山或稱周王山在府東南三十一里自盈德縣弁峴來普賢山一云毋子山在安德縣南三十二里自周房山來龍纏巖在南川上流巖有龍纏之狀故名焉刀峴在安德縣南二十二里新寧縣界自普賢山來注兒山在府東三十里盈德縣界自周房山來三者峴在府南三十八里自於火峴來普光山在府南五里自周房山來西麓有沈洪孚墓柳峴在安德縣東二十一里慶州竹長部曲界來於火峴在府南五十二里自周房山來枝峴在府西十九里自三者峴來南川在客館門外其源出於火峴至臨河縣枝村八于真寶縣神漢川安德西川在安德縣西三里其源出普賢山至安東府臨河縣為琴召驛川椒川在府東八里其源出月外山八于南川方臺在安德縣北十里川邊巃巖上有風樹堂鶴巢巖在周房山有鶴巢其上故因名焉文純公李滉以玉堂出外求青松不得而得丹陽湖堂餞席留贈諸學士詩青松白鶴雖無分碧水丹山儘有緣落淵在府東十里月外山遇旱則禱賢妃巖在普光山下南川上王妃屢世顯靈故名焉旅軒臺在屏巖文康公張顯光往來遊憩故名焉紫霞洞一名高火谷距府四十里許緣溪二十里行有洞門奇峯當岸名曰天上峯洞中都是清流白石金蓮玉筍稱為境內水石最佳處云

風俗尚儉嗇觀風案民淳俗厚洪汝方讚慶樓記

坊里府內面距官門五里府東面距官門六十里府南面距官門六十里府西面距官門十九里縣內面距官門五十里縣東面距官門七十里縣西面距官門九十里縣南面距官門八十里縣北面距官門四十里

戶口辛卯式元戶三千三百五十三戶人口一萬一千八百三十一口內男五千四百九十九口女六千三百三十二口

田賦元帳付田畓二千三百二十七結八十負九束內各摐免稅陳雜頃九百九十二結二負七東辛卯時起田一千七結三十一負六東畓三百二十八結四十六負六東徭役田稅作木二十六同四十八疋十五尺二寸戶曺納位太木三十八疋十一尺七寸宣惠廳納役價木一同十四疋三十尺軍資監納二同十一疋十六尺一寸均役廳納火田一結九十負作木二十八疋戶曺納大同木

三十三同二十五疋宣惠廳納四同二十六疋十二尺均役廳納

軍額 訓鍊都監砲手保九十七名御營廳正軍二十七名資保二十九名上納保六十二名禁衛廳正軍十四名資保十五名上納保三十九名掌樂院納樂工保九名兵曹納工曹匠人五十名邑輦隊十九名京驛保三名補充隊五名校書館校書匠人五十四名忠翊衛六十四名釜山納水軍三百六十四名束伍別隊十九名保三十八名步軍九十九名保九十九名以 王后之鄉軍額减数 年條未詳

城池 無

林藪 無

倉庫

大同庫

府倉

南倉 在府南二十里

縣倉 在府西五十里

西倉 在府西七十里元會大小米一千八百三十一石十一斗九升二合一夕雜穀四百九十九石十四斗三升八合五夕常賑大小米四百八十三石三斗七升一合七夕雜穀二千五百九十八石十四斗九升八合五夕訓局小米四十二石四斗八升四合五夕私賑小米三十一石一斗八升二合六夕雜穀五百四十四石八斗一升三合帖價租九十七石二斗八升六合八夕備荒租一斗六升二合三夕壬劃米四斗七升三合六夕太二百五十六石五斗九升六合一夕保民司米三斗三升一合七夕丙別米八百三十八石二斗五升五合信需租二十二石七斗二升二合七夕備軍米七斗三升一合六夕租四石十三斗七升四合一夕均軍米七十石一升六合守城米五斗五升二夕租四十三石十三斗八升四合五夕合録租二百七十二石三斗九升五合二夕南錢米五十二石七斗五升留餉米一百五十石別會大小米一千四百六十五石五升二合五夕雜穀五百四十石十二斗一升四夕防債米八石十二斗八升六合八夕別均米一百六十七石七斗九合營賑大小米二十七石六斗一升五合四夕雜穀八十八石三斗二升五夕

軍器 在客舘北

軍器庫 黑角弓六十一張長箭一百九十一部十五箇斥箭二百部桶兒一百九十七箇釼八柄兆鼓二坐環刀三柄鐵甲一部小鼓一坐鐵頭口一部長鍩一百十八桶菱鐵一千一百六十箇拒馬作十一坐掩心十二部校子弓六十張三穴銃二柄南羅介七十箇耳藥桶七十箇掩頭十二部火鐵七十箇火鐵石七十箇藥升七十箇火繩二百十五沙里木鄙子一百二箇藥桶二千一百箇弓弩一坐手弩一坐箭五十二箇熖焇一千八十二斤六两鳥銃五百九十二柄火藥二千五百八十四斤五戔六分鉛丸二十二萬二千九百二十二箇

關阨 無 新增古有周房山城周一千四百五十尺三面釼閣之險諺傳後周王鍍避亂處有石門司倉等洞古蹟而石築今雖地壞金城自是天作渓堅渓遠草木藂茂亦多可墾可居之地山連海陸無路可通傍近大邑景合保嶂

鎮堡 無

烽燧 無

學校

鄉校 在府之東一里○初建于府之北五里窟洞以山谷幽險萬曆甲辰移建于府之東一里許莿洞又以地勢登露卜基于門樓四五步之地乙亥攺建更以地理不叶巳亥移建于甲辰舊基即今所奉處也○觀察使金安國送小學詩旋錢徒勞七十州綵亳未報 聖君憂惟將小學裨治教但恐諸生忽講求

屏巖書院 邑儒以本邑有栗谷沙濟兩先生杖儼經過之蠲肅廟壬午建院合享同年 賜額今 上壬午因士論移建于府之南十里青雲驛上院觮仍舊此地亦有壁如屏巖

松鶴書院 在安德縣西五里文純公李滉赴任丹陽時有詩曰青松白鶴雖無分碧水丹山儘有緣自註云求青松不得而得丹山松之士思之建院妥奉以文忠公金誠一文肅公張顯光有杖儼之蹟配享焉 肅廟巳卯捌建巳府使林眷詰始建以爲遂士教育之所區劃錢財成出節目

樂一齋 在官衙東 正宗乙

壇廟 社稷壇 在府西五里 文廟 在鄉校 城隍祠 在府西一里 厲壇
在府北三里
塚墓 沈洪孚墓 在府南五里普先山短碑書文林郎衛尉丞沈洪孚墓昭憲仁順兩王
后之遠祖也兩聖母連遣中使而加種栢且以工曹匠十一名除給祭物軍庚午減布後加定十
六名合為二十七名庚子均田使及其後府使之為後裔者並有位田查結而前後節目冊子及改
案文書藏之府司位田則戶長收稅專管四名日祀事又府東中臺山有沈墓戶或云文林郎先世之
墓或云配位之墓至今傳說而亦有位田戶長春秋供祭以大典寺屬中臺守護有禮曹完文
佛宇 周房寺 在周房山今廢 普賢寺 在普賢山今廢 大典寺 在周房山 普
光寺 在府南五里守護沈洪孚墓 雙溪寺 在普賢山
公廨 客館 在衙舍之南崇禎紀元後再丁酉府使成毁重建有上樑文崇禎紀元後四壬申府

使姜彙鉅重建有上樑文 新民軒 即衙軒戊午府使宋徵泰重建凡十五間 鄉序堂
在客館東 講武堂 在客館東
樓亭 讚慶樓 在客館南宣德己酉監司洪汝方記畧以為時郡守河濬所刱建是邑以 王
后之鄉孕毓精靈王業金枝行我朝鮮億萬年無疆之福故名曰讚慶○崇禎後己巳府使李東溟
重建文正公宋時烈有記○崇禎三癸丑府使韓光近重建有上樑文 秀孤亭 在客館北
新民軒西萬曆己卯府使高景虛刱建文純公李滉書扁額 王山亭 在府西五里忠義沈
世勳所構 方壺亭 一名風樹堂在安德縣北十里方臺主簿趙遵道所建遵道見孝子
道路 東至盈德界四十九里南至永川界七十四里西至安東界十九里北至真寶界五里東南至
慶州界六十五里西南至義城界七十五里距京五百九十七里西距監營二百五十里南距兵營
二百八十里南距水營五百里南距統營六百里

橋梁 無
島嶼 無
堤堰 上坪堤 在府東二十里周圍一千五百三尺水深五尺 寶獻堤 在府東三十里
周圍三百五尺水深三尺 注山堤 在府東六十里周圍一千一百八十尺水深八尺
場市 邑場 在府治官門外四日九日 凍谷場 在府南四十里三日八日 川邊場
在安德縣東十里五日十日 和睦場 在安德縣西二十里四日九日
驛院 青雲驛 在府南十里南距文居驛四十里東距梨田坪驛四十里西距安東琴召驛六
十里北距真寶角山驛四十里中馬二匹卜馬五匹吏四百人奴五十一名婢四十九口 文居
驛 在府南五十里西距和睦驛三十里北距青雲驛四十里東距梨田坪驛五十里南距慶州仁
庇驛六十里中馬二匹卜馬五匹吏二百二十人奴六十六名婢三十口 和睦驛 在安德縣

西三十里東距文居驛三十里西距義城青路驛四十里南距義興牛谷驛五十里北距安東松蹄驛
驛四十里中馬二匹卜馬五匹吏一百三十五人奴八名婢三口 梨田坪驛 在府東四
十里北距青雲驛四十里西距文居驛五十里東距盈德南驛四十里南距清河松羅驛七十里中
馬二匹吏二百二十人奴一名婢一口 肅廟朝辛卯設立
牧場 無 分養馬二匹
形勝 山勢起伏川流盤廻
古蹟 松生廢縣 在府東十五里高麗顯宗九年屬禮州仁宗二十一年置監務本朝 世
宗朝合于青鳧縣 安德廢縣 見建革下 周房山城 詳見關阨 天矢石
自古諺傳周房洞有澤多金鼈當時監務不知何姓名遊山之際取其鼈到寺膳夫輒而進臨餐白
晝忽雷雨暴作有黑石大如鵝卵隕自天透尾屋剥床監務遂喪匙匣疾作數日死名其石曰天矢

至今留石于庵中見司僕正申稱記

大遯山 周王山之別名也東晋周顗八世孫鍍字光濟與壯士百餘人入熊耳山自稱後周天王據南陽欲侵長安時乃唐貞元十五年爲郭子儀所敗渡遼聞石屛山深險入居焉石屛山即周王山舊號後數年唐帝責麗王以周鍍頭麗將馬一聲以其弟二聲爲先三聲四聲五聲爲後入山擒鍍鍍子大典號大典道君以蓮花箭射二聲冑南至三十里落于田名其田曰馬冑二聲大怒進軍大典令將軍石重鐵衡擊二聲三戟三危名其洞曰三危山之西有馬田坪是亦馬二聲初戟處世越三日四聲五聲伏兵八角山遂擒周王是夜大典聞潭龍三泣大驚俯觀天文氏星無光鍍母魏氏審孕鍍時夢見氏星於是大典悳下斬窟入周王有頃四聲拘擒周王大典獨脫身登空麗王斬周鍍頭將詰京渡遼墜失當周王斬首之日大與作一陣狂風人莫開眼乃捲尸歸屛山葬焉時渡遂失首日也大典乃削髮被縮結庵屛山北名其庵曰遯蹄大遯之號亦由此稱焉居屛山十五歲移住華鄉洞洞在屛山南石廩峯西麓今之雲水庵似是也

土產 蜂蜜 松蕈 今無 苓 石蕈 海松子 今無 熊膽 今無 莞草 紫草 白花蛇 今無 羚羊 今無 人蔘

進貢 人蔘 清蜜 栢子

俸廩 衙祿位五十結米十石太三石公需位十五結米四石官需米一百八十六石民結所出

官蹟 青寶知郡事曹由仁 永樂戊戌十月來同年十二月移拜盈德 李稚 己亥正月來庚子十二月遞 李泒若 辛丑正月來壬寅五月遞 柳恭 壬寅五月來癸卯二月遞 青松知郡事金尚寧 癸卯三月來洪熙乙巳三月遭父喪遞 鄭之雅 乙巳五月來宣德丁未正月遞 河澮 丁未二月來己酉六月遞有治蹟 許澄 己酉八月來庚戌閏十二月遞 安起 辛亥正月來乙卯十二月遞 柳侑 正統丙辰二月來己未六月遞 成自諒 己未七月來壬戌十二月遞 朴昭 癸亥正月來丙寅十二月遞 閔寅 戊辰二月來己巳七月遞 金斯仲 己巳八月來景泰壬申十月卒于官 李達 壬申十二月來天順丁丑十二月瓜遞 尹洪 戊寅正月來庚辰十月遭母喪 青松都護府使徐混 庚辰十一月來甲申八月遞有治蹟 崔尚柔 甲申二月來同年七月遞 李晨 丙戌八月來辛卯閏九月遞 柳渾 辛卯十月來壬辰十一月移拜昌原 洪性綱 壬辰十一月來甲午六月卒于官 閔誠 甲午閏六月來乙未十二月遞 權致中 丙申二月來辛丑二月遞 尹垓 辛丑四月來甲辰六月遞 任淑 甲辰九月來丙午十一月卒于官 薛茂林 丁未二月來弘治戊申十二月遭母喪 李居仁 己酉二月來庚戌二月遞 趙嶔 庚戌四月來癸丑閏五月卒于官 崔漢侯 癸丑七月來丁巳三月遞 李承寧 丁巳五月來壬戌七月遞 柳陽春 壬戌九月來正德丁卯二月卒于官 沈順道 丁卯五月來己巳五月遭母喪 鄭鵬 己巳七月來壬申九月卒于官清德淡民朝宰有求栢蜜者答曰栢在高峯頂上蜜在民間蜂桶太守何以得之求者有慙悔至今傳以爲名言 裵益臣 壬申十二月來丁丑十二月遞 宋徵 戊寅二月來己卯四月遞 權五紀 己卯五月來嘉靖甲申六月遞 李得全 甲申八月來乙酉十一月遞 洪脩 乙酉十二月來庚寅十二月瓜遞 金良彦 辛卯二月來甲午四月卒于官 俞仲翼 甲午七月來同年八月御史啓罷 張世弼 甲午十一月來乙未貶罷 趙琳 丙申二月來己亥十月遞 鄭遍 己亥十二月來壬寅閏五月貶罷 琴椅 壬寅八月來乙巳六月遞 李敬長 乙巳八月來丁未三月遞 張漢輔 丁未四月來己酉十二月貶遞 李中楔 庚戌二月以三陟府使來甲寅八月移拜安東府使 金就文 甲寅九月來丙辰十二月遞 張應璇 丁巳二月來壬戌二月遞 李榮 壬戌三月來同年九月遞 權鎔 壬戊

十月來丁卯九月遞 徐克一 隆慶丁卯十月來壬申九月爪遞 郭赶 壬申十月來萬
曆甲戌六月移拜晉州 邊永清 甲戌八月來戊寅十二月遭母喪 柳世茂 己卯
二月來同年九月灾傷罷 高景虛 己卯十二月來辛巳二月遞 郭越 辛巳五月來癸
未十一月爪遞 金宇宏 癸未十二月來丙戌七月爪遞 李光俊 丙戌八月來辛卯八
月遞 鄭仁貴 辛卯九月來壬辰四月罷 鄭慎 壬辰四月來癸巳十二月罷 朴惟
仁 甲午正月來己亥二月爪遞 金弘微 己亥二月來辛丑三月遞 權春蘭 辛丑
六月來七月遭母喪 黃是 辛丑十月來癸卯七月遞 成大業 癸卯十月來甲辰七月罷
黃致誠 甲辰八月來丙午六月罷 李詠道 丙午八月以金堤郡守來辛亥八月爪遞
康復誠 辛亥八月來甲寅二月爪遞 朴而章 甲寅二月來丙辰八月爪遞 吳
澐 丙辰十月來丁巳二月遞 許旻 丁巳四月來己未九月移拜大丘 吳汝檥 庚申

正月來同年六月遭母喪 李晟 辛酉正月來壬戌六月貶遞 李有慶 癸亥五月來乙
丑十二月爪遞 鄭彥宏 乙丑十二月來己巳六月貶遞 李久澄 己巳八月來辛未十
二月貶遞 許恒 壬申三月來甲戌六月貶遞 崔山輝 甲戌閏八月來丙子十二月罷
姜弘重 丁丑正月來己卯八月爪遞 李俔 己卯八月來壬午正月爪遞 梁克
選 壬午正月來甲申二月罷 趙希進 甲申四月來同年九月卒于官 崔煜 甲申十一
月來戊子九月遞 崔有淵 戊子十二月來己丑七月罷 李後奭 己丑九月來甲
午七月爪遞 申滉 甲午十月來丙申正月罷 李頤賢 丙申二月來丁酉十二月卒于
官 金震標 戊戌二月來庚子正月貶遞 朴純義 庚子三月來康熈癸卯正月爪
遞 金三樂 癸卯二月來同年六月貶遞 金善英 癸卯七月來甲辰十一月灾傷
罷 李行源 甲辰十二月來丁未十一月卒于官 金昌夏 戊申正月來癸丑十一月

爪遞 具崟 癸丑十二月來丁巳十月遞 李晶 丁巳十一月來戊午十二月御史啓罷
趙益剛 戊午十二月來癸亥三月御史啓罷 李雲林 癸亥四月來同月臺罷
李敏章 癸亥四月來甲子二月遞 金洪慶 甲子三月來乙丑五月衙中失火兵符見
燒遞 李世茂 乙丑十一月來戊辰二月爪遞 李東溟 戊辰三月來己巳三月因臺評
謫去 李寅煥 己巳四月來庚午八月遞 姜世龜 庚午九月來辛未五月遞 俞夏
論 辛未八月來同年十月卒于官 宋光壁 壬申正月來癸酉九月拿去 李文徵
癸酉十一月來丙子四月卒于官 洪柱震 丙子七月來戊寅五月遞 李相勛 戊寅
七月來辛巳七月遭父喪 姜碩臣 辛巳九月來同年十二月拿去 徐文徵 壬午三月
來乙酉九月讃慶樓重修丹雘中大廳改丹雘丙戌九月爪遞 李世晟 丁亥正月以沃川郡
守來同年四月秀孤亭重修戊子三月以廵使相避遞 李彥維 戊子四月來己丑七月移

拜星州 趙正萬 己丑九月來庚寅四月移拜羅州 李光朝 庚寅七月來甲午四
月御史啓罷 李敏英 甲午五月來丙申七月爪遞 成瑍 丙申九月來辛丑六月御
史啓罷 金時保 辛丑七月來壬寅四月貶遞 宋徵奎 壬寅九月以杆城郡
守來乙巳十二月貶遞 沈鳳輝 丙午二月來戊申正月遞 尹彬 戊申二月來辛亥二
月御史啓罷 朴師漢 辛亥五月來壬子正月遞 洪重耉 壬子正月來乾隆丙辰四
月移拜光州 尹彙貞 丙辰五月來戊午五月遞 宋徵泰 戊午六月來壬戌衙東軒
改建因監兵營褒啓陞資同年九月呈遞 鄭錫範 壬戌十二月來甲子四月讃慶樓改
丹雘丁卯九月爪遞 俞直基 丁卯十一月來壬申十一月爪遞 李珪輔 壬申十二
月以陝川郡守來癸酉十月遞 徐有常 癸酉十二月以信川郡守來丙子六月移拜南原
尹東涵 丙子八月以永川郡守來己卯正月狀罷 趙德洙 己卯二月以榮川郡守來

庚辰正月遭毋喪俞彥國庚辰二月來壬午六月爪遞柳健壬午七月來甲申六
月眠遞尹坊甲申八月來丙戌十二月爪遞李基德丙戌十二月來戊子十月繡
啓遞魚錫定戊子十一月來己丑五月遞鄭忠達己丑五月來辛卯九月遞李
致中辛卯九月來壬辰七月遞申大觀壬辰八月來癸巳正月遞閔鍾烈癸巳
二月來甲午六月以巡使相避遞沈鏡甲午七月來乙未十二月眠遞尹勉升丙申正月
來戊戌七月爪遞徐晦修戊戌七月來己亥十二月眠遞李世奭己亥十二月來
辛丑六月眠遞鄭彥暹辛丑七月來癸卯四月卒于官林善喆癸卯五月來乙巳六
月遞好士恤民興學祛弊莅官之日創建樂一齋日興邑儒吟哦自適禮遇敎洽邑人不忘歲有儀物
任希教乙巳七月來同年九月卒于官鄭啓淳乙巳九月來丁未十二月爪遞姜
游戊申正月來庚戌正月拿去李濟萬庚戌正月來同年五月以蔘火税查報稽滯事

罷申光履庚戌五月來辛亥七月遞韓光近辛亥七月來癸丑六月遞曹允
精癸丑七月來甲寅六月眠遞李普天甲寅七月來乙卯十月遞洪彥喆乙卯
十月來嘉慶丙辰十月卒于官洪義浩丙辰十一月來戊午五月遞俞漢謨戊午
五月來同年十二月以前任事拿去洪受浩戊午十二月來庚申八月遞李勉齊
庚申八月以豐基郡守來壬戌六月御史啓罷金孝建壬戌六月來同年十一月遭母
喪尹㷆東壬戌十一月來癸亥三月卒于京李德鉉癸亥五月來甲子十二月
遞崔光泰乙丑正月來丁卯六月爪遞李在璣丁卯七月來戊辰七月御史
啓罷鄭東翰戊辰七月來己巳四月遞李鉐己巳四月來庚午正月遭父喪姜彙
鈺庚午正月來壬申六月爪遞尹爔壬申七月以古阜郡守來丁丑八月爪遞張瀚
丁丑八月以大丘判官來同年十月移拜清州尹日逵丁丑十月來戊寅二月卒于官沈

能栻戊寅三月來庚辰五月遞尹景鎭庚辰五月來辛巳十一月遞金初淳
辛巳十二月以錦山郡守來壬午六月移拜全州判官李德秀壬午六月以金川郡守來
甲申二月移拜清州黃儆彥甲申二月來丙戌六月遞洪稷謨丙戌六月以清道郡
守來辛卯六月爪遞成近默辛卯七月以永川郡守來

科擧鄭孝本月城人世宗乙酉科官縣監鄭瀜孝本之孫宣廟朝科官縣監權
孝良自肅之子正統戊午科官直提學李衛文科官縣監趙時璦亨道之孫
顯廟朝科官持平

人物高麗沈德符青鳧縣人蔭補司醞直長同正屢遷禮義判書密直副使出爲
海西道元帥賜推誠協贊功臣號爲侍中佐我太祖倡義旋師後功臣爲第一拜左承相封
青城伯本朝沈溫德符之子寔生昭憲王后官至議政府領議政諡安孝沈

淙溫之弟尚太祖大王女慶善公主封青原君沈澮溫之子參翊戴佐理功臣官至
議政府領議政封青松府院君諡恭肅沈順門澮之孫登第官至舍人燕山甲子杖
殺明宗朝贈都承旨寓居本朝孫昭泰判士成之子官吏曲希州封鷄川
君名載慶州誌人物李從允衙之子官至牧使名載濟州名官沈連源順門
之子有忠孝大郞爲世名相選清白史明宗朝官至領議政諡忠惠配享明廟沈鋼連源
之子寔誕仁順王后封青陵府院君諡翼孝申楫登文科光海時潔身屛跡仁廟朝
官至司儒正嘗學於判書鄭紅世之門才學冠諸弟有河陰集行于世孝子閔世
貞驪興府院君霽之玄孫世居與地中廟朝孝廉科官至縣監以孝友聞于朝旌閭
申從渭文貞公賢之後性至孝廬墓終制道啓錄孝行寨知丑山郡早解官歸以大
奎陛正三品享真寶西江桐權澤萬自幼事父母極誠孝覲病嘗糞以試輕重嘗從

父出外其母遇火而死自後婦灸之肉不忍近口蘇狝盐菜居廬三年須史不離父側供雉躍魚有孟宗王祥之行父疾華斮指以進幾室而還魅者半日其歿也廬墓水飲一如前喪 邦國有袁哀哭食蔬如親喪 英廟朝事 聞旌閭

金今竹 良人也其毋為虎所嚬左手執母右手執鑣搏虎大呼追逐虎乃捨而去其毋得生 顯廟朝事 聞旌閭

李愛日 良人也搏虎救毋 肅廟朝事 聞旌問

忠婢是娘 孝子權澤萬之婢平居事主誠謹主家偶失火是娘赤身冐焔負女主而出烈焔撲户不得出遂與同死 肅廟朝 聞旌閭

烈女李氏 士人琴德音孫婦也其夫以絃為沙汰所壓殯瑜後數日自縊死 肅廟朝事 明旌閭

金氏 士人尹飛龍妻也年二十三歸尹氏閱月而夫死金氏奔哭始現舅既葬飲食言笑如常居數月其父來視將還送之門日女不幸失所天義當一死同穴然隱忍至此者徒以未行現禮且未嘗一日供饋鏁也今則情禮粗伸當歸見亾夫願勿以溥命女為念後數日哭奠其夫生朝是夜自縊死 英廟朝事 聞旌閭

李氏 盐韻之孫士人沈德洙之妻也事舅姑極盡誠敬朝夕必親供舅姑命之代婢則曰恐不精潔定省之際必手撫床褥適其溫凊當乙亥夫犯厲獨侍在側百方試藥而竟不救殮襲親自為之不委奴僕本生父來即云無以薄命女為念速歸家父還未幾自縊死聞者流涕 英廟朝旌閭

權召史 金是起妻也虎搵其夫於庭荷斧斫殺得全其夫事 聞旌閭

題詠

讚慶樓

盡日閒吟倚杜邊諸賢傑句摠盧前兩山夾走起無地一還潛通小有天欲訪青鳥今不見閒看白鳥正堪憐此間亦必逢壺在不用丹丘仍羽仙 四佳徐居正 ○ 樹抄華搵落照邊登臨高興把盃前川迴醮却千尋磴山擁倫他一片天沙麓楨符真可記桃源物色正堪憐櫂頭笑向棲霞客巢許從來未必仙 佔畢齋金宗直 ○ 一春逢轉此身孫己覺良辰失所圖帳裏柏香消欲盞萬山深處宿青鳥上 仝 ○ 懸崖刻削枕堧邊幽澗喧砥繞舘前西壑雪消泥没馬東崗風捲樹忝天清霄短燭燒雖恨薄暮孤磁椅暗情徒覺裹王非蕩子夢中雲雨亦神仙 朱溪君淙源 ○ 無數

風光到眼邊山居三面水居前帽巖芳桂宜晴日冪洞祥雲閟半天真訣未成青鳥報殘生應枝白鷄慞夜來怳借仙家宿却恐明朝不是仙 觀察使洪聖民 ○ 宣德巳酉仲春之日遵海而東而北至真寶轉南行數十里漸見山勢起伏如龍騰而虎踞川流盤迴若欲去而復來松栢爵乎蒼蒼烟霞晚其露露清幽一洞依然仙境者乃青松也俄而軍吏冠服擁道次郡守備儀仗迎命白叟黃童鄉學教坊莫不歌詠盛德各有詩章既禮訖登南樓自是民淳俗厚竟日無狀告者郡守河君澹斯文友也謂余曰是邑乃 王后之鄉嘗以縣陞郡弟緣地僻使稀舘舍未備住歲始募閣徒搆歷堂暨此樓額名以記之余曰夫河嶽之靈異者必產其祥祖宗之積累者必流其慶青原侍中公之先世分秀氣於二樂種仁厚於三韓培養其根本孕毓其精英迄今坤德母儀王業金枝行我朝鮮億萬世無雞之禴登斯樓望其墓不得不為之仰讚也故名之日讚慶 洪汝方記 ○ 青松 聖朝之華擎樓名之讚慶者亦以此則其廢而不悼者不可之大者也況創之者河公澹則以其子而不死其親者

古詛然也有難許之者矣德水李公東溟百宗辭禁掖歸老于善山地朝家惜其江湖之閑此從班也今年春昇以是府特允陛辭而自善山徑赴馬公日吏隱吾宿願也既至視其屋宇故多支柱頹圯丞召匠鳩材農隙役民既重建客舍次及斯樓而精緻尤加焉侈儉俱宜輪奐咸度既成而士民無不拭目改觀蓋維此府距京師六百里所吉月令辰公將於此而北望 宸極於雲天縹緲之間咸與士民慶祝君上者 無非本支百世如 仁憲聖祀之時則其助毓我 朝家之慶禴何如哉方今中外之禱釐者實有所在而斯樓之造成亦其寅寅之一端歟公與河公皆善之人而相與終始焉其亦奇矣公蓋栗谷文成公之從曾孫其為宗社顯忠之心固有異於他人矣今年實崇禎著雍徒維也尤庵宋時烈重修記

青松八景

山擁川迴是五城仙源古老說分明周家八百由天妹羅業千年始開英見鳥無心悲世變壁詩言志頌時平南州六十多樓閣應魄雷同浪得名 右讚慶樓 讚慶樓前驃遠情千尋危磴俯泓清天勞造化揮神斧地為馮夷聳鐵屏風動筆齋閒上

下秋深苔蘚點丹青怳然如在荊江曲欲棹蘭舟
泛月明右城隍赤壁何物當年試化龍應教霹靂
摯長空巖腰榮屈多奇跡湍口清冷有古宮急雨
來時翻彩鬣曉雲濕處送腥風至今岸上松杉老
赤甲蒼鬐鬣鬚同右蟠龍巖嶠破爲村歲月逃數
家蘿落自蕭條踈邊慶井邦堪澗陌上空柰盡作
喬西日霞呈紅琥珀東風步舞舞裙腰尊來消息
無窮事一郡興亾未足嘲右松生古騁懸崖絶壁
幾重重道氣悠然滿面瀼溪水照人人上下巖精
苔語語西東居常只謂乾坤窣到此方知造化雄
安得連城琴一曲坐移蒼海並來同右方臺行到
招提竟轉奇辰韓城堞有遺基森森釣戟千攢立
曲曲屏幛萬仞圖似八鴻濛塊蕩蕩欲呼元氣口
期期明朝飛上高顚坐笑數澗氷未足危右周房
山鎭山磊磊聳碧霄備精降聖播民謠埋銀洞裏
春花霞探藥崗頭曉雲餞松籟便能吹講席瑤光
應未入公朝使君前後知多少誰似山靈不世標
右放先山天瀉飛流豈自然要令詩客洗塵緣初
凝王馬馳奔坂終作銀虹降飲川地下驚雷無日
斷巖間瀧雪不雲連我今三叫龍傾聽施雨丁寧

不負年右落淵
教投金宗裕

秀孤亭

昔賢何顏秀孤亭爲發排
冬獨也青彩墨至今留板
壁銅柯依舊護軒屏高叅若木橫千尺壽等靈春
閱萬齡髯髯澗邊含晚翠遲遲巖畔抱幽馨聽漆
金昂酬鉛永酹合瓊蘂荅酹醴風送笙篁依律呂
濤翻溟渤怳雷霆畫蒼聳偓徒辛苦從赤張良亦
杳冥爭似此翁無吏隱靜觀
朝暮昕雲扃府使梁克選

方壺亭

玉峽應千疊
寒溪幾曲流孤
村當谷口危樹倚巖頭鍾吹雲中犬沙眠海上鷗
客來仍坐久春日下汀洲鶴峯金誠一○羽化羅
浮有舊風攜家今老此山中仙區鳥石應爭秀繪
事龍眠敢奪工無復躡雲尋放鶴憶曾吹笛過垂
虹三生清檣帷君亭歧路徊徨媿此翁副提學李
坡○喬樹風長城萱花露已晞丘圖瞻咫尺朝暮
血霑衣風樹堂上仝○堂前大樹不禁風影響平
生夢麻中瞻望爲緣丘壠通經營非要剪栽工撻
霞未必驗黃鶴種王應知拱白虹試欲發揮須老
手記亭終屬后山翁承旨申之悌○刁刁聲在樹
間風孝子精忱寓此中舉眼自知情境會名堂非
假記文工思亭祗爲瞻丘壠翠浪休誇闊王虹耿

耿寸心人不識分明報
應有天翁承旨李民宬

五宜軒

○叅判李夏鎭有序
底事軒名必五
宜四時宜并一身宜炎涼風月顧神處著我荒詩
獨不宜壺谷南龍翼○靜散青山地而無塵世喧
聯將一絶句遙寄五
宜軒東溟鄭斗卿

碑板

碑無冊板北渚集李
評事集板古有今無

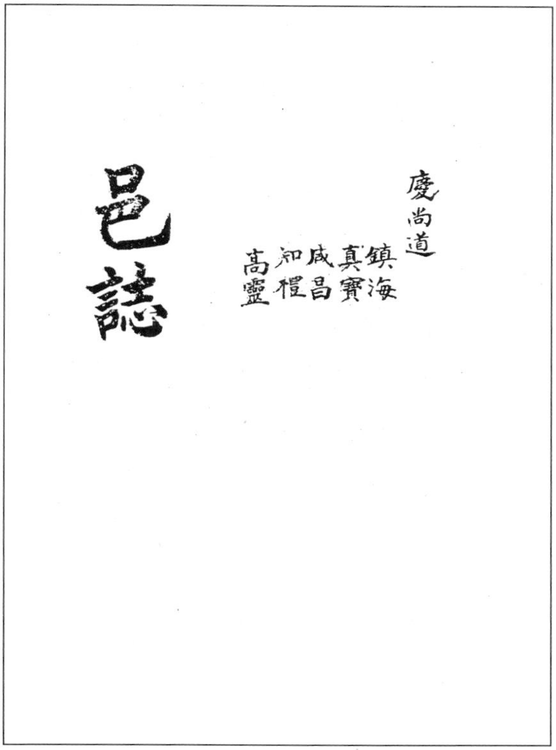

慶尙道

鎭海 眞寶 咸昌 知禮 高靈

邑誌

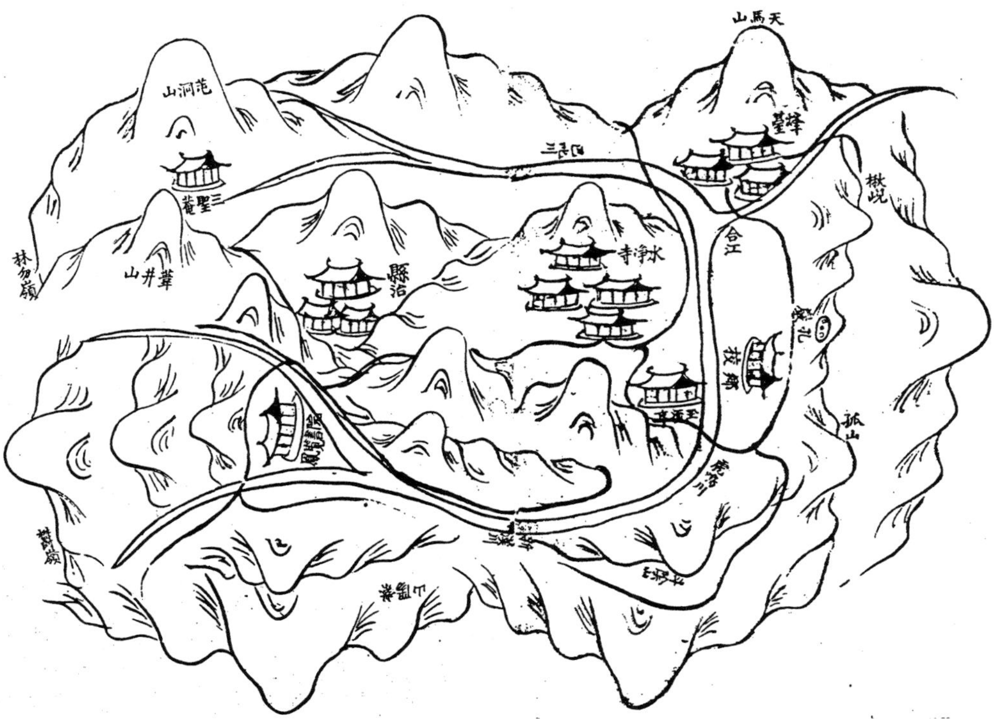

真寶縣邑誌

建置沿革 漆巴火縣新羅景德王改真寶為聞韶郡領縣助攬景德王改真安為野城郡領縣高麗初合二縣置甫城府 一云載巖城 顯宗屬禮州後因倭冠居民一空本朝

太宗置甫城監務

世宗合於青鳧號青寶郡尋罷改名復為縣監

成宗五年以縣人琴孟誠毆辱縣監申石同革屬于青松府九年因土人申訴復舊

郡名 漆巴火 助攬 真安 甫城 載巖 青寶

真海今名真寶

官職 縣監 蔭窠六品座首一人別監二人軍官二十人人吏三十人知印九人使令七名官奴十八口官婢十七口

姓氏 趙金朴白全 本縣今無 續 春甘吳 巴吒同今無 權 安東 金 義城

安東 申 寧海 安 竹山 李 延安月城原州真寶 朴 春川 崔 全州 南 宜寧 鄭 東萊

山川 南角山 在縣南八里祖脉自盈德林勿嶺來為本縣鎮山南麓有聖宰洞祈雨 孤山 在縣西十里祖脉自本縣湫峴來為本縣水口扞門 芚洞山 在縣東三十里自盈德界林勿嶺來山傍有能頭峯祈雨有驗 林勿嶺 在縣東二十五里自寧海泣嶺來 湫峴 在縣西二十里自英陽縣長苕嶺來 葦井山 在縣東四十里自寧海泣嶺來其下泉石奇勝有小潭祈雨有驗 新漢川 在縣北一里其源出英陽縣日月山西流為鹿鳴川到安東府

東入于犬項津 巴川 在縣南二十里其源自青松大峴西北流到安東界新漢川下合流

風俗 地薄賦重民貧俗儉 觀風案

坊里 下里面 新漢里角山里神法里等里距官門五里 上里面 古任店里西仕良里距官門二十里 東面 出村里古磨里距官門四十里 北面 城項里文海里臨川里距官門二十里 西面 合江里孔巖里距官門十五里 南面 前周泥伐周泥中坪里巨谷里松江里漁川里距官門二十五里

戶口 元戶一千三百三十七戶人口六千三百七十一口從辛卯式

田賦 旱田 元帳付一千四百八十一結九十三負三束各摠免稅逐年頃下減并九百三十四結十七負一束辛卯時起五百四十七結七十六負二束內毓祥宮折受五十結 水田 元帳付二百七十五結九負一束內各摠免稅逐年頃減并九十一結四十七負五束辛卯時起一百八十三結六十一負六束內毓祥宮折受十結

田稅 旱田水田三手糧并作木十三同十一疋二十三尺八寸以陸路七日程納于戶曺折受作木四同三十疋以代錢納于毓祥宮以辛卯為準

大同 作木十一同三十八疋以錢木參半納于宣惠廳辛卯為準

均稅 查得六結七十三負三束稅條作木四疋十九尺七寸大同條作木十一疋十九尺內三十三尺馱價除合木十五疋五尺七寸結錢四百十四兩八戔選武布三十三疋并除馱價納于均役廳辛卯為準

火稅 火田八十七負四束作木八疋二十九尺六寸納于戶曺辛卯為準

徭役 結役錢復戶每結錢一兩民結錢二兩式春秋分捧人蔘藥材等價添助氷丁紫炭及各營主人役價與傳關錢逐年排用

軍額 訓鍊都監砲保三十八名御營正軍二十名資保二十一名官保八十五名禁衛正軍八名資保九名官保二十六名別破陣保一名砲糧隊三十六名京驛保二名樂工保四名工曹匠人三十

名束伍馬軍二名步軍八十四名保八十四名烽軍一百名別將一人射夫軍九十五名忠翊衛十七名補充隊二名僧軍一名

城池 無

林藪

走八藪 在縣北十里

莽物藪 在縣西十五里

倉庫

邑倉 在客館西

北倉 火燒今無

糶糴 元會大米一百四石小米六百二十八石六斗太三石十三斗粟二斗木麥十石十斗真麥十九石十一斗皮牟七百二十八石十二斗常賑大米一石四斗小米二百二十六石十一斗太四十七石九斗租一百五十三石九斗粟一千五十石八斗木麥一百二十六石十三斗真麥二十九石一斗皮牟一百八十三石七斗軍作大米六百四十石九斗太九百二石六斗粟四十二石九斗租二百八十一石十二斗木麥四十七石九斗皮牟六石三斗巡營別會大米七十九石四斗小米三百五十三石九斗太一百石四斗租九十石二斗營賑大米二石五斗小米六石七斗太二十七石九斗租八石四斗粟三斗皮牟十三石十三斗

軍器庫 在客館南

軍器什物 黑角弓十二張常角弓三張校子弓五十一張長槍七十六柄虎槍十柄具支匣倭槍十二柄具皮匣長箭一百十八部片箭一百四部桶兒一百九十四箇環刀三十三柄內十五柄豊基郡移送三柄壬子棠川來六兩弓一張柳羅糯八部皮匣四部鐸一坐小鼓一坐鑰鐵九一百五十五箇劒九柄帳三件掩身三部掩頭三部小錚一面弓佛五條喇叭一雙兒童號衣二十四部紅方衣五部拒馬作五坐焰焇四百三十斤內六十斤巡營軍器貨去三穴銃一坐棱鐵一千二百箇南羅介六十五部火繩一百九十七沙里耳藥桶六十五箇藥桶一千九百五十箇火鐵六十五箇火石六十五箇藥升六十五箇木鍬子九十一箇火藥二千九百六十五斤四兩四戔七分內二百斤大丘府移送乌銃三百八十四柄內十五柄豊基郡移送四柄千步銃二柄壬子榮川來鉛丸十六萬九千一百二十二箇馬蒭空石五千立火箭九柄唐火箭九柄防牌九坐爐口一坐

關阨 無

鎭堡 無

烽燧

神法山烽燧 在縣西十里東應寧海廣山西應安東藥山

學校

鄕校 在縣北三里金先生安國按本道時印頒小學作詩以奬之曰夫子祠官齋且嚴諸生揖讓儼觀瞻遐方最喜文風振小學工夫顧更添

鳳覽書院 在縣北十五里享文純公李滉肅廟朝庚午賜額

壇廟

社稷壇 在縣西三里

文廟 在鄕校

城隍壇 在縣南四里

厲壇 在縣北四里

尚德祠 在鳳覽書院

陵墓 無

佛宇

水淨寺 在縣南十里南角山下

三聖菴 在縣東四十里葬井山中

公廨

客館

鳳棲軒

鄕射堂

軍官廳

將官廳

人吏廳

樓亭

鴨脚臺 在客館西徐居正詩好在軒前鴨脚臺能容過客去還來江南誰唱章臺柳隴上無憑驛使梅紅樹近人濃欲滴青山滿眼畫成堆白頭鞅掌成何事歲月悠悠付酒盃

玉流亭 在縣治後新漢川丹壁上舊養真堂文純公李滉詩有玉流二字故仍名焉

風乎亭 在縣西十里虎鳴川下生員申祉藏修處後人仍爲肄業之所

栢湖書齋 在縣西五里處士李徽逸遊賞處後人作亭爲藏修講劘之所

道路 自官門東距角山驛五里自驛至盈德界二十五里北距城項十里自城項至寧海界五里至

英陽界八里西距虎鳴川十里自虎鳴川至安東界十里界南距巴川二十五里自巴川至青松界三里距京六百六十里南距監營二百六十里南距兵營二百八十里南距水營四百六十里南距統營六百五十里東距盈德九十里寧海一百里西距安東八十里南距青松三十里北距英陽四十里

橋梁 虎鳴川橋 在縣西十里 新漢川橋 在縣北三里 巴川橋 在縣南二十五里

島嶼 無

堤堰 雙池 在縣南四里 動泉池 在縣南四里 交巖池 在縣南七里 省夫池 在縣北三十里今無

場市 在邑內每月以二日七日爲市 漁箭 塩盆 漁船 無

驛院 角山驛 在縣東五里 普施院 在縣東一里今無 普賢院 在縣東二十里今無 楸峴院 在縣西二十里徐居正詩雲磴崎嶇石逕盤山腰有院兩三間雷聲轉壁雙溪合兩脚遠空萬木攢馬踏羊腸雲外去人看鳥背嶂中還顧余不是風塵客何事空吟蜀道難 今無

牧場 無

形勝 如入桃源 文純公李滉詩有如入桃源是我鄉玉流丹壁映琴堂老民幸有遊仙枕清夢時同上釣航

古蹟 泉宿部曲 在縣東十里 春甘部曲 在縣北十里 巴叱部曲 在縣南十五里 古乙尒部曲 在縣東三十里 省夫部曲 在縣北三十里

土産 松蕈 人蔘 地黃 白茯苓 石蕈 紫草 蜂蜜 蒼朮 白朮

進貢 人蔘 清蜜 松脂 白茯神 白芍藥 甘菊 柴胡 白茯苓 麥門冬 槐實 瓜蔞仁 當歸

俸廩 衙祿位四十結公需位十五結收稅木四十疋官需米一百九十六石十斗民夫每結雉雞各一脚藁草五束生草三束式

宦蹟 成路 洪武甲戌來乙亥遞 鄭肖 乙亥來丙子遞 金中坤 丙子來戊寅移拜有善賑政跡 李敢 文建文己卯來辛巳丁母喪 文叔器 辛巳來七月遞 鄭宥 辛巳來壬午遞 柳濱 壬午來永樂甲申移拜 朴錦 甲申來九月遞 呂義 甲申來乙酉遞 張弛 文乙酉來戊子移拜 崔淳 戊子來己丑遞 朴華 己丑來庚寅移拜 尹堪 庚寅來壬辰遞 白繪 壬辰來甲午遞 柳珍 甲午來乙未遞 孫之普 乙未來十二月遞 金續 乙未來丙申遞 李炳 丙申來戊戌移拜 曹由仁 文戊戌來己亥移拜 李稚 己亥來庚子遞 李次若 辛丑來壬寅移拜 柳恭 壬寅來癸卯別世 金尚寧 癸卯來十二月移拜 李師伯 甲辰來乙巳遞 曹尚明 乙巳來宣德丁未遞 梁畯 丁未來壬子移拜 孫士成 壬子來正統丁巳移拜有善賑政跡 權忖 丁巳來戊午遞 金堆 戊午來辛酉遞 權自庸 辛酉來壬戌丁父喪 權誼 壬戌來丁卯遞 田蓄 丁卯來辛未丁母喪 宋允智 文景泰辛未來丙子移拜清慎正直愛民如子 金強 丙子來丁丑遞 黃季夏 文天順戊寅來己卯遞 孫有文 己卯來辛巳遞 李長生 辛巳來甲申移拜 李質 甲申來成化丙戌遞 金長孫 丙戌來己丑遞 趙忠老 己丑來辛卯移拜 申石同 壬辰來癸巳罷 趙士元 甲午來六月移拜

閔誠文甲午来丙申罷權致中文丙申来丁酉適南季膺戊戌来壬寅適
愼成從癸卯来甲辰適李欽甲辰来丙午丁毋喪黃璡丁未来辛亥適權休
弘治壬子来乙卯適林柳童乙卯来丁巳適朴信亨丁巳来己未丁毋喪金有
己未来庚申適洪修文庚申来甲子適李世勳乙丑来戊辰移拜閔慶安
正德己巳来甲戌移拜安處禎甲戌来乙亥適金鍊丙子来九月擢開寧縣監韓
晟丙子来戊寅適朴亨幹文己卯来庚辰適安堯明辛巳来四月別世尹
萊孫辛巳来十月別世權檣文嘉靖壬午来丙戌移拜愛民爲政百廢修擧朱懿
丁亥来庚寅丁毋喪張世綱庚寅来乙未適洪期乙未来丙申罷郭珣文丙申来
庚子適安義庚子来乙巳適徐九淵文乙巳来庚戌移拜金綜庚戌来辛亥別
世尹希洙壬子来乙卯適朴永漢乙卯来丙辰擢安陰縣監李葛丙辰来己

未適金清文己未来辛酉適李禮辛酉来壬戌別世李孟亨壬戌来癸亥適
鄭惟一文癸亥来乙丑移拜文純公李滉與詩曰避地吾先遂不還弄孫咫尺阻溪山空聞
邑政清如水讀得初心松桂間廉潔之政此一絶可見矣成灝乙丑来丙寅適全斗丙寅
来戊辰罷李時立隆慶戊辰来庚午適金應漢庚午来萬曆乙亥移拜洪友
益乙亥来丙子適趙徽文丙子来戊寅別世成駿德戊寅来庚辰適盧應鼎
庚辰来十二月適姜惟慶庚辰来壬午適柳雲龍壬午来癸未適曹胤禧
癸未来乙酉適任啓英丙戌来辛卯適有遺愛碑權好仁辛卯来十二月適金
希契武壬辰来甲午適黃應清甲午来乙未適李軫乙未来戊戌適崔山
立文己亥来癸卯適刱鳳覽書院崔潗癸卯来戊申適李忭戊申来辛亥適鄭之
諶辛亥来壬子適金汝秋壬子来甲寅適盧在俊甲寅来丁巳適申純一

丁巳来十二月適李斗男戊午来九月適金聃齡戊午来辛酉適申景植
天啓辛酉来癸亥移拜李岐癸亥来丙寅適李榮仁丙寅来辛未適崔克良
崇禎壬申来戊寅適李時尙戊寅来壬午適金賴壬午来十二月適李祉遜
癸未来戊子適有遺愛碑洪采戊子来庚寅適鄭光後庚寅来六月適李守誠
文庚寅来丙申適金宇仁丙申来十二月適蔡翊俊丁酉来癸卯適姜碩
老康熙癸卯来六月適趙嗣文癸卯来丁未適柳益三丁未来庚戌罷尹明
遇庚戌来甲寅適辛亥以善賑陞堂上有清德愛民碑洪受灃甲寅来丁巳適金世
弼丁巳来己未適文敎爲心愛民爲政姜璡己未来壬戌別世清德愛民有長者風金
錫齡壬戌来丙寅適李廷益丙寅来丁卯適嚴纘戊辰来己巳移拜慶雲
會己巳来辛未罷崔恒齊文辛未来壬申移拜許恦壬申来甲戌適李鳴東

甲戌来丙子適成壽丙子来戊寅丁毋喪洪萬源戊寅来己卯罷李斗相己卯
来壬午罷李鳳年壬午来丁亥適李增華丁亥来辛卯適鄭亨晉壬辰来丙
申適孟萬錫丙申来辛丑適性本仁厚有長者風朴弼彦辛丑来乙巳罷尹世
鳳文雍正乙巳来丁未罷李蓁祥丁未来庚戌適韓應箕辛亥来癸丑別世
洪遇箕癸丑来乾隆戊午適李具熺戊午来癸亥適李震炳癸亥来戊辰移拜性
本仁厚廉平愛民孔巖有去思頌李垌戊辰来己巳罷曹命協己巳来甲戌適移刱
官衙金思默甲戌来己卯適朴行源己卯来庚辰罷林正浩庚辰来甲申適
有興學善政碑金善材甲申来丙戌移拜朴相珪丁亥来戊子罷李寅燮
戊子来癸巳適以興學善政孔巖有去思碑韓榮祖甲午来乙未罷閔百遠乙未
来十二月罷申耆丙申来七月罷金思儼丙申来十二月罷洪大宇丁酉

来戊戌丁毋喪 李齊鵬 己亥来六月罷 權綜 己亥来庚子罷 朴誠一 庚子来四
月罷 李琇 辛丑来癸卯罷 洪宣輔 癸卯来丁未移拜 金獻祚 戊申来癸丑遆
朴應熑 癸丑来十二月罷 沈斗漢 甲寅来戊午遆 李復鉉 戊午来辛酉移
拜 李爲彬 辛酉来壬戌罷 李顯綏 壬戌来丙寅移拜 金文欽 丙寅来己
巳罷 魏廸喆 己巳来甲戌移拜 鄭煥恭 甲戌来乙亥罷 權中敏 乙亥来庚
辰拜 嚴著 庚辰来壬午罷 金景寅 壬午来癸未擢利原縣 曹光振 癸未
来丁亥罷 李建基 丁亥来壬辰遆

科擧

文科 鄭堯天 肅廟朝中司馬登第官至成均典籍 武科 安復志 提學
曾生之子至寧海府使 太宗朝中司馬登第官京畿水使詩名伏一世 申命昌 成宗朝登
第官至郡守 李應仁 宣廟朝登第官至軍資判官 申滌 登第丙子雙横之敗同列

引與俱亡奮罵不從力戰而死

人物

高麗 白云敏 官至工曹典書 李頎 以縣吏中司馬有廉謹諡恭之行以子子
脩貴追封密直使爲李混六代祖 李子脩 碩之子明書業及第官至判典儀寺事至正宰
丑從鄭世雲討紅賊有功陽安社功臣號封松安君 本朝 趙庸 官至禮儀判書謚文貞博
學能文精於性理之學譎居醴泉教校不倭趙末生尹群裴桓裴杜皆出其門 李堣 子脩之玄
孫登第官至户曹叅判 李滉 字景浩子之五世孫官至判中樞府事贈領議政諡文純
配享宣朝廟庭號退溪東方道學之宗辟禮安誌爲 申永錫 永樂中中司馬早孤失學
既冠感慈訓篤志力學調江界教導官 申祉 天順壬午中司馬以孝行擧官至義盈庫副使
徵士金宗裕化之雪中松桂文忠公金誠一稱孝友因心行高當世 李庭檜 子脩之後以孝
行登薦剡叅光國勳歷典二邑皆有清德遺愛碑 申從渭 天資篤實事親盡孝居喪廬墓

終制明廟朝本道狀聞命錄孝行寀 權曙 贈吏曹判書晛之玄孫以孝悌敎行稱有清儉
眞率之德時人推重之 權止善 天性謹厚事親至孝事聞孝廟朝命賜餌以大養
陞嘉善階 權山立 游文忠公金誠一之門勤身篤學至老不倦以大荃陞嘉善有晩翠堂遺
稿 鄭榮邦 中司馬游文莊公鄭經世之門專心爲己之學文莊公勸之仕不應隱居紫陽
山中有石門遺稿 申禮男 從渭之孫游叅判金功之門以文行見稱壬辰之亂被虜自决
死按叅判趙靖辰巳日記中知舊申禮男眞實中馮公之亂子也贊居清州夏間被虜賊刧着卉服
欲令降附禮男抵死不屈賊捽髮扶曳拔劒倚之猶不屈賊捨令自便而猶使人圍擁禮男度不得
脫拔所佩刀自刎以死賊將聞之驚悼日此眞人也令其衆舁其死送埋山麓云云宣廟朝義
贈工曹叅判 節婦閔氏 驪興人思寨之女申禮男之妻叅判趙靖辰巳日記中壬辰之
亂亦被虜賊欲汚之力排不屈賊拔劒脅之終不聽從躬冐白刃肌膚盡傷流血遍體賊義而釋之

飾義雙成今亦有之孰謂古今人不相及也可欽云云事聞旌閭贈貞夫人事見續三綱行實
金近 中司馬魁律巳謹嚴尊意講學文康公張顯光以老成稱有五友堂遺稿 金爾達
從判書李時明學講究禮書傍治博士業以孝悌文雅稱 權昌業 吏曹判書觀之曾孫早殁
持平張興孝篤志好學以眞知實践屨登膺剡不調有奨谷遺稿 申棧 從渭之曾孫病冠以
文學妙筆名有高趣自南漢講成後隱居聲川上耕釣終老有詩日醉揮大筆魚龍縮怒擧長檜守
宙愁又日不才無武嗟何及起舜中胄感慨長以叙感憤之懷有聲川遺稿 權淳 孝友廉謹
力學多聞邑宰屨薦不調有混世齋遺稿 李弘重 文純公滉從玄孫傳學有高節壬辰亂從
義兵將金垓赴賊力戰時年十六人化之汪時光海朝赴會講莊蔵等於漢江舟中勸酒欲令和附
爾瞻之議即正色投盃而徑歸自是廢擧杜門著魯論衍義朱書類解等書號龜巖 權泰時
昌業之子濡染家庭德器早成以學行官至縣監有山澤齋家禮講解二卷 權文擧 顯廟

朝中司馬有孝行事親盡誠至
老尤篤專心博學詩名稱當世
申周伯 顯廟朝中司馬才行
起允自少能文讀書史過眼
成誦博學多聞文行稱當世
孝婦姜尾文 良家女年纔二
十與其舅舅耘見其舅爲虎所咬挺身
搤虎負舅而還事聞以孝婦旌閭

題詠

文簡公金宗直詩如入真安雨滿簑松明烟暗
燭灰多開窓忽覺簾櫳晃數樹墻梨幻若華徐
居正客館詩海天昨夜快登臺今歷崎嶇萬棧道来
客裏一身何草草醉餘雙眼已梅梅虛名萬古槐
安國行路尋常澀須堆十月霜風吹刻地逢君不
用慎淡盃金正國詩煩機苦厭強登臺秋思引牽
客思来嫩藥相開荒還蓊踈枝應老古園梅露華
巷柳綵絛重楓葉浸山錦繡堆忽近龍山吹帽日
無人共醉泛霞盃黃俊良詩天老樹蔭層臺萬
里靈颷拂面来捲盡緗簾飛海燕吹殘玉笛落江
梅夢按雲水清涼界吟入烟霞翠堆惟有寸青
空磊硯要須東海倒千盃趙儆詩蓁違春漢縣瀬登
臺蕪盡田園未去来門外五株虛種柳窓前一夜
已開梅隨身琴鶴同愁緒滿架圖書想亂堆鮮事

妻孥憂病老天寒勸覆掌中盃李荇鴨脚臺詩鴨
脚生顏色新臺面勢便多君心豁若幸我意偷然
嬖政從茲去佳聲自此傳
題詩非好事要與說来賢

碑板

贈奉翊大夫密直使李碩墓碑 碑文曰系出真寶縣李以
縣吏中司馬後以子松安君子脩貴追封奉翊大
夫密直使考諱英贇户長祖諱松柱户長高曾以
上不可考娶户長金鈸女有二子長即松安君次
子芳今其子孫爲縣吏世傳失司馬白牌還本役
松安君有二子曰云具參議曰云侯副正以曾孫
竭貴 君贈司僕正始祖墓在真寶縣南岐谷山自
松安君移居安東子孫散慶世代浸遠失墳墓所
在而山内中麓有遺墜三大墳自古縣人相傳李
氏始祖墓表記可證參議主德乙酉遠孫時立於
大墳數步許掘始祖曾孫德簿蕃浩遠孫得誌石其
文曰命龜附先祖食以此知三墓爲先祖前後妣
墓而養浩附馬時立因桑匿其誌石掘移主簿嶽
骨而葬其毋時立死又痤先祖及主簿兩墓間已
幸而得其誌石告官治罪去時立及其父母塚後

未二月三十日子孫畢會封墓中墓得硯面杯[illegible]
二墳無所藏以此知中墓爲考位而遠塋二墳爲
前後妣墓也至丙寅日立石墓傍并刻主簿誌文
于石末嗚呼天也云所以眷顧我先祖令吾子孫
得以知墳塋所在於數百載之後者夫豈偶然先
祖在天之靈亦必陰隲於冥冥之中使主簿誌石
復出於今日嗚呼異哉謹按家傳遺錄先祖天性
恭謹待人接物一以雍遜爲先觀此一節亦可像
想其德行樸素而家無歷路誌碣無憑使潜德幽
光不得顯揚於世誠爲吾子孫無窮之痛而竊念
我先祖積德累仁肇基門祚以啓祐我後人繁衍
昌大爲世望族而五代孫瑀六代孫瀣洸兄弟叔
任相繼迭興大鳴於世而洸又倡明道學師表萬
世爲東方朱子其在外裔有曹好益權好文諸賢
亦皆爲世矜式立院以祀我先祖篤生內外賢孫
光啓東土又如何也猗歟休哉子孫衆多不可勝
載撮其顯世若干而録之于碣陰銘曰恭惟我祖
邁種德兮考終林泉報不食兮岐山是藏萬四尺
兮中失而得匪人力兮誰就子孫履不儒兮篤生
大賢繼絶學兮東方啓蒙如炳燭兮其發也厚基

之積兮雲仍畢會竪此石兮[illegible]
不振兮十代孫司諫院大司[illegible]

節婦驪興閔氏旌閭碑 碑銘曰[illegible]
累累奴虜蝟域猗公夫[illegible]
兗後前彼蠢者奚亦知[illegible]
自外奔入誰知其勇既[illegible]
慄 恩疊封增宅里之旌光[illegible]
與公并公世孝友節義贊卓公孫思孝[illegible]遺跡
我銘以貞後嗣之則 析衛將軍僉知中樞府事
李光庭撰

冊板 無

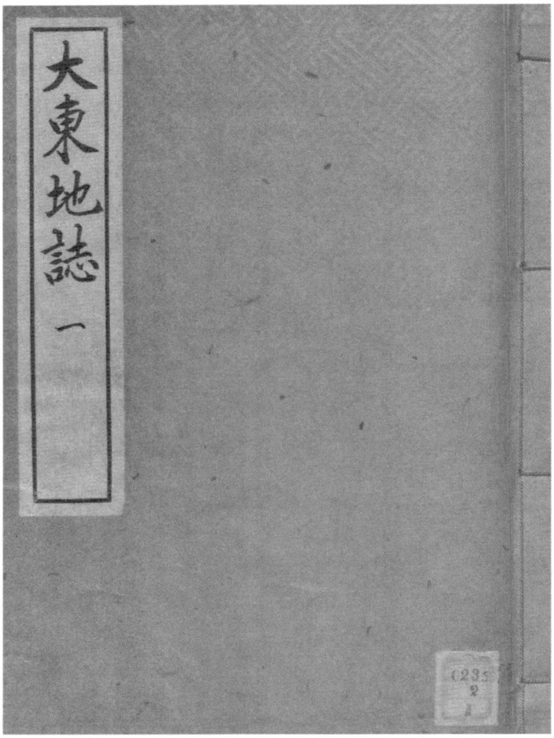

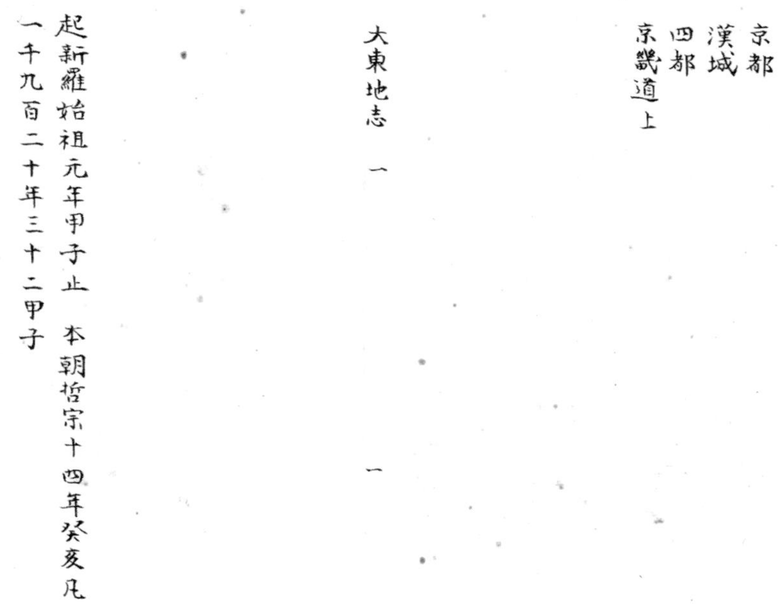

京都
漢城
四都
京畿道上

大東地志 一

一

起新羅始祖元年甲子止 本朝哲宗十四年癸亥凡
一千九百二十年三十二甲子

大東地志

總目

卷一 京都 漢城府

卷二 京畿道 四都

卷三 京畿道 十三邑

卷四 京畿道 二十邑

卷五 忠淸道 三十三邑

卷六 忠淸道 二十一邑

卷七 慶尙道 十五邑

卷八 慶尙道 二十五邑

大東地志 總目 一

卷九 慶尙道 二十三邑

卷十 慶尙道 八邑

卷十一 全羅道 十八邑

卷十二 全羅道 十三邑

卷十三 全羅道 十二邑

卷十四 全羅道 十三邑

卷十五 江原道 十七邑

卷十六 江原道 九邑

卷十七 黃海道 十邑

卷十八 黃海道 十三邑

卷十九 咸鏡道 十五邑

卷二十 咸鏡道 十邑

卷二十一 平安道 十邑

卷二十二 平安道 十三邑

卷二十三 平安道 十一邑

卷二十四 平安道 九邑

卷二十五 山水考

卷二十六 邊防考

卷二十七 程里考

卷二十八 程里考

大東地志 總目 二

卷二十九 歷代志

卷三十 歷代志

卷三十一 歷代志

卷三十二 歷代志

大東地志 門目 二十二

沿革 三韓之初無郡邑之號而以方言稱村號其長曰
村干（方言稱大曰干吉者之稱）新羅脫鮮王十一年始置州主郡主
其次曰城主村主智證王六年王親定國內州郡縣統
合麗濟後神文王六年初置九州（如今之八道）略改郡縣之
號景德王十六年改定九州郡縣名州統郡郡領縣也
哀莊王九年發使十二道分定諸郡邑疆境高麗太祖
二十三年改州府郡縣號成宗二年又改州府郡縣及
關驛江浦之號顯宗九年革屬小邑於大邑肅宗明宗

大東地志 門目 一

時漸置監務於小邑以復舊大槩如是而間有郡縣之
併省官號之陞降詳于各邑之沿革

古邑 新羅九州所領高麗七道所屬郡縣因革廢而不
復設置者凡二百餘邑分錄于其所併之本邑又古邑
未詳者因史記蹟而不能考據者收錄于歷代志以備
後之博考

坊面 新羅建置州郡時其田丁戶口未堪爲縣者或置
鄕或置部曲屬于所在之邑高麗時又有稱所者有金
所銀所銅所鐵所絲所紬所紙所瓦所炭所鹽所墨所
藿所磁器所魚梁所薑所之別而各供其物又有稱處
者稱莊者分隷于各宮殿寺院及內莊宅以輸其稅右
諸所皆有土姓吏民焉金富軾撰三國史地志不復具
錄而鄭麟趾撰高麗史亦因之今據周官六翼而質之
當今有所可考者纔十之一二矣 本朝罷坊面多因
羅麗時鄕曲處所之名州縣統坊面坊面管村里各道
有稱坊稱面稱里稱社之別矣

山水 凡山之大幹水之巨派總錄于**首卷**又分列于所
在之邑而至於殘岡短龍之名以山者小源支流之名
以水者幷爲收錄一山之名有二東西各因寺名而稱
之一水之名有二南北各從地名而號之如是者不可

大東地志 門目 二

枚擧且洞壑回互叢林茂密者宜保也或依山臨水或
古刹蟠據者宜守也或野中高阜或峯上矗岩者宜望
也可覽圖而詳之 **嶺路** 凡程里之最重者莫如嶺隘有要
衝焉有險夷焉有大路小路間路捷路之別此有事時
尤宜詳也夫遠近之岡峻險之阪若築城以爲固則有
難以人功當長養樹木蔚然成林則藏兵設伏皆有可
恃臨機斫取樹柵拒路或有助焉 **島嶼** 凡海上之所恃者
莫如島嶼有浦港藏船處有魚鹽井泉處有土肥民殷
處又兩島之間有潮勢洄隴處有堆沙隱嶼處我慣于
進退彼昧于淺深勝敗在于呼吸此臨事者之尤宜講

畫也
形勝 一國之形勢視乎山川山川之包絡關乎都邑故
營鎭之衝會嶺路之險要大槩言之則其於攻守之利
害田野之肥瘠亦皆擧而推知
城池 三國分爭之時皆於要衝築城故邑居平地依山
而築以為戰守信地今小邑或有二三古城嶺隘郊原
有古城古壘皆三國時遺蹟也高麗時西北東界設關
城邑城而今則頹圮　本朝壬丙以後設山城於各道
又大路要衝築關城皆置城守
營衛 凡營制相一道之便宜量四方之備禦設戍置兵

大東地志　門目　三

立之將帥授之節制以綏靖嘉師控馭邉裔藩屛　神
都鎭撫黎庶爲久安長治之道者也
鎭堡 我國環三海沿兩江地方三千里帶甲五十萬長
江襟帶巨岳盤紆表裡山河天府用武之地也江海之
要衝嶺隘之險阻皆設鎭堡凡邉腹重輕之勢兵戍措
置之宜講之于平日世亂則由此而折衝禦侮時平則
以此而經邦理民也
烽燧 凡烽燧始起於邉徼終通于　神京沿海而來者
或合于陸聯陸而來者或分于海東西遞傳南北照應
呼吸萬里其疾如神今於各道之次總錄水陸來路之

分合以使考覽(各邑只錄所在處)
倉庫 各邑例有司倉沿江沿海納稅之邑皆有江倉海
倉以便其漕運其遠邑之坊設社倉以便民輸納營鎭
山城以貯兵餉三南則置漕倉俱有監捧領運之官
驛站 各邑只錄所在處而其次繼錄騎撥步撥今於各
道之次總錄本驛屬驛以備總覽
津渡 凡津渡之重優於嶺路若峽中大川則用兼舟通
行人而已上下灘瀨無数皆水淺故難以備禦至於長
江巨浦湍流飛駛瀬勢悍急難以用舟若小失則我之
使宜奪於彼豈不慎重哉其於防灘用鹿角木緊石以

大東地志　門目　四

投三四重則敵不敢渡矣
橋梁 橋梁者地利之大關也凡行旅之往来車馬之轉
運不知省却幾多氣力絶却幾多弊端而又臨機設備
妙在其人可與嶺隘津渡比也今於各邑略錄大路所
在橋梁而其於細路小溪之草橋土梁不暇收錄
牧場 高麗於諸道置牧場定官監牧　本朝亦因之置
牧凡百餘所今則廢場頗多可慨也盖馬與軍伍等然
後可謂富強也今好水草之郊原島嶼並作閑曠極為
可惜故各邑牧塲之次廢塲亦為收錄
土產 山出金銀銅鐵玉石海出魚蟹貝螺藿塩八穀隨

田野之肥瘠五果生原陸之土宜綿麻桑苧松竹楮漆
皮革藥品從其所產略錄於各邑以此制官賦以供國
用立場市以通交易是爲經邦國濟民生之一大命脈
也如銅鐵藥材之古有今無者刪之
宮室 各處所在行宮外各邑客館及學校公廨刪之
樓亭 名樓高臺是使客之遊賞騷人之吟詠處也記其
景物形勝如列邑中所在號以樓亭者書於圈外
廟殿 本朝崇奉及歷代廟殿祀典所在謹爲詳錄 文
廟則京都外列邑則每在邑之至近故刪之
陵寢 本朝陵園墓記其所在及忌辰官員歷代陵墓則
大東地志 門目 五

只書某王某陵而書其所在
壇壝 京都所在及各道岳海瀆名山大川壇謹爲備錄
而列邑所在社稷厲壇城隍祠並在邑之近地而一例
同然故煩而不錄或羅麗時祀典所載今降爲本邑致祭者亦錄之
祠院 儒賢及殊功大節俎豆之所也 本朝宣額者二
百八十所而未宣額者不載祀典故刪之
典故 自三國高麗至于 本朝錄其戰守之蹟一遵史
傳而 本朝則考寶鑑及野史收錄而未及博採
疆域 自本邑治至隣邑界爲幾里分八方而表之以便
考覽或有一二面徒入兩邑界之間者或有越在他邑

此爲東方佛教之始

境者不可以爲表可覽圖而推之
田賦民戶軍保逐年增減無一定之數今錄 純祖戊
子年實數表以識之可推其大綱
寺剎之雜出於三國高麗二史及古今傳記者殆難勝
數而今廢者十居七八并與其基址而不可攷或昔稱
某寺而今變爲某庵或有事實可記而多入於古蹟故
只錄大刹名庵於所在之山其殘寺小寮不可一一採
錄矣高句麗小獸林王二年秦王苻堅遣使送佛像及
佛經五年始創佛寺以處中國僧順道新羅訥
祇王時高句麗僧墨胡子至新羅之一善稍有行教者
至始智王十五年有僧阿道與其徒至習讀經律至法
興王時大興佛教 百濟近仇首王十年胡僧摩羅難
陁至自晉始刱佛寺於漢山○新羅高麗寺刹興於萬
大東地志 門目 六

匾緇髡恒至數十萬其蠹國害民何如而千古以來有
以佛亂亡者無以佛治平者然治亂無關於佛徒以我
心之自誣自惑耳至
於諸般教文皆如是
方言解 新斷沙々 古濊○以久遠者謂之濊時三韓時 國邦羅○三韓時謂國爲羅
村馬韓村俗府마亐州郡縣洞谷忽几鬱室四字高句
轉아亐老부麗邑號多補忽几方
吉亐今呼州山買百濟邑號多補川內乃百濟邑峽杜
縣谷爲亐買兮湖南循呼買號多補內買
山之疊德岸之徒絶郎岸之巖波衣百濟邑號坪伐井
塞者方言岸德壁立有之方言바의火補
平野新羅串郎海邊陡入處方言曰央隅山路回曲遷
邑號用之百濟曰夫里邑號多用之處曰毛老
列路路出石波多轉細川轉水中岩石江浦
壁臨水危險海爲바아溪爲시니嶼隨湖出沒項間或
有石梁或有堆江海間或泥生或汝積都韓補突
汝舟行甚難뫼草而水淺舟不得行曰븡渠水中積石
曰梁堆石羅路新羅川水深
渡人曰梁津人所補淵處曰仝

後倭患稍息

青松

〔沿革〕本新羅青己景德王十六年改積善爲野城郡領縣高麗太祖二十三年改島伊又改雲鳳成宗五年改青島顯宗九年屬禮州恭讓王二年置監務 本朝太祖三年以眞寶來併 世宗卽位之年以 中宮沈氏昭憲王后貫鄕陞青寶郡後析置眞寶縣以松生來屬改青松 世祖朝陞都護府 成宗五年以眞寶來合九年析之

〔官員〕都護府使兼安東鎭管兵馬同僉節制使一員

〔古邑〕安德南五十三里本新羅伊火兮景德王十六年改緣武爲曲城郡領縣置伊火兮停高麗太

大東地志 青松 四七

宗山 安山 業山 東臺山

祖二十三年改安德顯宗九年屬安東恭讓王二年置監務 本朝太祖朝合于松生縣 松生東十五里本新羅芑良景德王十六年改松生爲野城郡領縣高麗顯宗九年屬禮州仁宗二十一年置監務 本朝太祖朝以安德來合 世宗朝來屬○邑號松山

〔坊面〕府內初五終二十 府東初二十終六十 府南初二十五終六十 府西初七終二十 縣內南初四十終五十 縣東南初四十終七十 縣南南初六十終八十 縣西南初六十終九十 縣北南初二十終三十五右五面安德古縣

〔山水〕放光山北二里 周房山上有巢鶴臺石作洞府驚心駭目而泉瀑絶奇○大興寺白雲庵 明月山 注兒山右三山俱東三十里盈德界 月外山東十里 普光山南五里 普賢山一云母子山南七十五里慶州永川新寧界 天馬山北五里眞寶界 葛田山東南四十里 海峴山南三十里 懸碑岩一云龍埋岩在南川上流 方

堤堰四

臺安德古縣北十里川邊有曾岩之勝 梨田坪東南五十里

〔嶺路〕刀峴南七十里永川新寧界 三者峴南三十八里 茅峴南七十里新寧界 柳峴東南七十四里慶州竹長面界 於火峴南五十二里 枝峴西十里 牛峴南路 ○南川源出於火峴及柳峴北流徑懸碑岩過椒水環府南西北流爲巳川至椒泉入于眞寶神漢川 安德西川源出普賢山西北流徑安德古縣至安東界爲琴谷川 松生川出周房山西流合于椒水 椒水東八里出月外山西流入于南川

〔城池〕周房山古城周一千四百五十尺三面天作之險內有二溪

〔倉庫〕邑倉 南倉南三十里 安德倉安德古縣 縣西倉安德西十五里

〔驛道〕青雲驛南十五里 梨田驛東南五十里 文居驛南六十里 和睦驛南七十里安德西二十里茅峴下

大東地志 青松 四八

邑內四九 東谷三八 川邊五十 和睦四九

〔土産〕漆 海松子 蜂蜜 松蕈 石蕈 紫草 熊膽

〔樓亭〕讚慶樓邑內川流盤迴 孤秀亭

〔祠院〕屛岩書院肅宗辛巳建壬午賜額 李珥 金長生俱見文廟

〔典故〕高麗辛禑七年倭寇松生

順興

〔沿革〕本新羅及伐山景德王改岌山郡領縣一鄰豐隷朔州高麗太祖二十三年改興州顯宗九年屬安東後移屬順安明宗二年置監務忠烈王時陞興寧縣令以藏御胎忠肅王時陞知興州事以藏御胎忠穆王時陞順興府以藏御胎 本朝 太宗十三年改都護府 世祖二年革之割馬兒嶺

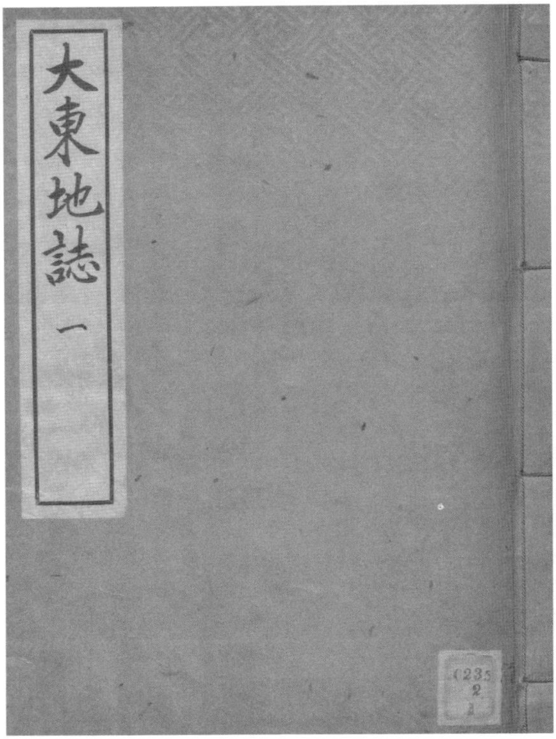

京都
漢城
四都
京畿道上

大東地志 一

一

起新羅始祖元年甲子止 本朝哲宗十四年癸亥凡
一千九百二十年三十二甲子

大東地志

總目

沿革 三韓之初無郡邑之號而以方言稱村號其長曰
村干（方言稱大曰干者之稱）新羅脫解王十一年始置州主郡主
其次曰城主村主智證王六年王親定國內州郡縣統
合麗濟後神文王六年初置九州（如今八道之略）改郡縣之
號景德王十六年改定九州郡縣名州統郡郡領縣也
哀莊王九年發使十二道分定諸郡邑疆境高麗太祖
二十三年改州府郡縣號成宗二年又改州府郡縣及
關驛江浦之號顯宗九年革屬小邑於大邑睿宗明宗

時漸置監務於小邑以復舊大槩如是而間有郡縣之
併省官號之陞降詳于各邑之沿革
古邑 新羅九州所領高麗七道所屬郡縣因革廢而不
復設置者凡二百餘邑分錄于其所倂之本邑又古邑
未詳者因史記蹟而不能考據者收錄于歷代志以備
後之博考
坊面 新羅建置州郡時其田丁戶口未堪爲縣者或置
鄕或置部曲屬于所在之邑高麗時又有稱所者有金
所銀所銅所鐵所絲所紬所紙所瓦所炭所鹽所墨所
藿所磁器所魚梁所薑所之別而各供其物又有稱處

者稱莊者分隷于各宮殿寺院及內莊宅以輸其稅右
諸所皆有土姓吏民焉金富軾撰三國史地志不復具
錄而鄭麟趾撰高麗史亦因之今據周官六翼而實之
當今有所可考者纔十之一二矣 本朝置坊面多因
羅麗時鄕曲處所之名州縣統坊面坊面管村里各道
有稱坊稱面稱里稱社之別矣
山水 凡山之大幹水之巨派總錄于首卷又分列于所
在之邑而至於殘岡短麓之名以山者小源支流之名
以水者幷爲收錄一山之名有二東西各因寺名而稱
之一水之名有二南北各從地名而號之如是者不可

枚擧且洞壑回互叢林茂密者宜保也或依山臨水或
古刹蟠據者宜守也或野中高阜或峯上矗岩者宜望
也可覽圖而詳之 嶺路 凡程里之最重者莫如嶺隘有要
衝焉有險夷焉有大路小路間路捷路之別此有事時
尤宜詳也夫遠近之岡峻險之阪若築城以爲固則有
難以人功當長養樹木蔚然成林則藏兵設伏皆有可
恃臨機斫取樹柵拒路或有助焉 島嶼 凡海上之所恃者
莫如島嶼有浦港藏舶處有魚鹽井泉處有土肥民殷
處又兩島之間有潮勢洄洑處有堆沙隱嶼處我慣于
進退彼昧于淺深勝敗在于呼吸此臨事者之尤宜講

畫也

形勝 一國之形勢視乎山川山川之包絡關乎都邑故營鎮之衝會嶺路之險要大槩言之則其於攻守之利害田野之肥瘠亦皆舉而推知

城池 三國分爭之時皆於要衝築城故邑居平地依山而築以為戰守信地今小邑或有二三古城嶺隘郊原有古城古壘皆三國時遺蹟也高麗時西北東界設關城邑城而今則頹圮　本朝壬丙以後設山城於各道又大路要衝築關城皆置城守

營衙 凡營制相一道之便宜量四方之備禦設戍置兵

大東地志　門目　三

立之將帥授之節制以綏靖嘉師控馭邊裔藩屏　神都鎮撫黎庶垂久安長治之道者也

鎮堡 我國環三海沿兩江地方三千里帶甲五十萬長江襟帶巨岳盤紆表裡山河天府用武之地也江海之要衝嶺隘之險阻皆設鎮堡凡邊腹重輕之勢兵戎措置之宜講之于平日世亂則由此而折衝禦侮時平則以此而經邦理民也

烽燧 凡烽燧始起於邊徼終通于　神京沿海而來者或合于陸聯陸而來者或分于海東西遞傳南北照應呼吸萬里其疾如神今於各道之次總録水陸來路之

分合以便考覽 各邑只録所在處

倉庫 各邑例有司倉沿江沿海納税之邑皆有江倉海倉以便其漕運其遠邑之坊設社倉以便民輸納營鎮山城以貯兵餉三南則置漕倉俱有監捧領運之官

驛站 各邑只録所在處而其次繼録騎撥步撥今於各道之次總録本驛屬驛以備總覽

津渡 凡津渡之重優於嶺路若峽中大川則用兼舟通行人而已上下灘瀨無數皆水淺故難以備禦至於長江巨浦湍流飛駛潮勢悍急難以用舟若小失則我之便宜奪於彼豈不愼重哉其於防灘用鹿角木䌊石以

大東地志　門目　四

投三四重則敵不敢渡矣

橋梁 橋梁者地利之大關也凡行旅之往來車馬之轉運不知省却幾多氣力絶却幾多弊端而又臨機設備妙在其人可與嶺隘津渡比也今於各邑略録大路所在橋梁而其於細路小溪之草橋土梁不暇收録

牧場 高麗於諸道置牧場定官監牧　本朝亦因之置牧凡百餘所今則廢場頗多可慨也盖馬與軍伍等然後可謂富強也今好水草之郊原島嶼並作閑曠極為可惜故各邑牧場之次廢場亦為收録

土產 山出金銀銅鐵玉石海出魚蟹貝螺藿塩八穀隨

田野之肥瘠五果生原陸之土宜綿麻桑苧松竹楮漆
皮革藥品從其所產略錄於各邑以此制官賦以供國
用立場市以通交易是為經邦國濟民生之一大命脈
也 如銅鐵藥材之古有今無者刪之

宮室 各處所在行宮外各邑客館及學校公廨刪之

樓亭 名樓高臺是使客之遊賞騷人之吟詠處也記其
景物形勝如列邑中所在號以樓亭者書於圈外

廟殿 本朝崇奉及歷代廟殿祀典所在謹為詳錄　文
廟則京都外列邑則每在邑之至近故刪之

陵寢 本朝陵園墓記其所在及忌辰官員歷代陵墓則

大東地志　門目　五

只書某王某陵而書其所在

壇壝 京都所在及各道岳海瀆名山大川壇謹為備錄
而列邑所在社稷厲壇城隍祠並在邑之近地而一例
同然故煩而不錄 或羅麗時祀典所載今降為本邑致祭者亦錄之

祠院 儒賢及殊功大節俎豆之所也　本朝宣額者二
百八十所而未宣額者不載祀典故刪之

典故 自三國高麗至于　本朝錄其戰守之蹟一遵史
傳而　本朝則考寶鑑及野史收錄而未及博採

疆域 自本邑治至隣邑界為幾里分八方而表之以便
考覽或有一二面陡入兩邑界之間者或有越在他邑

境者不可以為表可覽圖而推之

田賦民戶軍保逐年增減無一定之數今錄　純祖戊
子年實數表以識之可推其大綱

寺刹之雜出於三國高麗二史及古今傳記者殆難勝
數而今廢者十居七八并與其基址而不可攷或昔稱
某寺而今變為某庵或有事實可記而多入於古蹟故
只錄大刹名庵於所在之山其殘寺小竂不可一一採
錄矣 高句麗小獸林王二年秦王苻堅遣使送佛像及佛經五年始創佛寺以處中國僧順道新羅訥祇王時高句麗僧墨胡子至新羅之一善稍有行教者至炤智王十五年有僧阿道與其徒至習讀經律至法興王時大興佛教 百濟近仇首王十年胡僧摩羅難陁至自晉始刱佛寺於漢山○新羅高麗寺刹幾於萬

此為東方佛教之始

大東地志　門目　六

區緇髡恒至數十萬其蠹國害民何如而千古以來有以佛亂亡者無以佛治平者然治亂無關於佛徒以我心之自誣自惑耳至於諸般教文皆如是

方言解

新 斷沙々
古 識○以久遠者謂之濊時三韓時
國 邦羅○三韓時謂國為羅
村 馬韓村俗轉마乭老
府 마乭부
州 郡 縣 洞 谷 忽几鬱室四字高句麗邑號多稱忽几方言乭今呼州縣谷為乭
山 買百濟邑號多稱買兮湖南猶呼買
川 內乃百濟邑號多稱內
峽 社買山之疊塞者
德 岸之徒絕方言岸德
郞 岸之壁立
巖 波衣百濟邑號有之方言바의
坪 伐井火稱平野新羅邑號用之
串 部海邊陡入處方言曰只百濟日夫里邑號多用之
隅 山路回曲處曰毛老
遷 別路路出石壁臨水危險
海 波多轉為바다
溪 細川轉為시내
嶼 水中岩石隨湖出沒
項 江浦間或有石梁或有堆沙舟行甚難목
草 江海間或泥生或沙積而水淺舟不得行曰昰
梁 都轉稱突水中積石曰梁堆石渡人曰梁
津 羅路新羅人所稱
淵 川水深處曰소

鳳棲樓 (邑內)

宮室 璿源閣 實錄閣 史庫 (俱在覺華寺傍有參奉及守直軍)

祠院 文岩書院 (光海主丙辰建肅宗甲戌賜額) 李滉 (見文廟) 趙穆 (見醴泉)

真寶

沿革 本新羅柒巴火景德王十六年改真寶為聞韶郡領縣高麗太祖陞為甫城郡 (一云載岩城) 以真安縣來屬顯宗九年屬禮州又析真安屬于盈德恭讓王二年置監務 本朝 太祖三年合于青島 世宗朝析置縣監 成宗五年革屬青松 (以縣人琴孟誠歐辱縣監中石同) 九年復舊 (因土人申許)

邑號 真海 官員 縣監 (兼安東鎮管兵馬節制都尉) 一員

坊面 下里 (四方終五) 上里 (東初十終二十) 東面 (初二十終三十) 南面 (初五終二十五) 西面 (初七終二十五) 北面 (初十終三十) ○泉宿部曲東十春甘部 曲北十巴叱部曲南十 五古乙个部曲東三十省夫部曲北三十

山水 南角山 (南八里) ○高山 (西十里) 芚洞山 (東三十里) 葦長山 (東四十里寧海盈德界) 天馬山 (西南二十里青松界) 紫陽山 (北二十五里) 斗陰山 (上同) 落坪 (東二十里) 嶺隘 林勿峴 (東南三十里盈德界) 楸峴 (西二十里安東界) 井峴 (東南三十里青松界) ○神漢川 (北一里詳安東○南岸石壁四百餘尺曰以為城基雨赤之築) 大泣嶺川 (東二十里源出寧海西泣嶺西流入于神漢川) 巴川 (南二十里出南角山西流入于青松南川) 虎鳴川 (西二十里青松南川下流)

烽燧 神法山 (西十里)

倉庫 邑倉 北倉 (在北面)

堤堰六

大東地志 真寶 二

邑內場 (二七) 玉流亭 後

驛道 角山驛 (東五里)

土産 紫草 石蕈 松蕈 蜂蜜

祠院 鳳覺書院 (宣祖壬寅建肅宗庚午賜額) 李滉 (見文廟)

典故 新羅景明王六年真寶城將軍洪述降於高麗 敬順王四年載岩城將軍善弼降于高麗

軍威

沿革 本新羅奴同覓景德王十六年改軍威為嵩善郡領縣高麗顯宗九年屬尚州仁宗二十一年還屬一善恭讓王二年置監務兼任孝靈 本朝 太宗十三年改縣監

邑號 赤羅 官員 縣監 (兼安東鎮管兵馬節制都尉) 一員

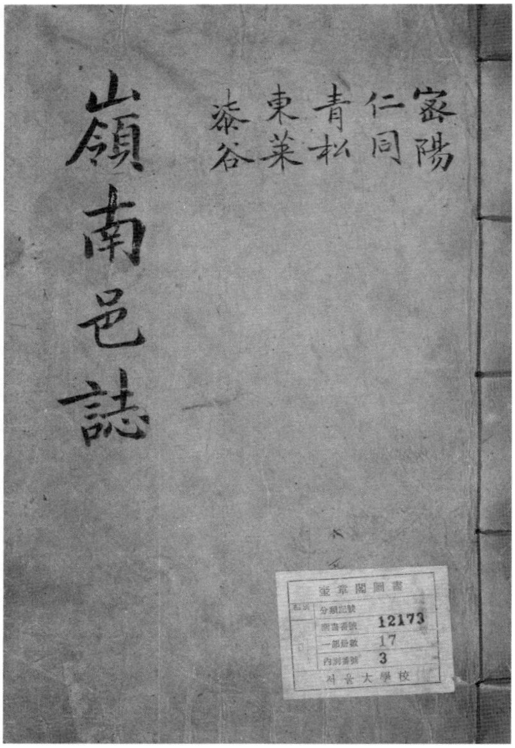
嶺南邑誌
密陽
仁同
青松
東萊
漆谷
12173
17
3

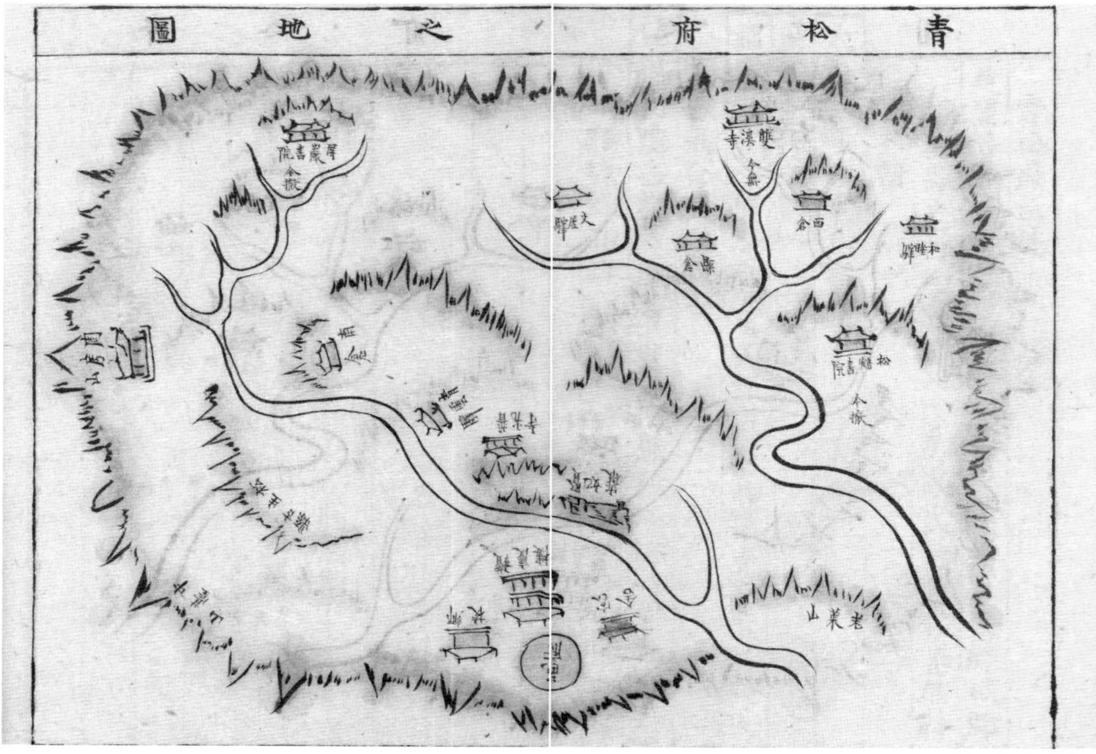
青松府之地圖
雙溪寺
屏巖書院
縣倉
西倉
松鶴書院
老萊山

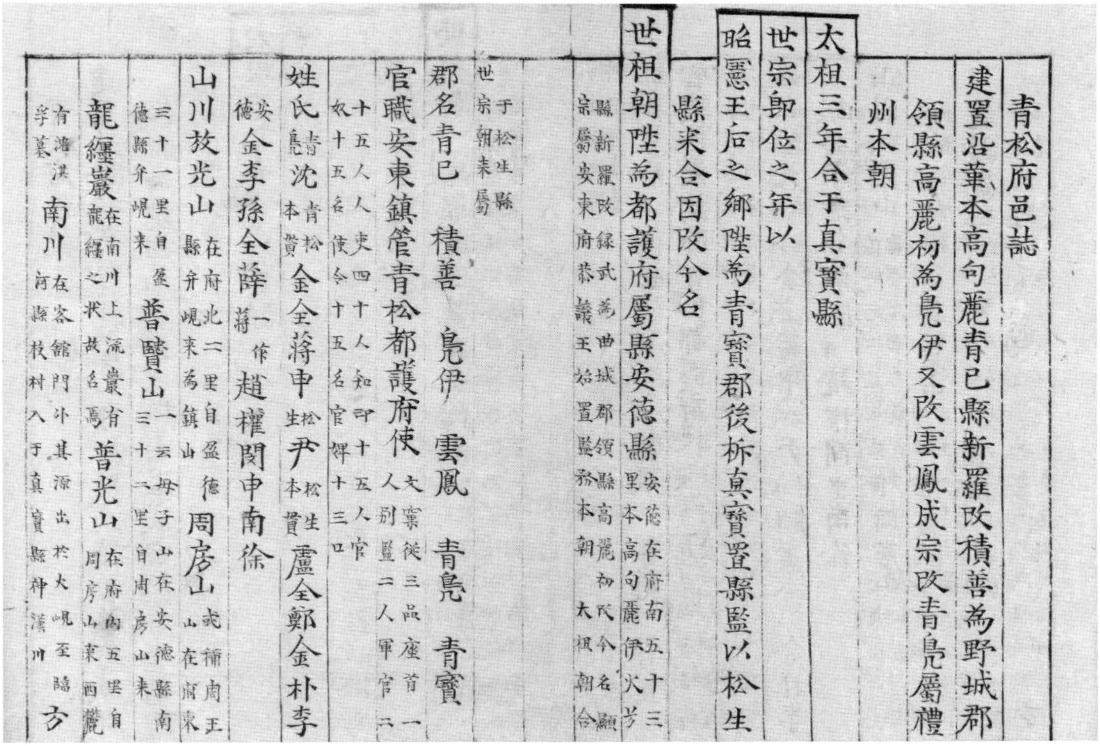

青松府邑誌

建置沿革 本高句麗青已縣新羅改積善為野城郡領縣高麗初為鳧伊又改雲鳳成宗改青鳧屬禮州本朝

太祖三年合于真寶縣

世宗卽位之年以

昭憲王后之鄉陞為青寶郡後析真寶置縣監以松生縣来合因改今名

世祖朝陞為都護府屬縣安德縣 安德在府南五十三里本高句麗伊火兮縣新羅改綠武為曲城郡領縣高麗初改今名顯宗屬安東府恭讓王始置監務本朝太祖朝合于松生縣世宗朝來屬

郡名 青已 積善 鳧伊 雲鳳 青鳧 青寶

官職 安東鎮管青松都護府使 文寀從三品座首一人別監二人軍官二十五人人吏四十人知印十五人官奴十五名使令十五名官婢十三口

姓氏 青鳧 沈 青松本貫 金全蔣申 松生 尹 松生本貫 盧全鄭金朴李 安德 金李孫全薛 一作蔣 趙權閔申南徐

山川 故光山 在府北二里自盈德縣弁峴來為鎮山 周房山 一稱周王山在府東三十一里自盈德縣弁峴來 普賢山 一云母子山在安德縣南三十二里自周房山來

龍纏巖 在南川上流巖有龍纏之狀故名焉 普光山 在府南五里自周房山來西麓有淹洪孚墓

南川 在客館門外其源出於大峴至臨河縣枝村入于真寶縣神漢川 方

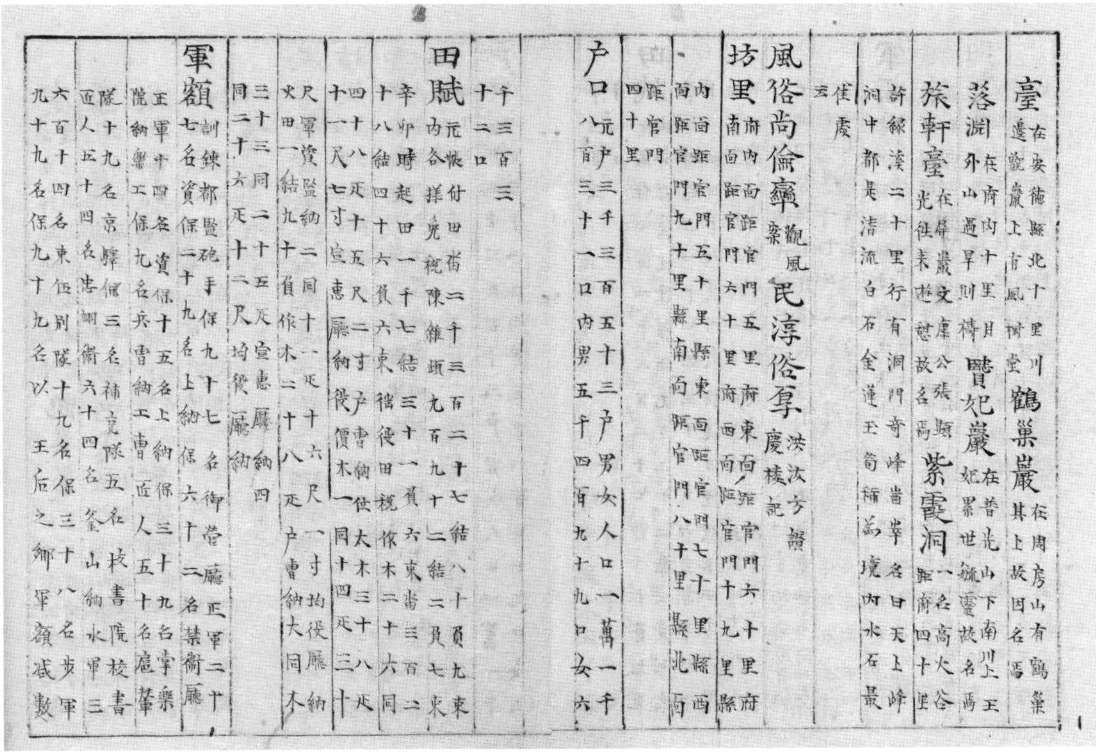

臺 在安德縣北十里川邊巖巖上有鳳樹臺 鶴巢巖 在周房山有鶴巢其上故因名焉

落淵 在府內十里月外山過旱則禱 贊妃巖 在普光山下南川上王妃累世誕靈故名焉

旅軒臺 在府巖文康公張顯光往來遊憩故名焉 紫霞洞 一名高大谷距府四十里

許綠溪二十里行有洞門奇峰當崒名曰天上峰洞中都是清流白石金蓮玉筍稱為境內水石最佳處云

風俗 尚倫彝 觀風案 民淳俗厚 洪汝方贊慶樓記

坊里 府內面距官門五里府東面距官門六十里府南面距官門六十里府西面距官門十九里縣內面距官門五十里縣東面距官門七十里縣西面距官門九十里縣南面距官門八十里縣北面距官門四十里

戶口 元戶三千三百五十三戶男女人口一萬一千八百三十一口內男五千四百九十九口女六千三百三十二口

田賦 元帳付田畓二千三百二十七結八十負九束內各樣免稅陳雜頭九百九十二結二負七束辛卯時起田一千七結三十一負六束畓三百二十八結四十六負六束稅田稅作木二十六同四十八疋十五尺二寸戶曹納仕太木三十八疋十一尺七寸宣惠廳納役價木一同十四疋三十尺軍資監納二同十一疋十六尺一寸均役廳納火田一結九十負作木二十八疋戶曹納大同木三十三同二十五疋宣惠廳納四同二十六疋十二尺均役廳納

軍額 訓鍊都監砲手保九十七名御營廳正軍二十七名資保二十九名上納保六十二名禁衛廳正軍十四名資保十五名上納保三十九名掌樂院納樂工保九名兵曹納工曹納匠人五十名扈輦隊十九名京驛保三名補充隊五名校書館校書匠人五十四名忠翊衛六十四名釜山納水軍三六百十四名東伍別隊十九名保三十八名步軍九十九名保九十九名以王后之鄉軍額減數

年條○別砲手二十名辛未府使尹顯岐新設 未詳

城池無

倉庫 大同庫 司倉 南倉 在府南二十里 縣倉 在府西五十里

西倉 在府西七十里元會大小米一千八百三十一石十一斗九刀二合一夕雜穀四百九十

九石十四斗三刀八合五夕常賑大小米四百八十三石三斗七刀一合七夕雜穀二千五百九十

八石十四斗九刀八合五夕訓局小米四十二石四斗八刀四合五夕餘賑小米三十一石一斗八

刀二合六夕雜穀五百四十四石八斗一刀三合蚫價租九十七石二斗八刀五合八夕備荒租一

斗六刀二合三夕壬劃米四斗七刀三合六夕太二百五十六石五斗九刀六合一夕保民司米三

斗三刀一合七夕丙別米八百三十八石二斗五刀五合信需租二十二石七斗二刀三合七夕備

軍米七斗三刀一合六夕租四石十三斗七刀四合一夕均軍米七十石一刀六合守城米五斗五

刀三夕租四十三石十三斗八刀四合五夕合錄租二百七十二石三斗九刀五合二夕南錢米五

十二石七斗五刀餉米一百五十石別會大小米一千四百六十五石五刀二合五夕雜穀五百

四十石十二斗一刀四夕防債米八石十二斗八刀六合八夕別均米一百七十七石七斗九合營

賑大小米二十七石六斗一刀五合四夕雜穀八十八石三斗二刀五夕

軍器 在客館北 火藥庫 鳥銃鉛丸弁八 旗幟庫 鎗釼弓矢弁八西庫年久頹圯辛未

○府使尹顯岐重修

烽燧無

學校鄉校 在府之東一里○初建于府之北五里北洞以山谷幽險萬曆甲辰移建于府之東

一里許前洞又以地勢卑下墓于門樓四五步之地乙亥改建更以地理不吉○辛未府使尹顯岐移

建於府之東一塬地故光山下有上樑文

屛巖書院 今撤 松鶴書院 今撤

壇廟社稷壇 在府西五里 城隍祠 在府西一里 厲壇 在府北三里

塚墓沈洪孚墓 在府內五里普光山碑書史林郎衛尉丞沈洪孚墓臨冦仁順兩王

后之遠祖也兩聖嬰連遣中使而加種栢且以工曹匠十一名除給祭物軍庚午減布後加定十

六名合為二十七名庚子均田使及其後府使之為後裔者並有位田查結而前後節目冊子及改

藥大書巖之府司位田則戶長收稅專管四名日祀事又府東中臺山有沈墓或云文林郎先世之

墓或云配位之墓至今傳疑而亦有位田戶長春秋供祭以大典寺屬中臺守護有禮書完文

佛宇周房寺 在周房山今廢 大典寺 在周房山 普光寺 在府南五里守護沈洪孚墓

公廨客館 在衙舍之南崇禎紀元後再丁酉府使成瑍重建有上樑文崇禎紀元後四壬申府

使姜彙鈺重建有上樑文四辛未○府使尹顯岐一新重修有重修記○閣門樓工庫府倉府舍弁

為重修 新民軒 即衙軒戊午府使宋徵泰重修為十五間 鄉序堂 在客館東

講武堂 在客館東

樓亭讚慶樓 在客館南宣德己酉監司洪汝方記略以爲時郡守河濱所創建是邑以王

后之鄉孕毓精靈王業全枝衍式朝鮮億萬年無疆之福故名曰讚慶○崇禎後己巳府使李東渼

重建文正公宋時烈有記○崇禎三癸丑府使韓光近重建有上樑文四辛未○府使尹顯岐重修

方壺亭 一名風樹堂在安德縣北十里方臺主籌趙遵道所建遵道見孝子

道路 東至盈德界四十九里南至永川郡界七十四里西至安東界十九里北至真寶縣界五里東

南至慶州界六十五里西南至義城界七十五里距京五百九十七里西距監營二百五十里南距

兵營二百八十里南距水營五百里南距統營六百里

橋梁 無
堤堰 上坪堤 在府東二十里周圍一千五百三尺水深五尺 實獻堤 在府東三十里
周圍三百五尺水深三尺 注山堤 在府東六十里周圍一千一百八十尺水深八尺
場市 邑場在府治官門外四月九日㷡水場在府南四十里三日八日川邊場在安德縣東十里五
日十日和目場在安德縣西二十里四日九日
驛院 青雲驛 在府南十里南距文居驛四十里東距梨田坪驛四十里西距安東琴召驛六
十里北距眞寶角山驛四十里中馬二疋卜馬五疋吏四百人奴五十一名婢加十九口 文居
驛 在府南五十里西距和目驛三十里北距青雲驛四十里東距梨田坪驛五十里南距慶州仁
庇驛六十里中馬二疋卜馬五疋吏二百二十人奴六十六名婢三十口 和睦驛 在安德縣
西三十里東距文居驛三十里西距義城青路驛四十里南距義與牛谷驛五十里北距安東松蹄
驛四十里中馬二疋卜馬五疋吏一百三十五人奴八口婢三口 梨田坪驛 在府東四
十里北距青雲驛四十里西距文居驛五十里東距盈德南驛四十里南距清河松羅驛七十里中
馬二疋吏二百二人奴一名婢一口 肅廟朝辛卯設立 三者院 在府南二十里今無
形勝 山勢起伏川流盤廻
古蹟 松生廢縣 在府東十五里高麗顯宗九年屬禮州仁宗二十一年置監務本朝世
宗朝合于青鳧縣 周房山城 詳見關阨 天矢石 自古諺傳周房洞有潭名金鬻
當時監務不知何姓名在遊山之際取其鬻到寺膳夫輒而進陰饕白晝急雷雨暴作有聲石大如鵝
卵隕自天透屋剝床監務遂襲其口疾作數日死名其石曰天矢至今留在于庵中見司僕正申
楫記 大遯山 周王山之別名也東尋興顚八世孫鏡字光㴩與壯士百餘人入熊耳山自稱
後周天王據南陽欲從長安時乃唐貞元十五年爲郭子儀所敗渡漆閭石屛山深險入居焉石屛

山號周王山舊號後數年唐帝責麗王以周鏡渡麗將馬一聲以其府二聲爲先三聲四聲五聲爲
後八山擒鏡子大典號大典道君以蓮花箭射二聲曹南至三十里落于田名其田曰馬曹二聲
大怒進軍大典令將軍石重鉄衝擊二聲三戰三危名其洞曰三危山之西有馬曰坪是亦馬二聲
初戰處也越三日四聲五聲伏兵八角山遂擒周王是夜聞潭龍三泣大驚作觀天文氐星無光鏡
母魏姬氏嘗學鏡時叠見氐星於是大典急下斬窟八周王有須四聲鉤擒周王大典循脫身登空麗
王斬周鏡頭將詣京從遠望失當周王斬首之日大典依一陣在風人莫開眼乃捲尸歸屛山葬焉
時渡遠失首日也大典乃削髮被緇結庵屛山北名其庵曰避跡大遯之號亦由此稱焉居屛山十
五歲移住華獅洞洞在屛山南石庵峰西麓今之雲水庵似是也
土産 蜂蜜 紫草 人蔘 莞草
進貢 人蔘 清蜜 栢子
俸廩 衙祿位五十結米十石太三石公需位十五結米四石官需米一百八十六石民結所出
官蹟 青寶知郡事 曹由仁 通訓永樂戊戌十月來同年十二月移拜盈德縣事
李稚 中訓己亥正月來庚子十二月遞 李泒若 奉列辛丑正月來壬寅五月遞付濟
用監副正 柳恭 朝奉壬寅五月來癸丑二月呈遞 青松知郡事 金尚寧
中訓癸卯三月來乙巳三月遞父喪遞 洪淵 鄭之雅 中訓乙巳五月來宣德丁未正月遞
河瀅 朝奉丁未二月來己酉六月呈遞有治績 許澄 奉直郎己酉八月來庚戌閏十二月
遞 安起 通善郎辛未正月來乙卯十二月遞付繕工監副正 柳侑 奉訓郎正統丙辰二
月來己未六月遞 成自諒 奉訓郎己未七月來壬戌十二月遞 朴昭 通善郎癸亥正
月來丙寅十二月遞付濟用監副正 閔寅 朝奉戊辰二月來己巳七月遞 金斯仲 奉直
郎己巳八月來景泰壬申十月卒于官 李達 奉正壬申十二月來天順丁丑正月陞通政同

年十二月瓜遞 尹洪 奉列戊寅正月來庚辰十月遭母喪遞 青松都護府使
徐混 奉正庚辰十一月來甲申八月陞通政遞付工書參議有治績 崔尚柔 通訓甲申
二月來同年六月陞通政七月遞 李晨 通訓丙戌八月來辛卯閏九月遞付掌樂院副正
柳渾 通訓辛卯十月來壬辰十一月移拜昌原府使 洪性綱 通政壬辰十一月來甲午
六月卒于官 閔誠 通訓甲午閏六月來乙未十二月遞 權致中 通訓丙申二月來辛
丑二月遞付典設司別坐 尹垓 通訓辛丑四月來甲辰六月陞通政遞付上護軍 任淑
通政甲辰九月來丙午十一月卒于官 薛茂林 通政丁未二月來弘治戊申十二月遭母
喪遞 李居仁 通政己酉二月來庚戌二月呈遞 趙嶔 通政丁未四月來癸丑閏五月
卒于官 崔漢侯 通訓癸丑七月來丁巳三月遞 李承寧 通訓丁巳五月來壬戌七
月遞付司成 柳陽春 通訓壬戌九月來正德丁卯二月卒于官 沈順道 通政丁卯

五月來己巳五月遭母喪 鄭鵬 奉列己巳七月來壬申九月卒清德決民朝寧有求栢蜜者答
曰栢在高峰頂上蜜在民間蜂桶太守何以得之求者有慙悔至今傳以爲名言遞 裵益臣
通訓壬申十二月來丁丑十二月遞付濟用監副正 宋徵 通訓戊寅二月來己卯四月遞 權
五紀 通訓己卯五月來嘉靖甲申六月遞付司導寺正 李得全 通訓甲申八月來乙
酉十一月遞付成均司藝 洪脩 通訓乙酉十二月來庚寅十二月瓜遞 金良彦 通訓
辛卯二月來甲午四月卒于官 俞仲翼 通訓甲午七月來同年八月御史啓罷 張世
弼 通訓甲午十一月來乙未罷 趙琳 通訓丙申二月來己亥十月呈遞 鄭遍 中訓
己亥十二月來壬寅閏五月貶遞 琴椅 通訓壬寅八月來乙巳六月呈遞 李敬長
通訓乙巳八月來丁未三月呈遞 張漢輔 通訓丁未四月來己酉十二月貶遞 李中樑
通訓庚戌二月以三陟府使來甲寅八月移拜安東府使 金就文 奉列甲寅九月來丙辰

十二月呈遞 張應璇 通訓丁巳二月以濟用監正來壬戌二月遞付典籍 李榮 嘉善
壬戌三月以訓鍊都正來同年九月遞 權鎔 通訓壬戌十月以司僕僉正來丁卯九月移拜
內贍判官 徐克一 通訓隆慶丁卯十月來壬申九月瓜遞 郭赳 通訓壬申十月來萬
曆甲戌六月移拜晋州牧使 邊永清 通訓甲戌八月來戊寅十二月遭母喪 柳世
茂 通訓己卯二月來同年九月受傷罷 高景虛 通訓己卯十二月來辛巳二月呈遞 郭
越 通訓辛巳五月來癸未十一月瓜遞 金宇宏 通政癸未十二月來丙戌七月瓜遞 李
光俊 通訓丙戌八月來辛卯八月遞付司成 鄭仁貴 通訓辛卯九月來壬辰四月罷
鄭慎 通訓壬辰四月來癸巳十二月罷 朴惟仁 通訓甲午正月來乙亥二月瓜遞
金弘徵 通政己亥二月來辛丑三月呈遞 權春蘭 奉列辛丑六月來七月遭母喪
黃是 通訓辛丑十月來癸卯七月呈遞 成大業 通政癸卯十月來甲辰七月罷去

黃致誠 通訓甲辰八月來丙午六月罷去 李詠道 通訓丙午八月以金堤郡守來
辛亥八月瓜遞 康復誠 嘉善辛亥八月來甲寅二月瓜遞 朴而章 嘉善甲寅二月
來丙辰八月瓜遞 吳澐 通政丙辰十月來丁巳二月呈遞 許昱 通政丁巳四月來己
來九月移拜大丘府使 吳汝撥 通訓庚申正月來同年六月遭母喪 李晟 嘉善辛酉
正月來壬戌六月貶遞 李有慶 通政癸亥五月來乙丑十二月瓜遞 鄭彥宏 通訓
乙丑十二月以司僕正來己巳六月貶遞 李久澄 通政己巳八月來辛未十二月貶遞
許恒 通政壬申三月來甲戌六月貶遞 崔山輝 通政乙巳八月來丙子十二月罷
姜弘重 嘉善丁丑正月來己卯八月瓜遞 李俔 通政甲戌八月來壬午正月瓜遞 梁
克遴 通訓壬午正月來甲申二月罷 趙希進 通訓甲申四月來同年九月卒于官 崔
熤 通訓甲申十一月來戊子九月呈遞 崔有淵 通政戊子十二月來己丑七月罷 李

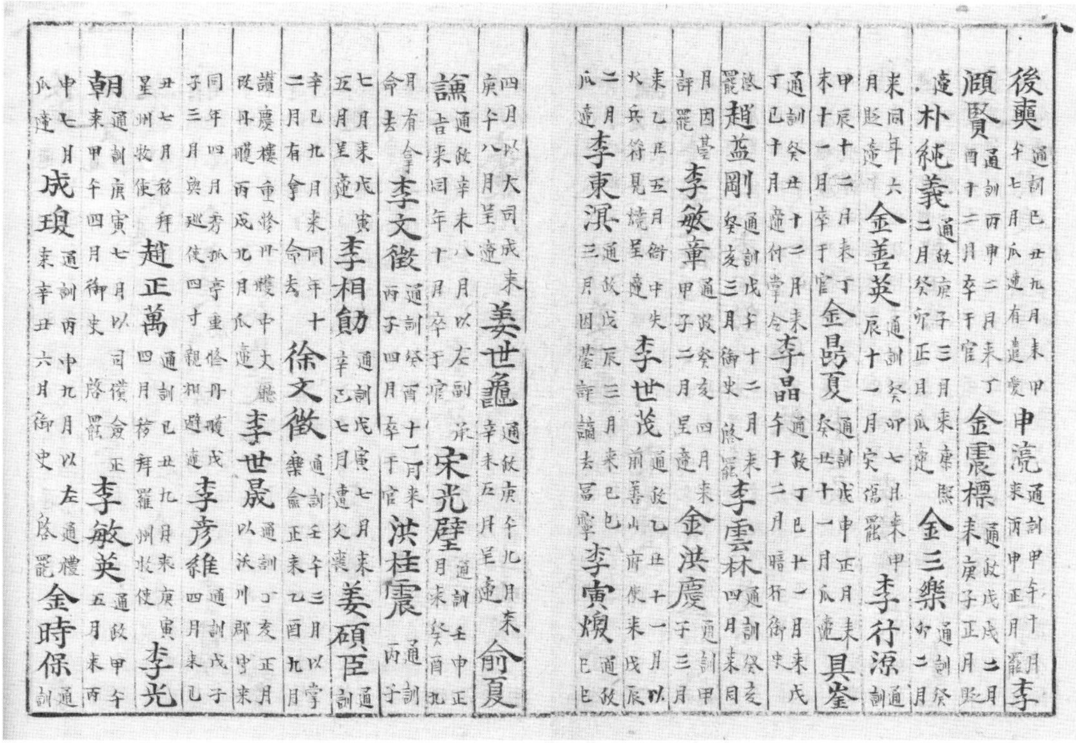

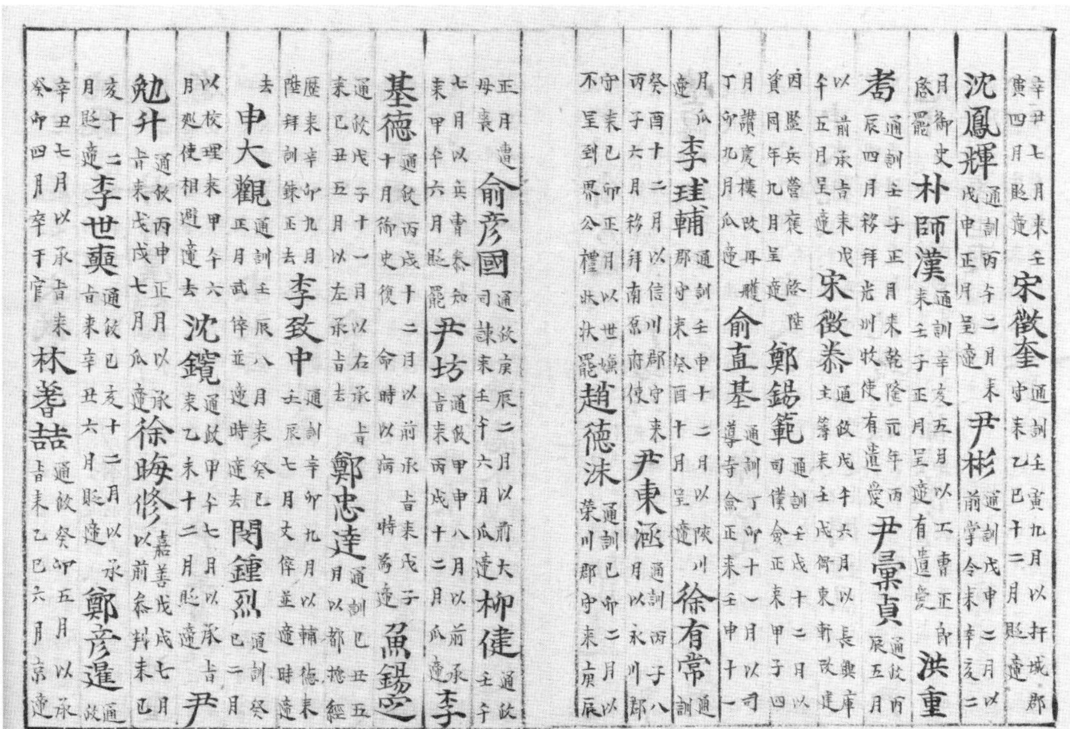

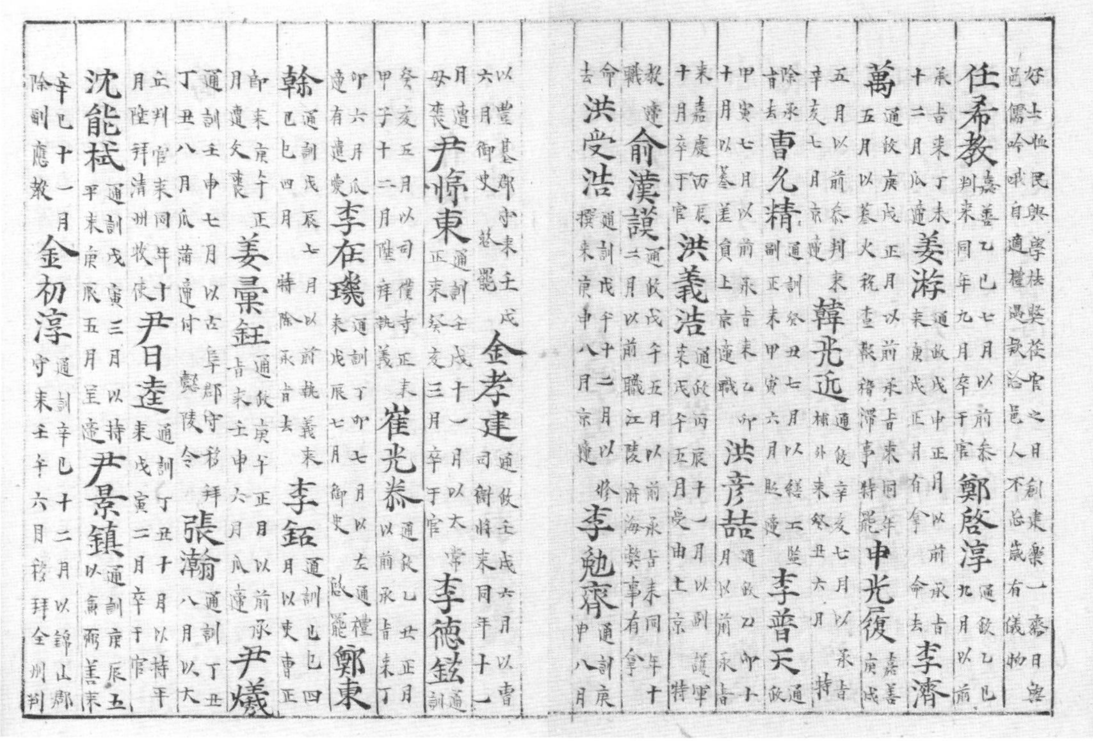

好上恤民興學校獎挨官之日創建樂一齋日與邑儒吟哦自適權遇歎洽邑人不忘歲有儀物
任希教 嘉善乙巳七月以前參判來同年九月卒于官 鄭啓淳 通政乙巳九月以前
承旨來丁未十二月瓜遞 姜游 通政戊申正月以前承旨來庚戌正月有拿命去 李濟
萬 通政庚戌正月以前承旨來同年五月以蔘火稅查覈稽滯事特罷 申光復 嘉善庚戌
五月以前參判來辛亥七月京遞 韓光近 通政辛亥七月以承旨摠外來癸丑六月特
除承旨去 曺允精 通訓癸丑七月以繕工監副正來甲寅六月貶遞 李普天 通政
甲寅七月以前承旨來乙卯十月以蔘差負上京遞職 洪彥喆 通政乙卯十月以前承旨
來嘉慶丙辰十月卒于官 洪義浩 通政丙辰十一月以副護軍來戊午五月受由上京特
敎遞職 俞漢謨 通政戊午五月以前承旨來同年十二月以前職江陵府海獘事有拿 十
命去 洪受浩 通訓戊午十二月以修撰來庚申八月京遞 李勉齋 通訓庚申八月
以豐基郡守來壬戌六月御史啓罷 金孝建 通政壬戌六月以曹司御將來同年十一
月遭母喪 尹脩東 通訓壬戌十一月以太常正來癸亥三月卒于官 李德鉉 通訓
癸亥五月以司僕寺正來甲子十二月陞拜執義 崔光恭 通政乙丑正月以前承旨來丁
卯六月瓜遞有遺愛 李在璣 通訓丁卯七月以左通禮來戊辰七月御史啓罷 鄭東
幹 通訓戊辰七月以前執義來己巳四月特除承旨去 李鈺 通訓己巳四月以吏曹正
郎來庚午正月遭父喪 姜彙鈺 通政庚午正月以前承旨來壬申六月瓜遞 尹爔
通訓壬申七月以古阜郡守移拜丁丑八月瓜滿遞付懿陵令 張瀚 通訓丁丑八月以大
丘判官來同年十月陞拜清州牧使 尹日達 通訓丁丑十月以持平來戊寅二月卒于官
沈能栻 通訓戊寅三月以持平來庚辰五月呈遞 尹景鎭 通訓庚辰五月以兼弼善來
辛巳十一月除副應敎 金初淳 通訓辛巳十二月以錦山郡守來壬午六月移拜全州判

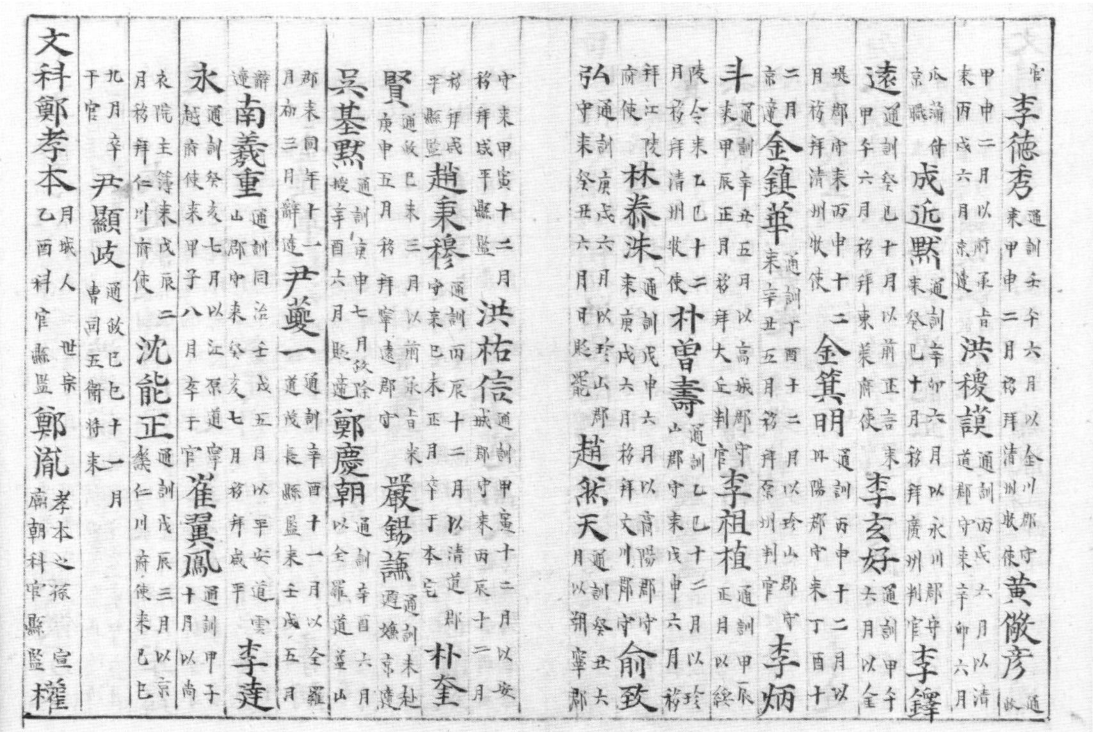

官 李德秀 通訓壬午六月以全州郡守來甲申二月移拜清州牧使 黃儆彥 通政
甲申二月以前承旨來丙戌六月京遞 洪稷謨 通訓丙戌六月以清道郡守來辛卯六月
瓜滿付京職 成近默 通訓辛卯六月以永川郡守來癸巳十月移拜廣州判官 李鐸
遠 通訓癸巳十月以前正言來甲午六月移拜東萊府使 李玄好 通訓甲午六月以全
堤郡守來丙申十二月移拜清州牧使 金箕明 通訓丙申十二月以丹陽郡守來丁酉十
二月京遞 金鎭華 通訓丁酉十二月以珍山郡守來辛丑五月移拜原州判官 李炳
斗 通訓辛丑五月以高城郡守來甲辰正月移拜大丘判官 李祖植 通訓甲辰正月以經
陵令來乙巳十二月移拜清州牧使 朴曾壽 通訓乙巳十二月以珍山郡守來戊申六月移
拜江陵府使 林恭洙 通訓戊申六月以高陽郡守來庚戌六月移拜文川郡守 俞致
弘 通訓庚戌六月以珍山郡守來癸丑六月日貶罷 趙然天 通訓癸丑六月以朔寧郡
守來甲寅十二月移拜咸平縣監 洪祐信 通訓甲寅十二月以安城郡守來丙辰十二月
移拜咸平縣監 趙秉穆 通訓丙辰十二月以清道郡守來己未正月卒于本官 朴奎
賢 通政己未三月以前承旨來庚申五月移拜寧遠郡守 嚴錫謙 通訓未赴避嫌京遞
吳基默 通訓庚申七月敘除授辛酉六月貶遞 鄭慶朝 通訓辛酉六月以全羅道益山
郡來同年十一月初三月辭遞 尹蔓一 通訓辛酉十一月以全羅道茂長縣監來壬戌五月
辭遞 南義重 通訓同治壬戌五月以平安道雲山郡守來癸亥七月移拜咸平 李逵
永 通訓癸亥七月以江原道寧越府使來甲子八月卒于官 崔翼鳳 通訓甲子十月以尚
衣院主簿來戊辰二月移拜仁川府使 沈能正 通訓戊辰三月以京畿仁川府使來己巳
九月卒于官 尹顯岐 通政己巳十一月曹同五衛將來
文科鄭孝本 月城人 世宗乙酉科官縣監 鄭㴲 孝本之孫 宣廟朝科官縣監 權

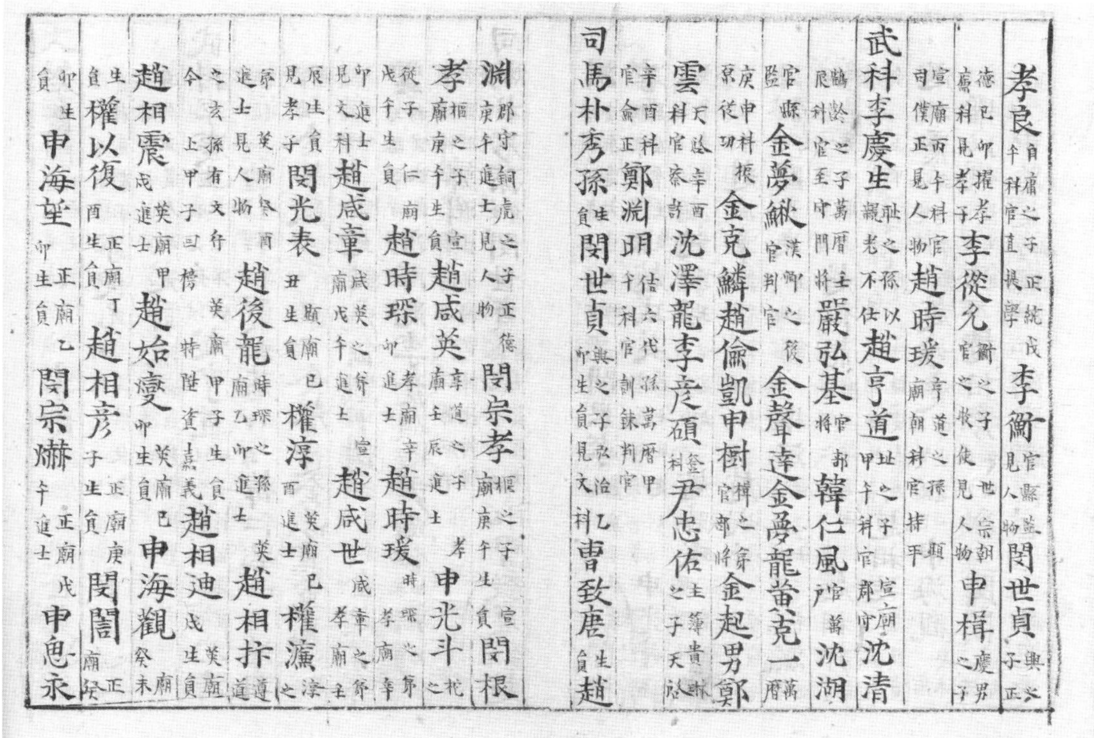

孝良自庸之子正統戊午科官直提學 李衜官縣監見人物 閔世貞興之子正
德己卯擢孝廉科見孝子 李從允衜之子世宗朝官縣使見人物 申楫慶男之子
宣廟丙午科官司僕正見人物 趙時瑗亨道之孫顯廟朝科官持平
武科李慶生祉之孫以親老不仕 趙亨道祉之子宣廟甲午科官郡守 沈清
臨黔之子萬曆壬午科官至守門將 嚴弘基官將 韓仁風官萬戶 沈湖
官縣監 金夢鍬漢卿之後官判官 金聲達 金夢龍 黃克一萬曆
庚申科官振京從切 金克鱗 趙倫凱 申樹楫之子官部將 金起男 鄭
雲天啓辛酉科官參奉 沈澤龍 李彥碩登科 尹忠佑之子主簿貴琳天啓
辛酉科官僉正 鄭淵明信之六代孫萬曆甲午科官訓鍊判官
司馬朴秀孫生員 閔世貞興之子弘治乙卯生員見文科 曺致唐生員 趙

淵郡守銅虎之子正德庚午進士見人物 閔宗孝根之子宣廟庚午生員 閔根
孝栢之子宣廟庚午生員 趙咸英亨道之子孝廟壬辰進士 申光斗之杹
從子仁廟戊午生員 趙時琮卯進士 孝廟辛 趙時瑗時琮之弟孝廟辛
卯進士見文科 趙咸章咸英之弟顯廟戊午進士 宣 趙咸世咸章之弟孝廟壬
辰生員見孝子 閔光表顯廟己丑生員 權淳酉進士 英廟己 權瀗淳之
癸酉英廟進士見人物 趙後龍時琮之孫顯廟乙卯進士 英 趙相抃道遵
之玄孫有文行 今上甲子回榜 英廟甲子生員 特陞資憲義 趙相迪戊生員 英廟
趙相震英廟甲戌進士 趙始夔英廟己卯生員 申海觀英廟癸未
生員 權以復正廟丁酉生員 趙相彥正廟庚子生員 閔闓正廟癸
卯生員 申海望正廟乙卯生員 閔宗嫌正廟戊午進士 申息永

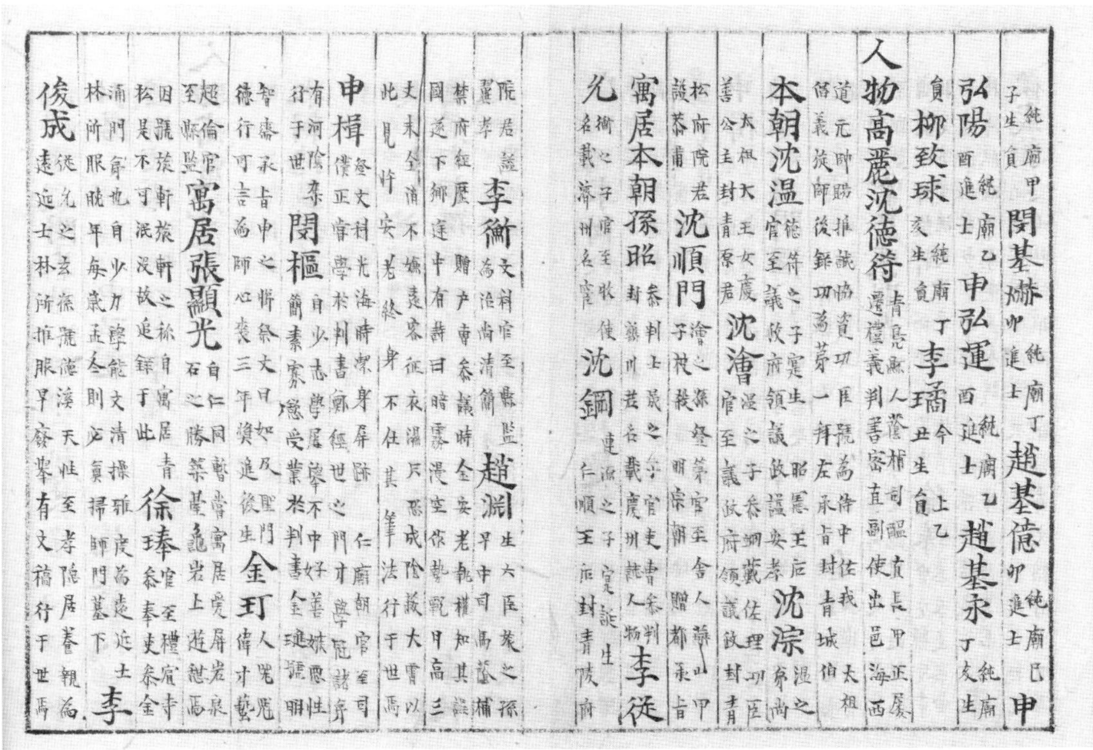

子生員 純廟甲 閔基嫌純廟丁卯進士 趙基億純廟己卯進士 申
弘陽純廟乙酉進士 申弘運純廟乙酉進士 趙基永純廟丁亥生
員 柳致球純廟丁亥生員 李璠今上乙丑生員
人物高麗沈德符青鳧縣人蒼檜司醞直長甲遷禮義判書密直副使出正寶海西
道元帥賜推誠協贊功臣號為侍中佐我太祖留義旋師後錄功為一等拜左承旨封青城伯
本朝沈溫德符之子寔生昭憲王后官至議政府領議政謚安孝 沈淙溫之
太祖大王女慶善公主封青原君 沈澮溫之子參贊佐理功臣官至議政府領議政封青
松府院君 沈順門澮之孫登第官至舍人燕山甲子被殺明宗朝贈都承旨
寓居本朝孫昭參判士晟之子官吏曹參判封雞川君名載慶州誌人物 李從
允衜之子官至牧使 沈鋼連源之子宣祖生名載濟州名宦 仁順王后封青陵府

院君 謚 李衜文科官至縣監為治尚清簡 趙淵生六臣叢之孫
翼孝禁府經歷贈戶曹參議時金安老執權知其詭
國遂下鄉庭中有詩曰暗霧漫空依勢蔽日高三
丈未全消不嫌遠客征衣濕只恐成陰蔽大霄以
此見忤安老終身不仕其筆法行于世焉
申楫登文科光海時潔身屏跡 仁廟朝官至司
僕正官學於判書鄭經世之門才學冠諸弟
有河陰集 閔樞自少志學屢擧不中好善嫉惡性
行于世 簡素寡慾受業於判書金璡謹明
智壽永吉中之將參文日如及聖門 金玎人
德行可言為師心喪三年獎進後生 偉才藝
超倫官至縣監 寓居張顯光自仁同暫嘗寓居覺屏巖泉石之勝築臺龜岩上遊憩焉
因號旅軒旅軒之稱自寓居青松是不可泯沒故追錄于此 徐琫官至禮賓寺參奉吏奉金
涌門爵也自少力學能文清操雅度為遠近士
林所服晩年每歲孟冬則必負掃師門墓下 李
俊成從允之玄孫號德溪天性至孝隱居養親為
遠近士林所推服早廢擧有文稿行于世焉

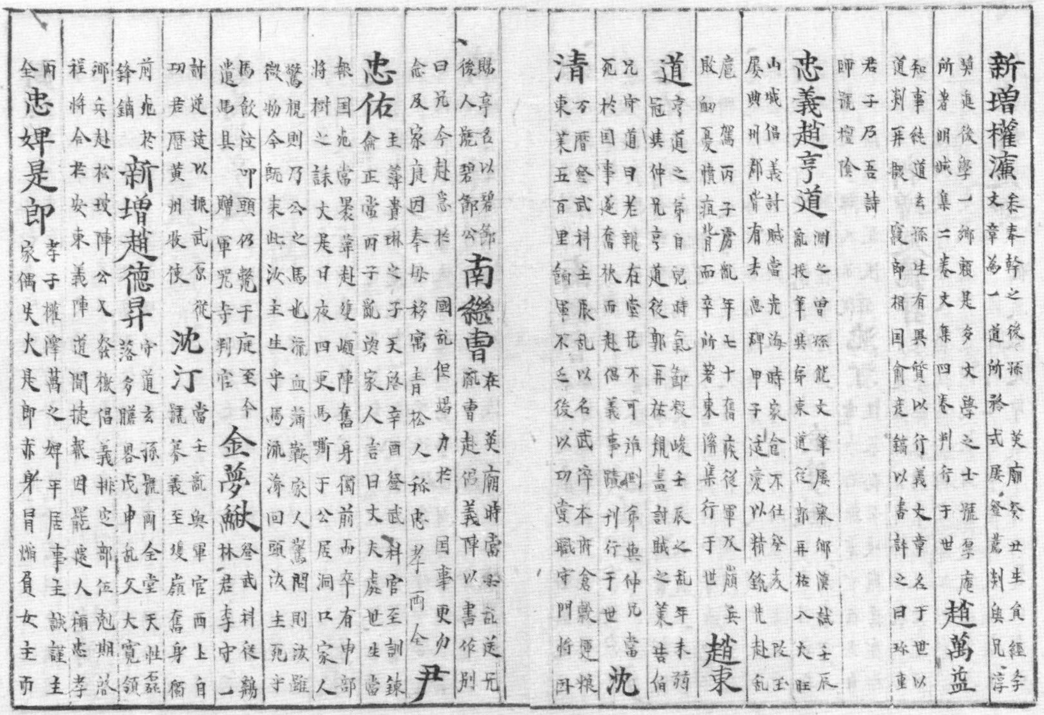

新增權濂 奉幹之後孫 英廟癸丑生員經李 文章爲一道所移式展登甍判與兄淳
莫進後學一鄉賴是多文學之士號學庵 趙萬益
所著明誠集二卷文集四卷刊行于世
知事從道玄孫生有異質以行義文章名于世以
道判再觀寢郞相国俞彦鎬以書許之曰珠重
君子乃吾詩
師號檀陰
忠義趙亨道 澗之曾孫能文筆展寒鄕讜獄壬辰
亂按筆其弟東道從郭再祐八大旺
山城倡義討賊當光海時家食不仕癸亥陵王
屢典州郡皆有去思碑甲子逆變以精銳先赴亂
扈駕丙子虜亂年七十猶從軍及崩兵 趙東
敗血憂憤疽背而卒所著東溪集行于世
道 亨道之弟自兒時氣節峻壬辰之亂年未弱
冠與仲兄亨道從郭再祐規畫討賊之策皆伯
兄守道曰老親在堂兄不可離倒弟與仲兄當 沈
死於国事遂奮袂而起倡義事蹟刊行于世
清 萬曆登武科壬辰亂以名武倅本府倉穀運粮
東萊五百里餉軍不乏後以功賞職守門將卧
賜亭名以碧節 後人號碧節公 南繼曺 在英廟時當亂逆元 亂曺起倡義陣以書作別
曰兄今赴急於國亂但竭力於国事更勿
念及家庭因奉母移寓青松人稱忠孝兩全 尹
忠佑 主簿貴琳之子天啓辛酉登武科官至訓鍊
命正當丙子亂與家人言曰丈夫處世生當
報国死當褁革赴変顚陣奮身獨前而卒有申部
將樹之誅大是日夜四更馬嘶于公居洞口家人
驚視則乃公之馬也流血滿鞍家人驚問則汝雖
微物今旣來此汝主生乎馬流涕回頭汝主死乎
馬飲泣叩頭仍斃于庭至今
遺馬具贈軍器寺判官 金夢紘 登武科從鄕 林君李守一
討逆徒以振武原從 沈汀 當壬亂與軍官西上自
功君歷黃州收使 讓奮義至復嶺奮身獨
前兆於 新增趙德昇 守道玄孫號雨全堂天性磊
鋒鏑 落今臘昌戊申亂父大寬領
鄉兵赴松坡陣公又發檄倡義排定部伍剋期啓
程將合於安東義陣道聞捷報因罷遣人稱忠孝
兩全 忠婢是郎 孝子權澤萬之婢平居事主誠謹主
家偶失火是郎赤身冒焰負女主而

出烈焰撲不得出遂與同
死 肅廟朝聞旌閭
孝子權幹 有學行性至孝父母之喪皆親自負土
成墳廬墓三年其鄕人倣居氏鄕約以
爲鄕規邑之人 閔世貞 驪興府院君霽之玄孫世
至今儀則焉 居此地 中廟擢孝廉科
官至縣監以孝友 申從渭 文貞公堅之後性至孝
聞于朝旌閭焉 廬墓終制 道啓薦孝
行案知安山郡早辭官歸以大 申演 事親孝家法
耋陞正三品享真寶西江祠 藏遺母喪以
父在不得自盡及後居喪廬歠粥終制三年內日
必三省墓雖風雨不廢因中濕疾覺杖而後行祭
祀必親鄭經世撰墓碣曰聖人所謂 申慶男 演之
十室之邑必有忠信者其不謂是耶 子
贈通政大夫承政院左承旨性至孝葬父母於十
里外每值冬雪輒往親掃人謂之能繼家風云
趙址 澗之孫奉先以禮居喪廬 趙守道 址之子早
墓一時名賢皆稱其孝 有學行麻
業以孝友忠信爲一家之則壬辰之亂從弟亨
道東道與郭再祐倡義火旺山城勉以忠義常西
堂雪濟背復親奉避得 趙遵道 守道之弟德性
全鄕人稱其忠孝兼備 仁厚孝友篤至
搆堂於先壠之下扁之曰風樹堂蓋取樹欲
靜而風不止之意也守宰薦聞官至主簿 李耻
嘉平府院君亨孫之曾孫自龍宮來居安德盤
亭東溪號望雲以寓思親之懷及親歿其兆聃廬
墓三 趙咸世 亨道之子自兒時孝行特異十一歲
年 母吳氏患風痺手足不仁晝夜不離
側衣不解帶自代之一不使人十九歲母
病痒劇氣絶折指之節血遂得回甦父年七十赴亂
疽背常吮濃血及遭喪歠粥終制盡延
歎服名所居軒曰五宜多名碩題詠 權澤萬 自幼
事父母極誠孝親病嘗糞以試輕重嘗從父出外
其母遇火而死自後婦炙之肉不忍近口蔬粥薑
菜居廬三年值吏不作父側拱雒躍魚有孟宗王
祥之行父疾革斷指以進幾室而還甦者半日其
從也廬墓水飲一如前喪 邦国有表事
哀哭食蔬如親喪 英廟朝聞旌閭 李益馥 親
至孝父病思食雉雨有雉忽飛入 沈爾良 性至孝
家中執以供親人謂之孝感所致 事親竭

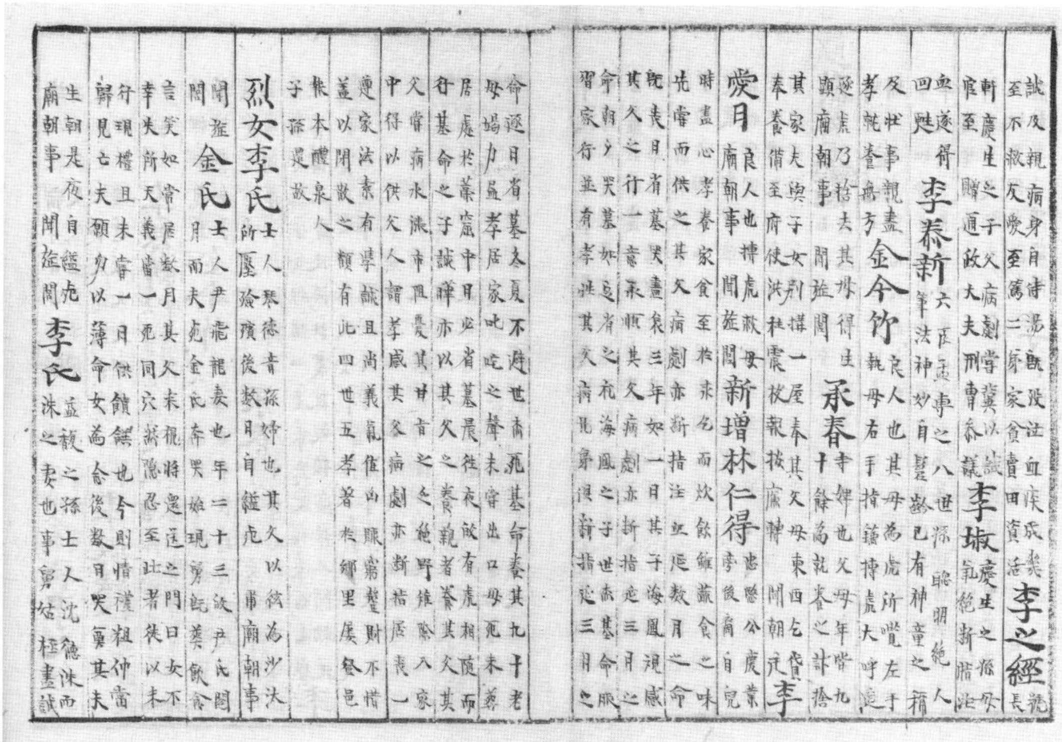

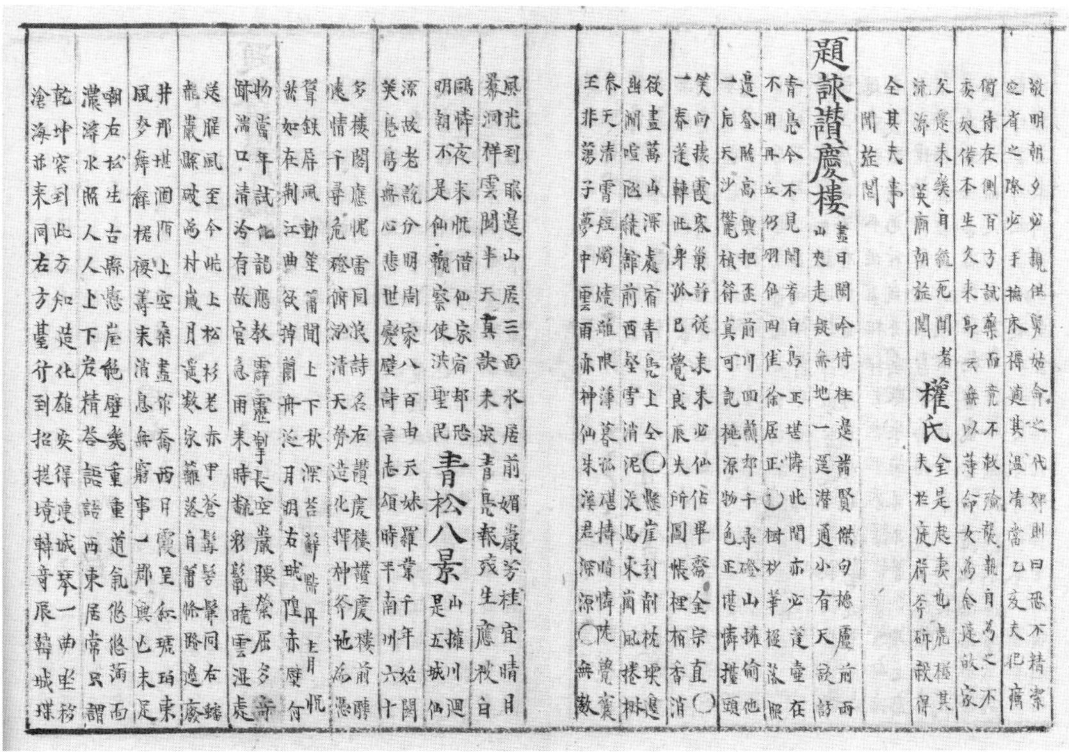

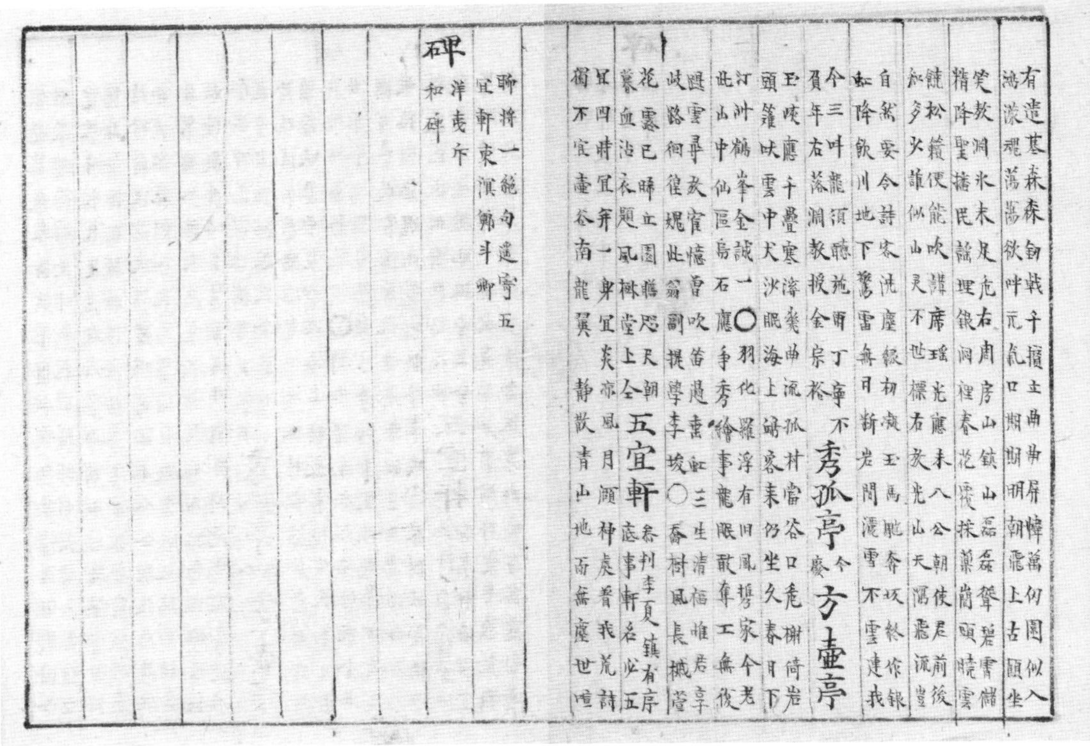

有遺基森森劍戟千擅主曲曲屏幃萬仞圍似入
鴻濛混蕩蕩欲叫元氣口期期明朝罷上古頤坐
笑歎洞氷未足危右肩房山鎮山磊磊聳碧霄猶
精降聖播民論理銀洞裡春花霞採藥崗頭曉雲
饒松籟便能吹講席瑶光應未八公朝使君前後
知多少誰似山靈不世標右欬光山天隅罷流豈
自然要令詩客洗塵緣初疑玉馬馳奔坂終你銀
虹降飲川地下驚雷舞日斷岩間濺雪不雲連我
今三叶龍須聽施雨丁寧不
負年右落洞教授金宗裕
秀孤亭 今慶 方壺亭
玉峽應千疊寒濤襲曲流孤村當谷口危榭倚岩
頭籬吠雲中犬沙眠海上鷗客來仍坐久春日下
汀洲鶴峯金誠一○羽化羅浮有旧風琴家今老
此山中仙區鳥石應手秀繪事龍眠敢奪工無後
題雲尋致宦憶曾吹笛過畫虹○三生清福惟君享
岐路徊徨媿此翁副提學李埈○喬樹風長槭灃
花露已晞立園聽咫尺朝
暮血沾衣題風楓堂上仝
五宜軒 參判李夏鎮有序 底事軒名必五
宜四時宜弃一身宜炎凉風月頤神處看我荒詩
獨不宜壺谷南龍翼 靜散青山地而無塵世喧
聊將一絕句遺寄五
宜軒東溟鄭斗卿
碑
洋表亇
和碑

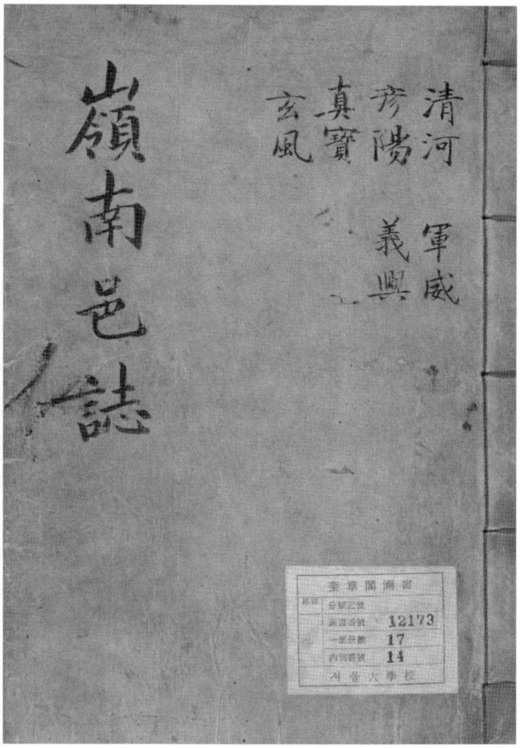
嶺南邑誌
清河 軍威
珍陽 義興
真寶
玄風
奎章閣圖書
12173
17
14
서울大學校

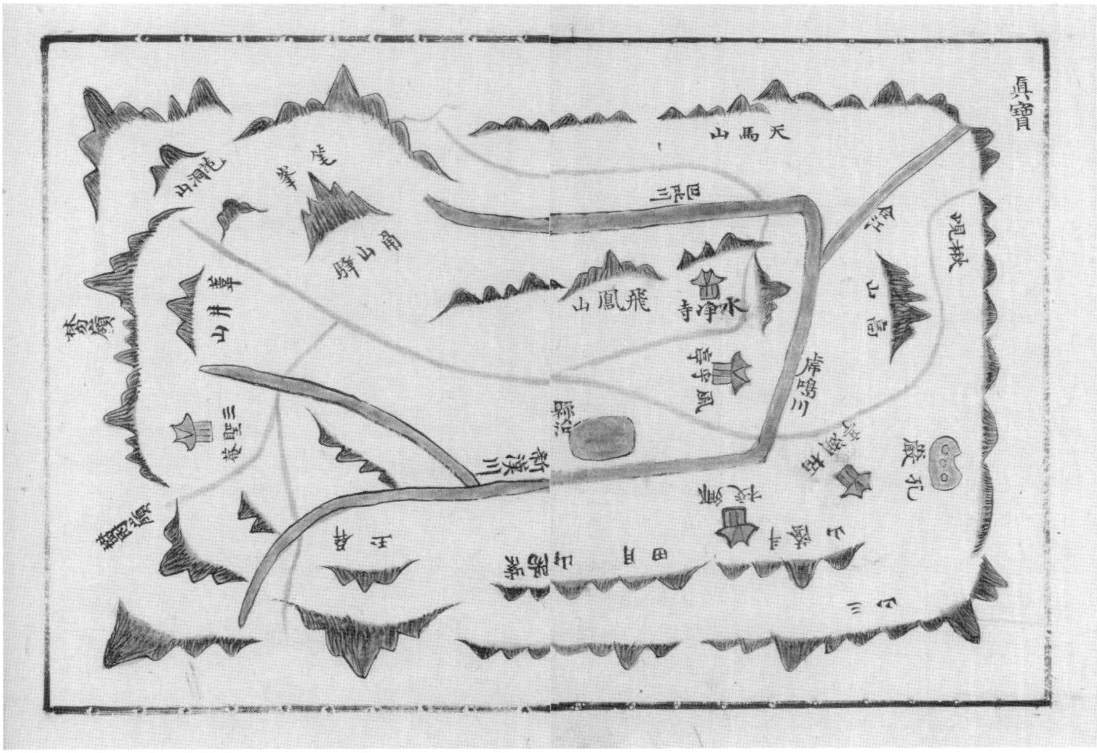
真寶
天馬山
飛鳳山

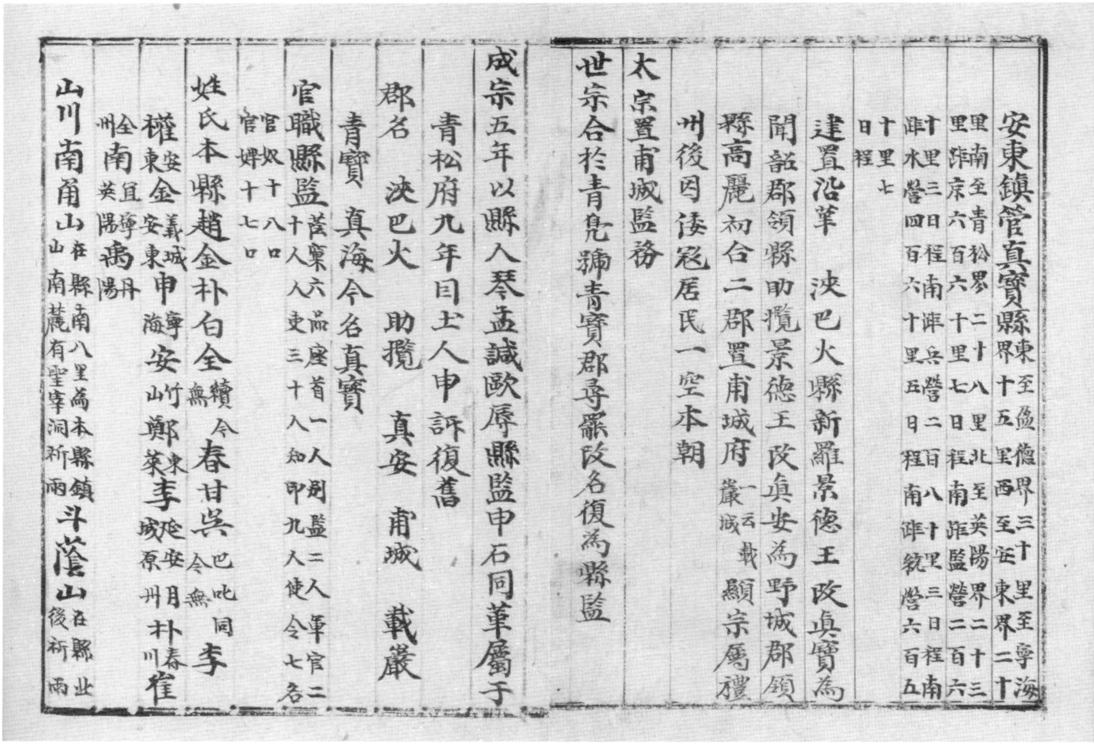

安東鎭管眞寶縣 東至盈德界三十里至寧海界十五里西至安東界二十里南至青松界二十八里北至英陽界二十三里距京六百六十里七日程南距監營二百六十里三日程南距兵營二百八十里三日程南距水營四百六十里五日程南距統營六百五十里七日程

建置沿革 泱巴火縣新羅景德王改眞寶爲聞韶郡領縣助攬景德王改眞安爲野城郡領縣高麗初合二郡置甫城府 一云叢城 載 顯宗屬禮州後因倭寇居民一空本朝

太宗置甫城監務

世宗合於青鳧號青寶郡尋罷改名復爲縣監

成宗五年以縣入琴孟誠歐辱縣監申石同華屬于

青松府九年因士人申詡復舊

郡名 泱巴火 助攬 眞安 甫城 載巖

青寶 眞海今名眞寶

官職縣監 蔭窠六品座首一人別監二人軍官二十人人吏三十八人知印九人使令七名

官奴十八口 官婢十七口

姓氏本縣趙金朴白全 續今無 春甘吳 巴吐今無 同李

權 安東 金 義城安東 申 寧海 安 竹山 鄭 東萊 李 延安咸原 朴 春川 崔

全州 南 宜寧英陽 禹 丹陽

山川 南角山 在縣南八里爲本縣鎭山南麓有聖寧洞祈雨 斗藩山 在縣北後祈雨

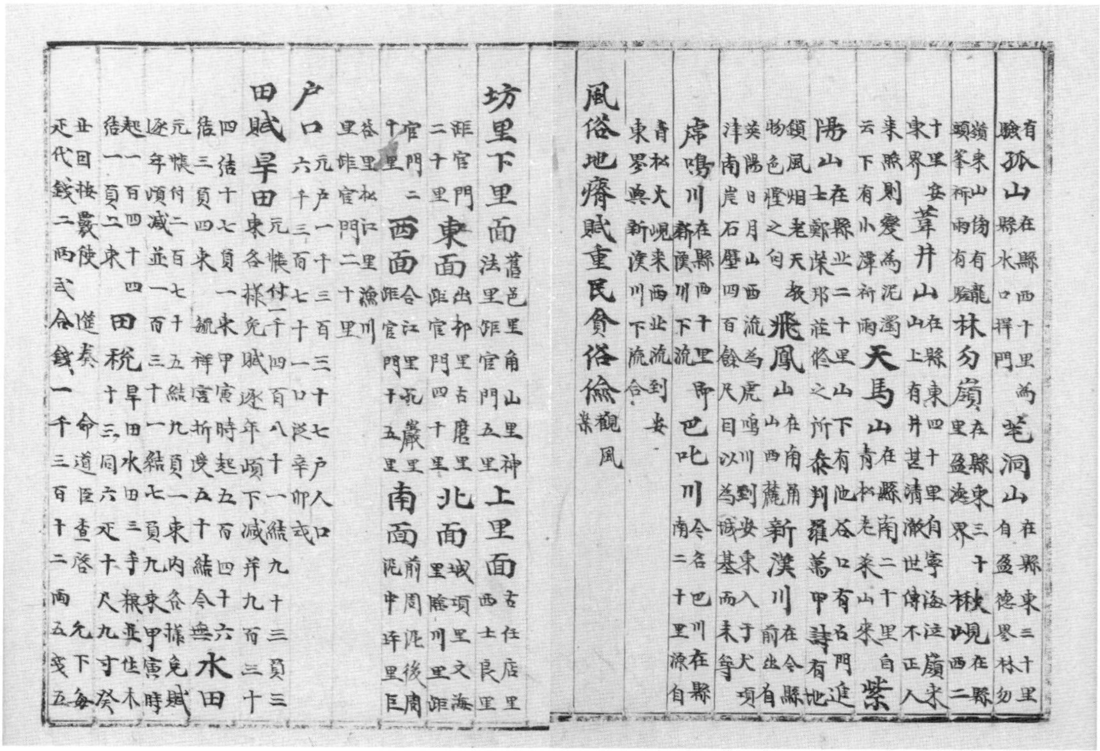

有驗 孤山 在縣西十里爲縣水口捍門 笔洞山 在縣東三十里自盈德界林勿嶺來山傍有龍頭峯祈雨有驗 林勿嶺 在縣東三十里盈海界 楸峴 在縣西二十里安東界 葦井山 在縣東四十里山上有井甚清澈自寧海注嶺來世傳不正入則變爲泥濁云下有小潭祈雨 天馬山 在縣南二十里自青松老萊山來 紫陽山 在縣北二十里山下有池谷口有石門進士鄭濮那莊修之所秦判羅萬甲詩有地領風烟老天教物色煙之句 飛鳳山 在南角山西麓 新漢川 在縣前今出自縣英陽日月山西流爲虎鳴川到安東津南岸石壁四百餘尺目以爲誠基而入未于犬項

虎鳴川 在縣西十里即新漢川下流 巴吐川 在縣南二十里今名巴川源自青松大峴來西北流到安東界與新漢川下流合

風俗 地瘠賦重民貧俗儉 觀風案

坊里 下里面 舊邑里距官門五里角山里神上里面 古店里西士良里

東面 距官門二十里出都里古磨里四十里 北面 城項里文海里川里距

西面 合江里距官門十五里花嚴里 南面 前周里後周里泥中里 ...

戶口 元戶一千三百七十三口六千三百十一三十七 辛卯戒

田賦 旱田 元帳付一千四百八十九結九十三負三十 水田

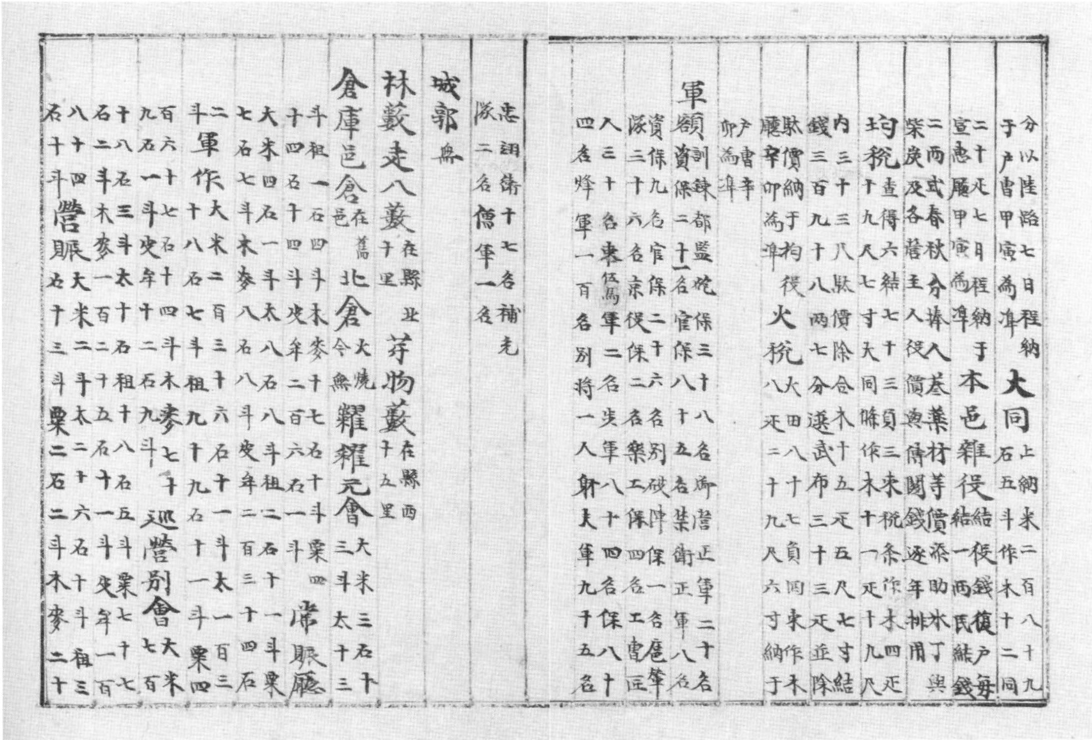

分以陸路七日程納于戶曹甲寅為準 大同 上納米二百八十九石五斗作木十二同

二十七日程納宣惠廳甲寅為準 于 本邑雜役 結役錢復戶每結一兩民結錢

二兩式春秋分捧入叅藥材等價添助水丁與柴炭及各營主人役價與傳關錢迻年排用

均稅 查得六結七十三負三束稅一朶作木四疋十九尺七寸大同條作木十一疋十九尺

內三十三八駄價除合木十五疋五尺七寸結錢三百九十八兩七分遝武布三十三疋並除

駄價納于均役廳辛卯為準 火稅 火田八十七負同來作木八疋二十九尺六寸納于

戶曹辛卯為準

軍額 訓鍊都監砲保三十八名御營正軍二十名資保二十二名官保八十五名禁衛正軍八名

資保九名官保二十六名別破陣保一名[illegible]隊三十六名京役保二名樂工保四名工曹匠

入三十名束伍馬軍二名步軍八十四名保八十四名烽軍一百名別將一人射夫軍九千五名

忠翊衛十七名補充隊二名德軍一名

城郭 無

林藪 走八藪 在縣北十里 芳物藪 在縣西十五里

倉庫 邑倉 在邑 舊北倉 大燒今無 糶糴元會 大米三石十三斗太十三

斗租一石四斗木麥十七石十一斗粟四十四石十四斗皮牟二百六石一斗 常賑廳

大米四石一斗太八石八斗租二石十一斗粟七石七斗木麥八石八斗皮牟二百三十四石

二 軍作 大米二百三十六石十一斗太一百三十八石七斗租九十九石十一斗粟四

百六十七石十四斗木麥七十九石一斗皮牟十二石九斗 巡營別會 大米七百

十八石三斗太十石租十八石五斗粟七十七石二斗木麥一百二十五石十一斗皮牟一百

八十四石十斗 營賑 大米二斗太二十六石十斗租三石十三斗粟二石二斗木麥二十

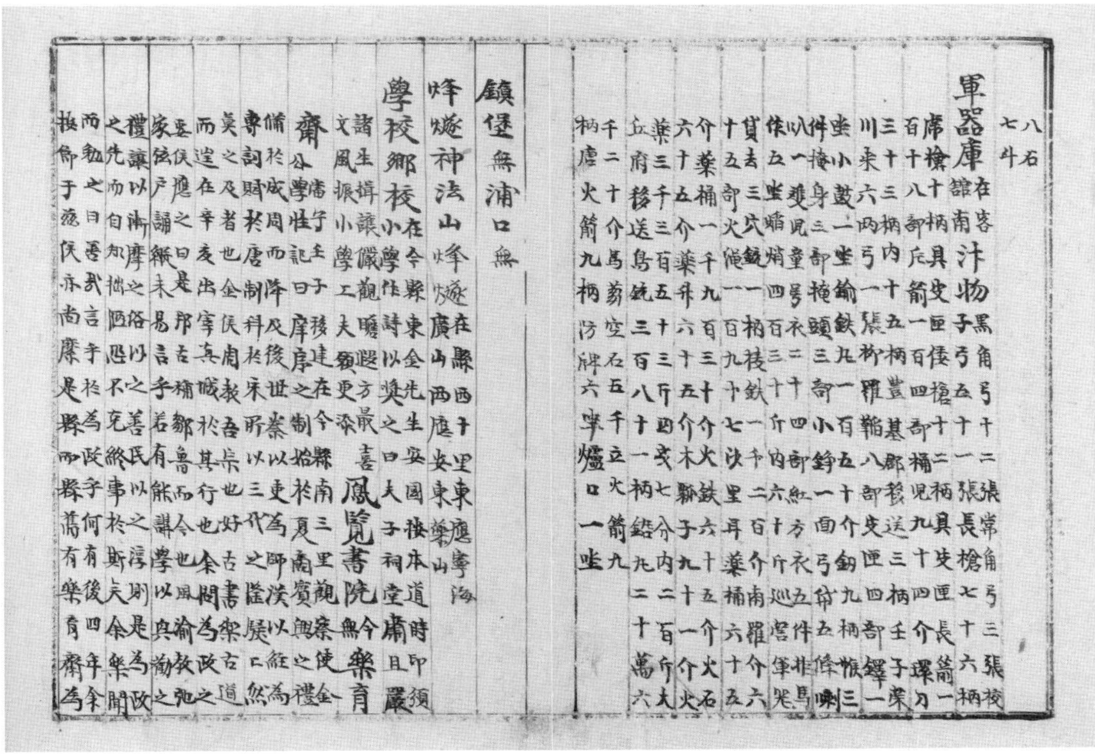

八石七斗

軍器庫 在客舘南 什物 黑角弓十二張常角弓三張校子弓五十一張長槍七十六柄

席槍十柄具甲匣倭槍十二柄具甲匣長箭一百十八部兵箭一百四部桶兒九十四介環刀

三十三柄內十五柄豈基郡發送三柄壬子桼川來六兩弓一張袮羅鞴八部甲匣四部鐸一

坐小鼓一坐鍮鐵九一百五十介銅九柄帳三件掩身三部掩頭三部小鉾一面弓帒五條喇

以一雙見童四弓衣二十四部紅方衣五件非馬作五坐鞘精一百三十斤內六十斤巡客箏兜

貨去三穴鈗一柄棧鈗一千二百介南羅介六十五部火繩一百九十七決里耳藥桶六十五

介藥桶一千九百三十介火鐵六十五介火石六十五介藥升六十五介木鄉子九十一介火

藥三千三百五十三斤四戈七分內二百斤大丘府務送鳥銃三百八十一柄鍩九二十萬六

千二十介馬蒭空石五千立火箭九

柄虛火箭九柄防牌六坐爐口一坐

鎭堡 無 浦口 無

烽燧 神法山烽燧 在縣西十里東應寧海廣山西應安東藥山

學校 鄕校 在今縣東金先生安國按本道時印須小學作詩以奬之曰夫子祠堂肅且嚴

諸生揖讓儀觀曖遐方最喜文風振小學工夫顏更添 鳳覽書院 今無 樂育

齋 當子王子稱建在今縣南三里觀察使金公學性記曰庠序之制始於夏商賓與之禮

備於成周而降及後世秦以吏為師漢以經為專詢賦於唐制科於宋所以三代之隆疑亡然

莫之及者也金侯肅教吾宗也好古書樂古道而違在辛交出寧真城於其行也余間為政之

要侯應之曰是邦古稱鄒魯而今也風諭教弛家弦戶誦紙未易言手若有能講學以與勸之

禮讓以衛摩之俗以之善民以之淳則是為政之先而自知抛陋恐不克終事於斯矣余樂聞

而勉之曰吾武言手於為政予何有後四年余拔命于茲侯亦尚摩是縣而縣蔫有樂育齋為

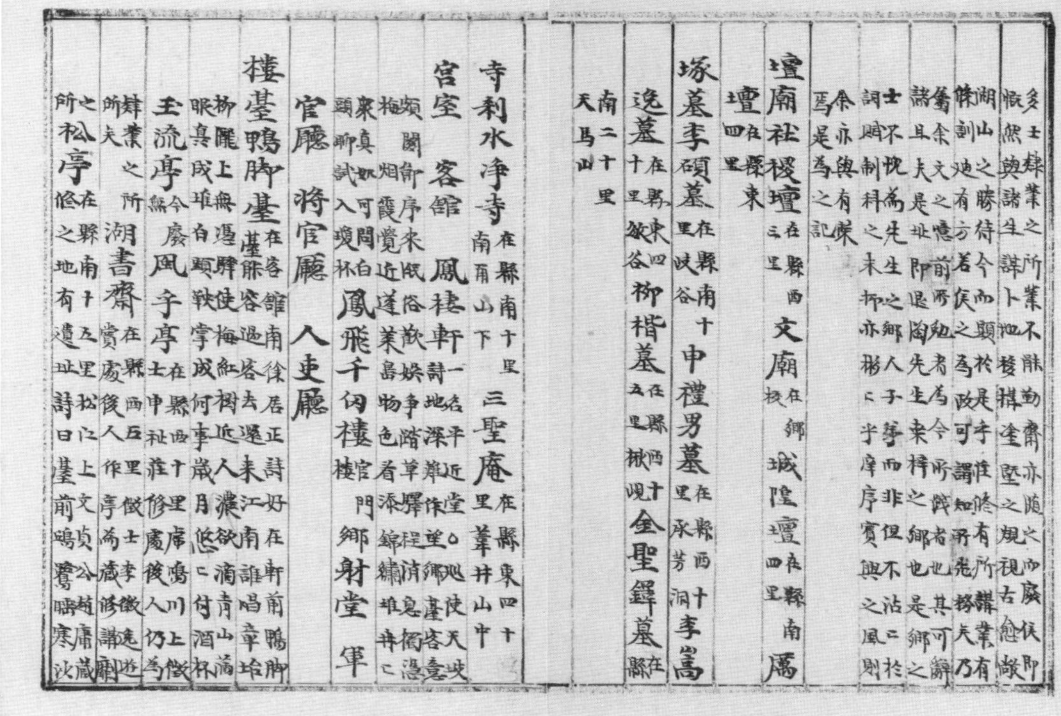

多士肄業之所業不能勸齊亦隨之而廢侯即慨然與諸生謀卜地揆措塗墍之規視古愈𢼸
湖山之勝待今而顯於是乎修有所講業乃有條訓迪有方若侯之為政可謂知所先務矣
舊余文之憶前所勉者為令所職者也其可辭諸且夫是址即退陶先生來棲之鄉也是鄉之
士不恍為先生之鄉人子弟而非但不沾沾於詞賦制科之末抑亦彬彬乎庠序實興之風則
余亦與有榮焉是為之記

壇廟 社稷壇 在縣西三里 文廟 在鄉校 城隍壇 在縣南四里 厲
壇 在縣東四里

塚墓 李碩墓 在縣南十里吐谷 申禮男墓 在縣西十里承芳洞 李嵩
逸墓 在縣東四十里欲谷 柳楷墓 在縣西五里楸峴 金聖鐸墓 在縣
南二十里天馬山

寺刹 水淨寺 在縣南十里南甬山下 三聖庵 在縣東四十里華井山中

宮室 客館 鳳棲軒 一名平近堂○巡使天坡詩地深僻作望鄉臺客意
頻關節序來賦俗歡娛事踏草驛程消息憑梅烟霞覺近蓬萊島物色看添錦繡堆弄〻
衆真如可問白頭卿試入瓊林 鳳飛千仞樓 在官門 鄉射堂 軍

官廳 將官廳 人吏廳

樓臺 鴨脚臺 在客館南徐居正詩好在軒前鴨脚臺能容過客去還來江南誰唱章坮
柳麗上無憑驛使梅紅樹近人濃欲滴青山滿眼真成堆白頸鞅掌成何事歲月悠悠付酒杯
主流亭 今無 慶風亭 在縣西十里虞鳴川上徵士申祉莊修處後人仍為
肄業之所矣 湖書齋 在縣西五里徵士李徽逸遊賞處後人作亭為藏修講劇
之所 松亭 在縣南十五里松江上文貞公趙庸藏修之地有遺址詩曰臺前鳴鷺曉寒沙

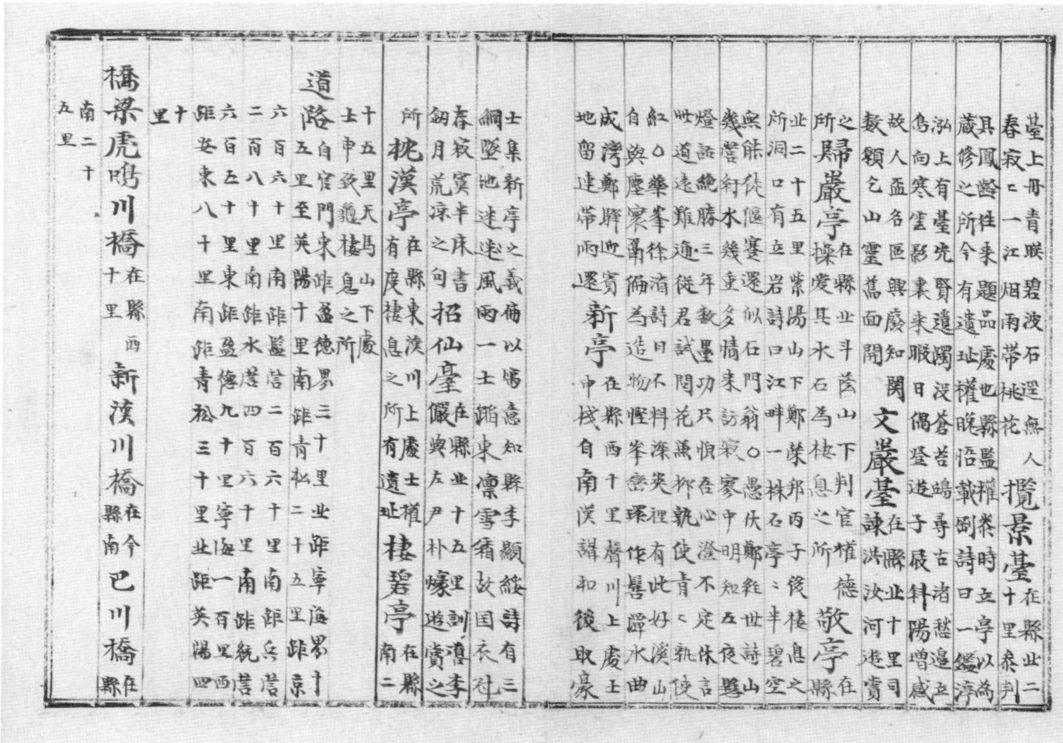

臺上丹青眺碧波石逕無人春寂寂一江烟雨帶桃花 攬景臺 在縣北二十里參判
具鳳齡往來題品處也縣監權橤時立亭以爲藏修之所今有遺址權曉悟載剛詩曰一鑑渟
泓上有臺先賢遺躅沒蒼苔鵠寺古渚鷗邊立鳥向寒雲影裏來暇日偶登逢子展斜陽增感
故人盃各匝興廢知數顧乞山靈舊面開 文巖臺 在縣北十里司諫洪汝河遊賞
之所 歸巖亭 在縣北斗巖山下判官權操慶其水石爲棲息之所 德敬亭 在縣
北二十五里紫陽山下鄭邦西子後棲息之所洞口有立岩詩曰江畔一株石亭亭半碧空
興能徙偃蹇還似石門翁○愚伏鄭經世詩山幾營紆水幾重多情來訪寂寥中明知五夜題
燈語絶勝三年數壘功只恨吞心澄不定休言世道遠難通從君試問花薰柳孰青青孰使
紅○華峯信滄詩日不料深崇裡有此好溪山自與塵寰隔倆爲造物慳峯巒環作屏障水曲
成灣鄭辟迎賓地留連帶雨還 新亭 在縣西十里聲川上處士中棧自南漢謫和後取象

士集新亭之義備以寓意知縣李顯綏詩有三綱墜地迷迷風雨一士蹈東凜雪霜故國衣冠
春寂寞半床書釣月荒涼之句 招仙臺 在縣北十五里訓導李儼與左尹朴㠂遊賞之
所 桃溪亭 在縣東漢川上處士權有度棲息之所有遺址 棲碧亭 在縣南二
十五里天馬山下處士申致龜棲息之所

道路 自官門東距盈德界三十里北距寧海界十五里至英陽十里南距青松二十五里距京
六百六十里南距監營二百六十里南距兵營
二百八十里南距水營四百六十里南距統營
六百五十里東距盈德九十里寧海一百里西
距安東八十里南距青松三十里北距英陽四
十里

橋梁 虎鳴川橋 在縣西十里 新漢川橋 在縣南今 巴川橋 在縣
南二十五里

島嶼無

堤堰雙池[在縣南五里] 動泉池[在南縣五里] 吏巖池[在縣南七里]

省夫池[在縣北三十里今無] 寺洞池[在縣西二里]

場市[在邑內場每月以四日九日爲市魚箭鹽盆漁船並無]

驛院甬山驛[在縣東五里] 楸峴院[在縣西二十里 徐居正詩雲磴崎嶇石逕盤山腰有院兩三間雷聲轉壁瘦溪合雨脚連空萬木攢馬踏羊腸雲外去人看鳥背嶂中還獨余不是風騷客何事空吟蜀道難今無]

牧場無

形勝如入桃源[文純公李滉詩曰如入桃源是我鄉玉流丹壁映棐堂]

古蹟泉宿部曲[在縣東十里] 春甘部曲[在縣北十里] 巴叱部曲[在縣南十五里] 古乙尒部曲[在縣東三十里] 省夫部曲[在縣北三十里]

土産松蕈 人蔘 地黃 白茯苓 石蕈 紫草 蜂蜜 蒼朮 白朮

進貢人蔘 淸蜜 松脂 白茯神 白芍藥 甘菊 柴胡 白茯苓 麥門冬 槐實 芥 蔓仁 當歸

島嶼無

堤堰雙池[在縣南五里] 動泉池[在縣南五里] 吏巖池[在縣南七里]

省夫池[在縣北三十里今無] 寺洞池[在縣西二里]

場市[在邑內場每月以四日九日爲市魚箭鹽盆漁船並無]

驛院甬山驛[在縣東五里] 楸峴院[在縣西二十里 徐居正詩雲磴崎嶇石逕盤山腰有院兩三間雷聲轉壁瘦溪合雨脚連空萬木攢馬踏羊腸雲外去人看鳥背嶂中還獨余不是風騷客何事空吟蜀道難今無]

牧場無

形勝如入桃源[文純公李滉詩曰如入桃源是我鄉玉流丹壁映棐堂]

古蹟泉宿部曲[在縣東十里] 春甘部曲[在縣北十里] 巴叱部曲[在縣南十五里] 古乙尒部曲[在縣東三十里] 省夫部曲[在縣北三十里]

土産松蕈 人蔘 地黃 白茯苓 石蕈 紫草 蜂蜜 蒼朮 白朮

進貢人蔘 淸蜜 松脂 白茯神 白芍藥 甘菊 柴胡 白茯苓 麥門冬 槐實 茶 蔓仁 當歸

俸廩[衙祿位四十結公需位十五結收稅木四十疋官需米一百九十六石十斗民夫無結雉鳥各一脚藁草五束生草三束式]

宦蹟成路[洪武甲戌来乙亥遞] 鄭肖[乙亥来丙子遞] 金仲坤[丙子来氏]

下下

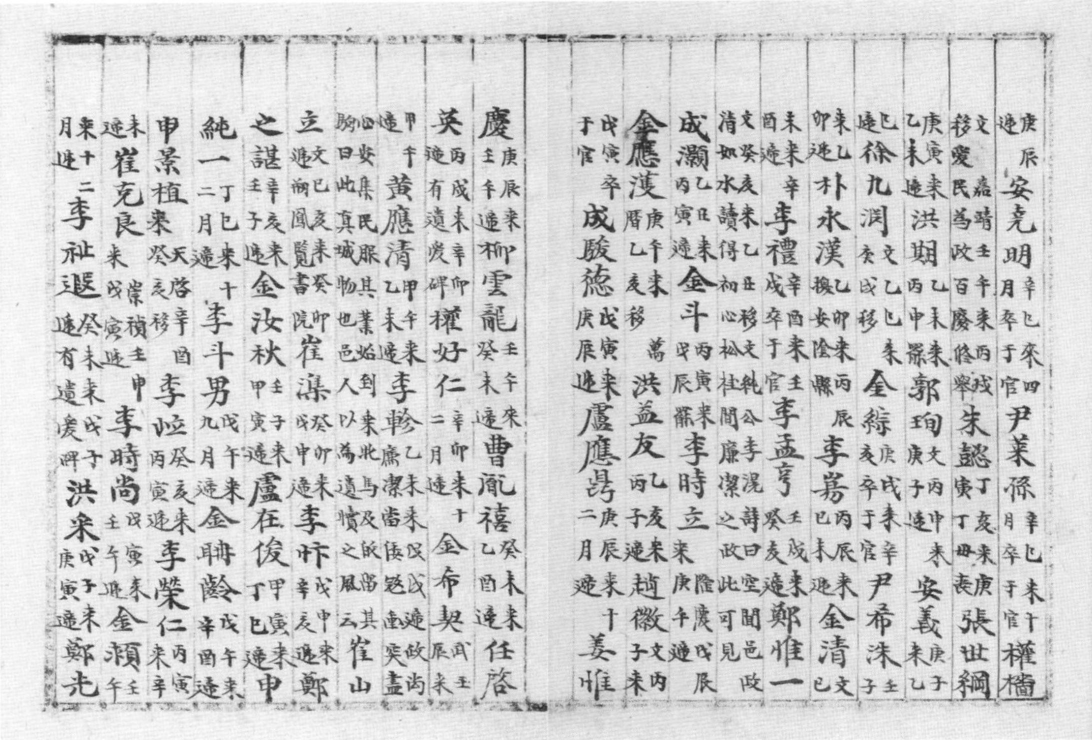

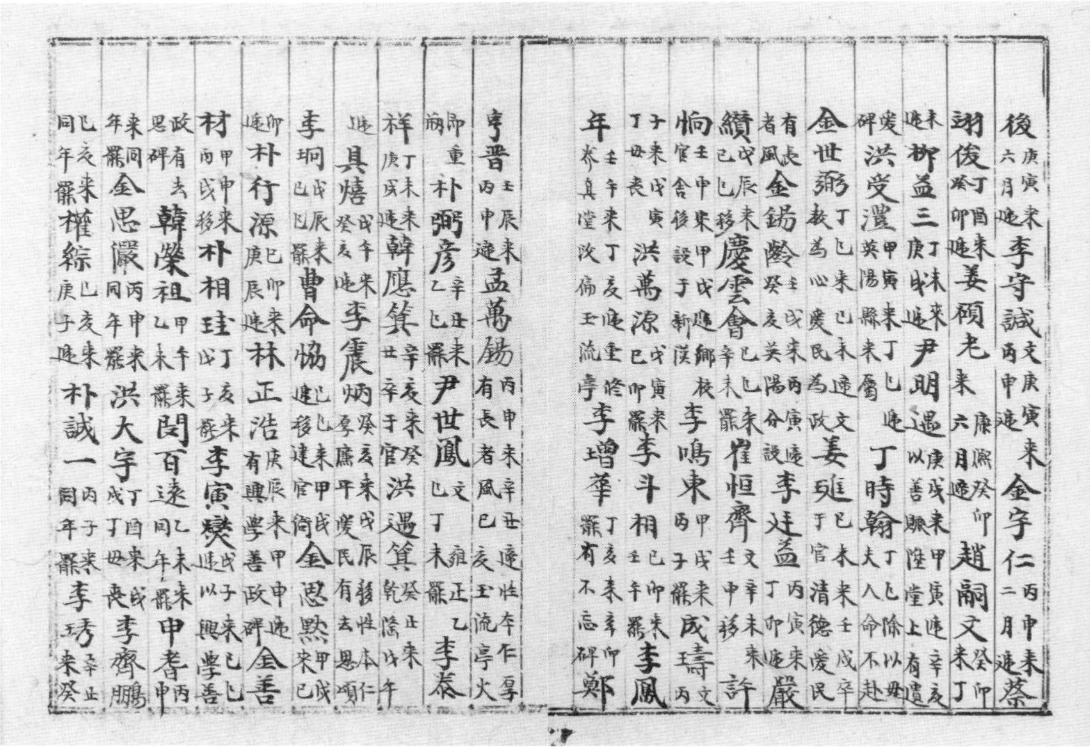

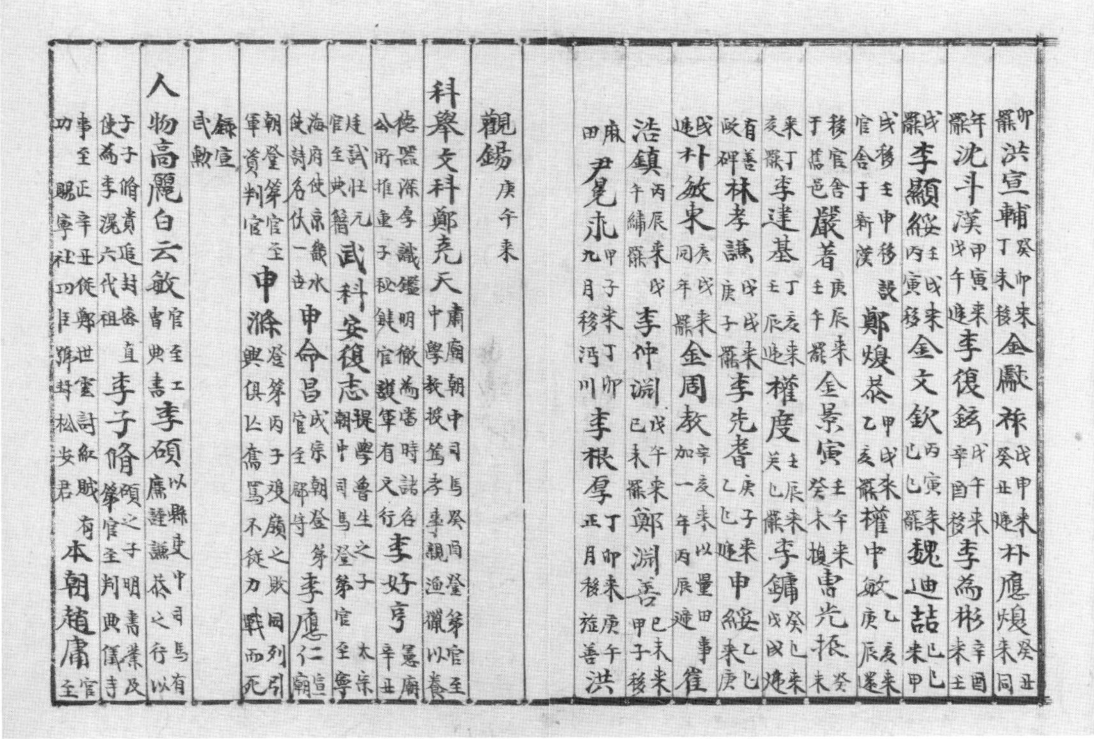

卯罷 洪宣輔 癸卯来丁未移 金獻祚 戊申来癸丑遞 朴應煥 癸丑来同
年罷 沈斗漢 甲寅来戊午遞 李復鉉 戊午来辛酉移 李爲彬 辛酉来壬
戌罷 李顯綏 壬戌来丙寅移 金文欽 丙寅来己巳罷 魏迪喆 己巳来甲
戌移壬申移設官舍于新漢 鄭熉恭 甲戌来乙亥罷 權中斂 乙亥来庚辰遷
移官舍于舊邑 嚴著 庚辰来壬午罷 金景寅 壬午来癸未遞 曺光振 癸未
来丁亥罷 李建基 丁亥来壬辰遞 權度 壬辰来癸巳罷 李鏞 癸巳来戊戌遞
有善政碑 林孝謙 戊戌来庚子罷 李先耆 庚子来乙巳遞 申綏 乙巳来庚
戌遞 朴斂東 庚戌来同年罷 金周教 辛亥来以量田事加一年丙辰遞 崔
浩鎮 丙辰来戊午繙罷 李仲淵 戊午来己未罷 鄭淵善 己未来甲子移
麻田 君冕永 甲子来丁卯九月移沔川 李根厚 丁卯来庚午正月移旌善 洪

觀錫 庚午来

科舉文科鄭堯天 肅廟朝中司馬癸酉登第官至中學教授篤孝李觀徵撰以養
德器深厚識鑑明徹爲當時諸名公所推重子秘鈜官護軍有文行 李好亨 憲廟辛丑
廷試壯元官至典籍 武科 安復志 提學魯生之子 太宗朝中司馬登第官至寧
海府使京畿水使詩名伏一世 申命昌 成宗朝登第官至郡守 李應仁 宣廟
朝登第官至軍資判官 申滌 登第丙子虜亂之敗同列引與俱亡奮罵不從力戰而死

録宣武勳

人物 高麗 白云敏 官至工曹典書 李碩 以縣吏中司馬有廉謹謙恭之行以
子子脩貴追封密直使爲李滉六代祖 李子脩 碩之子明書業及第官至判典儀寺
事至正辛丑從鄭世雲討紅賊有功賜寧社功臣號封松安君 本朝 趙庸 官至

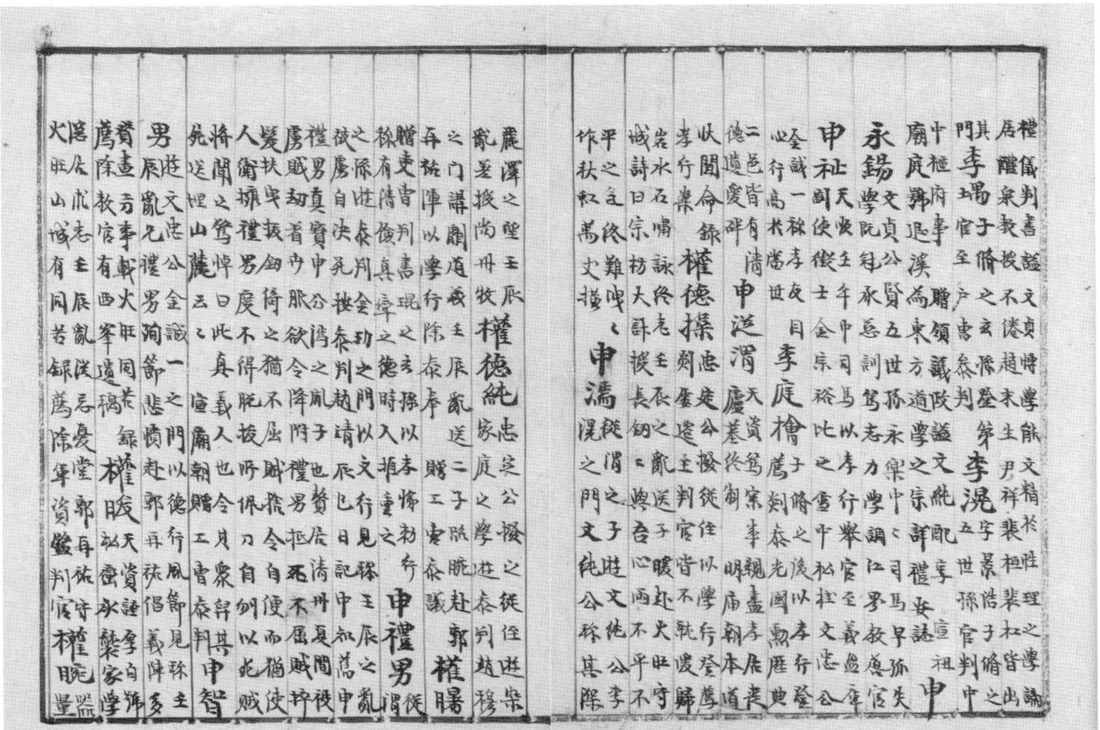

禮儀判書諡文貞博學能文精於性理之學論居醴泉教授不倦趙末生尹祥裴桓裴杠皆出
其子脩之玄孫登第門 李堣 官至戶曹參判 李滉 字景浩子脩之五世孫官判中
中樞府事贈領議政諡文純配享廟庭號退溪爲東方道學之宗詳禮安誌 宣祖 申
永錫 文貞公賢五世孫永樂中司馬早孫失學院錄永慕訓篤志力學調江界教導官
申祉 天順壬午中司馬以孝行舉官至義盈庫副使從仕金宗瑞比之李重中秘校文憲公
全誠一稱孝友心行高一世當世 目 李庭檜 子脩之後以孝行登薦判奉光國勳歷典
二邑皆有清德遺愛碑 申從渭 天資篤孝事親盡孝居廬墓終身明廟朝本道
以聞命錄孝行旌 權德操 忠定公擬從仕以學行登薦剛毅還主判官皆不就復歸
岩水石嘯詠終老壬辰之亂送子暖赴火旺守城詩曰宗枋大辟拔長釼亡興吾心兩不平不
平之主終難唯之作秋虹萬丈撐 申濡 從渭之子號文純公李滉之門文純公稱其際

醴泉之壁壬辰亂晉拔尚州牧 權德純 忠定公擬之從仕遊梁家庭之學進奉判趙移
之門講劘道義壬辰亂送二子暖赴郭再祐陣以學行除奉事贈工曹参議 權暘
贈吏曹判書琨之子孫以孝悌行稱有清儉真率之德時入推重之 申禮男 從渭
之孫從奉判金玏之門以文行見稱壬辰之亂被虜自決死撫泰判趙靖辰巳日記中知舊中
禮男真贊中公鴻之亂子也贊居清州夏間被虜賊刼者亦服欲令降附禮男抵死不屈賊捽
髮扶曳振劍倚之猶不屈賊推令自使而猶使人衛擁禮男慶不得脫拔所佩刀自刎以死賊
將聞之驚悼曰此真義人也令具衆舁其死送埋山麓云云宣廟朝贈工曹參判 申智
遊文忠公金誠一之門以德行風節見稱壬辰亂先禮男殉節悲憤赴郭再祐倡義陣多
贊畫方事載火旺同苦錄薦除教官有西峯遺稿 權暖 天資謹厚自號松窓承襲家學
隱居求志壬辰亂從忘憂堂郭再祐守火旺山城有同苦錄薦除寧資監判官 權[illegible]

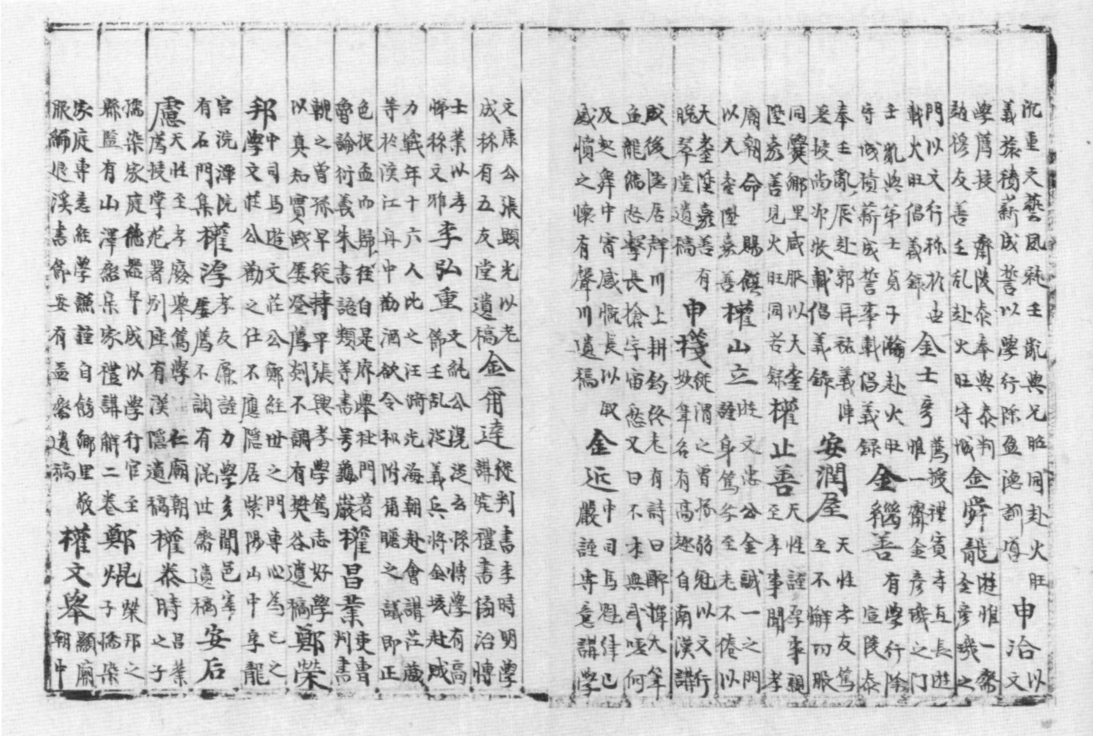

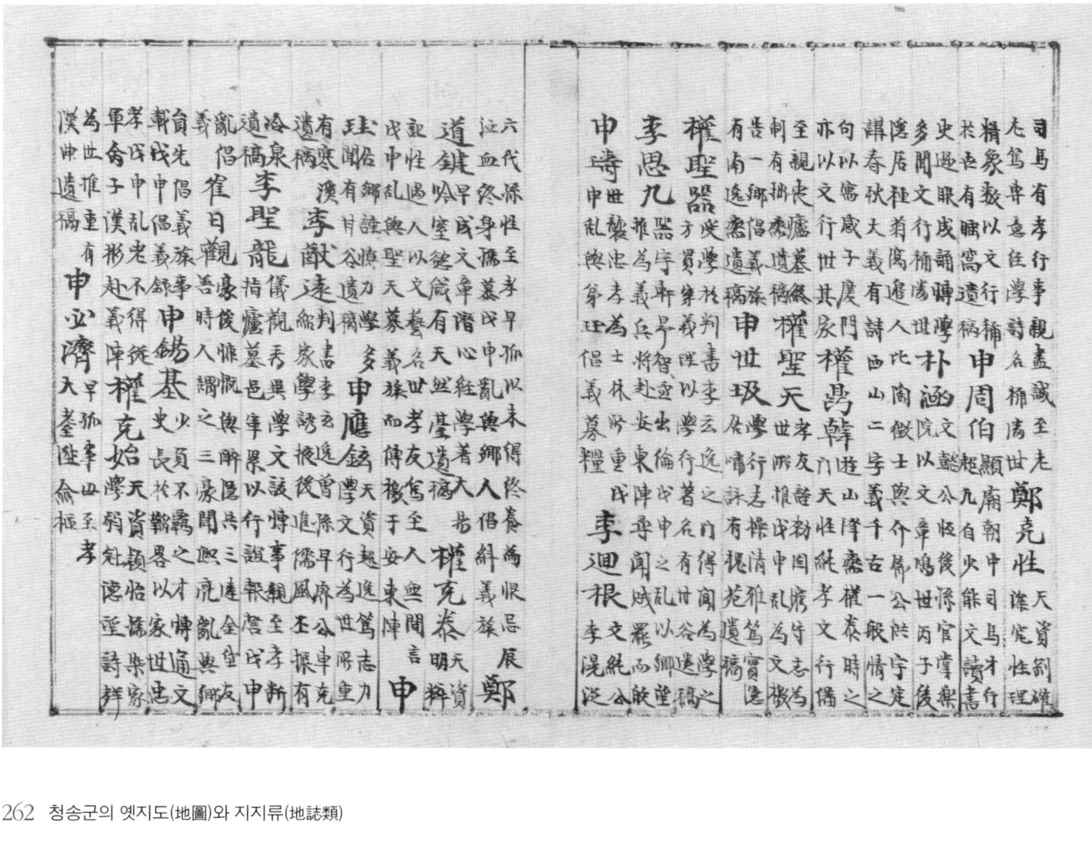

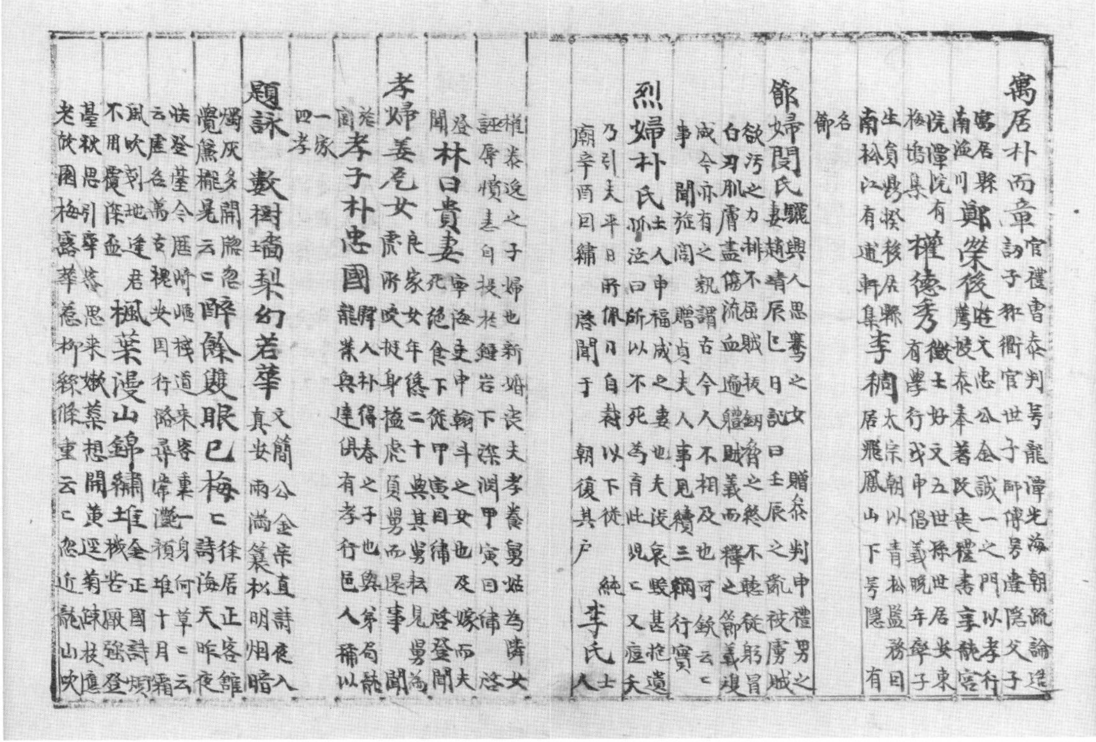
寓居 朴而章
寓居 南陽 鄭榮後
流寓 權德秀
生員 南 松江 李稠
節婦 閔氏
烈婦 朴氏
林日貴妻
孝婦 姜召史
孝子 朴忠國
題詠 數樹墻梨幻若華
醉餘雙眼已梅
楓葉漫山錦繡堆

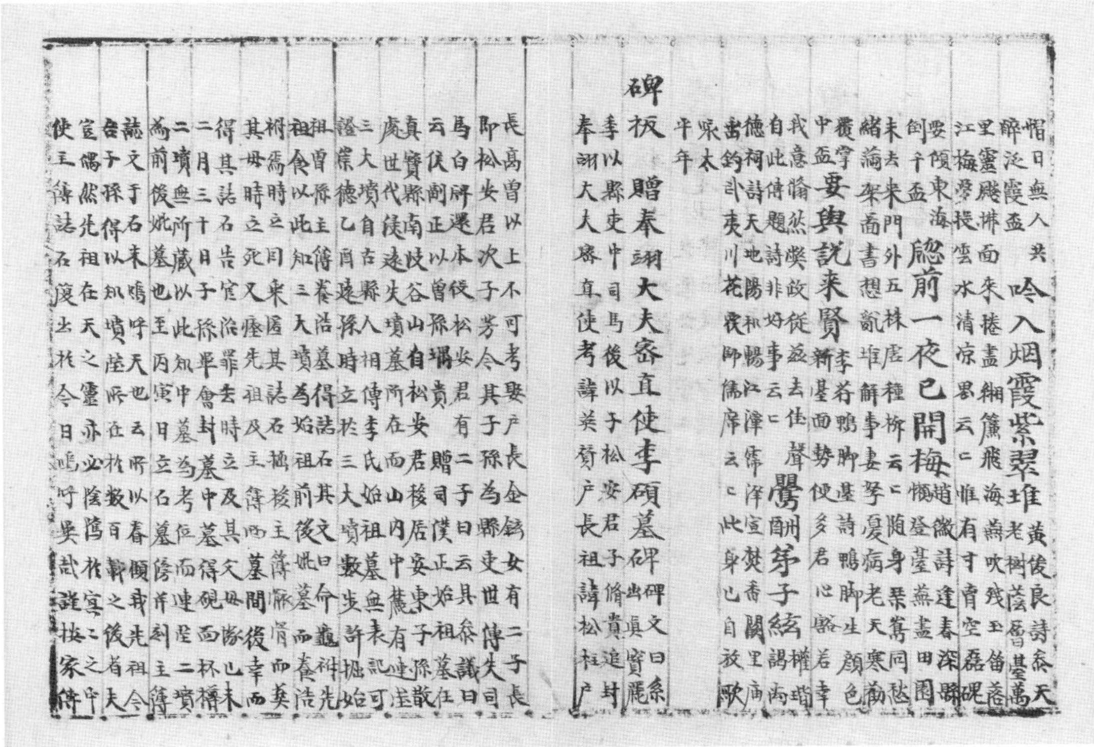
吟入烟霞紫翠堆
總前一夜已開梅
要與說來賢
碑板
贈奉翊大夫密直使李碩墓碑

遺錄先祖天性恭謹待人接物一而謙遜爲先
觀此一節亦可想像其德行梗槩而家牒蹟略
誌碣無憑使潛德幽光不得顯揚於世識者爲咨
子孫無窮之痛而竊念先祖積德累仁肇基
門祢孫以啓佑我後人繁衍昌大爲世族而五
代孫瑞六代孫瀣滉兄弟叔侄祖孫造興大鳴
於世而滉又倡明道學師表萬世爲東方朱子
其在外裔有書好蓋權好文諸賢亦皆爲世稱
式立祀以我先祖篤生內外賢孫光啓來土
又如何也猗歟休哉于孫衆多不可勝載揚其
顯世若干而錄之于碣陰銘曰恭惟我祖遷種
德芳考終林泉報不食芳隱山是蔵嵩四尺芳
中失而得匪人力芳說之于孫麓不隱芳篤生
大賢繼絕學芳東土啓蔘如炳炳芳其發也乎
基之積芳雲仍畢會竪此石芳無墜無斁垂
不極芳 十代孫司諫院大司諫演翼撰

節婦驪興閔氏旌閭碑 銘曰繫龍蛇亂天豕我國 士女無辜幷其駈掠俘係
累累奴虜讐域猗公夫婦獨恥尾全掠義嬲月
擯兇後前蠢彼者夷亦知嗟憐允人遺亂在傍
骨悚自外奔入誰如其勇既絕而生天實感動
事實國牒悤疊封贈宅里之旌先淹鄕井玉
潔星朗誰與公并公世孝友節義卓公孫思
孝貽揭遺跡我銘以貞後嗣之則 難折衝將軍
僉知中樞府事李光庭撰

按覈使李時愚碑 李 當宁壬子英陽賊變按覈使 公時愚承命按獄及還
朝以英陽真寶田稅米木上納爲民巨瘼事
逢奏仍請以錢代納從民所願 上命本道匚
臣査啓蒙允民情大使乃爲李公立碑頌
惠並樹觀察使洪公訖謨及知縣金公周教碑

寅移拜善賑有政蹟 李敢 文辛巳來 建文己卯丁丑遞 文叔器 辛巳七月來遞
鄭宥 辛巳來壬午遞 柳濱 壬午來移拜禮賓寺主簿 永樂甲申 朴錦 甲申
來同年遞 呂義 甲申來乙酉遞 張弛 文乙酉來戊子移拜 崔淳 戊子來己丑遞
朴華 己丑來庚寅移 尹堪 庚寅來壬辰遞 白繪 壬辰來甲午遞 柳珍 甲午
來乙未遞 孫之善 乙未來同年遞 金續 乙未來丙申遞 李㥉 丙申來戊戌移
曹由仁 文戊戌來己亥移 李雄 己亥來庚子遞 李次若 辛丑來壬寅移
柳恭 壬寅來癸卯辛官 金尚寧 癸卯來二月移 李師伯 甲辰來乙
巳遞 曹尚明 乙巳來丁未遞 宣德丁未 梁峻 丁未來壬子移 孫士成 壬子
來 正統丁巳移有善賑政蹟 權忖 丁巳來戊午遞 金堆 戊午來辛酉遞 權自
庸 辛酉來壬戌丁母喪 權誼 壬戌來丁卯遞 田蓄 丁卯來辛未丁母喪 宋允

智 文景泰辛未來丙子移清慎正直愛民如子 金強 丙子來丁丑遞 黃季夏
文天順丁丑來己卯遞 孫有文 己卯來辛巳遞 李長生 辛巳來甲申移 李
賢 成化甲申來丙戌遞 金長孫 丙戌來己丑遞 趙忠老 己丑來辛卯移
申石同 壬辰來癸巳罷 孟誠事革縣因入青松府 榮 趙士元 甲午來六
月 閔誠 文甲午來丙申罷 後 權致中 文丙申來丁酉遞 南季膺 戊戌
來壬寅遞 因入中新復縣邑 愼成從 癸卯來甲辰遞 李欽 甲辰來丙午丁母喪
黃瑋 丁未來辛亥遞 權休 弘治壬子來乙卯遞 林柳章 乙卯來丁巳遞
朴信亨 丁巳來己未丁母喪 金有 己未來庚申遞 洪修 文庚申來甲子遞
李世勳 乙丑來丙辰移 閔慶安 正德己巳來甲戌移 安慶禎 甲戌
來乙亥遞 金錬 丙子來九月損開寧 韓晟 丙子來戊寅遞 朴亨幹 文己卯來

청송부읍지靑松府邑誌(1878)

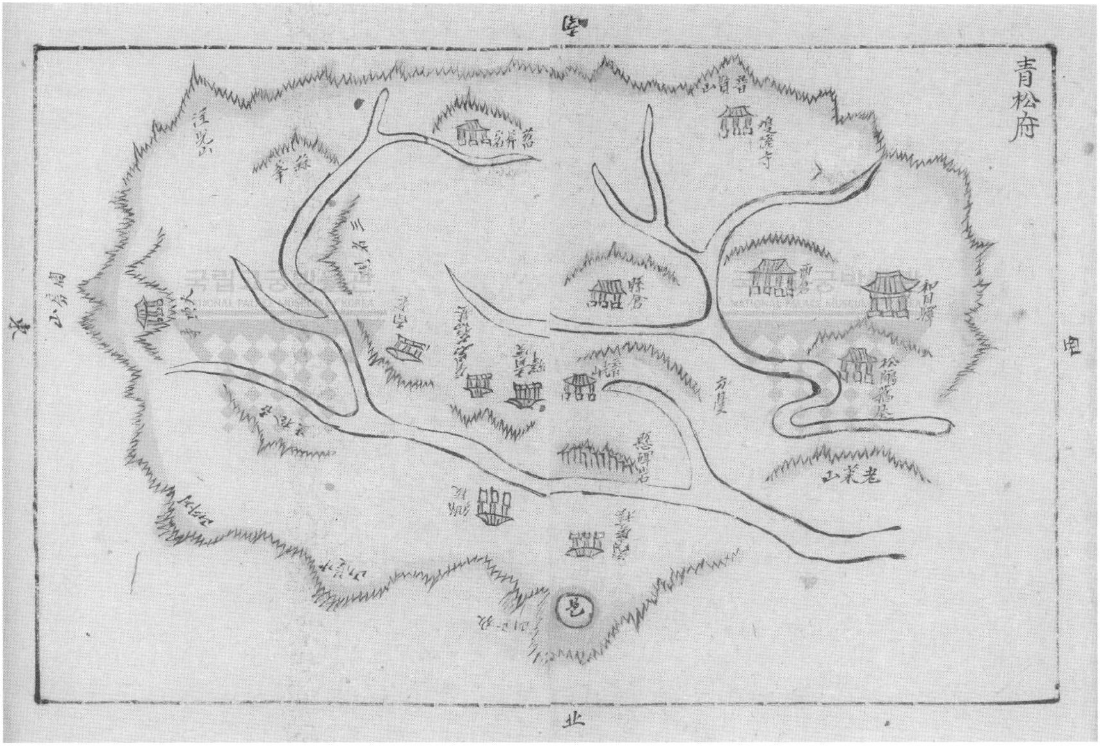

青松府邑誌

建置沿革本高句麗青己縣新羅改積善為野城郡領縣

高麗初為鳧伊又改雲鳳成宗改青鳧屬禮州

本朝

太祖三年合于真寶縣

世宗郎位之年以

昭憲王后之鄉陞為青寶郡後析真寶置縣監以松生縣來

合因改今名

世祖朝陞為都護府屬縣安德縣 安德在府南五十三里本高句麗伊火兮縣新羅改緣武為曲城郡領縣高麗初改今名顯宗屬安東府恭讓王始置監務本朝 太祖朝合于松生縣 世宗朝來屬

郡名青己 積善 鳧伊 雲鳳 青鳧 青寶

官職安東鎮管青松都護府使 文窠三品座首一人別監二人軍官二十五人人吏四十八人知印十五人官奴十五名使令十五名官婢十三口

姓氏 青鳧 沈 青松本貫 金全蔣申 松生 尹 松生本貫 盧全鄭金朴李 安德 金

李孫全薛 一作蔣 趙權閔申南徐

山川放光山 在府北二里自盈德縣弁峴來為鎮山 周房山 或稱周王山在府東三十一里自盈德縣弁峴來 普賢山 一云母子山在安德縣南三十二里自周房山來

龍纏巖 在南川上流巖有龍纏之狀故名焉 普光山 在府南五里自周房山來西麓有沈洪孚墓

南川 在客舍門外其源出於火峴至臨河縣枝村入于真寶縣神漢川 方臺 在安德縣北十里川邊甗巖上有鳳樹堂 鶴巢巖 在周房山有鶴巢其上故因名焉 落淵 在府內十里月外山十

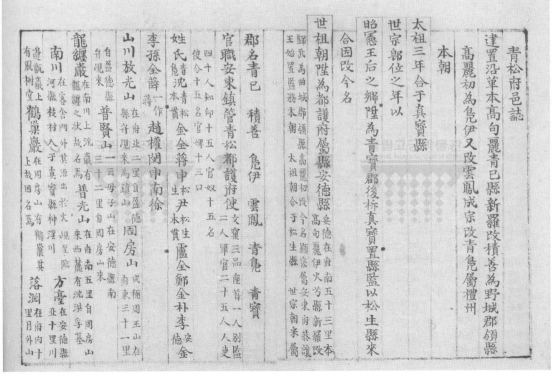

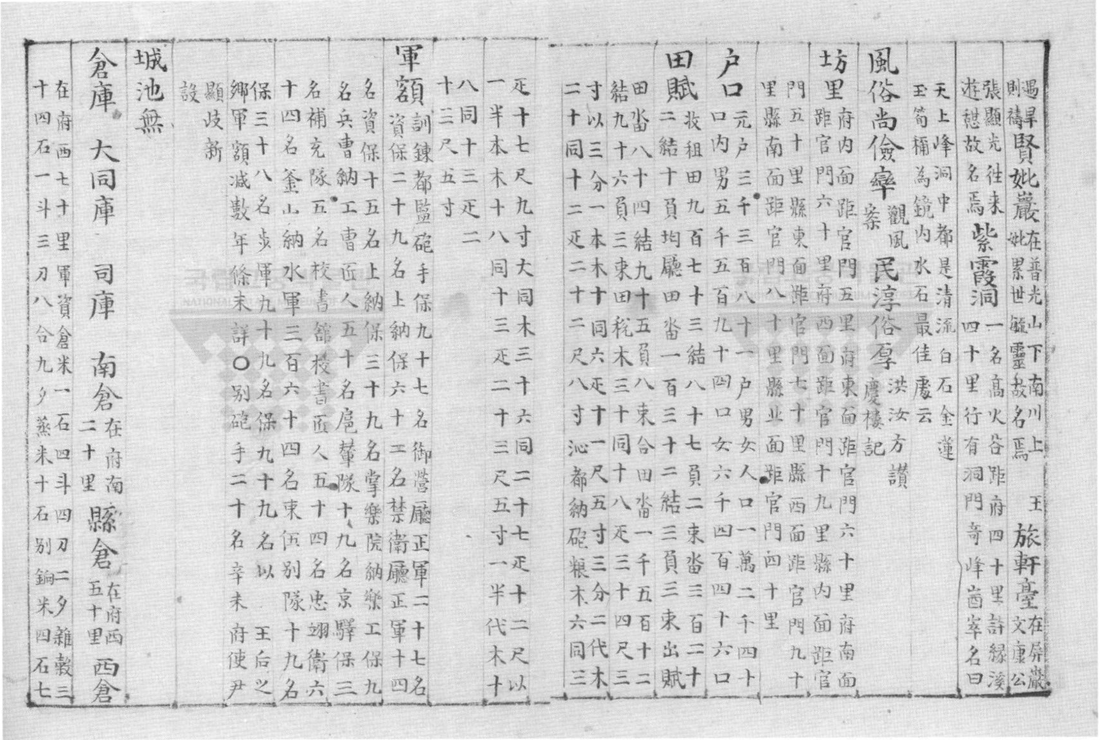

遇旱則禱 賢姥巖 在普光山下南川上姥累世顯靈故名焉 王 旅軒臺 在屛巖文康公
張顯光往来遊憩故名焉 紫霞洞 一名高火谷距府四十里許緣溪四十里行有洞門奇峰崗峯名曰
天上峰洞中都是清流白石金蓮玉筍稱為鏡內水石最佳處云
風俗尚儉嗇 觀風案 民淳俗厚 洪汝方讚慶樓記
坊里 府內面距官門五里府東面距官門六十里府南面距官門六十里府西面距官門十九里縣內面距官
門五十里縣東面距官門七十里縣西面距官門九十里縣南面距官門八十里縣北面距官門四十里
戶口 元戶三千三百八十一戶男女人口一萬二千四十口內男五千五百九十四口女六千四百四十六口
田賦 收租田九百七十三結八十七負二束畓三百二十二結十負均廳田畓一百三十二結三負三束出賦
田畓八十四結九十五負八束合田畓一千五百十二結九十六負三束田稅木三十同十八疋三十四尺三
寸以三分一本木十同六疋十一尺五寸三分二代木二十同十二疋二十二尺八寸沁都納砲粮木六同三
疋十七尺九寸大同木三十六同二十七疋十二尺以一半本木十八同十三疋二十三尺五寸一半代木十
八同十三疋二十三尺五寸
軍額 訓鍊都監砲手保九十七名御營廳正軍二十七名資保二十九名上納保六十二名禁衛廳正軍十四
名資保十五名上納保三十九名掌樂院納樂工保九名兵曹納工曹匠人五十名扈輦隊十九名京驛保三
名補充隊五名校書館校書匠人五十四名忠翊衛六十四名釜山納水軍三百六十四名束伍別隊十九名
保三十八名步軍九十九名保九十九名以 王后之鄕軍額減數年條未詳○別砲手二十名辛未府使尹
顯岐新設
城池無
倉庫 大同庫 司庫 南倉 在府南二十里 縣倉 在府西五十里 西倉
在府西七十里軍資倉米一石四斗四刀二夕雜穀三十四石一斗三刀八合九夕蒸米十石別餉米四石七

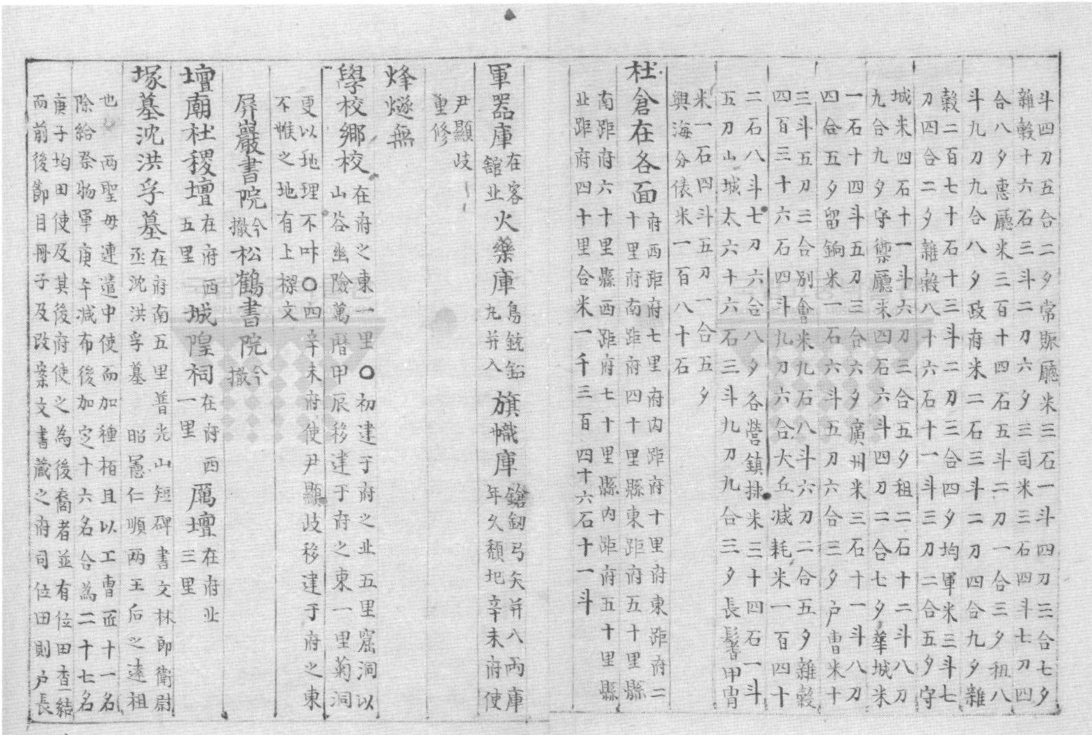

斗四刀五合二夕常賑廳米三石一斗四刀三合七夕雜穀十六石三斗二刀六夕三司米三石四斗七刀四
合八夕惠廳米三百十四石五斗二刀一合三夕租八斗九刀九合八夕政府米二石三斗二刀四合九夕雜
穀二百七十石十三斗二刀三合四夕均軍米三斗七刀四合二夕雜穀八十六石十一斗三刀二合五夕守
城米四石十一斗六刀三合五夕租二石十二斗八刀九合九夕守禦廳米四石六斗四刀二合七夕華城米
一石十四斗五刀三合六夕廣州米三石十一斗八刀四合五夕留餉米一石六斗五刀六合三夕戶曹米十
三斗五刀三合別會米九石八斗六刀二合五夕雜穀四百三十六石四斗九刀六合大丘減耗米一百四十
二石八斗七刀六合八夕各營鎮排米三十四石一斗五刀山城太六十六石三斗九刀九合三夕長鬐甲胄
米一石四斗五刀一合五夕興海分俵米一百八十石
社倉在各面 府西距府七里府內距府十里府東距府二十里府南距府四十里縣東距府五十里縣
南距府六十里縣西距府七十里縣內距府五十里縣北距府四十里合米一千三百四十六石十一斗
軍器庫 在客館北 火藥庫 鳥銃鉛九斤入 旗幟庫 鍮錚弓矢幷八兩庫年久頹圮辛未府使
尹顯岐重修
烽燧無
學校鄕校 在府之東一里○初建于府之北五里窟洞以山谷幽險萬曆甲辰移建于府之東一里菊洞
更以地理不叶○四辛未府使尹顯岐移建于府之東不悵之地有上樑文
屛巖書院 今撤 松鶴書院 今撤
壇廟社稷壇 在府西五里 城隍祠 在府西一里 厲壇 在府北三里
塚墓沈洪孚墓 在府南五里普光山短碑書文林郎衛尉丞沈洪孚墓 昭憲仁順兩王后之遠祖
也 西聖母連遣中使而加種栢且以工曹匠十一名除給祭物軍庚午減布後加定十六名合為二十七名
庚子均田使及其後府使之為後裔者並有位田查結而前後節目冊子及政案文書藏之府司位田則戶長

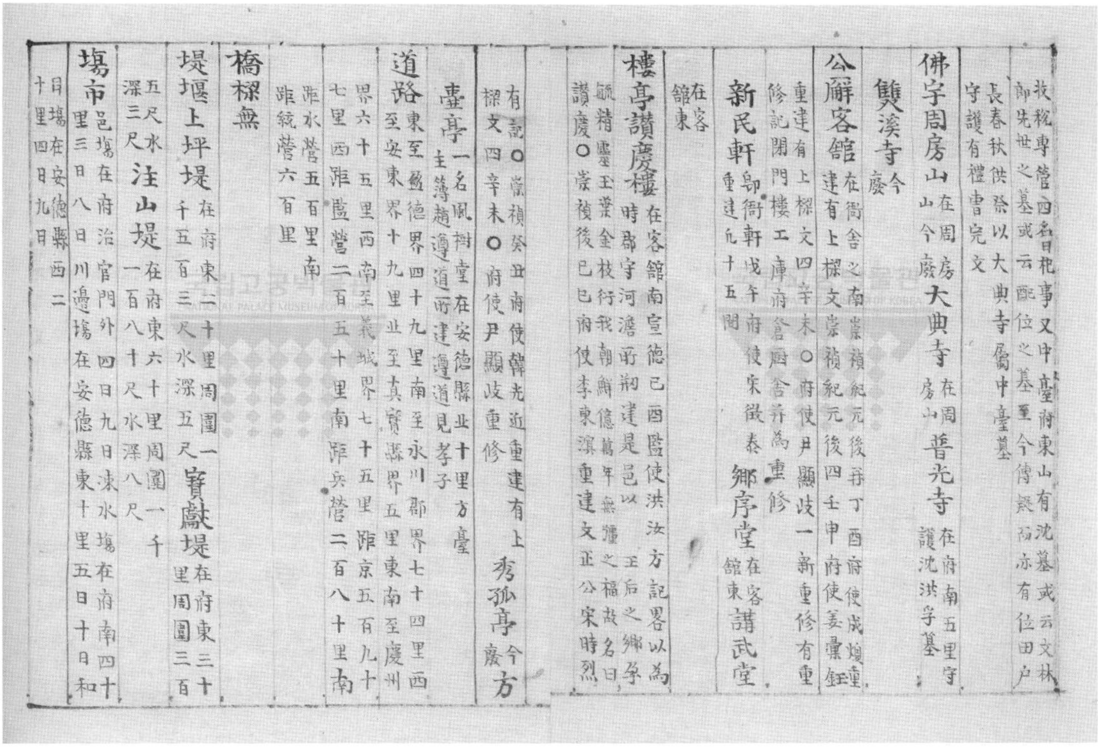
牧税專管四名日祀事又中臺府東山有沈墓武云文林
郎先世之墓或云配位之墓至今傳疑而亦有位田戶
長春秋供祭以大典寺屬中臺墓
守護有禮曹完文
佛宇周房山在周房山今廢大典寺在周房山普光寺在府南五里守護沈洪孚墓
雙溪寺今廢
公廨客館在衙舍之南崇禎紀元後弄丁酉府使成熩重建有上樑文崇禎紀元後四壬申府使姜彙鈺
重建有上樑文四辛未○府使尹顯岐一新重修有重修記閉門樓工庫府倉廚舍并為重修
新民軒即衙軒戊午府使宋徵泰重建凡十五間鄉序堂在客館東講武堂
在客館東
樓亭讚慶樓在客館南宣德己酉監使洪汝方記畧以為時郡守河濬所剏建是邑以王后之鄉孕
毓精靈玉葉金枝衍我朝鮮億萬年無疆之福故名曰讚慶○崇禎後己巳府使李東溟重建文正公宋時烈
有記○崇禎癸丑府使韓光近重建有上樑文四辛未○府使尹顯岐重修秀孤亭今廢方
臺亭一名風樹臺在安德縣北十里方臺主簿趙遵道所建遵道見孝子
道路東至盈德界四十九里南至永川郡界七十四里西至安東界十九里北至真寶縣界五里東南至慶州
界六十五里西南至義城界七十五里距京五百九十七里西距監營二百五十里南距兵營二百八十里南
距水營五百里南距統營六百里
橋梁無
堤堰上坪堤在府東二十里周圍一千五百三尺水深五尺寶獻堤在府東三十里周圍三百
五尺水深三尺注山堤在府東六十里周圍一千一百八十尺水深八尺
塲市邑塲在府治官門外四日九日涑水塲在府南四十里三日八日川邊塲在安德縣東十里五日十日和
日塲在安德縣西二十里四日九日

驛院青雲驛在府南十里南距文居驛四十里東距梨田坪驛四十里西距安東琴召驛六十里北距
真寶角山驛四十里中馬二匹卜馬五匹吏四百人奴五十一名婢四十九口文居驛在府南五
十里西距和目驛三十里北距青雲驛四十里東距梨田坪驛五十里南距慶州仁庇驛六十里中馬二匹卜
馬五匹吏二百二十人奴六十六名婢三十口和睦驛在安德縣西三十里東距文居驛三十里西距
義城青路驛四十里中馬二匹卜馬五匹吏一百三十五人奴八口婢三口梨田坪驛在府東四
十里北距青雲驛四十里西距文居驛五十里東距盈德南驛四十里南距清河松羅驛七十里中馬二匹吏
二百二人奴一名婢一口三者院在府南二十里今無
肅宗朝辛卯設立
形勝山勢起伏川流盤迴
古蹟松生廢縣在府東十五里高麗顯宗九十屬禮州仁宗二十一年置監務本朝世宗朝合于
青鳧縣周房山城詳見關阨天矢石自古諺傳周房洞有澤多金鰲當時監務不知何姓
名遊山之際取其鰲到寺臨夫輸而進臨餐白晝忽雷雨暴作有黑石大如鵝卵殞自天透庇屋剝床監務遂
亥匙回葬作數日死名其石曰天矢至今留石于菴中見司僕正申楫記大遯山在周王山之
別名也東晉周覬八世孫鍍字光濟與壯士百餘人入熊耳山自稱後周王據南陽欲侵長安時乃唐貞元十
五年為郭子儀所敗渡遼聞石屛山深險八居焉石屛山即周王山舊稱後數年唐帝責麗王以周鍍頭麗將
馬一聲以其身二聲為先三聲四聲五聲為後八山擒鍍鍍子大典稱大典道君以蓮花箭射二聲冑南至三
十里落于田名其田曰馬冑二聲大怒進軍大典令將軍石重鐵衝擊二聲三戰三危名其洞曰三危山之西
有馬田坪是亦馬二聲初戰處也越三日四聲五聲伏兵八角山遂擒周王是夜大典聞潭龍三泣大驚仰視
天文氐星無光鍍母魏氏嘗孕鍍時夢見氐星於是大典憫下斬窟八周王有頭四聲鉤擒周王大典僩脫身
登空麗王斬周鍍頭將詣京渡遼墜失當周王斬首之日大典作一陣狂風人莫開眼乃捲尸歸屛山葬焉時
渡遼失首日也大典乃剪髮結縕結菴屛山北名其菴曰遯跡大遯之稱亦自此稱焉居屛山十五歲移住華

獅洞洞在屛山南石廩峰西麓今之雲水菴似是也
土産 蜂蜜 紫草 人蔘 莞草
進貢 人蔘 清蜜 栢子
俸廩 衙祿位五十結米十石太三石公需位十五結米四石官需米一百八十六石民結所出
宦蹟 青寶知郡事曺由仁 通訓永樂戊戌十月來同年十二月移拜盈德縣事
李稚 中訓己亥正月來庚子十二月遞 李泒若 奉列辛丑正月來壬寅五月遞付濟用監訓正
柳蓀 朝奉壬寅正月來癸卯二月呈遞 青松知郡事金尚寧 中訓癸卯三月來洪
熙乙巳三月遭父喪遞 鄭之雅 中訓乙巳五月來宣德丁未正月遞 河澹 朝奉二月來己酉六
月呈遞有治績 許澄 奉直郎己酉八月來庚戌閏十二月遞 安起 通善郎辛亥正月來乙卯十二
月遞付繕工監副正 柳侑 奉訓郎正統丙辰二月來己未六月遞 成自諒 奉訓郎己未七月來

壬戌十二月遞 朴昭 通善郎癸亥正月來丙寅十二月遞付濟用監副正 閔寅 朝奉戊辰二月來己
巳七月遞 金斯中 奉直郎己巳八月來景泰壬申十月卒于官 李達 奉正壬申十二月來天順
丁丑正月陞通政同年十二月仍遞 尹洪 奉列戊寅正月來庚辰十月遭母喪遞 青松都護
府使徐混 奉正庚辰十一月來甲申八月陞通政遞付工曹叅議有治績 崔尚柔 通訓甲申
二月來同年六月陞通政七月遞 李晨 通訓丙戌八月來辛卯閏九月遞付掌樂院副正 柳渾
通訓辛卯十月來壬辰十一月移拜昌原府使 洪性綱 通政壬辰十一月來甲午六月卒于官
閔誠 通訓甲午閏六月來乙未十二月遞 權致中 通訓丙申二月來辛丑二月日遞付典設司別
坐遞 尹垓 通訓辛丑四月來甲申六月陞通政遞付上護軍遞 任淑 通政甲辰九月來丙午十一月
卒于官 薛茂林 通政丁未二月來弘治戊申十二月遭母喪遞 李居仁 通政己酉二月來庚
戌二月呈遞 趙嶔 通訓庚戌四月來癸丑閏五月卒于官 崔漢候 通訓癸丑七月來丁

巳三月遞 李承寧 通訓丁巳五月來壬戌七月遞付司成 柳陽春 通訓壬戌九月來正德丁
卯二月卒于官 沈順道 通政丁卯五月來己巳五月遭母喪 鄭鵬 奉列己巳七月來壬申九月卒
清德洨民朝宰有求栢蜜者答曰栢在高峰頂上蜜在民間蜂桶太守何以得之求者有慚悔至今傳以爲名
言 裵益臣 通訓壬申十二月來丁丑十二月遞付濟用監副正 宋徵 通訓戊寅二月來己卯四
月遞 權五紀 通訓己卯五月來嘉靖甲申六月遞付司導寺正 李得全 通訓甲申八月
來乙酉十二月遞付成均司藝 洪脩 通訓乙酉十二月來庚寅十二月仍遞 金良彦 通訓辛卯
二月來甲午四月卒于官 俞仲翼 通訓甲申七月來同年八月御史啓罷 張世弼 通訓甲午
十一月來乙未貶罷 趙琳 通訓丙申二月來己亥十月呈遞 鄭遹 中訓己亥十二月來壬寅閏五
月貶遞 琴椅 通訓壬寅八月來乙巳六月呈遞 李敬長 通訓乙巳八月來丁未三月呈遞
張漢輔 通訓丁未四月來己酉十二月貶遞 李中樑 通訓庚戌二月以三陟府使來甲寅八月

移拜安東府使 金就文 奉列甲寅九月來丙辰十二月呈遞 張應璇 通訓丁巳二月以濟
用監正來壬戌二月遞付典籍 李榮 嘉善壬戌三月以訓鍊都正來同年九月遞 權鎔 通訓壬戌
十月以司僕僉正來丁卯九月移拜內贍判官 徐克一 通訓隆慶丁卯十月來壬申九月仍遞 郭
赳 通訓壬申十月來萬曆甲戌六月移拜晉州牧使 邊永清 通訓甲戌八月來戊寅十二月遭母
喪 柳世茂 通訓己卯二月來同年九月突傷罷 高景虛 通訓己卯十二月來辛巳二月呈遞
郭越 通政辛巳五月來癸未十一月仍遞 金宇宏 通政癸未十二月來丙戌七月仍遞 李光
俊 通訓丙戌八月來辛卯八月遞付司成 鄭仁貴 通訓辛卯九月來壬辰四月罷 鄭愼 通訓壬辰
四月來癸巳十二月罷 朴惟仁 通訓甲午正月來己亥二月仍遞 金弘微 通政己亥二月
來辛丑三月呈遞 權春蘭 奉列辛丑六月來七月遭母喪 黃是 通訓辛丑十月來癸卯七月呈
遞 成大業 通政癸卯十月來甲辰七月罷去 黃致誠 通訓甲辰八月來丙午六月罷去

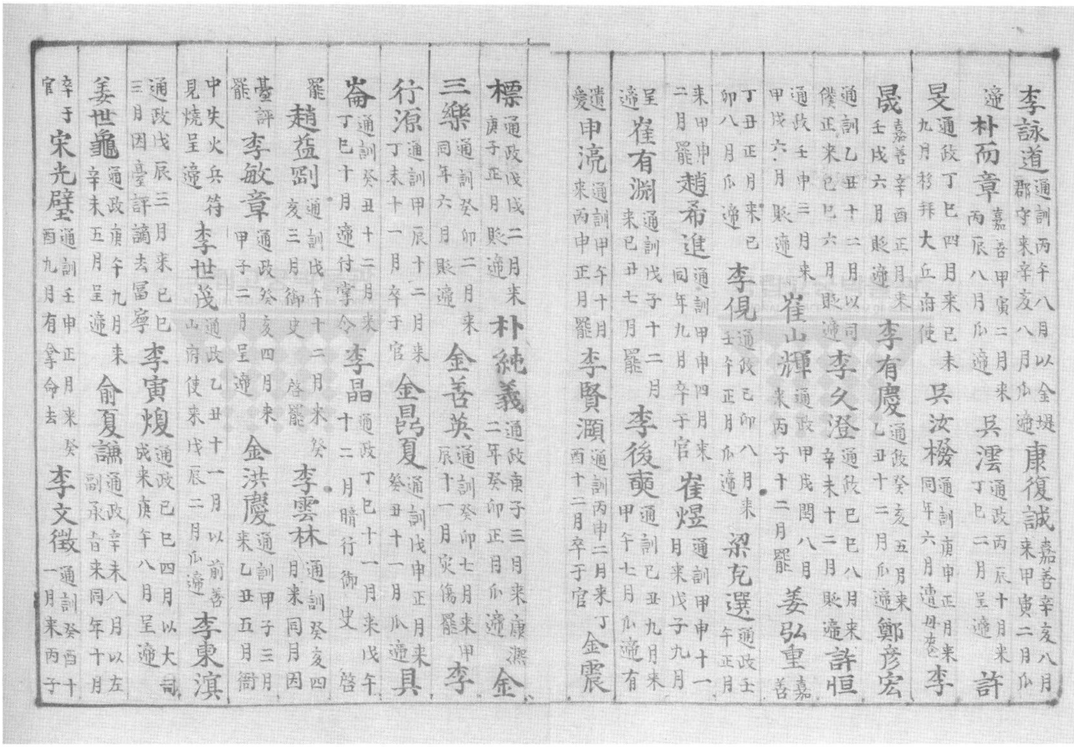

李詠道通訓丙午八月以金堤郡守來辛亥八月瓜遞 康復誠嘉善辛亥八月來甲寅二月瓜
遞 朴而章嘉善甲寅二月來丙辰八月瓜遞 吳澐通政丙辰十月來丁巳二月呈遞 許
昱通政丁巳四月來己未九月移拜大丘府使 吳汝橃通訓庚申正月來同年六月遭母憂 李
晟嘉善辛酉正月來壬戌六月貶遞 李有慶通政癸亥五月來乙丑十二月瓜遞 鄭彦宏
通訓乙丑十二月以司僕正來己巳六月貶遞 李久澄通政己巳八月來辛未十二月貶遞 許恒
通政壬申三月來甲戌六月貶遞 崔山輝通政甲戌閏八月來丙子十二月罷 姜弘重嘉善
丁丑正月來己卯八月瓜遞 李俔通政己卯八月來壬午正月瓜遞 梁克選通政壬午正月
來甲申二月罷 趙希進通訓甲申四月來同年九月卒于官 崔煜通訓甲申十一月來戊子九月
呈遞 崔有淵通訓戊子十二月來己丑七月罷 李後奭通訓己丑九月來甲午七月瓜遞有
遺愛 申滉通訓甲午十月來丙申正月罷 李賢灝通訓丙申二月來丁酉十二月卒于官 金震
標通政戊戌二月來庚子正月貶遞 朴純義通政庚子三月來康熙二年癸卯正月瓜遞 金
三樂通訓癸卯二月來同年六月貶遞 金善英通訓癸卯七月來甲辰十一月灾傷罷 李
行源通訓甲辰十二月來丁未十一月卒于官 金昌夏通訓戊申正月來癸丑十一月瓜遞 具
崙通訓癸丑十二月來丁巳十月遞付掌令 李晶通政丁巳十一月來戊午十二月暗行御史啓
罷 趙益剛通訓戊午十二月來癸亥三月御史啓罷 李雲林通訓癸亥四月來同月因
臺評罷 李敏章通政癸亥四月來甲子二月呈遞 金洪慶通訓甲子三月來乙丑五月衙
中失火兵符見燒呈遞 李世茂通政乙丑十一月以前善山府使來戊辰二月瓜遞 李東溟
通政戊辰三月來己巳三月因臺評論去留寧 李寅熀通政己巳四月以大司成來庚午八月呈遞
姜世龜通政庚午九月來辛未五月呈遞 俞夏謙通政辛未八月以左副承旨來同年十月
卒于官 宋光璧通訓壬申正月來癸酉九月有拿命去 李文徵通訓癸酉十一月來丙子

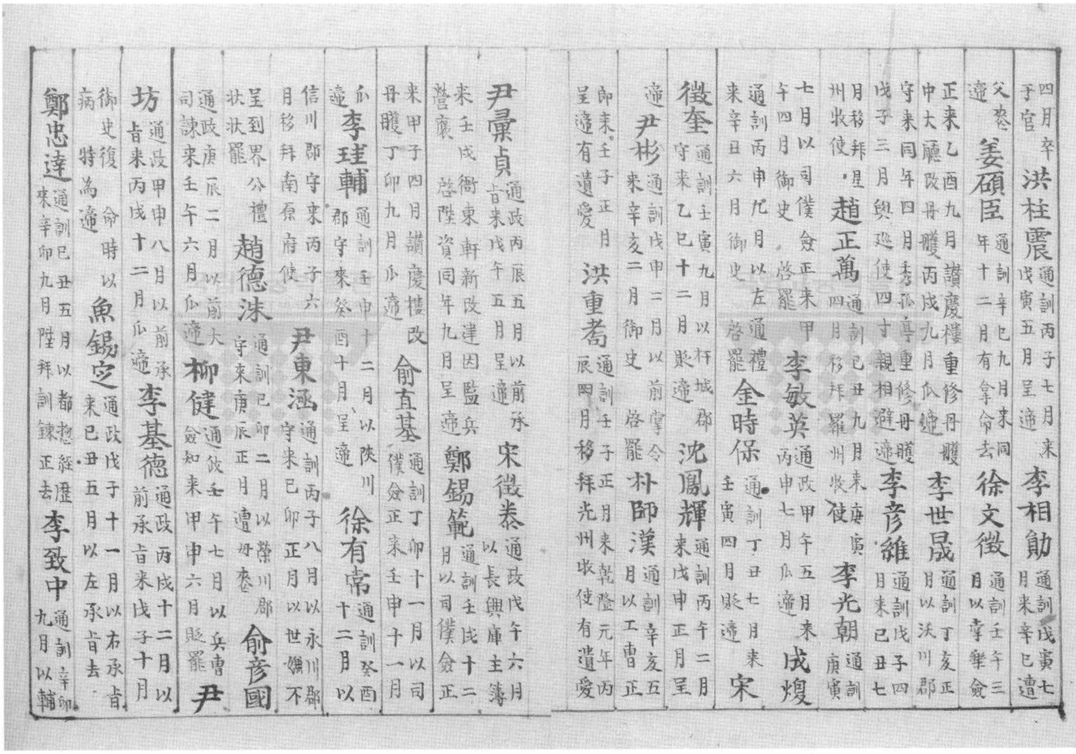

四月卒于官 洪柱震通訓丙子七月來戊寅五月呈遞 李相勛通訓戊寅七月來辛巳遭
父憂遞 姜碩臣通訓辛巳九月來同年十二月有拿命去 徐文徵通訓壬午三月以掌樂僉
正來乙酉九月讚慶樓重修丹雘中大廳改丹雘丙戌九月瓜遞 李世晟通訓丁亥正月以沃川郡
守來同年四月孝孤亭重修丹雘戊子三月與巡使相避遞 李彦維通訓戊子四月來己丑七
月移拜星州牧使 趙正萬通訓己丑九月來庚寅四月移拜羅州牧使 李光朝通訓庚寅
七月以司僕僉正來甲午四月御史啓罷 李敏英通政甲午五月來丙申七月瓜遞 成熀
通訓丙申九月以左通禮來辛丑六月御史啓罷 金時保通訓丁丑七月來壬寅四月貶遞 宋
徵奎通訓壬寅九月以杆城郡守來乙巳十二月貶遞 沈鳳輝通訓丙午二月來戊申正月呈
遞 尹彬通訓戊申二月以前掌令來辛亥二月御史啓罷 朴師漢通訓辛亥五月以工曹正
郎來壬子正月呈遞有遺愛 洪重喬通訓壬子正月來乾隆元年丙辰四月移拜光州牧使有遺愛
尹彙貞通政丙辰五月以前承旨來戊午五月呈遞 宋徵泰通政戊午六月以長興庫主簿
來壬戌衛東軒新改建因監兵營褒啓陞資同年九月呈遞 鄭錫範通訓壬戌十二月以司僕僉正
來甲子四月讚慶樓改丹雘丁卯九月瓜遞 俞直基通訓丁卯十一月以司僕僉正來壬申十一月
瓜遞 李珪輔通訓壬申十二月以陝川郡守來癸酉十月呈遞 徐有常通訓癸酉十二月以
信川郡守來丙子六月移拜南原府使 尹東涵通訓丙子八月以永川郡守來己卯正月以世嫌不
呈到界公禮狀狀罷 趙德洙通訓己卯二月以榮川郡守來庚辰正月遭母憂 俞彦國
通政庚辰二月以前大司諫來壬午六月瓜遞 柳健通政壬午七月以兵曹僉知來甲申六月貶罷 尹
坊通政甲申八月以前承旨來丙戌十二月瓜遞 李基德通政丙戌十二月以前承旨來戊子十月
御史復命時以病特為遞 魚錫定通政戊子十一月以右承旨來己丑五月以左承旨去
鄭忠達通訓己丑五月以都摠經歷來辛卯九月陞拜訓鍊正去 李致中通訓辛卯九月以輔

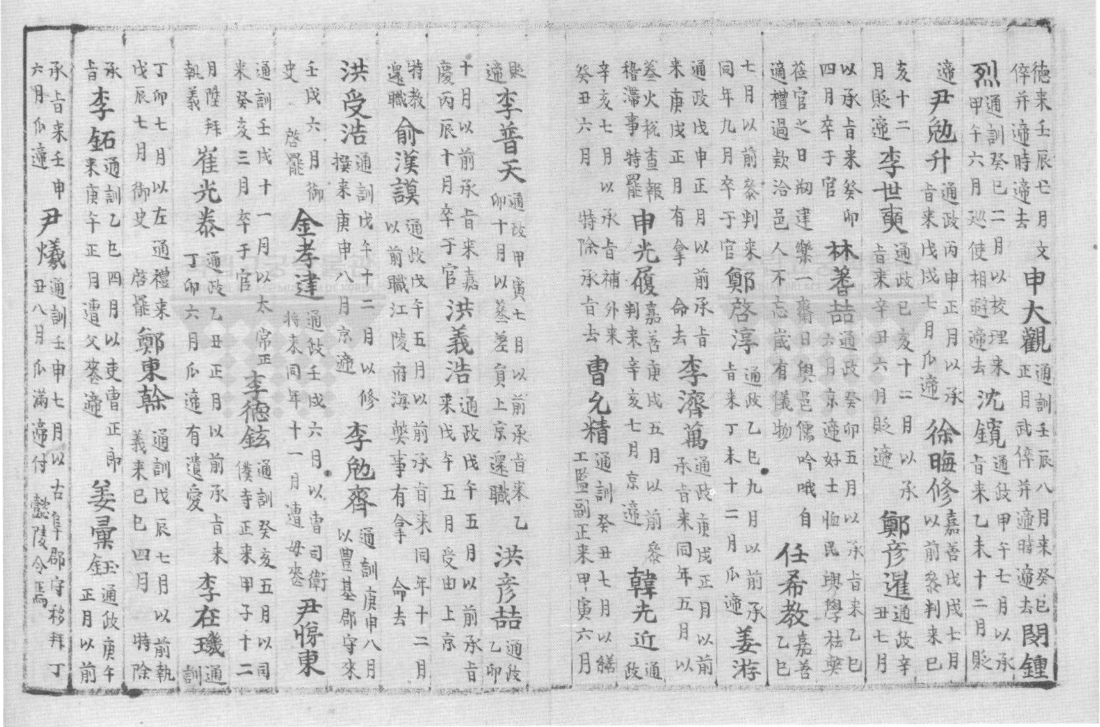

德来壬辰七月倅并遞時遞去 文 申大觀 通訓壬辰八月来癸巳正月武倅并遞時遞去 閔鍾
烈 通訓癸巳二月以校理来甲午六月廵使相避遞去 沈鏡 通政甲午七月以承旨来乙未十二月貶
遞 尹勉升 通政丙申正月以承旨来戊戌七月瓜遞 徐晦修 嘉善戊戌七月以前參判来己
亥十二月貶遞 李世奭 通政己亥十二月以承旨来辛丑六月貶遞 鄭彦暹 通政辛丑七月
以承旨来癸卯四月卒于官 林著喆 通政癸卯五月以承旨来乙巳六月京遞好士恤民興學祛弊
莅官之日刱建樂一齋日與邑儒吟哦自適禮過款洽邑人不忘歲有儀物 任希教 嘉善乙巳
七月以前參判来同年九月卒于官 鄭啓淳 通政乙巳九月以前承旨来丁未十二月瓜遞 姜㳺
通政戊申正月以前承旨来庚戌正月有拿命去 李濟萬 通政庚戌正月以前承旨来同年五月以
參火稅查報稽滯事特罷 申光履 嘉善庚戌五月以前參判来辛亥七月京遞 韓光近 通政
辛亥七月以承旨補外来癸丑六月以特除承旨去 曺允精 通訓癸丑七月以繕工監副正来甲寅六月
貶遞 李普天 通政甲寅七月以前承旨来乙卯十月以蔘差貟上京遷職 洪彦喆 通政乙卯
十月以前承旨来嘉慶丙辰十月卒于官 洪義浩 通政戊午五月以前承旨来戊午五月受由上京
特教遷職 俞漢謨 通政戊午五月以前承旨来同年十二月以前職江陵府海弊事有拿命去
洪受浩 通訓戊午十二月以修撰来庚申八月京遞 李勉齊 通訓庚申八月以豊基郡守来
壬戌六月御史啓罷 金孝達 通政壬戌六月以特來同年十一月遭母喪 尹㥠東
通訓壬戌十一月以太常正来癸亥三月卒于官 李德鉉 通訓癸亥五月以司僕寺正来甲子十二
月陞拜執義 崔光泰 通政乙丑正月以前承旨来丁卯六月瓜遞有遺愛 李在璣 通訓
丁卯七月以左通禮来戊辰七月御史啓罷 鄭東斡 通訓戊辰七月以前執義来己巳四月特除
承旨 李鉐 通訓己巳四月以吏曹正郎来庚午正月遭父喪遞 姜彙鈺 通政庚午正月以前
承旨来壬申六月瓜遞 尹𤄫 通訓壬申七月以古阜郡守移拜丁丑八月瓜滿遞付懿陵令焉

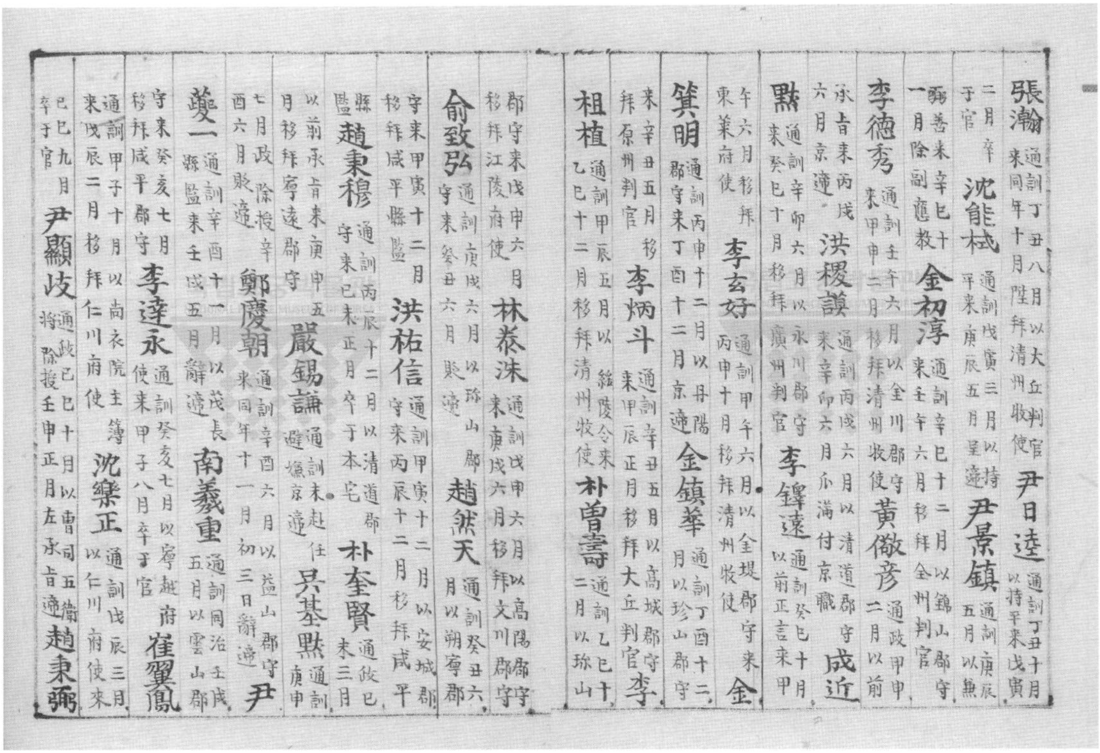

張瀚 通訓丁丑八月以大丘判官来同年十月陞拜清州牧使 尹日逵 通訓丁丑十月以持平来戊寅
二月卒于官 沈能械 通訓戊寅三月以持平来庚辰五月呈遞 尹景鎮 通訓庚辰五月以無
㣧善来辛巳十一月除副應教 金初淳 通訓辛巳十二月以錦山郡守来壬午六月移拜全州判官
李德秀 通訓壬午六月以全川郡守来甲申二月移拜清州牧使 黃徽彦 通政甲申二月以前
承旨来丙戌六月京遞 洪稷謨 通訓丙戌六月以清道郡守来辛卯六月瓜滿付京職 成近
默 通訓辛卯六月以永川郡守来癸巳十月移拜廣州判官 李鐸遠 通訓癸巳十月以前正言来甲
午六月移拜東萊府使 李玄好 通訓甲午六月以金堤郡守来丙申十月移拜清州牧使 金
箕明 通訓丙申十二月以丹陽郡守来丁酉十二月京遞 金鎮華 通訓丁酉十二月以珍山郡守
来辛丑五月移拜原州判官 李炳斗 通訓辛丑五月以高城郡守来甲辰正月移拜大丘判官 李
祖植 通訓甲辰五月以綏陵令来乙巳十二月移拜清州牧使 朴曾壽 通訓乙巳十二月以珍山
郡守来戊申六月移拜江陵府使 林泰洙 通訓戊申六月以高陽郡守来庚戌六月移拜文川郡守
俞致弘 通訓庚戌六月以珍山郡守来癸丑六月貶遞 趙然天 通訓癸丑六月以朔寧郡
守来甲寅十二月移拜咸平縣監 洪祐信 通訓甲寅十二月以安城郡守来丙辰十二月移拜咸平
縣監 趙秉穆 通訓丙辰十二月以清道郡守来己未正月卒于本宅 朴奎賢 通政己未三月
以前承旨来庚申五月移拜寧遠郡守 嚴錫謙 通訓未赴任避嫌京遞 吳基默 通訓庚申
七月以除授辛酉六月貶遞 鄭慶朝 通訓辛酉六月以益山郡守来同年十一月初三日辭遞 尹
夔一 通訓辛酉十一月以茂長縣監来壬戌五月辭遞 南義重 通訓同治壬戌五月以雲山郡
守来癸亥七月移拜咸平郡守 李達永 通訓癸亥七月以寧越府使来甲子八月卒于官 崔翼鳳
通訓甲子十月以尚衣院主簿来戊辰二月移拜仁川府使 沈樂正 通訓戊辰三月以仁川府使来
己巳九月卒于官 尹顯岐 通政己巳十月以曹司五衛將除授壬申正月左承旨遞 趙秉弼

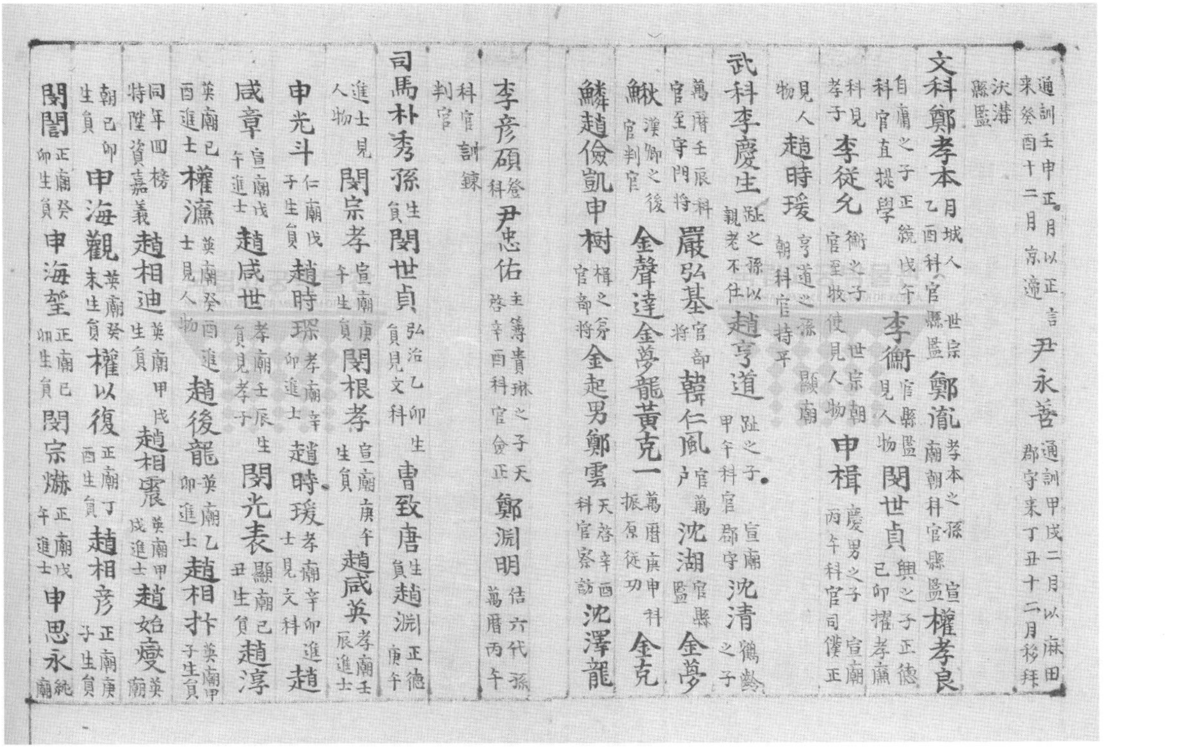

通訓壬申正月以正言来癸酉十二月京遆 尹永善 通訓甲戌二月以麻田郡守来丁丑十二月移拜
沃溝縣監
文科鄭孝本 月城人世宗乙酉科官縣監 鄭淪 孝本之孫宣廟朝科官縣監 權孝良
自庿之子正統戊午科官直提學 李衡 官縣監見人物 閔世貞 興之子正德己卯擢孝廉
科見孝子 李從允 衛之子世宗朝官至牧使見人物 申楫 慶男之子宣廟丙午科官司僕正
見人物 趙時瑗 亨道之孫顯廟朝科官持平
武科李慶生 趾之孫以親老不仕 趙亨道 趾之子宣廟甲午科官郡守 沈清 鶴齡之子
萬曆壬辰科官至守門將 嚴弘基 官部將 韓仁風 官萬戶 沈湖 官縣監 金夢
鰍 漢卿之後官判官 金聲達 金夢龍 黃克一 萬曆庚申科振原從功 金克
鱗 趙儉凱 申樹 楫之弟官部將 金起男 鄭雲 天啓辛酉科官察訪 沈澤龍
李彦碩 登科 尹忠佑 主簿貴琳之子天啓辛酉科官僉正 鄭淵明 佶六代孫萬曆丙午
科官訓鍊判官
司馬朴秀孫 生員 閔世貞 弘治乙卯生員見文科 曺致唐 生員 趙淵 正德庚午
進士見人物 閔宗孝 宣廟午生員 閔根孝 宣廟庚午生員 趙咸英 孝廟壬辰進士
申光斗 仁廟戊子生員 趙時琛 孝廟辛卯進士 趙時瑗 孝廟辛卯進士見文科 趙
咸章 宣廟戊午進士 趙咸世 孝廟壬辰生員見孝子 閔光表 顯廟己丑生員 趙淳
英廟己酉進士 權濂 英廟癸酉進士見人物 趙後龍 英廟乙卯進士 趙相抃 英廟甲子生員
同年四榜特陞資嘉義 趙相迪 英廟甲戌生員 趙相震 英廟甲戌進士 趙始夔 英廟
朝己卯生員 申海觀 英廟癸未生員 權以復 正廟丁酉生員 趙相彦 正廟庚子生員
閔闓 正廟癸卯生員 申海壁 正廟己卯生員 閔宗爀 正廟戊午進士 申思永 純廟

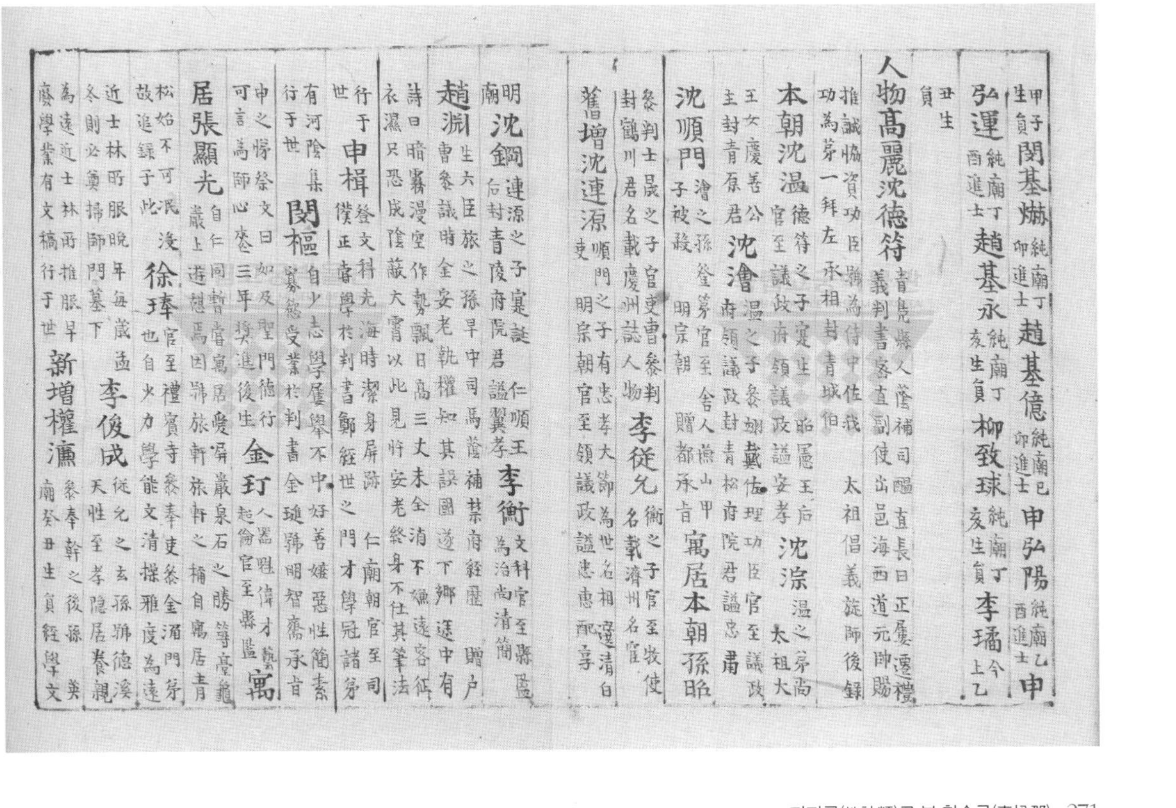

甲子生員 閔基爀 純廟丁卯進士 趙基億 純廟己卯進士 申弘陽 純廟乙酉進士 申
弘運 純廟丁酉進士 趙基永 純廟丁亥生員 柳致球 純廟丁亥生員 李瑠 今上乙
丑生員
人物高麗沈德符 青鳧縣人蔭補司醞直長日正憂遷禮義判書客直副使出邑海西道元帥賜
推誠協贊功臣雖為侍中佐我太祖倡義旋師後錄功為第一拜左承相封青城伯
本朝沈溫 德符之子寔生昭憲王后官至議政府領議政諡安孝 沈淙 溫之弟尚太祖大
王女慶善公主封青原君 沈澮 溫之子參翊戴佐理功臣官至議政府領議政封青松府院君諡恭肅
沈順門 澮之孫登第官至舍人燕山甲子被殺明宗朝贈都承旨 寓居本朝孫昭
參判士晟之子官吏曹參判封鶴川君名載慶州誌人物 李從允 衛之子官至牧使名載濟州名宦
舊增沈連源 順門之子有忠孝大節為世名相選清白吏明宗朝官至領議政諡忠惠配享
明廟 沈鋼 連源之子寔誕仁順王后封青陵府院君諡翼孝 李衡 文科官至縣監為治尚清簡
趙淵 生六臣旅之孫早中司馬蔭補禁府經歷贈戶曹參議時金安老執權知其誤國遂下鄉遷中有
詩曰暗霧漫空作勢飄日高三丈未全消不嫌遠客征衣濕只恐殘陰蔽大霄以此見忤安老終身不仕其筆法
行于世 申楫 登文科光海時潔身屏跡仁廟朝官至司僕正嘗學於判書鄭經世之門才學冠諸第
有河陰集行于世 閔樞 自少志學屢舉不中好善嫉惡性簡素寡慾受業於判書金璡號明智齋承旨
中之嘗祭文曰如及聖門德行可言為師心喪三年獎進後生 金玎 人器雖偉才藝超倫官至縣監 寓
居張顯光 自仁同暫嘗寓居覺巖泉石之勝築臺龜巖上遊憩焉因號旅軒旅軒之稱自寓居青
松始不可泯故追錄于此 淺 徐琫 官至禮賓寺參奉吏參金涌門第也自少力學能文清操雅度為遠
近士林所服晚年每歲孟冬則必奠掃師門墓下 李俊成 從允之玄孫號德溪天性至孝隱居養親
為遠近士林所推服早廢學業有文稿行于世 新增權濂 參奉幹之後孫英廟癸丑生員經學文

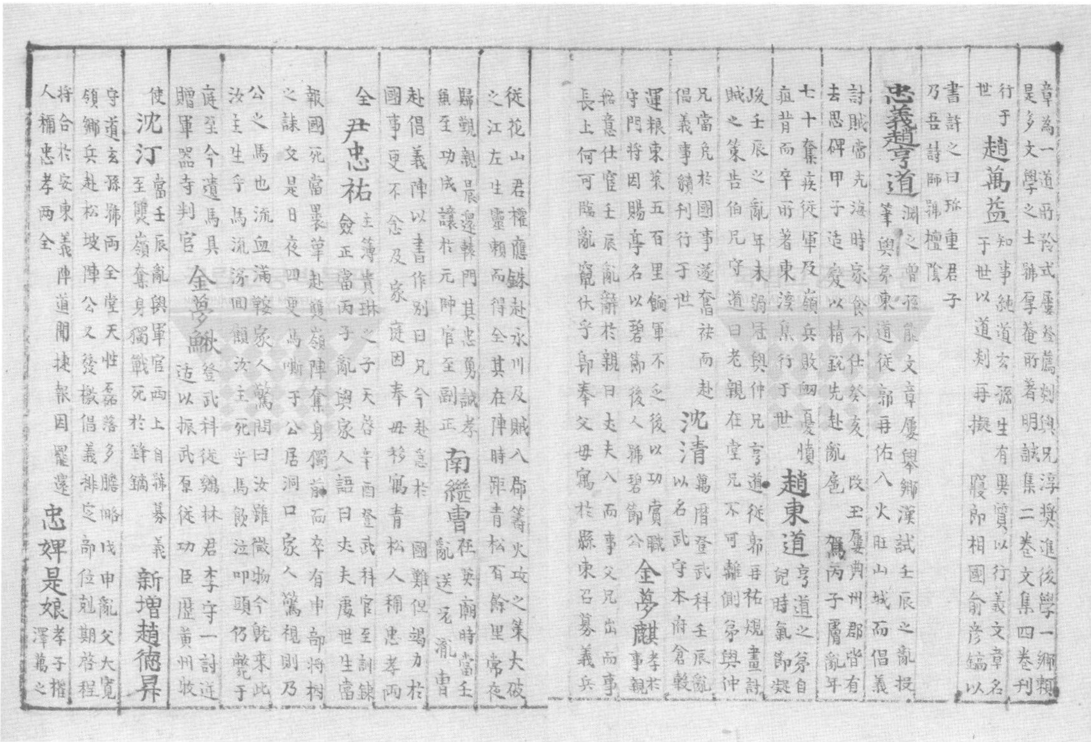
章爲一道所矜式屢登薦剡與兄淳獎進後學一鄕賴
是多文學之士號厚菴所著明誠集二卷文集四卷刊
行于世 趙萬益 知事純道玄孫生有異質以行義文章名于世以道剡再擬寢郎相國俞彦鎬以
書詩之曰孫重君子乃吾詩師號檀陰
忠義趙亨道 澗之曾孫能文章屢擧鄕漢試壬辰之亂投筆與弟東道從郭再佑入火旺山城而倡義
討賊當光海時家食不仕癸亥改玉屢典州郡皆有去思碑甲子适變以精銳先赴亂處篤丙子膺亂年
七十奮疾從軍及嶺兵敗痛憂憤疽背而卒所著東溪集行于世 趙東道 亨道之弟自兒時氣節凝
後壬辰之亂年未弱冠與仲兄亨道從郭再祐規畫討賊之策告伯兄守道曰老親在堂兄不可離側弟與仲
兄當死於國事遂奮袂而赴倡義事績刊行于世 沈清 萬曆登武科壬辰亂以名武守本府倉穀
運粮東萊五百里餉軍不乏後以功賞職守門將因賜亭名以碧節後人號碧節公 金夢麒 孝於事親
拾意仕宦壬辰亂辭於親曰丈夫入而事父兄出而事長上何可臨亂竄伏乎即奉父母竄於縣東召募義兵
從花山君權應銖赴永川及賊入府籌火攻之策大破之江左生靈賴而得全其在陣時距青松百餘里常夜
歸覲親晨還轅門其忠勇誠孝無至功成讓於元帥官至副正 南繼曹 在英廟時當壬亂送兄流曹
赴倡義陣以書作別曰兄今赴急於國難但竭力於國事更不念及家庭因奉母移寓青松人稱忠孝兩
全 尹忠祐 主簿貴琳之子天啓辛酉登武科官至訓鍊僉正當丙子亂與家人語曰丈夫處世生當
報國死當裹革赴雙嶺陣奮身獨前而卒有中部將柯之誄文是日夜四更馬嘶于公居洞口家人驚視則乃
公之馬也流血滿鞍家人驚問曰汝雖微物今旣來此汝主生乎馬流涕低頭汝主死乎馬飲泣叩頭仍斃于
庭至今遺馬具贈軍器寺判官 金夢鯫 登武科從雞林君李守一討逆适以振武原從功臣歷黃州牧
使 沈汀 當壬辰亂與單官西上自號募義至雙嶺奮身獨戰死於鋒鏑 新增趙德昇
守道玄孫號兩全堂天性磊落多膽略戊申亂父大寬領鄕兵赴松坡陣公又發檄倡義排定部伍剋期啓程
將合於安東義陣道聞捷報因罷還人稱忠孝兩全 忠婢是娘 孝子權澤萬之

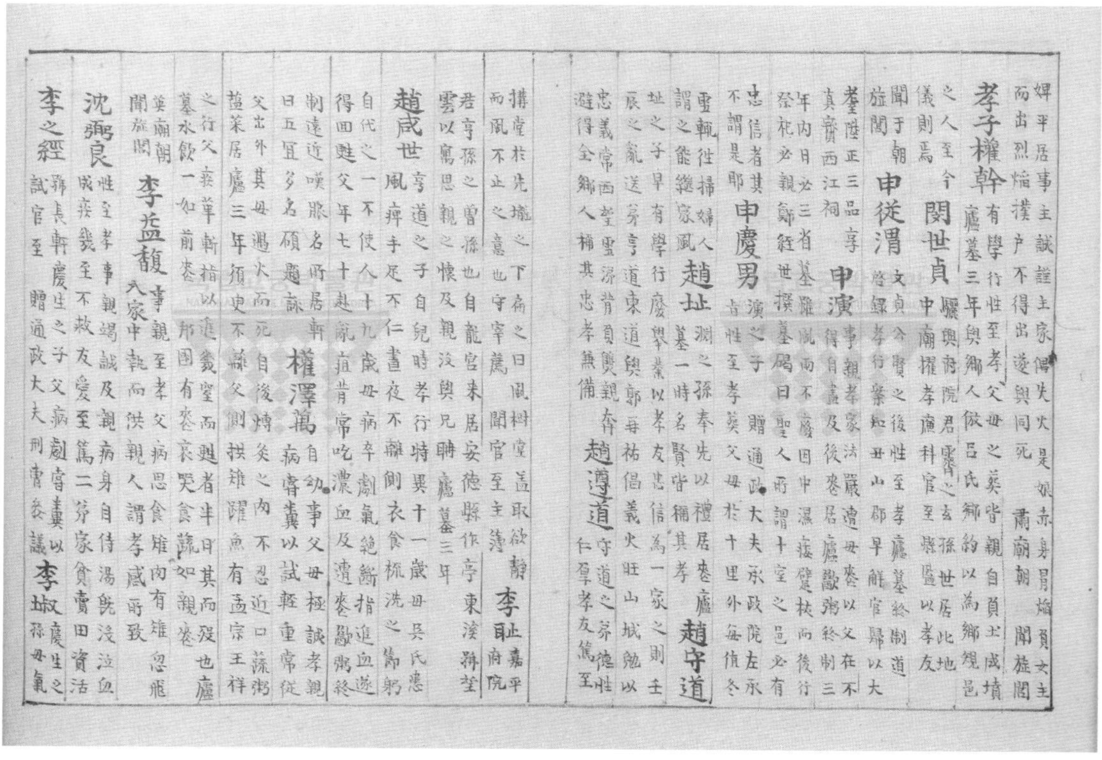
婢平居事主誠謹主家偶失火是娘赤身冒焰負女主而出烈焰撲户不得出遂與同死 肅廟朝聞旌閭
孝子權幹 有學行性至孝父母之葬皆親自負土成墳廬墓三年與鄕人做呂氏鄕約以爲鄕規邑
之人至今儀則焉 閔世貞 驪興府院君霽之玄孫世居此地中廟擢孝廉科官至縣監以孝友
聞于朝旌閭 申從渭 文貞公賢之後性至孝廬墓終制道啓錄孝行筆知丑山郡早解官歸以大
耋陞正三品亨真賛西江祠 申演 事親孝家法嚴遭母喪以父在不得自盡及後喪居廬歠粥終制三
年內日必三省墓雖風雨不廢因中濕疾壁扶而後行祭祀必親躬經世撰墓碣曰聖人所謂十室之邑必有
忠信者其不謂是耶 申慶男 演之子贈通政大夫承政院左承旨性至孝葬父母於十里外每値冬
雪輒往掃婦人謂之能繼家風 趙址 澗之孫奉先以禮居喪廬墓一時名賢皆稱其孝 趙守道
址之子早有學行廢擧業以孝友忠信爲一家之則壬辰之亂送弟亨道東道與郭再祐倡義火旺山城勉以
忠義常西望雪涕背負雙親奔避得全鄕人稱其忠孝兼備 趙遵道 守道之弟德性仁厚孝友篤至

搆堂於先壠之下扁之曰風樹堂盖取欲靜而風不止之意也守宰薦聞官至主簿 李耻 嘉平府院
君亨孫之曾孫也自龍宮來居安德縣作亭東溪號堂雲以寓思親之懷及親沒與兄聃廬墓三年
趙咸世 亨道之子自兒時孝行特異十一歲母吳氏患風痺手足不仁晝夜不離側衣食梳洗之節躬
自代之一不使人十九歲母病卒劇氣絶斷指進血遂得回甦父年七十赴亂疽背常吮膿血及遭喪歠粥終
制遠近嘆服名所居軒日五宜多名碩題詠 權澤萬 自幼事父母極誠孝親病嘗糞以試輕重常從
父出外其母遇火而死自後灼炙之內不忍近口蔬粥鹽菜居廬三年須臾不離父側拱雉躍魚有孟宗王祥
之行父喪華斬措以進義塞而興者半日其而殁也廬墓水飲一如前喪邦國有喪哀哭食蔬如親喪
英廟朝聞旌閭 李益馥 事親至孝父病思食雉內有雉忽飛入家中執而供親人謂孝感所致
沈弼良 性至孝事親竭誠及親病身自侍湯旣沒泣血成疾幾至不救友愛至篤二弟家貧賣田資活
李之經 號長軒慶生之子父病劇嘗糞以試官至贈通政大夫刑曹參議 李埱 慶生之孫母氣

絶斷指注血遂得回甦 李恭新 生六臣孟全之八世孫聰明絶人筆法神妙自髫齡已有神童之稱及壯事親盡孝誠養無方 金今竹 良人也其母為虎所攫左手執母右手持鎌搏虎大呼追逐虎乃捨去其母得生 聞旌閭 顯 承春 寺婢也父母年皆九十餘為就養之計捨其家夫與子女別構一屋奉其父母東西奉母備至府使洪柱震枚報按廉轉聞朝廷 李愛日 良人也搏虎救母 肅廟朝事 聞旌閭 琴德音 母病氣絶斷指救生 孫六錫 母病劇斷指注血 新增 林仁得 忠愍公慶業後裔自兒時盡心孝養家貧至於求乞而炊飯雖蔬食之味先嘗而供之其父病劇斷指注血延數月之命既葬日省墳哭盡哀三年如一日其子海鳳觀感其父之行意承順其父病劇亦斷指延三日之命朝夕哭如定省之禮海鳳之子世杰基命服習家行並有孝性其父病兄弟俱斷指延數年之命逐日省墓冬夏不避世杰死基命養其九十老母竭力盡孝居家叱咤之聲未嘗出口母死未葬居廬於墓窟中日必省墓晨往夜歸有虎相隨而行基命之子誠曄亦以其父之養親者養其父其父嘗病水漲市阻憂其甘旨之絶野雉降入家中得其供父人謂孝感其父病劇亦斷指居巻一遵家法素有學識尚義氣値凶賑窮竭財不惜蓋以閭散之類有此四世五孝者於鄕里屢登邑報本醴泉人子孫還故

烈女李氏 士人琴德音孫婦也其夫以瘟為沴沃所壓斂殯後數日自縊死 肅廟朝事 聞旌閭

金氏 士人尹飛龍妻也年二十三歸尹氏閱月而夫死金氏奔哭始現舅姑葬斂食言笑如常居數月其父來視將還送之門曰幸失所天義當一死同穴然隱忍至此者徒以未行現禮且未嘗一日供饋饌也今則情禮粗伸當歸見亡夫啜泣以薄命女為念後數日哭奠其夫生朝是夜自縊死 英廟朝 聞旌閭

李氏 盆城之孫士人沈德洙之妻也事舅姑極盡誠敬朝夕必親供舅姑命之代婢則恐不精潔定省之際必手撫床褥適其溫凊當乙亥夫祀厲獨侍在側百方試藥而竟不救殮襲親自為之不委奴僕本生父來即云無以薄命女為念速歸家父還未幾自縊死聞者流涕 英廟旌閭

權氏 金是起妻也虎攫其夫於蓮荷斧斫殺得全其夫事 聞旌閭

題詠

讃慶樓 盡日閒吟倚杜邊諸賢佳句惣盧前兩山夾走氣無地一徑潛通小有天欲訪青鳧今不見聞看白鳥正堪憐此間亦必蓬壺在不用丹丘化羽仙 四佳徐居正 ○ 樹扶華檻落照邊登臨高興把盃前川廻藕□千尋磴山擁倫他一片天沙麓禎符真可記桃源物色正堪憐擡頭笑向棲霞客巢許從來未必仙 佔畢齋金宗直 ○ 一來蓬轉此身孤已覺良辰失所圖帳裏柘香消欲盡萬山深處宿青鳧 上同 ○ 懸崖刻削桃瑛邊幽澗暄咽繞館前西壑雲消泥淺馬東岡風捲樹參天清宵短燭燒殘恨薄暮孤碪擣暗憐後覺寡玉非蕩子夢中雲雨亦神仙 朱溪君深源 ○ 無數風光到眼邊山屋三面水屋前媚巖芳桂冝晴日罩洞祥雲閃半天真訣未成青鳥報殘生應被白鷗憐夜來恍借仙家宿却恐明朝不是仙 觀察使洪聖民

青松八景 山擁川廻是五城仙源故老說分明周家八百由天妹羅葉千年始閱英鳧鳥無心悲世變壁詩言志頌時平南州六十多樓閣應愧雷同浪得名 右讃慶樓 讃慶樓前騁遠情千尋危磴倚渺清天勞造化揮神斧地為馮夷聳鐵屏風動笙簫聞上下秋深苔蘚点丹青恍然如在荊江曲欲棹蘭舟泛月明 右城隍 赤壁何物當年試化龍應教霹靂掣長空巖腰縈屈多奇跡漈口清冷有故宮急雨來時翻彩鬣曉雲濕處送醒風至今巖上松杉老赤甲蒼髯髣髴同 右蟠龍巖 點破為村歲月遙數家籬落自蕭條路邊廢井鄕堤涸陌上空桑盡作喬西日霞呈紅琥珀東風麥舞綠裙腰籌來消息無窮事一郡興亡未足潮 右松生古縣 懸崖絶壁幾重重道氣悠然滿面濃溪水照人人上下巖精答語語西東居常只謂乾坤窄到此方知造化雄安得連城琴一曲坐移滄海幷來同 右方臺 行到招提景轉奇辰韓城堞有遺基森森劒戟千攢立曲曲屛幃萬仞圍似八鴻濛蒐蕩蕩欲呼元氣口期期明朝飛上高巔坐笑吸洞氷未足危 右周房山 鎭山磊磊聳碧霄儲精降聖播民謠埋銀洞裏春花覆採藥巔頭曉雲饒松籟使能吹講席瑤光應未八公朝使君前後知多少誰似山靈不世標 右放光山 天漏飛流豈自然要令詩客洗塵緣初擬玉馬馳奔坂終作銀虹降飮川地下驚雷無日歇巖間灑雪不雲連我今三叫龍須聽施雨丁寧不負年 右落洞 教授金宗裕

方壺亭 丑陝應千疊寒溪幾曲流孤村當谷口危榭倚巖頭藝吐雲中犬沙眠海上鷗客來仍坐久

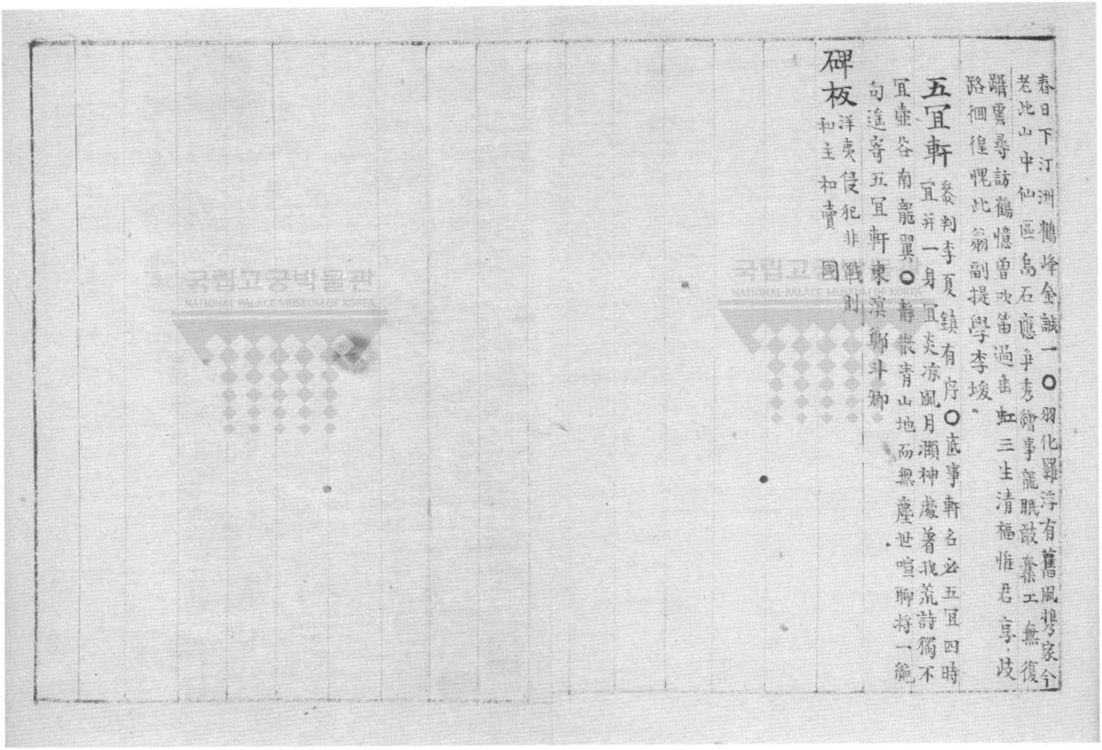

春日下汀洲鶴峰金誠一○羽化羅浮有舊風琴家今
老此山中仙區烏石應爭秀繪事龍眠敢棄工無復
躡雲尋訪鶴憶曾吹笛過垂虹三生清福惟君享歧
路徊徨愧此翁副提學李墢

五宜軒 參判李夏鎮有序○底事軒名必五宜四時
宜幷一身宜炎凉風月瀕神處著我荒詩獨不
宜壺谷南龍翼○静對青山地而無塵世喧聊將一絶
句遙寄五宜軒東溟鄭斗卿

碑板 洋夷侵犯非戰則和主和賣國

진보현읍지眞寶縣邑誌(1878)

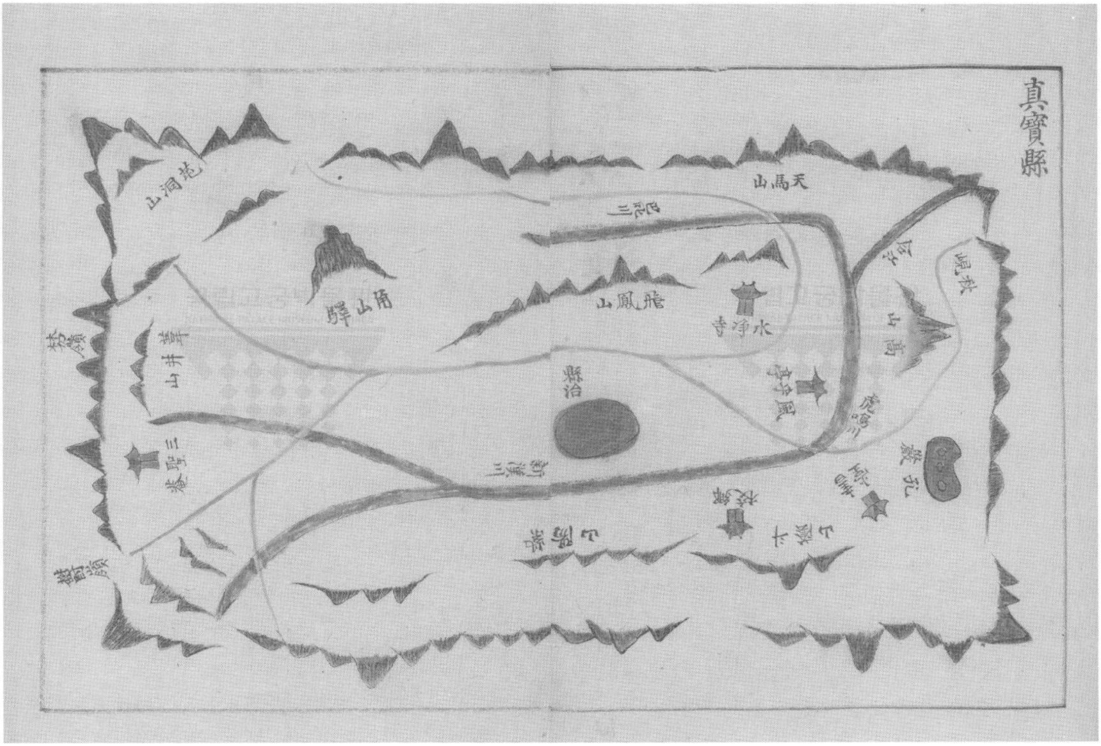

眞寶縣邑誌

建置沿革 柒巴火縣新羅景德王改眞寶爲聞韶郡領縣助攬景德王改眞安爲野城郡領縣高麗初合二縣置甫城府(一云載巖城)顯宗屬禮州後因倭寇居民一空本朝太宗置甫城監務世宗合於靑鳧號靑寶郡尋罷改名復爲縣監成宗五年以縣人琴孟誠毆辱縣監申石同革屬于靑松府九年因土人申訴復舊

郡名 柒巴火 助攬 眞安 甫城 載巖 靑寶 眞海 今名眞寶

官職 縣監(蔭窠六品 座首一人 別監二人 軍官二十人 人吏三十人 知印九人 使令七名 官奴十八口 官婢十七口)

姓氏 趙 金 朴 白 全(本縣 今無) 續 春 甘 吳(巴叱同 今無) 權(安東) 金(義城 安東) 申(寧海) 安(竹山) 李(延安 原州 月城 眞寶) 朴(春川) 崔(全州) 南(宜寧) 鄭(東萊)

山川 南角山(在縣南八里 祖脈自盈德界林勿嶺來爲本縣鎭山 南麓有聖穿洞祈雨) 斗蔭山(在縣北一里 祈雨有驗) 狐山(在縣西十里 祖脈自本縣湫峴來爲本縣水口扞門) 笔洞山(在縣東三十里 自盈德界林勿嶺來山傍有龍頭峯祈雨有驗) 林勿嶺(在縣東二十五里 自寧海泣嶺來) 葦井山(在縣東四十里 自寧海泣嶺來其下泉石奇勝有小潭祈雨有驗) 新漢川(在縣治前其源出英陽縣日月山 在縣西流爲虎鳴川到安東府東入于)

大項津 巴川 在縣南二十里其源自青松大峴來西北流到安東界新漢川下合流

風俗 地薄賦重民貧俗儉 觀風案

坊里 下里面 新邑里縣置角山驛站幕里後坪里舊邑基理郡里距官門三里月田里距官門五里

上里面 時良里高峴里距官門十里新村里古任店里距官門二十五里林藹洞

東距官門三十里盈德界 東面 洛坪里距官門五十里盈德界花馬里宅田里距官門四十里

寧海界 北面 興邱里方田里距官門十里屛玉里老達里橋洞里三山里距官門十五里新

業里後坪里文海里安東界生部里舟坡里距官門二十里英陽界 西面 世長里距官門五里

釜谷里合江里距官門十里基谷里二十里安東界 南面 木溪里距官門十里松江里甘谷里

新基里漁川里柘田里荒木里距官門十五里沙湖里毛谷里丙畐里距官門十五里安東界中坪

里巨坪里二十五里青松界官洞里甕店里距官門二十里青松界

戶口 元戶一千三百三十七戶人口六千三百七十一口從辛卯式

田賦 旱田 元帳付一千四百三十結五十三負九束各樣免稅逐年頉減并九百二十九結

二十七負三束丁丑時起五百一結二十六負六束 水田 元帳付三百二十六結五十九負一

束各樣免稅逐年頉減并九十一結十負四束丁丑時起二百三十五結四十八負七束 田稅

旱田水田三手糧并作木十四同二十二疋八尺三寸癸丑因朝令每疋代錢二兩式以陸路七

日程納于戶曹 大同 作木十三同四十五疋以錢木叅半納于宣惠廳丁丑為準 均稅

結錢四百十五兩七戔九分庚午查得結六結七十三負三束稅條作木十疋二十一尺火稅木八

疋二十九尺六寸納于戶曹 沁都納 砲糧米五十四石五斗四合二夕代錢二百七十兩

一戔八分

軍額 訓鍊都監砲保三十八名御營正軍二十名資保二十一名官保八十五名禁衛正軍八名資

保九名官保二十六名別破陣保一名亳輦隊三十六名京驛保二名樂工保四名工曹匠人三十

名束伍馬軍二名步軍八十四名保八十四名烽軍一百名別將一人射夫軍九十五名忠翊衛十

七名補充隊二名僧軍一名別砲軍二十名壬申年刱始

城池 無

林藪 走八藪 在縣北十里 芽物藪 在縣西十五里

倉庫 在縣南舊邑東倉西倉賑倉北倉 糴糶元會 大米

七百六十三石二斗七刀八合九舍太五斗九刀六合二舍租三百七十一石七斗五刀二合二舍

皮牟四石三刀五合七舍 軍作 大米六石六斗二刀七合九舍太二百五十石五斗一刀七合

三舍租三百五十一石十斗四刀七合六舍皮牟一百六十四石十一斗五刀四合七合 別會

大米八百七十石十四斗一刀六合九舍太六十四石五刀五合六舍租九十三石五斗八刀四合

一舍皮牟五百三十石二斗三刀三合八舍大丘減耗米一百五十六石十二斗六刀六合五舍社

還米七百二十六石一斗

軍器庫 在客館南 什物 黑角弓十二張 常角弓三張

校子弓五十一張 長槍七十六柄 虎槍十柄

具皮匣 倭槍十二柄具皮匣 長箭一百十八

部 片箭一百四部 桶兒一百九十四介 環

刀三十三柄內十五柄豊基郡移送三柄壬子槊

川來 六兩弓一張 柳羅鞴八部 皮甲四部

鐸一坐 小鼓一坐 鍮鐵丸一百五十五介

鈒九柄 帳三件 掩身三部 掩頭三部

小鉦一面 弓帒五條 喇叭一雙 兒童號衣
二十四部 紅方衣五件 拒馬作 五坐 焰
焇四百三十斤內六十斤巡營軍器貸去 三次
銃一柄 稜鐵一千二百介 南羅介六十五部
火繩一百九十七沙里 耳藥桶六十五介
藥桶一千九百五十介 火鐵六十五介 火石
六十五介 藥升六十五介 木瓢子九十一介
火藥三千七百九十二斤四戔七分 鳥銃四
百七柄 鉛丸二十三萬二千三百八十介 馬
蒭空石五千立 火箭九柄 唐火箭九柄 防
牌六坐 爐口一坐
關阨無
鎮堡無
烽燧神法山烽燧在縣西十里東應寧海廣山西應安東藥山
學校鄉校在縣北二里金先生安國按本道時印頒小學作詩以奬之曰夫子祠宮肅且嚴諸
生揖讓儼觀瞻選方最喜文風振小學工夫願更添 鳳覽書院在縣北十五里屛玉里亭
文純公李滉肅廟朝庚午賜額令撤 樂育齋當宁壬子建在縣南舊邑觀察使金公
撰記揭板
壇廟社稷壇在縣西三里 文廟在鄉校 城隍壇在縣南四里 厲壇
在縣東三里

陵墓無
佛宇水淨寺在縣南十里南角山下 三聖庵在縣東四十里葦井山中
公廨客舘 鳳棲軒 鄉射堂 軍官廳 將官廳
人吏廳 射亭
樓亭鴨脚臺在客舘西徐居正詩好在軒前鴨脚臺觖容過客去還來江南誰唱章培柳隴
上無憑牌使梅紅樹近人濃歎滴青山滿眼蠹成埋白頭鞍掌成何事歲月悠悠付酒盃 玉流
亭在縣治後新漢川丹壁上舊名養真堂文純公李滉詩有玉流二字故仍名焉今無 風乎
亭在縣西十里虎鳴川下生員申祉莊修處後人仍爲肄業之所 栢湖書齋在縣西五
里徵士李徽逸進賞處後人作亭爲莊修講劇之所
道路自官門東距盈德界三十里北距寧海界五里至英陽界八里西距安東界十里南距青松界
三里距京六百六十里南距監營二百六十里南距兵營二百八十里南距水營四百六十里南距
統營六百五十里東距盈德九十里寧海一百里西距安東八十里南距青松三十里北距英陽四
十里
橋梁虎鳴川橋在縣西五里 新漢川橋在縣治前 巴川橋在縣南二
十五里
島嶼無
堤堰雙池在縣南四里 動泉池在縣南四里 皮巖池在縣南七里 省
夫池在縣北三十里今無
場市在邑內每月以四日九日爲市漁箭漁盆漁船無
驛院角山驛在縣東五里 普施院在縣東一里今無 普賢院在縣東二

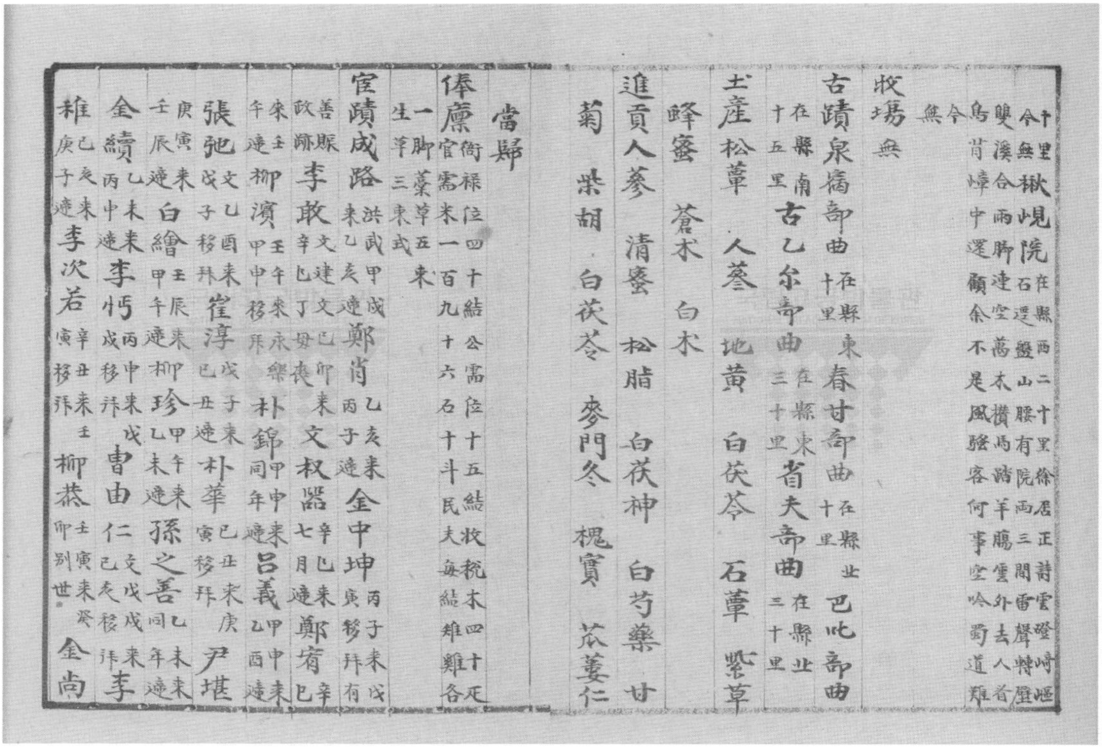
十里今無楸峴院在縣西二十里徐居正詩雲磴崎嶇石逕盤山腰有院兩三間雷聲轉壁
雙溪合兩脚連空萬木攢馬踏羊腸雲外去人看鳥背嶂中還顧余不是風騷客何事空吟蜀道難
今無
牧場 無
古蹟 泉驛部曲在縣東十里 春甘部曲在縣北十里 巴叱部曲
在縣南十五里 古乙尒部曲在縣東三十里 省夫部曲在縣北三十里
土產 松蕈 人蔘 地黃 白茯苓 石蕈 紫草
蜂蜜 蒼朮 白朮
進貢 人蔘 清蜜 松脂 白茯神 白芍藥 甘
菊 柴胡 白茯苓 麥門冬 槐實 苽蔞仁
當歸
俸廩 衙祿位四十結公需位十五結收稅木四十疋官需米一百九十六石十斗民夫每結雉雞各
一脚藁草五束生芻三束式
宦蹟 成路洪武甲戌來乙亥遞 鄭肖乙亥來丙子遞 金中坤丙子來戊寅移拜有
善賑政跡 李敢文建文己卯來辛巳丁母喪 文叔器辛巳來七月遞 鄭宥辛巳
來壬午遞 柳濱壬午來永樂甲申移拜 朴錦甲申來同年遞 呂義甲申來乙酉遞
張弛文乙酉來戊子移拜 崔淳戊子來己丑遞 朴華己丑來庚寅移拜 尹堪
庚寅來壬辰遞 白繪壬辰來甲午遞 柳珍甲午來乙未遞 孫之善乙未來同年遞
金續乙未來丙申遞 李愣丙申來戊戌移拜 曺由仁文戊戌來己亥移拜 李
稚己亥來庚子遞 李次若辛丑來壬寅移拜 柳恭壬寅來癸卯別世 金尚

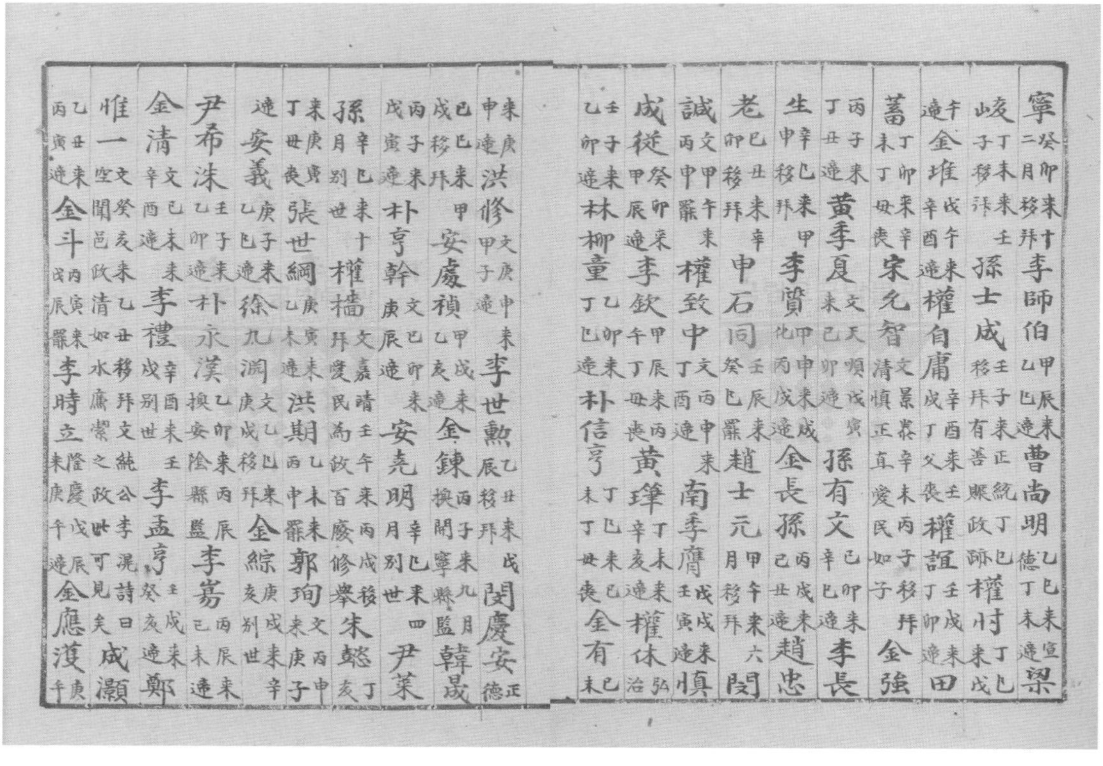
寧癸卯來十二月移拜 李師伯甲辰來乙巳遞 曹尚明乙巳來宣德丁未遞 梁
峻丁未來壬子移拜 孫士成壬子來正統丁巳移拜有善賑政跡 權忖丁巳來戊
午遞 金堆戊午來辛酉遞 權自庸辛酉來壬戌丁父喪 權誼壬戌來丁卯遞 田
蕃丁卯來辛未丁母喪 宋允智文景泰辛未丙子移拜清愼正直愛民如子 金強
丙子來丁丑遞 黃季夏文天順戊寅來己卯遞 孫有文己卯來辛巳遞 李長
生辛巳來甲申移拜 李贇甲申來成化丙戌遞 金長孫丙戌來己丑遞 趙忠
老己丑來辛卯移拜 申石同壬辰來癸巳罷 趙士元甲午來六月移拜 閔
誠文甲午來丙申罷 權致中文丙申來丁酉遞 南季膺戊戌來壬寅遞 愼
成從癸卯來甲辰遞 李欽甲辰來丙午丁母喪 黃璋丁未來辛亥遞 權休弘治
壬子來乙卯遞 林柳童乙卯來丁巳遞 朴信亨丁巳來己未丁母喪 金有己未
來庚申遞 洪修文庚申來甲子遞 李世勳乙丑來戊辰移拜 閔慶安正德
己巳來甲戌移拜 安處禎甲戌來乙亥遞 金鍊丙子來九月換開寧縣監 韓晟
丙子來戊寅遞 朴亨幹文己卯來庚辰遞 安堯明辛巳來四月別世 尹茉
孫辛巳來十月別世 權檣文嘉靖壬午來丙戌移拜愛民爲政百廢修擧 朱鏊丁亥
來庚寅丁母喪 張世綱庚寅來乙未遞 洪期乙未來丙申罷 郭珣文丙申來庚子
遞 安義庚子來乙巳遞 徐九淵文乙巳來庚戌移拜 金綜庚戌來辛亥別世
尹希洙壬子來乙卯遞 朴永漢乙卯來丙辰換安陰縣監 李嵩丙辰來己未遞
金清文己未來辛酉遞 李禮辛酉來壬戌別世 李孟亨壬戌來癸亥遞 鄭
惟一文癸亥來乙丑移拜文純公李滉詩曰空聞邑政清如水廉潔之政世可見矣 成灝
乙丑來丙寅遞 金斗丙寅來戊辰罷 李時立隆慶戊辰來庚午遞 金應渡庚午

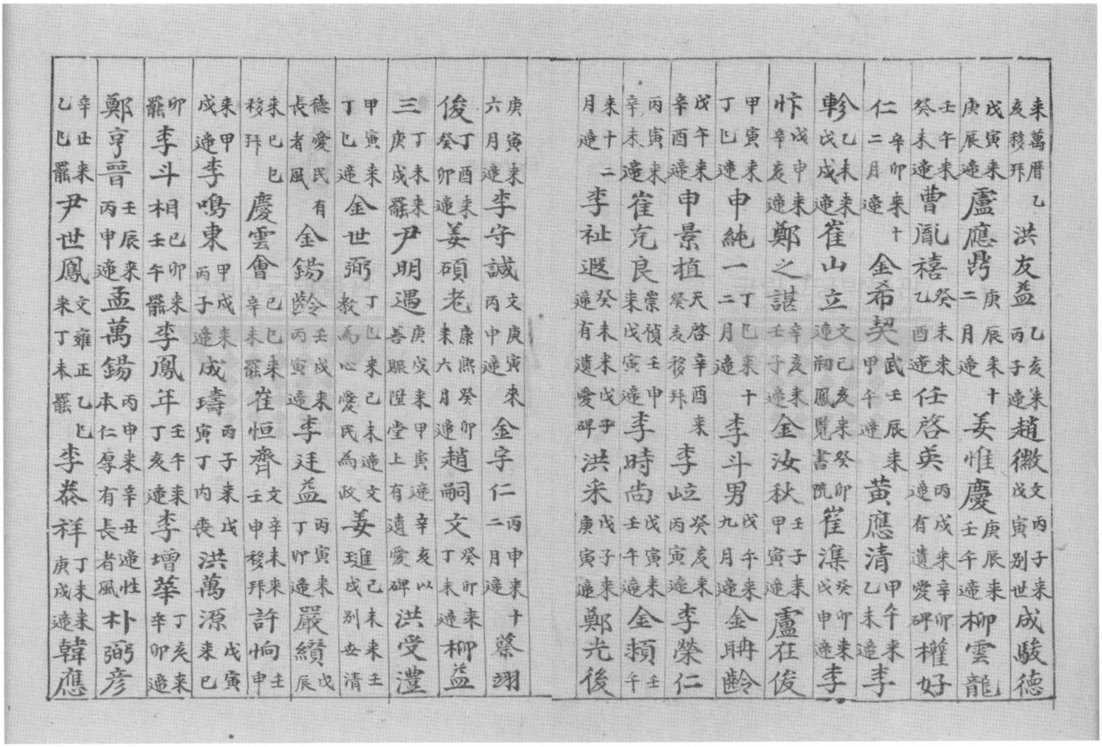
來萬曆乙亥移拜 洪友益乙亥來丙子遞 趙徽文丙子來戊寅別世 成駿德
戊寅來庚辰遞 盧應嶤庚辰來十二月遞 姜惟慶庚辰來壬午遞 柳雲龍
壬午來癸未遞 曹胤禧癸未來乙酉遞 任啓英丙戌來辛卯遞有遺愛碑 權好
仁辛卯來十二月遞 金希契武壬辰來甲午遞 黃應清甲午來乙未遞 李
軫乙未來戊戌遞 崔山立文己亥來癸卯遞祠鳳覽書院 崔潗癸卯來戊申遞 李
忭戊申來辛亥遞 鄭之諶辛亥來壬子遞 金汝秋壬子來甲寅遞 盧在俊
甲寅來丁巳遞 申純一丁巳來十二月遞 李斗男戊午來九月遞 金聃齡
戊午來辛酉遞 申景植天啓辛酉來癸亥移拜 李嵃癸亥來丙寅遞 李榮仁
丙寅來辛未遞 崔克良崇禎壬申來戊寅遞 李時尚戊寅來壬午遞 金頫壬午
來十二月遞 李祉遐癸未來戊子遞有遺愛碑 洪釆戊子來庚寅遞 鄭光後
庚寅來六月遞 李守誠文庚寅來丙申遞 金宇仁丙申來十二月遞 蔡翊
俊丁酉來癸卯遞 姜碩老康熙癸卯來六月遞 趙嗣文癸卯來丁未遞 柳益
三丁未來庚戌罷 尹明遇庚戌來甲寅遞辛亥以善賑陞堂上有遺愛碑 洪受灃
甲寅來丁巳遞 金世弼丁巳來己未遞文教爲心愛民爲政 姜璡己未來壬戌別世清
德愛民有長者風 金錫齡壬戌來丙寅遞 李廷益丙寅來丁卯遞 嚴纘戊辰
來己巳移拜 慶雲會己巳來辛未罷 崔恒齊文辛未來壬申移拜 許㷧壬申
來甲戌遞 李鳴東甲戌來丙子遞 成璹丙子來戊寅丁內喪 洪萬源戊寅來己
卯罷 李斗相己卯來壬午罷 李鳳年壬午來丁亥遞 李增華丁亥來辛卯遞
鄭亨晉壬辰來丙申遞 孟萬錫丙申來辛丑遞性本仁厚有長者風 朴弼彦
辛丑來乙巳罷 尹世鳳文雍正乙巳來丁未罷 李恭祥丁未來庚戌遞 韓應

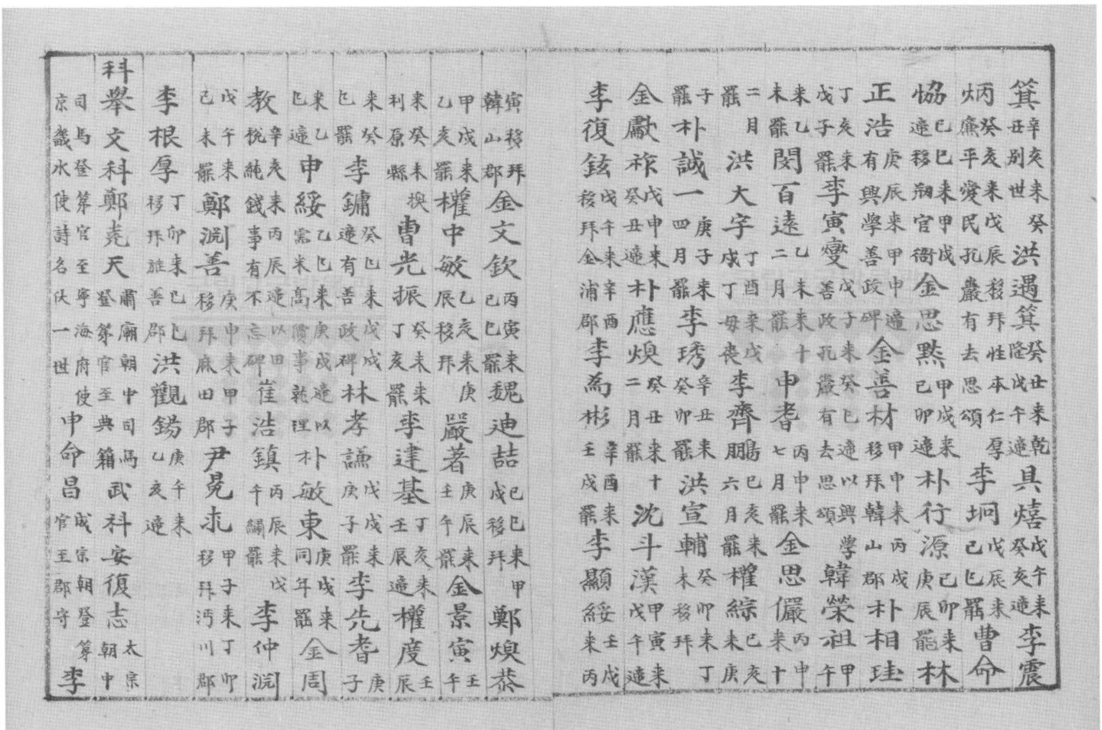
箕辛亥來癸丑別世 洪遇箕癸丑來乾隆戊午遞 具熺戊午來癸亥遞 李震
炳癸亥來戊辰移拜性本仁厚廉平愛民孔巖有去思頌 李垧戊辰來己巳罷 曹命
協己巳來甲戌遞移祠官衙 金思黙甲戌來己卯遞 朴行源己卯來庚辰罷 林
正浩庚辰來甲申遞有興學善政碑 金善材甲申來丙戌移拜韓山郡 朴相珪
丁亥來戊子罷 李寅燮戊子來癸巳遞以興學善政孔巖有去思頌 韓榮祖甲午
來乙未罷 閔百遠乙未來十二月罷 申耆丙申來七月罷 金思儼丙申來十
二月罷 洪大宇丁酉來戊戌丁母喪 李齊鵬己亥來六月罷 權綜己亥來庚
子罷 朴誠一庚子來四月罷 李琇辛丑來癸卯罷 洪宣輔癸卯來丁未移拜
金獻袾戊申來癸丑遞 朴應煥癸丑來十二月罷 沈斗漢甲寅來戊午遞
李復鉉戊午來辛酉移拜金浦郡 李爲彬辛酉來壬戌罷 李顯綏壬戌來丙
寅移拜韓山郡 金文欽丙寅來己巳罷 魏迪喆己巳來甲戌移拜 鄭煥恭壬午
甲戌來乙亥罷 權中敏乙亥來庚辰移拜 嚴著庚辰來壬午罷 金景寅壬午
來癸未換利原縣 曹光振癸未來丁亥罷 李達基丁亥來壬辰遞 權度壬辰
來癸巳罷 李鏞癸巳來戊戌遞有善政碑 林孝謙戊戌來庚子罷 李先耆庚子
來乙巳遞 申綏乙巳來庚戌遞以需米高價事就理 朴敏東庚戌來同年罷 金周
教辛亥來丙辰遞以田税純錢事有不忘碑 崔浩鎭丙辰來戊午編罷 李仲淵
戊午來己未罷 鄭淵善庚申來甲子移拜麻田郡 尹冕求甲子來丁卯移拜沔川郡
李根厚丁卯來己巳移拜旌善郡 洪觀錫庚午來乙亥遞
科舉 文科鄭堯天肅廟朝中司馬登第官至典籍 武科安復志太宗朝中
司馬登第官至寧海府使京畿水使詩名伏一世 申命昌成宗朝登第官至郡守 李

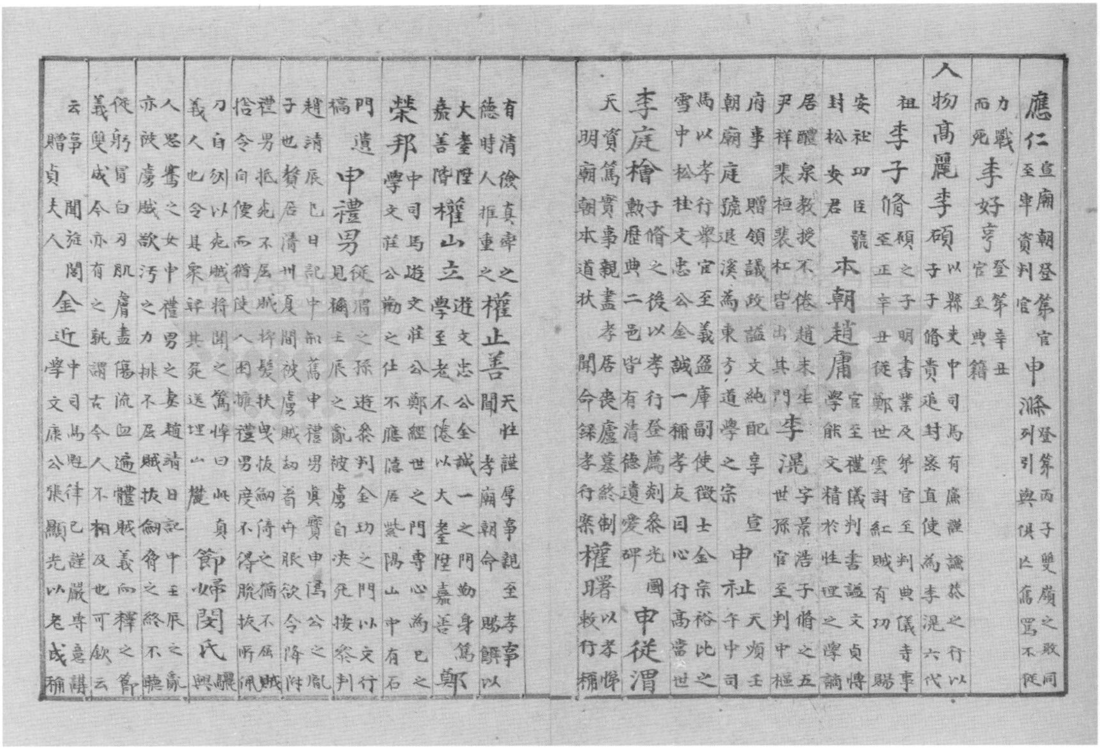

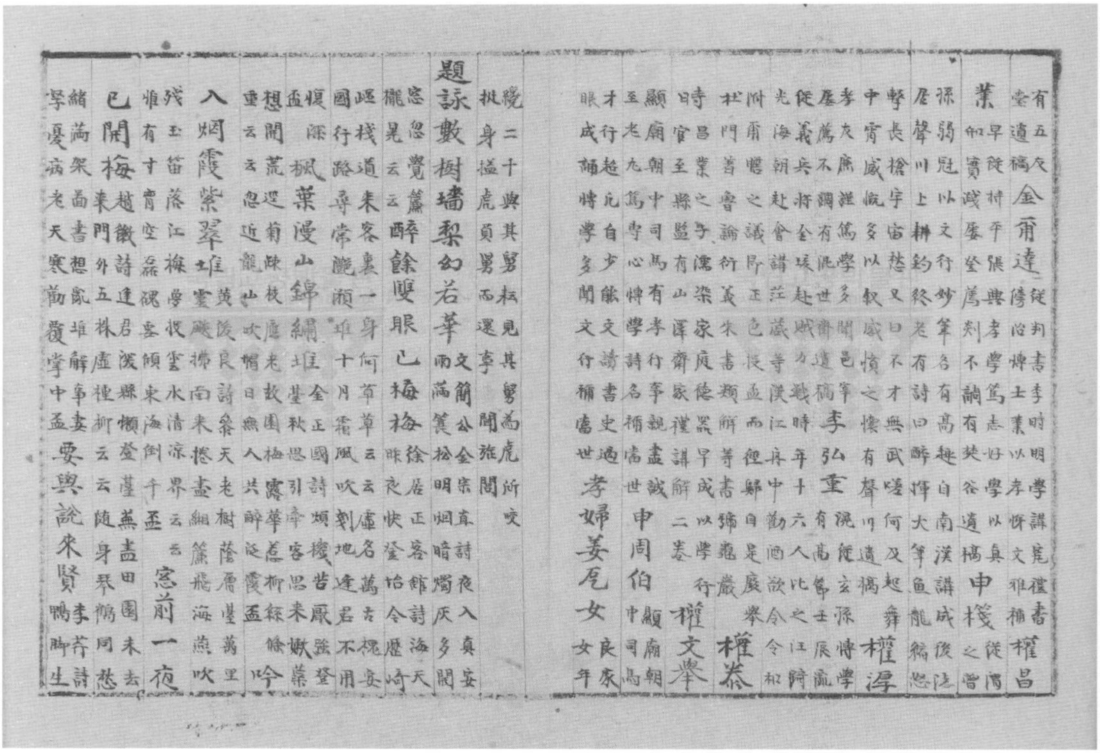

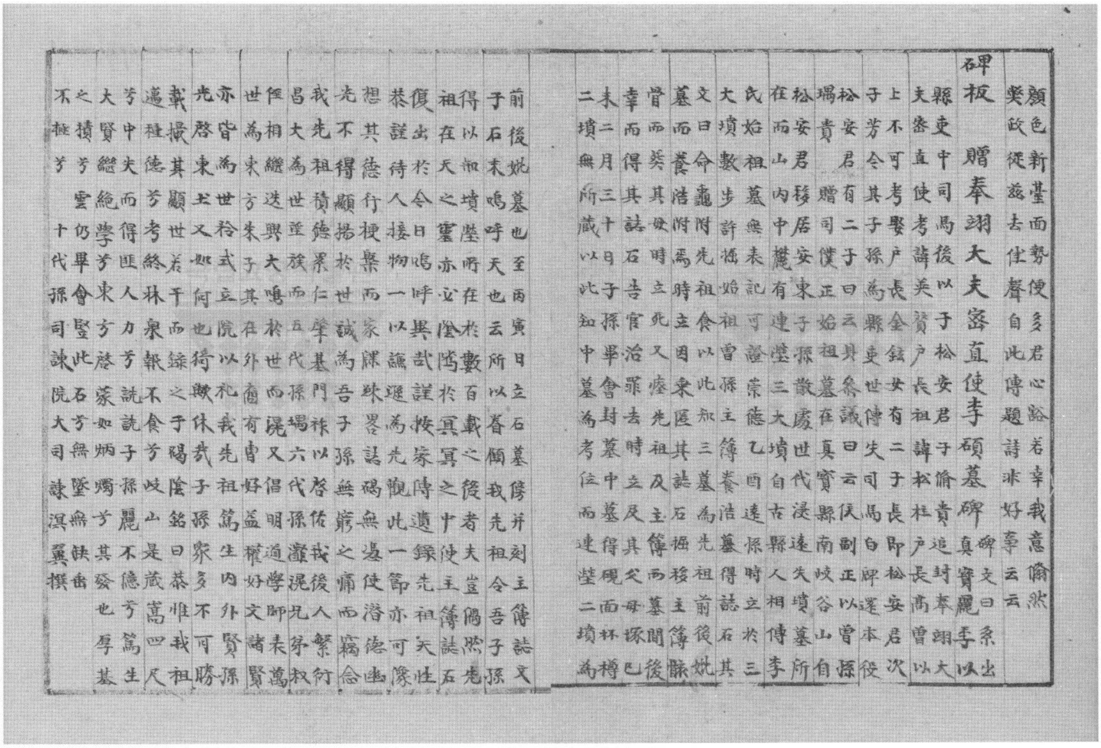
顏色新臺面勢使多君心豁若幸我意儵然
奬跂從玆去佳聲自此傳題詩非好事云云
碑板 贈奉翊大夫密直使李碩墓碑 碑文曰系出眞寶麗季以
縣吏中司馬後以子松安君子脩貴追封奉翊大
夫密直使考諱奚賚戶長祖諱松柱戶長高曾以
上不可考娶戶長金鉉女有二子長即松安君次
子芳令其子孫爲縣吏世傳失司馬白牌還本役
松安君有二子曰云具參議曰云侯副正以曾孫
墹貴贈司僕正始祖墓在眞寶縣南岐谷山自
松安君移居安東子孫散處世代浸遠失墳墓所
在而山內中麓有連塋三大墳自古縣人相傳李
氏始祖墓無表記可證崇德乙酉遠孫時立於三
大墳數步許摭始祖曾孫主簿養浩墓得誌石其
文曰命龜附先祖食以此知三墓爲先祖前後妣
墓而養浩附焉時主因衆匿其誌石摭移主簿餘
嘗而奚其毋時立死又瘞先祖及主簿而墓間後
幸而得其誌石吉官治罪去時立及其父母逐已
未二月三十日子孫畢會封墓中立墓得硯面林樽
二墳無所藏以此知中墓爲考位而連塋二墳爲
前後妣墓也至丙寅日立石墓傍并刻主簿誌文
于石末嗚呼天也云所以眷顧我先祖令吾子孫
得以知墳塋所在於數百載之後者夫豈偶然先
祖在天之靈亦必陰隲於冥冥之中使主簿誌石
復出於今日嗚呼異哉謹按家傳遺錄先祖天性
恭謹待人接物一以謙遜爲先觀此一節亦可像
想其德行梗槩而家課跡署誌碣無傳使潛德幽
光不得顯揚於世誠爲吾子孫無窮之痛而竊念
我先祖積德累仁肇基門祚以啓佑我後人繁衍
昌大爲世望族而五代孫碣六代孫灌洸兄弟叔
侄相繼迭興大鳴於世而洸又倡明道學師表萬
世爲東方朱子其在外裔有曺好益權好文諸賢
亦皆爲世矜式立院以祀我先祖篤生內外賢孫
光啓東土又如何也猗歟休哉子孫家多不可勝
載撮其顯世若干而錄之于碣陰銘曰恭惟我祖
遹種德兮考終林泉報不食兮岐山是藏萬四尺
兮中失而得匪人力兮詵詵子孫麗不億兮篤生
大賢繼絶學兮東方啓蒙如炳燭兮其發也厚基
之積兮雲仍畢會豎此石兮無墜無缺由
不極兮 十代孫司諫院大司諫浧翼撰

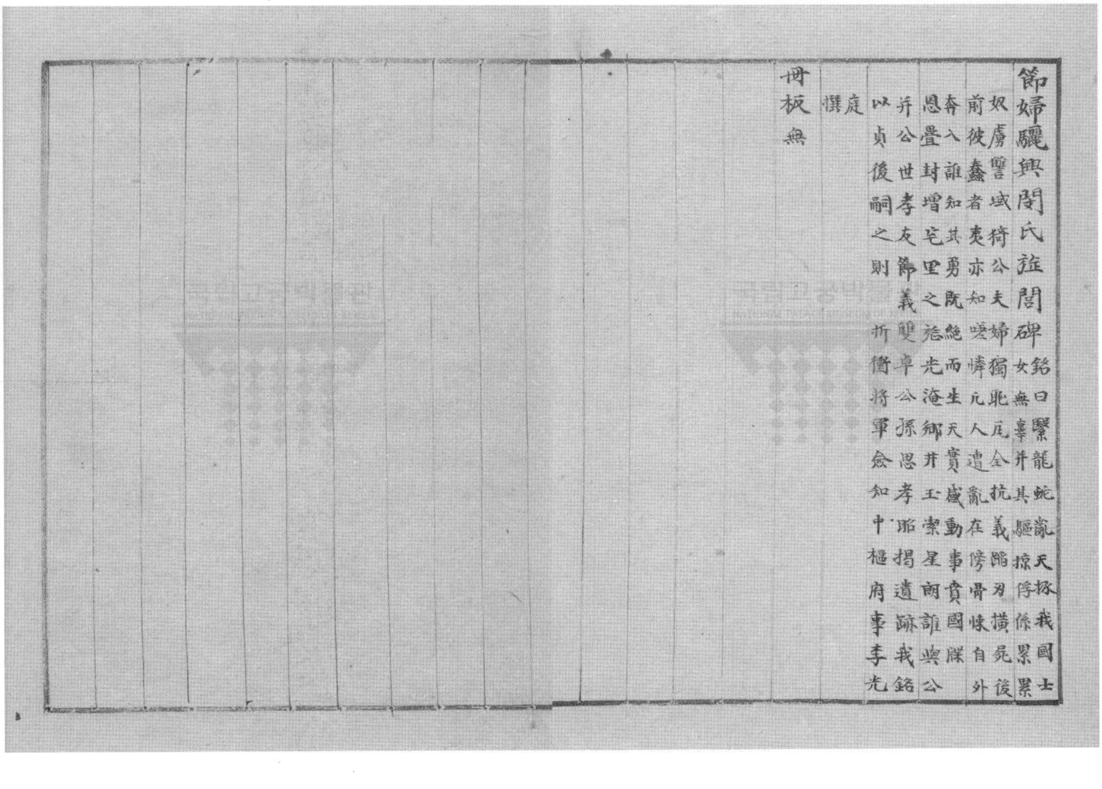
節婦驪興閔氏旌閭碑 銘曰緊龍蛇亂天抆我國士女無辜并其驅掠停係累累
奴虜警域猗公夫婦獨兆厓全抗義蹈刃橫見後
前彼蠢者夷亦知嗟嘆凡人遺亂在傍骨味自外
奔入誰知其勇旣絶而生天寶感動事貫國牒
恩疊封增宅里之旌光海鄕并玉棠星朗誰與公
并公世孝友節義雙阜公孫恩孝聯揭遺跡我銘
以貞後嗣之則 折衝將軍僉知中樞府事李光
庭撰
碑板 無

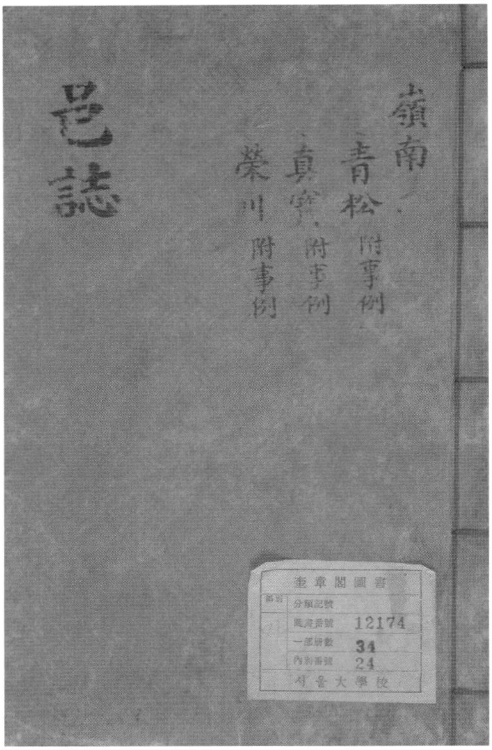

嶺南
青松 附事例
眞寶 附事例
榮川 附事例
邑誌

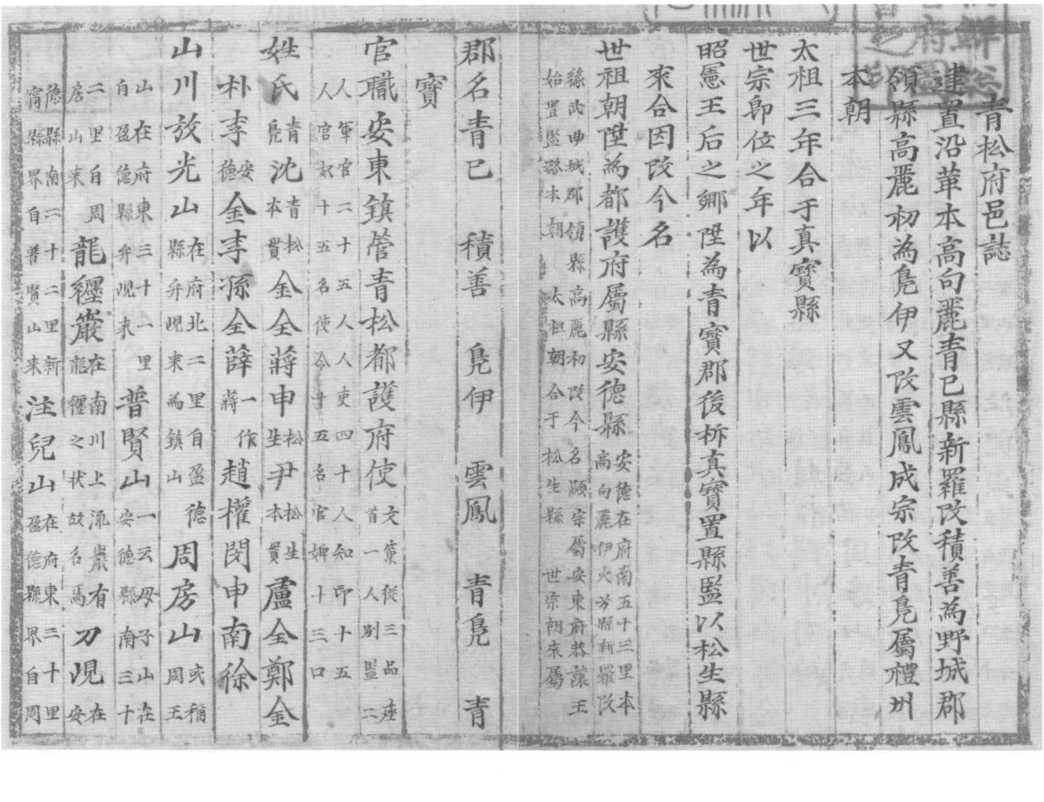

青松府邑誌
建置沿革本高句麗青巳縣新羅改積善爲野城郡
領縣高麗初爲鳧伊又改雲鳳成宗改青鳧屬禮州
本朝
太祖三年合于眞寶縣
世宗卽位之年以
昭憲王后之鄕陞爲青寶郡後析眞寶置縣監以松生縣
來合因改今名
世祖朝陞爲都護府屬縣安德縣 安德在府南五十三里本高句麗伊火兮縣新羅改緣武曲城郡領縣高麗初改今名顯宗屬安東府恭讓王始置監務本朝太祖朝合于松生縣世宗朝來屬

郡名 青巳 積善 鳧伊 雲鳳 青鳧 青寶
官職 安東鎭管青松都護府使 文蔭從三品座首一人別監二人軍官二十五人人吏四十人知印十五人官奴十五名使令十五名官婢十三口
姓氏 青鳧 沈 本青松貫 金 全 蔣 申 松生 尹 本松生貫 盧 全 鄭 金
朴 李 安德 金 李 孫 全 薛 一作蔣 趙 權 閔 申 南 徐
山川 放光山 在府北二里自盈德縣界來爲鎭山 周房山 或稱周王山在府東三十一里自盈德縣界來 普賢山 一云母子山在安德縣南三十二里自周房山來 龍纏巖 在南川上流巖有龍纏之狀故名焉 刀峴 在安德縣南二十二里新寧縣界自普賢山來 注兒山 在府東三十里盈德縣界自周

房山來

三者峴 在府南三十八里自於火峴來

普光山 在府南五里自周房山來西有沈洪亭臺麓

柳峴 在安德縣東二十一里慶州付長鄠曲界來

於火峴 在府南五十二里自周房山來

枝峴 在府西十九里自三者峴來

南川 在客館門外其源出求火峴至臨河縣枝村入于眞寶縣新漢川

安德

西川 在安德縣西三里其源出普賢山至安東府臨河縣爲琴召驛川

椒川

在府東八里其源出月外山八于南川

方臺 在安德縣北十里川遷甑巖上有風樹臺

鶴巢巖 在周房山有鶴巢其上故因名焉

落淵 在府東十里月外山遇旱則禱

賢妃巖 在普光山下南川上妃累世鍾靈故因名焉 王

旅軒臺 在屛巖文康公張顯光往來遊憩故名焉

紫霞洞 一高火谷距府四十里許緣溪二十里行有奇峰奇峰峭峯名曰天上峯洞中都是清流白石金遣玉葡稱爲境內水石最佳處云

風俗 尚倫率 觀風案 民淳俗厚 洪汝方慶樓記 讚

坊里 府內面距官門五里府東面距官門六十里府南面距官門六十里府西面距官門十九里縣內面距官門五十里縣東面距官門七十里縣西面距官門九十里縣南面距官門八十里縣北西距官門四十里

戶口 元戶三千三百五十三戶男女人口一萬一千八百三十一口內男五千四百九十九口女六千三百三十二口

田賦 元帳付田畓二千三百二十七結八十負九束內各樣免稅陳雜頃九百九十二結二負七束辛卯時起田一千七結三十一負七束畓三百二十八結四十六負六束徭役田稅作木二十六同四十八疋十五尺二寸戶曹納位太木三十八疋十一尺七寸宣惠廳納役價木一同十四疋三十尺年貢監納二同十一疋十六尺一寸均役廳納火田一結九十負作木二十八疋戶曹納大同木三十三同二十五疋宣惠廳納四同二十六疋十二尺均役廳納

軍額 訓鍊都監砲手保九十七名御營廳正年二十七名資保二十九名上納保六十二名禁衛廳正年十四名資保十五名上納保三十九名掌樂院納樂工保九名兵曹納工曹匠人五十名應騎隊十九名京驛保三名補充隊五名校書館校書匠人五十四名忠翊衛六十四名金山納水軍三百六十四名東伍別隊十九名保三十八名步軍九十九名保九十九名以王后之鄕軍額減數年條未詳

城池 無

林藪 無

倉庫 大同庫 司倉 南倉 在府南二十里 縣倉 在府西五十里 西倉 在府西七十里元會大小米一千八百三十一石十一斗九刀二合一夕雜穀四百九十九石十四斗三刀八合五夕常賑大小米四百八十三石三斗七刀一合七夕雜穀二千五百九十八石十四斗九刀八合五夕訓局小米四十二石四斗八刀四合五夕私賑小米三十一石一斗八刀二合六夕雜穀五百四十四石八斗一刀三合帖價租九十七石二斗八刀五合八夕備荒租一斗六刀二合三夕壬劃米四斗七刀三合六夕太二百五十六石五斗九刀六合一夕保民司米三斗三刀一合七夕兩司米八百三百八石二斗五刀五合停需租二十二石七斗二刀二合七夕備年米七斗三刀一合六夕租四石十三斗七刀四合一夕均年米七十石一刀六合府城米五斗五刀二夕租四十三石十三斗八刀四合五夕合錄租二百七十二石三斗九刀五合二夕南錢米五

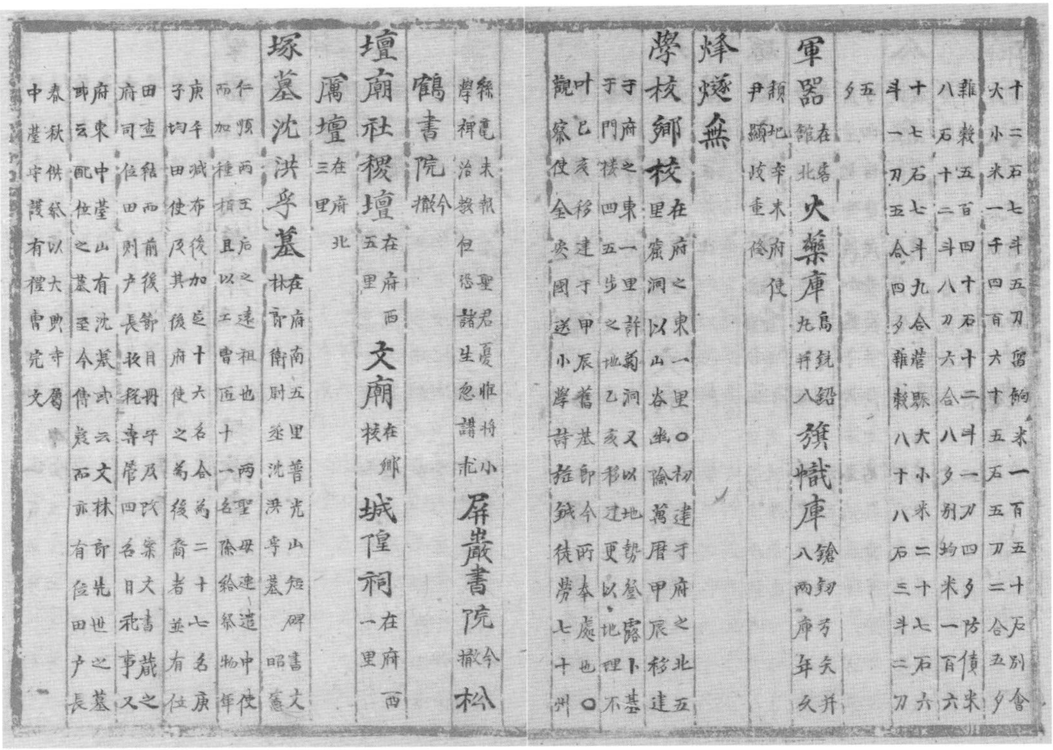

十二石七斗五刀留餉米一百五十石別會大小米一千四百六十五石五刀二合五夕
雜穀五百四十石十二斗一刀四夕一防債米八石十二斗八刀六合八夕別約米一百六
十七石七斗九合舊縣大小米二十七石六斗一刀五合四夕雜穀八十八石三斗二刀
五夕
軍器 在客館北 火藥庫 鳥銃九并八 鉛 旗幟庫 鎗釼方矢并八兩庫年久
頹地辛未府使尹顯改重修
烽燧 無
學校 鄉校 在府之東一里○初建于府之北五里蘆洞以山谷幽陰萬曆甲辰移建
于府之東一里許萬洞又以地勢登露卜基于門樓四五步之地乙亥移建更以地理不
叶己亥移建于甲辰舊基即今所奉處也○觀察使金宗國送小學詩抄錢徒勞七十卅

絲毫未報但聖君憂惟將小學裨治教但從諸生忽講求 屏巖書院 今撤 松
鶴書院 今撤
壇廟 社稷壇 在府西五里 文廟 在鄉校 城隍祠 在府西一里
厲壇 在府北三里
塚墓 沈洪孚墓 在府南五里普光山短碑書文林郎衛尉寺丞沈洪孚墓昭憲
仁順王后之遠祖也 兩聖母連道中使而加種柏且以工曹匠十一名除給祭物年
庚午減布後加定十六名合爲二十七名庚子均田使及其後府使之爲後裔者並有位
田查結而前後節目冊子及改案大書藏之府司位田則戶長收稅專掌四名日祀事又
府東中臺山有沈巖武云文林郎先世之墓耶云配位之墓至今傳說而亦有位田戶長
春秋供紙以大典寺屬中臺守護有禮曹完文

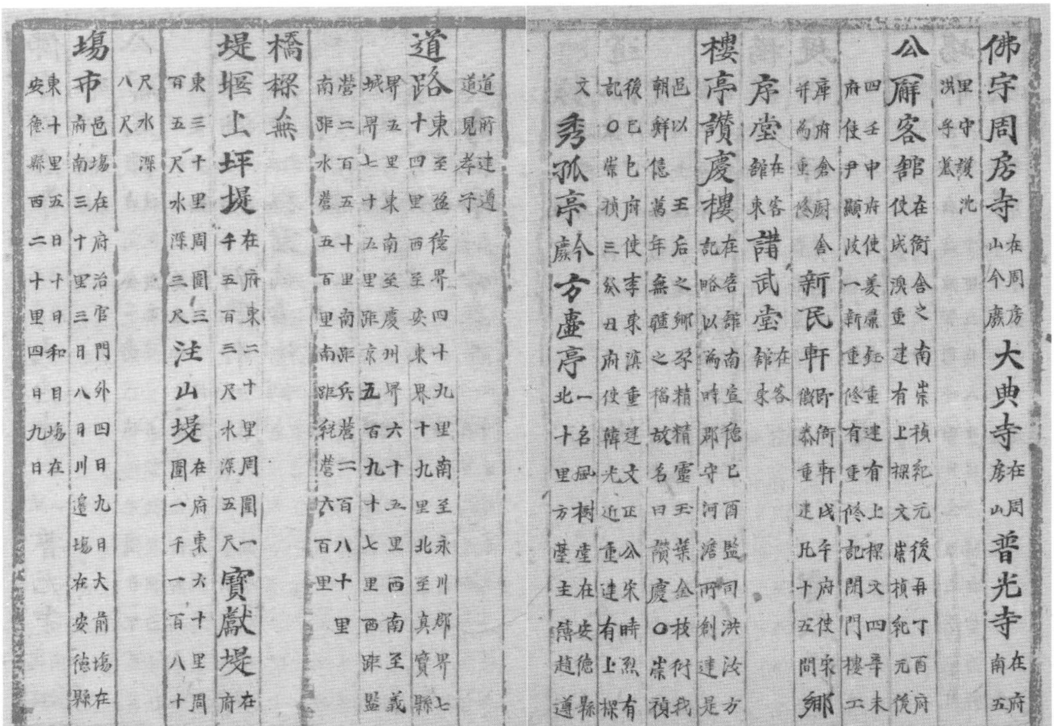

佛宇 周房寺 在周房山今廢 大典寺 在周房山 普光寺 在府南五
里守護沈洪孚墓
公廨 客館 在衙舍之南崇禎紀元後再丁酉府使成渙重建有上樑文崇禎紀元後
四壬申府使姜鼎重建有上樑文四年未府使尹顯改一新重修有重修記開門樓工
庫府倉廚舍并爲重修 新民軒 衙軒戊午府使宋徹參重建凡十五間 鄉
序堂 在客館東 講武堂 在客館東
樓亭 讚慶樓 在客館南宣德己酉監司洪汝方記略以爲時郡守河澹所創建是
邑以王后之鄉孕精精靈玉葉金枝付我朝鮮億萬年無疆之福故名曰讚慶○崇禎
後己巳府使李東渶重建文正公宋時烈有記○崇禎三癸丑府使韓光近重建有上樑
文 秀孤亭 今廢 方壺亭 一名風樹臺在安德縣北十里方臺主簿趙遵

道所建遵道見孝子
道路 東至盈德界四十九里南至永川郡界七十四里西至安東界十九里北至真寶縣
界五里東南至慶州界六十五里西南至義城界七十五里距京五百九十七里西距監
營二百五十里南距兵營二百八十里南距水營五百里南距統營六百里
橋梁 無
堤堰 上坪堤 在府東二十里周圍一千五百三尺水深五尺 寶獻堤 在府
東三十里周圍三百五尺水深三尺 注山堤 在府東六十里周圍一千一百八十
八尺水深八尺
場市 邑場 在府治官門外四日九日大前場在南三十里三日八日川邊場在安德縣
東十里五日十日和目場在安德縣西二十里四日九日

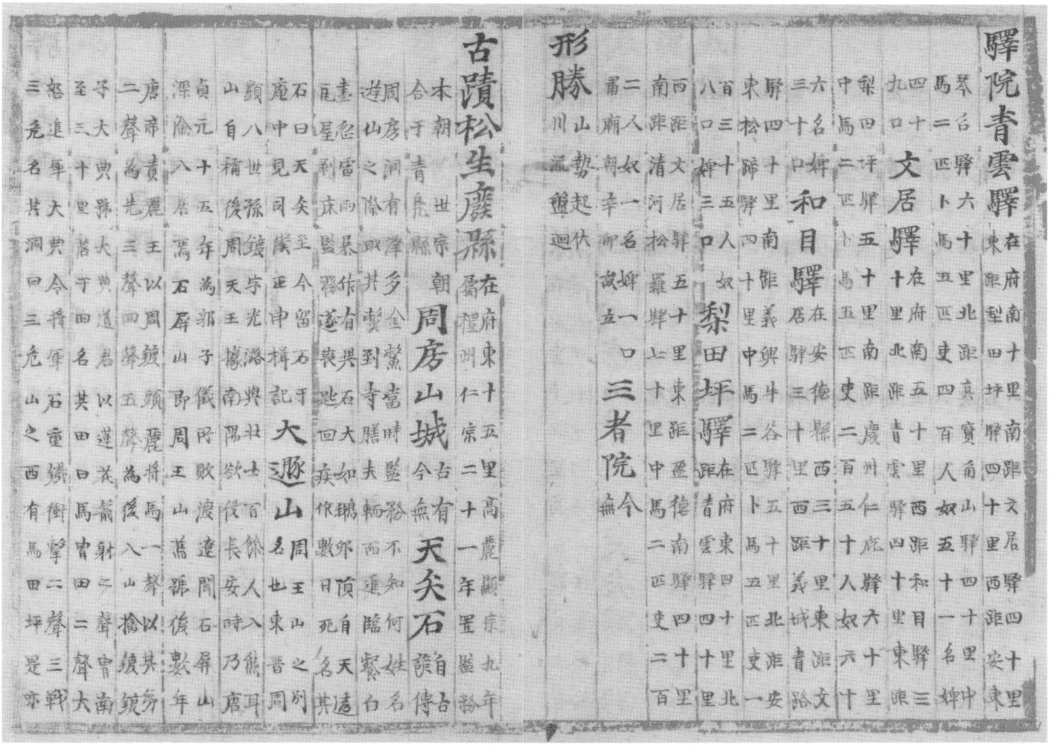

驛院 青雲驛 在府南十里南距文居驛四十里東距梨田坪驛四十里西距安東 琴台驛六十里北距真寶角山驛四十里中馬二匹卜馬五匹吏四百人奴五十一名婢四十九口

文居驛 在府南五十里西距和目驛三十里北距青雲驛四十里東距梨田坪驛五十里南距慶州仁庇驛六十里中馬二匹卜馬五匹吏二百五十人奴六十六名婢三十口

和目驛 在安德縣西三十里東距文居驛三十里西距義城青路驛四十里南距義興牛谷驛五十里北距安東松蹄驛四十里中馬二匹卜馬五匹吏一百三十五人奴八口婢三口

梨田坪驛 在府東四十里北距青雲驛四十里西距文居驛五十里東距盈德南驛四十里南距清河松羅驛七十里中馬二匹吏二百二人奴一名婢一口 肅廟朝辛卯設立

三者院 今無

形勝 山勢起伏 川流盤廻

古蹟 松生廢縣 在府東十五里高麗顯宗九年屬禮州仁宗二十一年置監務 本朝世宗朝合于青鳧縣

周房山城 古有今無

天矢石 自古諺傳 周房洞有澤多金鷲當時監務不知何姓名遊山之際取其實到寺膳夫監務而進臨餐白 晝忽雷而暴作有異石大如鵝卵頂自天遠庭星刹床監務遂喪逃回疾作數日死名其 石曰天矢至今留石于庵中見司僕正申楫記

大遯山 周王山之別名也東晉周 顗八世孫鍍字光濬與壯士百餘人入能耳山自稱後周天王據南陽欲復長安時乃庵 貞元十五年爲郭子儀所敗渡遼間石屛山深淪八原焉石屛山即周王山舊號後數年 唐帝責麗王以周鍍頭麗將馬一聲以其弟二聲爲先三聲四聲五聲爲後入山擒鍍鍍 子大典縣大典道君以蓮花箭射二聲曾南至三十里落于田名其田曰馬曾田二聲大 怒進軍大典今將軍石重鐵衝擊二聲三戰三危名其洞曰三危山之西有馬田坪是亦

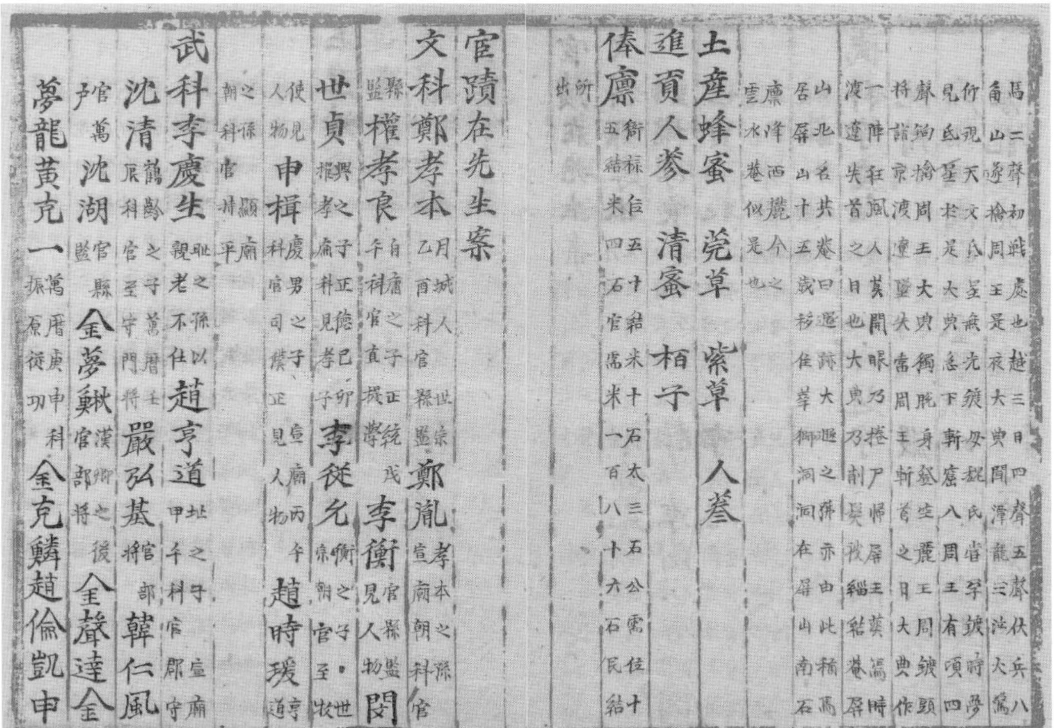

馬二聲初戰處也越三日四聲五聲伏兵八角山遯擒周王是夜大典聞潭龍之泣大驚 何現天文氏星無光鍍父娥氏嘗孕鍍時夢見氏星於是大典急下斬窟八周王有頭四 龍鉤擒周王大典擲脫身發坐麗王周鍍頭將詣京渡遼墮失當周王斬首之日大典作 一陣狂風人莫聞眼乃捲尸歸屛王葬焉時渡遼失首之日也大典乃削髮被緇結菴屛 山北名其巖曰遯跡大遯之稱亦由此稱焉居屛山十五歲於往莘御洞洞在屛山南石 廳泮西麓今之雲水菴似是也

土産 蜂蜜 莞草 紫草 人蔘

進貢 人蔘 清蜜 柏子

俸廩 衙祿位五十結米十石太三石公需位十五結米四石官需米一百八十六石民結所出

官蹟 在先生案

文科 鄭孝本 月城人世宗乙酉科官縣監 鄭胤 孝本之孫宣廟朝科官

權孝良 自唐之子正統戊午科官直提學 李衡 官縣監見人物 閔

世貞 興之子正德己卯振孝廟科見孝子 李從允 衡之子世宗朝官至牧

使見人物 申楫 慶男之子宣廟丙午科官司僕正見人物 趙時瑗 亨道

之孫顯廟朝科官持平

武科 李慶生 址之孫以親老不仕 趙亨道 址之子宣廟甲午科官郡守

沈清 鶴齡之子萬曆壬辰科官至守門將 嚴弘基 官部將 韓仁風

官萬戶 沈湖 官縣監 金夢鍬 漢卿之後官部將 金聲達 金

夢龍 黃克一 萬曆庚申科振原從功 金克鏻 趙倫 凱申

樹(揖之孫官司將)金起男 鄭雲(天啓辛酉科官察訪)沈澤龍 李
彥碩(登科)尹忠佑(主簿貴琳之子天啓辛酉科官僉正)鄭澗明(信六)
(代孫萬曆甲午科官訓鍊判官)
司馬朴秀孫(生員)閔世貞(興之子弘治乙卯生員見文科)曹致唐
(生員)趙淵(郡守銅虎之子正德庚午進士見人物)閔宗孝(樞之子宣廟庚)
(午生員)閔根孝(樞之子宣廟庚子生員)趙咸英(亨道之子孝廟壬辰)
(進士)申光斗(松之從子仁廟戊子生員)趙時琛(孝廟辛卯進士)趙
時瑗(時琛之弟孝廟辛卯進士見文科)趙咸章(咸英之弟宣廟戊午進)
(士)趙咸世(咸章之弟孝廟壬辰生員見孝子)閔光表(顯廟己丑生員)
權淳(英廟己酉進士)權瀛(淳之弟英廟癸酉進士見人物)趙後龍

(時琛之孫英廟乙卯進士)趙相抃(遵道之玄孫有文行英廟甲子生員今)
(上甲子回榜特陞資嘉義)趙相迪(嘉善景沂之子英廟甲戌生員)趙相震
(景源之子英廟甲戌進士)趙始燮(相虞之子英廟朝己卯科生員)申
海觀(英廟癸未生員)權以復(瀛之子正廟丁酉生員)趙相彥(相抃)
(之弟正廟庚子生員)閔闓(正廟癸卯生員)申海望(正廟乙卯生員)閔
宗爀(正廟戊午進士)申思永(純廟甲子生員)閔基爀(純廟丁卯進士)
趙基億(純廟己卯進士)申弘陽(純廟乙酉進士)申弘運(純廟乙酉)
(進士)趙基永(純廟丁亥生員)柳致球(純廟丁亥生員)李璃(今上乙)
(丑生員)

人物

高麗

沈德符(青鳧縣人蔭補司醞直長曰正屢遷禮義判書密直副使)

(出邑海西道元帥賜推誠協贊功臣諦爲侍中佐我太祖倡義旋師後錄功爲第一拜)
(丞相封青城伯)

本朝

沈溫(德符之子寔生昭憲王后官至議政府領議政諡)
(安孝)沈淙(溫之子尚太祖大王女慶善公主封青原君)沈澮(溫之子叅翊戴)
(佐理功臣官至議政府領議政封青松府院君諡恭肅)沈順門(澮之孫登第官)
(至舍人燕山甲子被殺明宗朝贈都承旨)

寓居

本朝

孫昭(叅判士晟)
(之子官吏曹叅判封鷄川君名載慶州誌人物)李從允(衛之子官至牧使名載濟)
(州名宦)

舊增

沈連源(順門之子有忠孝大節爲世名相遂淸白吏明宗)
(朝官至領議政諡忠惠配享明廟)沈鋼(連源之子寔誕仁順王后封靑陵府院)
(君諡翼孝)李衡(文科官至縣監爲治尚淸簡)趙淵(生六臣旅之孫早中司馬)
(蔭補若府經歷贈戶曹叅議時金安老執權知其詩國遂下鄕逵中有詩曰暗霧漫空)
(作勢飄日高三丈未全消不慊遠害征衣濕只恐成陰蔽天霄以此見忤安老終身不仕)
(其筆法行于世)申楫(登文科光海時潔身屛跡仁廟朝官至司僕正壽學於判書)
(鄭經世之門才穎諸弟有河陰集行于世)閔樞(自少志學屢擧不中好善嫉惡性簡)
(素寡綜慶業老判書金璡稱明智灑承者中之術參文曰如及聖門德行可言爲師心表)
(三年獎進後生)金釘(人器魁偉才藝超倫准至雅鑑)

寓居

張顯光(自仁)
(同輯齋寓居愛屛岩泉石之勝築臺龜岩上遊嶺焉因號旅軒齋之稱自寓居靑松始)
(不可泯沒故追錄于此)徐琫(官至禮賓寺叅奉吏叅全涌門弟也自少力學能文)
(淸操雅度爲遠近士林所服晩年每歲孟冬則必奠拜師門墓下)李後成(從允)
(之玄孫德溪天性至孝隱居養親爲遠近士林所推服早廢擧業有文稿行于世)

新增

權瀛(叅奉幹之後孫英廟癸丑生員經學文章爲一道所稱戊屢登薦剡與)

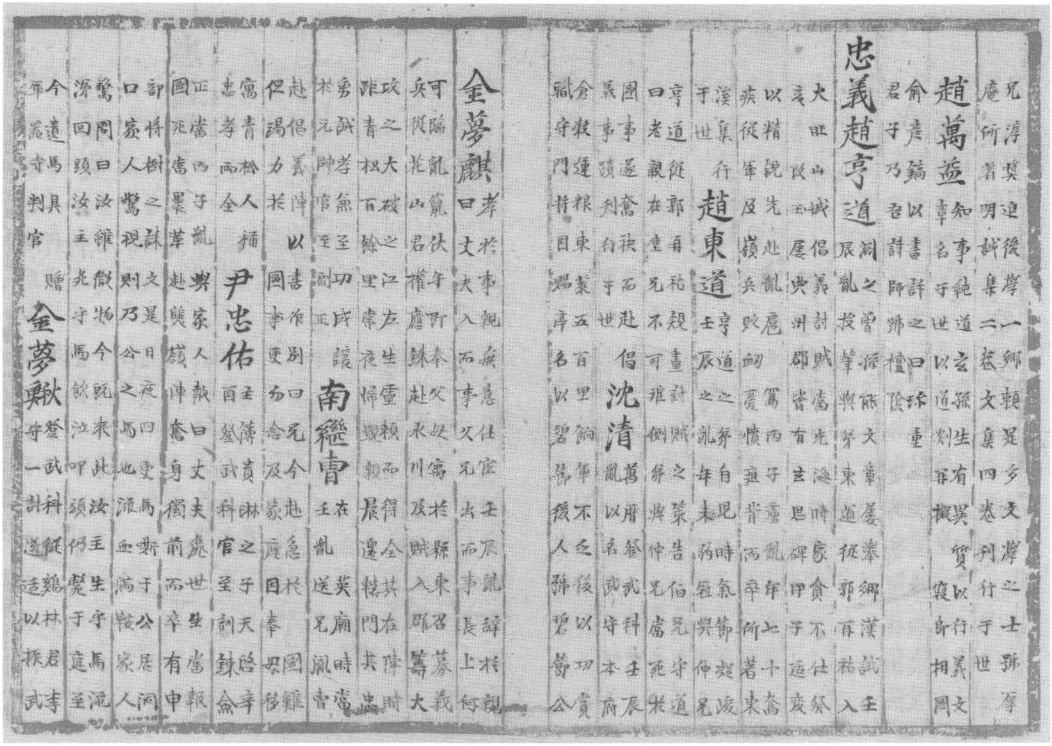

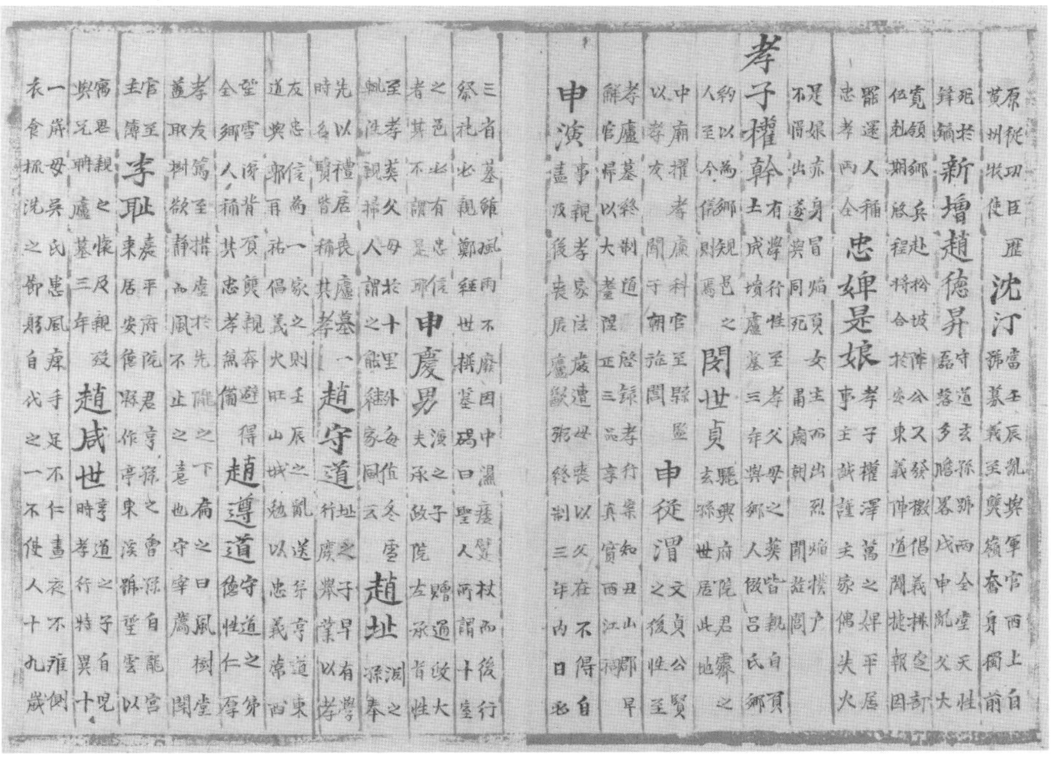

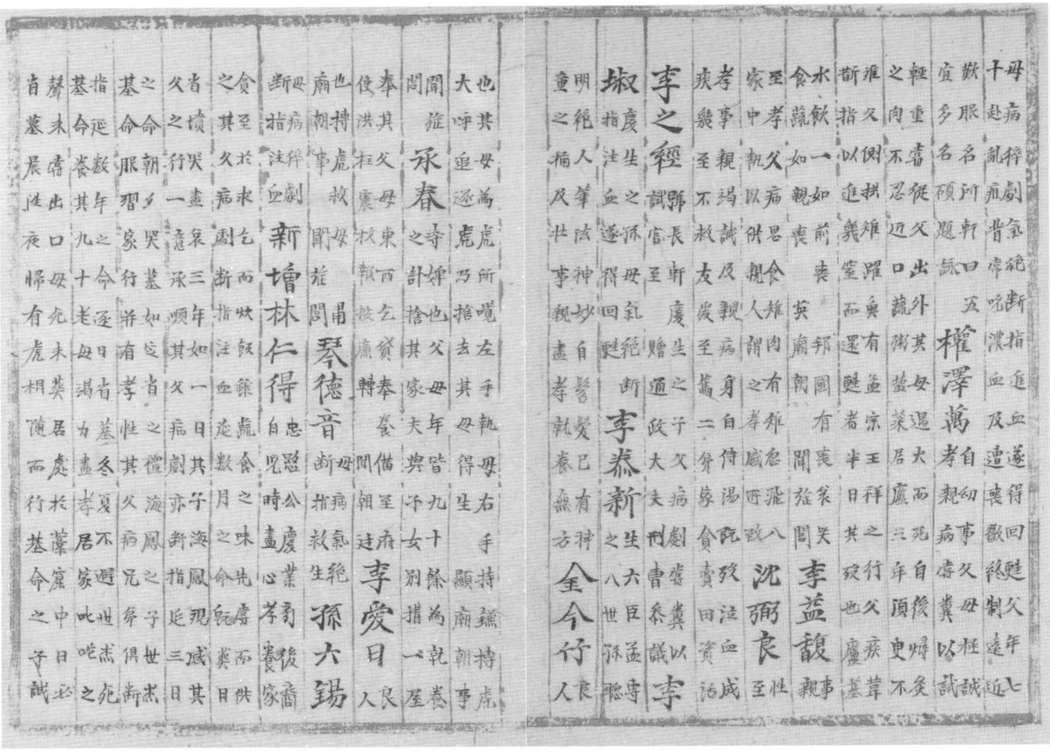

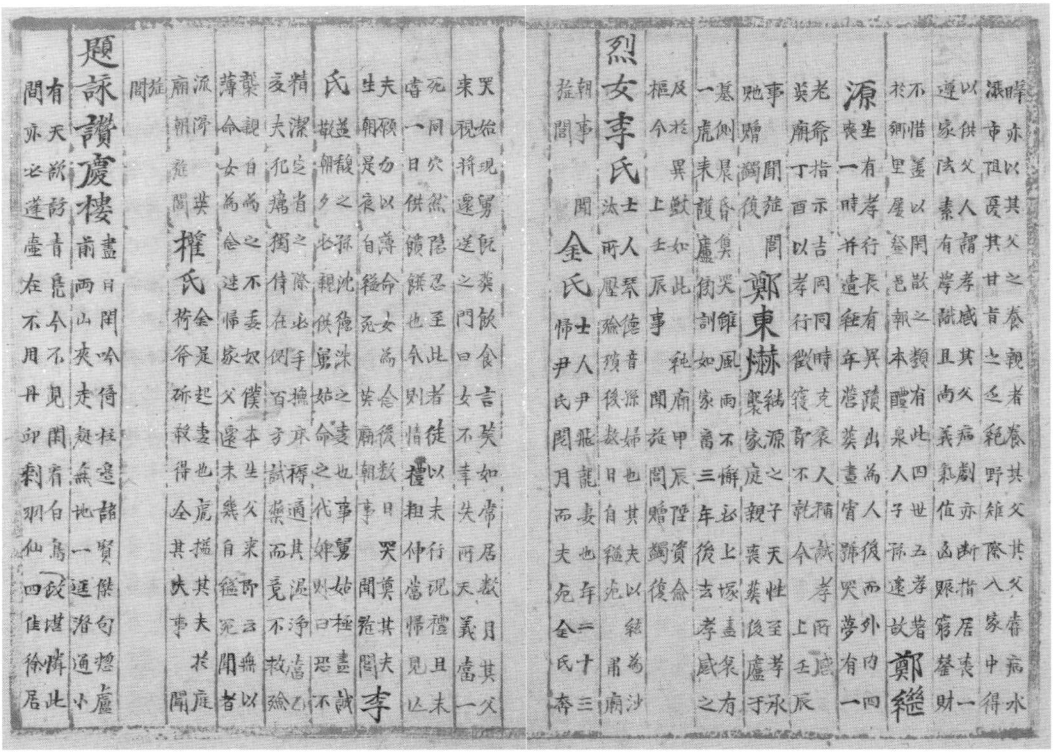

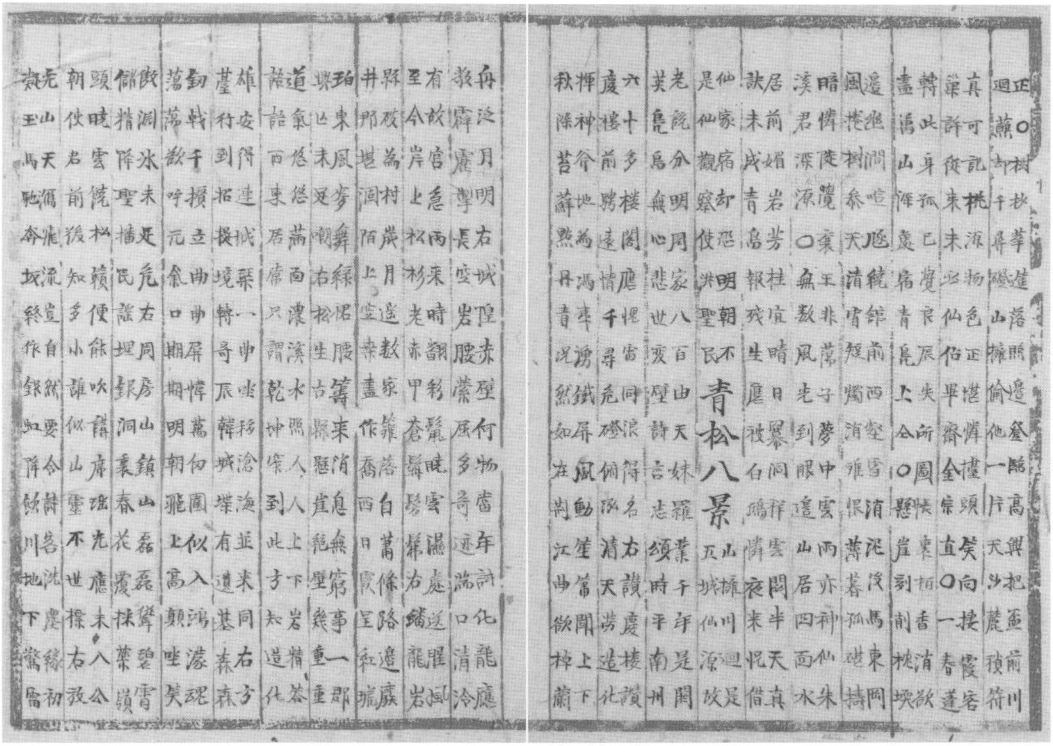

青松八景

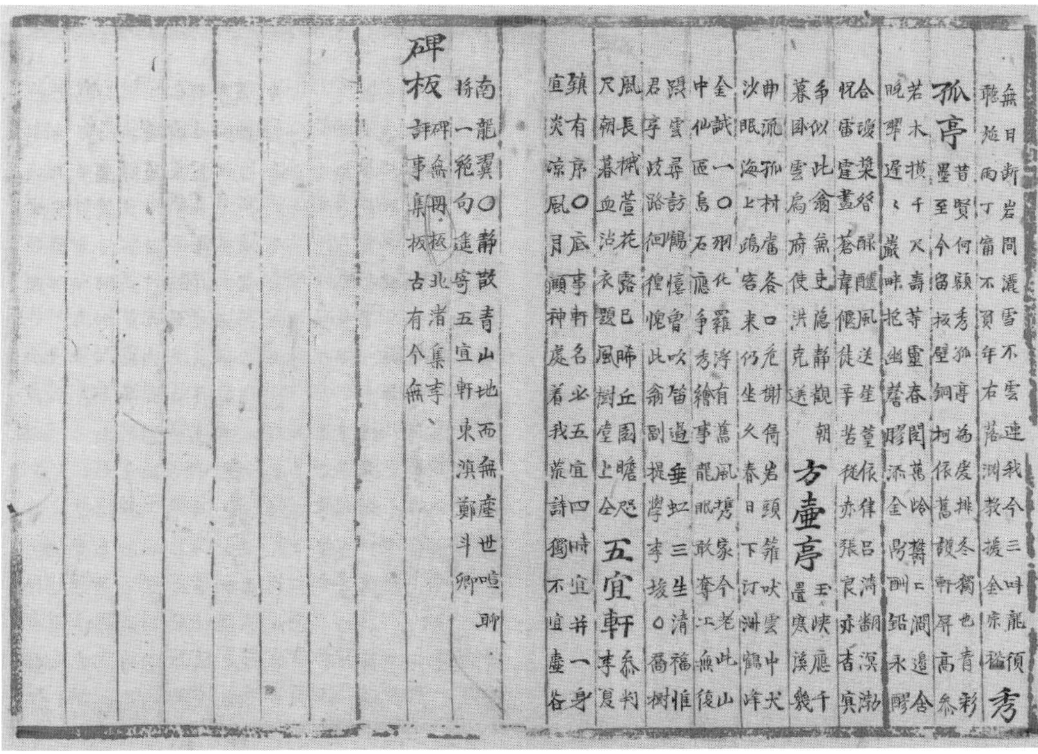

孤亭

方壺亭

五宜軒

碑板

青松府事例

一新舊官刷價三百六十兩式上下而庚辰年崔馬設立後新舊各六十兩式減數磨鍊而舊官若未準科則以半馱價一百五十兩收納事

一官家陞拜債六十五兩上下事

一官家被拿時用情錢三十兩就理時古風債二十兩式上下事

一冬至使求請錢十兩五戔謝 恩使求請錢十兩五戔前自雙溪寺當納矣因寺敗辛卯爲始移劃補民錢磨鍊事

一成均館朔紙代錢十兩情錢七戔亦以雙溪寺當納辛卯爲始移劃磨鍊事

戶長掌

一普光山中臺山兩沈墓四名日祭享自 朝家劃給祭物軍二十七名 位田二結七十負軍則每名二兩式 位田則每負秋穀一斗式也田畓賭地穀七石一斗每秋收捧戶長次知進排而 果品中栢子自官廳上下事

一柴炭錢三百六十兩結頭磨鍊事 春一百八十兩 秋一百八十兩

一鄕廳兩房溫突每日木半束寒節每日木一束上下而隨其馬之有無一匹每日木一束式上下食母木一束式每時上下事

一釋奠祭 享時蒸飯米所入木二十一束獻官房木火爐及公須炭依例上下而獻官執事所騎馬隨其匹數草半束式上下事

一進上陪持錢一百兩春秋分捧輸納巡營事

吏房掌

一守令邊將可合三人薦擧單子兩件修正每歲末修報巡營而守令可合則以道內人薦擧而時任守令及曾經臺侍京居人不得薦擧事有定式闕邊將以本邑軍校中書塡而若臨時遆易則舊官主不得修報故新官主到任雖在正月念後到任粘移一時修報事

一才行表著保擧單子每式年修報巡營而若無則以無論報事

一代加單子待知委闕無論代加有無兩件修正一件直報該曹一件上送巡營事

一陞拜 敎旨賫來時扶助錢九十三兩內十兩官處下六十五兩補民所十五兩吏復戶三兩軍官廳當納事

一履歷單子每式年待知委闕修正兩件及壯白紙各一束官備直送該曹一件上送巡營事

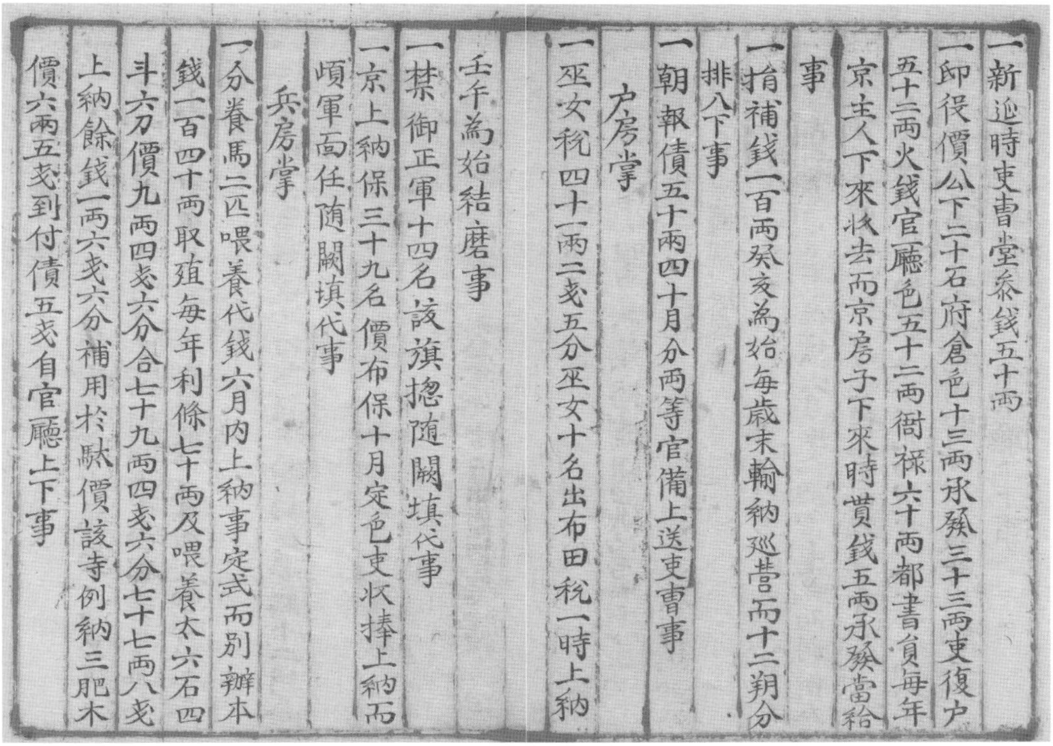

一新延時吏曹堂叅錢五十兩
一卯役價公下二十石府倉色十三兩承發三十三兩吏復户
五十二兩火錢官廳色五十二兩衙禄六十兩都書員每年
京主人下來收去而京房子下來時貫錢五兩承發當給
事
一損補錢一百兩癸亥爲始每歲末輸納巡營而十二朔分
排八下事
一朝報債五十兩四十月分兩等官備上送吏曹事
户房掌
一巫女稅四十一兩二戔五分巫女十名出布田稅一時上納
壬午爲始結磨事
一禁御正軍十四名該旗摠隨闕塡代事
一京上納保三十九名價布保十月定色吏收捧上納而
頃軍面任隨闕塡代事
兵房掌
一分養馬二匹喂養代錢六月内上納事定式而別辦本
錢一百四十兩取殖每年利條七十兩及喂養太六石四
斗六刀價九兩四戔六分合七十九兩四戔六分七十七兩八戔
上納餘錢一兩六戔六分補用於馱價該寺例納三肥木
價六兩五戔到付債五戔自官廳上下事

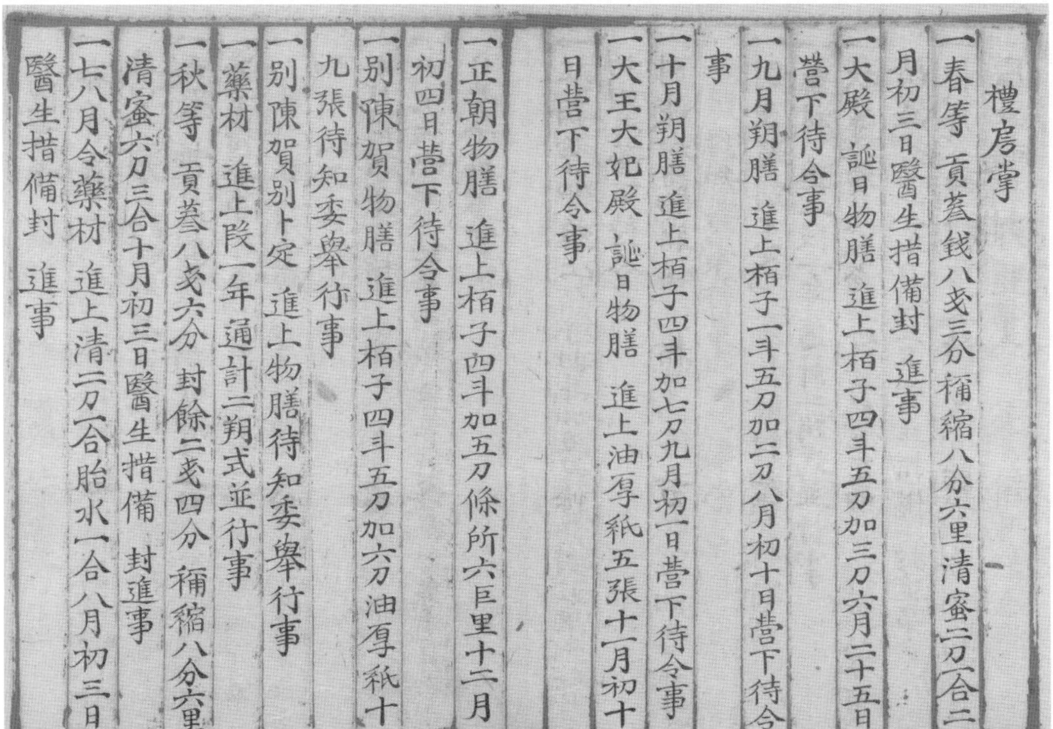

禮房掌
一春等貢蔘錢八戔三分稱縮八分六里清蜜二刀一合二
月初三日醫生措備封 進事
一大殿 誕日物膳 進上栢子四斗五刀加三刀六月二十五日
營下待令事
一九月朔膳 進上栢子一斗五刀加二刀八月初十日營下待令
事
一十月朔膳 進上栢子四斗加七刀九月初一日營下待令事
一大王大妃殿 誕日物膳 進上油芚紙五張十一月初十
日營下待令事
一正朝物膳 進上栢子四斗加五刀條所六巨里十二月
初四日營下待令事
一別陳賀物膳 進上栢子四斗五刀加六刀油芚紙十
九張待知委擧行事
一別陳賀別卜定 進上物膳待知委擧行事
一藥材 進上段一年通計二朔式並行事
一秋等 貢蔘八戔六分 封餘二戔四分 稱縮八分六里
清蜜六刀三合十月初三日醫生措備 封進事
一七八月令藥材 進上清二刀一合胎水一合八月初三日
醫生措備封 進事

一巡營納春秋雜物及 道先生儀軌清分定各倉庫子輸納而價本以別會穀會减事

刑房掌

一戶口摠數生産物故移去移來之類九月內修報 巡營事

一定配罪人以邑三洞擔當供饋而保授主人以洞長例定報 營而若有逃失則三洞擔當事

一獄修理時所入物財自補民所上下事

工房掌

一巡營納椴板六立各面主人措備挾板二十二立工庫子措備羔毛三兩府倉庫子措備全漆三合南倉伺候措備每春秋分納今則石頭錢中備納事

一官匠保六十名以良七名每名二兩一戔奴五十三名每名一兩六分秋捧官納事

一紙匠保七十七名以良五名每名二兩一戔奴七十二名每名一兩六分席匠保三十名以良十名每名二兩一戔奴二十名每名一兩六分春秋分捧官納事

一冬至使謝 恩使求請馬鉄十五部火鐵三十六介已上府南府東兩店分納大同色捧上而因破店前已停廢

官廳色掌

一雉鷄磨鍊元結一百五十夫七結二十七負一束每夫二首每結一脚 每脚價五分 每首價二戔式 每朔排用事

一山火田八十七結八十五負依民結例每結十三兩式成節目遵行而折半則雜物捧用折半則代錢捧用矣庚寅因 繡啓關本栗與雜物並革罷每結十五兩式鄕會酌定報 營施行而十三兩官納二兩以色落例分給官廳所尊以爲酬勞使喚之地而雜物各種自官從時價出給官廳貿易進排事

都書員掌

一元田畓一千五百十八結十六負五束以
田一千七十八結六十七負四束
畓四百三十九結四十九負一束

一需米一百九十六石十斗以
春需米一百四十七石七斗四刀九合七夕內
十石使客支供米因戶曹關及巡營關癸未爲始
上納
秋需米四十九石二斗五刀三夕

一田税元結一百七十九夫一結二十負七束 每夫木八疋二

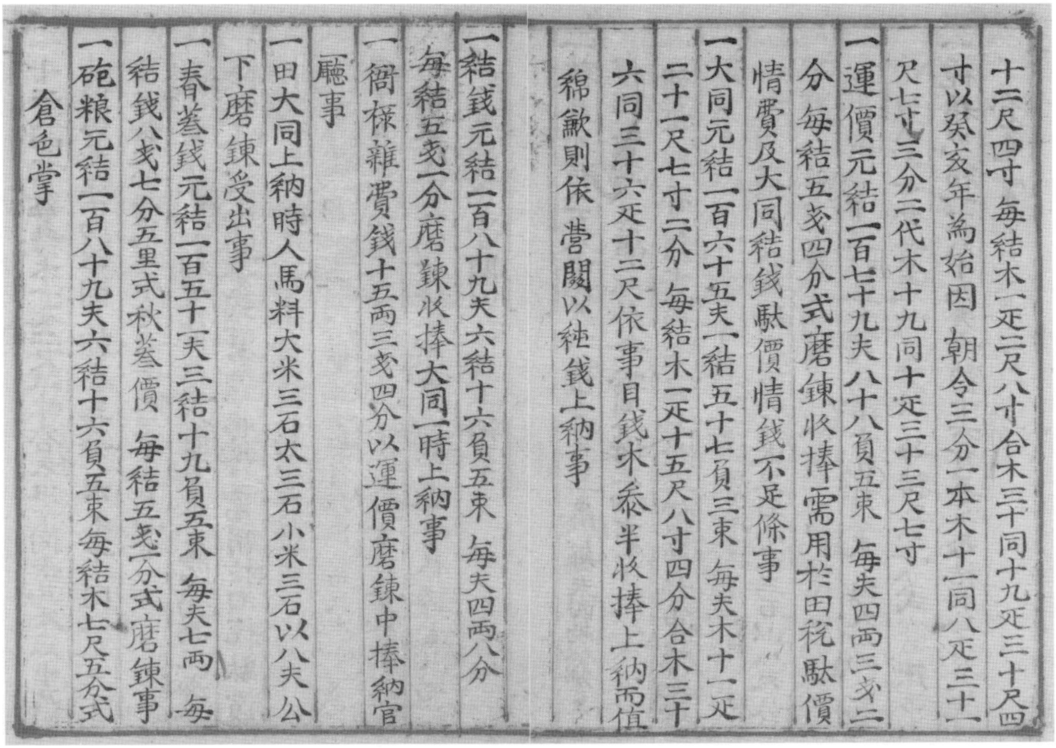

十二尺四寸 每結木一疋二尺八寸合木三十同十九疋三十尺四
寸以癸亥年爲始因 朝令三分一本木十一同八疋三十一
尺七寸 三分二代木十九同十疋三十三尺七寸
一運價元結一百七十九夫八十八負五束 每夫四兩三戔二
分 每結五戔四分式磨鍊收捧需用於田稅駄價
情費及大同結錢駄價情錢不足條事
一大同元結一百六十五夫一結五十七負三束 每夫木十一疋
二十一尺七寸二分 每結木一疋十五尺八寸四分合木三十
六同三十六疋十二尺依事目錢木叅半收捧上納而値
綿歉則依 營關以代錢上納事

一結錢元結一百八十九夫六結十六負五束 每夫四兩八分
每結五戔一分磨鍊收捧大同一時上納事
一衙祿雜費錢十五兩三戔四分以運價磨鍊中捧納官
廳事
一田大同上納時人馬料大米三石太三石小米三石以八夫公
下磨鍊受出事
一春蔘錢元結一百五十一夫三結十九負五束 每夫七兩 每
結錢八戔七分五里式秋蔘價 每結五戔一分式磨鍊事
一砲粮元結一百八十九夫六結十六負五束每結木七尺五分式
倉色掌

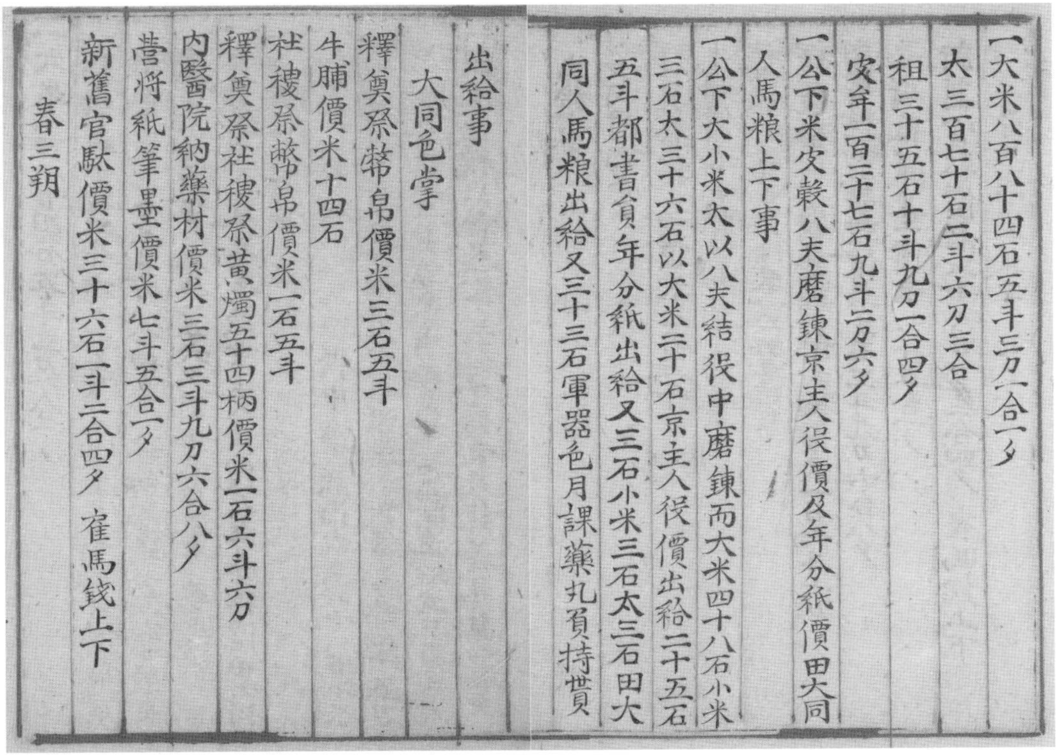

一大米八百八十四石五斗三升一合一夕
太三百七十石二斗六升三合
租三十五石十斗九升一合四夕
交年一百二十七石九斗二升六夕
一公下米交穀八夫磨鍊京主人役價及年分紙價田大同
人馬粮上下事
一公下大小米太以八夫結役中磨鍊而大米四十八石小米
三石太三十六石以大米二十石京主人役價出給二十五石
五斗都書員年分紙出給又三石小米三石太三石田大
同人馬粮出給又三十三石軍器色月課藥丸負持貰

出給事
大同色掌
釋奠祭幣帛價米三石五斗
牛脯價米十四石
社稷祭幣帛價米一石五斗
釋奠祭社稷祭黃燭五十四柄價米一石六斗六升
內醫院納藥材價米三石三斗九升六合八夕
營將紙筆墨價米七斗五合一夕
新舊官駄價米三十六石一斗二合四夕 雀馬錢上下
春三朔

仁蔘八戔三分價米三石四斗六刀
清蜜二刀價米十斗五刀

夏三朔

進上栢子價米二斗八刀
右頁持貫價米四斗七刀九合一夕
物膳 進上栢子價米一斗四刀
右頁持貫價米四斗七刀九合一夕

秋三朔

進上清蜜二刀價米十斗五刀
物膳 進上栢子價米二斗八刀
右頁持貫價米九斗五合八夕
冬至使求請雜物價米四石
右頁持貫價米一石九斗八刀七合一夕

冬三朔

仁蔘八戔六分價米三石六斗六刀
清蜜三合價米一斗五刀
進上栢子價米四斗二刀
條所價米四斗五刀
右頁持貫價米四斗七刀九合一夕

醫生掌

錢文九百三十六兩八戔春秋兩等 貢蔘二兩三戔四分重封

縮并

九十六兩白清 進上一斗六刀二合元卜定
九十六兩 京中至駄價
六十三兩一戔五分兩等藥材 進上
一百三兩五戔 營納兩等雜藥價
二百二十兩八戔 兩等人情雜費

戶籍色掌

一京各司及 巡營磨勘時所入情費及正案紙書價筆墨價以籍戶一戔準給債三分捧上用下之意依營關定式施行事

官庫朔入

柴炭錢三百六十兩十二排朔每朔三十兩 春秋分封
衙祿錢一百三十四兩 每朔十一兩一戔六分六里
雉鷄錢六十兩六戔 每朔五兩五分
火錢九百八十九兩一戔三分六里 每朔八十二兩四戔二分八里

春等加入

官匠保錢三十五兩四戔四分
紙匠保錢四十三兩四戔一分
席匠保錢二十一兩一戔

軍器番錢四十兩
官藥保錢二十兩
衙祿雜費錢十五兩三戔四分
帶率番錢隨所存每名四戔式官付
馱價餘錢二兩二分
運價餘錢一兩五戔四分
田稅餘木三疋六尺八寸 三分一本木 三分二代木
大同餘木四疋八尺七寸 錢木叅半
芝草七斗八刀三合 每斗作二斤每斤價四戔 每刀作三兩二戔重 每兩價二分五里
五味子一斗六刀二合五夕 每斗價一兩 每刀價一戔
石茸一斤二兩八戔 每斗作二斤 每斤價三戔六分八里
真茸一斤二兩八戔 每刀作三兩二戔重 每兩價二分三里
莞席四十二立
松板十一立半
椴板四立半
楸板六立半
山麻一百六斤十五兩一戔七分
生鐵二十斤今廢
中升二坐
蔚斗二柄

席匠保錢二十一兩一戔
秋等加入
官匠保錢三十五兩四戔四分
紙匠保錢四十三兩四戔一分
軍器番錢四十兩
藥保錢二十兩
帶率番錢隨所存每名四戔式官付
徭役錢三十四兩二戔四分
芝草三斗八刀 每斗作二斤 每斤價四戔 每刀作三兩二戔重
五味子一斗二刀九合 每斗價一兩 每刀價一戔
石茸一斤二兩八戔 每斗作二斤 每斤價三戔六分八里
真茸一斤二兩八戔 每刀作三兩二戔重 每兩價二分三里
生鐵二十斤 破店無
中升二坐
蔚斗二柄
黃狗皮三十九令內十三令洪等內主減 在二十六令 尹等內主減
木每束價七分
炭每斗價一戔七分
炬每柄價一分二里五巴
草每丹價一分

紙價

壯紙一束價一两七戔

厚紙一束價六戔

別白紙一束價三戔二分

毋白紙一束價二戔

白紙一束價一戔三分

禮壯紙一張價五戔

啓本紙一張價一两

大交紙一束價四戔五分

大白紙一束價四戔五分

中交紙一束價三戔

小交紙一束價二戔

青紙一張價四戔

紅紙一張價四戔

黃紙一張價二戔

壯油紙一張價一戔

厚油紙一張價四分

白油紙一張價一分

手決筆一柄價三戔

黃筆一柄價一戔五分

白筆一柄價五分

真墨一丁價三分

大草席一立價一两

中草席一立價八戔

白交紙一束價八戔

官廳各種詳正

乾魚物秩

文魚每尾價二两

廣魚每尾價三戔

大口每尾價三戔五分

全鰒每貼價一两五戔 中則二两 大則三两式

海蔘每貼價一两八戔

紅蛤每斗價二两

列蛤每貼價六戔

大蟹每尾價三戔五分

甘藿一束價三戔式而 秋則從時價

早藿每束價一戔

海衣每貼價五分

蟹脯每尾價二戔四分

乾申魚每束價六戔

貫目魚每級價二戋
多士麻每束價一戋
民魚每尾價六戋
塩每斗價三戋四分
北魚每束價一戋五分

生魚物秩

文魚每尾價一兩六戋
廣魚每尾價二戋四分
大口每尾價三戋二分
青魚每級價二戋 冬至爲始四戋 三月爲始二戋
生鰒每貼價一兩
古冬魚每尾價一戋四分
松魚每尾價一戋八分
農魚每尾價二戋二分
連魚每尾價三戋
黄魚每尾價一戋三分
道味每尾價二戋四分
末乃味每尾價一戋二分
廣致每尾價八分
真致每尾價八分

小蟹每尾價一戋
銀口魚每尾價五分
鯉魚每尾價一兩
箭魚每尾價五分
注於只每尾價五分
洪魚每尾價四戋
栗蟹每尾價二分
錦鱗魚每尾價一戋八分
拯魚每斗價一戋
方魚每尾價九戋
申魚每尾價六分

醢秩

鰕卵每合價六戋
魚卵每部價六戋
仇醢每刀價四戋
細花醢每刀價一戋五分
明卵每刀價一戋二分
大口卵每刀價一戋
石卵每合價一戋

果秩

乾柿每貼價五戔
樽柿每貼價一兩五戔
紅柿每貼價五戔
大棗每斗價四戔
生栗每斗價四戔
黃栗每斗價一兩五戔
胡桃每斗價三戔
生梨每介價四分 秋則二分
石榴每介價五分
榴子每介價一戔

木果每介價二分
栢子每斗價三戔 實二刀二合五夕 每刀價一戔三分四里
生薑從時價
南草每斤價二戔五分
布帛及木草從時價貿納
粟每石價一兩九戔五分 每斗價一戔三分
太每石價一兩九戔五分 每斗價一戔三分
小豆每石價五兩五戔五分 每斗價三戔七分
真荏一石價九兩一戔一分二里五巴 每斗價六戔七里五巴
荏一斗作油二刀二合五夕 每刀價二戔七分 每合價二分七里

荏一斗價六戔七里五巴 每刀價六分七巴五户
菉豆每石價六兩三戔 每斗價四戔二分
水荏每石價五兩二戔五分 每斗價三戔五分
蜜一斤價一兩一戔二分
真油一刀價二戔七分
法油每刀價二戔三分
艮醬每刀價七分
甘醬每刀價三分五里
真末每刀價三分
菖薏每刀價五分

鷄卵一箇價一分
胡椒從時價
脯每貼價四戔
燒酒每盃價三分
小米每斗價二戔一分六里七巴
菉末每刀價一戔四分
木末每刀價三分一里
乾葡萄每刀價五分
蘓東油每刀價一戔五分
皮牟從時價

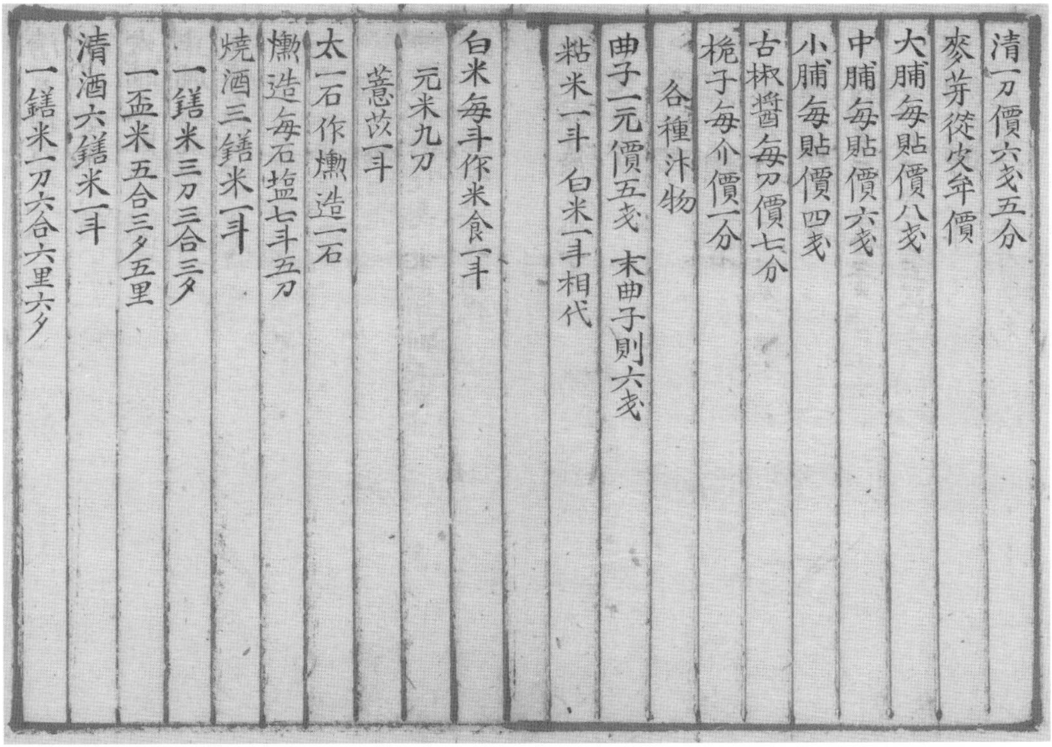
清一刀價六戔五分
麥芽從皮牟價
大脯每貼價八戔
中脯每貼價六戔
小脯每貼價四戔
古椒醬每刀價七分
梔子每介價一分
各種汁物
曲子一元價五戔 末曲子則六戔
粘米一斗 白米一斗相代
白米每斗作米食一斗
元米九刀
薏苡一斗
太一石作爊造一石
爊造每石塩七斗五刀
燒酒三鐥米一斗
一鐥米三刀三合三夕
一盃米五合三夕五里
清酒六鐥米一斗
一鐥米一刀六合六里六夕

一盃米二合七夕七里七巴
白酒十二鐥米一斗
一鐥米八合三夕三里三巴三户
藥果一坐大則四十立小則六十立
容八真末一斗
真油六合
末清二刀
燒酒三盃
真荏五合
煑油四刀
汁清二刀
實栢五合
炭二合
中桂一坐作八十立
容八真末一斗
末油六合
清二刀五合
燒酒三盃
煑油二刀
造糖容八白米一斗

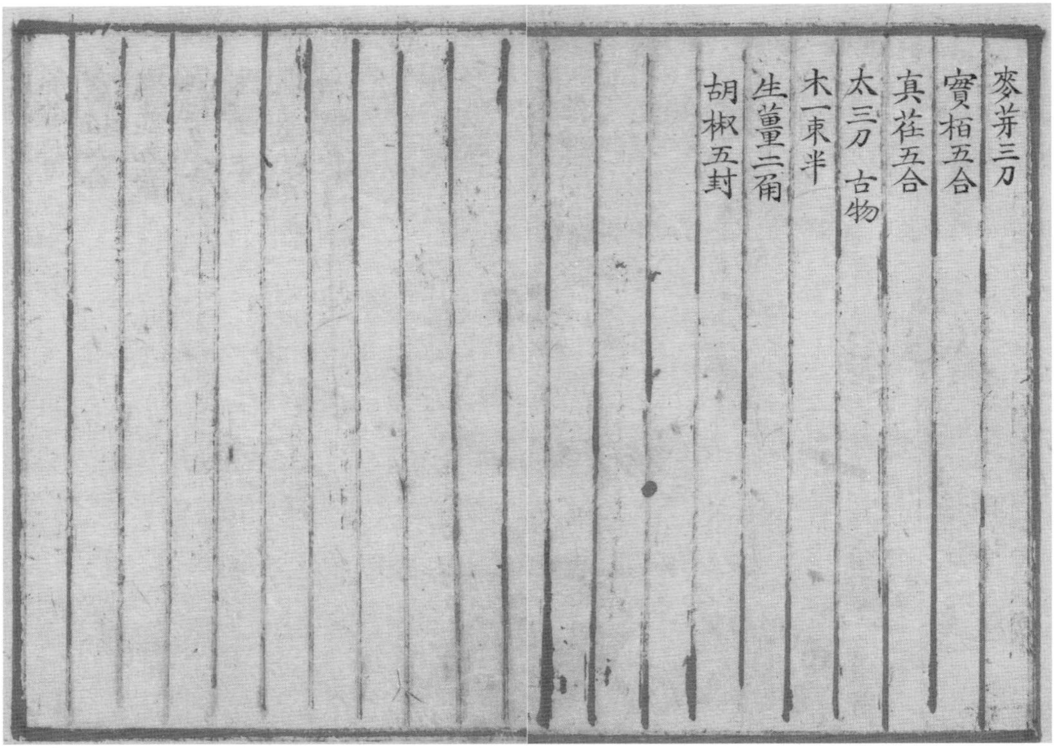

麥芽三刀
實栢五合
真荏五合
太三刀 古物
木一束半
生薑二甬
胡椒五封

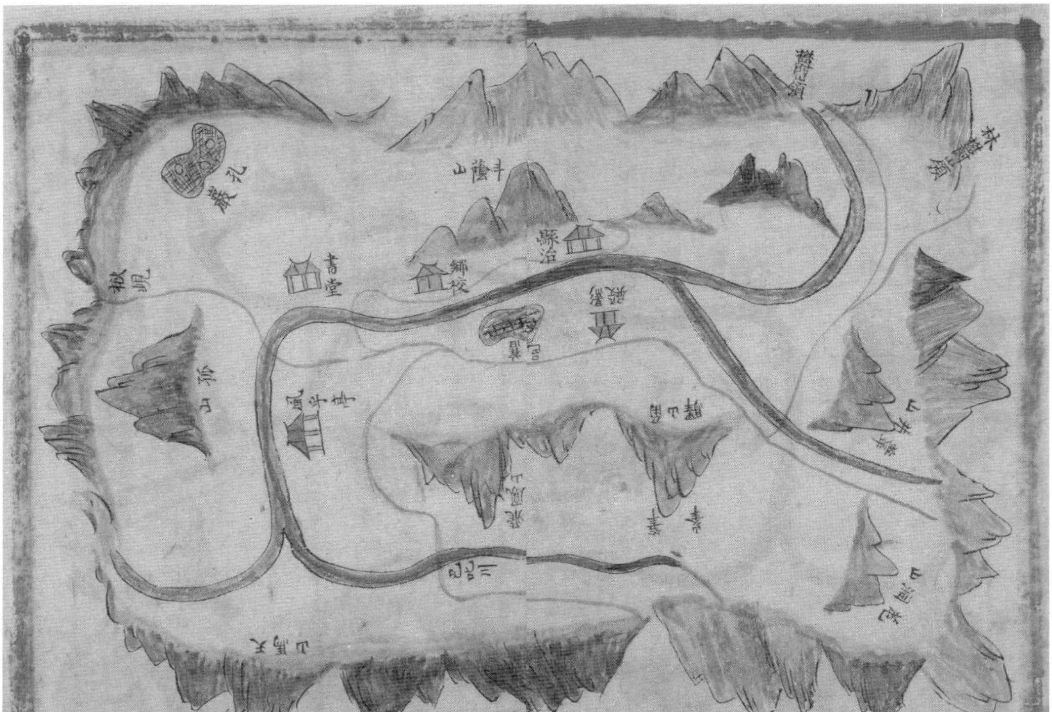

眞寶

邑誌

安東鎭管眞寶縣

東至盈德界三十里

東至甯海界十五里

西至安東界二十里

南至靑松界二十八里

北至英陽界二十里

西距京六百三十里

南距監營二百七十里

南距兵營三百十里

南距水營四百六十里

南距統營六百五十里

官職縣監蔭窠六品

座首一人

別監二人

軍官二十人

人吏三十人

知印五人

使令七名

官奴七口

山川

南角山

斗蔭山

孤山

莅洞山

林欝嶺

楸峴

葦井山

天馬山

紫陽山

飛鳳山

新漢川

巴叱川

虎鳴川

林藪

走八藪

芽物藪

城郭 無

關防 無

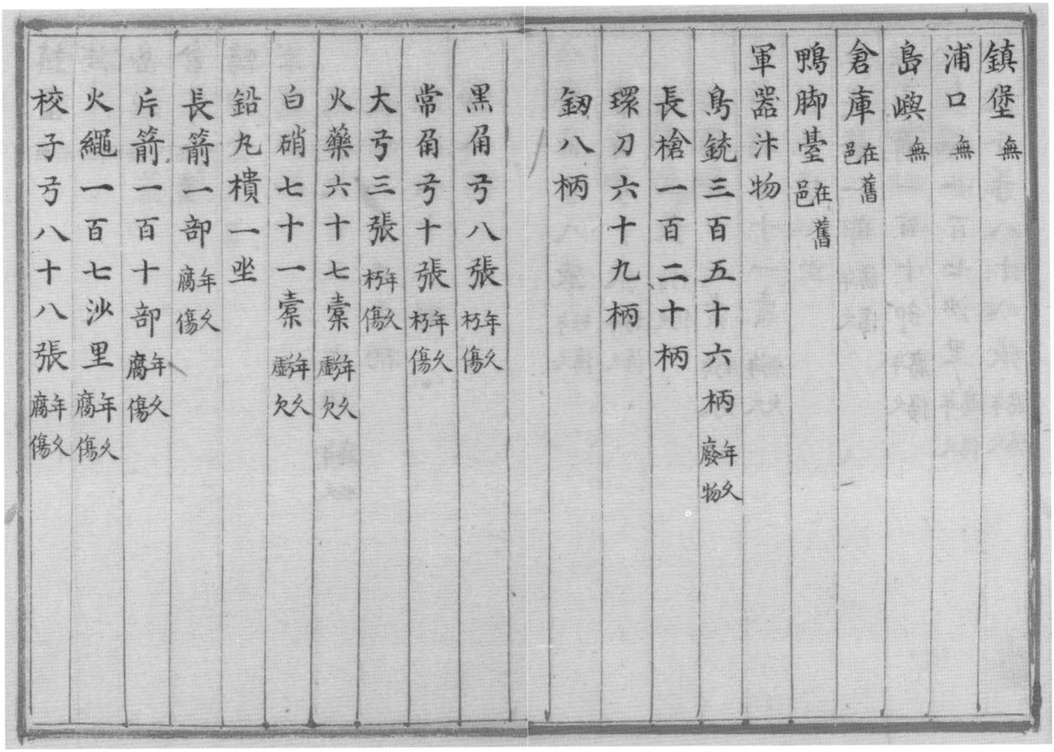

鎭堡 無
浦口 無
島嶼 無
倉庫 在舊邑
鴨脚臺 在舊邑
軍器汁物
鳥銃三百五十六柄 年久廢物
長槍一百二十柄
環刀六十九柄
鈎八柄
黑角弓八張 年久朽傷
常角弓十張 年久朽傷
大弓三張 年久朽傷
火藥六十七槖 年久虧欠
白硝七十一槖 年久虧欠
鉛丸樻一坐
長箭一部 年久腐傷
片箭一百十部 年久腐傷
火繩一百七沙里 年久腐傷
校子弓八十八張 年久腐傷

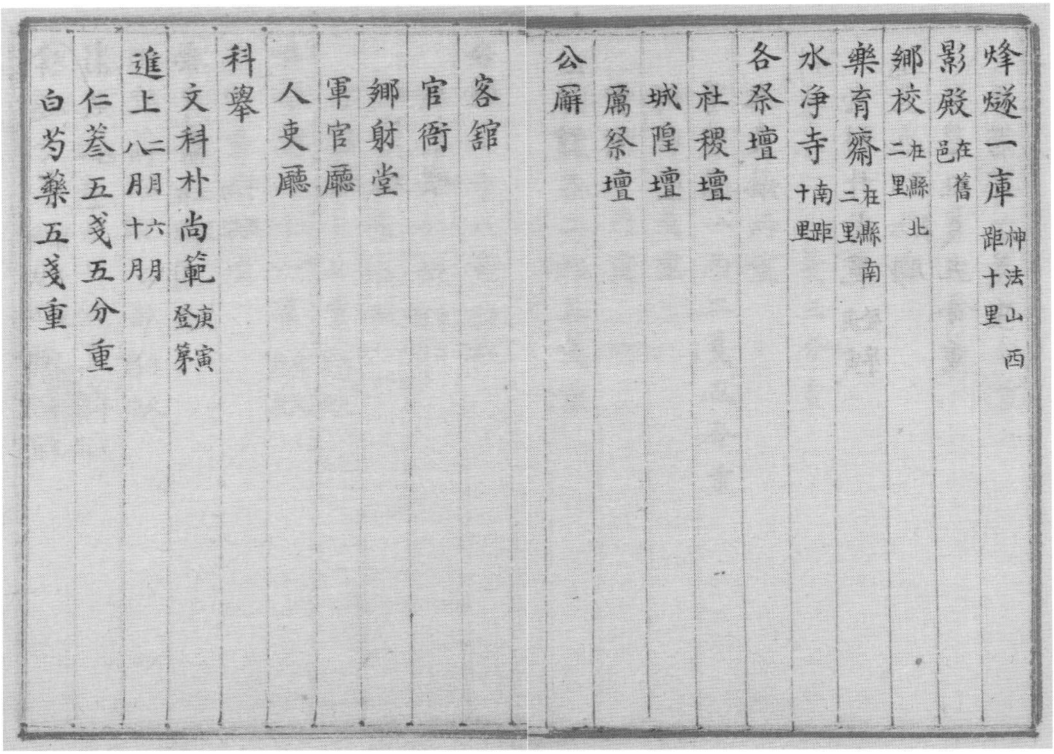

烽燧一庫 神法山西距十里
影殿 在舊邑
鄕校 在縣北二里
樂育齋 在縣南二里
水淨寺 南距十里
各祭壇
社稷壇
城隍壇
厲祭壇
公廨
客館
官衙
鄕射堂
軍官廳
人吏廳
科擧
文科朴尚範 庚寅登第
進上 二月六月八月十月
仁蔘五戔五分重
白芍藥五戔重

紫草茸六戔二分重
清蜜八升六合
黃芪一兩重
當歸六兩重
菟蔓仁一戔三分重
梔實一兩重
麥門冬一兩二戔五分重
甘菊四戔重
柴胡一兩重
續隨子二兩五戔重
白伏神六兩重
松脂一斤十二兩重
白茯苓一兩重

事例

軍摠
禁衛軍二十七名
資保九名
除番軍五名
停番軍十二名
御營軍保八十五名
資保十八名
除番軍十五名
停番軍十九名
親軍營砲保軍三十八名
兵曹扈輦隊三十八名
補充隊二名
京驛保二名
工曹匠人三十名
摠戎廳義僧軍一名 一年防番錢二十兩
掌樂院樂工一名
保四名
均役廳選武軍官三十一人
合各軍三百三十七名
自邑別砲軍二十名 每名每朔藥九錢一兩式每名統一年料穀代錢十六兩式春秋排斂上下

還摠
元會軍資倉米四斗七升四合七夕
太一石十二斗三升九合四夕
租十七石八斗八升八合
皮牟四十四石十三斗五升四合二夕

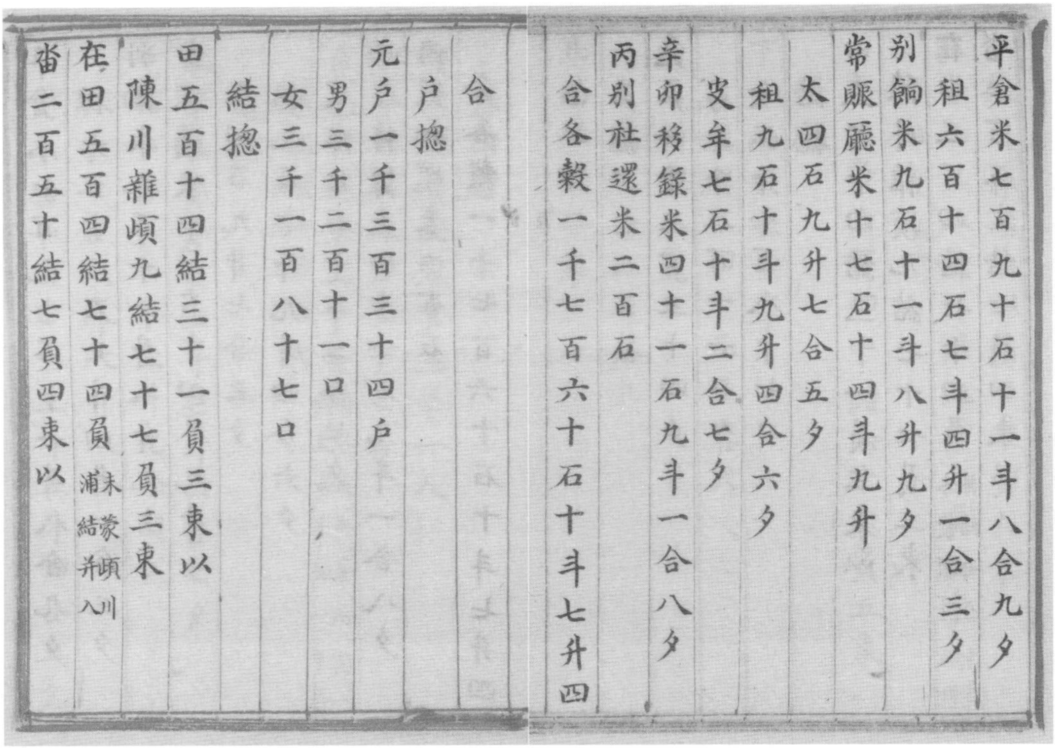

平倉米七百九十石十一斗八合九夕
租六百十四石七斗四升一合三夕
別餉米九石十一斗八升九夕
常賑廳米十七石十四斗九升
太四石九升七合五夕
租九石十斗九升四合六夕
皮牟七石十斗二合七夕
辛卯移錄米四十一石九斗一合八夕
丙別社還米二百石
合各穀一千七百六十石十斗七升四

合
戶摠
元戶一千三百三十四戶
男三千二百十一口
女三千一百八十七口

結摠
田五百十四結三十一負三束以
陳川雜頉九結七十七負三束
在田五百四結七十四負未蒙頉川浦結并八
畓二百五十結七負四束以

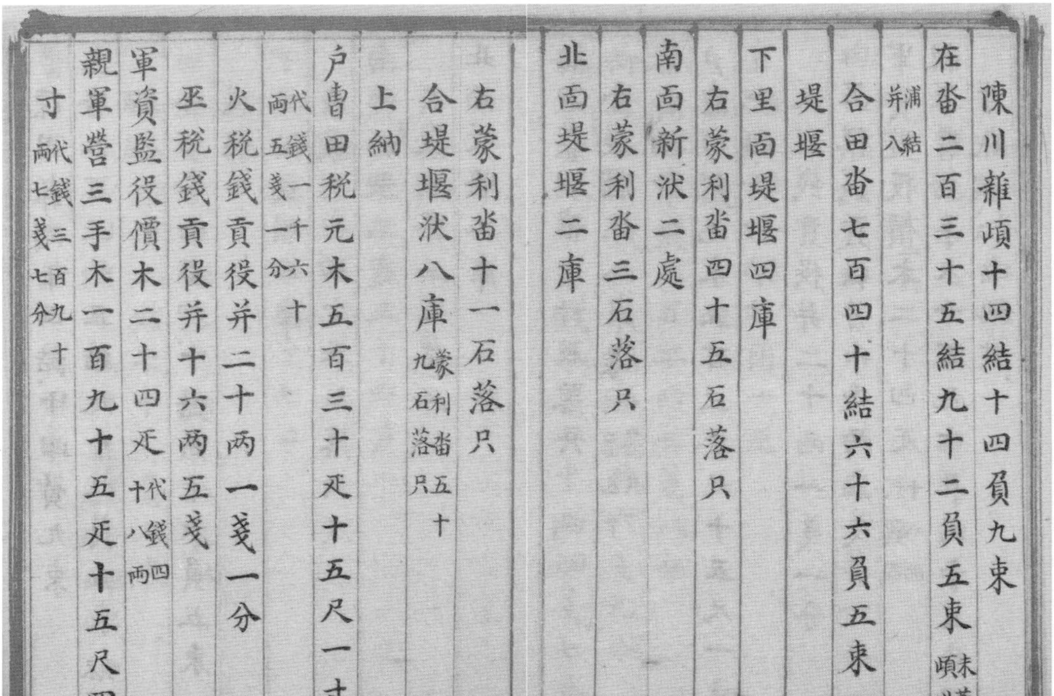

陳川雜頉十四結十四負九束
在畓二百三十五結九十二負五束未蒙頉川浦結并八
合田畓七百四十結六十六負五束
堤堰
下里面堤堰四庫
右蒙利畓四十五石落只
南面新洑二處
右蒙利畓三石落只
北面堤堰二庫
右蒙利畓十一石落只
合堤堰洑八庫蒙利畓五十九石落只
上納
戶曺田稅元木五百三十疋十五尺一寸
代錢一千六十兩五戔一分
火稅錢貢役并二十兩一戔一分
巫稅錢貢役并十六兩五戔
軍資監役價木二十四疋代錢四十八兩
親軍營三手木一百九十五疋十五尺四
寸代錢三百九十兩七戔七分

税作木二十五疋
沁都砲粮米五十四石四斗四升五合 代錢
二百七十一兩四戔八分
均役廳結錢四百六十一兩一戔一分 税免
并
宣惠廳大同木七同一疋
代木錢七百兩
禁衛各軍錢二百二兩七戔八分
御營各軍錢五百六十一兩六戔九分
親軍營砲保軍錢三百二十兩四戔七分
兵曹各軍錢二百十兩五戔四分
工曹匠人錢七十七兩四分
摠戎廳義僧軍防番錢二十兩
掌樂院樂工錢八兩
均役廳選武軍官錢六十二兩
司僕寺分養馬代錢三十七兩一戔四分
合上納錢四千四百三十一兩五戔三
分
木七同二十六疋
官況

一年需米一百九十六石十斗以
十石 支供米定價輸納延營
一石十二斗 春秋大享及各壇祭需生熟事料下
十一石十三斗二升 鄉所一年朔料下
四石十二斗 首兵校一年朔料下
二石八斗 各廳節例下
合下米三十一石二升
實在米一百六十五石九斗八升 若值災年則減
八分一除二十三石五斗又減下
衙祿位四十結價五百二十兩 每結十三兩式恒定
公須位結十五結價一百九十五兩 每結十三
兩式恒定

경상북도청송군읍지慶尙北道靑松郡邑誌 (1899)

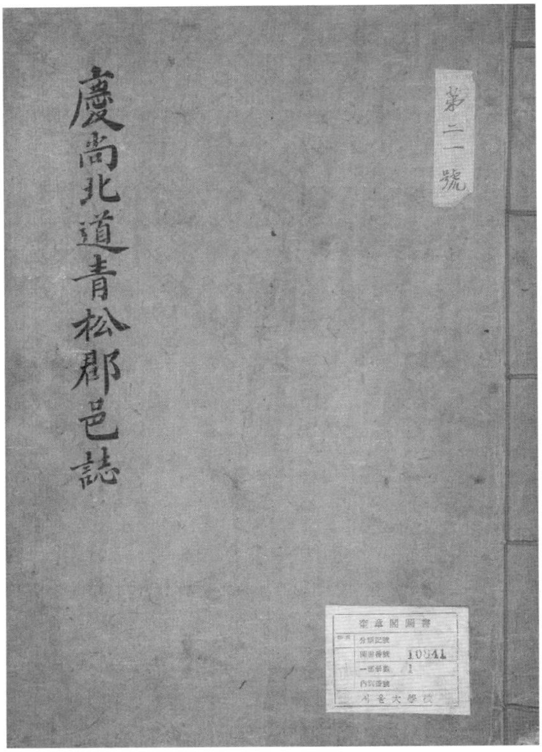

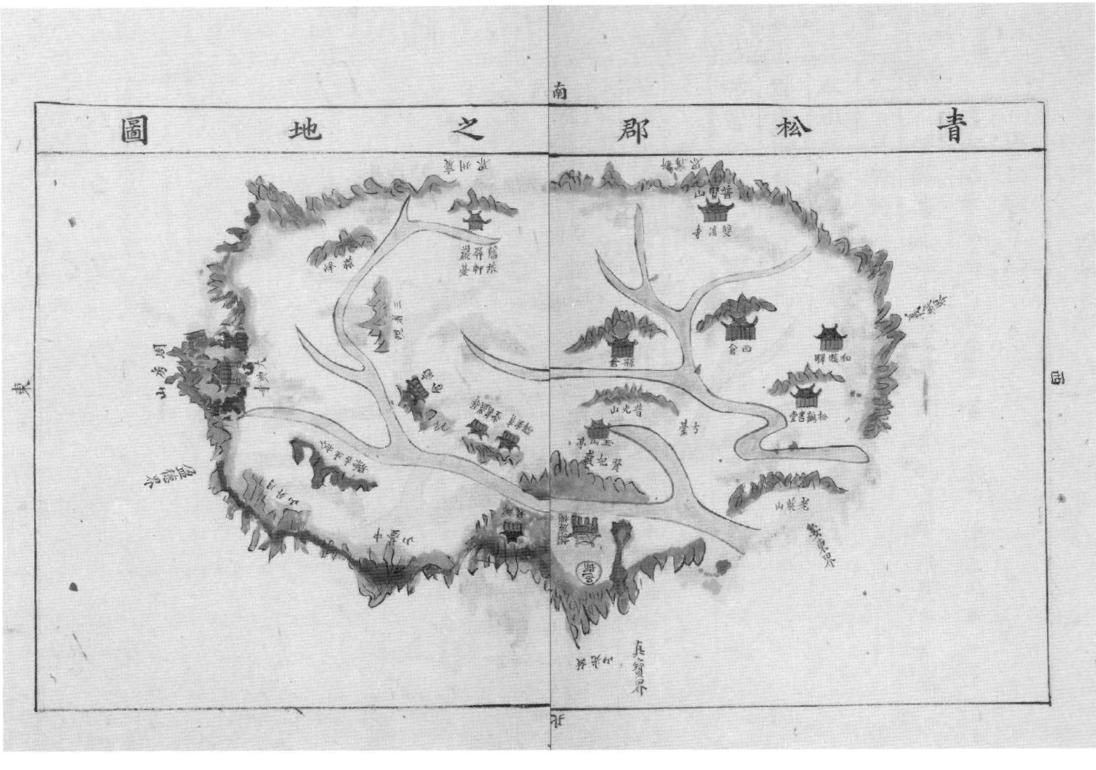

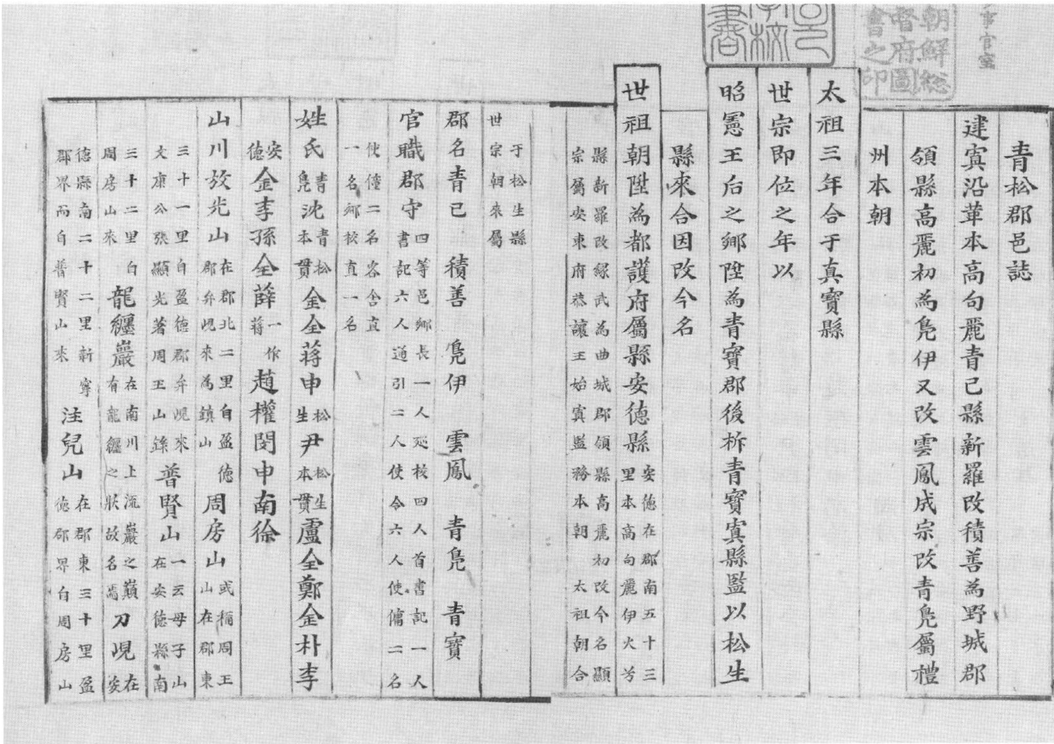

青松郡邑誌
建寘沿革本高句麗青己縣新羅改積善爲野城郡
領縣高麗初爲凫伊又改雲鳳成宗改青凫屬禮
州本朝
太祖三年合于真寶縣
世宗即位之年以
昭憲王后之鄉陞爲青寶郡後析青寶寘縣監以松生
縣來合因改今名
世祖朝陞爲都護府屬縣安德縣安德在郡南五十三里本高句麗伊火兮
縣新羅改緣武爲曲城郡領縣高麗初改今名顯宗屬安東府恭讓王始寘監務本朝太祖朝合
于松生縣世宗朝來屬
郡名青己 積善 凫伊 雲鳳 青凫 青寶
官職郡守四等邑鄉長一人延校四人首書記一人書記六人通引二人使令六人使僮二名
使僮二名客舍直一名鄉校直一名
姓氏青凫沈青松本貫金全蔣申松生尹松生本貫盧全鄭金朴李
安德金李孫全薛一作蔣趙權閔申南徐
山川旼光山在郡北二里自盈德郡弁峴來爲鎭山周房山或稱周王山在郡東
三十一里自盈德郡弁峴來文康公張顯光著周王山錄普賢山一云母子山在安德縣南
三十二里自周房山來龍纏巖在南川上流巖之巔有龍纏之狀故名焉刀峴在安
德縣南二十二里新寧郡界而自普賢山來注兒山在郡東三十里盈德郡界自周房山

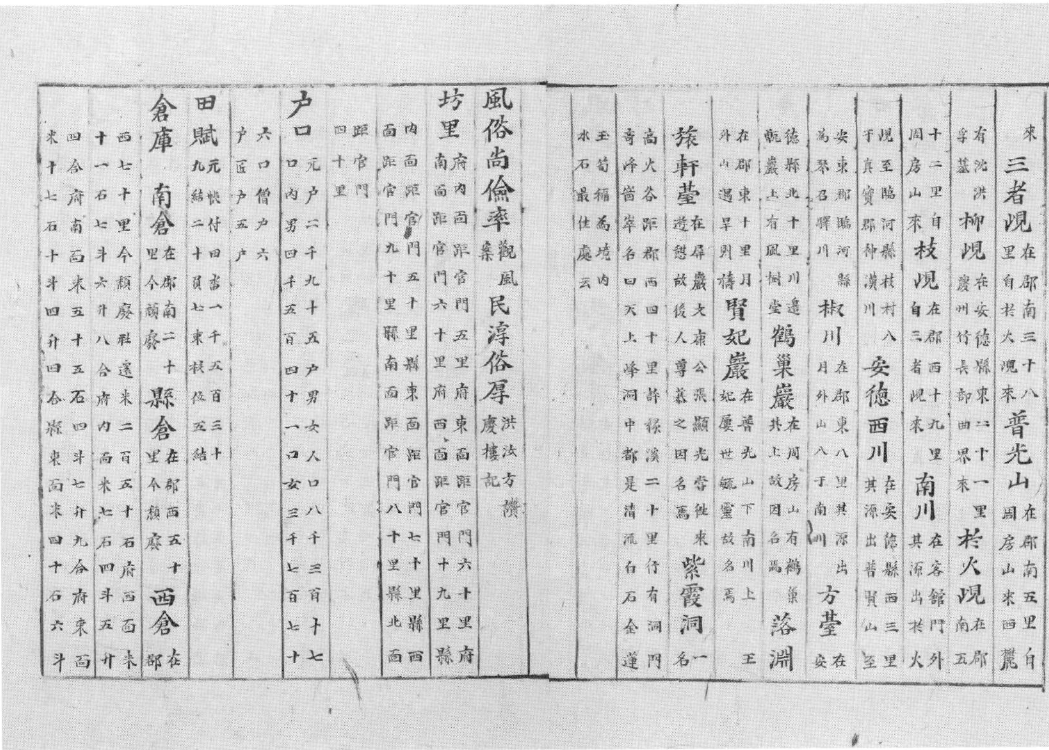

來三者峴在郡南三十八里自於火峴來普光山在郡南五里自周房山來西麓
有沈洪孚墓柳峴在安德縣東二十一里慶州竹長部曲界來於火峴在郡南五
十二里自周房山來枝峴在郡西十九里自三者峴來南川在客館門外其源出於火
峴至臨河縣枝村八于真寶郡神漢川安德西川在安德縣西三里其源出普賢山至
安東郡臨河縣爲琴召驛川椒川在郡東八里其源出月外山八于南川方臺在安
德縣北十里川邊甑巖上有鳳栖臺鶴巢巖在周房山有鶴巢其上故因名焉落淵
在郡東十里月外山遇旱則禱賢妃巖在普光山下南川上王妃屢世毓靈故名焉
旅軒臺在屛巖文康公張顯光杖來遊憩故後人尊慕之因名焉紫霞洞一名
高火谷距郡西四十里許綠溪二十里行有洞門奇峰回峯名曰天上峰洞中都是清流白石金蓮
王筍稱爲境內水石最佳處云
風俗尚儉率觀察風民淳俗厚洪汝方撰慶樓記
坊里府內面距官門五里府東面距官門六十里府南面距官門六十里府西面距官門十九里縣
內面距官門五十里縣東面距官門七十里縣西面距官門九十里縣南面距官門八十里縣北面
距官門四十里
戶口元戶二千九十五戶男女人口八千三百十七口內男四千五百四十一口女三千七百七十
六口僧戶六戶匠戶五戶
田賦元帳付田畓一千五百三十九結二十負七束枝位五結
倉庫南倉在郡南二十里今頹廢縣倉在郡西五十里今頹廢西倉在郡
西七十里今頹廢社還米二百五十石府西面米十一石七斗六升八合府內面米七石四斗五升
四合府南面米五十五石四斗七升九合府東面米十七石十斗四升四合縣東面米四十石六斗

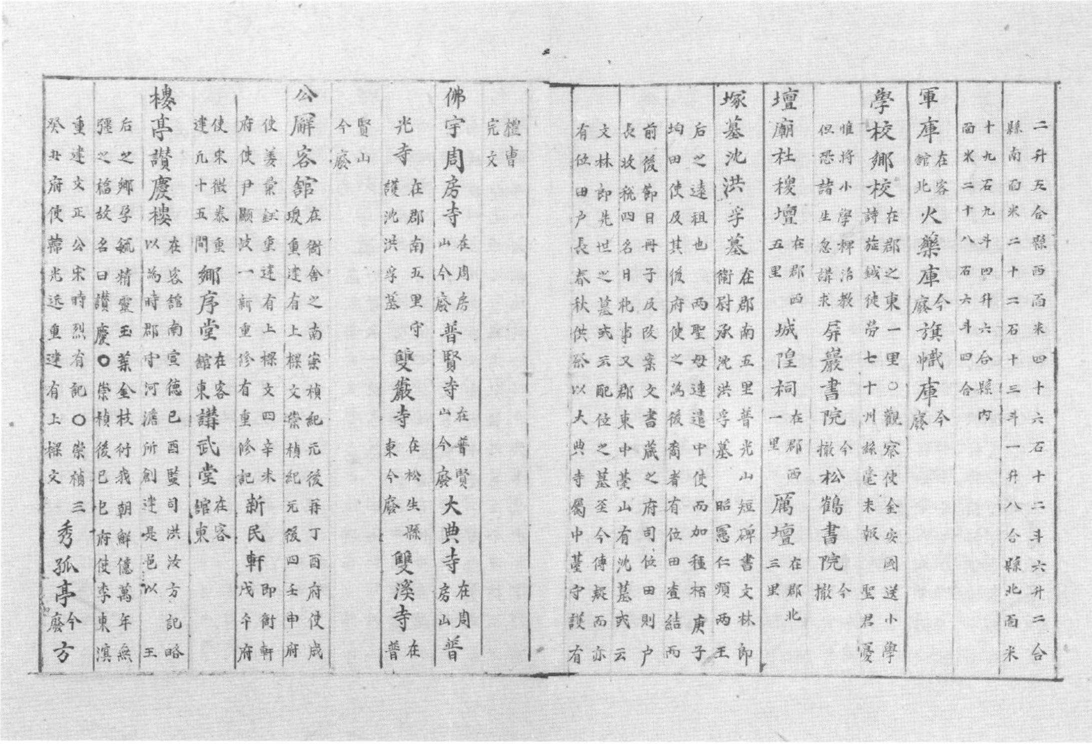

二升五合縣西面米四十六石十二斗六升二合
縣南面米二十二石十三斗一升八合縣北面米
十九石九斗四升六合縣內
面米二十八石六斗四合

軍庫在客館北 火藥庫今廢 旗幟庫今廢

學校鄉校在郡之東一里○觀察使金安國送小學詩旌鉞徒勞七十州絲毫未報聖君憂
惟將小學擇治教但恐諸生急講求 屛巖書院今撤 松鶴書院今撤

壇廟社稷壇在郡西五里 城隍祠在郡西一里 厲壇在郡北三里

塚墓沈洪孚墓在郡南五里普光山短碑書文林郎
衛尉承沈洪孚墓 昭憲仁順兩王
后之遠祖也兩聖母連遣中使而加種栢庚子
均田使及其後府使之為後裔者有位田査結而
前後節日冊子及陵寢文書藏之府司位田則户
長收稅四名月祀事又郡東中臺山有沈墓或云
文林郎先世之墓或云配位之墓至今傳疑而亦
有位田户長春秋供祭以大典寺屬中臺守護有

禮曹完文

佛宇周房寺在周房山今廢 普賢寺在普賢山今廢 大典寺在周房山普
光寺在郡南五里守護沈洪孚墓 雙巖寺在松生縣東今廢 雙溪寺在普
賢山今廢

公廨客館在衙舍之南崇禎紀元後再丁酉府使咸
瓔重建有上樑文崇禎紀元後四壬申府
使姜彙鈺重建有上樑文四辛未
府使尹顯岐一新重修有重修記 新民軒即衙軒戊午府
使宋徵泰重建凡十五間 鄉序堂在客館東 講武堂在客館東

樓亭讚慶樓在客館南宣德己酉監司洪汝方記略
以為時郡守河濬所創建是邑以王
后之鄉孕毓精靈玉葉金枝衍我朝鮮億萬年無
疆之休故名曰讚慶○崇禎後己巳府使李東濱
重建文正公宋時烈有記○崇禎三
癸丑府使韓光近重建有上樑文 秀孤亭今廢 方

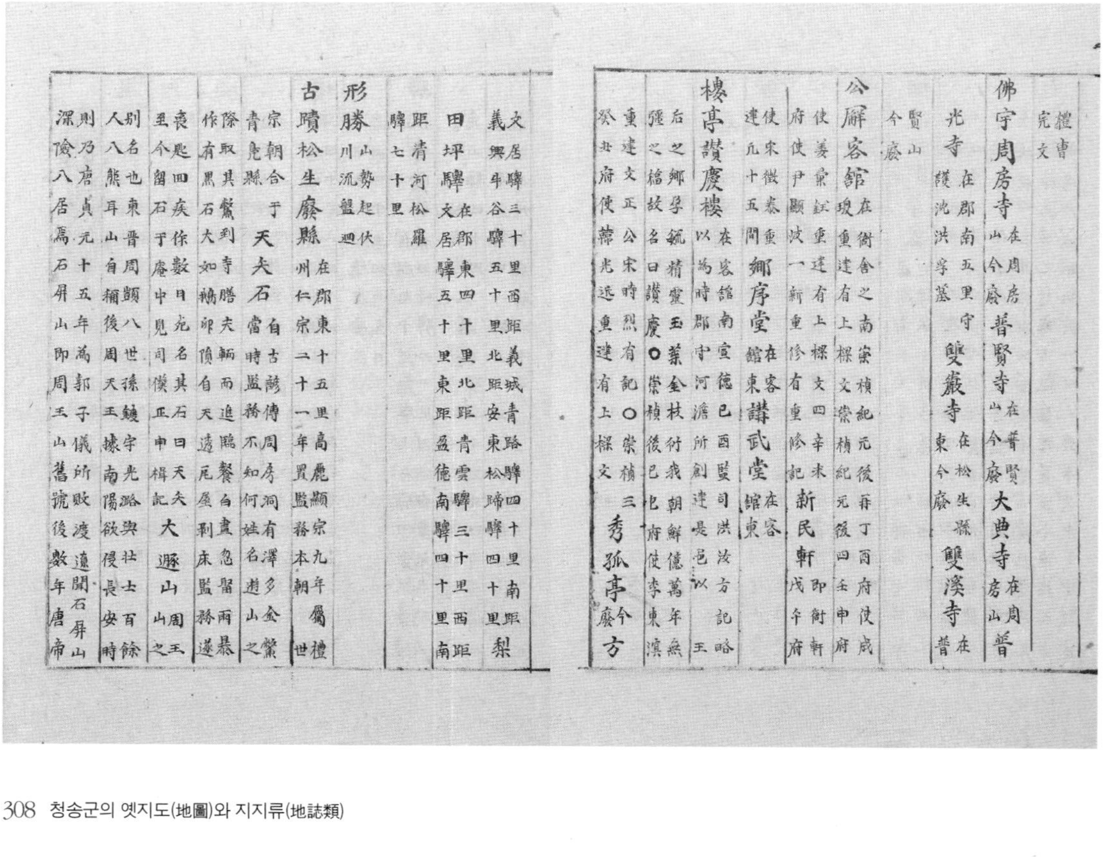

禮曹完文

佛宇周房寺在周房山今廢 普賢寺在普賢山今廢 大典寺在周房山普
光寺在郡南五里守護沈洪孚墓 雙巖寺在松生縣東今廢 雙溪寺在普
賢山今廢

公廨客館在衙舍之南崇禎紀元後再丁酉府使咸
瓔重建有上樑文崇禎紀元後四壬申府
使姜彙鈺重建有上樑文四辛未
府使尹顯岐一新重修有重修記 新民軒即衙軒戊午府
使宋徵泰重建凡十五間 鄉序堂在客館東 講武堂在客館東

樓亭讚慶樓在客館南宣德己酉監司洪汝方記略
以為時郡守河濬所創建是邑以王
后之鄉孕毓精靈玉葉金枝衍我朝鮮億萬年無
疆之休故名曰讚慶○崇禎後己巳府使李東濱
重建文正公宋時烈有記○崇禎三
癸丑府使韓光近重建有上樑文 秀孤亭今廢 方

文居驛三十里西距義城青路驛四十里南距
義興斗谷驛五十里北距安東松蹄驛四十里 梨
田坪驛在郡東四十里北距青雲驛三十里西距
文居驛五十里東距盈德南驛四十里南距
距清河松羅
驛七十里

形勝山勢起伏川流盤迴

古蹟松生廢縣在郡東十五里高麗顯宗九年屬禮
州仁宗二十一年置監務本朝世
宗朝合于
青鳧縣 天夫石自古諺傳周房洞有澤多金鱉
當時監務不知何姓名遊山之
除取其鱉到寺勝夫輛而進臨餐白晝忽留雨暴
作有黑石大如牛卧隕自天遶尾屋刹床監務遂
襄起回疾作數日死名其石曰天夫
至今留石于庵中見司僕正申楫記 大遯山山周王
之
別名也東晋周顗八世孫鍾守光臨與壯士百餘
人入熊耳山自稱後周天王據南陽欲侵長安時
則乃唐貞元十五年為郭子儀所敗渡遼開石屛山
深險八居焉石屛山即周王山舊號後數年唐帝

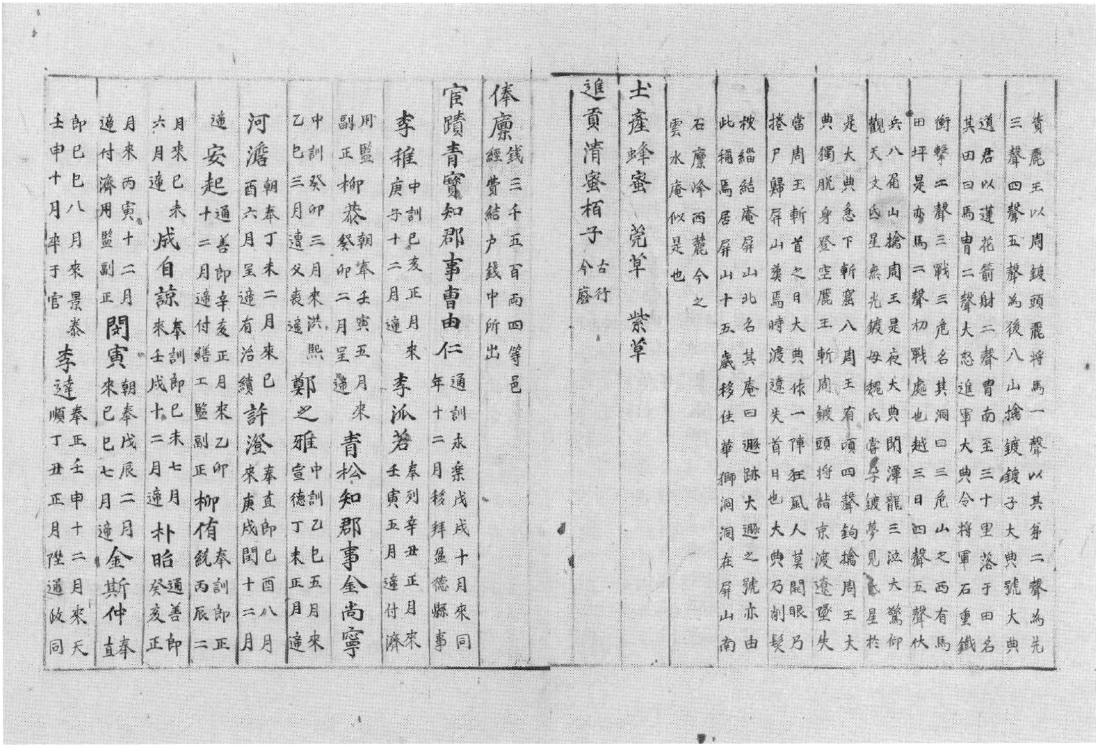

賁麗王以周鍍頭麗將馬一聲以其弟二聲爲先三聲四聲五聲爲後八山擒鍍鍍子大典號大典
道君以蓮花箭射二聲曹南至三十里落于田名其田曰馬曹二聲大怒進軍大典令將軍石重鐵
衝擊二聲三戰三危名其洞曰三危山之西有馬田坪是亦馬二聲切戰處也越三日四聲五聲伏
兵八百山擒周王是夜大典聞澤龍三泣大驚仰觀天文氐星無光鍍母槐氏嘗孕鍍夢見氐星於
是大典急下斬窩八周王有頃四聲鈞擒周王大典獨脫身登空麗王斬周鍍頭將詣京渡遼墜失
當周王斬首之日大典依一陣狂風人莫開眼乃捲尸歸屛山葬焉時渡遼失首日也大典乃削髮
披緇結庵屛山北名其庵曰遯跡大遯之號亦由此稱焉居屛山十五歲移住華獅洞洞在屛山南
石廩峰西麓今之雲水庵似是也

土産 蜂蜜 莞草 紫草

進貢 清蜜 栢子 古行今廢

俸廩 錢三千五百兩四等邑經費結戶錢中所出

宦蹟 青寶知郡事曺由仁 通訓永樂戊戌十月來同年十二月移拜盈德縣事
李稚 中訓己亥正月來庚子十二月遞 李泒若 奉列辛丑正月來壬寅五月遞付濟
用監副正 柳蓀 朝奉壬寅五月來癸卯二月呈遞 青松知郡事金尚寧
中訓癸卯三月來洪熙乙巳三月遭父喪遞 鄭之雅 中訓乙巳五月來宣德丁未正月遞
河澹 朝奉丁未二月來己酉六月呈遞有治績 許澄 奉直郎己酉八月來庚戌閏十二月
遞 安起 通善郎辛亥正月來乙卯十二月遞付繕工監副正 柳侑 奉訓郎正統丙辰二
月來己未六月遞 成自諒 奉訓郎己未七月來壬戌十二月遞 朴昭 通善郎癸亥正
月來丙寅十二月遞付濟用監副正 閔寅 朝奉戊辰二月來己巳七月遞 金斯仲 奉直
郎己巳八月來景泰壬申十月卒于官 李達 奉正壬申十二月來天順丁丑正月陞通政同

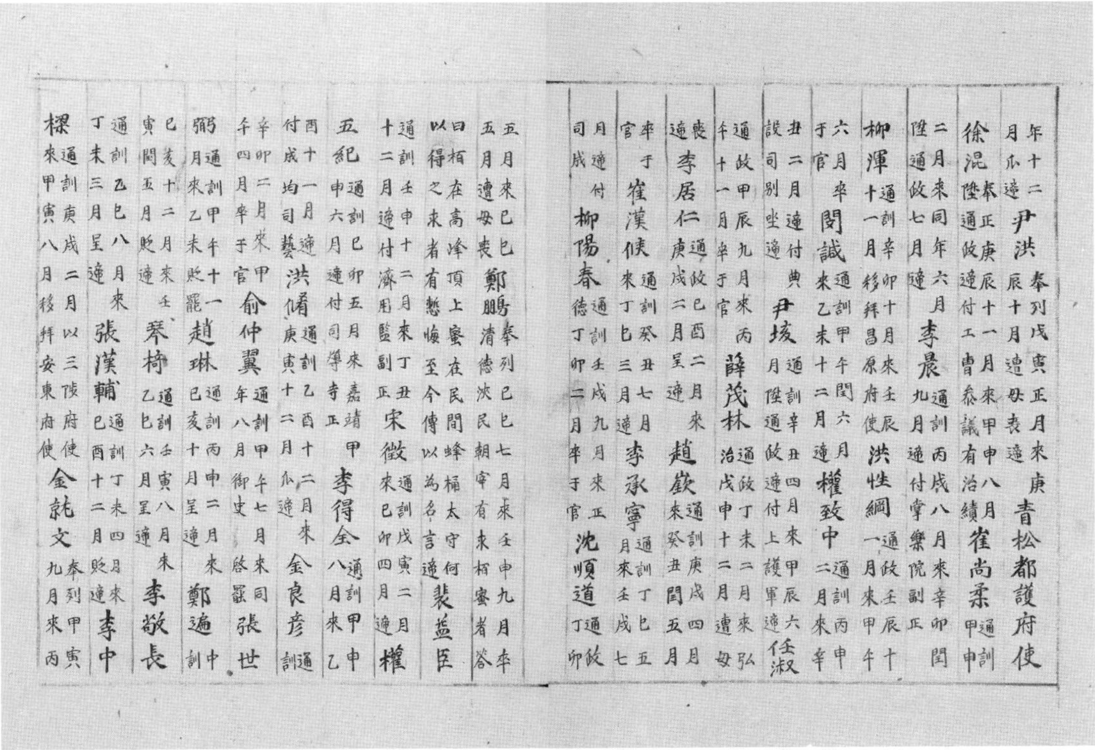

年十二月瓜遞 尹洪 奉列戊寅正月來庚辰十月遭母喪遞 青松都護府使
徐混 奉正庚辰十一月來甲申八月陞通政遞付工曹叅議有治績 崔尚柔 通訓甲申
二月來同年六月陞通政七月遞 李晨 通訓丙戌八月來辛卯閏九月遞付掌樂院副正
柳渾 通訓辛卯十月來壬辰十一月移拜昌原府使 洪性綱 通政壬辰十一月來甲午
六月卒于官 閔誠 通訓甲午閏六月來乙未十二月遞 權致中 通訓丙申二月來辛
丑二月遞付典設司別坐遞 尹垓 通訓辛丑四月來甲辰六月陞通政遞付上護軍遞 任淑
通政甲辰九月來丙午十一月卒于官 薛茂林 通政丁未二月來弘治戊申十二月遭母
喪遞 李居仁 通政己酉二月來庚戌二月呈遞 趙欽 通訓庚戌四月來癸丑閏五月
卒于官 崔漢侯 通訓癸丑七月來丁巳三月遞 李承寧 通訓丁巳五月來壬戌七
月遞付司成 柳陽春 通訓壬戌九月來正德丁卯二月卒于官 沈順道 通政丁卯
五月來己巳五月遭母喪 鄭鵬 奉列己巳七月來壬申九月卒清德洪民朝審有來栢蜜者咎
曰栢在高峰頂上蜜在民間蜂桶太守何以得之來者有慙悔至今傳以爲名言遞 裴益臣
通訓壬申十二月來丁丑十二月遞付濟用監副正 宋徵 通訓戊寅二月來己卯四月遞 權
五紀 通訓己卯五月來嘉靖甲申六月遞付司導寺正 李得全 通訓甲申八月來乙
酉十一月遞付成均司藝 洪偦 通訓乙酉十二月來庚寅十二月瓜遞 金良彦 通訓
辛卯二月來甲午四月卒于官 俞仲翼 通訓甲午七月來同年八月御史啓罷 張世
弼 通訓甲午十一月來乙未貶罷 趙琳 通訓丙申二月來己亥十月呈遞 鄭遍 中訓
己亥十二月來壬寅閏五月貶遞 琴椅 通訓壬寅八月來乙巳六月呈遞 李敬長
通訓乙巳八月來丁未三月呈遞 張漢輔 通訓丁未四月來己酉十二月貶遞 李中
樑 通訓庚戌二月以三陵府使來甲寅八月移拜安東府使 金就文 奉列甲寅九月來丙

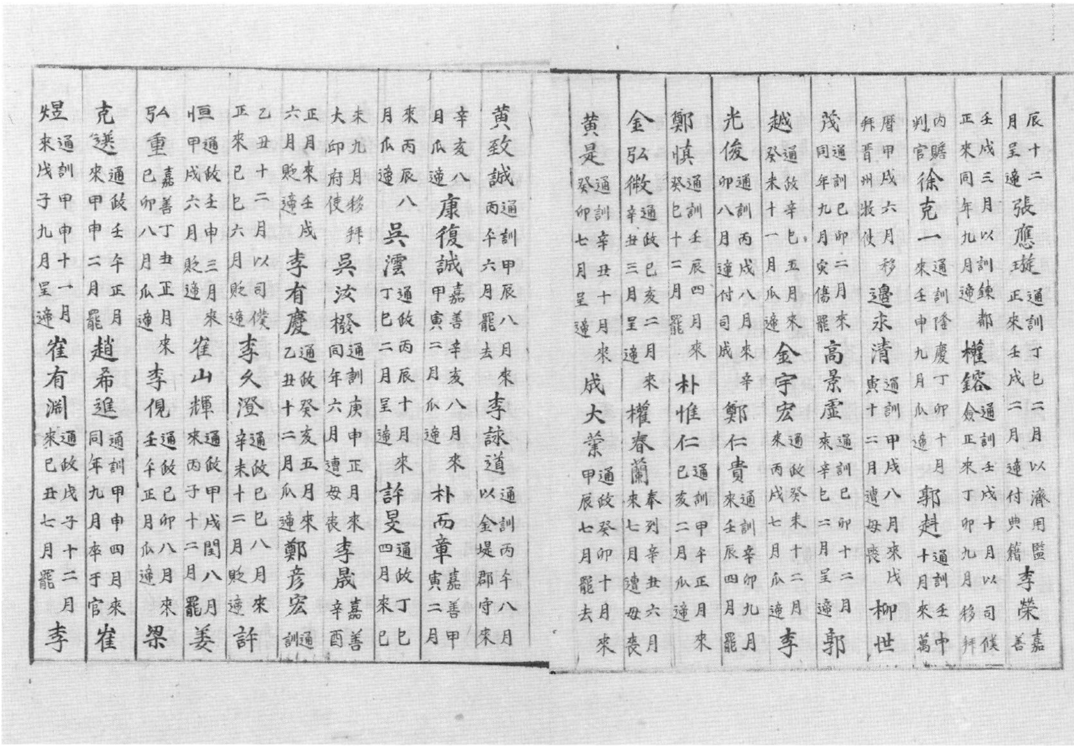

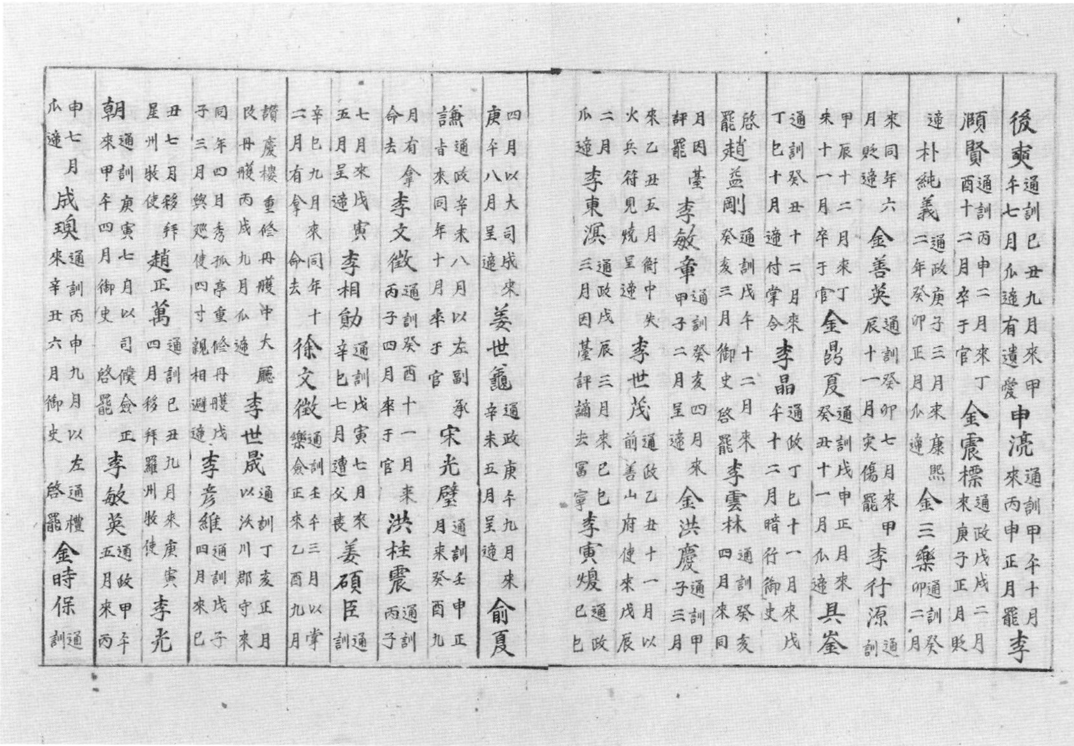

辛丑七月來壬寅四月貶遞
宋徵奎 通訓壬寅九月以杆城郡守來乙巳十二月貶遞
沈鳳輝 通訓丙午二月來戊申正月呈遞
尹彬 通訓戊申二月以前掌令來辛亥二月以御史啓罷
朴師漢 通訓辛亥五月以工曹正郎來壬子正月呈遞有遺愛
洪重耆 通訓壬子正月來乾隆元年丙辰四月移拜光州牧使有遺愛
尹彙貞 通政丙辰五月以前承旨來戊午五月呈遞
宋徵泰 通政戊午六月以長興庫主簿來壬戌衛東軒隊達因監兵營褒啓陞資同年九月呈遞
鄭錫範 通訓壬戌十二月以司僕僉正來甲子四月讃慶樓改丹雘丁卯九月瓜遞
兪直基 通訓丁卯十一月以司導寺僉正來壬申十一月瓜遞
李琟輔 通訓壬申十二月以陜川郡守來癸酉十月呈遞
徐有常 通訓癸酉十二月以信川郡守來丙子六月移拜南原府使
尹東涵 通訓丙子八月以永川郡守來己卯正月以世嫌不呈到界公禮狀狀罷
趙德洙 通訓己卯二月以榮川郡守來庚辰正月遭母喪
兪彦國 通政庚辰二月以前大司諫來壬午六月瓜遞
柳健 通政壬午七月以兵曹參知來甲申六月貶罷
尹坊 通政甲申八月以前承旨來丙戌十二月瓜遞
李基德 通政丙戌十二月以前承旨來戊子十月御史復命時以病特爲遞
魚錫定 通政戊子十一月以右承旨來己丑五月以左承旨去
鄭忠達 通訓己丑五月以都摠經歷來辛卯九月陞拜訓鍊正去
李致中 通訓辛卯九月以輔德來壬辰七月文倅並遞時遞去
申大觀 通訓壬辰八月來癸巳正月武倅遞去時並遞
閔鍾烈 通訓癸巳二月以校理來甲午六月廵使相避遞去
沈鏡 通政甲午七月以承旨來乙未十二月貶遞
尹勉升 通政丙申正月以承旨來戊戌七月瓜遞 嘉善戊戌七月以前叅判來己亥十二月貶遞
李世奭 通政己亥十二月以承旨來辛丑六月貶遞
鄭彦暹 通政辛丑七月以承旨來癸卯四月卒于官
林蓍喆 通政癸卯五月以承旨來乙巳六月京遞

好士恤民興學校奬從官之日創建樂一齋日與邑儒吟哦有適禮遇款洽邑人不忘歲有儀物
任希教 嘉善乙巳七月以前叅判來同年九月卒于官
鄭啓淳 通政乙巳九月以前承旨來丁未十二月瓜遞
姜游 通政戊申正月以前承旨來庚戌正月有拿命去
李濟萬 通政庚戌正月以前承旨來同年五月以蔘火秋査報稽滯事特罷
申光履 嘉善庚戌五月以前叅判來辛亥七月京遞
韓光近 通政辛亥七月以承旨受補外來癸丑六月特除承旨去
曺允精 通訓癸丑七月以繕工監副正來甲寅六月貶遞
李普天 通政甲寅七月以前承旨來乙卯十月以蔘蹉負上京遞贓
洪彦喆 通政乙卯十月以前承旨來嘉慶丙辰十月卒于官
洪義浩 通政丙辰十一月以副護軍來戊午五月受由上京特教遞職
俞漢謨 通政戊午五月以前承旨來同年十二月以前職江陵府海蔘事有拿命去
洪受浩 通訓戊午十二月以修撰來庚申八月京遞
李勉齊 通訓庚申八月以豐基郡守來壬戌六月御史啓罷
金孝建 通政壬戌六月以曹司衛將來同年十一月遭母喪
尹悌東 通訓壬戌十一月以太常正來癸亥三月卒于京
李德鉉 通訓癸亥五月以司僕寺正來甲子十二月陞拜執義
崔光泰 通政乙丑正月以前承旨來丁卯六月瓜遞有遺愛
李在璣 通訓丁卯七月以左通禮來戊辰七月御史啓罷
鄭東幹 通訓戊辰七月以前執義來己巳四月特除承旨去
李鉐 通訓己巳四月以吏曹正郎來庚午正月遭父喪
姜彙鈺 通政庚午正月以前承旨來壬申六月瓜遞
尹燨 通訓壬申七月以古阜郡守移拜丁丑八月瓜蕭遞付懿陵令
張瀚 通訓丁丑八月以大丘判官來同年十月陞拜清州牧使
尹日逵 通訓丁丑十月以持平來戊寅二月卒于官
沈能栻 通訓戊寅三月以持平來庚辰五月呈遞
尹景鎭 通訓庚辰五月兼獨善來辛巳十一月除副應教
金初淳 通訓辛巳十二月以錦山郡守來壬午六月移拜全州判

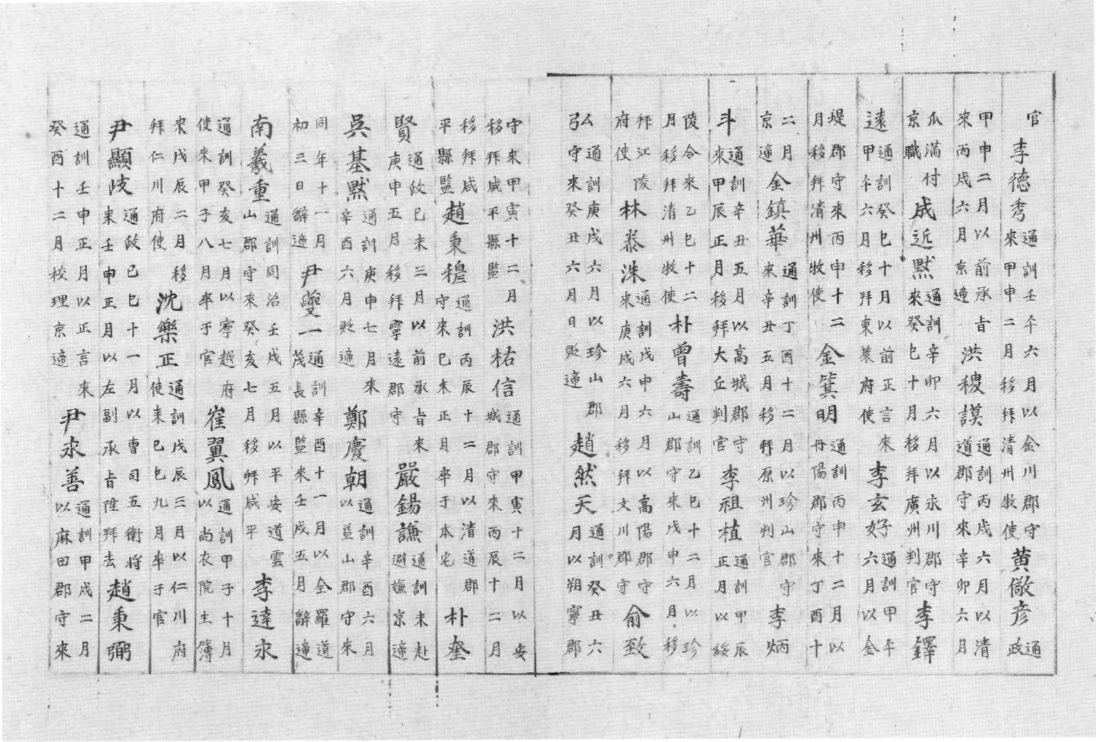
官 李德秀通訓壬午六月以金川郡守來甲申二月移拜清州牧使 黃徽彥通政
甲申二月以前承旨來丙戌六月京遞 洪禝謨通訓丙戌六月以清道郡守來辛卯六月
瓜滿付京職 成近默通訓辛卯六月以永川郡守來癸巳十月移拜廣州判官 李鐸
遠通訓癸巳十月以前正言來甲午六月移拜東萊府使 李玄好通訓甲午六月以金
堤郡守來丙申十二月移拜清州牧使 金箕明通訓丙申十二月以丹陽郡守來丁酉十
二月京遞 金鎮華通訓丁酉十二月以珍山郡守來辛丑五月移拜原州判官 李炳
斗通訓辛丑五月以高城郡守來甲辰正月移拜大丘判官 李祖植通訓甲辰正月以綏
陵令來乙巳十二月移拜清州牧使 朴曾壽通訓乙巳十二月以珍山郡守來戊申六月移
拜江陵府使 林蓍洙通訓戊申六月以高陽郡守來庚戌六月移拜文川郡守 俞致
弘通訓庚戌六月以珍山郡守來癸丑六月日貶遞 趙然天通訓癸丑六月以朔寧郡
守來甲寅十二月移拜咸平縣監 洪祐信通訓甲寅十二月以安城郡守來丙辰十二月
移拜咸平縣監 趙秉禮通訓丙辰十二月以清道郡守來己未正月卒于本宅 朴奎
賢通政己未三月以前承旨來庚申五月移拜寧遠郡守 嚴錫謙通訓未赴避嫌京遞
吳基默通訓庚申七月來辛酉六月貶遞 鄭慶朝通訓辛酉六月以益山郡守來
同年十一月初三日辭遞 尹夔一通訓辛酉十一月以全羅道茂長縣監來壬戌五月辭遞
南羲重通訓同治壬戌五月以平安道雲山郡守來癸亥七月移拜咸平 李達求
通訓癸亥七月以寧越府使來甲子八月卒于官 崔翼鳳通訓甲子十月以尚衣院主簿
來戊辰二月移拜仁川府使 沈樂正通訓戊辰三月以仁川府使來己巳九月卒于官
尹顯岐通政己巳十一月以曹司五衛將來壬申正月以左副承旨陞拜去 趙秉弼
通訓壬申正月以正言來癸酉十二月校理京遞 尹求善通訓甲戌二月以麻田郡守來

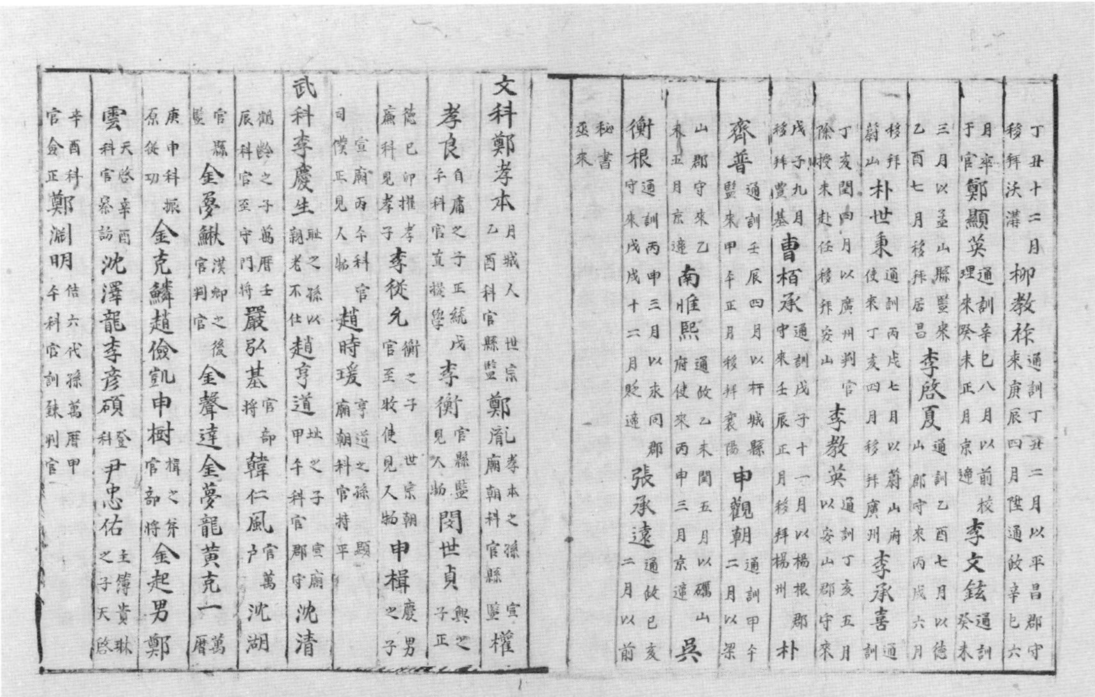
丁丑十二月移拜沃溝 柳教祩通訓丁丑二月以平昌郡守來庚辰四月陞通政辛巳六
月卒于官 鄭顯英通訓辛巳八月以前校理來癸未正月京遞 李文鉉通訓癸未
三月以盈山縣監來乙酉七月移拜居昌 李啓夏通訓乙酉七月以德山郡守來丙戌六月
移拜蔚山 朴世秉通訓丙戌七月以蔚山府使來丁亥四月移拜廣州 李承喜通訓
丁亥閏四月以廣州判官除授未赴任移拜安山 李教英通訓丁亥五月以安山郡守來
戊子九月移拜豐基 曹栢承通訓戊子十一月以楊根郡守來壬辰正月移拜楊州 朴
齊普通訓壬辰四月以杆城縣監來甲午正月移拜襄陽 申觀朝通訓甲午二月以梁
山郡守來乙未五月京遞 南惟熙通政乙未閏五月以礪山府使來丙申三月京遞 吳
衡根通訓丙申三月以永同郡守來戊戌十二月貶遞 張承遠通政己亥二月以前
秘書丞來

文科鄭孝本月城人世宗乙酉科官縣監 鄭亂孝本之孫宣廟朝科官縣監 權
孝良自盧之子正統戊午科官直提學 李衡官縣監見人物 閔世貞興之子正
德己卯推孝廉科見孝子 李從允衛之子世宗朝官至牧使見人物 申楫慶男之子
宣廟丙午科官司僕正見人物 趙時瑗亨道之孫顯廟朝科官持平
武科李慶生趾之孫以親老不仕 趙亨道址之子宣廟甲午科官郡守 沈清
鵬齡之子萬曆壬辰科官至守門將 嚴弘基官部將 韓仁風官萬戶 沈湖
官縣監 金夢鱗漢卿之後官判官 金聲達 金夢龍 黃克一萬曆
庚申科振原從功 金克鱗 趙儉凱 申樹楫之弟官部將 金起男 鄭
雲天啓辛酉科官察訪 沈澤龍 李彥碩登科 尹忠佑主簿貴琳之子天啓
辛酉科官僉正 鄭淵明信六代孫萬曆甲午科官訓鍊判官

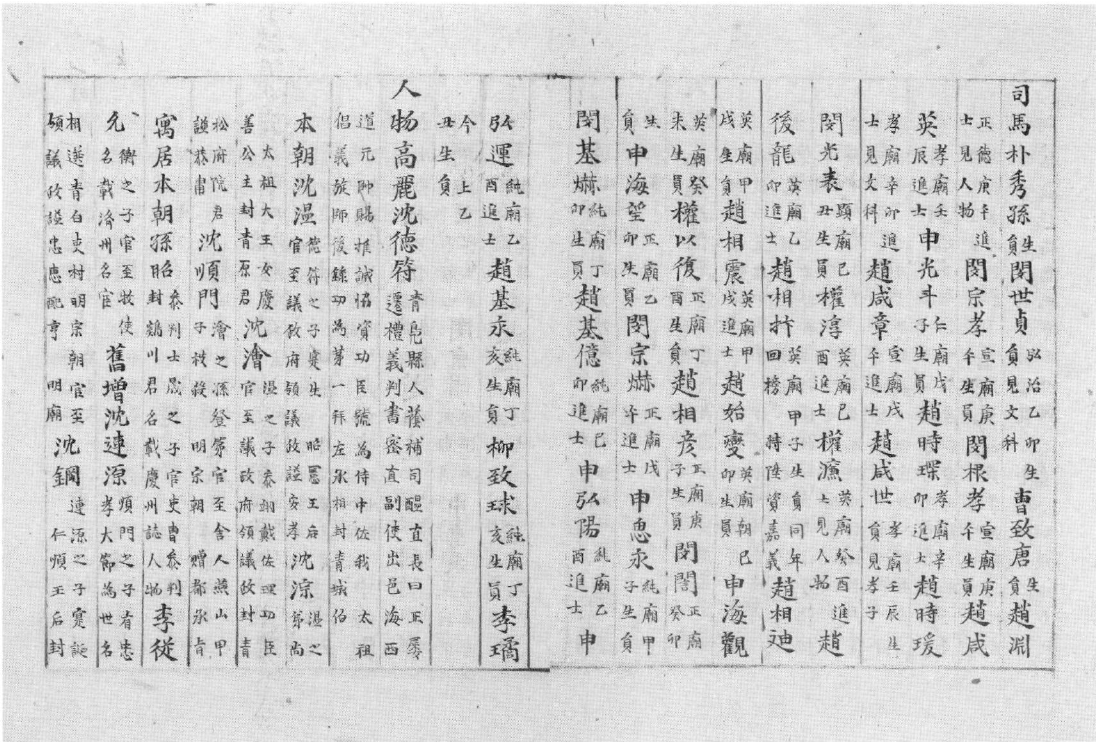

司馬朴秀孫 生員 閔世貞 弘治乙卯生員見文科 曺致唐 生員 趙淵

正德庚午進士見人物 閔宗孝 宣廟庚午生員 閔根孝 宣廟庚午生員 趙咸

英 孝廟壬辰進士 申光斗 仁廟戊子生員 趙時璟 孝廟辛卯進士 趙時瑗

孝廟辛卯進士見文科 趙咸章 宣廟戊午進士 趙咸世 孝廟壬辰生員見孝子

閔光表 顯廟己丑生員 權淳 英廟己酉進士 權瀗 英廟癸酉進士見人物 趙

後龍 英廟乙卯進士 趙相抃 英廟甲子生員同年回榜時陞資嘉義 趙相迪

英廟甲戌生員 趙相震 英廟甲戌進士 趙始燮 英廟朝己卯生員 申海觀

英廟癸未生員 權以復 正廟丁酉生員 趙相彥 正廟庚子生員 閔誾 正廟癸卯

生員 申海望 正廟乙卯生員 閔宗爀 正廟戊午進士 申息永 純廟甲子生員

閔基爀 純廟丁卯生員 趙基億 純廟己卯進士 申弘陽 純廟乙酉進士 申

弘運 純廟乙酉進士 趙基永 純廟丁亥生員 柳致球 純廟丁亥生員 李璛

今上乙丑生員

人物

高麗沈德符 青鳧縣人蔭補司醞直長曰正屬遷禮義判書密直副使出邑海西

道元帥賜推誠協贊功臣號爲侍中佐我太祖倡義旋師復錄功爲第一拜左丞相封青城伯

本朝沈溫 德符之子寔生昭憲王后官至議政府領議政諡安孝 沈淙 溫之第尚

太祖大王女慶善公主封青原君 沈澮 溫之子泰翊戴佐理功臣官至議政府領議政封青

松府院君諡恭肅 沈順門 澮之孫登第官至舍人燕山甲子被殺明宗朝贈都承旨

寓居本朝孫昭 泰判士晟之子官吏曹參判封鷄川君名載慶州誌人物 李從

允 衛之子官至牧使名載洛州名宦 舊增沈連源 順門之子有忠孝大節爲世名

相選青白吏村明宗朝官至領議政諡忠惠配享明廟 沈鋼 連源之子寔誕仁順王后封

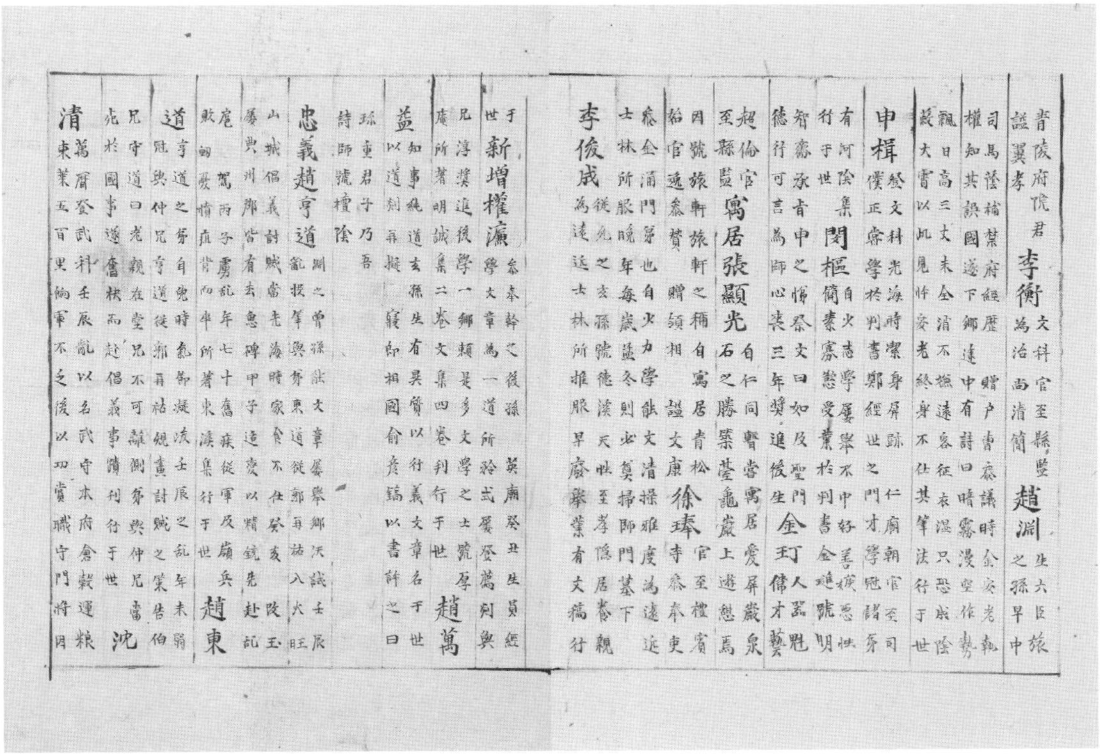

青陵府院君諡翼孝 李衡 文科官至縣監爲治尚清簡 趙淵 生六臣旅之孫早中

司馬蔭補禁府經歷贈戶曹參議時金安老執權知其誤國遂下鄉達中有詩曰晴露漫空作勢

飄日高三丈未全消不撫遠客征衣濕只恐成陰蔽大雪以此見忤安老終身不仕其筆法行于世

申楫 癸文科光海時潔身屏跡仁廟朝官至司僕正崇學於判書鄭經世之門才學冠諸勞

有河陰集行于世 閔樞 自少志學屢擧不中好善嫉惡簡素寡慾受業於判書金璉號明

智齋承旨申之悌祭文曰如及聖門德行可言爲師心喪三年奬進後生 金玎 人器魁偉才藝

超倫官至縣監 寓居張顯光 自仁同暫嘗寓居愛屏巖泉石之勝築臺龜巖上遊憩焉

因號旅軒旅軒之稱自寓居青松始官遠叅贊贈領相諡文康 徐瑧 官至禮賓寺叅奉吏

叅金涌門弟也自少力學能文清操雅度爲遠近士林所服晚年每歲盛冬則必奠掃師門墓下

從允之玄孫號德溪天性至孝隱居養親

李俊成 爲遠近士林所推服早廢擧業有文稿行

于世 新增權瀗 參奉斡之後孫英廟癸丑生員經學文章爲一道所矜式屢登薦剡與

兄淳奬進後學一鄉賴是多文學之士號厚菴所著明誠集二卷文集四卷刊行于世 趙萬

益 知事純道玄孫生有異質以行義文章名于世以道剡再擬寢郎相國俞彥鎬以書許之曰

孫重君子乃吾詩師號檀陰

忠義趙亨道 淵之曾孫能文章屢擧鄉試壬辰亂投筆與弟東道從郭再祐入火旺

山城倡義討賊當先海時家貧不仕癸亥改玉屢典州郡皆有去思碑甲子适變以精銳先赴記

庵駕丙子虜亂年七十舊疾從軍及嶺兵敗回愛憤疽背而卒所著東溪集行于世 趙東

道 亨道之弟自兒時氣節凝凍壬辰之亂年未弱冠與仲兄亨道從郭再祐覲熏討賊之策告伯

兄守道曰老親在堂兄不可離側弟與仲兄當死於國事遂奮袂而赴倡義事蹟刊行于世 沈

清 萬曆癸武科壬辰亂以名武守本府倉穀運粮東萊五百里餉軍不乏之後以功賞職守門將因

賜亭名以碧節後人號碧節公 **金夢麟** 孝於事親爲意仕宦壬辰亂綽於親曰丈夫八西事
父兄出而事長上何可臨亂竄伏乎卽奉父母寓於縣東召募義兵從花山君權應銖赴永川及賊
八郡籌火攻之策大破之江左生靈賴而得全其在陣時距青松百餘里常夜歸覲親晨還隸門其
忠勇誠孝兼至功成擭於元帥官至副正 **南繼曹** 在英廟時當壬亂送兄亂曹赴倡義陣
以書依別曰兄今赴急於國難但竭力於國事更勿念及家庭因奉母移寓青松人稱忠孝兩全
尹忠佑 主簿貴琳之子天啓辛酉登武科官至訓鍊僉正當丙子亂與家人語曰丈夫處世
生當報國死當裹革赴雙嶺陣奮身獨前而卒有申部特樹之碌文是日夜四更馬嘶于公居洞口
家人驚視則乃公之馬也流血滿鞍家人驚問曰汝雖微物今能來此汝主生乎馬流涕回頭汝主
死乎馬飲泣叩頭仍斃于庭至今遺馬具 贈軍器寺判官 **金夢鰍** 登武科從鶴林君李
守一討送遣以振武原從功臣歷黃州牧使 **沈汀** 當壬辰亂與軍官西上自号募義至雙嶺

奮身獨前死於蜂鏑 **新增趙德昇** 守道玄孫号西全堂天性磊落多膽畧戊申亂父大
寬領鄉兵赴松峴陣公又給檄倡義排定部伍期啓程將合於安東義陣道聞捷報因罷還人稱
忠孝兩全 **忠婢是娘** 孝子權濼萬之婢平居事主誠勤主家偶失火是娘赤身冒焰負女
主而出烈焰撲戶不得出遂與同死 肅廟朝旌閭
孝子權幹 有學行性至孝父歿之衰皆親有負土成墳廬墓三年與鄉人做呂氏鄉約以
爲鄉規邑之人至今儀則焉 **閔世貞** 驪興府院君霽之玄孫世居此地 中廟擢孝廉科
官至縣監以孝友聞于朝閭旌 **申從渭** 文貞公賢之後性至孝廬墓終制道 啓錄孝
行業知丑山鄉早解官歸以大耋陞正三品享眞寶西江祠 **申演** 事親孝家法歲遭母喪以
父在不得自盡及後喪居廬歠粥終制三年內日必三者墓雖風雨不廢因中濕疾覆杖而後行祭
枕必親鄭經歲撰墓碣曰聖人所謂十室之邑必有忠信者其不謂是耶 **申慶男** 演之子

贈通政大夫承政院左承旨性至孝葬父母於十里外每值冬雪輒往親掃人謂之能繼家風云
趙址 澗之孫奉先以禮居喪廬墓一時名賢皆稱其孝 **趙守道** 址之子早有學行廢
業以孝友忠信爲一家之則壬辰之亂送弟守道東道與郭再祐倡義火旺山城勉以忠義常西
堂雪淨背負雙親奔避得全鄉人稱其忠孝兼備 **趙遵道** 守道之弟德性仁厚孝友篤至
搆堂於先壠之下扁之曰風樹堂 英廟樹歆覩而風不止之意也 守宰薦 聞官至主簿 **李耻**
嘉平府院君李孫之曾孫自龍宮來居安德縣作亭東溪號望雲以寓思親之懷及親歿與兄萌廬
墓三年 **趙咸世** 守道之子自兒時孝行特異十一歲母吳氏患風痺手足不仁晝夜不離
側衣食梳洗之節躬自代之一不使人十九歲母病猝劇氣絶斷指進血遂得回甦父年七十赴亂
疽背常吮濃血及遭喪歠粥終制遠近歎服名所居軒曰孝宜多名碩題詠 **權澤萬** 自幼
事父母極誠孝親病嘗糞以試輕重常從父出外其母遇火而死自後燔炙之肉不忍近口蔬粥

菜居廬三年須臾不離父側拱雉躍奐有孟宗王祥之行父疾革斬指以進幾窒而甦者半日其兩
殘也廬墓水飲一如前喪 翔國有喪哀哭食蔬如親喪 英廟朝聞旌閭 **李益馥** 事親
至孝父病思食雉而有雉忽飛入家中執以供親人謂之孝感所致 **沈鵬良** 性至孝事親竭
誠及親病身自侍湯藥殘泣血成疾幾至不救友愛至篤二弟家貧賣田資活 **李之經** 號長
軒慶生之子父病大劇嘗糞以試官至贈通政大夫刑曹參議 **李埱** 慶生之孫母氣絶斷指注
血遂得回甦 **李泰新** 生六臣孟專之八世孫聰明絶人筆法神妙自髫齡已有神童之稱
及長事親盡孝就養無方 **金今竹** 良人也其母爲虎所噬左手執母右手持鎌持虎大呼追
逐虎乃捨去其母得生 顯廟朝事聞旌閭 **承春** 寺婢也父母年皆九十餘爲就養之計捨
其家夫與子妥別搆一屋奉其父母東西乞貸奉母備至府使洪柱震枚報按廉轉聞朝廷 **李
愛日** 良人也搏虎救母 肅廟朝事聞旌閭 **琴德音** 母病氣絶斷指救生 **孫**

六錫母病斷指注血 新增林仁得 忠愍公慶業旁後裔自兒時盡心孝養家
貧至於末乞而炊飯雖蔬之味先嘗而供之及其
父病劇斷指血注延數月之命歿葬日省墳哭盡
哀三年如一日其子海風亦感其父之行一意承
順其父病劇亦斷指延三日之命朝夕哭墓如之
省之禮海風之子世杰服習家行並有孝悳
其父病兄弟俱斷指延數年之命逐日省墓冬夏
不避世杰死甚命養其九十老母竭力盡孝居家
叱叱之聲未嘗出口母死未葬居廬於藁窟中日
必省墓晨往夜歸有虎相隨而行甚命之子誠曄
亦以其父之養親者養其父其父嘗病水漿亦阻
憂其甘旨之絶野雖除八家中得其供父人謂
孝感其父病亟亦斷指居喪一遵家法素有學識
尚義氣值凶賑窮散財不惜並以開散之類有此
四世五孝著於鄉里屢登邑報本道泉人子孫遂
故 鄭繼源 生有孝行出為人後外內四喪一時並
遭經年營葬盡宵號哭夢有一老翁指
示吉岡同時完襄人稱孝感 英廟丁酉以孝行
徵寢郎不就 當宁壬辰事 聞旌閭贈爵復

鄭東爀 繼源之子天性至孝親喪葬後廬于墓側晨昏奠哭雖風雨不懈必上塚盡哀有一
虎來護廬侍馴如家畜三年後去孝感如此 純
廟甲辰陞資僉樞 當宁壬辰事 聞旌閭貽贈
爵復

烈女李氏 士人琴德音孫婦也其夫以經爲沙汰所歷殮殯後數月自縊死 肅廟朝事
聞旌閭 金氏 士人尹飛龍妻也年二十三歸尹氏閱月而夫病金氏奔哭若現舅既葬飲食
言笑如常居數月其父來覘將還送之門曰女不
幸失所天義當一死同穴然隱忍至此者徒以未
行覲禮且未嘗一日供饋饌也今則纔禮粗伸當
歸見亡夫願勿以薄命女爲念後數日哭奠其夫
生朝是夜自縊死 英
廟朝事聞旌閭 李氏 益馥之孫士人沈德洙之妻也事舅姑極
盡誠敬朝夕必親供舅姑命之代婢則曰恐不精
潔定省之除必手撿床褥適其溫清當乙亥夫𤸷
癘獨侍在側百方試藥而竟不救殮襲親自爲之
不委奴僕本生父來即云無以薄命女爲念速歸

家父還未幾自縊死閭者流涕 英廟朝旌閭 權氏 金是起妻也需極其夫於庭苟脊斫股得
全其夫事 聞旌閭

題詠讚慶樓 盡日閒吟倚杜邊諸賢傑句揔盧前兩山夾走疑無地一逕潛通小有天[illegible]
青鳥今不見閒看白鳥正堪憐此間亦必逢壺在
不用丹丘仍羽仙四桂徐居正○樹秋華檻落照
一邊登臨高興把盃前川迴顚却千尋磴山擁倫他
一片天涯麓楨符真可記彭源物色正堪憐檯頭
一笑向樓霞客業許從來未必仙佔畢齋金宗直○
一春蓬轉此身孤已覺良辰失所圖帳裏梧香消
欲盡萬山深處宿青鳥上仝○懸崖刻削枕填邊
幽澗喧豗繞館前西塞雪消泥沒馬東窗風捲樹
添天清宵短燭燒難恨薄暮孤礎掎暗憐陡覺囊
王非蕩子夢中雲雨亦神仙朱溪君深源○無數
風光到眼邊山居三面水居前媚巖芳杜宜晴日
羃洞祥雲閣半天真訣未成青鳥報殘生應被白
鷗憐夜來恨借仙家宿却恐
明朝不是仙 觀察使洪聖民 青松八景 山擁川迴
是玉城仙

源故老說分明周家八百由天妹羅業千年始闢
英悳鳥無心悲世變壁詩言志頌時平南州六十
多樓閣應愧雷同浪得名右讚慶樓前鵬
遠情千尋危磴俯泓清天勞造化揮神斧地爲遇
爽聳鐵屏風動筐簫聞上下秋深苔蘚點丹青帆
然如在㴑江曲欲棹蘭舟泛月明右城隍赤壁何
物當年試化龍應教霹靂擊長空巖腰榮屈多奇
跡滿口清冷有故官急雨來時翻彩鬣曉雲濕處
送腥風至今岸上松杉老赤甲蒼髯鬆同右蟠
龍巖聯珠爲村少月遙數家籬落自篤條路遠廢
井那堪洄陌上空桑盡依喬西日霞呈紅琥珀東
風麥舞綠裙腰籌來消息無窮事一郡興亡未見
嘲右松生古縣懸崖絕壁幾重重道氣悠然滿面
濃溪水照人人上下巖精答語語西東居常只謂
乾坤裏到此方知造化雄安得連城琴一曲坐移
滄海並來同右方臺行到指提境轉音辰韓城堞
有遺基歎歎釣戟千攢立曲曲屏幃萬仞圍似八
鴻濛瑰蕩蕩歡呼元氣口期期明朝飛上高顚坐
笑款洞永未足危右周房山鎮山烈烈聳碧霄儲
精降聖播民謠埋銀洞裏春花覆採藥巔頭曉雲

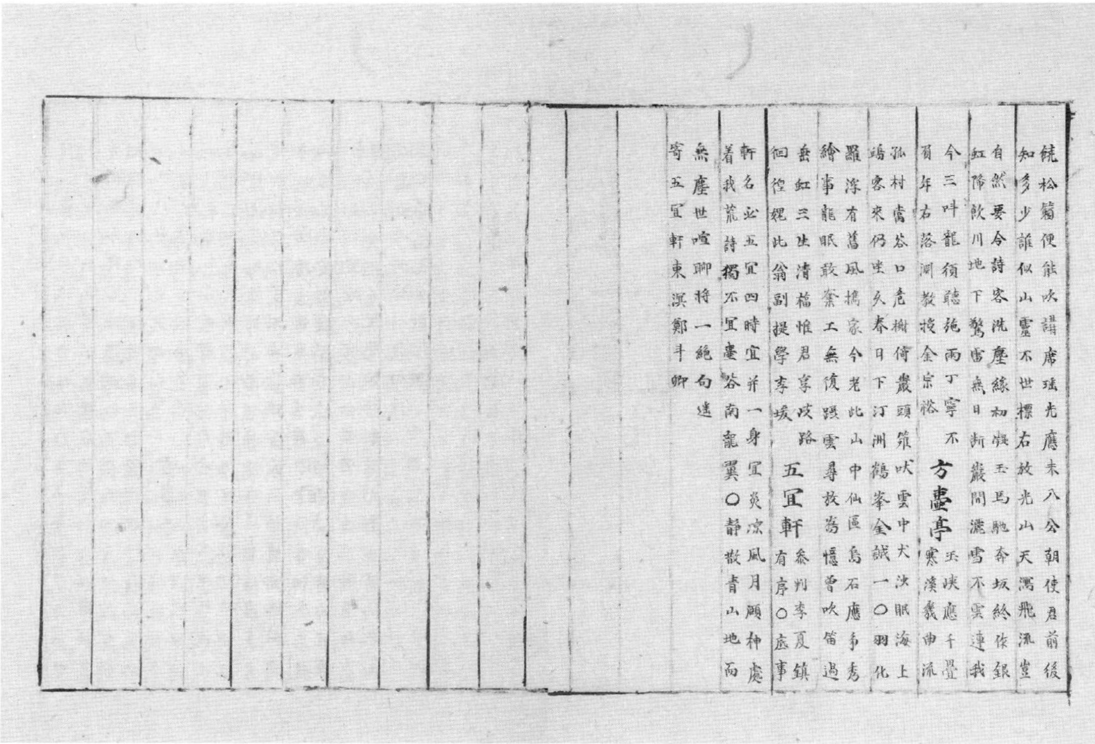
毓松翁便能吹講席瑤光應未八公朝使君前後
知多少誰似山靈不世標右放光山天濕飛流豈
自然要令詩客洗塵緣初擬玉馬馳奔坂終作銀
虹降飲川地下驚雷無日斷巖間濺雪不雲連我
今三吽龍須聽施雨丁寧不
肖年右落洞教授金宗裕
方壺亭 玉峽應千疊
寒溪義曲流
孤村齒谷口危樹倚巖頭策吠雲中犬汝眠海上
鴟客來仍坐久春日下汀洲鶴峯金誠一○羽化
羅浮有舊風撝家今老此山中仙區烏石應爭秀
繪事龍眠政棄工無復蹤雲尋故蹟憶曾吹笛過
垂虹三生清福惟君享岐路
徊徨媿此翁副提學李埈
五宜軒 參判李夏鎮
有序○底事
軒名必五宜四時宜并一身宜炎涼風月顧神處
着我荒詩獨不宜臺谷南龍翼○靜散青山地面
無塵世喧聊將一絕句送
寄五宜軒東溟鄭斗卿

경상북도진보군읍지慶尙北道眞寶郡邑誌(1899)

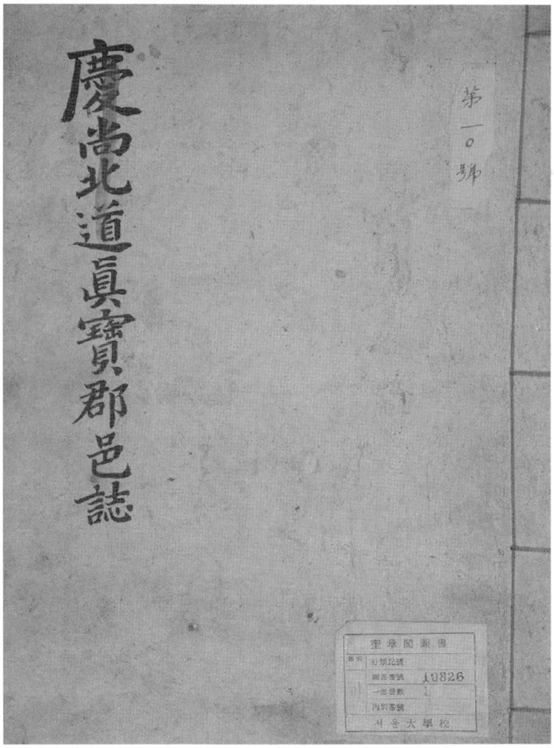

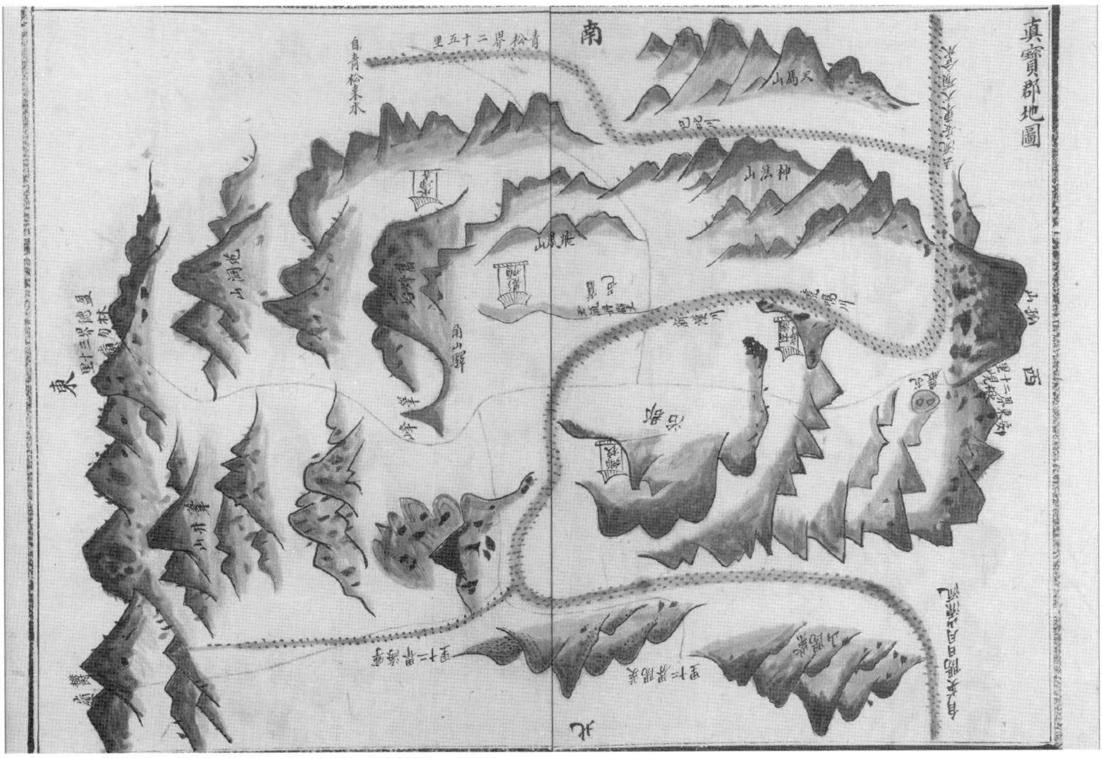

真寶邑誌

慶尚北道真寶郡 東至盈德界三十里至寧海界五十里西至安東界二十三里南至青松界二十八里北至英陽界二十三里西距京六百三十里七日程南距監營二百六十里三日程南距兵營二百八十里三日程南距水營四百六十里五日程南距統營六百五十里七日程

建置沿革

漆巴火縣新羅景德王改真寶爲聞韶郡領縣
助攬景德王改真安爲野城郡領縣高麗初合
二郡置甫城府 一云載巖 顯宗屬禮州後因倭寇居
民一空本朝

太宗置甫城監務
世宗合於青鳧號青寶郡尋罷改名復爲縣監
成宗五年以縣人琴孟諴毆辱縣監申石同革屬于
青松府九年因土人申訴復舊

郡名

漆巴火　助攬　真安　甫城　載巖　青寶
真海今名真寶

官職縣監 蔭窠六品座首一人別監二人軍官二十人人吏三十人知印九人使令七名
官奴十八口官婢十七口今廢縣監改爲郡守鄉長一人巡校四人首書記一人書記六人通引二人使令六名使傭二名使僮二名鄉校直一名客舍直一名

姓氏

趙金朴白全 續今無 春甘吳 巴吐同今無 權 安東 金 義城安東
申 寧海 安 竹山 鄭 東萊 李 延安月城原州 朴 春川 崔 全州 南 宜寧英陽 禹
丹陽

山川

南角山 在縣南八里爲本縣鎮山南麓有璽窜洞祈雨有驗 斗蔭山 在縣北三里祈雨有驗
孤山 在縣西十里爲縣水口捍門 芼洞山 在縣東三十里自盈德界林轡嶺來山停有龍頭峯祈雨有驗
林勿嶺 在縣東三十里盈德界 楸峴 在縣西二十里安東界
葦井山 在縣東四十里自寧海注嶺來山上有井甚清澈世傳不正人來照則變爲泥濁云下有小潭祈雨
天禹山 在縣南二十里自青松老萊山來

紫陽山 在縣北二十里山下有池谷口有石門進士鄭榮邦莊修之所參判羅萬甲詩有地鏡風烟老天教物色惺之句
飛鳳山 在縣南角山西麓 新漢川 在縣南一里出英陽日月山西流爲虎鳴川到安東入于大項津南崖石壁四百餘尺因以爲城基而未之尋
巴吐川 今名巴川在縣南二十里源自青松火峴來西北流到安東界與新漢川下流合
虎鳴川 在縣西十里卽新漢川下流

風俗地瘠賦重民貧俗儉 觀風案

軍額 訓鍊都監砲保三十八名御營正軍二十名資保二十一名官保八十五名禁衛正軍八名資保九名官保二十六名別破陣保一名砲彗隊三十六名京役保二名樂工保四名工曹匠人二十名束伍馬軍二名步軍八十四名保八十四名烽軍一百名別將一人射夫軍九十五名忠翊衛十七名補充隊二名僧軍一名別砲軍二十名壬申新設今廢

城郭 無

林藪

走八藪 在縣北十里 芽物藪 在縣西十五里

倉庫 在舊邑

邑倉 在舊客館西今毁撤 北倉 火燒今無 糶糴 自庚辰年卧元會 大米六百九十二石九斗太一石七斗租五百二十二石史牟三十三石十一斗今廢

常賑廳 大米十四石十三斗太三石五斗租八石一斗史牟五石十一斗今廢

軍作 大米一百八十九石七斗太九百二十九石七斗租四十四石五斗史牟十三石二斗今廢

巡營別會 大米三百七十六石一斗太二十八石十斗租一石六斗史牟一百六十五石六斗今廢

軍器庫 在客館南

汁物 黑角弓十二張常角弓三張校子弓五十一張長鎗七十六柄虎鎗十柄貝史匣倭槍十二柄貝史匣長箭一百十八部危箭一百四部桶兒九十四介環刀三十三柄内十五柄疊基枝䟦三柄壬子歲一川來六兩弓一張柳羅鞴八部史匣四部驛一坐小鼓一坐鑄鐵九一百五十介鈎九柄幰三件掩身三部掩頸三部小錚一面弓帒五條喇叭一雙兒童號衣二十四部紅弓衣五件把馬依五坐焰硝四百三十斤内六十斤巡營軍器貸去三穴銃一柄校鐵一千二百介南羅介六十五部火繩一百九十七沙里耳藥桶六十五介藥桶一千九百五十介火鐵六十五介火石六十五介藥升六十五介木瓢子九十一介火藥四千一百三十八斤四兩七分内二百斤大丘府移䟦鳥銃四百十三柄鉛九二十三萬八千六十介馬藺塑石五千五火箭九部唐火箭九部防牌六坐爐口一坐

關防 無

鎮堡 無

浦口 無

烽燧

神法山烽燧 在縣西十里東應寧海廣山西應安東藥山今廢

學校

鄉校 在縣北二里金先生安國按本道時印頒小學作詩以奬之曰夫子祠堂肅且嚴諸生揖讓儼觀瞻遷于最喜文風振小學工夫顧更添

鳳覽書院 在縣北十五里享文純公李滉肅廟庚午賜額今毁撤

樂育齋 縣西二里當宁壬子移建在公學性記曰庠序之制始於夏商賓興之禮備於成周而降及後世泰以吏為師漢以經爲專詞賦於唐制科於宋所以三代之隆駸駸然莫之及者也金侯周敎吾宗也好古書樂古道而建在辛亥出宰真城於其行也余問爲政之要侯應之曰是邦古稱鄒魯而今也風渝敎弛家絃戶誦縱未易言乎若有能講學以興勸之禮讓以漸摩之俗以之善民以之淳則是爲政之先而自知拙陋恐不克從事於斯矣余樂聞而勉之曰善哉言乎於爲政乎何有後四年余按節于茲侯亦尚靡是縣而縣舊有樂育齋爲多士肄業之所業不能勤齋亦隨之而廢卽侯慨然與諸生謀卜地移搆塗壁之規規古愈敞湖山之勝待今而顯於是乎歲修有所講習有餘訓廸有方若侯之爲政可謂知所先務矣乃屬余文之噫以前所勉者爲今所踐者也其可辭諸且夫是址卽退陶先生桑梓之鄉也是鄉之士不愧爲先生之鄉人子弟而非但不沾沾於詞賦制科之末抑亦彬彬乎庠序賓興之風則余亦與有榮焉是爲之記

壇廟

社稷壇 在縣西三里 文廟 在鄉校 城隍壇 在縣南四里 厲壇

在縣北四里尚德祠在鳳覽書院今毁撤景德祠在西江精舍享徵士申祉
力村中從渭贈叅判申禮男今毁撤西江精舍在縣西十里今毁撤

塚墓

李碩墓在縣南十里岐谷申禮男墓在縣西十里承芳洞李嵩逸
墓在縣東四十里敏谷柳椿墓在縣西十五里楸峴金聖鐸墓在縣南二
十里天馬山

寺刹

水淨寺在縣南十里南角山下三聖庵在縣東四十里華井山中今毁撤

公廨

客館 鳳瑞軒一名平延堂○廵使天坡詩曰地深難作望鄉臺客意頻閑節
序來喉俗歡娛爭蹈草驛程消息獨憑梅烟霞覺延蓬萊島物色看添錦繡堆冉冉衆真如可
問白頭卿試八瓊盃鳳飛千仞樓官門樓今廢鄉射堂 軍官
廳 將官廳 人吏廳

樓臺

鴨脚臺在西部里徐居正詩曰好在軒前鴨脚臺能容過客去還來江南誰唱章臺柳
隴上無憑驛使梅紅樹延人濃欲滴青山蒲眼矗成堆白頭歎掌成何事歲月悠悠付酒盃
玉流亭在縣治南新漢川丹壁上今無○大純公李滉贈縣倅鄭子中詩曰避世吾先
遂不還尋孫咫尺阻溪山空聞邑政清如水讀得初心松桂間○如八桃源是我鄉玉流丹壁
睽琴堂老 民幸有遺仙桃清夢時同上釣航舊名養真堂 崇禎壬午李鳳年莅縣取詩中玉
流二字改扁云 洪義浩詩白雪長川得一樓眞城十室亦風流地靈鍾似呂平里山勢環如

永叔州今夜燠寒傾客酒昔年留雨憶童遊依俙記得歌兒老無恠浮生易白頭○李顯綏詩
肩輿獨上水南樓丹壁黃花颭玉流白馭棲遲今下邑雄都鄙制古名州絃歌自愧武城化翕
雋猶知滌上遊峴北溪山塞適意一樽徒倚小欄頭玉流八景漢川長林
李寅燮詩樓外澄江十里堤長林如畫望中迷若教桐樹桃花發也引漁舟渡碧溪○權中敏
詩槐柳陰陰綠滿堤百家村落夕烟迷霞人歷歷平沙路蹤起眠牛渡石溪氷崖澄
潭李寅燮詩碧似玻璃清似油千尋汪汪積成幽波心定有蛟龍睡蹴蹚休將響玉流○權
中敏詩澄潭深處碧油油芳草明沙兩岸幽武恐桃花浮出澗沿洄叢底不成流鳳峀
朝嵐李寅燮詩淺冪輕籠一抹横曉來山氣自蔚成扶桑旭日簾頭射坐看奇峯次第生
○權中敏詩翳蔓山容淑氣横朝來輕抹淡粧成清風一陣還吹散真面夸娥特地生孤
峯落照李寅燮詩當西挺立有孤峯日到其巔暫延紅藹地桑麻全倒影臨江亭閣半

流空○權中敏詩亭亭斜日半啣峯一抹輕霞廻蒂紅悄倚樓頭憑遠眺孤蟬鳴盡樹陰空
雙池牧笛李寅燮詩歌兒且莫奏繁音亭外何聲出遠林未必渠能解白石令人空
自起遐心○權中敏詩短蓬瀏瀏送好音倒騎黃犢出長林芳蕪細雨歸來晩綠水青山自在
心栢巖漁火李寅燮詩長洲日落蟹燈孤一點微明淺水蘆隅疋逐憑江島闇一箇
中還有子陵無○權中敏詩蒲地江湖月影孤西風微動十洲蘆漁燈一點來如去釣得銀鱗
幾箇無吏村農人李寅燮詩平朝微雨過前阡十室丁男盡在田太守身兼周保
介秋來同爾樂康年○權中敏詩一犂靈雨洽烟阡白鷺飛飛下水田士鼓前宵新賽社老農
占屢賀康年湖寺歸僧李寅燮詩碧雲小逕斜夕陽歸衲影婆婆高臺盡日
無塵事與爾爭閒問孰多○權中敏詩石逕歸節日欲斜野花山葉共婆娑畫樓高卧聽流水
湖上閒情我更多風乎亭在縣西十里虎鳴川下徵士申祉藏修處後人仍爲肄業

之所矣

栢湖書齋 在縣西五里徵士李徽逸避賞處後人作亭爲藏修講劇之所

松亭 在縣南十五里松江上文貞公趙庸藏修之地有遺址後人詩曰臺前鷗鷺眠寒沙臺上丹青映碧波石逕無人春寂寂一江烟雨落桃花

攬景臺 在縣北二十里叅判具鳳齡往來題品處也縣監權泰時立亭以爲藏修之所今有遺址權晩悟載網詩曰一鑑渟泓上有臺先賢遺躅浸蒼苔鷗尋古渚愁邊立鳥向寒雲影裏來暇日偶登遊子假斜陽增感故人孟名區與慶知關嶽頹乞山靈舊面閑

文巖臺 在縣北十里司諫洪汝河遊賞之所

歸巖亭 在縣北三里半蓬山下判官權德操愛其水石爲捿息之所

敬亭 在縣北二十五里紫陽山下鄭榮邦丙子後棲遯之所洞口有立巖詩曰江畔一抹石亭亭半碧空無朏徒偃蹇還似石門翁○恩伏鄭經世詩山我縈紆水我重多情來訪寂寥中明知五○夜懸燈話絶勝三年數墨功只怕吾心燈不定休言此道遠難通從君試問花兼柳孰使青青孰使紅○藥峯徐渻詩曰不料溪夾裏有此好溪山自與塵寰隔偏爲造物慳峯巒環作礐潭水曲成灣郵驛廻賓地留連帶雨還

新亭 在縣西十里聲川上處士申棧自南漢講和後取豪士集新亭之義扁以寓意知縣李顯綏詩有三綱墜地建風雨一士踏東潭雪霜故國太冠春寂寞半床書釣月荒凉之句

招仙臺 在縣北十五里訓導李瀓與左尹朴壕遊賞之所

枕漢亭 在縣北三里漢川上處士權有度棲息之地有遺址

棲碧亭 在縣南二十五里天馬山下處士申致龜棲息之所云

橋梁

虎鳴川橋 在縣西十里

新漢川橋 在縣北三里

巴川橋 在縣南二十五里

島嶼 無

堤堰

雙池 在縣南四里

動泉池 在縣南四里

皮巖池 在縣南七里

省夫池 在縣北三十里今無

寺洞池 在縣西五里

場市 在邑內每月以四日九日爲市

魚箭蟹盆漁船無

驛院

角山驛 在縣東五里

普施院 在縣東一里今無

普賢院 在縣東二十里今無

楸峴院 在縣西二十里徐居正詩雲嶝崎嶇石逕盤山腰有院兩三間雷聲轉壑雙溪合兩脚連空萬木攢馬踏羊腸雲外去人看鳥背嶂中還顧余不是風騷客何事空吟蜀道難今無

牧場 無

形勝 如入桃源 文純公李滉詩曰如入桃源是我鄉玉流丹壁映琴堂

古蹟

泉宿部曲 在縣東十里

春甘部曲 在縣北十里

巴叱部曲 在縣南十五里

古乙尒部曲 在縣東三十里

省夫部曲 在縣北三十里

土産

松蕈 人蔘 地黃 白茯苓 石蕈 紫草 蜂蜜 蒼朮 白朮

進貢

人蔘 清蜜 松脂 白茯神 白芍藥 甘菊 紫胡 白茯苓 麥門冬 槐實 苽

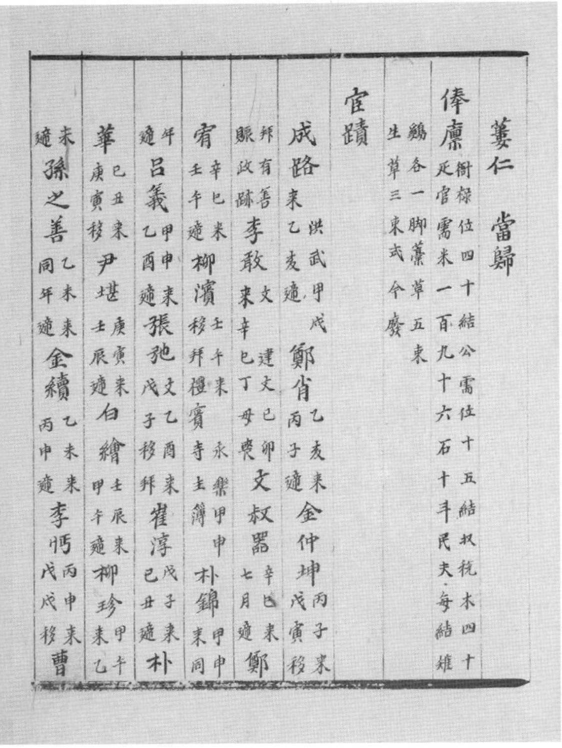

蔞仁 當歸
俸廩 衙祿位四十結公需位十五結收稅木四十疋官需米一百九十六石十斗民夫每結雉鷄各一脚藁草五束生草三束式今廢
宦蹟
成路 來洪武甲戌乙亥遞 鄭肖 乙亥來丙子遞 金仲坤 丙子來戊寅移
邦有善縣政跡 李敢 文建文己卯來辛巳丁母喪 文叔器 辛巳來七月遞 鄭
宥 辛巳來壬午遞 柳濱 壬午來永樂甲申移拜禮賓寺主簿 朴錦 甲申來同
年遞 呂義 甲申來乙酉遞 張弛 文乙酉來戊子移拜 崔淳 戊子來己丑遞 朴
華 己丑來庚寅移 尹堪 庚寅來壬辰遞 白繪 壬辰來甲午遞 柳珍 甲午來乙
來遞 孫之善 乙未來同年遞 金續 乙未來丙申遞 李㦕 丙申來戊戌移 曹

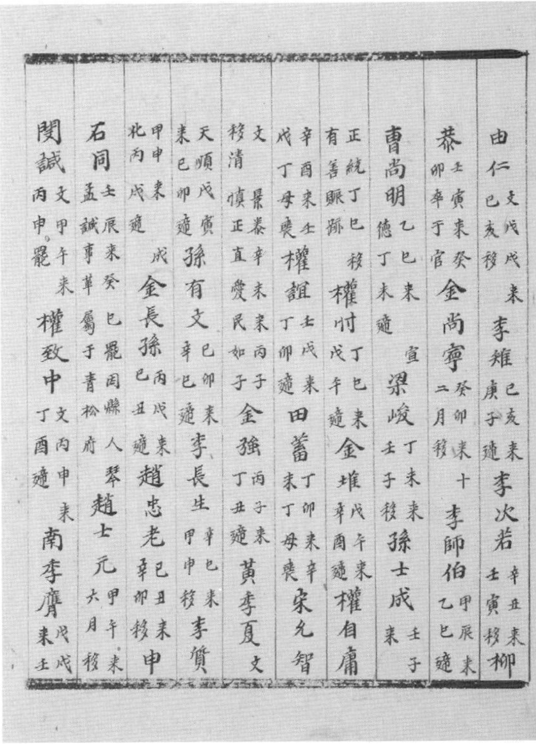

由仁 文戊戌來己亥移 李雉 己亥來庚子遞 李次若 辛丑來壬寅移 柳
恭 壬寅來癸卯卒于官 金尚寧 癸卯來十二月移 李師伯 甲辰來乙巳遞
曺尚明 乙巳來德丁未遞 宣 梁峻 丁未來壬子移 孫士成 壬子來
正統丁巳有善縣跡 移 權忖 丁巳來戊午遞 金堆 戊午來辛酉遞 權自庸
辛酉來壬戌丁母喪 權誼 壬戌來丁卯遞 田蓄 丁卯來辛未丁母喪 宋允智
文景泰辛未來丙子移清愼正直愛民如子 金強 丙子來丁丑遞 黃季夏 文
天順戊寅來己卯遞 孫有文 己卯來辛巳遞 李長生 辛巳來甲申移 李賛
甲申來北丙戌遞 成 金長孫 丙戌來己丑遞 趙忠老 己丑來辛卯移 申
石同 壬辰來癸巳罷固縣人琴孟誠事革屬于青松府 趙士元 甲午來六月移
閔誠 文甲午來丙申罷 權致中 文丙申來丁酉遞 南季膺 戊戌來壬

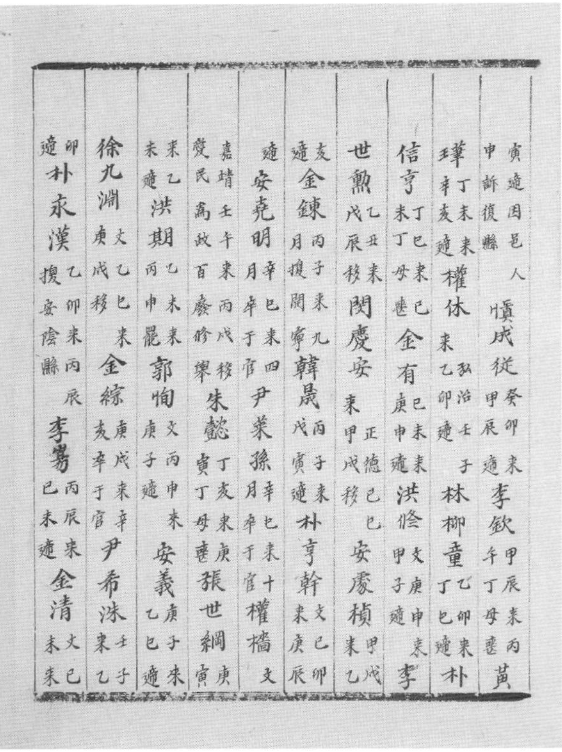

寅遞因邑人申訴復縣 愼成從 癸卯來甲辰遞 李欽 甲辰來丙午丁母喪 黃
瑋 丁未來辛亥遞 權休 弘治壬子來乙卯遞 林柳童 乙卯來丁巳遞 朴
信亨 丁巳來己未丁母喪 金有 己未來庚申遞 洪脩 文庚申來甲子遞 李
世勳 乙丑來戊辰移 閔慶安 正德己巳來甲戌移 安慶楨 甲戌來乙
亥遞 金鍊 丙子來九月擭開寧 韓晟 丙子來戊寅遞 朴亨幹 文己卯來庚辰
遞 安堯明 辛巳來四月卒于官 尹萊孫 辛巳來十月卒于官 權檣 文
嘉靖壬午來丙戌移愛民爲政百廢修舉 朱懿 丁亥來庚寅丁母喪 張世綱 庚寅
來乙未遞 洪期 乙未來丙申罷 郭恂 文丙申來庚子遞 安義 庚子來乙巳遞
徐九淵 文乙巳來庚戌移 金綜 庚戌來辛亥卒于官 尹希洙 壬子來乙
卯遞 朴永漢 乙卯來丙辰擭安陰縣 李昜 丙辰來己未遞 金清 文己未來

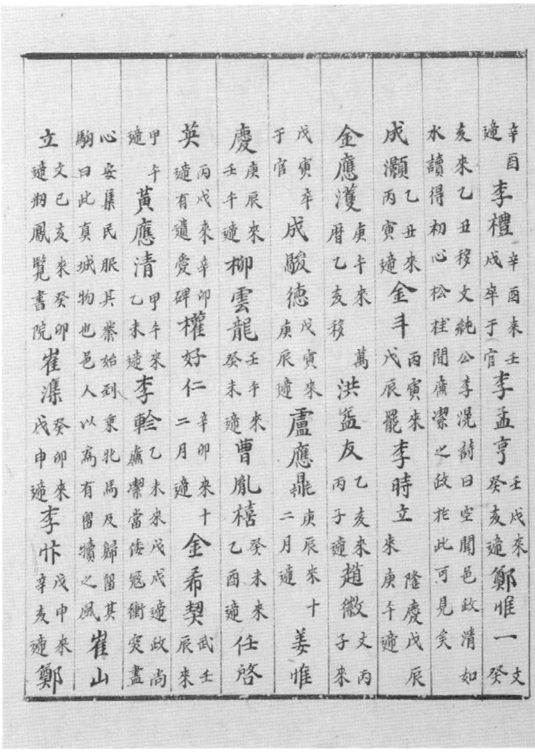

辛酉遞 李禮 辛酉來壬戌卒于官 李孟亨 壬戌來癸亥遞 鄭惟一 文癸
亥來乙丑移文純公李滉詩曰空聞邑政清如水讀得初心拾桂間廉潔之政於此可見矣
成灝 乙丑來丙寅遞 金斗 丙寅來戊辰罷 李時立 來隆慶戊辰庚午遞
金應濩 庚午來曆乙亥移 萬 洪益友 乙亥來丙子遞 趙徽 文丙子來
戊寅辛于官 成駿德 戊寅來庚辰遞 盧應鼎 庚辰來十二月遞 姜惟
慶 庚辰來壬午遞 柳雲龍 壬午來癸未遞 曹胤禧 癸未來乙酉遞 任啓
英 丙戌來辛卯遞有遺愛碑 權好仁 辛卯來十二月遞 金希契 武壬辰來
甲午遞 黃應清 甲午來乙未遞 李軫 乙未來戊戌遞政尚廉潔當倭寇衝突盡
心安集民服其衆始到東北馬及歸留其駒曰此真城物也邑人以爲有留犢之風 崔山
立 文己亥來癸卯遞翔鳳覽書院 崔溧 癸卯來戊申遞 李忭 戊申來辛亥遞 鄭

之諱 辛亥来壬子遆 金汝秋 壬子来甲寅遆 盧在俊 甲寅来丁巳遆 申
純一 丁巳来十二月遆 李斗男 戊午来九月遆 金聃齡 戊午来辛酉遆
申景植 天啓辛酉來癸亥移 李岦 癸亥来丙寅遆 李榮仁 丙寅來辛未遆
崔克良 崇禎壬申來戊寅遆 李時尚 戊寅来壬午遆 金頫 壬午来十
二月遆 李祉遐 癸未来戊子遆有遺愛碑 洪采 戊子来庚寅遆 鄭光後
庚寅来六月遆 李守誠 文庚寅来丙申遆 金宇仁 丙申来二月遆 蔡翊
俊 丁酉来癸卯遆 姜碩老 康熈癸卯来六月遆 趙嗣文 癸卯来丁未遆
柳益三 丁未来庚戌罷 尹明遇 庚戌来甲寅遆辛亥以善賑陞堂上有遺愛碑
洪受澧 甲寅来丁巳遆英陽縣来蜀 丁時翰 丁巳除以母夫人命不赴 金
世獮 丁巳来己未遆文教爲心愛民爲政 姜璡 己未来壬戌卒于官清德愛民有長

者風 金錫齡 壬戌来丙寅遆癸亥英陽分設 李廷益 丙寅来丁卯遆 嚴纉
戊辰来己巳移 慶雲會 己巳来辛未罷 崔恒齊 文辛未来壬申移 許恦
壬申来甲戌遆鄉枝官舍移設于新漢 李鳴東 甲戌来丙子罷 成璹 文丙子来
戊寅丁母喪 洪萬源 戊寅来己卯罷 李斗相 己卯来壬午罷 李鳳年
壬午来丁亥遆重修卷眞堂改扁玉流亭 李增華 丁亥来辛卯罷有不忘碑 鄭亨
晋 壬辰来丙申遆 孟萬錫 丙申来辛丑遆性本仁厚有長者風己亥玉流亭火卽重
剏 朴獮彥 辛丑来乙巳罷 尹世鳳 文雍正乙巳来丁未罷 李恭梓
丁未来庚戌遆 韓應箕 辛亥来癸丑卒于官 洪遇箕 癸丑来乾隆戊午遆
具嬉 戊午来癸亥遆 李震炳 癸亥来戊辰移性本仁厚廉平愛民有去思碑 李
坰 戊辰来己巳罷 曺命協 己巳来甲戌遆移建官衙 金思默 甲戌来己卯遆

朴行源 己卯来庚辰罷 林正浩 庚辰来甲申遆有興學善政碑 金善材
甲申来丙戌移 朴相珪 丁亥来戊子罷 李寅燮 戊子来癸巳遆以興學善政有
去思碑 韓榮祖 甲午来乙未罷 閔百遠 乙未来同年罷 申耆 丙申来同
年罷 金思儼 丙申来同年罷 洪大宇 丁酉来戊戌丁母喪 李齊鵬 己亥
来同年罷 權綜 己亥来庚子罷 朴誠一 庚子来同年罷 李琇 辛丑来癸卯罷
洪宣輔 癸卯来丁未移 金獻柞 戊申来癸丑遆 朴應熄 癸丑来同年罷
沈斗漢 甲寅来戊午遆 李復鉉 戊午来辛酉移 李爲彬 辛酉来壬戌罷
李顯綏 壬戌来丙寅移 金文欽 丙寅来己巳罷 魏廸喆 己巳来甲戌移
壬申移設官舍于新漢 鄭熄恭 甲戌来乙亥罷 權中敏 乙亥来庚辰移遷移
官舍于舊邑 嚴著 庚辰来壬午罷 金景寅 壬午来癸未褫 曹光振 癸未

来丁亥罷 李建基 丁亥来壬辰遆 權度 壬辰来癸巳罷 李鏞 癸巳来戊戌遆
有善政碑 林孝謙 戊戌来庚子罷 李先耆 庚子来乙巳遆 申綏 乙巳来庚
戌遆 朴敏東 庚戌来同年罷 金周敎 辛亥来以量田事加一年丙辰遆 崔
浩鎮 丙辰来戊午繡罷 李仲淵 戊午来己未罷 鄭淵善 己未来甲子移
麻田有不忘碑 尹晃朮 甲子来丁卯移沔川有愛民碑 李根厚 丁卯来己巳移
莅善有善政碑 洪觀錫 己巳来乙亥遆移設官舍于新漢 柳沂秀 乙亥来己
卯遆有善政碑 朴海聞 庚辰来壬午移交河 李仁宇 壬午来乙酉罷 王濟
千 乙酉来己丑移英陽 李周儀 己丑来辛卯移襄陽 李輔仁 辛卯来壬辰移
醴泉 趙章熙 壬辰来同年移舊浦 金東潤 壬辰来甲午遆 任百淳 甲午
来丁酉移魯城

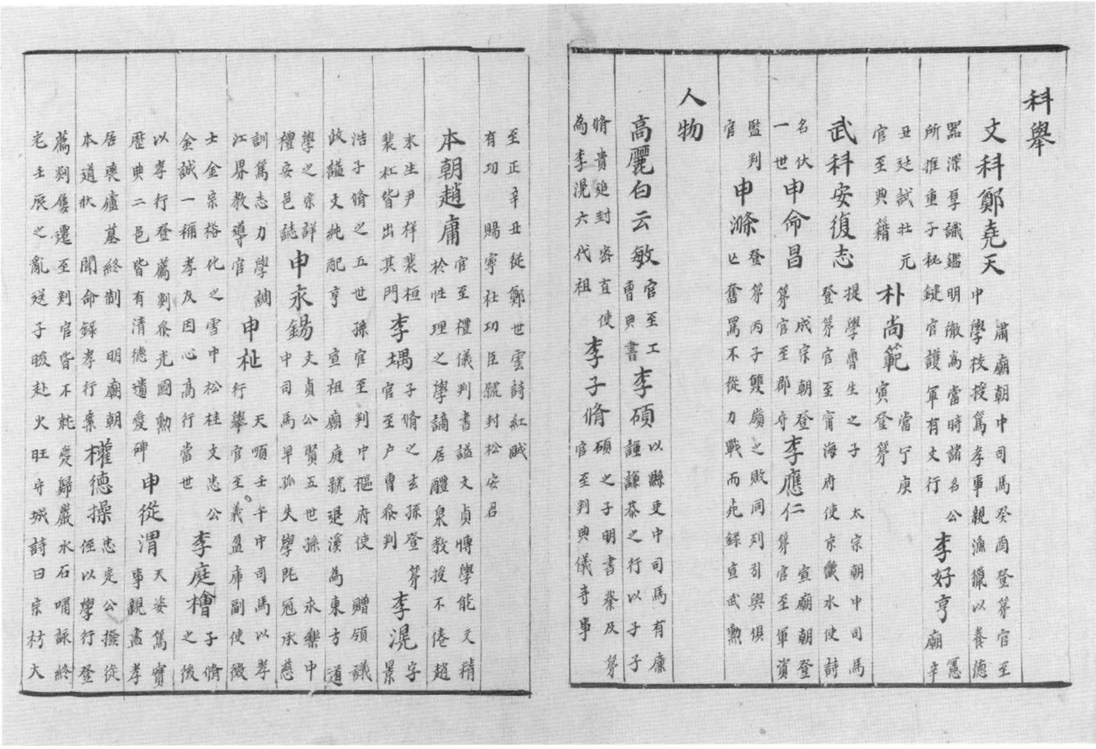

科舉
文科鄭堯天 肅廟朝中司馬癸酉登第官至 中學校授篤孝事親漁獵以養德
器深學識鑑明徹爲當時諸名公 所推重子秘鍵官護軍有文行 李好亨 憲 廟辛
丑廷試壯元 官至典籍 朴尙範 當丁庚 寅登第
武科安復志 提學曾生之子 太宗朝中司馬 登第官至寧海府使京畿水使詩
名伏 一世 申命昌 成宗朝登 第官至郡守 李應仁 宣廟朝登 第官至軍資
監判 官 申滌 登第丙子雙嶺之敗同列引與俱 巳奮罵不從力戰而死錄宣武勳
人物
高麗白云敏 官至工 曹典書 李碩 以縣吏中司馬有廉 謹謙恭之行以子子
脩貴追封密直使 爲李滉六代祖 李子脩 碩之子明書登及第 官至判典儀寺事

至正辛丑從鄭世雲討紅賊 有功賜寧社功臣號封松安君
本朝趙庸 官至禮儀判書諡文貞博學能文精 於性理之學謫居醴泉教授不倦趙
末生尹祥裴桓 裴杠皆出其門 李堣 子脩之玄孫登第 官至戶曹參判 李滉 字景
浩子脩之五世孫官至判中樞府使贈領議 政謚文純配享 宣祖廟庭號退溪爲東方道
學之宗詳 禮安邑誌 申永錫 夫貞公賢五世孫永樂中 中司馬早孫失學既冠承慈
訓篤志力學謫 江界教導官 申祉 天順壬午中司馬以孝 行擧官至義盈庫副使徵
士金宗裕化之雪中松桂文忠公 金誠一稱孝友因心高行當世 李庭檜 子脩之後
以孝行登薦判叅光國勳 歷典二邑皆有淸德遺愛碑 申從渭 天姿篤實 事親盡孝
居喪廬墓終制 明廟朝 本道狀聞命錄孝行 權德操 忠定公撥從 侄以學行登
薦判憂還至判官皆不就爰歸巖水石嘯詠終 老壬辰之亂從子晙赴火旺守城詩曰宗村大

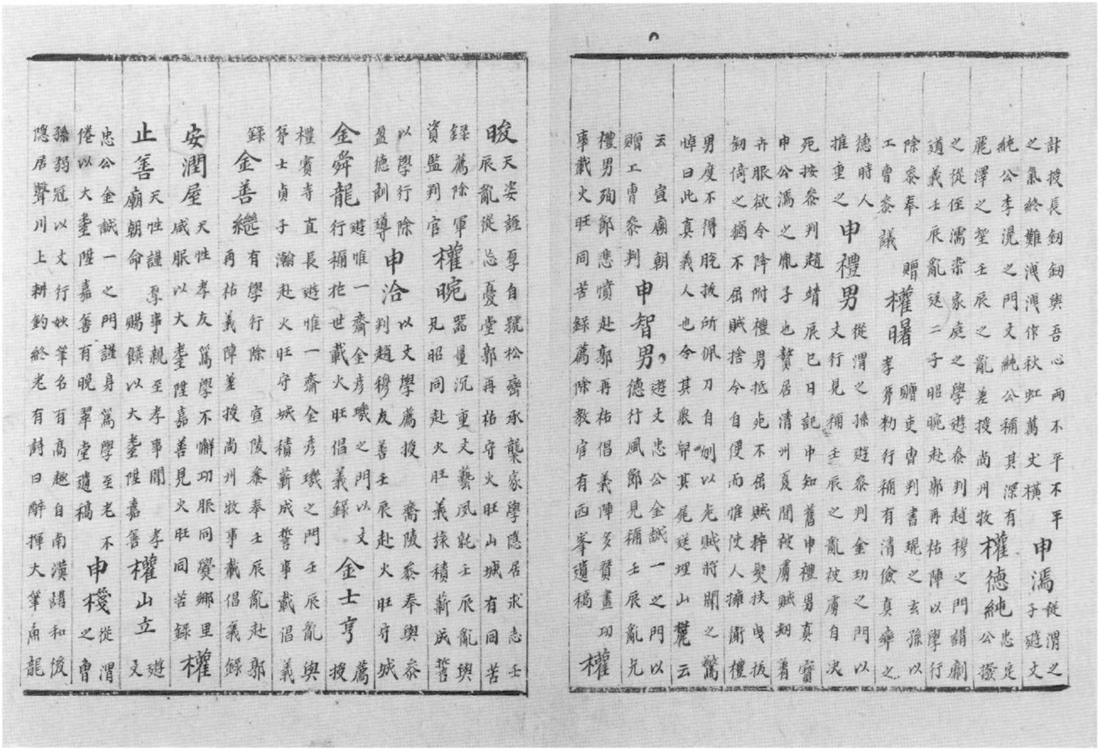

詩投長劒劒與吾心兩不平不平 之氣於難滇滇作秋虹萬丈橫 申漹 從渭之 子避丈
純公李滉之門文純公稱其深有 麗澤之聖壬辰之亂差授尙州牧 權德純 忠定公撥
之從侄濡業家庭之學遊叅判趙穆之門請劇 道義壬辰亂從二子昭晙赴郭再祐陣以學行
除叅奉 贈 工曹叅議 權曙 贈吏曹判書琥之玄孫以 孝勇勅行稱有淸儉眞齊之
德時人 推重之 申禮男 從渭之孫遊叅判金玏之門以 文行見稱壬辰之亂被虜自决
死按叅判趙靖辰巳日記中知舊申禮男眞寶 申公濡之亂子也贅居淸州貞閭被虜賊刼着
并服欲令降附禮男抵死不屈賊猝變扶曳抗 劍倚之猶不屈賊捨令自便而誰使人擁衛禮
男度不得脫拔所佩刀自刎以死賊將聞之驚 悼曰此眞義人也令其衆舁其屍廷埋山麓云
云 宣廟朝 贈工曹叅判 申智男 遯丈忠公金誠一之門以 德行風節見稱壬辰亂允
禮男殉節悲憤赴郭再祐倡義陣多貿畫功 事載火旺同苦錄薦除教官有西峯遺稿 權

晙 天姿謹厚自號松齋承襲家學隱居求志壬 辰亂從忘憂堂郭再祐守火旺山城有同苦
錄薦除軍 資監判官 權晥 器量沉重文藝夙就壬辰亂與 兄昭同赴火旺義旅積薪成誓
以學行除 盈德訓導 申洽 以文學薦授 齋陵叅奉與叅 判趙穆友善壬辰赴火旺守城
金舜龍 遯唯一齋金彦璣之門以文 行稱於世載火旺倡義錄 金士亨 薦授
禮賓寺直長遯唯一齋金彦璣之門壬辰亂與 第士貞子瀚赴火旺守城積薪成誓事載倡義
錄 金善繼 有學行除 宣陵叅奉壬辰亂赴郭 再祐義陣差授尙州牧事載倡義錄
安潤屋 天性孝友篤學不懈功服同爨鄉里 感服以大臺陞嘉善見火旺同苦錄 權
止善 天性謹厚事親至孝事聞 廟朝命賜饌以大臺陞嘉 善 孝 權山立 遯 文
忠公金誠一之門謹身篤學至老不 倦以大臺陞嘉善有晩翠堂遺稿 申㦧 從渭 之曾
孫羽冠以文行妙筆名有高趣自南漢講和後 隱居磐川上耕釣終老有詩曰醉揮大筆鳥龍

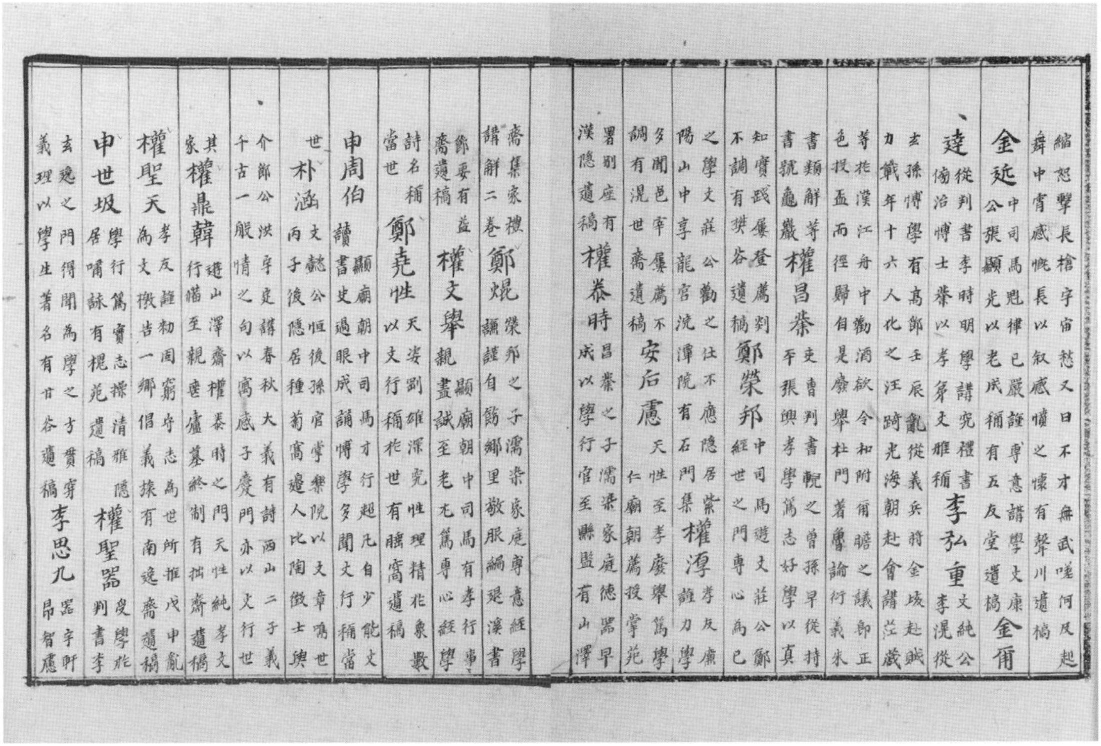
縮恕擊長槍字宙慭又曰不才無武嗟何及起舞中宵感慨長以叙感懷之懷有聲川遺稿

金延 中司馬兕律已嚴謹專意講學文康公張顯光以老成稱有五友堂遺稿 金甯

達 從判書李時明學講究禮書倫治博士恭以孝弟文雅稱 李弘重 文純公李滉從

玄孫博學有高節壬辰亂從義兵將金垓起賊力戰年十六人化之汪蹄光海朝赴會講茫蔵

等於漢江舟中勸酒飲令知附爾瞻之議鄭正色投盃而徑歸自是癈舉杜門著魯論行義永

書類解等書號龜巖 權昌恭 吏曹判書輗之曾孫早從持平張興孝學篤志好學以真

知實踐屢登薦剡不詘有拱谷遺稿 鄭榮邦 中司馬遵文莊公鄭經世之門專心爲己

之學文莊公勸之仕不應隱居紫陽山中享龍宮浣潭院有石門集 權淳 孝友廉謹力學

多聞邑宰屢薦不調有滉世齋遺稿 安后憲 天性至孝廢舉篤學仁廟朝薦授掌苑

署別座有漢隱遺稿 權恭時 昌恭之子濡染家庭德器早成以學行官至縣監有山澤

齋集家禮講解二卷 鄭焜 榮邦之子濡染家庭專意經學謙謹自飭鄉里敬服編廷漢書

節要有益齋遺稿 權文舉 顯廟朝中司馬有孝行事親盡誠至老尤篤專心經學

詩名稱當世 鄭堯性 天姿剛雄深究性理精於象數以文行稱於世有聽窩遺稿

申周伯 顯廟朝中司馬才行超凡自少能文讀書史過眼成誦博學多聞文行稱當

世 朴涵 文懿公恒後孫官掌樂院以文章鳴世丙子後隱居種菊寓遯人比陶徵士與

介郎公洪宇定講春秋大義有詩西山二子義千古一般情之句以寓感子變門亦以文行世

其家 權鼎韓 遯山澤齋權恭時之門天性純孝文行備至親喪廬墓終制有拙齋遺稿

權聖天 孝友謹勅固窮守志爲世所推戊申亂爲文檄告一鄉倡義旅有南遯齋遺稿

申世圾 學行篤實志操清雅居嘯詠有槐苑遺稿 隱 權聖器 受學於判書李

玄逸之門得聞爲學之方貫穿義理以學生著名有甘谷遺稿 李思九 罍宇軒昂智慮

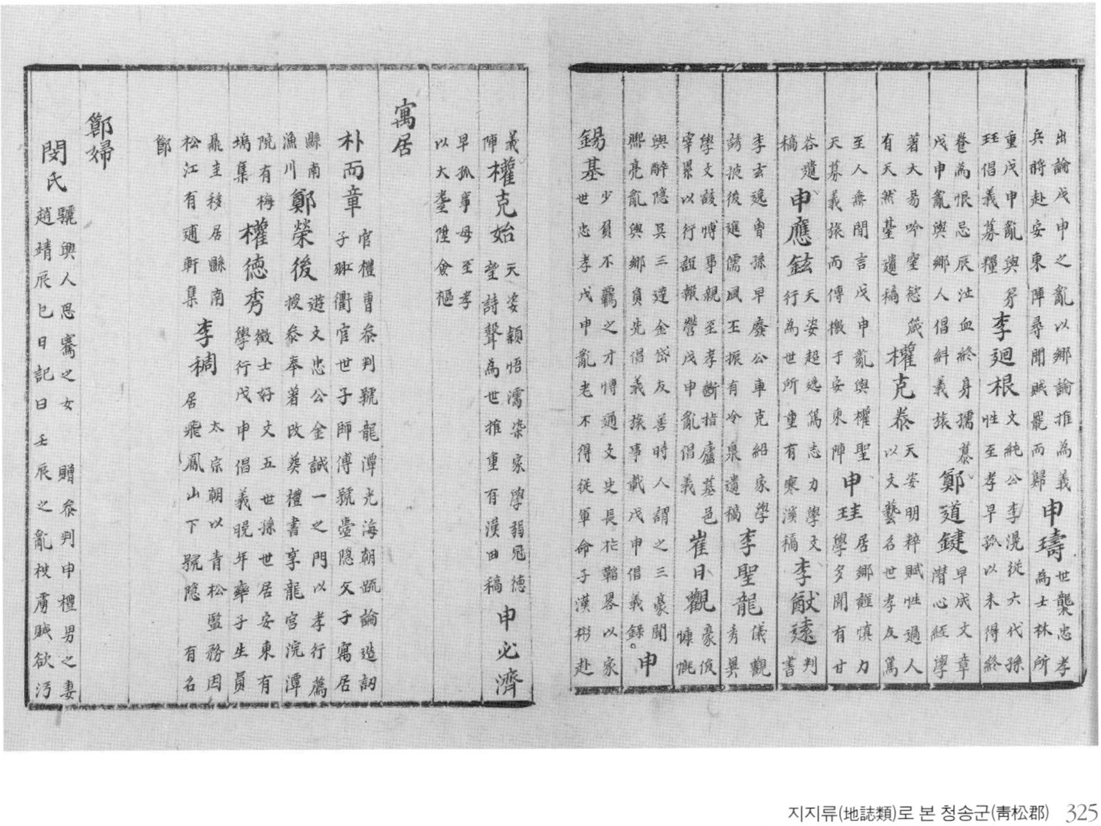
出論戊申之亂以鄉論推爲義兵將赴安東陣尋聞賊罷而歸 申璹 世襲忠孝爲士林所

重戊申亂與弟珏倡義募糧 李廻根 文純公李滉從六代孫性至孝早孤以未得終

養爲恨忌辰泣血終身孺慕戊申亂與鄉人倡斜義旅 鄭道鍵 早成文章潛心經學

著大易吟窒慾箴有天然臺遺稿 權克恭 天姿明粹賦性過人以文藝名世孝友篤

至人無間言戊申亂與權聖天募義旅而傳檄于安東陣 申珪 居鄉謹慎力學多聞有甘

谷遺稿 申應鉉 天姿超逸篤志力學文行爲世所重有寒溪稿 李獻逵 判書

李玄逸曾孫早廢公車克紹家學謗拔後進儒風丕振有冷泉遺稿 李聖龍 儀觀秀異

學文藝博事親至孝斷指盧墓邑宰累以行誼報營戊申亂倡義 崔日觀 豪俠慷慨

與醉隱吳三達金岱友善時人謂之三豪聞麟亮亂與鄉員先倡義旅事載戊申倡義錄。 申

錫基 少負不羈之才博通文史長於韜略以家世忠孝戊申亂老不得從軍命子漢彬赴

義陣 權克始 天姿穎悟濡染家學弱冠德望詩聲爲世推重有漢田稿 申必濟

早孤事母至孝以大耋陞僉樞

寓居

朴兩章 官禮曹參判號龍潭光海朝踁論退訥子琳衛官世子師傅號臺隱文子寓居

縣南漁川 鄭榮後 遊文忠公金誠一之門以孝行薦授參奉著改葬禮書享龍宮浣潭

院有梅塢集 權德秀 徵士好文五世孫世居安東有學行戊申倡義晚年寧子生員

鼎圭移居縣南松江有通軒集 李禍 太宗朝以青松監務因居飛鳳山下號隱 有名

鄙

烈婦

閔氏 驪興人思騫之女 贈參判申禮男之妻趙靖辰巳日記曰 壬辰之亂杖劍賊欲汚

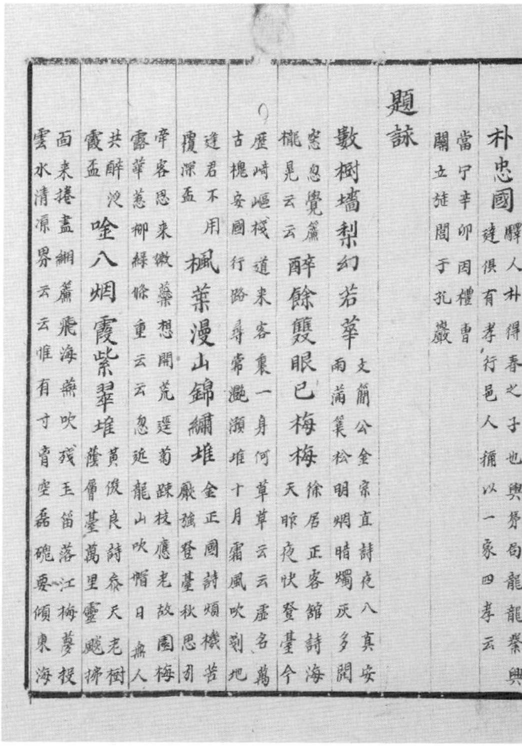
朴忠國 驛人朴得春之子也與弟克龍龍榮興
建俱有孝行邑人稱以一家四孝云
當宁辛卯因禮曹
關立旌閭于孔巖
題詠
數樹墻梨幻若華 文簡公金宗直詩夜八真安
兩滿籠松明烱晴燭灰多閱
窓忽覺簾櫳見云云 醉餘雙眼已梅梅 徐居正客館詩海
天晴夜快登臺今
歷崎嶇棧道來客裏一身何草草云云虛名鳩
古槐安國行路尋常灩澦堆十月霜風吹割地
達君不用覆深盃 楓葉漫山錦繡堆 金正國詩煩機苦
厭強登臺秋思刃
帝客思來微藥想開荒逕菊踈枝應老故園梅
露華蕙柳綠條重云云忽延龍山吹帽日無人
共醉霞盃 況 唫八烟霞紫翠堆 黃俊良詩忝天老樹
蔭層臺萬里靈飈拂
面來捲盡綱簾飛海燕吹殘玉笛落江梅夢投
雲水清源界云云惟有寸肯空磊磈要傾東海

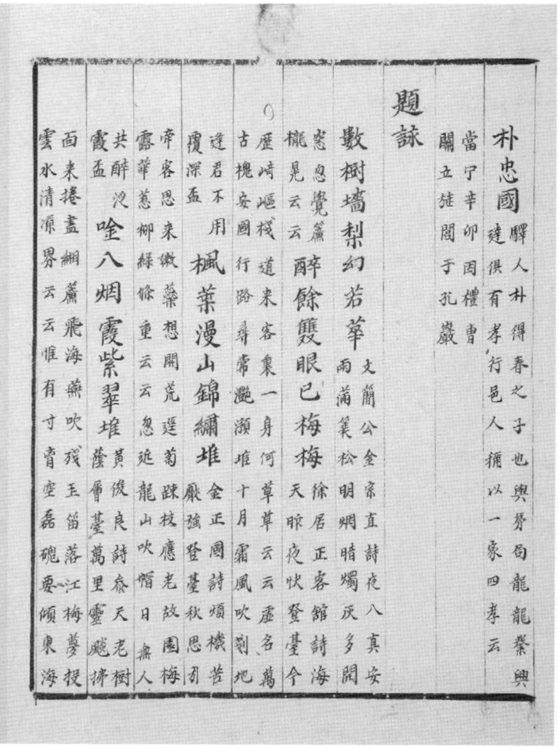
朴忠國 驛人朴得春之子也與弟克龍龍榮興
建俱有孝行邑人稱以一家四孝云
當宁辛卯因禮曹
關立旌閭于孔巖
題詠
數樹墻梨幻若華 文簡公金宗直詩夜八真安
兩滿籠松明烱晴燭灰多閱
窓忽覺簾櫳見云云 醉餘雙眼已梅梅 徐居正客館詩海
天晴夜快登臺今
歷崎嶇棧道來客裏一身何草草云云虛名鳩
古槐安國行路尋常灩澦堆十月霜風吹割地
達君不用覆深盃 楓葉漫山錦繡堆 金正國詩煩機苦
厭強登臺秋思刃
帝客思來微藥想開荒逕菊踈枝應老故園梅
露華蕙柳綠條重云云忽延龍山吹帽日無人
共醉霞盃 況 唫八烟霞紫翠堆 黃俊良詩忝天老樹
蔭層臺萬里靈飈拂
面來捲盡綱簾飛海燕吹殘玉笛落江梅夢投
雲水清源界云云惟有寸肯空磊磈要傾東海

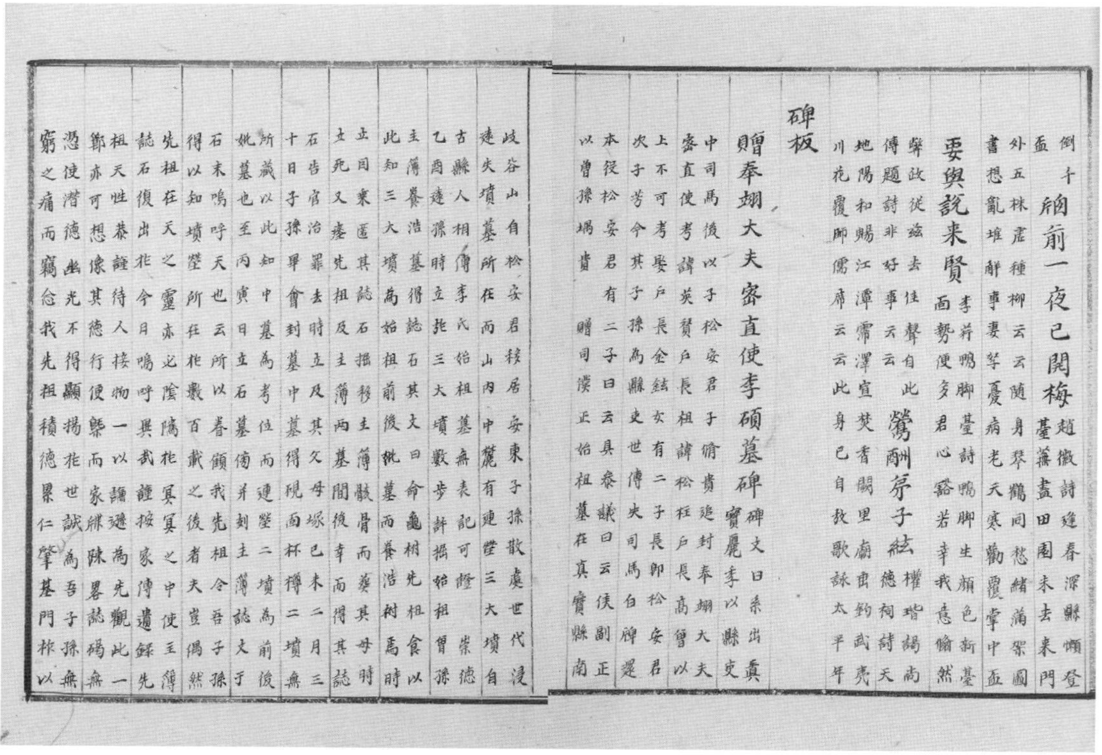
倒千
盃 觴前一夜已開梅 趙徽詩達春深縣懶登
臺蕭盡田園未去來門
外五株垂種柳云云隨身琴鶴同愁緒滿架圖
書想亂堆辭事妻孥憂病老天寒勸覆掌中盃
要與說來賢 李荇鴨脚臺詩鴨脚生顏色新臺
面勢便多君心豁若幸我意愉然
弊政從茲去佳聲自此
傳題詩非好事云云 鸞酬夯子絃 權瑎謁尚
德祠詩天
地陽和賜江潭霈澤宣焚香闕里廟由釣武亮
川花覆卿儒席云云此身已自致歌詠太平年
碑板
贈奉翊大夫密直使李碩墓碑 碑文曰系出眞
寶麗季以縣吏
中司馬後以子松安君子脩貴追封奉翊大夫
密直使考諱英贇戶長祖諱松柱戶長高曾以
上不可考娶戶長金鉉女有二子長即松安君
次子芳今其子孫爲縣吏世傳失司馬自碑遷
本從松安君有二子曰云具泰議曰云侯副正
以曾孫竭貴 贈司僕正始祖墓在眞寶縣南
岐谷山自松安君移居安東子孫散處世代浸
遠失墳墓所在而山內中麓有連塋三大墳自
古縣人相傳李氏始祖墓無表記可證 崇德
乙酉遠孫時立兆三大墳數步許掘始祖曾孫
主簿養浩墓得誌石其文曰命龜相先祖食以
此知三大墳爲始祖前後妣墓而養浩樹焉時
立同來匿其誌石掘移主簿骸骨而葬其母
立死又痊先祖及主簿兩墓間後幸而得其誌
石告官治罪去時立及其父母塚已未二月三
十日子孫畢會封墓中墓得硯面杯罇二墳無
所藏以此知中墓爲考位而連塋二墳爲前後
妣墓也至丙寅日立石墓側并刻主簿誌文子
石末嗚呼天也云所以眷顧我先祖令吾子孫
得以知墳塋所在於數百載之後者夫豈偶然
先祖在天之靈亦必陰隲於冥冥之中使主簿
誌石復出於今日嗚呼異哉謹按家傳遺錄先
祖天性恭謹待人接物一以謙遜爲先觀此一
節亦可想像其德行便緊而家緋陳畧誌碣無
憑使潛德幽光不得顯揚於世誠爲吾子孫無
窮之痛而竊念我先祖積德累仁肇基門祚以

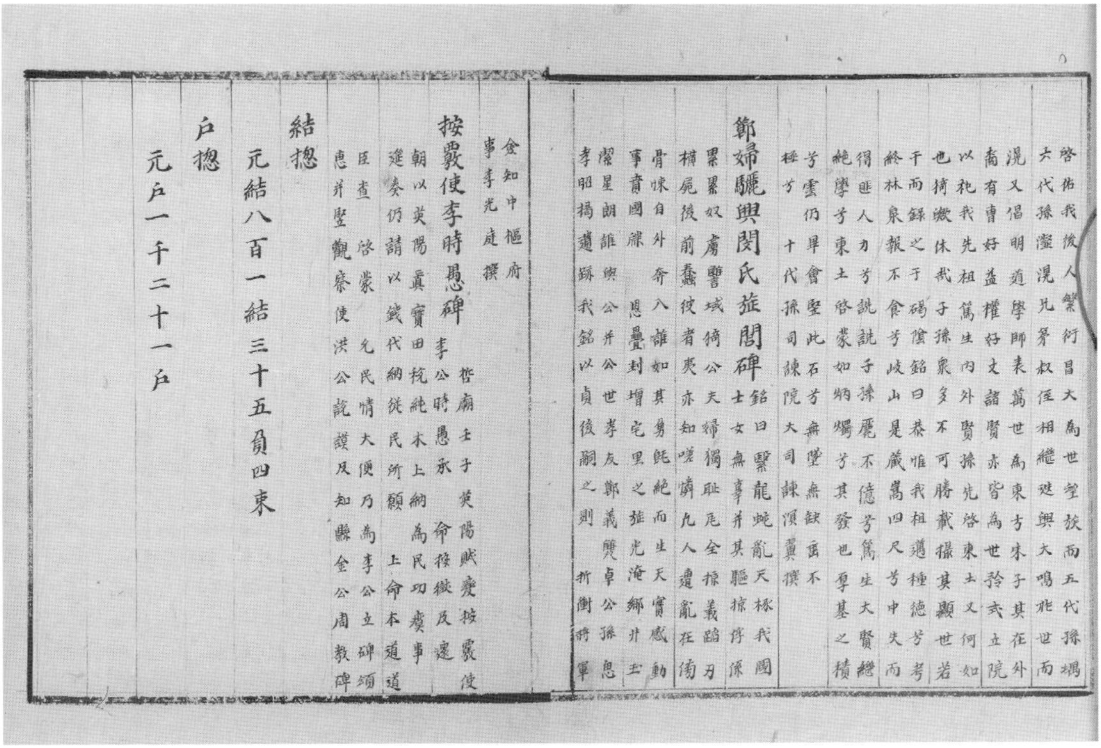
啓佑我後人繁衍昌大爲世望族而五代孫㵢
六代孫瀣滉兄弟叔侄相繼迭興大鳴邦世而
滉又倡明道學師表萬世爲東方朱子其在外
裔有曺好益權好文諸賢亦皆爲世矜式立院
以祀我先祖篤生內外賢孫先啓東土又何如
也猗歟休哉子孫衆多不可勝載撮其顯世若
干而録之于碣陰銘曰恭惟我祖邁種德兮考
終林泉報不食兮岐山是藏嵩四尺兮中失而
得匪人力兮詵詵子孫麗不億兮篤生大賢繼
絶學兮東土啓蒙如炳燭兮其發也厚基之積
兮雲仍畢會豎此石兮無墜無缺垂不
極兮　十代孫司諫院大司諫須翼撰

節婦驪興閔氏旌閭碑 銘曰繫龍蛇亂天椓我國
士女無辜并其驅掠俘係
累累奴虜讐域猗公夫婦獨耻尾全掠義蹈刃
横屍後前蠢彼者夷亦知嗟嘖九人遭亂在倆
骨悚自外奈八離如其勇旣絶而生天實感動
事實國牀　恩疊封增宅里之旌光淹鄉井士
㴶星朗誰與公并公世孝友鄭義雙卓公孫息
孝昭揭遺跡我銘以貞後嗣之則　折衝將軍
僉知中樞府事李光庭撰

按覈使李時愚碑 哲廟壬子英陽賊變按覈使李公時愚承 命按獄反速
朝以英陽貢實田稅純木上納爲民功奏事
達奏仍請以錢代納從民所願 上命本道道
臣查啓蒙 允民情大便乃爲李公立碑頌
惠并監觀察使洪公說謨及知縣金公周敎碑

結摠
元結八百一結三十五負四束
戶摠
元戶一千二十一戶

진보군지眞寶郡誌(1899~1902)

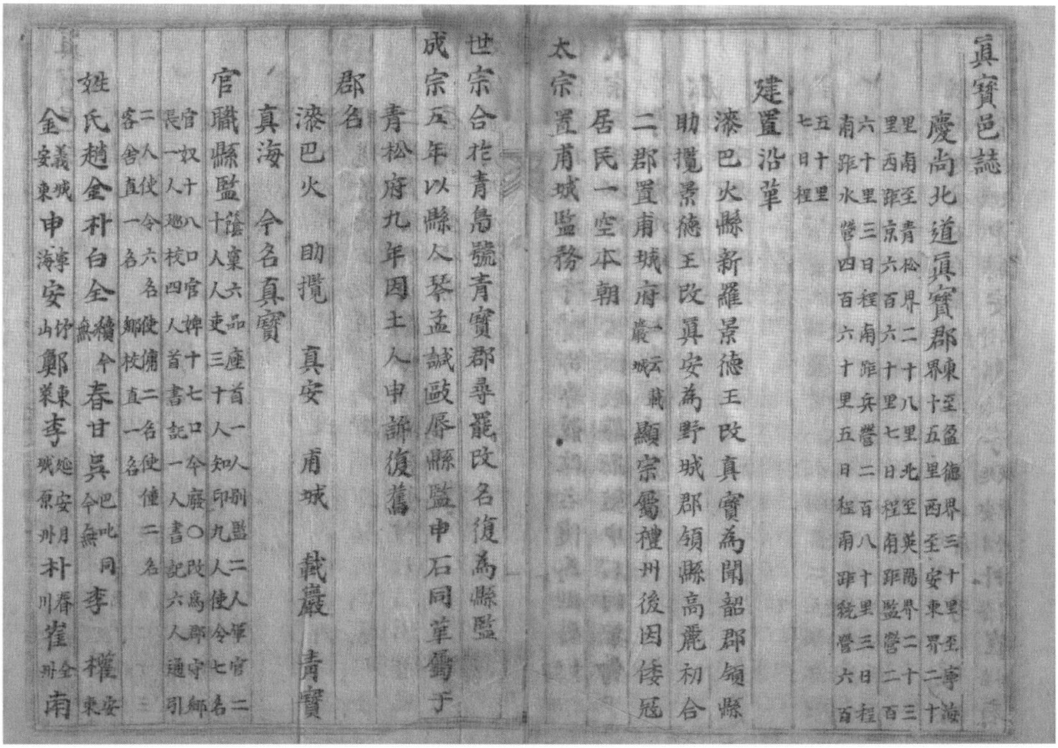

眞寶邑誌
慶尚北道眞寶郡東至盈德界三十里至寧海界十五里西至安東界二十
里南至青松界二十八里北至英陽界二十三里西距京六百六十里七日程南距監營二百
六十里三日程南距兵營二百八十里三日程南距水營四百六十里五日程南距統營六百
五十里七日程

建置沿革
漆巴火縣新羅景德王改眞寶爲聞韶郡領縣
助攬景德王改眞安爲野城郡領縣高麗初合
二郡置甫城府一云載巖城顯宗屬禮州後因倭寇
居民一空本朝
太宗置甫城監務
世宗合花青鳥號青寶郡尋罷改名復爲縣監
成宗五年以縣人琴孟誠毆辱縣監申石同革屬于
青松府九年因土人申訴復舊

郡名
漆巴火　助攬　眞安　甫城　載巖　青寶
眞海　今名眞寶

官職縣監蔭寮六品座首一人別監二人軍官二十人人吏三十人知印九人使令七名
官奴十八口官婢十七口今廢〇改爲郡守鄉長一人巡校四人首書記一人書記六人通引
二人使令六名使備二名使僮二名客舍直一名鄉校直一名

姓氏趙金朴白全續今無春甘吳巴吡今無同李權安東
金義城安東申寧海安竹山鄭東萊李延安月城原州朴春川崔全州南

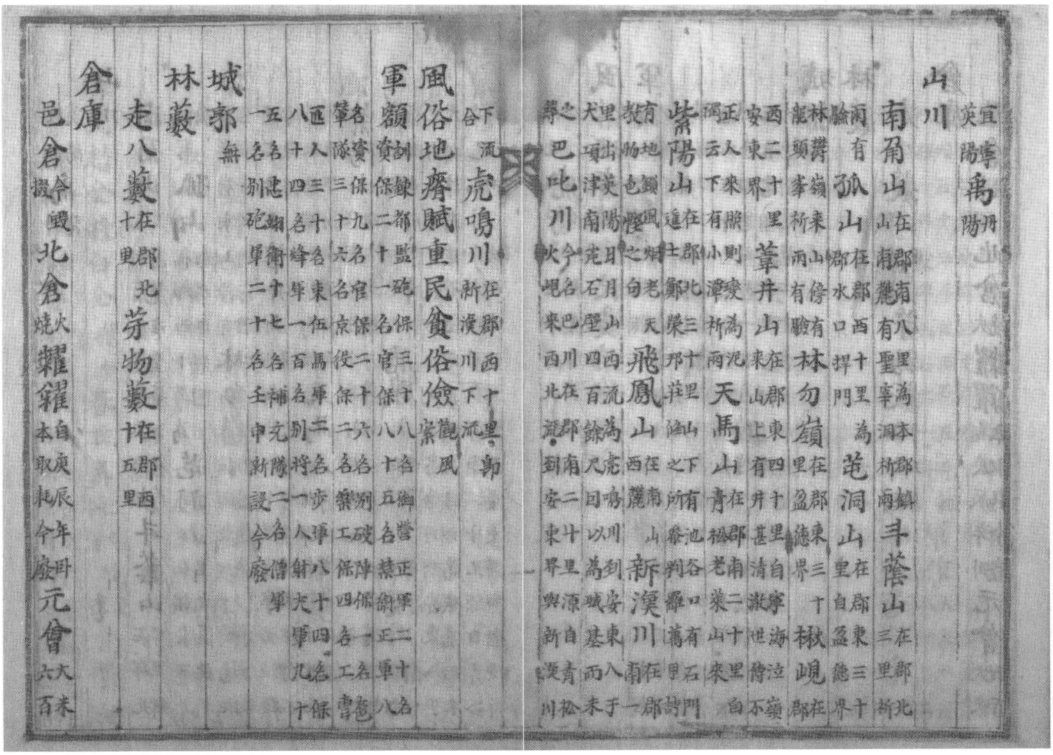

宜寧英陽禹丹陽

山川
南角山在郡南八里爲本郡鎭山南麓有聖寧洞祈雨斗萫山在郡北三里祈
雨有驗孤山在郡西十里郡水口捍門爲苞洞山在郡東三十里自盈德界
林葬嶺來山傍有龍頭峯祈雨有驗林勿嶺在郡東三十里盈德界楸峴在郡
西二十里安東界葦井山在郡東四十里自寧海泣嶺來山上有井甚清澈世傳不
正人來照則變爲泥濁云下有小潭祈雨天馬山在郡南二十里自青松老萊山來
紫陽山在郡北三十里山下有池谷口有石門進士鄭榮邦藏修之所參判羅萬甲詩
有地僻風烟老天敎物色輕之句飛鳳山在南山西麓新漢川在郡南一
里出英陽日月山西流爲虎鳴川到安東入于犬項津南有石壁四百餘尺回以爲城基西未
之葬巴吡川今名巴川在郡南二十里源自青松火峴來西北面到安東界與新漢川
下流合虎鳴川在郡西十里即新漢川下流

風俗地瘠賦重民貧俗儉觀風案

軍額訓鍊都監砲保三十八名御營正軍二十名資保二十一名官保八十五名禁衛正軍八
名資保九名官保二十六名別破陣保一名邑筆隊三十六名京役保二名樂工保四名工曹
匠人三十名束伍馬軍二名步軍八十四名保八十四名烽軍一百名別將一人射夫軍九十
五名忠翊衛十七名補充隊二名僧軍一名別砲軍二十名壬申新設今廢

城郭無

林藪走八藪在郡北十里芽物藪在郡西十五里

倉庫
邑倉今撤毁北倉火燒糶糴自庚辰年阧本取耗今廢元會大米六百

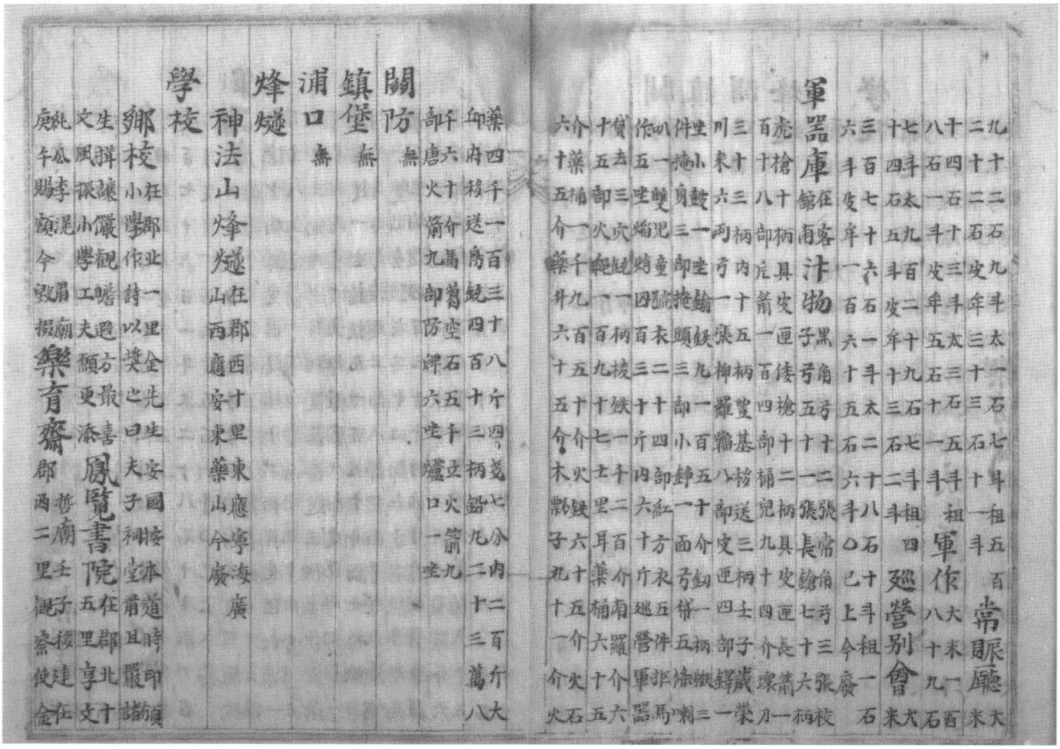

九十二石九斗太一石七斗租五百二十二石皮牟三十三石十一斗 常賑廳 大米
十四石十三斗太三石五斗租八石一斗皮牟五石十一斗 軍作 大米一百八十九石
七斗太九百二十九石七斗租四十四石五斗皮牟十三石二斗 巡營別會 大米
三百七十六石一斗太二十八石十斗租一石六斗皮牟一百六十五石六斗〇巳上今廢
軍器庫 在客舘南 汁物 黑角弓十二張常角弓三張枝子弓五十一張長鎗七十六柄
虎槍十柄具皮匣倭槍十二柄具皮匣長箭一百十八部戹箭一百四部桶兜九十四介環刀
三十三柄內十五柄豐基送三柄土子藏棠川來六兩弓一張柳羅鑞八部皮匣四部鋒一
生小鼓一坐鑰鉄九一百五十介釖一柄槭三件掩負三部掩頭三部小錚一面弓俗五絛喇
叭一雙児童號衣二十四部紅方衣五件非馬作五坐孀竘四百三十斤內六十斤巡營軍器
貸去三穴鉞一柄桜鉄一千二百介南羅介六十五部火絶一百九十七士里耳藥桶六十五
介藥桶一千九百五十介火鉄六十五介火石六十五介藥升六十五介木鄰子孔十一介火

藥四千一百三十八斤四戔七分內二百斤大卯內校送鳥銃四百十三柄鉛九二十三萬八
千六十介馬蔦坐石五千五火箭九部唐火箭九部防牌六坐爐口一坐
關防 無
鎮堡 無
浦口 無
烽燧
神法山烽燧 在郡西十里東應寧海廣山西應安東藥山今廢

學校
鄉校 在郡北一里金先生安國按本道時印頒小學作詩以奬之曰夫子祠堂肅且嚴諸
生揖讓儼觀瞻遐方最善文風振小學工夫願更添 鳳覽書院 在郡北十五里享文
純公李滉肅廟庚午賜額今毀撤 樂育齋 普廟壬子校建在郡西二里建祭使金

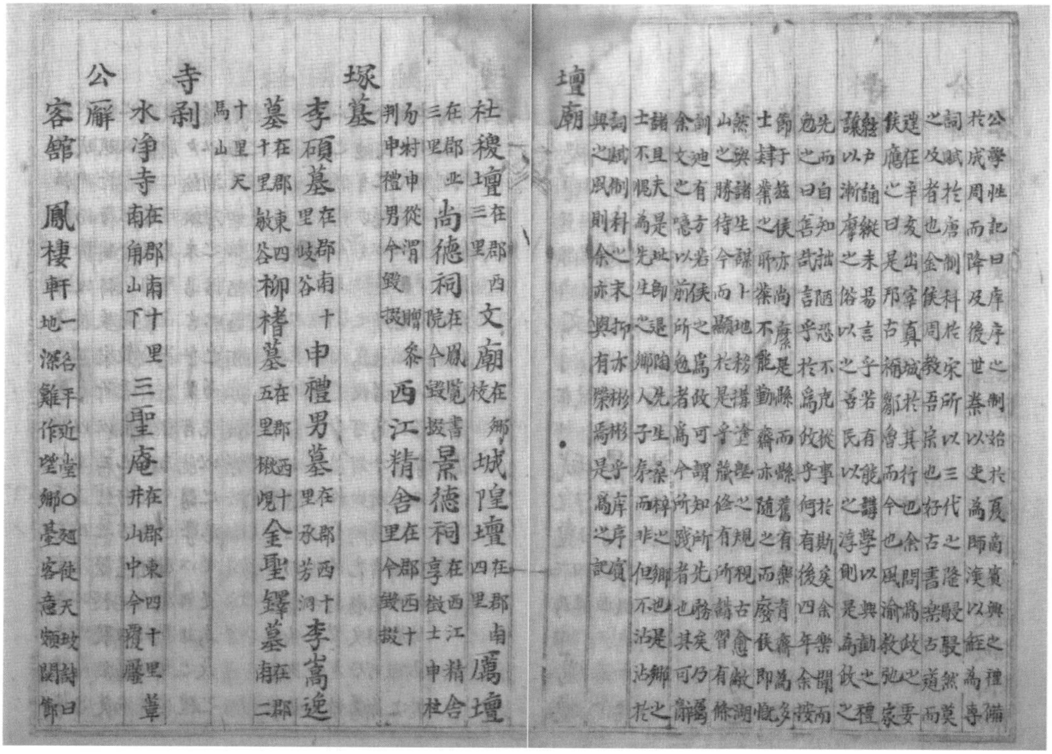

公學性記曰庠序之制始於夏商賓興之禮備於成周而降及後世秦以史爲師漢以經爲專
詞賦於唐制科於宋所以三代之隆駁駁然莫之及者也金試周教吾宗也好古書崇古道而
建在辛亥出宰真城於其行也余問爲政之要侯廳之曰是邪古補鄒魯而今也風渝教弛家
絃戶誦縱未易言乎若有能講學以興勸之禮誦以漸摩之俗以之善民以之淳則是爲欲之
先而自知拙陋恐不克從事於斯矣余樂聞而色之曰善哉言乎於爲攸乎何有後四年余撥
爲于兹侯亦尚廢是縣而縣舊有興青齋爲多士肄業之所叅不能勤齋亦隨之而廢鉄即慨
綜與諸生謀卜地移搆塗墍之規視古愈敞湖山之勝待今而顯於是音蕆修有所講習有條
訓迪有方若侯之爲攸可謂知所先務矣乃爲余文之噫以前所色者爲今所踐者也其可謂
諸且夫是址卽退陶先生桑梓之鄉也是鄉之士不悃爲先生之鄉人子矜而非但不沾沾於
詞賦制科之末抑亦彬彬乎庠序賓與之風則余亦與有榮焉是爲之記
壇廟

社稷壇 在郡西三里 文廟 在鄉校 城隍壇 在郡南四里 厲壇
在郡北三里 尚德祠 在鳳覽書院今毀撤 景德祠 在西江精舍享徵士申杜
乃村申從渭贈叅判申禮男今毀撤 西江精舍 在郡西十里今毀撤
塚墓
李碩墓 在郡南十里岐谷 申禮男墓 在郡西十里承芳洞 李嵩逸
墓 在郡東四十里敏谷 柳楮墓 在郡西十五里楸峴 金聖鐸墓 在郡南二
十里天馬山
寺刹
水淨寺 在郡南十里南角山下 三聖庵 在郡東四十里井山中今廢 草
公廨
客館 鳳棲軒 一名于近堂〇延使天坡詩曰地深離作堂鄉臺客意頻關節

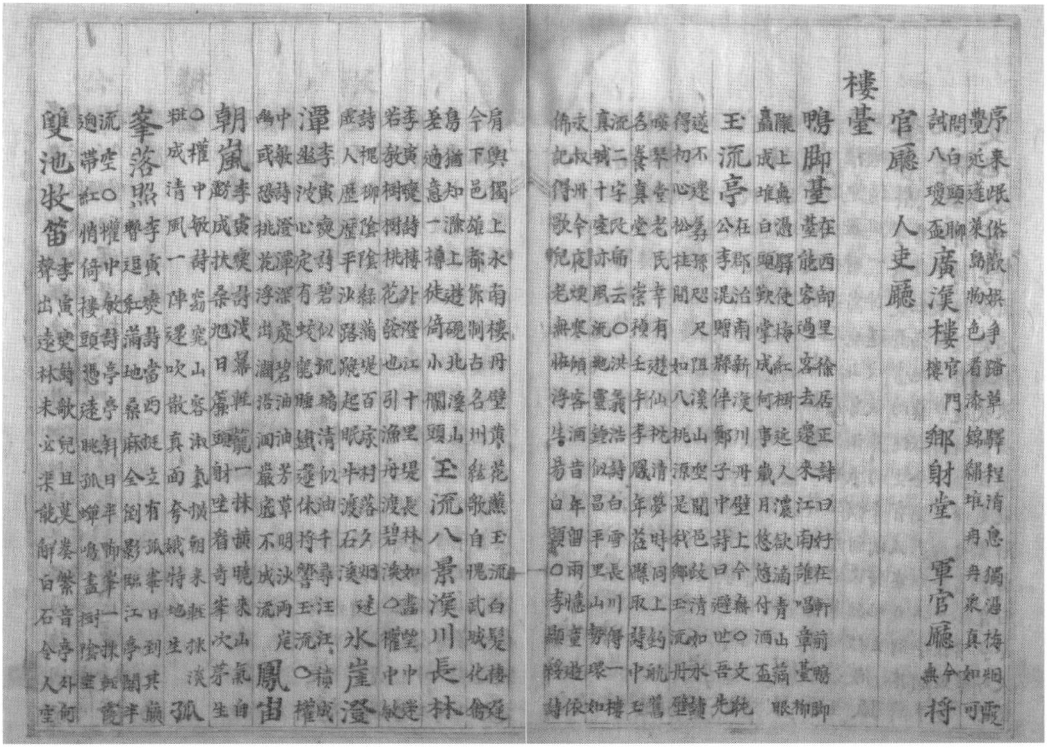

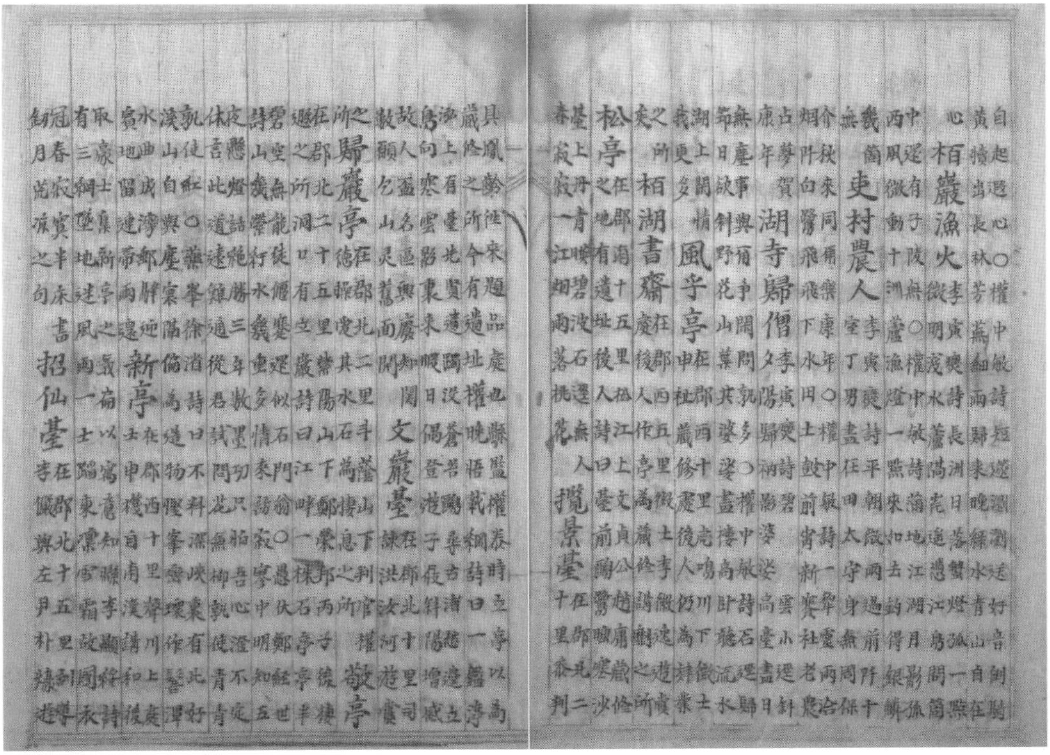

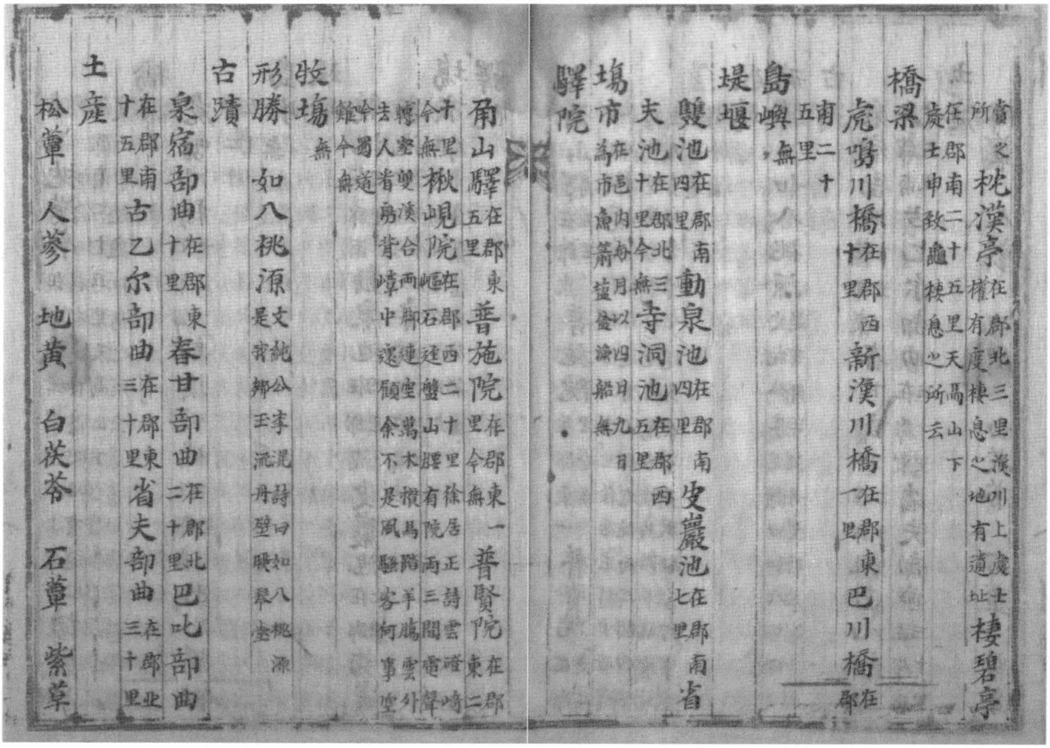

當之所 枕漢亭 在郡北三里漢川上處士權有度棲息之地有遺址 棲碧亭
在郡南二十五里天馬山下處士申致龜棲息之所云
橋梁
虎鳴川橋 在郡西十里 新漢川橋 在郡東一里 巴川橋 在郡
南二十五里
島嶼 無
堤堰
雙池 在郡南四里 動泉池 在郡南四里 安巖池 在郡南七里 省
夫池 在郡北三十里今無 寺洞池 在郡西五里
場市 在邑內每月以四日九日爲市邑庶箭塩盆漁船無
驛院
角山驛 在郡東五里 普施院 在郡東里今無 一普賢院 在郡東二
十里今無 楸峴院 在郡西二十里徐居正詩雲磴崎巇石逕盤山腰有院兩三間電聲
轉壑雙溪合兩脚連空萬木攢馬踏羊腸雲外去人省鳥背嶂中遠顧余不是風騷客向事空
吟蜀道難今無
牧場 無
形勝 如八桃源 文純公李滉詩曰如八桃源是實鄕王流丹壁暎琴堂
古蹟
泉宿部曲 在郡東十里 春甘部曲 在郡北二十里 巴叱部曲
在郡南十五里 古乙尓部曲 在郡東三十里 省夫部曲 在郡北三十里
土産
松蕈 人蔘 地黃 白茯苓 石蕈 紫草

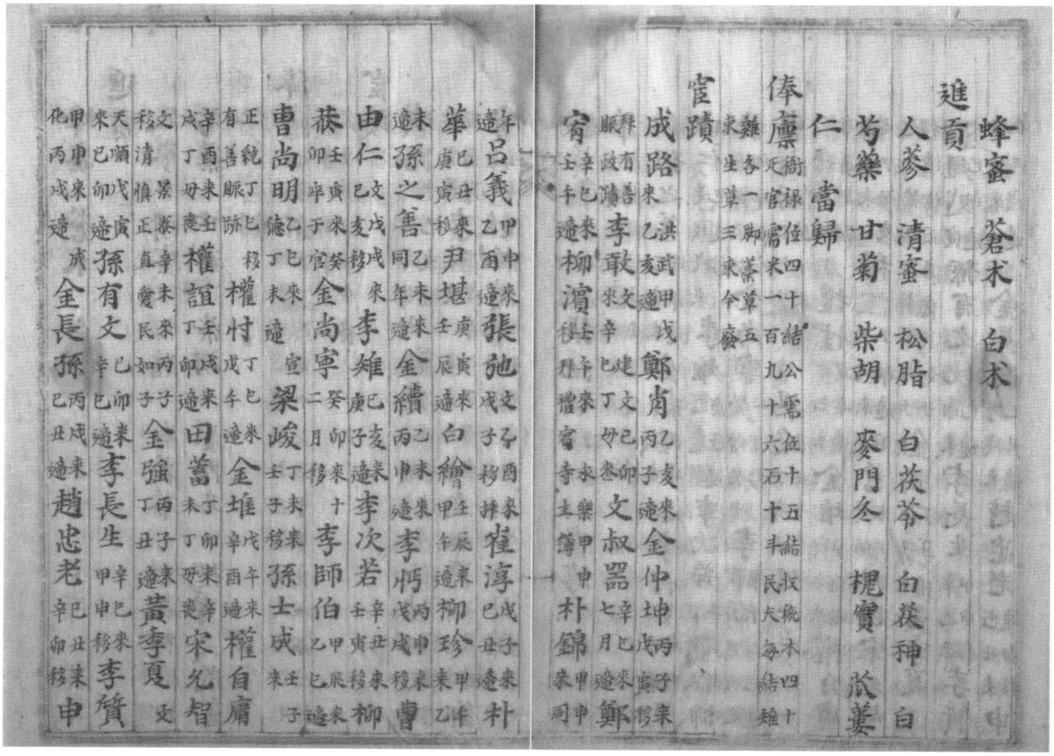

蜂蜜 蒼朮 白朮
進貢
人蔘 清蜜 松脂 白茯苓 白茯神 白
芎藭 甘菊 柴胡 麥門冬 槐實 苽蔞
仁 當歸
俸廩 衙祿位四十結公需位十五結收稅木四十廷官需米一百九十六石十斗民夫每結雜
雜各一脚藁草五束生草三束今廢
宦蹟
成路 洪武甲戌來乙亥遞 鄭肯 乙亥來丙子遞 金仲坤 丙子來戊寅移
拜有善賑政蹟 李敢 文建文己卯來辛巳巻 文叔器 辛巳來七月遞 鄭
宥 辛巳來壬午遞 柳濱 壬午來永樂甲申移拜禮賓寺主簿 朴錦 甲申來同
年遞 呂義 甲申來乙酉遞 張弛 文乙酉來戊子移拜 崔淳 戊子來己丑遞 朴
華 己丑來庚寅移 尹堪 庚寅來壬辰遞 白繪 壬辰來甲午遞 柳珍 甲午來乙
未遞 孫之奮 乙未來同年遞 金續 乙未來丙申遞 李柄 丙申來戊戌移 曹
由仁 文戊戌來己亥移 李雉 己亥來庚子遞 李次若 辛丑來壬寅移 柳
萩 壬寅來癸卯卒于官 金尚寧 癸卯來十二月移 李師伯 甲辰來乙巳遞
曹尚明 乙巳來宣德丁未遞 梁峻 丁未來壬子移 孫士成 壬子來
正統丁巳移有善賑跡 權村 丁巳來戊午遞 金堆 戊午來辛酉遞 權自庸
辛酉來壬戌丁母憂 權誼 壬戌來丁卯遞 田蕃 丁卯來辛未丁母憂 宋允智
文景泰辛未來丙子移清慎正直愛民如子 金強 丙子來丁丑遞 黃李夏 文
天順戊寅來己卯遞 孫有文 己卯來辛巳遞 李長生 辛巳來甲申移 李贇
甲申來成化丙戌遞 金長孫 丙戌來己丑遞 趙忠老 己丑來辛卯移 申

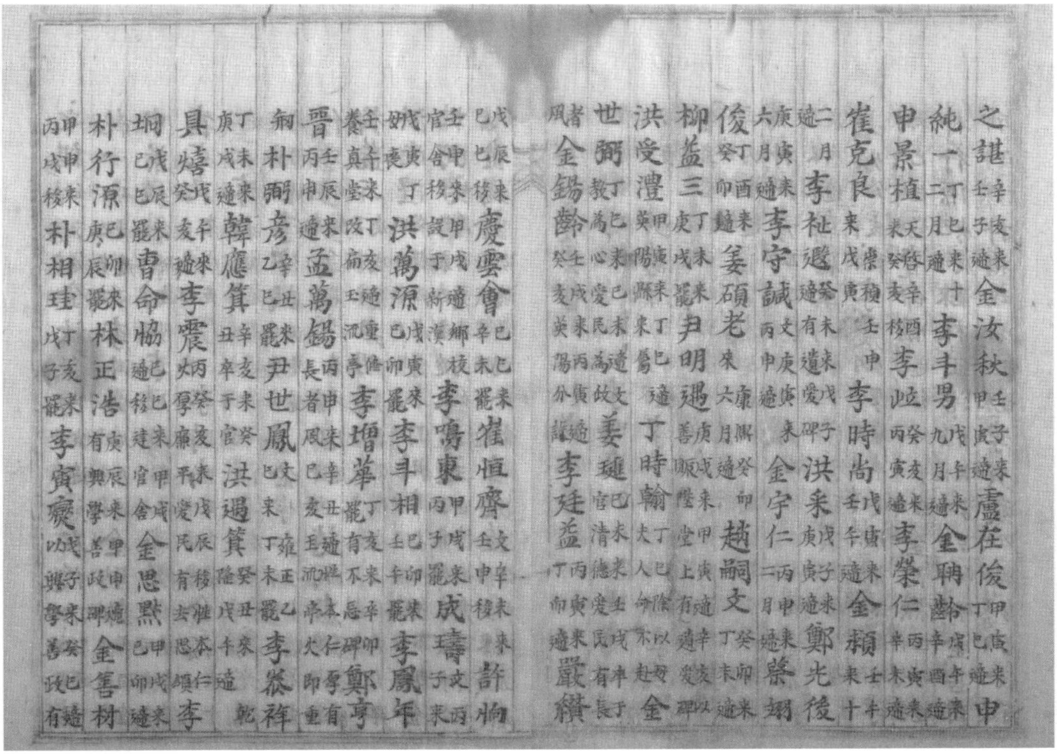

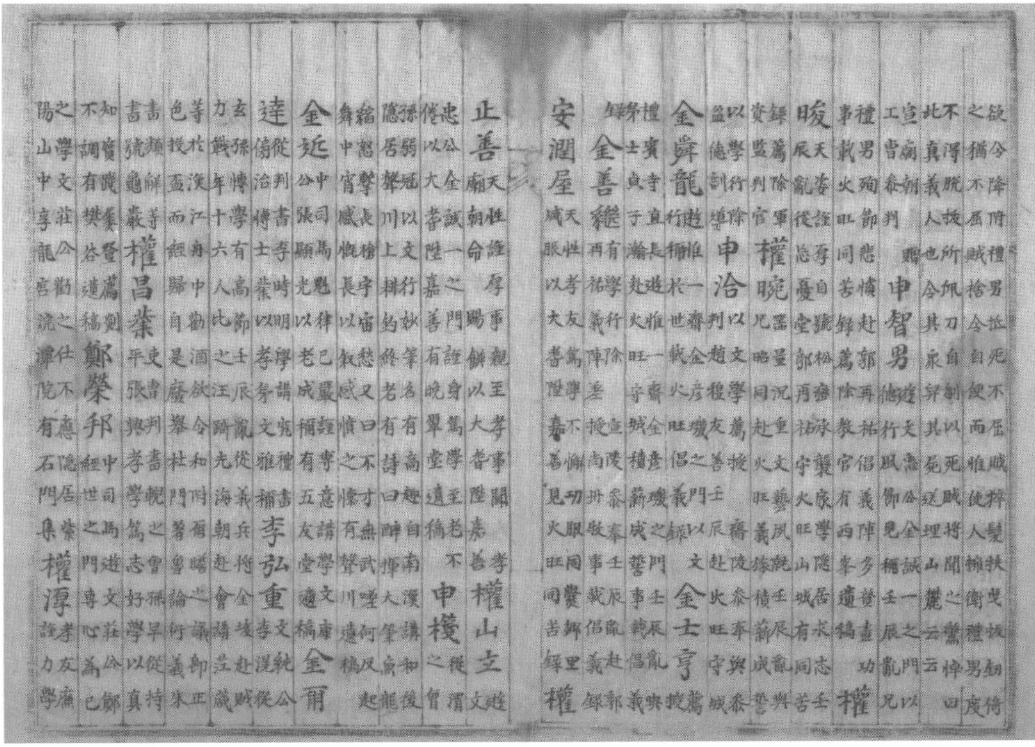

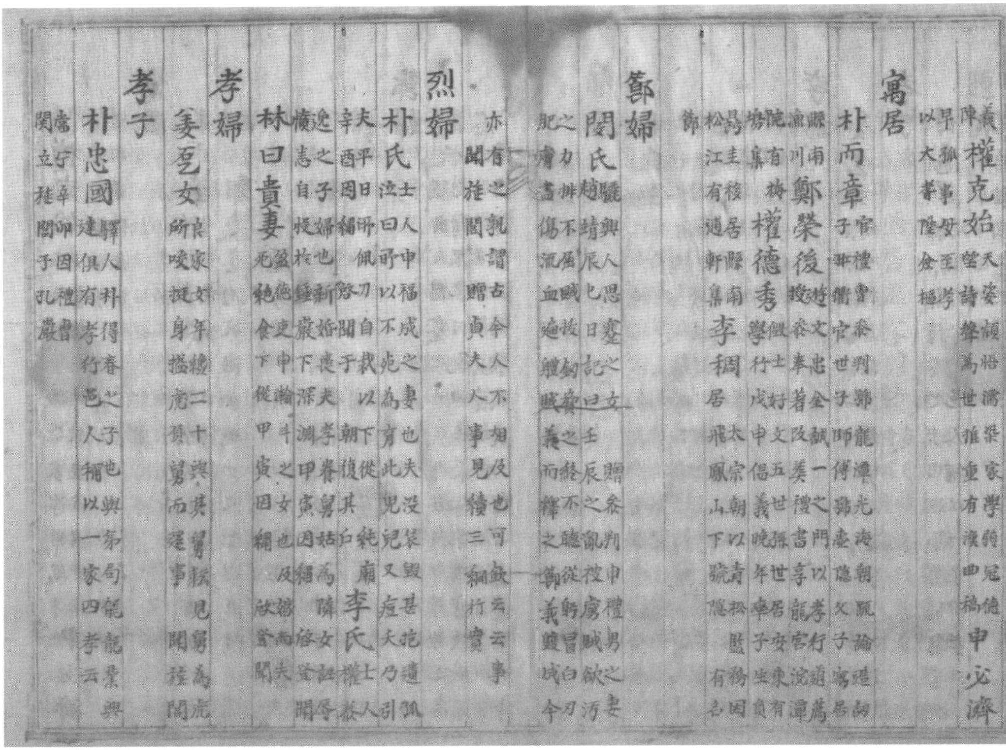
權克始
申必濟
寓居
朴而章
鄭榮後
權德秀
李稠
節婦
閔氏
烈婦
朴氏
李氏
林曰貴妻
孝婦
姜乭女
孝子
朴忠國

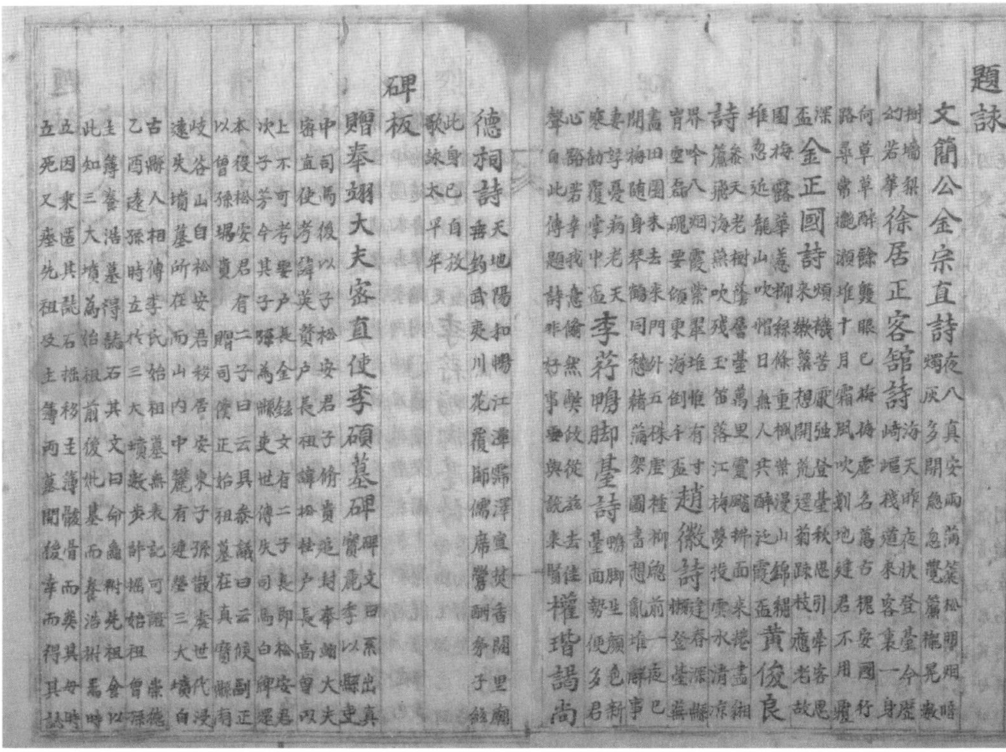
題詠
文簡公金宗直詩
徐居正客館詩
金正國詩
黃俊良
趙徽詩
李蓀鴨脚臺詩
權瑎謁尚
德洞詩
碑板
贈奉翊大夫密直使李碩墓碑

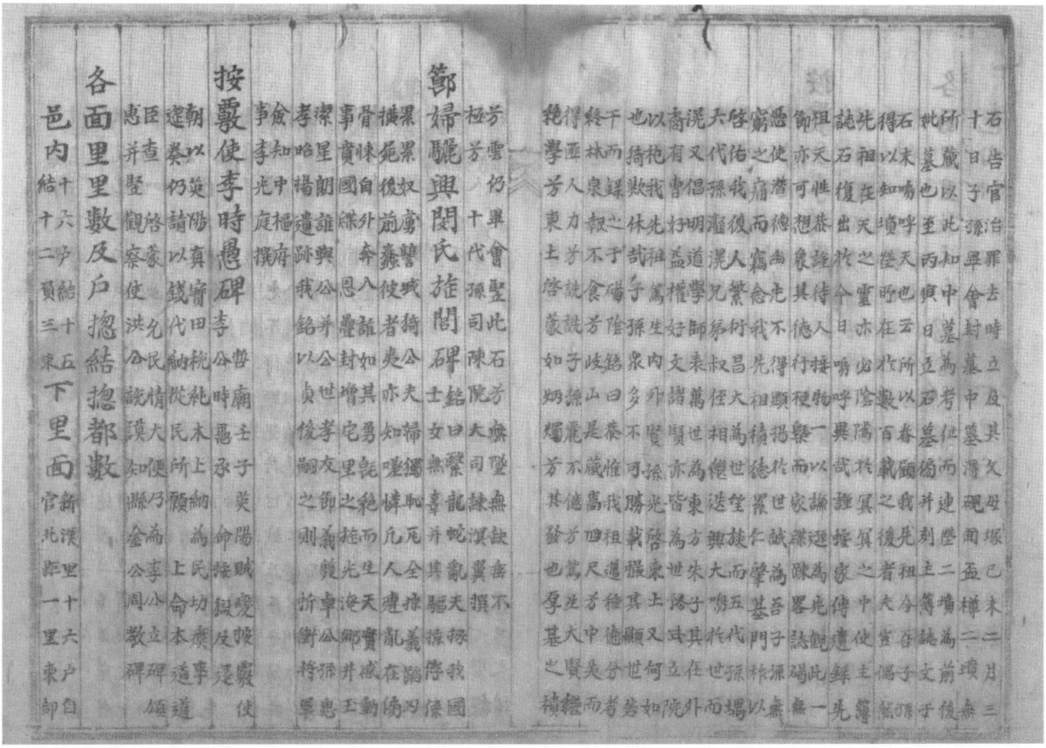

節婦驪興閔氏旌閭碑

按覈使李時愚碑

各面里里數及戶摠結摠都數

邑內

下里面

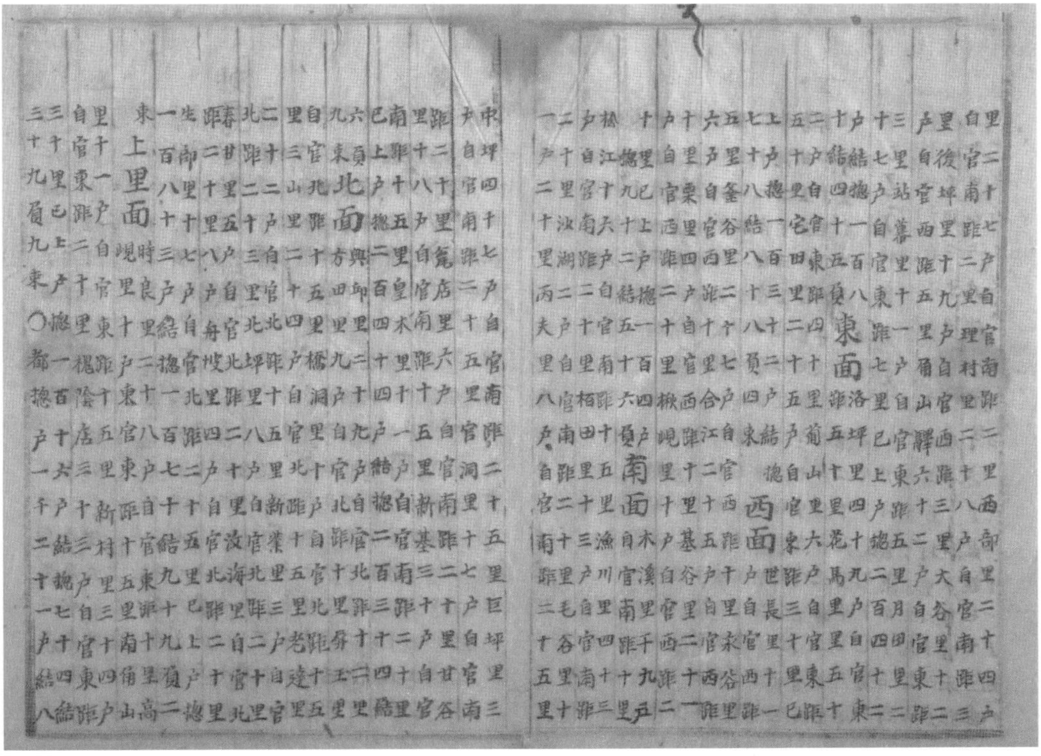

東面

西面

南面

北面

上里面

百一結三十
五負四束

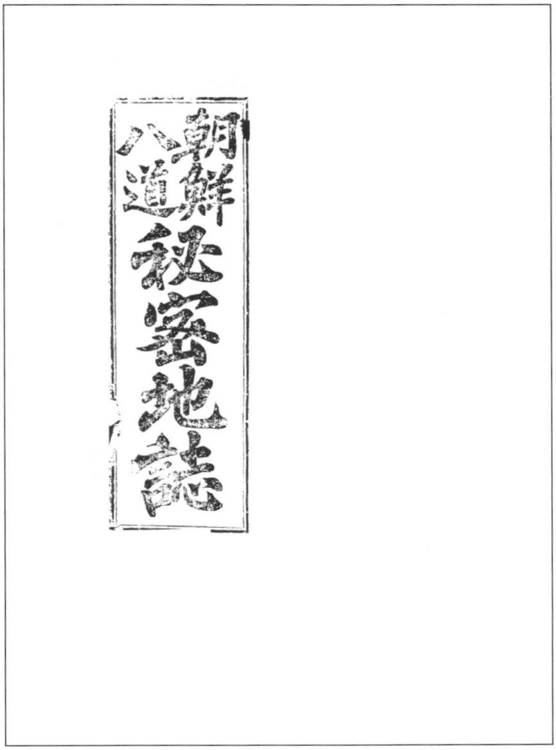

「序」

秘訣은 宜傳? 打破!

秘書를刊行함에臨하야客이余에게問하되圖讖은世를攪亂하고 人을迷惑케하는劇劑여늘君은엇지此ㅣ世人을爲하야知識을啓發하고 福利를增進하는良書珍本을紹介치못할지언정世를攪亂하고人을迷惑하는 此ㅣ不穩의書物로써頒布를是事하느뇨余ㅣ默然히無語하다가良久에答호대客이여 客은人을善導하고世를平治함에滿足을抱持함은余의[illegible]하는바어니와余의是書를刊行함에 對하야는世를攪亂하고人을迷惑케함보담차라리世를開殖하고 人을啓發하는立地에서可缺치못할一種의法門이라하노니何故오하면人은迷惑物이라 世에好奇心이多하나니人의好奇心을利用하야世의迷惑을打破함이不可함이아닐새 圖讖이世에出할時마다此를求讀하랴고此를解得하랴고 一般精神界를動搖하야그努々汲々한趨向이特別이我半島人에게는激甚함을따라直接間接으로事實에나타남은過去가證明하나니檀君始祖의神

話說로비롯하야鷄林의異蹟과 甄萱의化生이며高麗始祖의前身과李太祖의定都가疑問中의疑問이라王朝에는道詵秘訣과李朝에는鄭鑑錄이吾人의口膾가되야擧世를迷惑케함은엇지圖讖을秘藏한者의過失이아니리오 人은秘密을發見하고隱微를摘發하기에滿足한好奇心을抱持한者이니그럼으로圖讖은秘藏할사록그秘藏한背面에는迷惑이一層激烈하나니譬컨대穴中에處한蛇身은그尺度를量키難하게長大함과如함이라世에圖讖을宣布함이人의 疑惑을打破하는一種의良法이라하야一般秘書를刊行하는바이라그러나 今日科學이發明된時代에修養한後進은自然히覺悟하는바이有하려니와 만약秘書를 永久히 頒布치나니하면世의疑惑이後世까지波及될憂慮가無치못한지라 이것이余의秘書를刊行하는바이로라

「다만圖讖을耽讀함은엇지吾人뿐이랴擧世人의共通性이니라」

「序 二」

讖說은偉大한力量을含有한것

佛氏의極樂說이 一切衆生의慈悲心을喚起하고基督의 天國說이四海同胞의博愛心
을助長하도다世의文物이啓發된源始를溯究하면 神話的氣味를含有치아니한것이
無하나니沉水教의洗禮法과拜火教의 崇神熱이곳그것이며巫卜의蠱惑과風水의荒
誕이또그것이니라彼離黍中에埋沒된十二鐵犬은高麗初年道詵嗔言에產物로서王
氏의四百年基業을鞏固케하고 又滿野를延袤한萬里長城은嬴秦時代侯生錄圖에基
因하야東洋의大建築物이遺傳하도다 鄭鑑錄의默示된弓乙利가甲午에三國風塵을
發端하고歐洲人의拘忌하든一三數는 獨皇의天下動亂으로終局되얏도다 그와갓치
讖說이란者는偉大한力量을包含함으로 그包含한力量만콤을能히發揮하나니그런
즉吾人은此에對하야讖說을可畏한者이라 할가讖說은利用할者이라할가吾人은이
에研究를加치아니치못할지라그러면讖說은何如한者인고 讖說은置하면오히려危

險物이되나니疑惑者의毒劑가되고行하면 도리혀安全物이되나니辨斷者의利器가
되나니라

「序 三」

本書의讀法

江湖讀者는圖讖을耽讀하는가圖讖을耽讀함은 如何한意味下에圖讖을耽讀하는고
圖讖을耽讀함에一種의別法이有하니 宇宙의大秘密을發見하기에苦心하는者에게
는可讀할지언정自己의福利를求하기爲하야 自己의患難을免하기爲하야僥倖을方
外에射하랴하는者에게는可讀할者이아니니 이러한者의信念은足히取할바이아니
니라天地의理氣를通한者의信하는바는正信이될것이오 禍福의所感으로信하는바
는迷信이라하나니迷信者의讀法은決코願치아니하노라 余는일즉此에憧憬하는者
와一流로서圖讖을一時는耽讀하얏노니 圖讖을耽讀함은그趣志가다만圖讖ㄱ記錄

에在치아니하고그圖讖이如何한境遇에發生됨을 溯究할뿐이러니是歲夏月에都中
一宿儒ㅣ一篇의古書로써秘書라稱하며 余에게刊行을勸喩하니是書는別種의秘書
가아니오距今約百八十餘年前의名儒李重煥氏의 著書이라 本名은「卜居論」이
오或은「八域誌」라稱하나니風水의說을種々引用하얏다하야 一部의論評을受하
야일즉梓行치못하고今日까지多少人士의手를經하야筆記로相傳함으로字의誤落
과文의增删이不一하야原本의眞贋을混同한者이라 大槪本書는오즉半島諸道의山
川地理와寺刹島嶼와樓觀村落과浦港城市와 人物姓氏와를遺漏업시記載한바이며
道詵無學鄭道傳南師古諸神師의 口訣을隱然이引用한바이라授한바原本에서于堂
尹先生의校正을略加하고다시題號를改하야朝鮮八道秘密地誌라稱하얏노니是書
는足히秘訣을讀하는者에게는秘訣이되고地理를讀하는者에게는地理가될지니다
만讀者는秘訣을讀하는法을取함보담반다시 我半島의地理上風土山川道里島郡의
詳密한地誌一篇으로讀破하면得할바이不尠하리라하노라

壬戌菊秋 盧舟子 識

朝鮮八道秘密地誌 目次

朝鮮八道秘密地誌　全

清潭 李重煥 原著
芝山 李章薰 藏本
于堂 尹喜求 校閱
翎仙 玄丙周 修輯

友文館書會 藏版

總論

崑崙山一枝ㅣ行大漠之南東ᄒᆞ야爲醫巫閭山ᄒᆞ고自此로大斷ᄒᆞ니 是爲遼東之野라又渡野起ᄒᆞ야爲白頭山ᄒᆞ니即山海經所謂不咸山이是也라 精氣ㅣ北走千里ᄒᆞ야挾二江向南爲寧固塔ᄒᆞ고背後一脈이爲朝鮮山脈之道ᄒᆞ야有八道ᄒᆞ니 曰平安이니隣瀋陽ᄒᆞ고曰咸鏡이니隣女眞ᄒᆞ고曰江原이니承咸鏡ᄒᆞ고曰黃海니承平安ᄒᆞ고 曰京畿니在江原黃海之南ᄒᆞ고京畿南則曰忠清道及全羅오全羅之東은 即慶尙也라慶尙

은即古卞韓辰韓地오京畿忠清全羅ᄂᆞᆫ即古馬韓百濟地오咸鏡平安黃海ᄂᆞᆫ即古朝鮮高句麗地오江原이別爲穢貊地ᄒᆞ니 其興滅은 未詳이라 新羅末에王太祖ㅣ出而統合三韓ᄒᆞ야爲高麗而李　朝ㅣ繼運矣라東南西ᄂᆞᆫ皆海오獨北一路ᄂᆞᆫ通女眞瀋陽ᄒᆞ니多山少野ᄒᆞ고其民이柔謹局促이라長亘三千里ᄒᆞ고 東西ᄂᆞᆫ不滿千里ᄒᆞ니際海而南者ㅣ可値浙江 吳會之間ᄒᆞ며 平安之北은 義州ㅣ 爲界首邑ᄒᆞ니 約可當青州라朝鮮이大抵在日本中國之間ᄒᆞ니라古堯時에有神人이化生於平安道价川縣妙香山檀木下石窟中ᄒᆞ니名曰檀君이라遂爲九夷君長ᄒᆞ니年代子孫은不可記오後에箕子出封於朝鮮ᄒᆞ야都平壤ᄒᆞ고至孫箕準ᄒᆞ야秦時에爲燕人衛滿의所逐ᄒᆞ야 浮海遷都於全羅益山郡ᄒᆞ니號爲馬韓이라箕氏地界ᄂᆞᆫ不詳於史氏ᄒᆞ고與辰卞으로 是爲三韓이라赫居世ᄂᆞᆫ興於漢宣帝時ᄒᆞ야盡有慶尙道ᄒᆞ고臣服辰卞諸地ᄒᆞ야 號ᄅᆞᆯ新羅라ᄒᆞ야都慶州ᄒᆞ니朴昔金三姓이更迭而爲王ᄒᆞ고衛氏ᄂᆞᆫ亡於漢武帝時ᄒᆞ야 及漢이移民棄地ᄒᆞ니有朱蒙者ㅣ自靺鞨로據平壤ᄒᆞ야號稱高句麗라ᄒᆞ고 朱蒙이沒에其次子温祚ㅣ又分據漢水以南ᄒᆞ야滅馬韓ᄒᆞ야號ᄅᆞᆯ百濟라ᄒᆞ야 都扶餘ᄒᆞ고新羅末에爲弓裔

甄萱所分이러니高麗ㅣ一之ᄒᆞ니此ᄂᆞᆫ我國建置沿革之大畧也라 新羅以前에三國이
戰爭不休故로文蹟이少ᄒᆞ야自高麗로始可述矣라 高麗時에士大夫ㅣ名未大立ᄒᆞ고
多起自胥吏而爲卿相者ᄒᆞ니一爲卿相則其子與孫이爲士大夫ᄒᆞ야 咸置家於京城ᄒᆞ
니京城이遂爲士大夫淵藪오而外邑人은罕有登于朝者러니 及雙冀制科擧取士ᄒᆞ야
外方人이稍々得顯仕於朝나然이나西北에多武臣ᄒᆞ고東南에多文士矣라 及李世ᄒᆞ
야文風이大振ᄒᆞ야間有中原制科者ᄒᆞ니此ᄂᆞᆫ通元之效也라 至今에以大族으로稱於
世者ᄂᆞᆫ多高麗卿相之後裔則士大夫之冑泒來歷이盖自高麗로始矣러라

第二篇 平安道

平安道ᄂᆞᆫ在鴨綠南浿水北ᄒᆞ니爲箕子所封舊界라 踰鴨綠ᄒᆞ야至靑石嶺ᄒᆞ니唐史所
稱安市白岩이在其間이라自高麗初로淪失於契丹ᄒᆞ야 以鴨綠爲限ᄒᆞ니라平壤은爲
監司所治오在浿水上ᄒᆞ니實爲箕子所都라 以箕子故로風化ㅣ先開ᄒᆞ야箕氏ᄂᆞᆫ千年

澇山崩ᄒᆞ야流入漢江而漢水ㅣ漸淺矣러라

第六篇 慶尙道

慶尙道ᄂᆞᆫ地理ㅣ最佳ᄒᆞ니在江原之南ᄒᆞ야西與忠淸全羅로接界ᄒᆞ고 北有太白山ᄒᆞ
니堪輿家ㅣ謂「漲天水星이左出一大枝ᄒᆞ야止於東萊海上ᄒᆞ고右出一大枝ᄒᆞ야 爲
小白鵲城이라 ᄒᆞ니라」主屹義陽、靑華、俗離、黃岳、德裕、智異等山이在於南溟上하
고而兩枝間에沃野千里오潢池天成之澤이在太白山上峰ᄒᆞ야下穿山而出ᄒᆞ니自北
으로南下至禮安ᄒᆞ야東折而西ᄒᆞ야循安東而南ᄒᆞ야至龍宮咸昌界ᄒᆞ야 始南折而爲
洛東江ᄒᆞ니洛東者ᄂᆞᆫ謂尙州之東也라 江入于金海ᄒᆞ야劃居一道中央ᄒᆞ니江東을謂
之左道요 江西를謂之右道라兩枝가又大合於金海ᄒᆞ니七十州同一水口ᄒᆞ야作大局
이라 上古에內有百里之國이甚多러니至新羅世ᄒᆞ야皆取諸國而一之ᄒᆞ니新羅ᄂᆞᆫ享
國千年이라都慶州ᄒᆞ니 卽古所謂鷄林君子國也라今稱東京ᄒᆞ고置府而莅之ᄒᆞ니라

州治ᄂᆞᆫ在太白左枝中央ᄒᆞ니形家의言「回龍이顧祖」라向西北開局ᄒᆞ니局中之水ㅣ
東流爲大江ᄒᆞ야入于海ᄒᆞ고有新羅時의半月城과鮑石亭과桂陵故址ᄒᆞ니라 新羅ㅣ
旣盡取嶺南諸國ᄒᆞ고又取麗濟之亡ᄒᆞ야 統一三國矣러니末葉에女主ㅣ當宁ᄒᆞ야政
令이不行ᄒᆞ고崇佛이太過ᄒᆞ야寺刹이遍於山谷ᄒᆞ니齊民이化爲緇髡이라弓裔ᄂᆞᆫ據
麗ᄒᆞ고 甄萱이叛濟러니至麗太祖出而混一麗濟ᄒᆞ니新羅ㅣ又納土歸附矣라新羅時
에北阻大氏(一云北阻大漠) 及契丹이專以海路朝唐ᄒᆞ야冠盖ㅣ相屬ᄒᆞ고 聲名文物을慕效中
國ᄒᆞ야頗斐然可尙이러니自高麗로至我朝ᄒᆞ야上下數千年間에 多出將相公卿文章
德行之士와 與夫立節樹勳之人과仙釋道流ᄒᆞ니號爲人才府庫라我朝則宣廟以前에
皆以道人으로四賢을從祀文廟者ㅣ러니 仁祖ㅣ與栗谷李珥와牛溪成渾과白沙李
恒福의門人弟子로 靖亂ᄒᆞ니自是로偏用京城世家ᄒᆞ야今百年之間에自嶺南으로爲
判書者ㅣ二人이오爲亞卿이 四五人이오無拜相者ᄒᆞ니高不過三品이오下不過州縣
이나然이나古先輩의流風餘澤이 至今未泯ᄒᆞ야俗尙禮讓文物ᄒᆞ니至今科第之甲이
多於他道ᄒᆞ고於左道ᄂᆞᆫ土瘠民貧ᄒᆞ야雖儉嗇而多文士ᄒᆞ고 右道ᄂᆞᆫ土沃民富ᄒᆞ야喜

豪侈而偸惰ᄒᆞ고不力於文學故로 少貴顯之士ᄒᆞ니此其大較也라然이나土地饒瘠이
或錯異ᄒᆞ니人才도亦錯出矣오禮安安之東順興榮川 醴泉等邑은在太白小白之南ᄒᆞ
야爲神皐福地而太白之下에平山廣野가 明秀淸朗ᄒᆞ고白沙堅土가氣色이宛然ᄒᆞ야
與漢陽으로侔矣오禮安은卽退溪李滉之鄕이오 安東은卽柳西厓成龍之鄕이니鄕人
이其所居에幷立祠ᄒᆞ고設俎豆之禮故로 玆五邑이隣比相近ᄒᆞ야最多文學之士而皆
退溪西厓之門人子孫也라明倫義重道學ᄒᆞ야 雖孤村殘里라도輒有讀書聲ᄒᆞ고鶉衣
瓮牖에皆稱道德性命矣러니漸至浸衰而雖愿謹이나 拘礡齷齪ᄒᆞ야少實而喜口說爭
競ᄒᆞ니亦可見古今之不相及也라然이나 左道諸邑이皆不及此니라安東府治ᄂᆞᆫ在花
山之南ᄒᆞ니潢水ㅣ自艮으로至靑松也라 川從臨河ᄒᆞ야至合于巽方ᄒᆞ야繞城而西南
ᄒᆞ고去南에有映湖樓ᄒᆞ니 高麗恭愍王南遷時에宴遊於此樓上ᄒᆞ니其扁額은卽恭愍
筆也오 樓北의 有新羅時古刹이러니 今廢而無僧ᄒᆞ고 靈光西에 有西岳寺ᄒᆞ고寺有
關帝廟ᄒᆞ니石像은卽壬辰明將이討倭時에所建이오東南에有歸來亭ᄒᆞ니卽古留守
李浤의所建이오東有臨淸閣ᄒᆞ니卽李氏世居也라 與映湖樓로爲邑中名勝이오自州

北으로可一百里ㅣ爲太白山이오山下의 有奈城春陽召川才山四村이니皆深峽이라峡氓이保聚ᄒᆞ야 通江原沿海魚鹽之利而又可以避兵이오四村東의有英陽眞寶二縣ᄒᆞ니大同俗而自眞寶東으로踰德嶺則卽寧海也라北與江原平海로接ᄒᆞ고自安東으로南渡潢水ᄒᆞ야有八公山ᄒᆞ고山北潢南의 有義城等八九邑ᄒᆞ고其東踰南抵則慶州라自寧海로南至東萊에凡九邑이皆 在嶺脊之外ᄒᆞ니亦南北長而東西狹ᄒᆞ고幷遍海ᄒᆞ야有魚海鹽之利ᄒᆞ니라獨慶州ㅣ於九邑中에爲一大都會ᄒᆞ야尙有故都謠俗이라入我朝ᄒᆞ야爲晦齋李彦廸之鄕ᄒᆞ니라公山南과 大江西와漆谷東南에爲河陽慶山慈仁等邑ᄒᆞ니 一道ㅣ無可以城守者로되 惟漆谷邑治에城郭이在萬仞山上ᄒᆞ야截臨南北大路ᄒᆞ니爲要害巨防이오大邱는卽監司所治也라 四山이高塞而中藏大野ᄒᆞ고野中이爲琴湖江이니自東入西而合于洛東下流ᄒᆞ니라 邑治는在江之陰ᄒᆞ야處一道中央ᄒᆞ니 南北道里ㅣ甚均而亦形勝都會之地也오大邱東南으로至東萊에有八邑ᄒᆞ니土雖沃이나近海不可居오 唯密陽이爲佔畢齋金宗直之鄕이오玄風이爲寒暄堂金宏弼之鄕이니挾江而與海近ᄒᆞ야有魚塩舟船之利ᄒᆞ니 亦繁華勝地也오漢陽驛人輩ㅣ

多留ᄒᆞ야重貨於此ᄒᆞ야與倭로通互市之利ᄒᆞ고密陽東南이爲東萊니卽東南海上에自海로登陸之初境也라自壬辰前으로於邑南海上에 創置倭館ᄒᆞ니周圍數十里라設木柵爲限ᄒᆞ고置卒而防之ᄒᆞ야禁我國人出入交通而每歲에 對馬島人이受島主文ᄒᆞ고引數百人ᄒᆞ고來留館中ᄒᆞ니 朝家ㅣ割慶尙道租賦若干ᄒᆞ야與之所留人ᄒᆞ되一半은貢于島主ᄒᆞ니라倭國이多瘴泉而有土疾ᄒᆞ야若以人蔘으로 投水盂則瘴濁이融和故로最重人蔘ᄒᆞ야深處人이皆購得於馬島ᄒᆞ니 朝家ㅣ歲有頒賜定數而嚴禁私商이나然이나以利重故로雖誅之라도 不能禁이러니近來防禁이漸弛ᄒᆞ야犯者ㅣ衆이라我國人蔘이日漸翔貴矣러라昔 莊憲大王時에遣將討對馬島ᄒᆞ야 平之ᄒᆞ고不置官守而復以與島主ᄒᆞ니其時는必不置舘이니此不知防於何時而 實無意義라此島ㅣ元不屬倭國ᄒᆞ고 居於兩國之間ᄒᆞ야 借倭而要於我國ᄒᆞ며 借我而又 見重於倭ᄒᆞ야爲蝙蝠之役ᄒᆞ야自網其利ᄒᆞ니 討而臣屬之上也오不然則使島主로歲一來朝而臣服則當以賞賜例로厚遺之를如前額이可也오至於築館留廩라가輸賊與之ᄒᆞ니 此則殆近貢獻이오名號ㅣ不正ᄒᆞ니可亟罷也라盖馬島는土甚薄ᄒᆞ고人稠衆이라 麗末에起而

爲盜於海中者는皆此島人也라或欲其安之而不使爲寇나然이나姑息苟且ᄒᆞ니 古無如此之例커든況旣在境內ᄒᆞ야又有變服學語ᄒᆞ고伺察國事之慮리오壬辰에 又無故撤歸ᄒᆞ니亦可見毫不得力於兩國爭戰之際而反有害焉이라然이나行之已久ᄒᆞ니不可卒遽生梗이나此當先之以兵威而後에更以爲束也오右道則聞慶은在鳥嶺下ᄒᆞ야北有主屹之勢ᄒᆞ고南有大灘之固ᄒᆞ고西有曦陽靑華ᄒᆞ고東有天柱大院ᄒᆞ야 四山中에頗開野ᄒᆞ야爲嶺南界首邑이오 當南北大路라壬辰倭之北上也에至大灘ᄒᆞ야大畏之러니 明知其無守然後에 始過至鳥嶺ᄒᆞ니 亦然々岩邑이 在重險中이라 堪輿所謂少脫殺 者也라南則爲咸昌爲尙州ᄒᆞ니尙州는洛陽嶺下大都會也라 山雄野濶而北近鳥嶺ᄒᆞ야通忠州京畿ᄒᆞ고 東臨洛東ᄒᆞ야通金海東萊ᄒᆞ니馬運船載南北水陸으로走集은便於貿遷故也라地多富厚者ᄒᆞ고 又多名儒顯官ᄒᆞ니鄭愚伏經世와李蒼石埈이皆是州人이라西則忠淸報恩地니火嶺이 爲蘇齋盧守愼之鄕이오東則仁同이니爲旅軒張顯光之鄕이오南則善山이니山川이淸明肆秀故로諺에日朝鮮人才는半在嶺南이오嶺南人才는半在一善故로舊多文學之士러니壬辰明將之過此也에 術士ㅣ忌

外國에多人才ᄒᆞ야使兵卒로斷邑後脉ᄒᆞ야熾炭炙之ᄒᆞ고且插大鐵釘ᄒᆞ야 壓氣ᄒᆞ니自是로人才ㅣ不出ᄒᆞ고金山西는卽秋風嶺이오嶺西는卽黃澗也니 黃岳德裕以東水ㅣ合爲甘川ᄒᆞ야 東入于洛東ᄒᆞ고知禮、金山、開寧이與善山으로俱享灌漑之利ᄒᆞ니水田이極膏沃ᄒᆞ야人々이安土ᄒᆞ고畏罪遠邪故로多世居富豪者ᄒᆞ고金山은卽崔判書善門之鄕이오善山에有金烏山ᄒᆞ니卽吉注書再之鄕이라 崔는立節魯山ᄒᆞ고吉은立節前朝ᄒᆞ니라甘泉南則爲禪石山이니 山南이卽星州、 高靈이며高靈은古伽倻國也오又南則爲陜川이니 並在伽倻之東而三邑水田이爲嶺南最上腴ᄒᆞ야少種多收故로土人이並富饒ᄒᆞ야 無流離者오星州則山川이明秀ᄒᆞ야自麗로多文人顯士러니至我朝ᄒᆞ야東崗金宇顒、寒岡、鄭逑이並是州人이오陜川南則三嘉니南溟曹植之鄕이오金宇顒鄭逑與鄭仁弘은皆南溟門人이라仁弘이以學者로自大而尊南溟ᄒᆞ야 退溪從遊者는多被其誤러니及東岡之致政歸也에 避仁弘ᄒᆞ야不歸星州而卜居於淸州ᄒᆞ고鼎坐山下ᄒᆞ야以終ᄒᆞ니라仁弘은光海朝爲大北領袖ᄒᆞ야 官至議政이러니至仁祖反正ᄒᆞ야戮仁弘於市나 然이나星州人士는喜治行義保家ᄒᆞ니是는兩岡餘澤也라德

裕東南이爲安陰縣이니是는桐溪鄭蘊之鄕이라 蘊이官至吏曹叅判이러니丙子에淸兵之圍南漢也의蘊이以爲不可背明降淸이라ᄒᆞ야 仁祖下城의蘊이以刀刺腹而絕ᄒᆞ니 其子弟納腸縫ᄒᆞ야久而得甦이러니及淸兵之回의即還鄕ᄒᆞ야終身不復仕于朝ᄒᆞ니라 安陰은東居昌、南咸陽이오 山陰은在智異北ᄒᆞ니 四邑이 並土沃而咸陽則尤稱山水窟ᄒᆞ야 與居安으로並稱名鄕ᄒᆞ고唯山陰은陰晦ᄒᆞ야不可居라四邑之水ㅣ合爲灠江이니 循晉州邑南ᄒᆞ야入于洛東ᄒᆞ니라晉州는在智異東ᄒᆞ야爲大邑ᄒᆞ니多出將相之材ᄒᆞ고土肥而且有江山之槩라居人이 誇富豪ᄒᆞ야喜治第宅亭臺ᄒᆞ니雖不仕宦이나 有閑遊公子之名이러니壬辰에邑爲倭陷ᄒᆞ야倡義使金千鎰과兵使崔慶會ㅣ節死ᄒᆞ니土人이 立祠祀之ᄒᆞ고 朝家ㅣ賜額ᄒᆞ야 忠烈以褒奬이러니 　肅廟朝에牧使某ㅣ欲重修廟宇ᄒᆞ야 請助於兵使ᄒᆞᆫ듸不聽이어날獨捐捧修飾ᄒᆞ니廟貌ㅣ一新이라牧使ㅣ夜夢에衆武將이致謝ᄒᆞ고且曰公은文官이로되尙念吾輩어던兵使는以武將으로不之顧ᄒᆞ니 當治其罪라ᄒᆞ더니及曉聞에夜間暴死라ᄒᆞ니鬼神之理을不可謂無로다州東은爲宜寧草溪니與晉州로 大同俗ᄒᆞ고灠江南十三邑은自古로少顯者

ᄒᆞ니라迫海隣倭ᄒᆞ야水泉이皆瘴이니不可居요 唯河東이爲一蠹鄭汝昌之鄕ᄒᆞ니在智異南ᄒᆞ야與全羅光陽縣으로接界故로 日左貴右富間에多千年名村이나然이나地僻ᄒᆞ야遠於京城ᄒᆞ니 非本土人이면未易遽徃이라ᄒᆞ니不但勢不可徃이라時亦不可徃也니라

第七篇　全羅道

全羅道는東與慶尙接界ᄒᆞ고北則忠淸이니本百濟地也라後百濟甄萱이 羅末의據其地ᄒᆞ야與麗太祖로屢攻戰ᄒᆞ니麗祖ㅣ數當危殆러니及平甄氏의惡百濟人ᄒᆞ야 以爲車嶺以南水는皆背走ᄒᆞ니遺命이勿用車嶺以南人이러라 中葉間에或有宰相者나亦罕少러니入李朝ᄒᆞ야此禁이遂弛나然이나 地饒沃ᄒᆞ고爲西南濱海ᄒᆞ야有魚鹽秔稻絲枲楮苧竹木橘柚之利ᄒᆞ니 俗尙聲色富侈ᄒᆞ고 人多儇薄傾 巧而不重 文學ᄒᆞ니以故로科第顯達이遜於慶尙ᄒᆞ고盖人이少以文學으로砥礪自名故也라然이나 人傑은

大正十二年四月二十七日　印刷
大正十二年四月三十日　發行

友文館書會藏版
朝鮮八道秘密地誌

定價　洋紙雅裝　壹圓參拾錢
書留郵稅　拾壹錢

題不濫發
翻刊　開放
校印無礙

原著者　李重煥（李朝英廟朝時代人）
校閱者　京城府諫洞十一番地　尹喜求
編輯兼發行者　京城府堅志洞五十一番地　玄丙周
印刷者　京城府堅志洞八十番地　金重煥
印刷所　京城府堅志洞八十番地　新生活社印刷部

發行兼總賣所
京城府堅志洞五十一番地　友文館書會
京城府體府洞一四七　同化書林
京城府慶雲洞百番地　槿花社（振替京城八二七五番）
京城府慶雲洞百番地　東一書莊（振替京城一〇八六七番）

조선환여승람朝鮮寰輿勝覽 청송군靑松郡(1935)

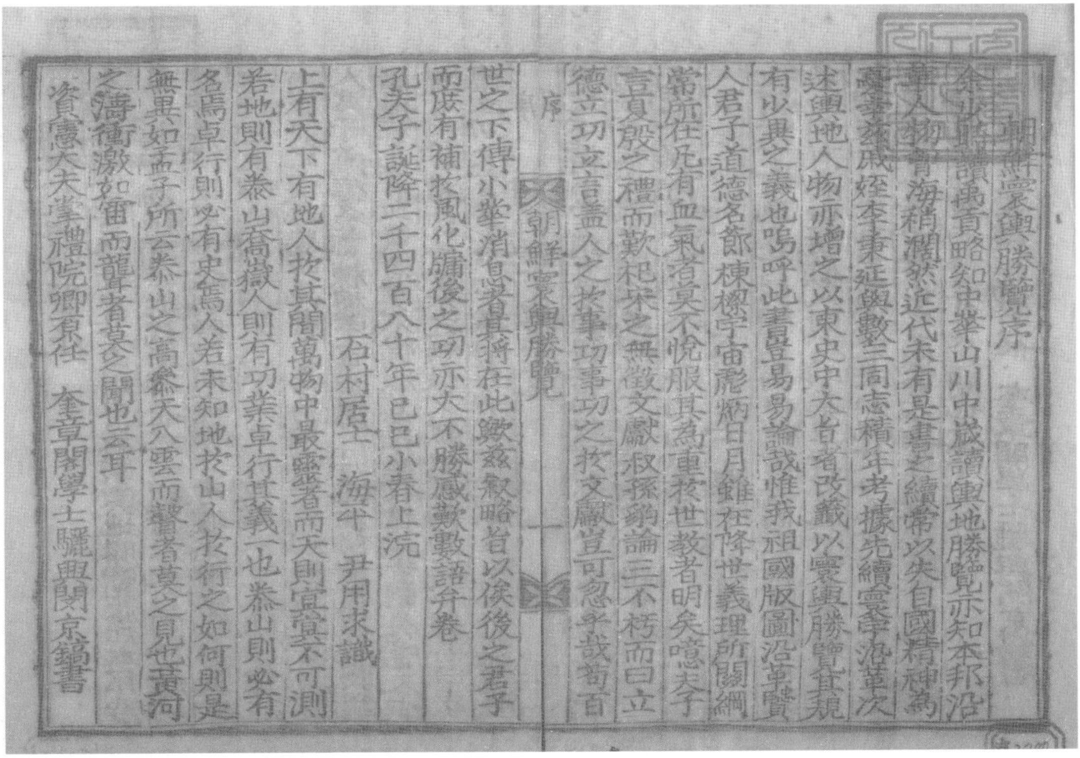

朝鮮寰輿勝覽序

余□讀禹貢畧知中華山川中歲讀輿地勝覽亦知本邦沿
革人物而海稍濶然近代未有是書之續常以失自國精神爲
□□□庵姪李秉延與數三同志積年考據先續寰宇沿革次
述輿地人物亦增之以東史中大旨者改纖以寰輿勝覽其規
有以異之義也嗚呼此書豈易易論哉惟我祖國版圖沿革覽
人君子道德名節棟樑宇宙彪炳日月雖在降世義理所關綱
常所在凡有血氣者莫不悅服其爲重於世教者明矣噫夫子
言夏殷之禮而歎杞宋之無徵文獻叔孫豹論三不朽而曰立
德立功立言盖人之於事功之於文獻豈可忽乎哉嵩百

序 朝鮮寰輿勝覽 一

世之下傳小華消息者其將在此歟玆敍畧旨以俟後之君子
而庶有補於風化牖後之功亦大不勝感歎數語弁卷
孔夫子誕降二千四百八十年己巳小春上浣
石村居士 海平 尹用求識

上有天下有地人於其間萬物中最靈者而天則窅冥不可測
若地則有泰山喬嶽人則有功業卓行其義一也泰山則必有
名焉卓行則必有史焉人若未知地於山人於行之如何則是
無異如孟子所云泰山之高參天入雲而瞽者莫之見也黃河
之濤衝激如雷而聾者莫之聞也云耳
資憲大夫掌禮院卿原任 奎章閣學士驪興閔京鎬書

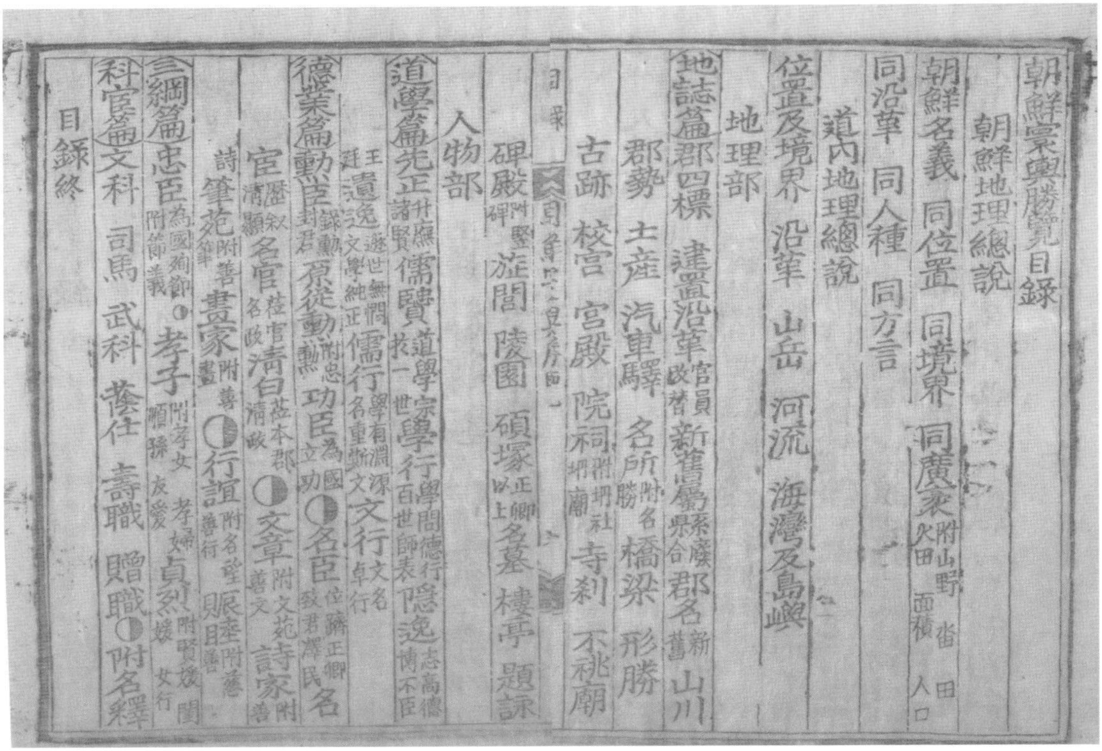
朝鮮寰輿勝覽目錄

朝鮮地理總說

朝鮮名義 同位置 同境界 同廣袤

同沿革 同人種 同方言

道內地理總說

位置及境界 沿革 山岳 河流 海灣及島嶼

地理部

地誌篇 郡四標 建置沿革 新舊屬縣 郡名 山川

郡勢 土産 汽車驛 名所 橋梁 形勝

古跡 校宮 宮殿 院祠 寺刹 不祧廟

碑殿 旌閭 陵園 碩塚 名墓 樓亭 題詠

人物部

道學篇 先正 儒賢 道學 宗學 行 隱逸

遺逸 儒行 文行

德業篇 勳臣 原從勳 功臣 名臣

官 名官 清白 文章 詩家

筆苑 書家 行誼

三綱篇 忠臣 孝子 貞烈

科宦篇 文科 司馬 武科 蔭仕 壽職 贈職

目錄終

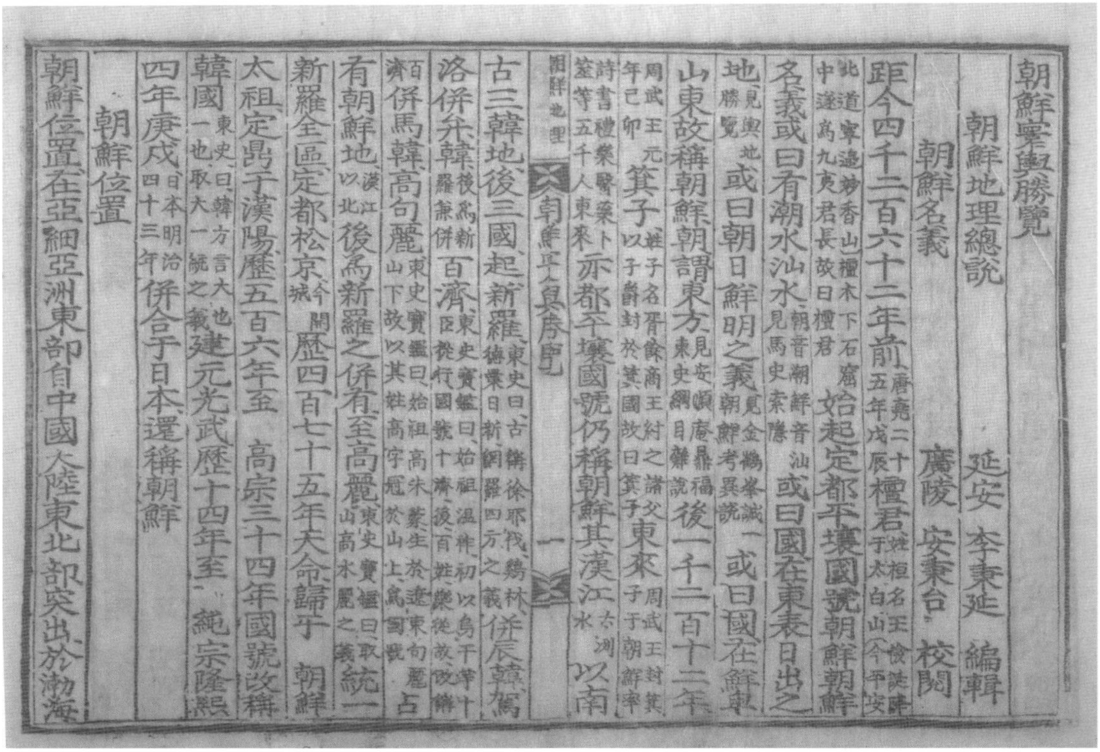
朝鮮寰輿勝覽

朝鮮地理總說 延安 李秉延 編輯

朝鮮名義 廣陵 安秉台 校閱

距今四千二百六十二年前 檀君 始起定都平壤國號朝鮮朝鮮

名義或曰有潮水汕水 或曰國在東表日出之

地 或曰朝日鮮明之義 或曰國在鮮卑

山東故稱朝鮮朝謂東方 後一千二百十二年

箕子 東來

亦都平壤國號仍稱朝鮮其漢江 以南

古三韓地後三國起新羅 併辰韓爲

洛併弁韓 百濟

濟併馬韓高句麗 占

有朝鮮地 後爲新羅之併有至高麗 統一

新羅全區定都松京 歷四百七十五年天命歸于 朝鮮

太祖定鼎于漢陽歷五百六年至 高宗三十四年國號改稱

韓國 建元光武歷十四年至 純宗隆熙

四年庚戌 併合于日本還稱朝鮮

朝鮮位置

朝鮮位置在亞細亞洲東部自中國大陸東北部突出於渤海

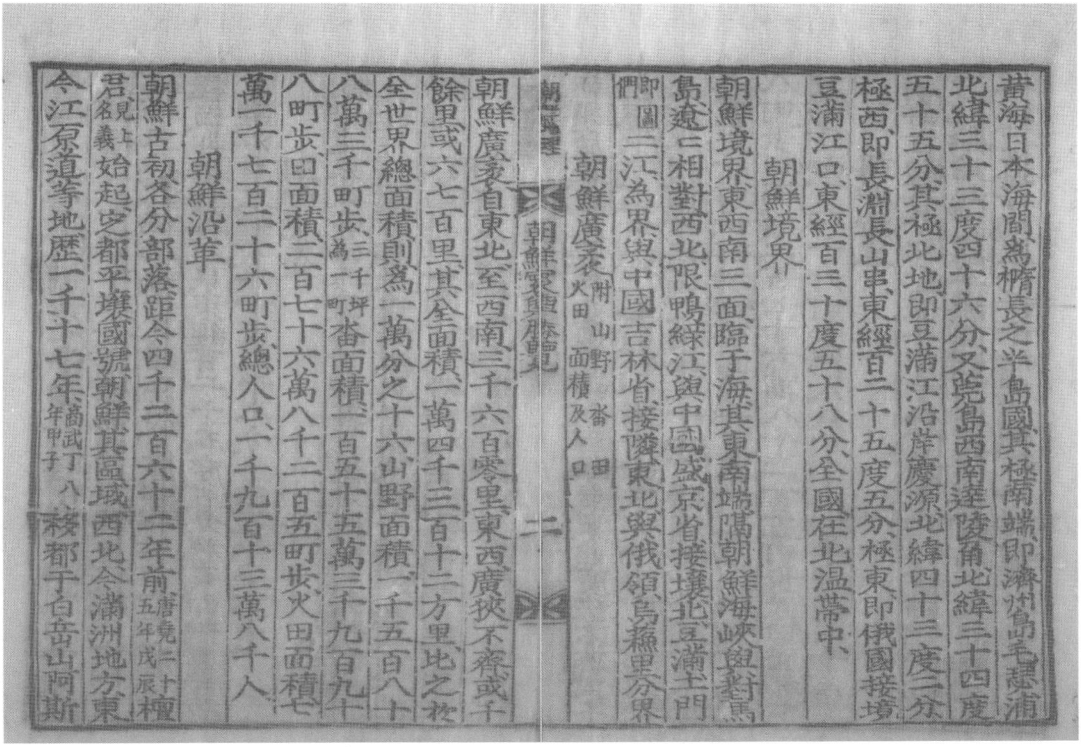

黃海日本海間爲椭長之半島國其極南端卽濟州島毛瑟浦北緯三十三度四十六分又莞島西南達陵角北緯三十四度五十五分其極北地卽豆滿江沿岸慶源北緯四十三度二分極西卽長淵長山串東經百二十五度五分極東卽俄國接境豆滿江口東經百三十度五十八分全國在北溫帶中

朝鮮境界

朝鮮境界東西南三面臨于海其東南端隔朝鮮海峽與對馬島遼遼相對西北限鴨綠江與中國盛京省接壤北豆滿土門(卽圖們)二江爲界與中國吉林省接隣東北與俄領烏蘇里分界

朝鮮廣袤(附 山野 畓田 火田 面積及人口)

朝鮮地理

朝鮮寰輿勝覽 二

朝鮮廣袤自東北至西南三千六百零里東西廣狹不齊或千餘里或六七百里其全面積一萬四千三百十二方里比之於全世界總面積則爲一萬分之十六山野面積一千五百八十八萬三千町步(三千坪爲一町)畓面積一百五十五萬三千九百九十八町步田面積二百七十六萬八千二百五町步火田面積七萬一千七百二十六町步總人口一千九百十三萬八千人

朝鮮沿革

朝鮮古初各分部落距今四千二百六十二年前(唐堯二十五年戊辰)檀君(見上名義)始起定都平壤國號朝鮮其區域西北今滿洲地方東今江原道等地歷一千十七年(商武丁八年甲子)移都于白岳山阿斯

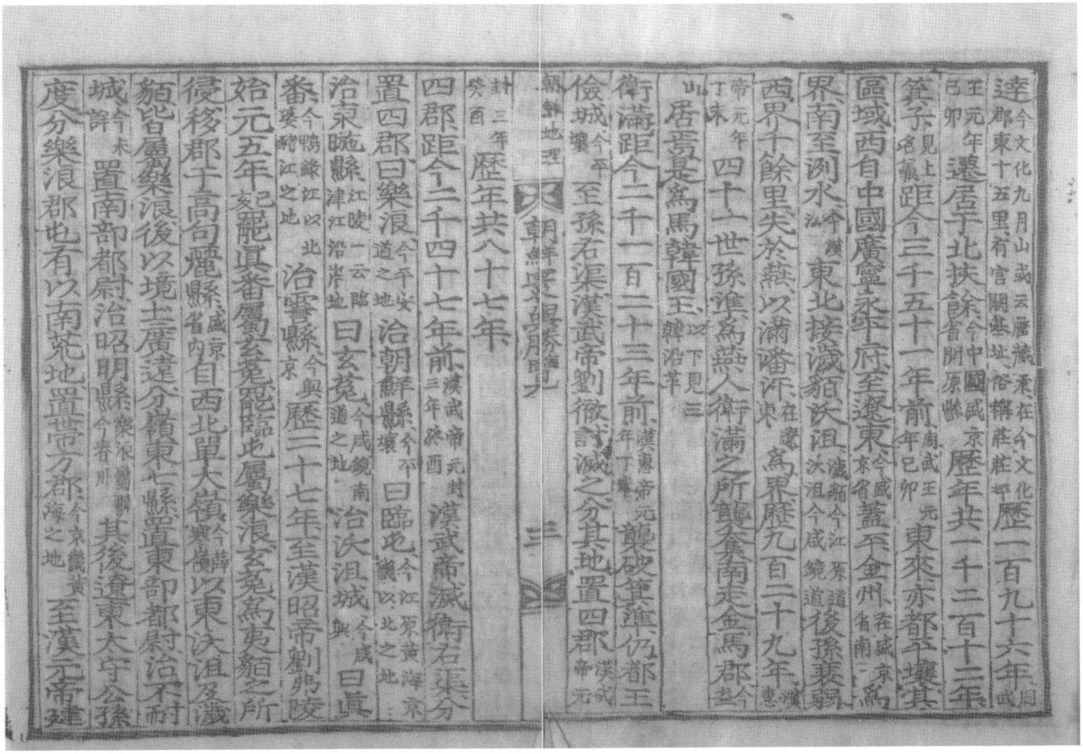

達(今文化九月山或云唐藏京在今文化郡東十五里有宫闕基址俗稱莊莊坪)歷一百九十六年(周武王元年己卯)遷居于北扶餘(今中國盛京省開原縣)歷年共一千二百十二年

箕子(見上名義)距今三千五十一年前(周武王元年己卯)東來亦都平壤其區域西自中國盛京(今盛京省)蓋平金州(在盛京省南)爲界南至洌水(今漢江)東北接濊貊沃沮(濊貊今江原道沃沮今咸鏡道)後孫衰弱西界千餘里失於燕以滿潘汗(在遼東)爲界歷九百二十九年(漢惠帝元年丁未)四十一世孫準爲燕人衛滿之所襲奔南走金馬郡(今益山)居焉是爲馬韓國王(韓以下見三韓沿革)

衛滿距今二千一百二十三年前(漢惠帝元年丁未)襲破箕準仍都王儉城(今平壤)至孫右渠漢武帝劉徹討滅之分其地置四郡(漢武帝元封三年癸酉)歷年共八十七年

朝鮮地理

朝鮮寰輿勝覽 三

四郡距今二千四十七年前(漢武帝元封三年癸酉)漢武帝滅衛右渠分置四郡曰樂浪(今平安道之地)治朝鮮縣(今平壤)曰臨屯(今江原黃海京畿以北之地)治東暆縣(江陵一云臨津江沿岸地)曰玄菟(今咸鏡道之地)治沃沮城(今咸鏡南道)曰眞番(今鴨綠江以北婆豬江之地)治霅縣(今興京)歷二十七年至漢昭帝劉弗陵始元五年(己亥)罷眞番屬玄菟罷臨屯屬樂浪玄菟爲夷貊之所侵移郡于高句麗縣(盛京省內)自西北單大嶺(今薛寒嶺)以東沃沮及濊貊皆屬樂浪後以境土廣遠分嶺東七縣置東部都尉治不耐城(今未詳)置南部都尉治昭明縣(樂浪屬縣今春川)其後遼東太守公孫度分樂浪郡屯有以南荒地置帶方郡(今京畿黃海之地)至漢元帝建

昭二年甲申為高句麗併有歷年共七十二年
三韓即洌水今漢江以南之地古代辰國之部落也馬韓今京畿
以南忠清全羅皆其地距今二千一百二十三年前漢惠帝元年丁未
箕準為衛滿之所逐南走金馬郡今益山而王馬統合五十餘國
其域北隣樂浪南接倭境西臨大海後歷二百三年新莽元年己巳為
百濟併有辰韓今慶尙道洛東江以東之地北連濊貊西北接
馬韓東南接弁韓及日本統合十二國至漢宣帝五鳳元年甲子
為新羅之併有弁韓亦曰弁辰今慶尙道洛東江以西之地西
南跨智異山西北接馬韓東與辰韓雜居南接日本至漢元帝
永光五年壬午為駕洛及五伽倻國

四郡三韓之際有起三國距今一千九百八十六年前爲韓王一百三
十八年漢宣帝五鳳元年甲子新羅始祖赫居世姓朴名赫居世初楊山林間有異氣尋得一卵剖有嬰兒
儀形端美浴於東川身生光彩以為神立為君時年十三○昔
脫解初婆那國王娶女國王女生一卵棄泊浮江至辰韓老嫗
見有兒收來時鵲隨鳴故省鳥以昔為姓以解櫝出故名脫解
後為南解王婿立為君○味鄒王即閼智七世孫初脫解王聞
金城西始林間有鷄聲往視之有金色小櫝掛樹白鷄鳴其下
王取開有兒奇偉喜曰天祚我胤仍為子名曰閼智出金櫝故
以金為姓至七世孫為王初有鷄
瑞故改始林為鷄林因為国號以辰韓六部人建國于鷄林
慶州後為漸強伊西清道押梁一名押督慶山骨火一名骨伐永川召文義城音汁伐
慶州屬地悉直三陟于尸山寧海彌秩夫興海萇山東萊甘文開寧沙伐
尚州駕洛後改金官国今金海始祖金首露王初阿干刀等望見
龜峯有異氣得金合開見有六金卵不日六男剖殼而
出立先出者為君身長九尺龍眼重瞳以首出庶物故名首露
出金卵故姓金妃普熙太后許氏天竺国王女生十子二子從

母姓傳十二世至仇亥王降于新羅
法興王歷年共四百九十一年大伽倻一名任那今高靈始祖伊珍阿豉王至道
設智王為新羅眞興王所滅凡十六世歷年五百二十年小伽倻固城碧珍伽倻星州阿羅伽倻
咸安古寧伽倻咸昌草八草溪比只未詳多伐未詳及浦上八國漆原泗川昌原熊川
等地于山國鬱陵島等諸國皆併吞疆土漸大歷七百十七年至武
烈王七年唐高宗顯慶五年庚申滅百濟與唐將蘇定方攻滅之唐分置熊津馬韓東明金漣德安五都
督府以劉仁願留鎭泗沘城尋徙錦後撤歸後九年唐高宗總章元年戊辰文武王八年又滅高句麗與唐
將李世勣攻滅之唐分置九都督府以薛仁貴留鎭安東府平壤尋撤還統一三國其疆域東西南
三面際于海西北以浿水今大同江為界北與渤海國以泥河今德源
為界始都金城在慶州東至婆娑王元年漢章帝建初五年庚辰移居月城在金
城東又移居明活城在月城東自統一後歷二百六十八年後唐潞王清泰二年

乙未敬順王降于高麗朴昔金三姓相迭為王朴氏十世昔氏八世金氏三十八
世女主三人凡五十六王歷年共九百九十二年
高句麗見上名義距今一千九百六十六年前馬韓王百五十八年新羅始祖二十一年漢
元帝建昭二年甲申北扶餘今中國盛京省開原縣王解慕漱其子解扶婁徙于朝鮮東海濱為東扶餘
始祖子高朱蒙初解慕漱與河伯女柳花私通生朱蒙仍以高辛氏后因姓高七歲能射扶餘俗善射者謂朱蒙故
因名焉來于沸流水上或云今成川紇骨城建國都卒本今鴨綠江北興京界內古渤海率賓
府始歷四十年瑠璃王二十一年癸亥移都國內城亦名尉那巖城在今楚山江北兀剌山城
又歷二百七年山上王十三年己丑移都丸都城在今江界滿浦江北又歷三十九
年東川王二十一年丁卯移都平壤又歷九十六年故國原王十一年壬寅復都丸都
城為慕容皝所屠明年癸卯更移都于平壤東黃城在今平壤東四里木覓山

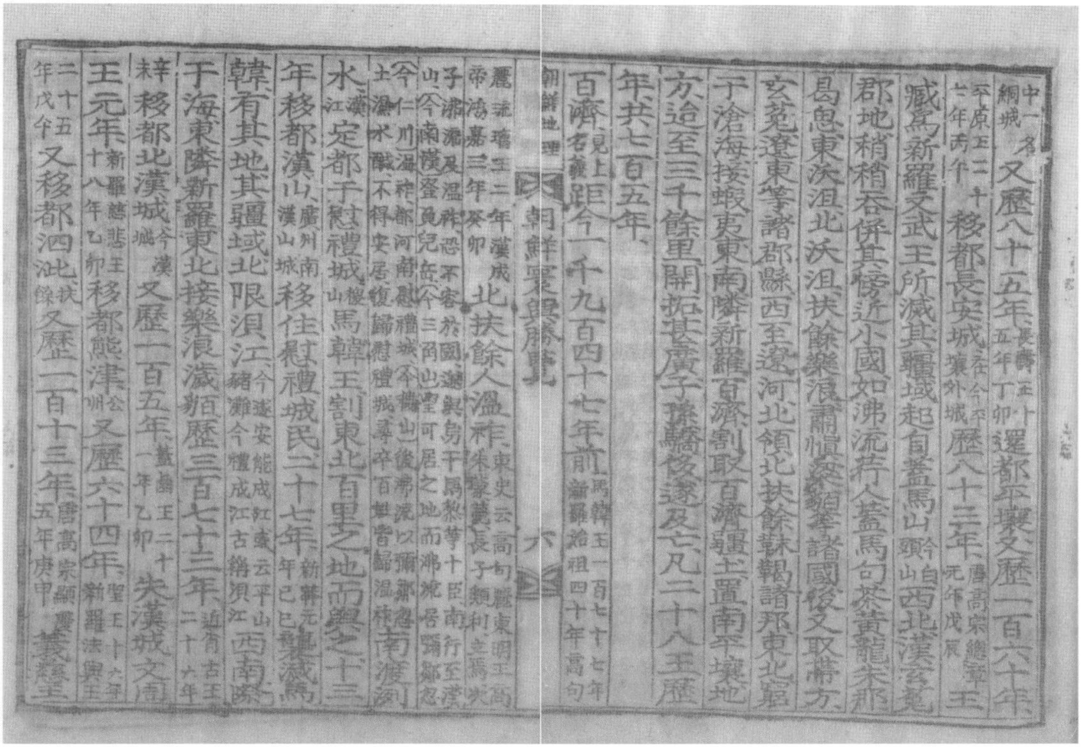
中一名絅城 又歷八十五年長壽王十五年丁卯 還都平壤又歷一百六十年
平原王二十八年丙午 移都長安城在今平壤外城 歷八十三年唐高宗總章元年戊辰 王
臧爲新羅文武王所滅其疆域起自蓋馬山今白頭山西北漢玄菟
郡地稍稍呑倂其傍近小國如沸流荇人蓋馬句茶黃龍朱那
曷思東沃沮北沃沮扶餘樂浪肅愼濊貊等諸國後又取帶方
玄菟遼東等諸郡縣西至遼河北領北扶餘靺鞨諸那東北窟
于滄海接蝦夷東南隣新羅百濟割取百濟疆土置南平壤地
方迨至三千餘里開拓甚廣子孫驕侈遂及亡凡二十八王歷
年共七百五年
百濟見上名義 距今一千九百四十七年前馬韓王一百七十七年新羅始祖四十年高句
朝鮮地理 朝鮮寰輿勝覽 六
麗琉璃王二十二年癸卯漢成帝鴻嘉三年癸卯 北扶餘人溫祚東史云高句麗東明王高
子沸流及溫祚恐不容於國遂與烏干馬黎等十臣南行至漢山今南漢登負兒岳今三角山望可居之地而沸流居彌鄒忽
今仁川溫祚都河南慰禮城今稷山後沸流以彌鄒忽土濕水鹹不得安居復歸慰禮城羞卒百姓皆歸溫祚南渡浿
水漢江 定都于慰禮城稷山 馬韓王割東北百里之地而與之十三
年移都漢山廣州南漢山城 移住慰禮城民二十七年新羅元年己巳 馬韓滅爲
韓有其地其疆域北限浿江今遂安能成江或云平山猪灘今禮成江古稱浿江 西南際
于海東隣新羅東北接樂浪濊貊 歷三百七十二年近肖古王二十六年
辛未 移都北漢城今漢城 又歷一百五年蓋鹵王二十一年乙卯 失漢城文周
王元年新羅慈悲王十八年乙卯 移都熊津公州 又歷六十四年聖王十六年新羅法興王
二十五年戊午 又移都泗沘扶餘 又歷一百十三年唐高宗顯慶五年庚申 義慈王

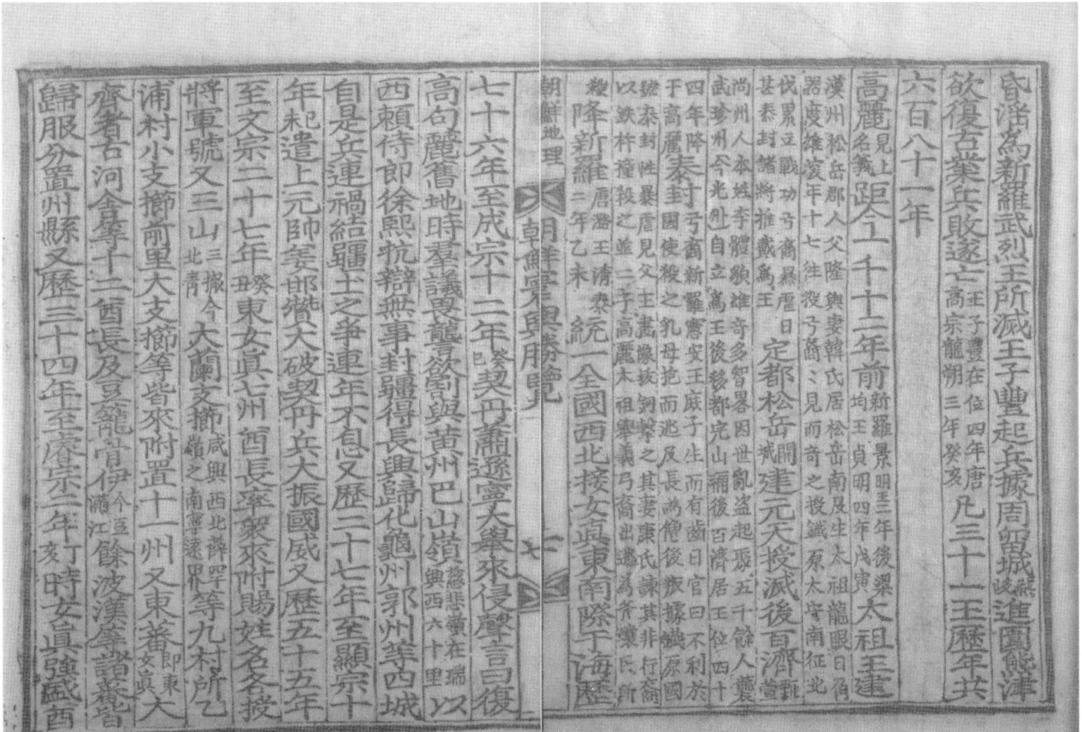
實諧爲新羅武烈王所滅王子豐起兵據周留城今燕岐 進圍熊津
欲復古業兵敗遂亡王子豐在位四年唐高宗龍朔三年癸亥 凡三十一王歷年共
六百八十一年
高麗見上名義 距今一千十二年前新羅景明王三年後梁均王貞明四年戊寅 太祖王建
漢州松岳郡人父隆與妻韓氏居松岳南及生太祖龍眼日角
器度雄深年十七往投弓裔弓裔見而奇之授鐵原太守南征北
伐累立戰功弓裔累遷日甚泰封諸將推戴爲王 定都松岳城開 建元天授滅後百濟甄萱
尙州人本姓李體貌雄奇多智略因世亂盜起聚五千餘人襲
武珍州今光州自立爲王後移都完山稱後百濟居王位四十
四年降于高麗 泰封弓裔新羅憲安王庶子生而有齒日官曰不利於
國使殺之乳母抱而逃及長爲僧後叛據鐵原國
號泰封性暴虐見父王畫像拔劍擊之其妻康氏諫其非行裔
以鐵杵撞殺之並二子高麗太祖擧義弓裔出逃爲斧壤民所
殺 降新羅唐潞王淸泰二年乙未 統一全國西北接女眞東南際于海歷
朝鮮地理 朝鮮寰輿勝覽 七
七十六年至成宗十二年癸巳 契丹蕭遜寧大擧來侵聲言曰復
高句麗舊地時羣議畏讋欲割與黃州巴山嶺慈悲嶺在瑞興西六十里 以
西賴侍郞徐熙抗辯無事封疆得長興歸化龜州郭州等西城
自是兵連禍結疆土之爭連年不息又歷二十七年至顯宗十
年己未 遣上元帥姜邯贊大破契丹兵大振國威又歷五十五年
至文宗二十七年癸丑 東女眞七州酋長率衆來附賜姓名各授
將軍號又三山三撤今北靑 大蘭支櫛咸興嶺之南寧遠界 西北蘇羅等九村所乙
浦村小支櫛前里大支櫛等皆來附置十一州又東蕃即東女眞 大
齊者古河舍等十二酋長及豆龍骨伊今豆滿江 餘波漢等諸蕃皆
歸服分置州縣又歷三十四年至睿宗二年丁亥 時女眞强盛酋

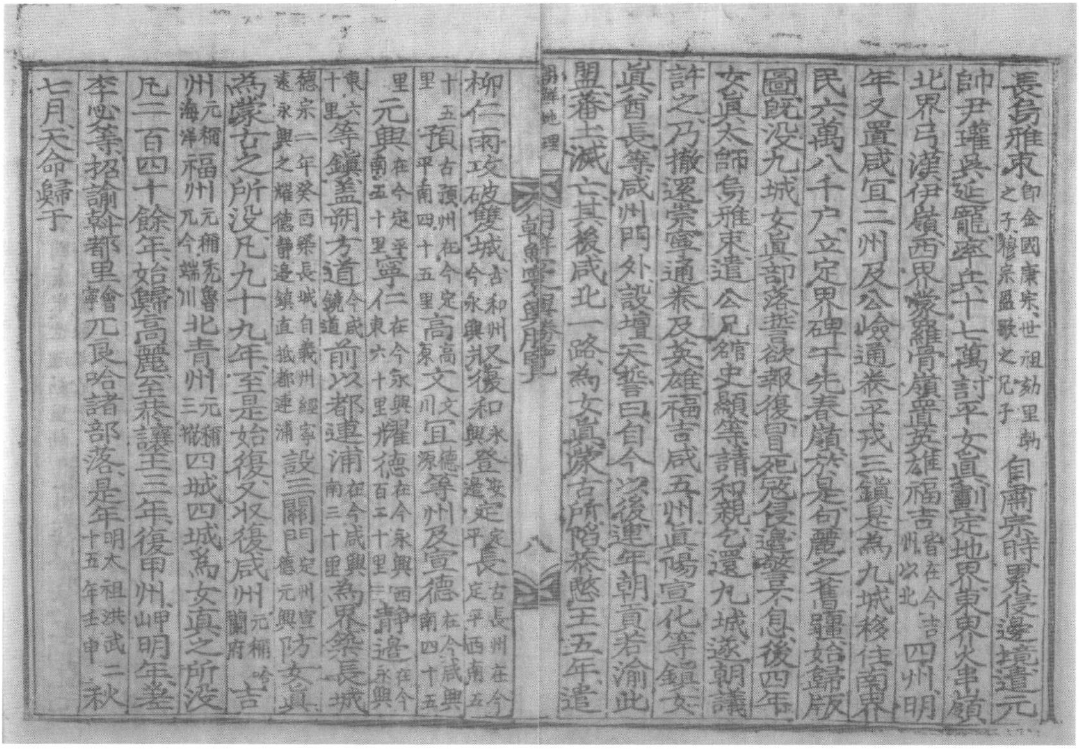

長烏雅束(卽金國康宗，世祖劾里鉢之子，穆宗盈歌之兄子) 自肅宗時累侵邊境，遣元
帥尹瓘吳延寵，率兵十七萬，討平女眞，劃定地界，東自火串嶺
北界弓漢伊嶺，西界蒙羅骨嶺，置英雄、福吉(皆在今吉州以北) 四州，明
年又置咸宜二州及公嶮、通泰、平戎三鎭，是爲九城，移住南界
民六萬八千戶，立定界碑于先春嶺，於是句麗之舊疆，始歸版
圖，旣沒九城，女眞部落，誓欲報復，冒死寇侵，邊警不息，後四年
女眞太師烏雅束，遣公兄䪥史顯等，請和親，乞還九城，遂朝議
許之，乃撤還崇寧、通泰及英雄、福吉、咸五州，眞陽、宣化等鎭，女
眞酋長等，咸州門外設壇，天誓曰，自今以後，連年朝貢，若渝此
盟，蕃土滅亡，其後咸北一路，爲女眞蒙古所陷，恭愍王五年，遣

朝鮮地理　朝鮮寰輿勝覽　八

柳仁雨，攻破雙城(古和州，今永興) 收復和(永興)、登(安邊)、定(定平)、長(古長州，在今定平西南五
十五里)、預(古預州，在今定平南四十五里)、高(高原)、文(文川)、宜(德源)等州及宣德(在今咸興南四十五
里)、元興(在今定平南五十里)、寧仁(在今永興東六十里)、耀德(在今永興西百二十里)、靜邊(在今永興
東六十里)等鎭，蓋朔方道(今咸鏡道) 前以都連浦(在今咸興南三十里) 爲界，築長城
(德宗二年癸酉築長城，自義州經寧遠、永興之耀德、靜邊鎭，直抵都連浦) 設三關門(定州、宣德、元興) 防女眞
爲蒙古之所沒，凡九十九年，至是始復，又收復咸州(元稱哈蘭府)、吉
州(元稱海洋)、福州(元稱禿魯兀，今端川)、北靑州(元稱三撒) 四城，四城爲女眞之所沒
凡二百四十餘年，始歸高麗，至恭讓王三年，復甲州(甲山)，明年差
李必等，招諭斡都里(會寧)、兀良哈諸部落，是年(明太祖洪武二十五年壬申) 秋
七月，天命歸于

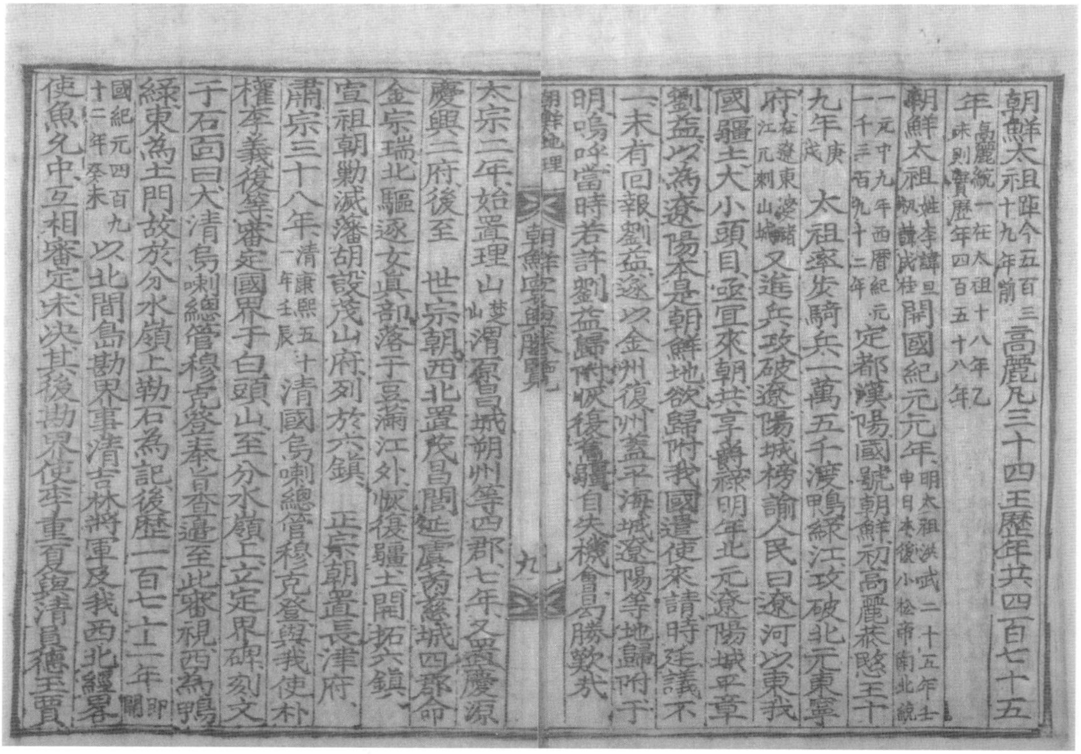

朝鮮太祖，距今五百三十九年前，高麗凡三十四王，歷年共四百七十五
年(高麗統一，在太祖十八年乙未，則實歷年四百五十八年)
朝鮮太祖(姓李，諱旦，初諱成桂) 開國紀元元年(明太祖洪武二十五年壬申，日本後小松帝南北統
一元中九年，西曆紀元一千三百九十二年) 定都漢陽，國號朝鮮，初高麗恭愍王十
九年(庚戌) 太祖率步騎兵一萬五千，渡鴨綠江，攻破北元東寧
府(在遼東遼陽諸江兀刺山城)，又進兵攻破遼陽城，榜諭人民曰，遼河以東，我
國疆土，大小頭目，亟宜來朝，共享爵祿，明年北元遼陽平章
劉益，以爲遼陽本是朝鮮地，欲歸附我國，遣使來請，時廷議不
一，未有回報，劉益遂以金州、復州、蓋平、海城、遼陽等地，歸附于
明，嗚呼，當時若許劉益歸附，收復舊疆，自失機會，烏勝歎哉

朝鮮地理　朝鮮寰輿勝覽　九

太宗二年，始置理山(楚山)、渭原、昌城、朔州等西郡，七年，又置慶源
慶興二府，後至 世宗朝，西北置茂昌、閭延、虞芮、慈城四郡，命
金宗瑞，北驅逐女眞部落于豆滿江外，恢復疆土，開拓六鎭
宣祖朝，勦滅藩胡，設茂山府，列於六鎭， 正宗朝，置長津府，
肅宗三十八年(淸康熙五十一年壬辰) 淸國烏喇總管穆克登，與我使朴
權、李義復等，審定國界于白頭山至分水嶺上，立定界碑，刻文
于石面曰，大淸烏喇總管穆克登，奉旨查邊，至此審視，西爲鴨
綠，東爲土門，故於分水嶺上，勒石爲記，後歷一百七十一年(卽開
國紀元四百九十二年癸未) 以北間島勘界事，淸吉林將軍及我西北經略
使魚允中，互相審定未決，其後勘界使李重夏，與淸員德玉、賈

元桂秦瑛鮮審勘境界亦未決從我間界經交涉未能妥定盖
白頭山大澤南十里許有定界碑其西邊數步地有溝壑卽鴨
綠江源東邊數步地亦有溝壑卽土門江源其中間溝形甚狹
兩岸之對立如門故謂之土門此所謂東爲土門西爲鴨綠者
土門江合各處山谷水東流三百里入松花江間島卽在土門
之南以土門定界則間島是我國疆界清人以爲豆滿卽土門
亦稱圖們音之訛傳且分水嶺發源之土門江卽松花江之上
流互相固執然豆滿之江源出於長山嶺則與分水嶺立碑處
距離爲九十里不合於東爲土門之碑文豆滿與土門字音畧
似發源逈異且分水嶺定界碑東發源者明是土門之江則更

朝鮮地理　朝鮮寰輿勝覽　十

不俟辨論自明界域
高宗御極三十四年 開國紀元五百六年丁酉距今三十三年前 國號改稱韓國 見上
名義 建元光武歷十四年 純宗隆熙四年庚戌日本明治四十三年 秋七月倂合于日
本凡二十七王共歷年五百十九年
自檀君開國紀元 戊辰 至隆熙四年 庚戌 凡四千二百四十三年
距今二十年前 明治四十三年 置朝鮮總督府于京城朝鮮總督統率
陸海軍掌朝鮮防備事代法律制令發布管轄朝鮮中央統治
事務十三道各置長官 今知事 十二府各置府尹革三百十七郡
爲二百十九郡各置郡守島置島司革四千三百五十六面爲二
千四百六十一面各置面長分管行政事務

朝鮮人種
朝鮮人種卽亞細亞之黃色人種上古有九種部落隨文化之
闢各地移住混雜大概其區別有三族一曰朝鮮本族卽古初
土着民族自西北蔓衍于東南者二曰漢族卽中國人移住者
自殷周暨至戰國及秦漢代因有事時移住 如箕子率五千人東來燕齊趙民避秦亂亡歸者數萬從衛滿亡命者數千人 唐宋以來因戰亂移住者甚多三曰扶餘
族 古濊種 卽檀君遺裔 檀君後孫從北扶餘 北扶餘王解夫婁從朝鮮東北
海濱爲東扶餘 卽不耐濊 王漸次蕃殖後濊君南閭率二十八萬口
歸漢高句麗百濟亦扶餘族蕃衍于西南及亡遷句麗男女二
十萬口于唐其餘依長白山東爲渤海國又從百濟男女二千

朝鮮地理　朝鮮寰輿勝覽　十一

八百餘口于唐其他數萬口皆移住日本 九州西海邊兒島等地
其外又有靺鞨族蒙古族日本族等高麗初東西女眞部落入
處西北兩道爲蕃屬後東女眞之完顔氏滅遼與宋入中國爲
金國帝西女眞之後裔爲清國之始蒙古族高麗末年移住者
甚多日本族自古代來往複雜移住甚多自鮮倂合以來官公
吏及農商民移住者每年增加至數十萬口

朝鮮方言
大駕洛 東方國名三韓且族謂之大駕洛 羅祿 新羅百官俸料以租給之故謂租曰羅祿 假男兒 高麗
稱女兒曰假男兒 乙那 新羅時稱嬰兒曰乙那 花郎 新羅貴男子之稱 徐欝 文獻備考曰新羅國號又號
徐耶伐後人稱京都曰徐伐後轉變爲徐欝 韓骨 第一骨新羅王族後族曰第二骨

慶尙北道地理總說

位置及境界 本道在朝鮮之東南方東北一帶濱于海接江原道西北隣忠淸北道西南連全羅南道南與慶尙南道爲界東西略三百五十里南北略四百五十里自北緯三十五度半至三十七度自東經百二十八度至百二十九度半地勢北部及西境山岳重疊東南岡巒處處起伏中央大槪平坦田野豐沃人煙稠密洛東江貫流中央多漕運之利

沿革 本道古辰韓之域高句麗新羅分據其地後爲新羅兼倂敬順王九年降于高麗太祖置東南道都部署使置司慶州成宗十四年分國內爲十道以尙州所管郡縣爲嶺南道慶州金州所管郡縣爲嶺東道睿宗元年合山南道稱慶尙晉州道明宗元年各析爲慶尙州道十六年以晉陜州道來隷神宗七年改爲尙晉安東道其後又改爲慶尙晉安道高宗四十六年以溟州道之和登定長四州沒於蒙古割道之平海盈德德原松生四郡隷于溟州道後德原盈德松生還本道忠肅王元年定爲慶尙道朝鮮 太祖朝因之 世宗朝置觀察使本營於尙州 宣祖朝移設大邱 高宗光武元年各析爲慶尙北道今又因之領一府二十三郡

山岳 太白山聳峙于本道之北方與江原道劃界一支西行爲小白山竹嶺(豐基)鵲城(醴泉)鷄立主屹曦陽(聞慶)靑華俗離(尙州)秋風嶺

(黃澗)黃岳(金山)德裕(安義)長安智異等諸山以大嶺爲西北界一支東走爲日月(英陽)淸凉周防普賢(靑松)斷石吐含(慶州)雲門(淸道)圓寂(蔚山)金井等山止于東南海上

太白山在奉化郡北盤礡于江原忠淸三道界山勢石少土多峯巒皆秀立山上有潢池卽洛東江源風光秀麗池近民居成村落種菓蔗爲業嶺上有覺華寺洪濟庵往往有高僧棲息者朝鮮史庫高麗崔詵龍壽寺記曰三韓之勝太白爲首云

小白山(順興)土山聳立無巖石故山勢雖壯少形勝遠望則峰巒蓊鬱際天上峰曰國望(登此可望國都故名)又有慶元峯(藏高麗忠肅王胎室)惺喜峰西有紫霞臺可坐數十人多形勝北有浮石寺(寺後有浮石)新羅義相大師得道入天竺植杖於寮門前簷曰吾去後此杖必生枝葉從知吾之不死也去後作塑像安之其杖卽生枝葉長至屋宇千年如一光海朝鄭造爲嶺伯見之曰仙人所杖吾亦欲杖卽斷去後抽二莖如前而長四時長春無開落號仙飛花樹

淸凉山(安東)孤雲崔致遠讀書于此故有致遠峰爛柯臺最著名其傍石窟中有一老婆像稱孤雲養姆且有松臺風穴之奇勝卽退溪李文純公滉之藏修處結峙于禮安江上外觀則古松點綴于土山而已及入洞府石壁四面環圍奇巖絶崖難可名狀山水明麗形勝淸秀世人比之於武夷九曲又鶴駕(文殊)天登白屛文筆遠志等諸山列峙而天登山之鳳亭寺落水岩邑

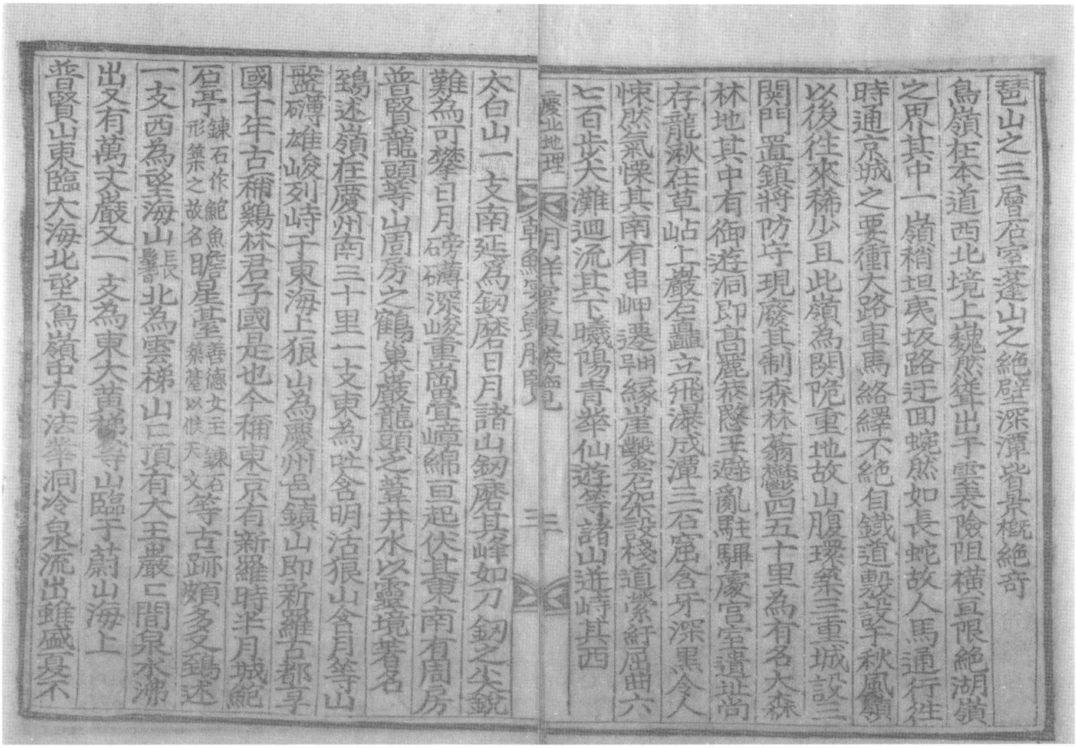

琶山之三層石室蓬山之絶壁深潭皆景槪絶奇
烏嶺在本道西北境上巍然聳出于雲表險阻橫亘限絶湖嶺
之界其中一嶺稍坦夷坂路迂回蜿然如長蛇故人馬通行往
時通京城之要衝大路車馬絡繹不絶自鐵道設于秋風嶺
以後往來稀少且此嶺爲関阨重地故山腹環築三重城設三
関門置鎭將防守現廢其制森林蓊鬱四五十里爲有名大森
林地其中有御遊洞卽高麗恭愍王避亂駐驆處宮室遺址尙
存龍湫在草岾上巖石矗立飛瀑成潭三石窟含牙深黒令人
悚然氣慄其南有串岬遷緣崖鑿石架設棧道縈紆屈曲六
七百步矣灘迴流其下曦陽青華仙遊等諸山迸峙其西
慶北地理 朝鮮寰輿勝覽 三
太白山一支南延爲釼磨日月諸山釼磨其峰如刀釼之尖銳
難爲可攀日月磅礴深峻重崗疊嶂綿亘起伏其東南有周房
普賢龍頭等山周房之鶴巢巖龍頭之葦井水以靈境著名
鷄述嶺在慶州南三十里一支東爲吐含明活狼山含月等山
蟠礴雄峻列峙于東海上狼山爲慶州邑鎭山卽新羅古都享
國千年古稱鷄林君子國是也今稱東京有新羅時半月城鮑
石亭 鍊石作鮑魚形築之故名 瞻星臺 善德女王鍊石築臺以候天文 等古跡頗多又鷄述
一支西爲望海山 長鬐 北爲雲梯山山頂有大王巖巖間泉水沸
出又有萬丈巖又一支爲東大黃蓮等山臨于蔚山海上
普賢山東臨大海北望烏嶺中有法華洞冷泉流出雖盛夏不

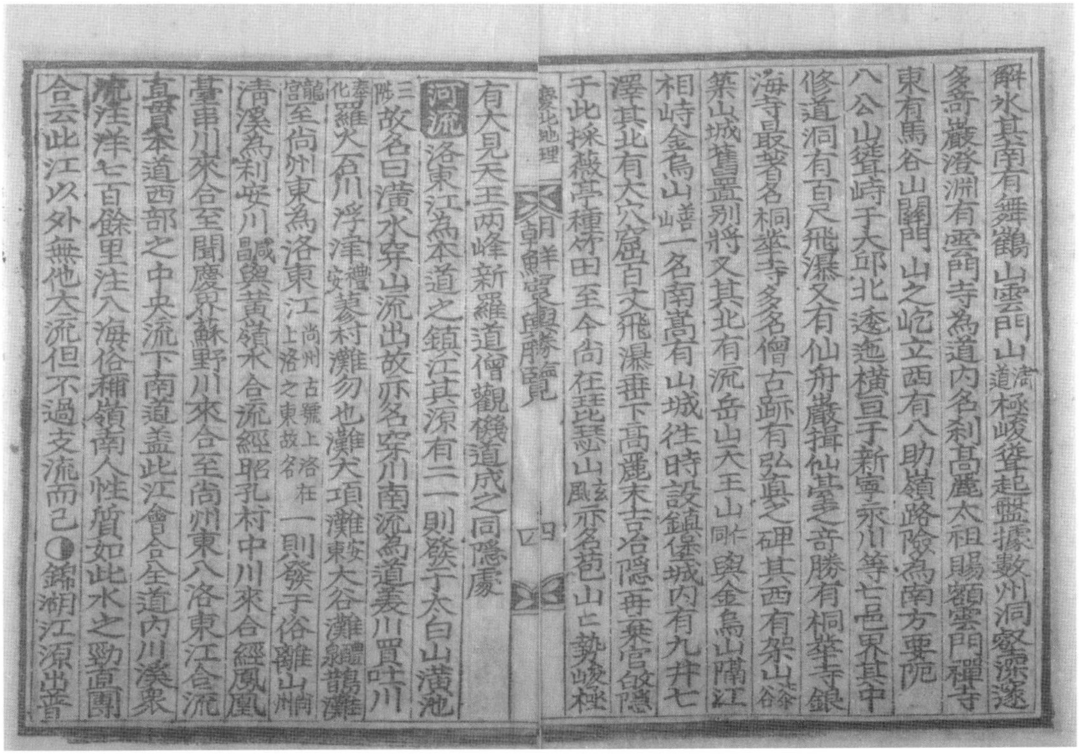

解氷其南有舞鶴山雲門山 淸道 極峻聳起盤據數州洞壑深邃
多奇巖澄淵有雲門寺爲道內名刹高麗太祖賜額雲門禪寺
東有馬谷山闢門山之屹立西有八助嶺路險爲南方要阨
八公山聳峙于大邱北逶迤橫亘于新寧永川等七邑界其中
修道洞有百尺飛瀑又有仙舟巖揖仙臺之奇勝有桐華寺銀
海寺最著名桐華寺多名僧古跡有弘眞尊者碑其西有架山 漆谷
築山城舊置別將又其北有流岳山天王山 咸昌 與金烏山隔江
相峙金烏山 善山 一名南嵩有山城往時設鎭堡城內有九井七
澤其北有大穴窟百丈飛瀑垂下高麗末吉冶隱再隱官歸隱
于此採薇亭種竹田至今尙在琵琶山 玄風 亦名苞山山勢峻極
慶北地理 朝鮮寰輿勝覽 四
有大見天王兩峰新羅道僧觀機道成之同隱處
河流 洛東江爲本道之鎭江其源有二一則發于太白山黃池
三陟 故名曰潢水穿山流出故亦名穿川南流爲道義川買吐川
奉化 羅火石川浮淨 禮安 蔑村灘勿也灘犬項灘 安東 大谷灘 醴泉 鵲灘
龍宮 至尙州東爲洛東江 尙州古號上洛在上洛之東故名 一則發于俗離山 尙州
淸溪爲利安川 咸昌 與黃嶺水合流經昭孔村中川來合經鳳凰
臺串川來合至聞慶界蘇野川來合至尙州東入洛東江合流
直貫本道西部之中央流下南道蓋此江會合全道內川溪衆
流汪洋七百餘里注入海俗稱嶺南人性質如此水之勁直圓
合云此江以外無他大流但不過支流而已 ◐ 錦湖江源出普

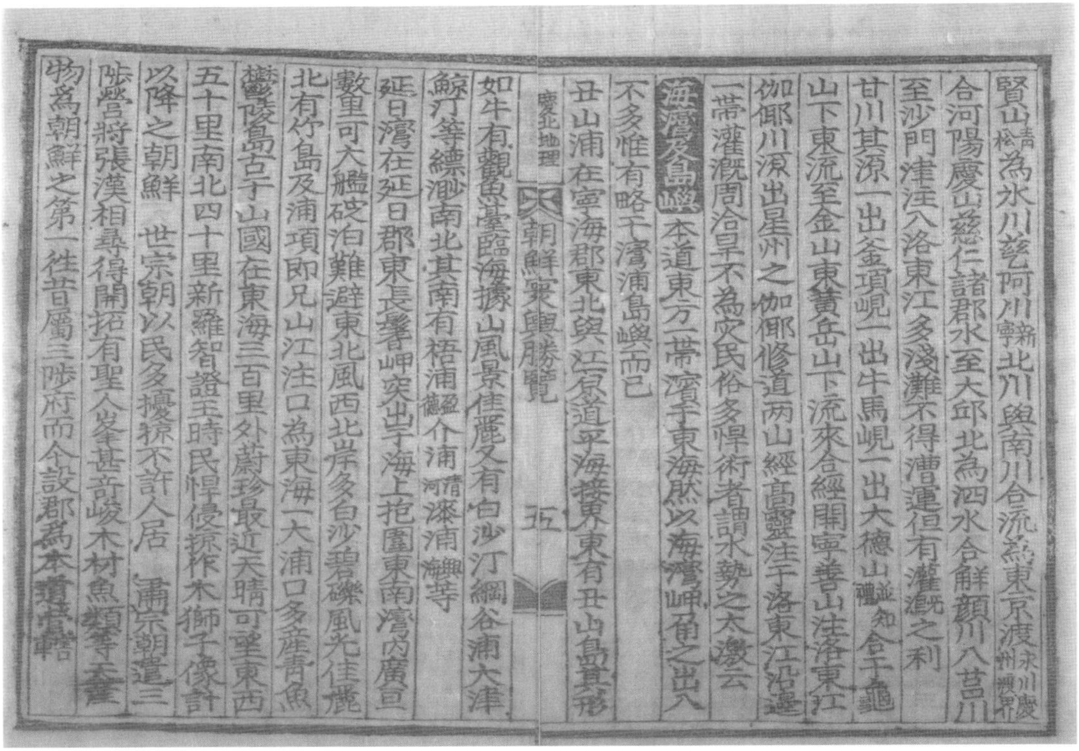

賢山(松青)為氷川乾阿川(寧新)北川與南川合流為東京渡(永川慶州禮界)
合河陽慶山慈仁諸郡水至大邱北為泗水合觧顔川入莒川
至沙門津注入洛東江多淺灘不得漕運但有灌漑之利
甘川其源一出釜項峴一出牛馬峴一出大德山(禮並知)合于龜
山下東流至金山東黃岳山下流來合經開寧善山注洛東江
伽倻川源出星州之伽倻修道兩山經高靈注于洛東江沿邊
一帶灌漑周洽旱不為灾民俗多悍術者謂水勢之太激云
海灣及島嶼 本道東方一帶濱于東海然以海灣岬角之出入
不多惟有略干灣浦島嶼而已
丑山浦在寧海郡東北與江原道平海接界東有丑山島其形
慶北地理 朝鮮寰輿勝覽 五
如牛有觀魚臺臨海據山風景佳麗又有白沙汀綱谷浦大津
鯨汀等縹渺南北其南有梧浦(盈德)介浦(清河)漆浦(興海)等
延日灣在延日郡東長鬐岬突出于海上抱圍東南灣內廣亘
數里可大艦碇泊難避東北風西北岸多白沙碧礫風光佳麗
北有竹島及浦項即兄山江注口為東海一大浦口多産青魚
鬱陵島古于山國在東海三百里外蔚珍最近天晴可望東西
五十里南北四十里新羅智證王時民悍侵掠作木獅子像許
以降之朝鮮 世宗朝以民多擾掠不許人居 肅宗朝遣三
陟營將張漢相尋得開拓有聖人峯甚奇峻木材魚類等產
物為朝鮮之第一往昔屬三陟府而今設郡為本道管轄

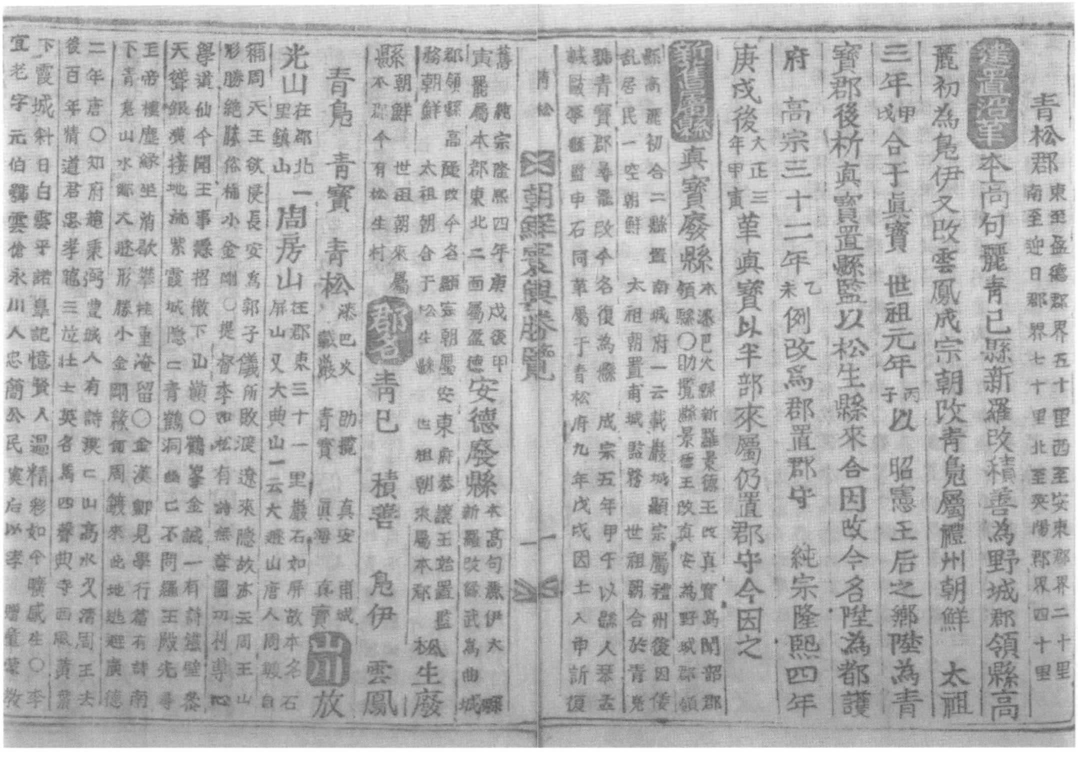

青松郡(東至盈德郡界五十里西至安東郡界二十里 南至迎日郡界七十里北至英陽郡界四十里)
建置沿革 本高句麗青已縣新羅改積善為野城郡領縣高
麗初為鳧伊又改雲鳳成宗朝改青鳧屬禮州朝鮮 太祖
三年(甲戌)合于眞寶 世祖元年(丙子)以 昭憲王后之鄕陞為青
寶郡後析眞寶置縣監以松生縣來合因改今名陞為都護
府 高宗三十二年(乙未)例改為郡置郡守 純宗隆熙四年
庚戌後(大正三年甲寅)革眞寶以半部來屬仍置郡守今因之
古屬縣 眞寶廢縣(本漆巴火縣新羅景德王改眞寶為聞韶郡領縣○助攬縣景德王改眞安為野城郡領縣 高麗初合二縣置南城府一云載巖城顯宗屬禮州後因倭亂居民一空朝鮮 太祖朝置甫城監務 世祖朝合於青鳧縣青寶郡尋罷改今名復為縣 成宗五年甲午以縣人琴去輳毆母縣監申石同革屬于青松府九年戊戌因土人申訢復)
青松 朝鮮寰輿勝覽 一
舊縣(肅宗隆熙四年庚戌後甲寅屬本郡東北二面屬盈德) 安德廢縣(本高句麗伊火兮縣新羅改緣武為曲城郡領縣 高麗改今名顯宗朝屬安東府恭讓王始置監務朝鮮 太祖朝合于松生縣也 世祖朝來屬本郡) 松生廢縣(朝鮮 世祖朝來屬本郡今有松生村)
郡名 青已 積善 鳧伊 雲鳳 青鳧 青寶 青松(漆巴火 載巖 助攬 青寶 眞安 眞寶 甫城 青寶)
山川 周房山(在郡東三十一里巖石如屛故本名石屛山又大典山一云大遯山唐人周鍍自稱周天王欲使長安為郭子儀所敗渡遼來隱故亦云周王山 形勝絶勝俗稱小金剛○提督李如松有詩無暮圖叫刊專學道仙今聞王事懸招徹下山嶺○鶴峯金誠一有詩鐵壁天鑿銀橫接地流紫霞城隱隱青鶴洞幽幽不問羅王殿先尋王帝樓塵緣坐消歇攀桂重淹留○金漢卿見學行舊有詩下青鳧山水郷大遯形勝小金剛緣何周鍍來此地逃避廣德二年唐○知府趙秉鴻豈城人有詩漢漢山高水又清周王去後百年情道君忠孝龍三垃壯士英名馬四聲典寺西風黃葉下霞城斜日白雲平諸阜記憶賢人遇精彩如今曠感生○李宜老字元伯號雲倉永川人忠簡公民寶后以孝 贈童蒙教) 光山(在郡北一里鎮山)

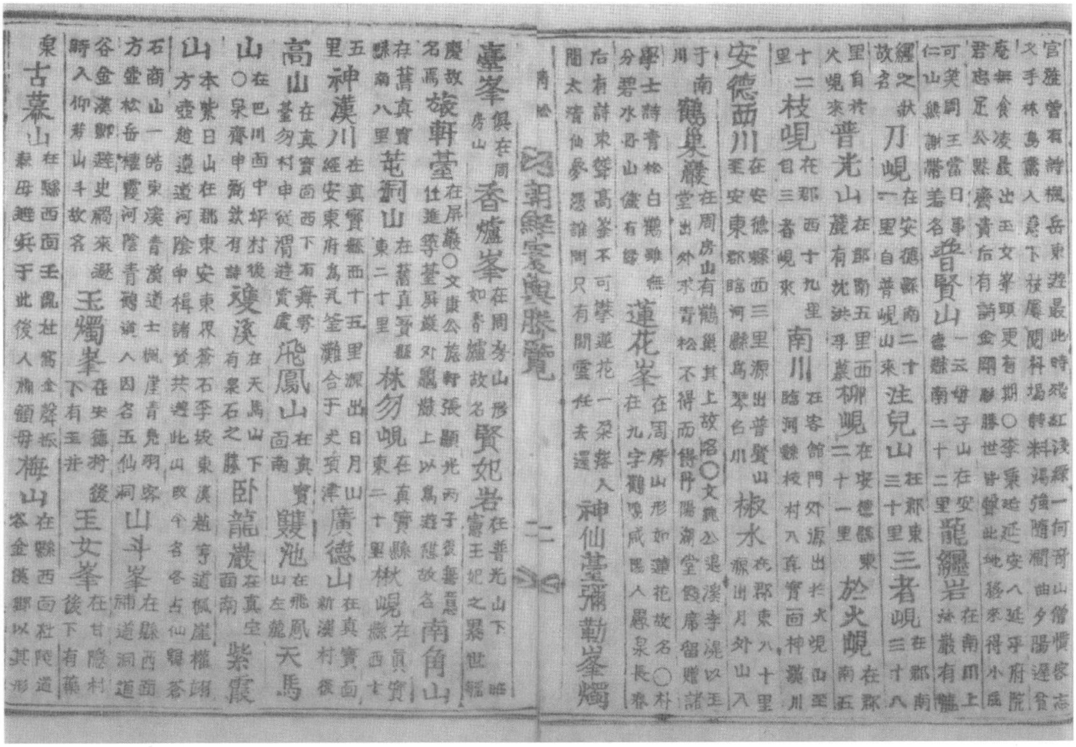

青松 朝鮮寰輿勝覽 二

宮雅曾有詩楓岳東遊最此時殘紅淺綠一何奇山僧慣客忘
文手林島驚入意下枝層閒料場轉料渴強一隨欄曲夕陽遲發
菴無食凌嚴出玉文峯頭更有期○李秉延安八延平府院
君忠定公縣齋責后有詩金剛勝世皆聲此地移來得小㞐
可笑罔王當日事 仁山樂謝帶着名 普賢山 一云母子山在安德縣南二十二里 龍纒岩 在南川上林巖有龍
纒之狀故名 刀峴 在安德縣南二十一里自普峴山來 注兒山 在郡東三十里 三者峴 在郡南三十八
里自於火峴來 普光山 在郡南五里西麓有沈洪孚墓 柳峴 在安德縣東二十一里 於火峴 在郡南五
十二里 枝峴 在郡西十九里自三者峴來 南川 在客館門外源出於火峴山至臨河縣枝村入真寶面神藥川
安德西川 在安德縣西三里源出普賢山至安東郡臨河縣烏翠台川 椒水 在郡東八十里源出月外山入
于南 鶴巢巖 在周房山有鶴巢其上故名○文純公退溪李滉以王堂出外求青松不得而得丹陽郡堂餞席留贈諸
學士詩青松白鶴雖無分碧水丹山儻有緣 蓮花峯 在周房山形如蓮花故名○朴在九字鶴陽咸陽人號泉長春
后有詩東彎高峯不可攀蓮花一朶落入閣太淸仙參憑誰問只有閒雲任去還 神仙臺 彌勒峯 燭
臺峯 俱在周房山 香爐峯 在周房山形如香爐故名 賢妃岩 在普光山下高麗王妃之累世晧
慶故名焉 旋軒臺 在屛巖○文康公旅軒張顯光丙子仕進等臺屛巖刈飄㵎上以鳥避倭故名 南角山
在舊真寶縣南八里 芚洞山 在舊真寶縣東二十里 林勿峴 在真寶縣東二十里 楸峴 在真寶縣西十
五里 神漢川 在真寶縣西十五里源出日月山經安東府爲乳釜灘合于犬項津 廣德山 在真寶面新漢村後
高山 在真寶面西下有舞雩臺勿村申從渭遊賞處 飛鳳山 在真寶面南 雙池 在飛鳳山左龍 天馬
山 在巴川面中坪村後○泉齋申衡歎有詩 褸溪 在天馬山下有泉石之勝 臥龍巖 在真寶面南 紫霞
山 本紫日山在郡東安東界蒼石李埈東溪趙亨道楓崖權翊方壺趙遵道河陰申楫諸賢共遊此山改今名各占仙號蒼
石商山一皓東溪青霞道士楓崖青鳥羽客方壺松岳樓霞河陰青鶴道人因名五仙洞 山斗峯 在縣西面補道洞道
谷金漢鄭避史禍來避時入仰若山斗故名 玉燭峯 在安德村後下有玉井 玉女峯 在甘隱村後下有藥
泉 古幕山 在縣西面壬亂壯寓金聲振母避兵于此後人稱領母 梅山 在縣西面杜民道谷金漢鄭以其形

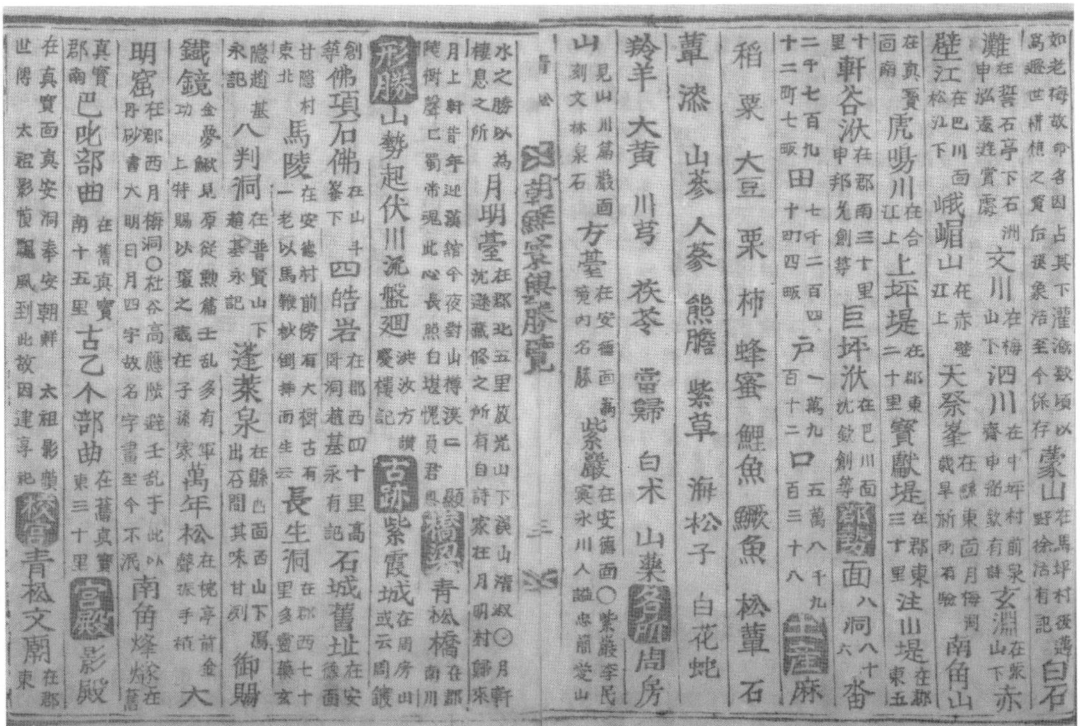

青松 朝鮮寰輿勝覽 三

如老梅故命名因占其下灌漑數頃以爲避世精棲之質后孫象洁至今保存 蒙山 在馬坪村後避野徐洁有記 白石
灘 在碧石亭下石洲申泓遊賞處 文川 在梅山下 泗川 在中坪村前泉齋申衛歎有詩 玄淵 在東山下 赤
壁江 在巴川面松江下 峨嵋山 在赤壁江上 天祭峯 在縣東面月梅洞歲旱祈雨有驗 南角山
在真寶面南 虎鳴川 在合江上 上坪堤 在郡東二十里 寶獻堤 在郡東三十里 注山堤 在郡東五
十里 軒谷洑 在郡南三十里申邦先創築 巨坪洑 在巴川面沈欽創築 【坊面】 面八 洞八十六 畓
二千七百九十二町七畈 田 十七千二百四十町四畈 戶 一萬九百十二 口 五萬八千九百三十八 【土産】 麻
稻 粟 大豆 栗 柿 蜂蜜 鯉魚 鱖魚 松蕈 石
蕈 漆 山蔘 人蔘 熊膽 紫草 海松子 白花蛇
羚羊 大黃 川芎 茯苓 當歸 白朮 山藥 【名所】 周房
山 見山川篇巖面刻文林泉石 方臺 在安德面萬境內名勝 紫巖 在安德面○紫巖李民寏永川人諡忠簡堂山
水之勝以爲棲息之所 月明臺 在郡北五里放光山下漢山淸淑○月軒沈遜藏修之所有自詩家在月明村歸來
月上軒昔年迎藻館今夜對山樽漢二陡樹聲匸蜀帝魂此心長照白堪愧負君恩 【橋梁】 青松橋 在郡南川
【形勝】 山勢起伏川流盤廻 洪汝方讚慶樓記 【古跡】 紫霞城 在周房山或云周鎮
創華等 佛項石佛 在山斗峯下 四皓岩 在郡西四十里高岡洞趙基永有記 石城舊址 在安德面
甘隱村東北 馬陵 在安德村前傍有大樹古有一老以馬鞭杖倒挿而生云 長生洞 在郡西七十里多靈藥玄
隱趙基永記 八判洞 在普賢山下趙基永記 蓬萊泉 在縣西面西山下出石間其味甘冽 御賜
鐵鏡 金夢鰍見原從勲舊士乱多有軍功上特賜以褒之藏在子孫家 萬年松 在姚亭前金 大
明窟 在郡西月梅洞○杜谷高應陟避壬乱于此以丹砂書大明日月四字故名字畫至今不泯 南角烽燧 在舊
真寶郡南 巴吡部曲 在舊真寶南十五里 古乙介部曲 在舊真寶東三十里 【宮殿】 影殿
在真寶面真安洞奉安朝鮮太祖影幀世傳太祖影幀飄風到此故因建享祀 【校宮】 青松文廟 在郡東

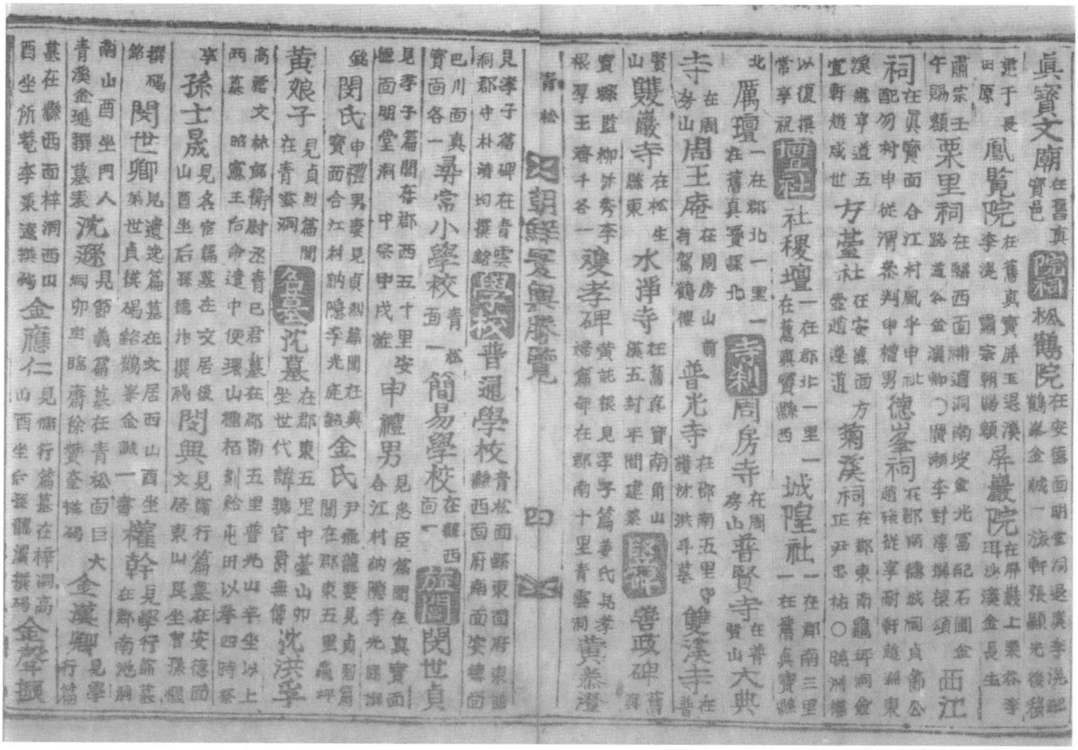

眞寶文廟 在舊眞寶邑 院祠 松鶴院 在安德面明堂洞退溪李滉配鶴峯金誠一旅軒張顯光後移
建于長田原 鳳覽院 在舊眞寶屛玉退溪李滉 肅宗朝賜額 屛巖院 在屛巖上栗谷李珥沙溪金長生
肅宗壬午賜額 栗里祠 在縣西面神道洞南史□光寫配石圃金路道谷金漢卿○贈湖李對淳撰祭頌 西江
祠 在眞寶面合江村風乎中社配勿村申從渭參判申禮男 德峯祠 在郡南德成洞貞節公遁翁徐從享耐軒趙淵東
漢溪享道五宣軒趙成世 方臺社 在安德面方壺遁逸道 菊溪祠 在郡東南龜坪洞會正尹忠祐○曉洲權
以復撰常享祝 壇社 社稷壇 一在郡北一里 一在舊眞寶縣西 城隍社 一在郡南三里 一在舊眞寶縣
北 厲壇 一在郡北一里 一在舊眞寶縣北 寺刹 周房寺 在周房山 普賢寺 在普賢山 大典
寺 在周房山 周王庵 在周房山前有駕鶴樓 普光寺 在郡南五里守護朴洪年墓 雙溪寺 在普
賢山 雙巖寺 在松生縣東 水淨寺 在舊眞寶南角山溪五封平間建寺 碑 善政碑 在舊
眞寶縣監柳汾秀李根孚王濬千各一 旌孝碑 黃能根見孝子篇妻氏見孝婦篇碑在郡南十里青雲洞 黃恭淳

青松 朝鮮寰輿勝覽 四

見孝子篇碑在青雲洞郡守朴淸均撰銘 學校 普通學校 青松面郡東面府東邊縣西面府南面安德面
巴川面眞寶面各一 尋常小學校 青松面一 簡易學校 在縣西面一 旌閭 閔世貞
見孝子篇閭在郡西五十里安德面明堂洞 中宗甲戌旌 申禮男 見忠臣篇閭在眞寶面合江村納隱李光庭撰
銘 閔氏 申禮男妻見貞烈篇閭在眞寶面合江村納隱李光庭銘 金氏 尹飛龍妻見貞烈篇閭在郡東五里龜坪
黃娘子 見貞烈篇閭在青雲洞 名墓 沈墓 在郡東五里中臺山卯坐世代諱號官爵無傳 沈洪孚
高麗文林郎衛尉丞青已君墓在郡南五里普光山辛坐以上西墓 昭憲王后命遣中使環山種柏劃給屯田以春四時祭
享 孫士晟 見名宦篇墓在文居後山酉坐后孫德祚撰碣 閔興 見儒行篇墓在安德面文居東山艮坐曾孫
撰碣銘 閔世卿 見遺逸篇墓在文居西山酉坐弟世貞撰碣銘鶴峯金誠一書 權幹 見學行篇墓在郡南池
南山酉坐門人青溪金璡撰墓表 沈遜 見節義篇墓在青松面巨大洞卯坐臨齋徐贊奎撰碣 金漢卿 見學行篇
墓在縣西面梓洞西四酉坐所菴李秉遠撰碣 金應仁 見儒行篇墓在梓洞高山酉坐后孫龍瀅撰碣 金聲鐸

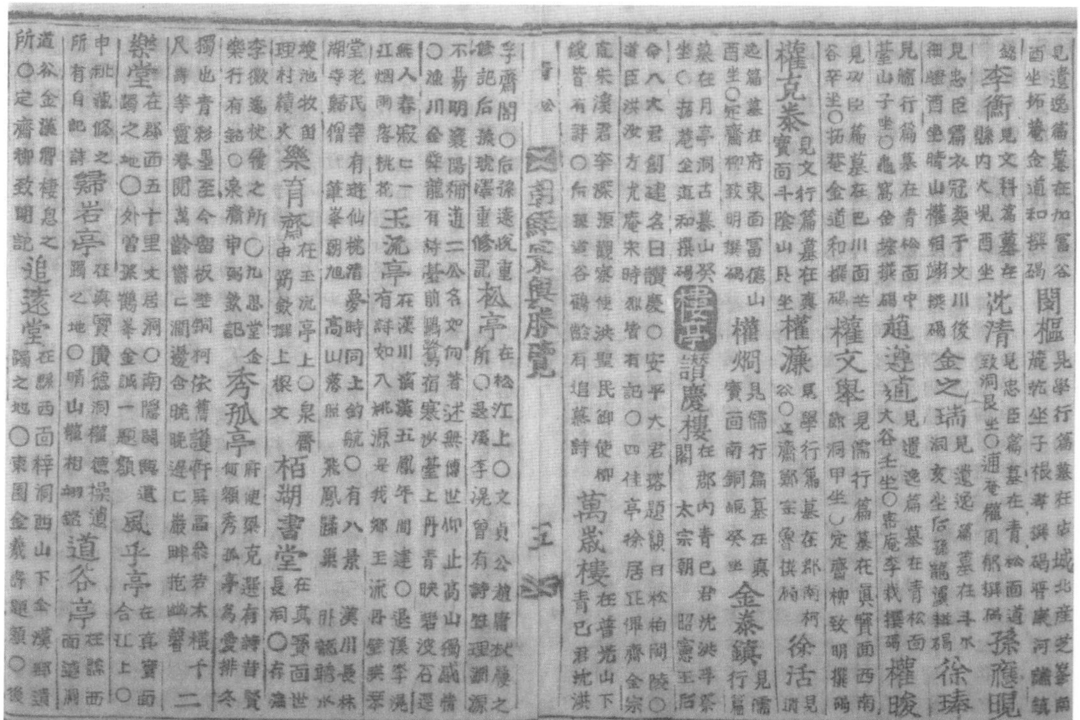

見遺逸篇墓在加音谷酉坐拓菴金道和撰碣 閔樞 見學行篇墓在城北梓菴坐子根孝撰碣晋巖河謙鎭
銘 李衡 見文科篇墓在縣內大峴酉坐 沈淸 見忠臣篇墓在青松面道致洞艮坐○逋菴權周顯撰碣 孫應晛
見忠臣篇衣冠葬于文川後御贈酉坐晴山權相翊撰碣 金之瑞 見遺逸篇墓在斗水洞亥坐后孫龍瀅撰碣 徐琫
見儒行篇墓在青松面中臺山子坐○龜窩金㙆撰碣 趙遵道 見遺逸篇墓在青松面大谷壬坐○素庵李栽撰碣 權晙
見孝子篇墓在巴川面芷谷辛坐○拓菴金道和撰碣 權文擧 見儒行篇墓在眞寶面西南谷甲坐○定齋柳致明撰碣
權克泰 見文行篇墓在眞寶面斗陰山艮坐 權濂 見學行篇墓在郡南柯谷○立齋鄭宗魯撰柄 徐活 見
遺逸篇墓在府東面富德山酉坐○定齋柳致明撰碣 權烱 見儒行篇墓在眞寶面南銅峴癸坐 金泰鎭 見儒行篇
墓在月亭洞古墓山癸坐○拓菴金道和撰碣 樓亭 讚慶樓 在郡內 太宗朝
命八大君創建名日讚慶○安平大君落題額日松柏閣陵○青巳君沈洪孚祭昭憲王后
道臣洪汝方尤菴宋時烈皆有記○四佳亭徐居正佣齋金宗
庵朱溪君李深源觀察使洪聖民御使柳 萬歲樓 在普光山下青巳君沈洪
錢皆有詩○后孫遵谷碣齡有追慕詩

靑松 朝鮮寰輿勝覽 五

孚齋閣○后孫遠成重修記后孫琥澤重修記 松亭 在松江上○文貞公趙唐城慶之
所○退溪李滉曾有詩雖理淵源
不易明襄陽爾道二公名如向著述無傳世仰止高山獨感情
○滄川金斗龍有詩蕚前鷗鷺宿寒沙臺上丹青映碧波石逕
無人春寂寂一江烟雨落桃花 玉流亭 在漢川谷漢五鳳年間建○退溪李滉有詩如入桃源是我鄉王派丹壁共苹
堂老氏李有遊仙桃落夢時同上釣航○有八景 漢川長林
湖寺歸僧筆峯朝旭高山落照飛鳳歸巢 晚龍聽水
瓊池牧笛 樂育齋 在玉流亭上○泉齋申弼欽撰上樑文 栢湖書堂 在眞寶面長洞○有世
理村積火
李徽逸杖屨之所○九思堂金樂行有銘○衆齋申弼欽記 秀孤亭 府使梁克選有詩昔賢何額秀孤亭爲愛排冬
獨出青彩壁至今留板壁銅柯依舊護軒屛高參老木幾千尺壽等靈春閱萬齡鬱二澗邊含晚晚遲亡巖畔拖幽響 二
樂堂 在縣西面五十里文居洞○南隱閔興遺躅之地○外曾孫鶴峯金誠一題額 風乎亭 在眞寶面合江上○
中社讓條之所有自記詩 歸岩亭 在眞寶廣德洞權德操遺躅之地○晴山權相翊銘 道谷亭 在縣西面道洞
道谷金漢卿棲息之所○定齋柳致明記 追遠堂 在縣西面梓洞西山下金漢卿遺躅之地○東園金㙆序題額○後

孫聖澄記○南大樵有詩追思醫祖功存社稷畫蕃鄭耀亭詩
○遺甚延神圖皆幽光爭日月經營廟宇妥靈神○鄭爽漢詩
原從功錄忠存社肯搆室成孝感神○金鎭
坤特羊裏消息釣基遷鱗閣繪名畫貌神
執實書堂 在縣西 執實齋
道谷金漢卿講學之所
晚愚亭 在府南甘洞○佳判安東金宗漢記 沈李州萬記
芝陽亭 在縣西遠洞
芝陽金源杖屨之所
望雲亭 在安德西安德村判書趙址望鄉處 贈
明智齋 在安德面明智洞 明智齋閣
講學之所○慶州李鍾爍記
挽流亭 在縣西面旅巖村金馨振杖屨之所○長山李東夏西山金興洛皆有記東園
金義壽題額
松浦亭 在縣西面錦城洞龍岩光海戊午建有自詩栗里清風陶白謂桐江隱義晝集傳白首青袍
前春事追
新亭 在真寶西合江洞樂川中枝丙子依守義自靖之所○青庵李敦禹記前有松樹
樓碧
亭上得閒伏追
節亭 在郡西五里加松比清杖屨之所有自詩偏堂青松樓九
寓日摩挲常獨往此生磊落幸相逢採花野老
經輕拂枝上懸琴時自奏○鶴山柳庸睦撰楔須
東溪亭 在縣西
洞東漢道亭
方臺亭 在方臺上方臺道遺藏修之所○鐘萬
直杖屨之所 全誠一有詩

朝鮮寰輿勝覽 六

吹雲中大沙眠海上陽
梳流軒 在縣東面月梅洞宿南寇藏踪之所
樂齋 在安德面明堂洞樂齋閑樂寓
棲息之所
五宜軒 ○在縣西面沙夫谷趙咸世講學之所○卯菴南景羲記八溪全達夫題額
龍溪書堂 在
西面旅巖洞金聲振杖屨之所○孫龍巖記○永嘉權周世題額
后 龜巖書堂 在郡南二十里九巖徐漢儒棲息要
學之所○李菴權濂記
日新堂 在郡南石坪洞日新堂○客菴李栽撰銘安東權后準棲息之所
二可堂
在郡西甘隱洞二可堂菴相朴講學之所○判書洪義浩記
玄隱齋 在甘隱洞玄隱追慕永棲息之所○定齋柳致
明
松臺精舍 在縣西面福洞申樞福修之所
松塢亭 在福洞中海觀棲息之所
松廬 在福洞中濟望
記
萬裵
梅溪亭 在縣東面月梅洞梅溪南之重齋學之所傍豫相銘記
克復亭 在安德面明堂洞閔成大
棲息之所○知府洪義浩記
望雲亭 在安德面大溪洞望雲李聖聖親望鄉處○青庵李敦禹記
嶺秀堂
在郡南石坪洞權濟杖屨之所○副宮任必大記川沙金宗德有詩
聾淵亭 在真寶面世長洞權一鎬晦杖屨之所○
菴權秀朴記
追遠齋 在安德面明堂洞晚梧堂閔好裕晩松堂閔元裕晚梅堂閔仁裕三樣藏修之所

亭趙基壽有自詩曰余成嘉堂云篤仁所洞名仁斯篤四十餘年樂
萬頤知由行不篤行之愈久自然篤
邁埜堂 在郡南二十里紫山下埜徐活講學之所有自記
晚翠亭 在郡南青雲洞星瑣臺上晚翠黃澤棲息之所○刻暇中觀朝記
晚翠書堂 在青雲洞鋒山下黃澤講學之所○
信庵李秉夏記
誓石亭 在郡南佐華山下石洲中弘遠遺躅之地有自記
五山精舍 在巴川面新興洞松
窩蔣元栻藏修之所
免巖亭 ○在縣西面不老洞免巖金處重寓慕之所○曉山李敦裕記○考后孫相穆撰楔銘
柳
楓亭 在郡西五里鶴山柳膺睦杖屨之所有自序自詩
紫霞亭 在郡西南真洞紫霞金燁杖屨之所
追慕
亭 在郡東南二里尹埈宇聖執歸源隱宗朝戶判后孫肯搆以寓追慕之所
鳴
樓碧亭 在巴川面中坪村申致遠
所構○雲菴李秉夏記
攬景臺 在真寶面山澤齋權萊時杖屨之所鄕入寓慕築亭○校理李晩燈記
存心
亭 在縣西面丑洞如愚谷存心趙性合講讀之所有自詩
小流亭 在郡西五里梅川沈鎭之講學之所有自敘自
詩○龍山權秉衡記
巷隱亭 在縣西面德城洞
晚省齋 在德城洞
龜陽亭 在郡西九山洞西岡金進龍

朝鮮寰輿勝覽 七

藏修之所○石洲申弘遠記
萬壽亭 在縣東面巨斯洞
紫陰精舍 在巨海洞紫陰南朴苗講讀之所○南
曉圃趙性洛記
松窩講堂 在安德面文居洞
德溪書堂 在府南面陳水洞
五友堂 在郡西丘
里恭春沈宜著燕居之所有自詩四友一翁成五人百年契
直吉典盛籍財寵尊如闘敎子課孫居有勝賞益文寿替不忘
勤隨書肆自相陳與奢華倫平生志還麗抛棵鷹賀新○鶴山柳膺睦撰楔銘
孝友堂 在縣西面不老洞金向黙寓慕
之所○曉山李敦裕撰楔頌存心趙性白記
○追慕齋 在郡西八十里加富谷金嗇振縈閣○安東權周世
遺額后孫泰鎭記
題詠
李石亭 字伯玉號樗軒延安人世宗朝左進文三魁錄佐理勳官至判中樞延城府
晩君謚文康曾以八道都體察使巡到本縣有詩此邑南方最一邊宿聞清景未來前山高認任騫頭地權迴棲遊偶背天華水
少緣塗必散酒盃多分醉還憐角中襟抱憑誰畫明月須如李謫仙
徐居正 號四佳亭達城人官判中樞謚文忠有
詩盡日閒吟倚桂邊諸賢傑句搖盧前西山夾走無地一道渚通小有天欲訪青鳥今不見閑看白鳥正堪憐此閒亦必蓬
壺在不用丹丘仍羽仙
金宗直 號佔畢齋一善人官吏判謚文忠曾有詩樹秒華燈奏照邊疊嶂高舞把

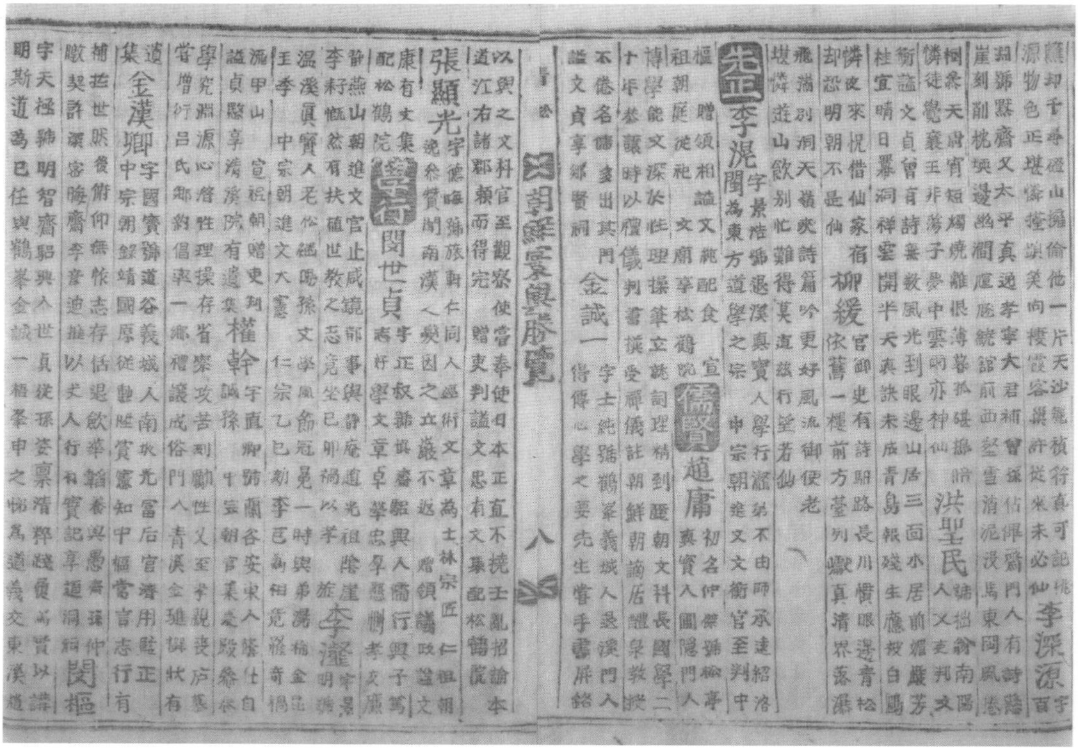
靑松 朝鮮寰輿勝覽 八

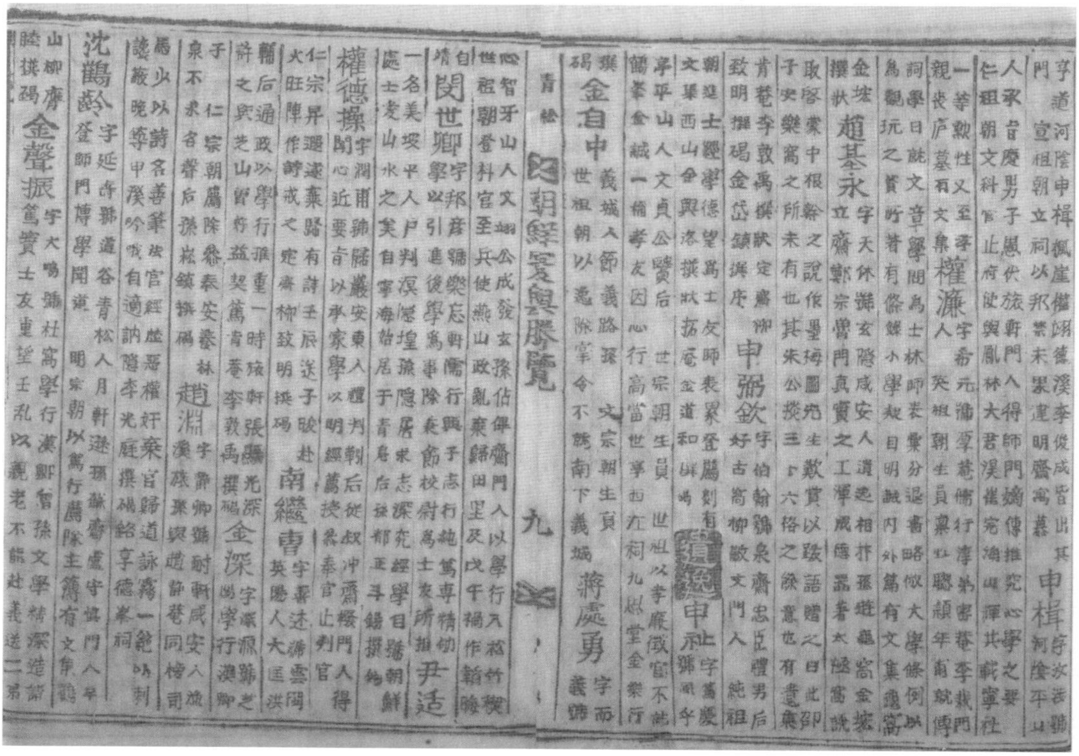
靑松 朝鮮寰輿勝覽 九

曰汝死王事我奉老母含盡君親恩義杜門講學府嘉善同中樞有遺稿 趙遵道 字景行號方壺咸安人灘溪應后惟

一齋金彥璣門人又從遊寒旅愚伏門丙子聞下城之報北向痛哭因入自逸山終身不出晩日錄特書春王正月以寓風泉

之蔵曾主簿以行義累登薦壽陞通政有老巢集龜窩金㙆撰狀寄庵李栽撰碣 金之瑞 字吉甫號檜隱養拙人壽

孫子勤志讀書窮理篤行以遺逸薦除乘峯察訪丙子聞下城杜門自靖有遺稿 閔根孝 字順源號卯發驪興人學行搵

子老巷朴惺門人 明宗朝進士才氣超邁文章精敏善筆法庚午回榜壽陞通政有遺墨 趙咸世 字顯甫號五宜

軒處安人節義亨逋于旅軒張顯光門人累薦師門獎詡宣祖朝中司馬東溪金世濂一見稱賞以學行累登薦剡有文集

享德峯祠承旨李棠寧撰狀 南宇 字而遠號癖齋曹子薦參奉倜儻有奇氣博學善談論策陳討復讐吟諸和題詩

門曰大明處士遂隱居不仕響山李晩燾撰碣 權山立 字峻甫號曉翠堂安東人儒行德純孫鶴峯門人官護軍文學

高明志操堅雅與張敬堂李葛菴金聯陽李象嚴爲道義交有遺集 閔繼騫 字汝鈞號樂齋學行梧孫稟性端愨學問

精密專於濂洛操守清介早嚴舉業養德林泉有遺事 權翊 字君輔號楓崖儒行繼吾子宣祖朝官司宰監正天資德

靑松 朝鮮寰輿勝覽 十一

俊文學博洽於濂洛雅有高趣養德林泉無意仕進遊紫霞山自號青鳧羽客即五仙之一有遺稿 閔仁裕 字子善號

曉悔堂繼騫子天資愷悌志行純篤早謝公車專心性理以畢進後生爲己任 肅宗朝以經術薦除司業有言行錄

趙相抃 字悅卿號二可堂遵道后李大山從遊和厚之氣溢於容儀作自警箴十訓示子孫 英祖朝司馬甲子回榜

壽陞嘉義以德行稱龜窩金㙆撰狀文齋鄭宗魯撰碣 金龍瀷 字仲見號松皐滿行碩基玄孫篤厚端莊仁愛甚至

專精功學沉潛詩禮演繹性理哀粹成編刊書權職以逸蔘廬不齊有文集 徐活 字清叔號遁世儒行瑧后尋庵權濂

川沙金宗德門人早就師門學文德行爲時重其所著有容思集說警修錄居業錄有文集俛齋李秉運撰狀定齋柳致明撰

碣 黃瀁 字學中號曉翠平海人襄武公希碩后學菴權濂川汝金宗德門人得師門旨訣學究性理行踏繩尺蓝積不

售遯世無悶望重一時有文集藻跆道星復捧序遇埜徐活撰行畧壺谷柳範休撰墓表 金峻鎭 字景七號訥窩學行

篆御嗣孫黜晦林泉篤於學問明於禮儀志高行潔 高宗朝薦授參奉不就壽陞同敎寧有遺稿參判李饆序拓菴金道

和記曉山李敦禧撰狀承旨金鴻洛撰碣

儒行

閔興 字子起號南隱驪興人文度公霽曾孫生開明家世學問精究

篤於易理觀象取占爲好謙 世宗朝官司勇 申濡 字浩叔號高山文行從潤子溪門人 仁宗朝以文學行義

歷三邑教授壬亂差尚州牧頤齋權煌夏撰碣銘 申演 字仲浩號寓軒平山人文貞公贇后退溪門人性至孝庐墓終

制官贈讀漢城右尹愚伏鄭經世撰碣銘 金應仁 字仁之號遯齋遺逸除官賜察陞僉樞以文學德行爲士友

推重壬亂命六子赴花山倡應餘陣戒以服勤王事克致事一之義 黃元兆 字任老號蒼平海人襄武公希碩后訓

導陞通政有學行孝友見愚溪集敎諭 徐琫 字德潤號梅軒遯城人龜溪沉后雲川金涌門人宣祖朝官參奉力學

能文致尚行誼尤篤甚事一之誠甬皐金道行撰狀龜窩金㙆撰碣 南遂 字而直號訥寓英陽人遺逸繼曹子貴甚爾致

利門人講明退陶之學有斯文望重宣祖朝以西厓柳成龍薦授參奉 英祖朝贈司僕寺正沆菴柳揭撰狀 閔宗孝

字行源號樂渰學行稱子鶴峯金誠一門人宣祖朝進士志行高尚造詣純實文學精明有遺稿 權繼昌 字子述號

約隱學行於文章典雅筆法楷健壬辰爲安義西邑訓導陞僉中樞與金鶴峯從遊鶴峯贈心經一部嘗與申濡相址岡

樞贈咏講有遺集 權德純 忠定公權撥從姪濟溪家學造月川趙穆門晴號性理龍蛇亂逐二子赴忘憂堂郭再祐陣宮

靑松 朝鮮寰輿勝覽 十二

叅奉贈工議 鄭球 字鳴叔號枕流亭慶州人名官佐玄琛官訓鍊院判事弟壽通政學問精深經義該博鄕黨士友推重

金天賚 宗伯衛號晩隱聽禮子律身修行篤志爲學鄕邦推重后孫崧鎭撰碣鎭撰遺事 閔後騫 字汝

叟號可山學行稱孫天性溫雅才器超倫自成童能通四子百家語善筆法累蒙師門獎許官止軍資監正 金帝賚

字季昭天資弟承襲家學友篤至以行義薦授參奉 李 金珏 字子潤號松菴承從學夢鯨子官直長嘉善同中樞學豐

家庭行事孝友以文學德行爲樂齋徐思遠推許從季父參鮮討韜李二賊曉山李敦裕撰狀后孫峻鎭撰遺事有遺稿

李俊成 字秀卿號德溪名官從兄后族軒張顯光門人學業隱居養親孝行純至士友推重定齋柳致明撰狀有

世稿 金碩基 字德宇號敬軒文行四子氣節高亢見識宏博廉不近名介不絶物篤志躬行有遺稿 南天柱

字汝擧號敬齋遺逸宇孫從師叻學處家篤倫晴山權相翊撰碣 申梡 字汝正號雲野學行稱弟文學兼備承呂獄起

慨然發憤手草全忠疏數千言欲白達兄橫以親在止之有遺稿 申橃 字而浩梡弟文章德行與伯仲齊名有遺稿

金舜龍 字汝允號漁川安東人忠烈公方慶后惟一齋金彥璣門人以學行見稱士友創建鳳覓院以爲士林依歸

之所壬亂赴火旺陣與郭再祐共爲贊劃有遺集 南旻柱 字汝瞻號遯齋篤學力行爲士友推重與五宜軒趙咸世重
創文廟 暗戶巻 英祖朝 南世柱 字汝重號誠齋天柱弟官護軍孝友篤至文學純正體立用正有徵天持心謹
身歲四縣五難八忍詩 申錫基 字重伯號遯址后老村金邦杰門人篤信師訓沉潛講究從師湖南薦除護從以歸戊申
命于任個義壽譲頌 權文擧 字子真號龜巖遺逸德操玄孫中生員承襲家學左右圖書尤好心經綱目等書孝友甚至人比
之老萊姜眈葛菴李玄逸貽書賛之有遺集 徐漢儁 字秀彥號九巖埰孫克承家學望東鄕黨有遺集從孫邁燮
活撰狀 沈益大 字巨源號松齋忠臣清玄孫默齋權斗經門人敦倫萬學士林推牌拂之任所居軒扁以詩禮作歌以
識其義鶴山柳齊睦撰碣 金鳳昌 字鳴世號素菴天賚玄孫勉勤經學硏覈雅望戊申倡義有遺稿后孫鎭馨撰遺事
趙徽 字士美號如愚當遺逸遵道曾孫文詞博洽精深經學性又至孝六年居廬有虎來護世稱孝感所致有遺集
金龍河 字時見號井菴名宮玎玄孫篤志求學論當物則無不究極理會從弟龍漢撰碣 權聖器 字大用號甘谷
師養時望于葛菴李玄逸門人內家學外承師訓渾成德器有遺稿 鄭德祚 字景初球玄孫學閒孫邃經綸處大

青松

朝鮮寰輿勝覽 十二

與鄕士議立屛巖院士友仰如山斗 閔應奎 字文徵號香塢壽職光重子天資溫玉忠孝文章德行爲士友模範有遺
集 南之熏 字太和號梅溪旻柱子文學德行見重士林李大山象靖以實學稱戊申倡義 英祖朝嘉義同樞有
遺集秀山金秉宗撰碣 李玄極 字達中號暘谷華菴新孫慎菴史門人紹庭篤學敦行孝悌人爲師門奬許所著
有經旨與目資一人修稧遺慕明菴李恭一撰序 閔成大 字而聲號克復亭遺逸仁裕曾孫端謹純篤學問宏深爲一時
重望 趙相廸 字惠吉號淵永齋漁溪旅后 英祖朝司馬匭當四子洛閔之書爲實地之工大山李象靖見所著文並
加歎賞日可知痛下祖工夫雲谷李羲發撰狀拓菴金道和撰碣 金文熙 字敬之號千巖鳳昌曾孫天姿聰敏操守
堅確苦修篤學所著有學庸要義論孟隨得經義續白鹿蒙太極圖說俱褒粹成與西坡柳必永貞齋徐廷玉皆有撰述從
孫鎭聲撰遺事 閔寶賢 字士珍號訥忍齋壽職光重曾孫天姿端雅文詞瞻富善筆法年德俱邵士友推重壽通
政有遺稿 權淳 字致和號菊軒遺逸翰后適菴金台重門人 英祖朝進士禀賦聰俊文辭夙就與弟濂聯床講磨世稱青
松雙錫壽僉樞有遺集龜窩金㙆撰狀定齋柳致明跋 趙元慶 字昌彥遵道咸世玄孫篤志好學與大山李象靖學巻

權濂講論不倦交契甚密有司券同遊錄 趙憲夔 字思贊號恒菴相迪子 英祖朝生員才知出類十二歲能辭易理
專意心近之學有遺集 趙基壽 字大之號西柳齋永矢軒巽夔子性度沉重儀容端潔四歲遭母喪哀慕若成人嘗
從金川沙柳壺谷金龜窩多所講問有文集肯菴李敦禹撰序承旨李晚寧撰碣 申海望 字明汝號松爽廬棲后
祖朝生員以學問德行鄕黨敬服有遺稿 趙基穆 字文則號聾窩遺逸咸世后壽陞耿介廉倫白中鄕黨推重有遺稿
石洲申弘遠撰狀 權以肅 字支國號弦菴淳子大山李象靖門人早旣性理之學先生愛敬之奬許以進德兼仁川
沙金宗德嘗曰吾輩人中敎厥篤行世審其倫有文集定齋柳致明跋 權烱 字明則號藻隱安東人巒后冷泉李
獻遠門人親承旨訣文學兼備有遺集 權以復 字无悔號疎洲學行淵子大山李象靖門人 英祖朝生員承襲家
學得師門旨訣晉聲學終始疏有文集定齋柳致明撰狀 權以忠 字恐信號花園安東人獨善齋濟子才思聰穎
文學早就博通經史詩技後進鄕邦士友多就質有遺集 權徽 字稱成號嘐湖以肅子自幼聰明善越文詞夙詣早癈擧業
深究經學手畫天下圖聖賢淵源圖哀輯先賢記窮源錄與文游齋有遺集霞溪李家淳撰狀 權錫睟 字拜根號擲坡

青松

朝鮮寰輿勝覽 十三

文學后仁齋李海星龜岩柳翕文門人文學篤行爲士友推重有遺集拓菴金道和撰狀叔齋權璉夏序 金應楗 字景
斗號弄邑碩基玄孫定齋柳致明門人探究經學志操方嚴剛判善利辨别是非有文集拓菴金道和撰狀頤齋權璉夏撰碣
申弘遠 字致亨號石洲學行楫后李廣瀨門人學文德行爲世矜式有遺集 李齊協 字啓若號巷隱隱處后定
齋柳致明門人天姿粹異克治性理之學有文集拓菴金道和撰序 權錫璋 字周瑞號晏菴文巢后定齋柳致明門人
得聞旨訣深究經學屢蒙師門奬許手抄朱全及語類心性理氣分門類以爲檢省之資爲士友表率有文集頤齋權璉夏撰
狀舫山許薰撰碣 趙潤祐 字德汝號肯耳堂基穆子定軒李鍾祥門人天姿粹美學行兼備與青庵李敦禹交契深
密有遺稿 閔寬鎬 字律兼號石窩學行樞后天性寬雅言忠行篤講究經學遯世無悶壽通政有遺事 金在運
字擇循號山一齋西岡遯龍曾孫敦行好學優養林泉明經講義到老深篤抱經全集爲一方儀表有遺集 徐孝源
字百順號石澗遺逸活曾孫定齋柳致明門人卝角登門篤志力行西山金興洛鞭語有文章優閫範經術凋乘牛句有文集拓
菴金道和撰狀宇郭鍾錫撰碣 金在浩 字周孟號道菴文熙子資禀精粹德器謙孝律己方嚴立心整齊獎進後

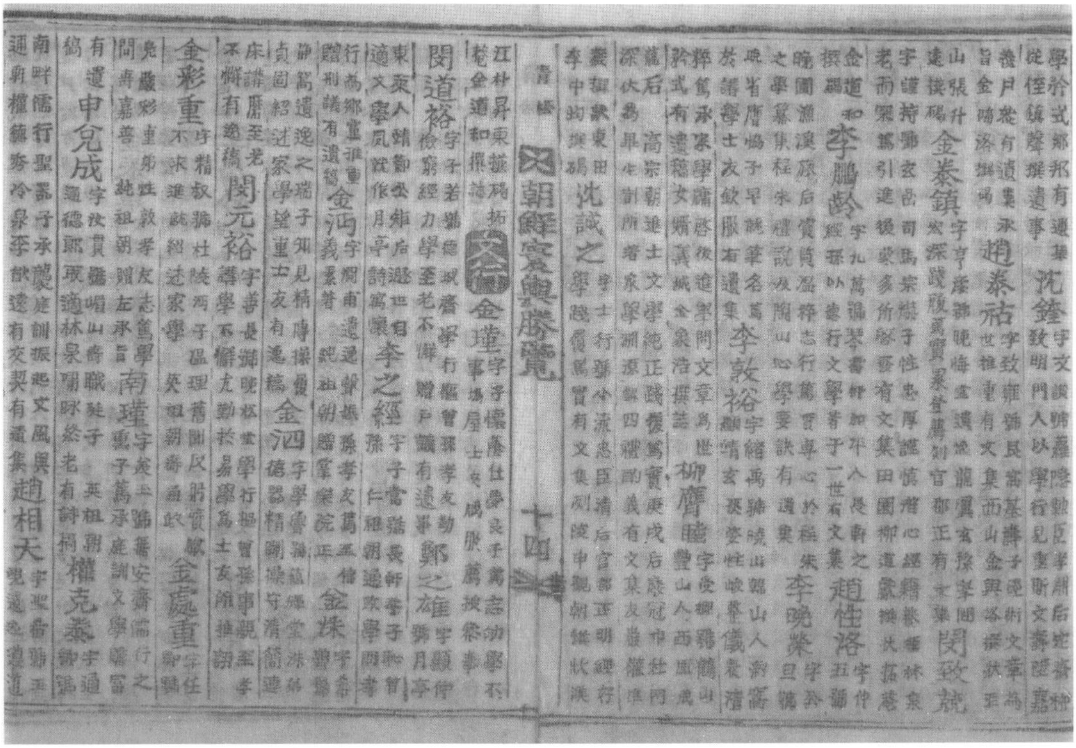

青松
朝鮮寰輿勝覽
十四

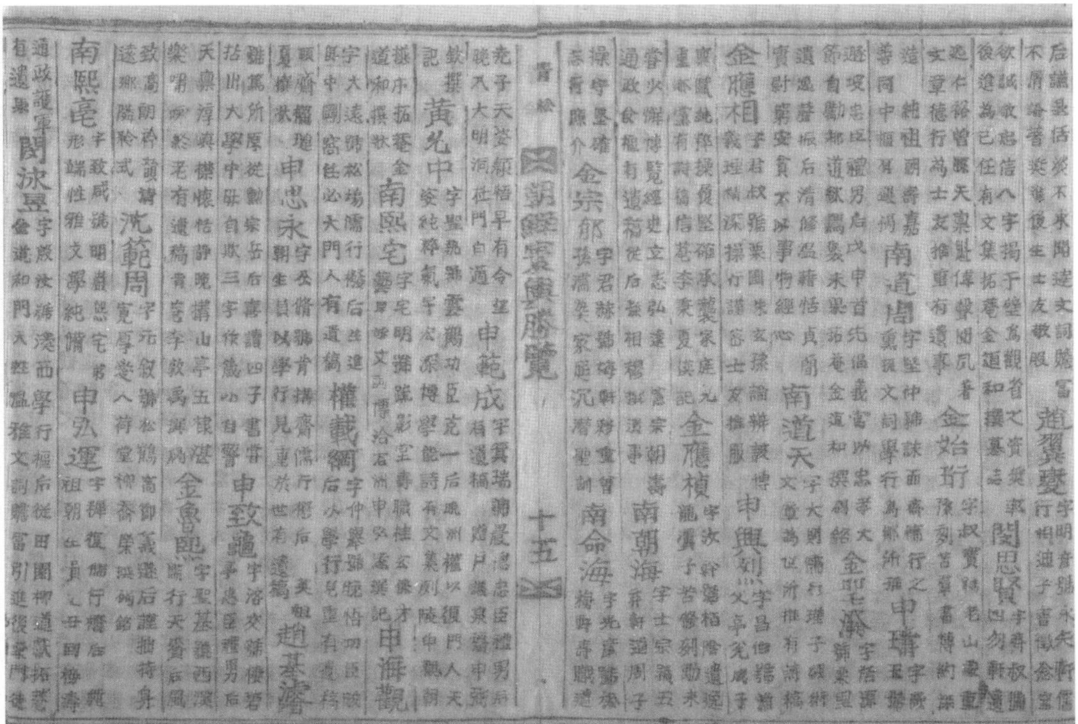

青松
朝鮮寰輿勝覽
十五

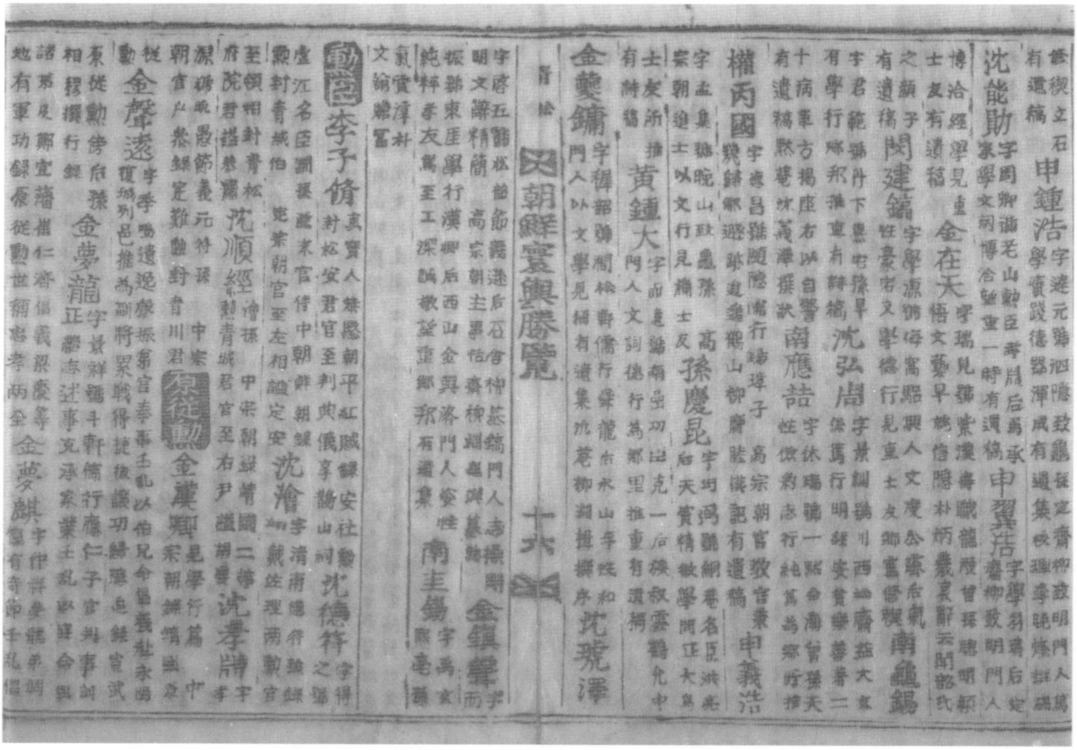
青松 朝鮮寰輿勝覽 十六

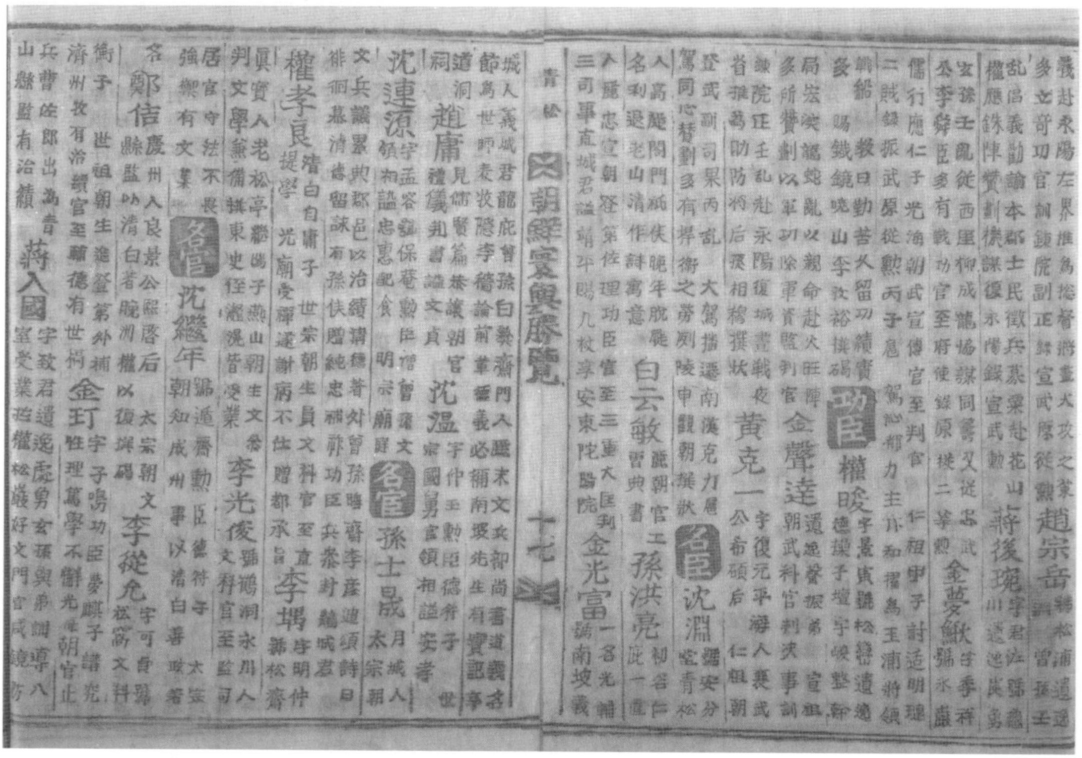
青松 朝鮮寰輿勝覽 十七

沈湖 清白 權自庸 河濟 徐混 李光俊 申觀朝 柳雲龍 王濟 千任 百淳 柳沂 秀李 根厚 尹晃 求俞 正憲 鄭衡澤 筆苑 李泰新 行誼 趙善煜 閔疇鎬 文學 閔好裕 金鎭球 善行 金尚熙

青松 朝鮮寰輿勝覽 十八

睦姻 閔光輔 忠臣 金光富 孫應晛 金夢龜 申禮男 金夢麟 沈淸齡 沈汀 尹忠祐 忠婢 是娘

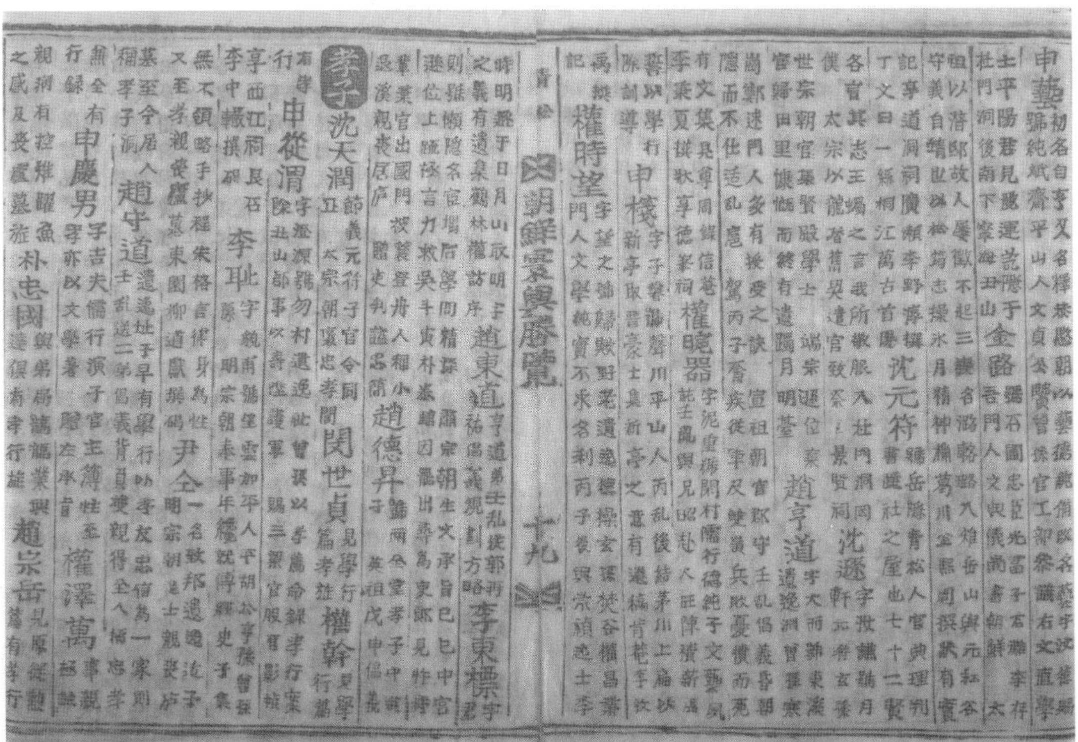

申藝 金路 沈元符 沈遜 趙亨道 權曉器 申檥 權時望

青松 朝鮮寰輿勝覽 十九

趙東道 李東標 趙德昇 閔世貞 權幹 孝子 沈天潤 申從渭 李耻 尹仝 趙守道 申慶男 權澤萬 朴忠國 趙宗岳

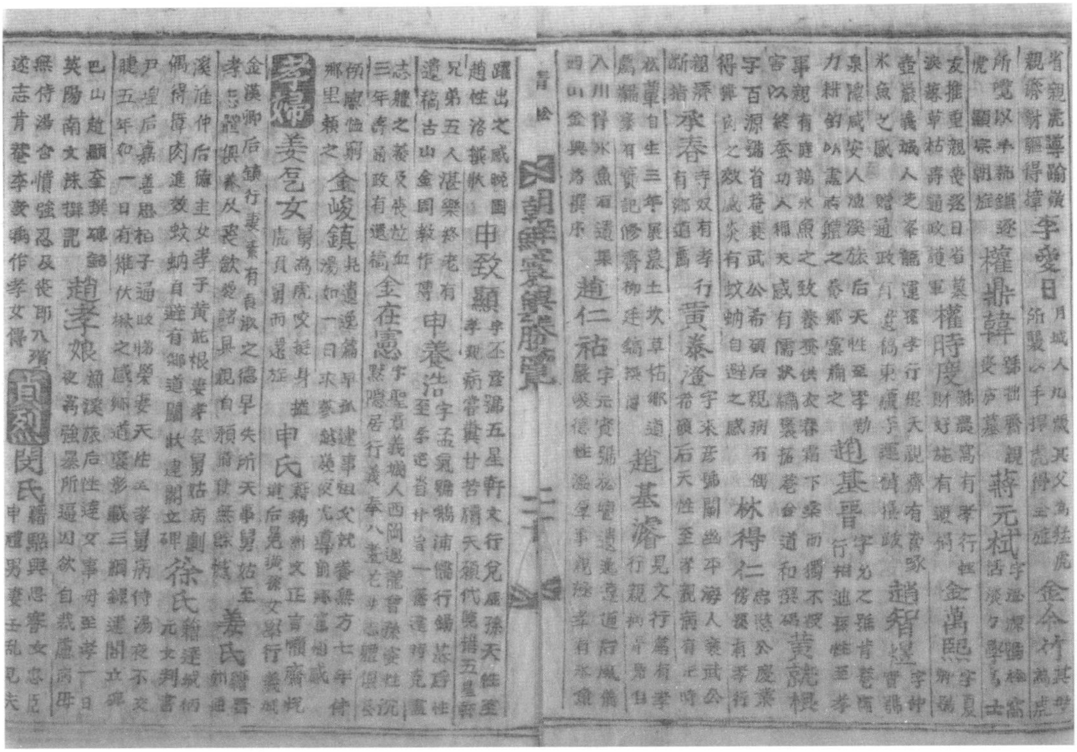
青松 朝鮮寰輿勝覽 二十

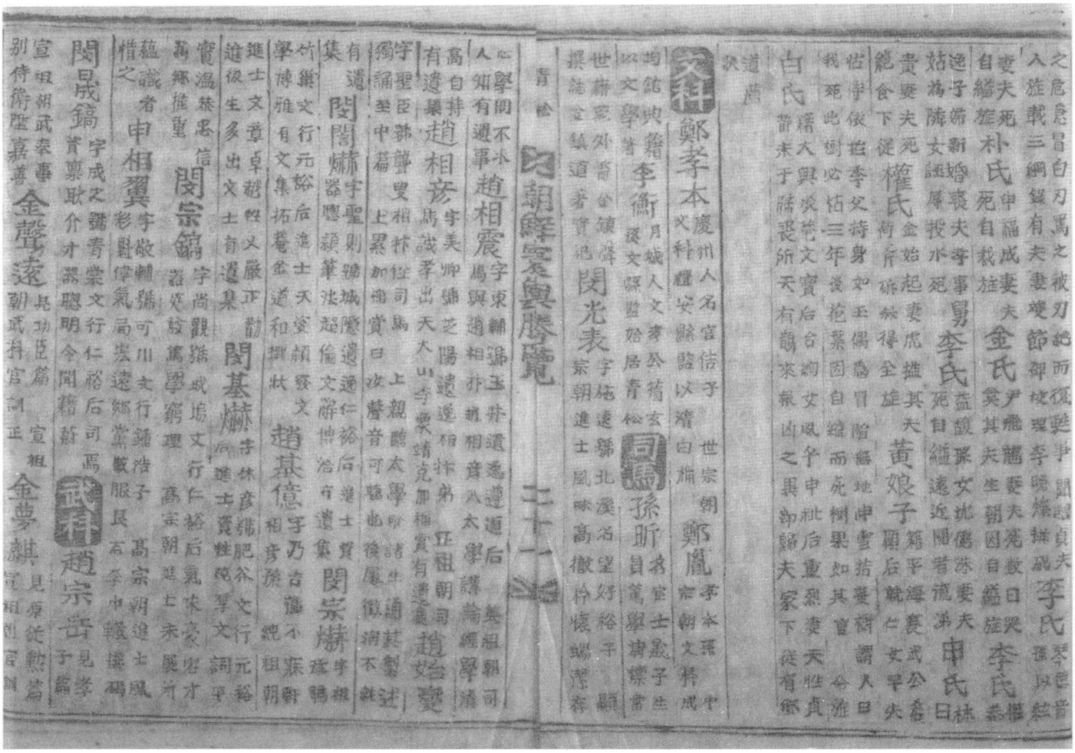
青松 朝鮮寰輿勝覽 二十一

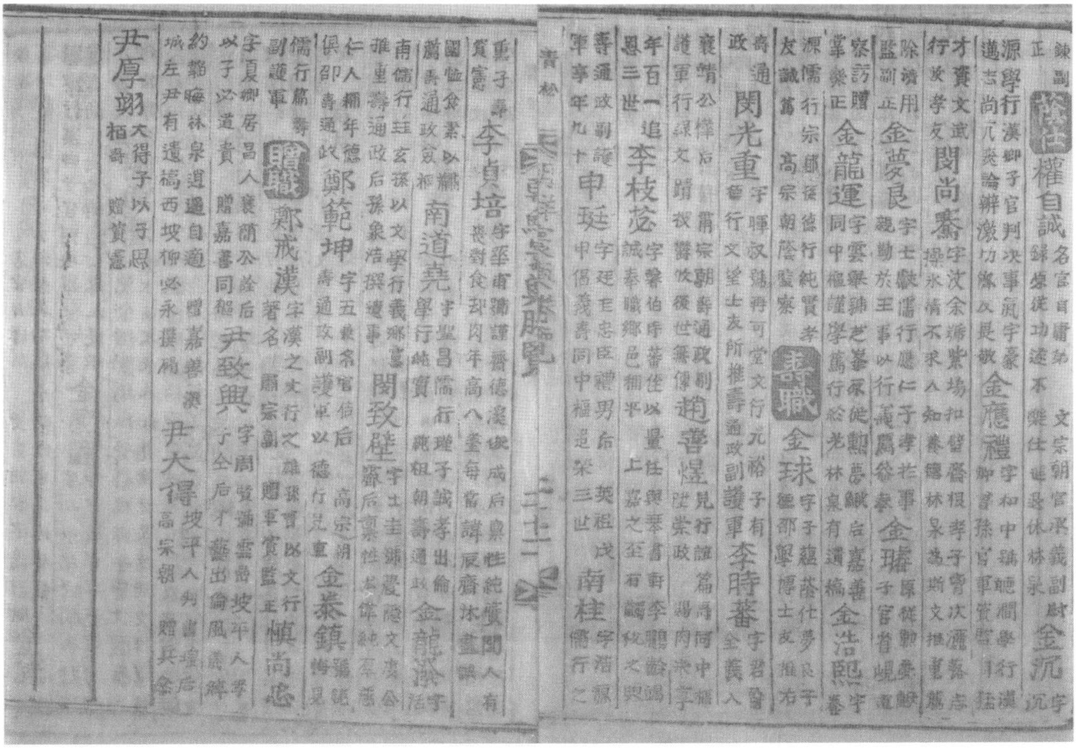

青松 朝鮮寰輿勝覽 二十二
蔭仕
權自誠
金沆
金應禮
閔尙喬
金夢良
金璿
金龍運
金浩熙
壽職
金球
閔光重
李時蕃
趙善煜
李枝茂
申埏
南柱
李貞培
南道堯
金龍滋
閔致壁
鄭範坤
金泰鎭
贈職
鄭戒漢
愼尙忠
尹致興
尹大得
尹厚翊

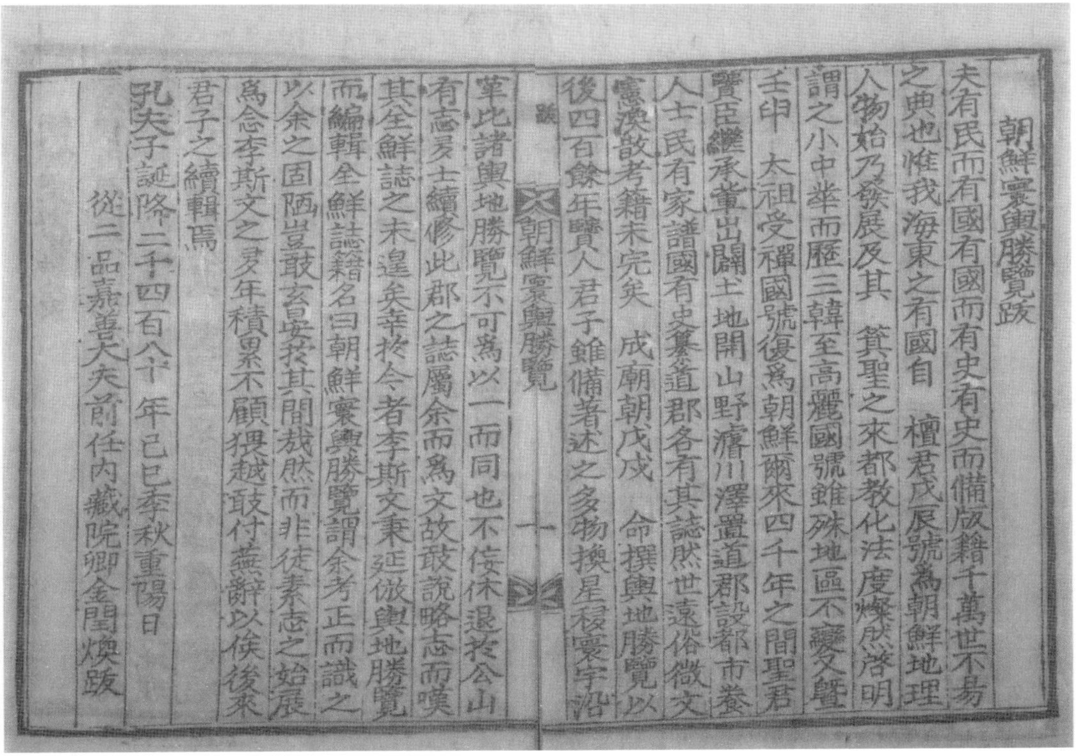

朝鮮寰輿勝覽跋

夫有民而有國有國而有史有史而備版籍千萬世不易之典也惟我海東之有國自 檀君戊辰號爲朝鮮地理人物始乃發展及其 箕聖之來都教化法度燦然啓明謂之小中華而歷三韓至高麗國號雖殊地區不變又曁壬申 太祖受禪國號復爲朝鮮爾來四千年之間聖君賢臣繼承輩出闢土地開山野濬川澤置道郡設都市養人士民有家譜國有史纂道郡各有其誌然世遠俗微文憲渙散考籍未完矣 成廟朝戊戌 命撰輿地勝覽以後四百餘年賢人君子雖備著述之多物換星移寰宇沿革此諸輿地勝覽不可爲以一而同也不佞休退於公山有志多士續修此郡之誌屬余而爲文故敢說略志而嘆其全鮮誌之未遑矣幸於今者李斯文秉延倣輿地勝覽而編輯全鮮誌籍名曰朝鮮寰輿勝覽謂余考正而識之以余之固陋豈敢玄晏於其間哉然而非徒素志之始展爲念李斯文之多年積累不顧猥越敢付蕪辭以俟後來君子之續輯焉

孔夫子誕降二千四百八十年己巳季秋重陽日

從二品嘉善大夫前任內藏院卿金閏煥跋

跋 朝鮮寰輿勝覽 一

朝鮮寰輿勝覽跋

夫我朝鮮雖僻在東亞之海隅粤自檀箕歷三韓以至三國逮夫漢都史籍昭然可徵而稱為海東君子國者亶無愧矣然史述悠遠世代變移版籍之關重世教者鮮實難以考槩而高麗之中葉有若金文烈富軾三國史即是代之有述者入于朝鮮有若史學則徐文忠居正東國通鑑安順庵鼎福東史綱目有若地理學則成廟朝輿地勝覽丁茶山若鏞疆域考李重煥擇里志並皆見稱於世而其中最尤著者即輿地勝覽耳歷代之地理人物瞭然可詳而纂輯日久續述尚闕是其欠耳秉延以斗筲之器蔑劣之才嘗慨然於斯者久矣猥與蒙同志之協贊委身是書之續而以事鉅力綿略其本旨之不甚緊要者增其東史之實關大旨者而先續

跋　朝鮮寰輿勝覽　二

海東寰宇之興替沿革次述朝鮮輿地之董尚人物其規少有異於舊本敢不敢全有其名改識以寰輿勝覽蓋義由於此而猥甚之至矣然史以博採秉以校讐務取精要更續刊行版圖書籍史編乎種域道德名節日月乎宇宙沿革之奧旨昭昭可質而依然為史家之眼藏歷代之名蹟班班可攷而慨然若文章之寶鑑則於青邱一幅為化民成俗之要而亦於地理史學廣涉之捷徑無出此右者矣噫此書豈用專美於今世也苟百世之下繹華東之分而傳以大東消息者舍此奚以哉秉延學識淺短不能至矣盡矣而敢攟蕪辭略叙顛末附諸編尾以俟後之立言君子焉

孔夫子誕降二千四百八十年己巳十月　日

延安　李秉延謹識于三省軒之松石山房

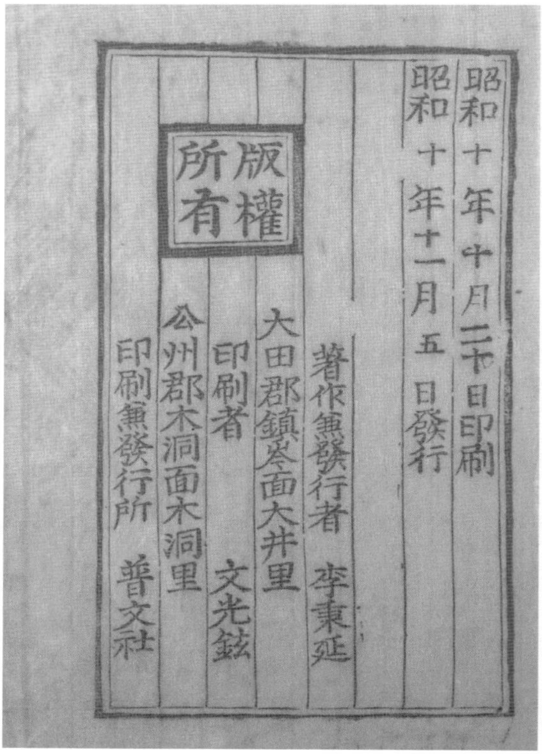

昭和十年十月二十日印刷
昭和十年十一月五日發行

版權所有

著作兼發行者　李秉延
大田郡鎭岑面大井里
印刷者　文光鉉
公州郡木洞面木洞里
印刷兼發行所　普文社

청이지青已誌(1936)

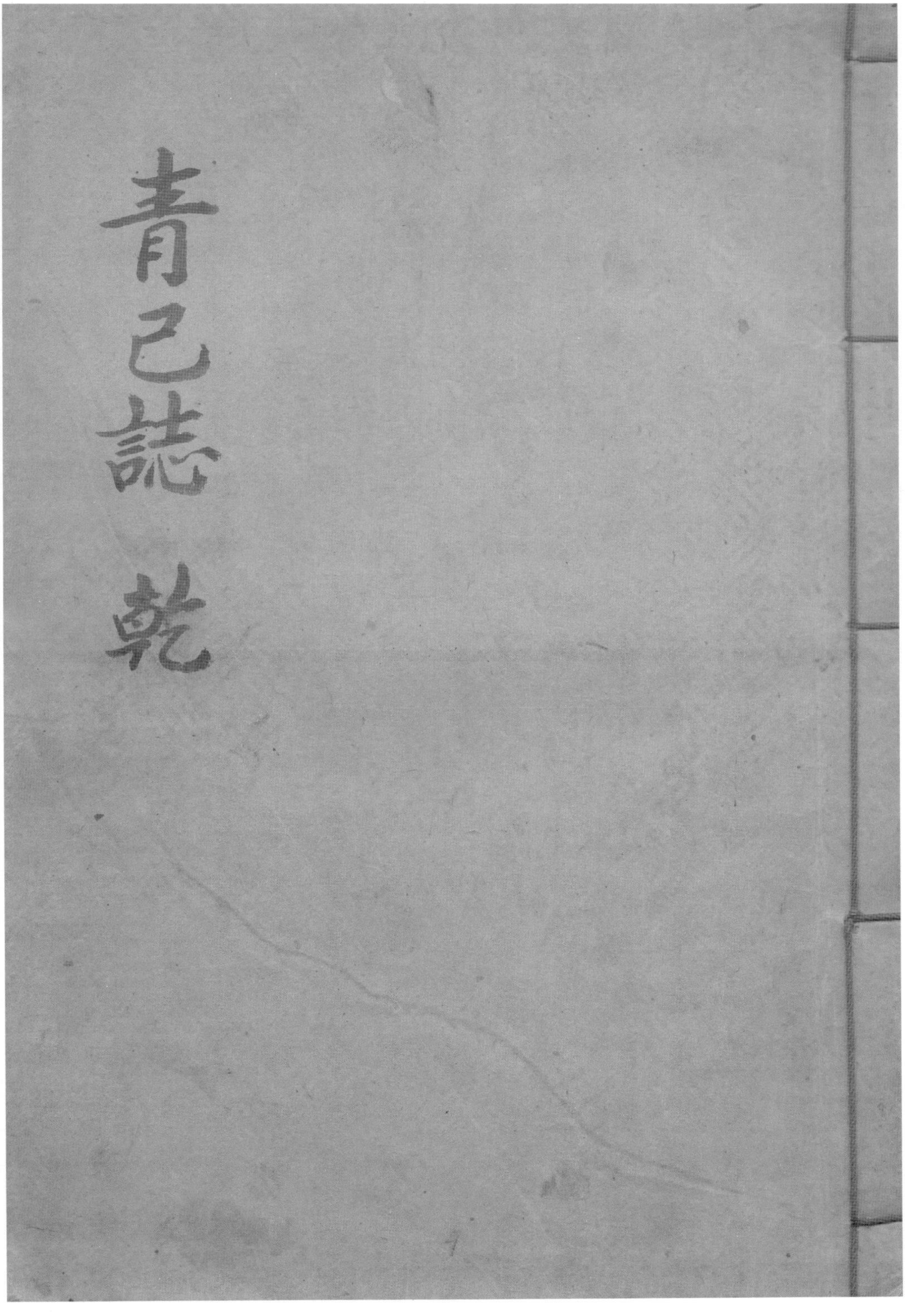

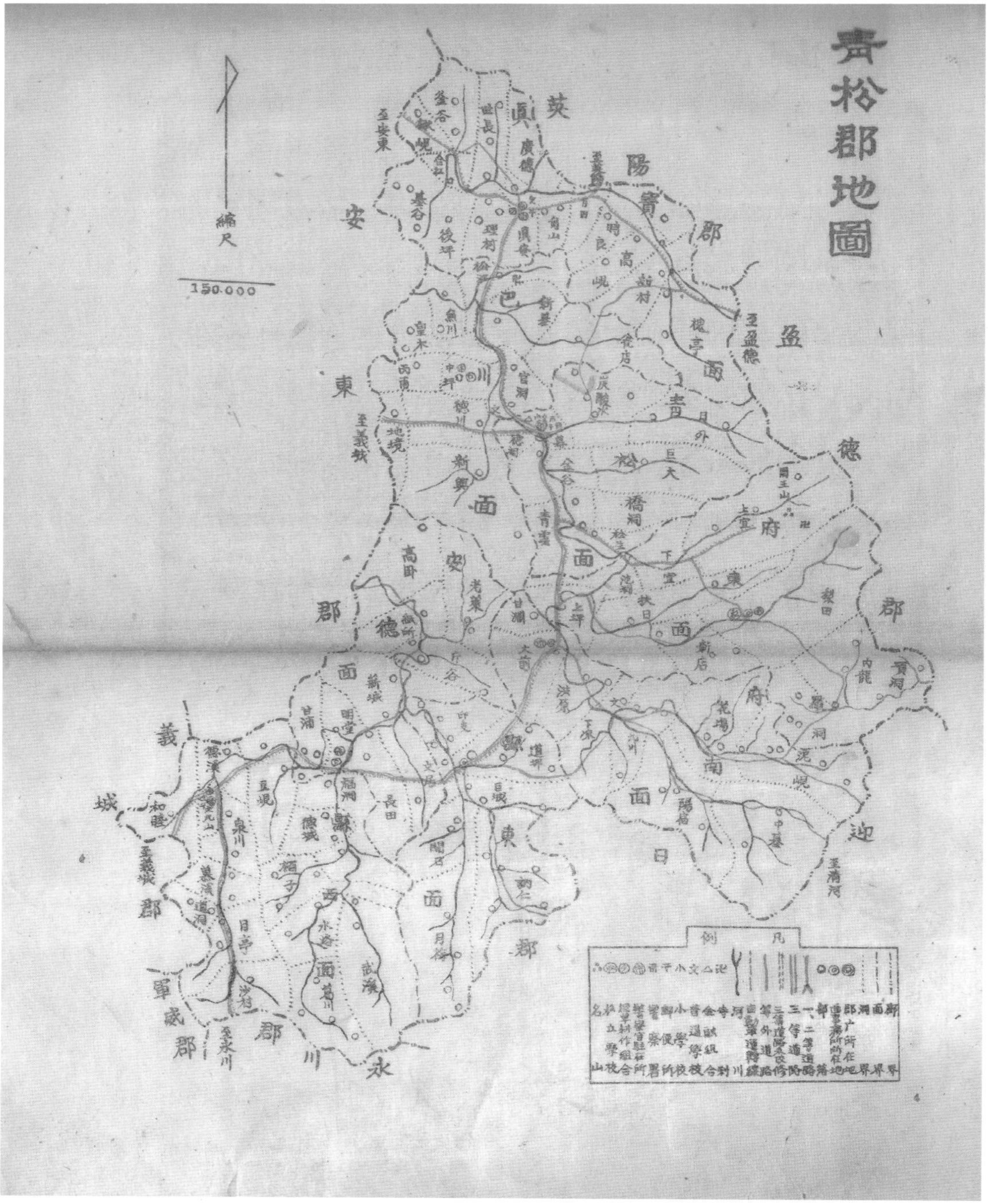
靑松郡地圖
縮尺
凡例

靑已誌序

邑之有誌所以考沿革而備掌故也夏后氏之貢賦職
方志之圖籍皆是事而地方區域各自備錄以會統而
合于一謠俗傳採於列國兵農均平於王制則帳籍之
有關於世敎爲不尠矣今之俗儒能淹貫歷代史乘六
洲形勢而或不能了晰於父母國之故事由書蹟之未
盡傳此吾夫子所以有史闕文之歎也嶺之靑松故都
護府也南接雞林西北連福洲世族鉅閥盤據錯落稱
儒紳之淵藪合壤眞安直通野城之海港又一都會之
巨鎭也山川靈異周房擅勝於全東土産腴饒生業富
庶於一境讚慶東朝肇列聖王根柢之基鍾毓元氣爲
文純夫子桐梓之鄕籍重南國非遐陬僻郡之所可比
耦也舊有邑誌屢更變幻散迭杞宋只是檮杌之斷爛
故老之傳誦未有以裒輯而一通鄕人士趙廣奎沈相
台沈相光趙鏞禹等爲是之慨協謀修舉博求廣蒐而
不嫌煩瑣發凡起例而類聚彙分山之脊脈水之源委

樓臺梵刹之盛古蹟物産之品無不載著而於儒賢行
誼德業重致意焉誠全鄕之一部惇史而閱幾朔頭面
成爲上下局題曰靑已誌以郡之摠名封號也將版印
而廣其傳問序於不佞余少嘗受廛於府治東井鄕山
河不是生客遂諗于諸公曰記云良冶之子善爲裘良
弓之子善爲箕編中所錄由羅麗迄于今幾千年忠孝
傳襲勳業燀爀諸公俱是令脈遠裔苟能交修互勉使
基業恢拓徽響無墜靑鄕文物煥然復明則嗣後十世
二十世將繼而追書安知不如今日之爲是則諸公之
所當自勗也因次其語于卷端歲丙子陽復月下澣完
山柳淵龜序

靑己誌卷之一

目錄

卷之二

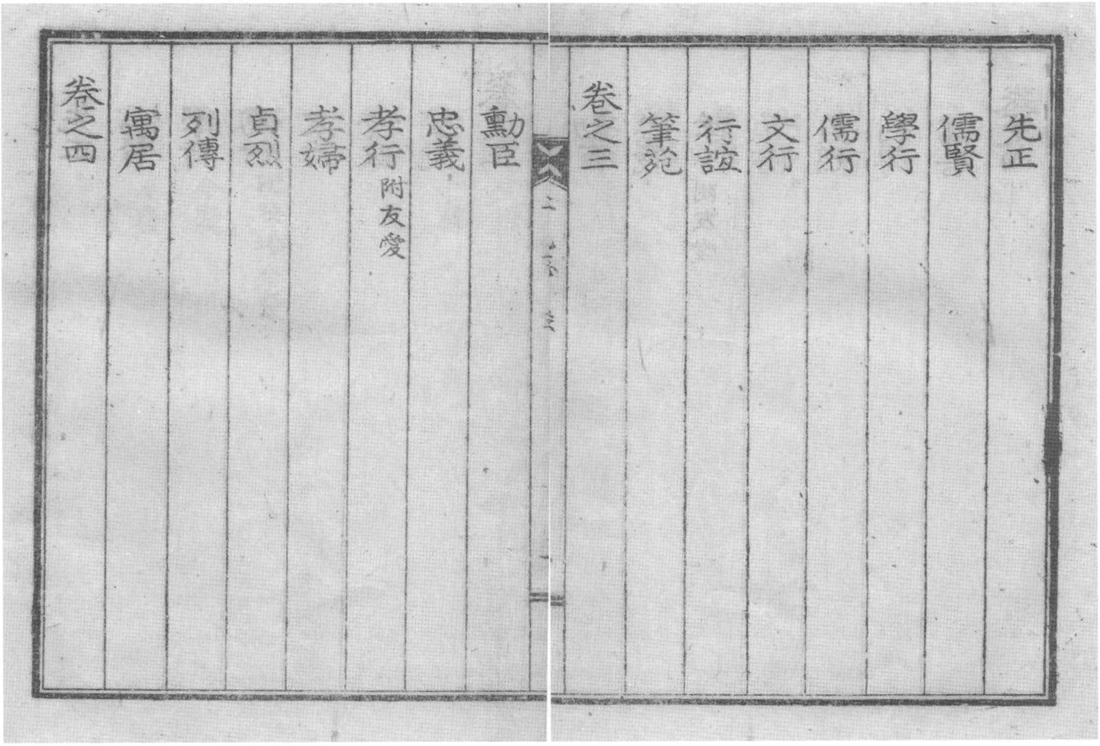
先正
儒賢
學行
儒行
文行
行誼
筆菀
卷之三
勳臣
忠義
孝行 附友愛
孝婦
貞烈
列傳
寓居
卷之四

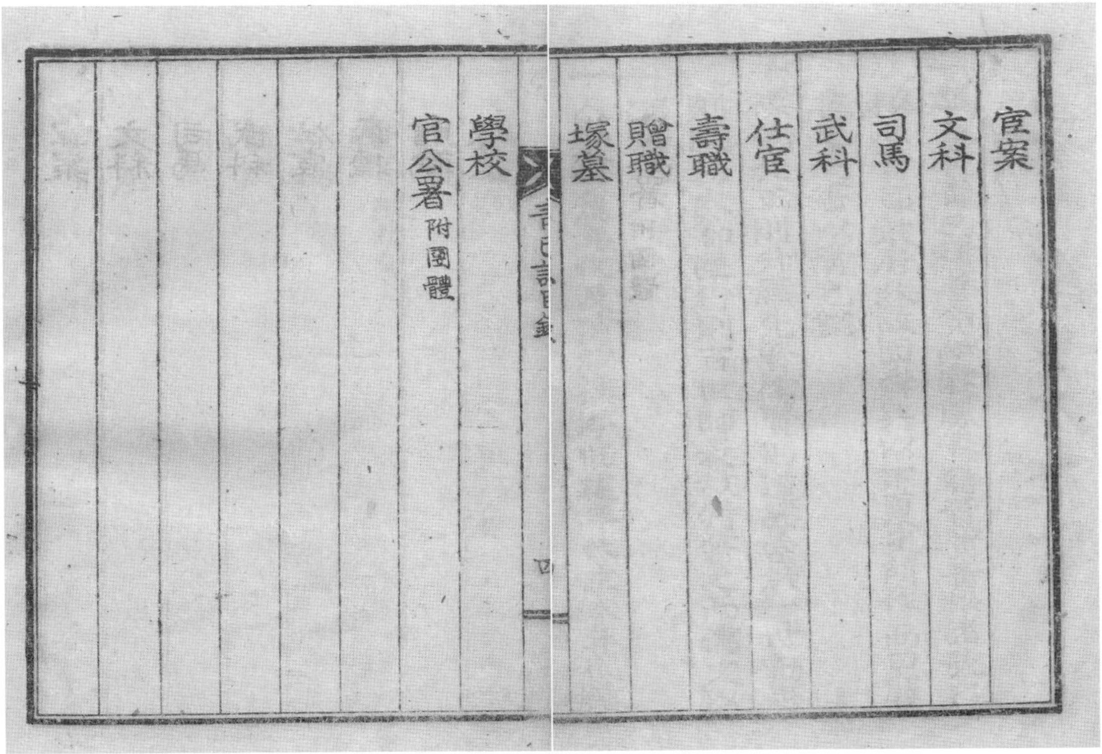
宦案
文科
司馬
武科
仕官
壽職
贈職
塚墓
學校
官公署 附圖體

凡例

一郡名有青己積善鳧伊雲鳳青鳧青寶青松諸號之
稱然青己最居久故因舜典以下夏史所作而曰虞
書之例書以青己誌

一標號先正則升廡先賢儒賢則道學宗於一世勳忠
則國朝大節學行則百世師表故特書之而儒文以
下闕之

一人物諸篇年代及院祠樓亭刱建年代主人年代循
序而疑有錯誤覽者恕之

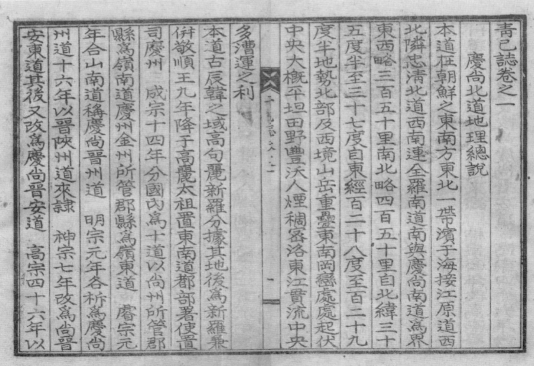

一道路里程依舊里數書之

青己誌卷之一

慶尚北道地理總說

本道在朝鮮之東南方東北一帶濱于海接江原道西
北隣忠清北道西南連全羅南道南與慶尚南道爲界
東西略三百五十里南北略四百五十里自北緯三十
五度半至三十七度自東經百二十八度至百二十九
度半地勢北部及西境山岳重疊東南岡巒處處起伏
中央大槪平坦田野豐沃人煙稠密洛東江貫流中央
多漕運之利

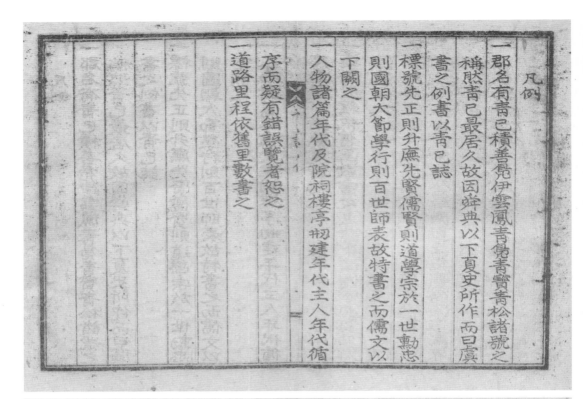

本道古辰韓之域高句麗新羅分據其地後爲新羅兼
併敬順王九年降于高麗太祖置東南道都部署使置
司慶州　成宗十四年分國內爲十道以尚州所管郡
縣爲嶺南道慶州金州所管郡縣爲嶺東道　睿宗元
年合山南道稱慶尚晉州道　明宗元年各析爲慶尚
州道十六年以晉陜州道來隷　神宗七年改爲尚晉
安東道其後又改爲慶尚晉安道　高宗四十六年以

溟州道之和登定長四州沒於蒙古割道之平海盈德
德原松生四郡隷于溟州道後德原盈德松生還本道
忠肅王元年定爲慶尙道朝鮮 太祖朝因之 世宗
朝置觀察使本營於尙州 宣祖朝移設大邱 高宗
光武元年各析爲慶尙北道今又因之領一府二十三
郡

建置沿革

本高句麗靑己縣新羅改積善爲野城郡領縣高麗初
爲鳧伊又改雲鳳 成宗朝改靑鳧屬禮州朝鮮 太
祖三年甲戌合于眞寶縣 世宗元年以 昭憲王后之
鄕陞爲靑寶郡後析眞寶置縣監以松生縣來合因改
靑松 世祖陞爲都護府以安德縣來屬 高宗三十
二年乙未例改爲郡置郡守大正三年甲寅廢眞寶以大部
來屬仍置郡守爲靑松郡

新舊屬縣

松生廢縣 朝鮮 世宗朝來屬 本郡今有松生村 安德廢縣 本高句麗伊火兮縣新羅
改緣武爲曲城郡領縣高麗改安德顯宗朝屬安東府
恭讓王始置監務朝鮮 太祖朝合于松生縣 世祖
朝來屬 眞寶廢縣 本漆巴火縣新羅敬德王改眞寶爲
本郡 聞韶郡領縣助攬縣景德王改眞安
爲野城郡領縣高麗初合二縣置甫城府 一云載巖城
顯宗屬禮州後因壬亂居民一空朝鮮 太祖朝置甫
城監務 世宗朝合于靑鳧爲靑寶郡尋改爲眞寶縣
成宗五年甲午以縣人琴孟誠毆辱縣監甫同石革
屬于靑松府九年戊戌因土人申訴復舊 大
正三年甲寅分屬本郡東北二面屬英陽

郡名

靑己 積善 鳧伊 雲鳳 靑鳧 靑寶 靑松

疆域

府治在南川上放光山下東至盈德郡界四十九里東
南至迎日郡界六十五里南至永川郡界七十四里南
西至軍威郡界七十四里西至義城郡界七十五里西
至安東郡界二十里西北至安東郡界四十里北至英
陽郡界四十里距京城五百九十七里西距大邱監營
二百五十里南距蔚山兵營二百八十里南距水營五
百里南距統營六百里

地勢

本郡山岳起伏有周王山及普賢山周王山東隔盈德
郡及迎日郡界西一支南走爲三者峴橫隔郡之中央
普賢山南隔永川郡界西西走爲鉛店山隔安東郡界
故地形自然南北兩分河川則有南川及半邊川南川
發源於府東面府南面合流邑前貫流巴川面西至安
東枝谷與英陽郡發源眞寶面神漢川下流合注安東
郡半邊川發源於普賢山經縣西面合西川及縣東面
下流注安東郡

青松誌卷之一 四

面名 附洞 戶 口

青松面 月幕洞 金谷洞 青雲洞 松生洞 月外
洞 釜谷洞 橋洞 巨大洞 松德洞
一千二百四十四戶
六千五百八十五口

府東面 梨田洞 新店洞 扶日洞 上坪洞 池洞
上宜洞 下宜洞 內龍洞 項洞 羅洞
一千二百三十六戶
六千二百九十七口

府南面 大前洞 甘淵洞 洪原洞 下涑洞 九川
洞 陽宿洞 中基洞 泥峴洞 花塲洞
一千三百三十五戶
七千十六口

巴川面 中坪洞 德川洞 新興洞 地境洞 丙南
洞 皇木洞 魚川洞 松江洞 新基洞

食店洞 官洞
一千一百九十二戶
六千四百八十三口

眞寶面 眞安洞 廣德洞 合江洞 基谷洞 世長
洞 楸峴洞 釜谷洞 理村洞 後坪洞
角山洞 高峴洞 月田洞 新村洞 時良
洞 槐亭洞
一千七百十一戶
八千九百四十口

安德面 明堂洞 甘隱洞 新城洞 長田洞 文居
洞 斤谷洞 紙所洞 高臥洞 老萊洞
一千一百十六戶
六千九十六口

縣東面 道坪洞 巨城洞 開日洞 月梅洞 訥仁
洞 昌陽洞 印支洞

青松誌卷之一 一

九百三十三戶
五千二十二口

縣西面 和睦洞 九山洞 德溪洞 泉川洞 慕溪
洞 道洞 月亭洞 沙村洞 豆峴洞 水
洛洞 德城洞 聖才洞 葛川洞 武溪洞
柏子洞 福洞
一千九百十戶
九千九百三十九口

山川

放光山 在府治北一里自盈德郡弁峴來爲鎭山 普光山 在府治南五里自三者峴來西麓有青己君沈洪孚墓 周王山 在府治東三十一里一云周房一云石屛一云大遯東晋周顗八世孫鍍字光潞與壯士百餘人入熊耳山自稱後周天王據南陽欲侵長安時唐貞元十五年爲郭子儀所敗渡遼聞

石屛山溪險八居焉後數年唐帝責麗王以周鍍頭麗
将馬一聲以其弟二聲爲先三聲四聲五聲爲後八山
擒鍍子大典號大典道君以蓮花箭射二聲胄南至三
十里落于田名其田曰馬胄二聲大怒進軍大典令將
軍石重鐵衝擊二聲三戰三危名其洞曰三危山之西
有馬田坪亦馬二聲初戰處也越三日四聲五聲伏兵
八角山遂擒周王是夜大典聞潭龍三泣大驚仰視天
文氐星無光鍍母魏氏嘗孕鍍時夢見氐於是大典急
下斬窟八周王有頭四聲鉤擒周王大典獨脫身登空
麗王斬周鍍頭將詣京渡遼隧失當周王斬首之日大
典作一陣狂風人莫開眼乃捲尸歸屛山葬焉時渡遼
失首日也大典乃削髮結緇結菴屛山北名其菴曰遯
跡大遯之號亦由此焉居屛山十五歲移住華獅洞在
屛山南石廩峯西麓今之雲水菴似是也有大典寺白
蓮菴駕鶴樓紫霞城鶴巢臺青鶴洞玉筍峯金塔峯玉
女峯觀音峯蓮花峯羅漢峯香鑪峯毗盧峯智藏峯彌

勒峯七星峯石廩峯兜率峯旗巖頷巖汲水巖穴巖腹
巖醉仙臺蓮花窟周王窟中龍湫內龍湫上龍湫王帝
樓世稱小金剛石壁刻周王洞天文林泉石八字○弄
泉沈太山詩曰水丹花發日乘興訪眞緣仙子樓前樹
文林過後阡溪山自有主戰伐知何年寄語從遊客休
将世外傳○方壺趙遵道詩曰縹緲雲霞疊巘顚懸流
爲瀑注爲淵攀崖八窟挾住境始信人間別有天○鶴
峯金誠一詩曰鐵壁參天聳銀潢接地流紫霞城隱隱
青鶴洞幽幽不問羅王殿先尋玉帝樓塵緣坐消歇攀
桂重淹留○道谷沈鶴齡詩曰乘興周山山雨晴水丹
花發綠陰明斜陽訪八溪邊寺老釋肩裟禮拜迎○雲
川金涌詩曰十二樓何處層城溪復溪眞人應此住俗
子不曾尋疊壁看高節澄潭想靜襟長吟表獨立雲鶴
是知音○河陰申楫詩曰遥尋鍾磬到周房靜坐山牕
客夢凉祝佛但看孤燭影供齋惟有破鑪香千年怪石
名天矣一幅生綃繪地藏莫向山僧問故事山僧之說

信荒唐○瓠隱金是榲詩曰青嶂爲屛雲作儔客來終
日鶴同遊爲按新句題紅葉拾得周王萬壑秋○方伯
沈聖希詩曰凍雪晋仙壑歸雲帶古枝得君三笑地要
我五言詩憑几眠猶懶看山步亦疲盈盈綠澗水一酌
洗心脾○青泉申維翰詩曰一刹藏雲水名區出世塵
高僧參古佛幽鳥伴閒人道爲蓮花重經看貝葉新使
君三載政溪愧不如春○大山李象靖詩曰秀壑靈峯
百匝環鶴巢巖古白雲閒落花流水還多事漏洩仙區
出世間○江左權萬詩曰拔地擎天勢絶孤排雲承露
養仙癯巖居自有呴噓術不識前身尺寸膚○景玉齋
李篔詩曰巖徑鏗鏗響短笻霞襟拂拂御凉風周王城
上月千古青鶴巢邊雲萬重愚叟移來今幾日夸娥剷
出費多功洞天溪處招仙子手把苔篇細吐工○雪坡
孫星岳詩曰矗立羣峯插太清今來壯觀冠生平丹楓
萬壑閙仙帳翠壁千尋列畫屛遊客一朝難領略化翁
當日費經營歸來禪榻渾如夢疎磬林間更可聲○幹

山趙秉弼詩曰漠漠山高水又清周王去後百年清道
君忠孝龍三泣壯士英名馬四聲典寺西風黃葉下霞
城斜日白雲平誰皋記憶賢人過精彩如今曠感生○
玄隱趙基永詩曰山名大遯洞周房疊嶂參差列作行
清夜鶴鳴衣皓白古湫龍戰血玄黃旗巖雲捲疑皆骨
鑪峀霞蒸壓妙香莫歎水丹時己過滿山楓錦正秋凉

普賢山 一云母子山在安德縣南三十二里 **天馬山** 自普賢山來 **顧母山** 自普賢山來而如子之顧母故云 **紫草山** 一云紫雉山在郡南五十里 **刀峴** 自普賢山來在安德縣南三十里 **産芝峯** 自普賢山來在安德縣北十里 **玉燭峯** 在安德村後圖挺特立秀色琅然宛如王人奉燭故因名焉其下居氏儲此山明朗之氣多出鴻儒巨擘 **自逸山** 一云紫日在方臺北三里方壺趙遵道記 **柳峴** 在安德縣東三十里延日郡界 **大陰山** 在郡西九十里

沙村姜諧周居于此遇飢歲克力周恤村人累被施賑因以名焉拜謁山在郡西七十里泉川里魏
大壽居此山下事親至孝朝夕拜謁如一日故時人指此山曰拜謁山烏母山在郡西九十里五音
村郭守義居於此有至孝故時人感烏反哺之誠名此山曰烏母山焉天祭峯在郡南五十里月梅
洞歲旱祈雨有驗三者峴在郡南三十八里自周房山來老萊山在郡西三十里一名蓬萊
山沈範周有記王女峯在安德縣西三里甘隱村後下有藥泉注兒山在郡東五十里盈德
郡界童山在郡東三十里馬坪村後釜淵上九屛巖在童山南徐漢儁杖屨之所龍纏
巖在南川上有龍纏狀故名焉賢妃巖在南川上普光山下讚慶樓前古昔巖形崎險文林郎沈
洪孚葬之前夕忽雷震碎破險石削出王筍地家支完所謂壺儀之慶兆而昭憲王后發祥後因名焉木下

峴一名駟馹山在郡西二十里聖主峯在郡西五里其下多士族居停硯堂山一云王山
自普光來爲德川案山東麓有碧節亭南角山在郡北四十里廣德山在郡北三十里新漢
村後飛鳳山在郡北三十里林勿峴在郡北五十里盈德郡界峨嵋山在巴川面松江
洞赤壁江上南川在郡城外落淵在郡東十里月外洞歲旱則祈巴吒川在郡西五里
書堂淵在郡西五里玉山下沈清風詠故名焉西川在安德縣西三里源自普賢山經縣西面
至安德雙溪亭合流于半邊川半邊川在安德村前源自普賢山經縣西面合縣東面支流八安東郡
吉安面嶺南淵在安德村前上有趙龜夔遺址三層瀑布在郡南五十里月梅洞口釜
淵在郡東二十里馬坪村童山下赤壁江在巴川面松江洞神漢川在郡北三十里虎

鳴川在郡北三十五里

名所

旅軒臺在郡南四十里屛巖文康公旅軒張顯光當宣祖丙子無意仕宦築臺于屛巖外龜巖上爲
遊憩之所故名焉月明臺在郡北五里放光山下一名桃花洞月軒沈遜杖屨之所有詩曰家在月
明村歸來月上軒昔年迎漢館今夜對山樽漠漠顯陵樹聲聲蜀帝魂此心長照白堪愧負君恩士林寓慕
丹書窟在郡南七十里杜谷高應陟避壬亂于此以丹砂書大明日月四字故因名稱焉方臺
在安德縣北十里川邊巃巖上有方壺趙遵道風樹堂鶴峯金誠一有詩曰孤村當谷口危榭倚巖頭王峽應
千疊寒溪幾曲流蘿吠雲中犬沙眠海上鷗客來仍坐久春日下汀洲五仙洞在郡西四十里高臥

洞下蒼石李埈東溪趙亨道楓厓權瑚方壺趙遵道河陰申楫相與來會于此唱酬各題蒼石曰商山一皓東
溪曰青溪道士楓厓曰青鳧翶客方壺曰松鶴棲霞河陰曰青鶴道人因名曰五仙洞方壺趙遵道詩曰杖屨
聯翩八紫山脩然一皓自商顏留題石面仙緣足塵事從今不我關金臺在安德縣北十里普賢山東西
川合流于前紫霞山秀麗乎後乎奧爲臺芝嶽趙東道杖屨之所紫巖在安德面晚安洞忠簡公李民
寏樓息之所炭酸水在郡東十里湧出巖石間其味清烈飮之者輒利疾

土産附土品

稻 粟 大豆 大棗 栗 蜂蜜 人蔘 當歸
白朮 川芎 芍藥 柴胡 白芷 山藥 桔莄
大黃 白花蛇 紫草 漆 松茸 石茸 柏子
桔草 陶器 天馬山金壙 青雲麻布

土品 土質磽瘠五穀不利
來牟木花皆非宜

耕地 附林野

舊田賦 十三等級中田無一等畓無六等總結二千三
百二十七結八十負九束用千字文一字五結
十把爲一束十束爲 查定反別 田九千八百二十九町
一負百負爲一結 三反畓二千九百十一
町三反○林野七
萬五百九十五町

風俗

尙儉率 觀風案 民淳俗厚 洪汝方讚慶樓記 業治蚕藝麻備喫着

有魏唐之風

姓氏

沈 靑松本貫 金全蔣申○ 松生 尹 松生本貫 盧鄭朴李○ 安德 趙權閔

申金南李孫辥 一作蔣 ○ 眞寶 趙金朴白金 續今無 春甘吳 巴吐

同今無 李權 安東 金 義城安東 申 寧海 安 竹山 鄭 東萊 李 延安月城原州 朴 春川 崔

全州 南 宜寧英陽 禹 丹陽

壇社 今廢

社稷壇 一在郡北一里
一在眞寶縣西 城隍社 一在郡南三里
一在眞寶縣北 厲壇 一在
郡北一里
一在眞寶縣北

文廟

靑松文廟 在府之東一里初建于府北五里許窟洞以
地勢太峻萬曆甲辰府使李詠道移建于府
之東一里菊洞叓以地理不叶康熙甲戌府使李文徵
移建于府之東不帿之地 高宗辛未府使尹顯岐重
修有上
樑文 大成殿位次 正位 先聖大成至聖文宣王
東配位 兗國復聖公顏氏 沂國述聖公孔氏○西
配位 郕國宗聖公曾氏 鄒國亞聖公孟氏○東從
祀位 費公閔損 薛公冉雍 黎公端木賜 衛公
仲由 魏公卜商 道國公周敦頤 洛國公程頤
鄒伯張載○西從祀位 鄆公冉耕 齊公宰予 徐
公冉求 吳公言偃 頴川侯顓孫師 豫國公程顥
新安伯邵雍 徽國公朱熹○東廡位 弘儒侯薛
聰 文成公安裕 文敬公金宏弼 文正公趙光祖

文純公李滉 文成公李珥 文元公金長生 文
敬公金集 文正公宋浚吉○西廡位 文昌侯崔致
遠 文忠公鄭夢周 文獻公鄭汝昌 文元公李彦
迪 文正公金麟厚 文簡公成渾 文烈公趙憲
文正公宋時烈
文純公朴世采 眞寶文廟 在眞寶舊縣

院祠 今撤

屛巖書院 在郡東五里龜坪 賜額文成
公李珥文元公金長生幷享 松鶴書院 初建
于安德縣北棠底內卽明智齋書堂舊址也享文純公
李滉配文忠公金誠一文康公張顯光辛未撤享後移
建于縣
倉原 王洞書院 在舊眞寶屛王後改鳳覽享文純公
李滉藥圃鄭琢記曰眞城縣退陶先
生之貫鄕也歲庚子鄕人李君於縣北十餘里面陽之
地得異處名王洞山水秀麗洞壑幽曠李君於是謀於

鄉父老子弟爲先生營建廟宇仍設書院盖諠書出自李君而縣監崔君實力焉越三年壬寅功旣訖廟三間有司廳二間庫二間廚舍直房幷四間是年九月丁巳奉安位版于廟屬琢記事嗚乎書院之昉於中朝尚矣而刱於東方亦有年無非所以尊尚先儒矜式後學之事也是以凡爲先賢立廟建院者或就講道之所或以臨民之地或於鄉貫或尋遊迹隨處致敬以敦尊德尚賢之風亦古者社祭鄉先生之義而其作成人材藏修士子之方莫大於此竊惟我退溪先生道德文章集成東方其於平日講道之所游泳之處莫不立廟建院以爲尊奉矜式之地而惟以貫鄉臨民之邦顧有闕焉多士惜之今一朝以先生貫籍之鄉而又得名勝之區廟貌新閣時薦蘋藻瞻慕儀形追溯遺風父老之尊奉在斯小子之矜式者以此則眞城雖十室之邑固有忠信自好之人自今善義之育絃誦之美不亦大佑斯文而其導民興俗之功有補於國家風化夫豈淺淺哉李君之用心可謂至矣而崔太守之賜亦不少也李君庭檜字景直於先生爲族曾孫時寓居眞城爲人忠幹嘗宰橫城義興皆有治績太守名宏

德峯祠 在郡南德城洞享貞節公趙旅從享經歷趙淵郡守趙亨道追士趙成世

金臺祠 在安德縣北十里判書趙址副正趙東道父子俎豆之所後孫泰祐撰樑頌

方臺祠 在安德縣北十里享主簿趙遵道純祖甲申以建院事呈禮曹題辭曰先生尸祝實叶士林公議相考施行事云云哲宗壬戌奉安

道洞祠 在縣西補道洞享大司農金路配濟用監正金漢卿廣瀨李野淳撰丁文一絲桐江萬古首陽清風如昨報祠敢忌

德陽祠 在郡東二十里馬坪享參奉徐尹中樞徐昌參奉徐瑋瀨李野淳撰樑頌○附書堂

明智齋書堂 在安德城北棠底後四遷爲松鶴書院○進士趙咸世撰名案重修記曰隆慶戊辰洞中先父老以爲後生隸業之不可無其所於是乎始刱於城北名曰明智中移于孤山稱以三溪爲粉花藏修之地間有斯文左袒之吏于此者金宇宏金弘微亦且扶護以助不給儼然爲白鹿一洞不幸崇禎間爲鬱攸所灾議遷于雙溪上因以爲號焉府伯梁侯克選作六偉揭諸楣其貢餙一歆之宮不已修乎噫齋之設凡三遷而三易號至于今殆百有年所當時名案任錄宛然如昨日事而歲久破汚幾至磨滅日有司李君坡粧成二冊子請繕寫爲傳後之資舊本十襲而珍藏之以寓尊閣之誠甚美事也嗟乎卷中姓諱皆今日堂員之祖先也自今以往出入齋中者常思祖先刱設之意奬進之誠一以無忝爲心則幸矣

舊洞舍 在安德洞古家世族以講世誼奬後學之意修稧而倣白鹿洞規遵呂氏鄉約爲永世依歸之所而洞員子孫至今遵奉

晃江書堂 在郡東二十里池洞大山李象靖川沙金宗德定齋柳致明擬奉之所高宗甲戌徐炳華炳德秀誠熙汶熙與同志協議刱設

樓亭

讚慶樓 在郡城內南川上青己君沈洪孚祭閣昭憲王后時八大君命河濬刱建○安平大君瑢扁額曰松柏岡陵○道臣洪汝方九菴宋時烈府使韓光近有記○四佳徐居正詩曰盡日閒吟倚柱邊諸賢傑句摠盧前雨山夾走疑無地一逕潛通小有天欲訪青覔今不見閒看白鳥正堪憐此間亦必逢壺在不用舟立化羽仙○佔畢齋金宗直詩曰樹抄華樞落照邊登臨高興把杯前川迴醮却千尋磴山擁偷他一片天沙麓禎符眞可記桃源物色正堪憐樓頭笑向棲霞客巢許從來未必仙○朱溪君深源詩曰懸崖刻削枕埂邊幽澗喧㶑繞館前西㲳雪消泥没馬東岡風捲樹參天清宵短燭燒離恨薄暮孤碪搗暗憐徒覺襄王非蕩子夢中雲雨亦神仙○觀察使洪聖民詩曰無數風光到眼邊山居三面水居前媚巖芳桂宜淸日羃洞祥雲鬪

半天眞設未成青鳥報殘生應被白鷗憐夜來倪借仙家宿却恐明朝不是仙○後孫道谷鶴齡詩曰窈濃松府此樓高華篆分明讚慶褒大遯山西雲繞宙賢妃嚴下水生濤南州太守傾車蓋一代騷人會錦袍猗我文林想像地聖朝恩數拜春醪曉山李中轍撰重修樑頌 **萬歲樓** 在普光山下青己君沈洪孚祭閣後孫遠倪琥澤俱有重修記 **秀孤亭** 在郡城北府使所建文純公李滉題額府使梁克選詩曰昔賢何額秀孤亭爲愛排冬獨也青彩墨至今留板壁銅柯依舊護軒屛高參若木橫千尺壽等靈春閱萬齡鬱鬱澗邊含晚翠遲遲巖畔抱幽香 **望美亭** 在龍纏巖上府使張承遠重建 **玉流亭** 在漢川濱漢五鳳年間建退溪李滉詩曰如入桃源是我鄉玉流丹壁映琴堂老民幸有遊仙枕清夢時同上釣航 **松亭** 在巳川面松江上文貞公趙庸杖屨之所 **望雲亭** 在安德洞贈判書趙址自咸安贅居于安德去咸三百餘里寓秋公太行之懷搆亭曰望雲河陰申楫撰記 **東溪亭** 在郡南德城洞前龍潭上趙亨道休退杖屨之所而題息親堂戀君軒逍遙自適洞口有手植楠木十餘株 **方壺亭** 在安德縣北十里趙遵道講學之所有自詩曰誰道方壺在閬風偶來占得此山中臺空廿載天慳久壁立千層鬼鏤工特地奇觀屛裏畫前人佳句筆端虹構亭只爲瞻丘壟孤露人間五十翁○蒼石李埈詩曰會從天柱御冷風道骨眞宜著此中一片靈源天秘勝半空飛閣鬼輸工總前列岫翔金鳳階下寒流繞玉虹欲續舊遊吾老矣謾將詩句謝仙翁○敬亭李民宬記青鳧以山水名可居而遊者方壺爲最趙君景行得而有之拓其舊基架以爲亭扁其堂曰風樹大抵山水之勝魚鳥之樂娛耳目而養性靈者皆得之軒檻之內几席之間意其所嗜者專於此及詢堂名則所慕不在于彼噫我諭之矣吾聞純於孝者見親於羹墻矧境與情會感而不能已者耶登茲堂也則

烟雲變態景物紛賦淸眼界爽耳根願神適性怡顏悅志之具取諸左右而足息欲奉杖屨嬉綵雍容於一堂之內稱觴引慶以錫吾壽樂之祝者今既不違則向之娛耳目而養性靈者吾豈敢獨享而已哉其寄情於風樹爲何如而况其松檟朝夕於望見者乎嗟哉景行其體純於孝者歟其希孔氏之徒而感焉者歟抑我先君嘗爲習家之遊俛仰陳迹矣夫所謂風樹者非徒獲于古人而實獲我心焉今尙忍識斯堂耶君曰盍書諸壁俾吾之子若孫戒無齡吾志無棄堂構則將有感於斯文矣子不可以不識詩云孝子不匱永錫爾類趙君有焉余嘉其請而未寓私感故凡舊所之制臨觀之美姑闕之判書洪義浩題額 **道谷精舍** 在府治北五里道致洞前有澄潭道谷沈鶴齡講學之所有自詩曰聞道十餘年結廬住道谷道源何處尋只有吾書讀 **追慕齋** 在郡南六十里安德洞縣監李衡墓齋 **道谷亭** 在縣西補道洞金漢卿藏修之所有自詩曰補道洞溪始卜基山冠野服不關時倚人莫笑園林窄堂室能容習禮儀定齋柳致明記東園金義壽題額曰 **晩愚亭** 在郡南甘淵洞青川君沈孝崇休退頤養之所崇祿大夫金宗漢記 **執實書塾** 在縣西面執實洞道谷金漢卿講讀之所有自記 **歸來亭** 在府治西五里德川洞將入國休退之所舊在義城縣南元儒洞今移建 **追遠堂** 在縣西梓洞西山下道谷金漢卿墳菴南大機詩曰追息賢祖功存社稷畫慈孫禮享神趙基延詩曰闡發幽光爭日月經營廟宇安靈神後孫聖灐崧鎭俱有重修記東園金義壽題額 **道東精舍** 在縣西面道洞芝陽金濲寓慕之所東園金羲壽題楣後孫崧鎭撰櫟頌 **追慕齋** 在郡南六十里文居洞韓德李從允墓齋橘山李裕元記 **永慕齋** 在安德面花池洞雲岡南繼曹墓齋癡庵南景羲記 **望雲亭** 在郡西六十里大溪里李恥息觀望鄉之所肯庵李敦禹

記碧節亭宣祖朝 賜號義親王題忠勇義烈本九松亭在府治西五里硯堂山下進士沈清藏修之所題詩曰偏愛青松種九松中間亭子主人儂幹排霜雲非容易碧立雲霄起懶慵盡日摩挲常獨往此生磊落幸相逢採花野老渾輕拂枝上懸琴時自卷○晦堂張錫英重修撰曰倚歟碧節九松之亭衆芳搖落松乃青青九九九松侯誰是植凝凝先生魁才淵識早遊國子歸隱崇椒澄潭瀰瀰碧嶂岧岧瞻望邱壠若將終身封承敢肆六龍蒙塵敵愾捐生分所自甘倡義誓師保障江南天 王曰咨賜號旌忠惟松有碧爾節如松島山矣盡大樹飄零松亭之北還葬妻陘赫赫家聲世着忠良倘風百年古亭遂荒迺經迺營于焉鳥革風烟不改山川如昔大哉 王言煌煌楣篆烈烈松翁其光益闡攬彼谷葛保守無怠凡百君子式此崇壘○進士柳膺睦撰重修楔頌西坡柳必永撰重修記

文巖亭在眞寶縣北五里興邱樂琴軒李庭栢藏修之所有自詩行人皆擬尋常地誰識尋常別有天林樹高低蒼野外峯巒出沒白雲邊沙鷗有信飛還近翠壁多情斷復連白首來成終老計休將眞樂外人傳○衆人皆棄我能取衆曰能之是亦天洗耳何須箕水上抱琴時過玉溪邊山回野曠東西豁雲淡溪澄上下連行客莫言來卜淺桃源亦有武陵傳

芝陽亭在縣西面道洞芝陽金溪杖屨之所

忠庵在安德縣北金臺普賢山東西川合流于前紫霞山秀麗脉磅礴孕後平隩為臺遠挹大野通暢十里最占溪山之勝芝嶽趙東道杖屨盤桓嘗欲築亭而未果子孫追遺志肯構以為新堂守道芝嶽東道兄弟寓慕之所

德溪亭在郡南五十里花場洞李埈成杖屨之所有詩曰占取溪山勝新開一小齋詩書插滿架花竹蔭成階世路無靑眼林園慣素懷冠童同保社絃誦是生涯壺谷柳範休撰楔頌

南浦亭在安德里趙純道遺墟而后孫寓慕創建

五宜軒在郡西七十里德城里趙成世杖屨之所○參判李夏鎭有序○壺谷南龍翼詩曰底事軒名必五宜四時宜幷一身宜炎涼風月頤神處着我荒詩獨不宜○東濱鄭斗卿詩曰靜散青山地而無塵世喧聊將一絶句遙寄五宜軒

追慕亭在郡西五十里孫達洞新堂趙守道遺墟嗣孫鏞澤肯構有追慕詩我屋先亭幷此頭壽峯磅礴達波流德祠雲字晨昏望金樹壺亭次第留百世增光朝日揭一區生彩暮烟收緖傳不肖多追感顯晦中間月幾秋倘後孫性洛撰楔頌府使申觀朝記

堯洞齋在府治西德川洞沈應濂杖屨之墟灌薦之所臨齋徐贊奎記

翼也亭在府南羅谷沈淳杖屨之所後孫寓慕肯構咸安趙采奎撰楔頌密陽朴燦鎭記

松栢軒參判鄭繼源築室於聖才洞馬山麓清泉茂林以爲活計叢花澗鳥以為朋伴因手植松柏于庭吟哦自適而揭之爲號

敬慕堂在安德縣北金臺贈工參議趙時璧寓慕之所

萬壽亭在郡南五十里巨城洞南自熏應熏有熏必熏是熏五棣講讀之所后孫錫玄撰重建楔頌相鉉撰記

詩禮軒在府西下德川沈益大燕居之所署而自歌曰詩可言兮感而懲勉趨庭兮于以興禮可立兮恭而辭仰聖訓兮軒在茲

枕流軒在縣東月梅謙窩南邊藏修之所

栢湖亭在眞寶面世長洞存齋李徽逸杖屨之所九思堂金樂行銘訂窩金岱鎭記

龜巖書塾在郡南馬坪九巖上徐漢儁棲息之所有自詩天設龜巖景最幽經營學舍幾春秋從今禮讓宜時習好古詩書可敏求僻陋還爲絃誦地冠襟安事放閒遊心存強勉吟成句他日諸生倘記不厚庵權濂記曰余嘗過而遊焉馬坪長老徐公漢儁使爲之記濂謝不敢固進而言曰吾之經遊此屢矣山固萃然而已水固斎然而已東西巖麓之勝朝夕烟雲之態固環植而相羊而已而今而登焉山若益以高水若益以清巖麓烟雲又皆若獻秀呈奇於牕櫳几席之間以與所

謂神者謀而謟然若啟觀於前後者夫人之於學猶是也無論今之人雖古之人非有兩口四目八足也准學殖畜於中而英華著於外痛詛知學之所以修飾人者其不若此堂之發揮此洞𡠜觀於柳州小丘之記吳下剖目之言可徵焉雖然坪之勝已新於此堂矣坪之士其亦能學而新之如此堂也者乎是則在其人自勉之如何耳徐公曰諾遂次其語爲之記

永慕齋 在郡西五十里釜谷趙瓚杖屨之所後孫追慕建築

退琴堂 在郡西下德川沈穆譔讀之所有詩曰八德門基琴下川川流不息繞堂前宮商闕處昇平世滓累融時廓蕩天詩禮庭中遺韻接塤篪床上好音連也知先哲中和地養得尋常賴此絃

暘谷亭 在府南良宿洞李玄極藏修之所士林修楔咸安趙性洛僑後孫泰一有稧帖序

風乎亭 在眞寶西合江上申坮藏修之所有自記詩

梅溪亭 在縣東月梅南之熏講讀所全州柳淵龜碧珍李泰一俱有詩

南厓草堂 在馬坪徐淶讀書之室有九景韻默隱鄭羽僑有記

松園齋 在府治西十里上德川沈德泗顯養之所自銘曰果園雖富葵進一夜之霜花階雖美曾無十日之芳我園淡淡有松蒼蒼特立乎風雪之巷孤秀乎秋冬之間乎壽高節四時春光偶來碁下高枕而眠日哦其間投筆而觴可以調素琴封金章豈夭桃之齊媚與修竹而俱長猶存處士廬後凋夫子墻是乃君子人多庭實而竊比之

南溪草堂 在馬坪徐洛棲息之所有自詩小堂蕭灑壓平林中有寒溪清且渼晩對蒼屛呈本態幽撥瀨王喚惺心仍培蕉菊添新趣頻聽蟬鶯送好音暮境考槃爰得所故敎兒輩日哦吟申始煒記

龜陽亭 在縣西面九山洞金還龍杖屨之所申弘遠記去孫鎭聲撰重修楔頌多有名碩詩什

檜谷齋 在府治西二十里檜洞沈範周遁跡之地追慕之所全州柳淵龜撰重建楔頌石村尹用求扁額

南淵草廬 在馬坪徐濬棲息之所呂善八有記

德隱堂 在府治西五里德川沈豐周棲息之所有自序當時名碩多酬唱

三溪書塾 在府南四十里涑水李樹國棲息之所亭庵權濂記

小隱亭 在府南阿方谷生員柳致球藏修之所三從孫淵根撰重修記

巷隱亭 在郡南七十里德城李齊協藏書養性之所使讀書輩相揖禮講白鹿洞規府使申觀朝撰記判書李裕承參判趙秉弼俱有詩

小流亭 在府治西五里德川都事沈誠之講讀之所有自敍自詩蒼下鄭駿和贊參判趙秉弼進士柳齊睦記

晩翠亭 在府治南青雲洞星璜臺上黃澪棲息之所修齋柳廷鎬撰楔頌府使申觀朝記

道庵精舍 在府治北五里道致洞沈宜濬講讀之所有自詩德溪東畔道南陽占地新搆一草堂古巷雲歸風拂影前川波靜月生光或從野老樵兼讀時對賓朋詠復觴難得箇中眞樂事無言堪愧我心長參判趙秉弼記知府柳敎祚有詩進士徐相孝有序幷詩

青鳧誌卷之一 一九

晩翠書塾 在青雲洞烽山下黃澪講讀之所信庵李秉夏記

五友堂 在府治西五里德川參奉沈宜善燕居之所記曰青鳧之西有洞焉兩山環屛一水映帶其勢窈而寬其土平而衍曰德川吾祖先所世家也遂卜築於玆垣屋之修堂室之規一是老聽而已於是焉繞花石於其外財經史於其中顔之曰五友蓋其陶泓陳玄楮先生中書君之輩以文而會結爲四友而主人翁又以其身添一于其間與四爲五者也其爲友也相須互用不可須臾離也恒棲于一堂此堂之所以得號也陟而南十里雲鬟簇擁蒼然而遠蔚然而秀者卽鄕之巨鎭老峯也東北數武截然斗起直走而回顧者所謂硯堂山也前對而翔舞送清朝之爽氣者所謂紙可坡也梓桑烟雨上下掩映朝暮殊態者此墨洞之舊坊也皆堂之所助而予得以領略之爲主則其於命名之義若相有待誠不偶然余今白首粉如一生志業迄無所成自廢

於世久矣而四友者未嘗以此而見踈資我以晩暮收揄之益謹書其不忘之意以示于後後之人或繼而述之則庶斯扁之不虛矣題詩曰四友一翁成五人百年溪契道吾眞盈箱貯篚尊如閣敎子課孫居有隣資益文房曾不越動隨書肆自相陳與奢寧儉平生志還愧抛棵薦賀新○豊山柳東濬詩曰四友亶宜尚友人一於添數五成眞須文以會爲仁輔惟道相資是德隣共室無違隨命晋知心不待解言陳備書模訓長充棟留與賢孫舊愈新都正沈誠之序進士柳膺睦撰棵頌眞城李中洙記李㷜公扁額

存心亭 在郡西七十里知愚洞趙姓台謨讀之所有自詩曰就閒直欲此心專一曲巖崖屋數椽瘦鶴眠溪山影裏老松聾立水聲邊爲勤兒學先閒眷恐惰奴耕或往田自笑箇中何所樂且將吟弄付餘年

清石齋 在巴川面丙甫洞清石谷參奉沈宜善墓相望數武之地春秋芬苾齋戒之所海觀尹用求扁額

聽流亭 在府東扶日洞沈宜松所搆有自詩聽流亭築巷之東樂育英才大小同迷道昏衢時揭燭藏春講樹化生風欄邊岫色烟霞表枕下泉聲夜雨中暇與諸生課隷業從今庶做日新工

松韶軒 在府治西五里德川內部郎沈琥澤樓息之所用退陶夫子種松韻自題曰澗畔蒼蒼繞小楹干霄秀色勢崢嶸時逢柏悅同凋茂節配篔堅作弟兄特地叢林根亦固滿天風雪氣能清但知至樂盤桓久松韻留人自在盟

雲鶴書舍 在郡東二十里松生村黃允中所搆進士權以復記

雲庵齋 在府治東梨田坪上雲水菴洞口金利礪墓齋

天山亭 在郡西十五里地境洞趙姓斗遊賞之所有自詩曰天山卜築種幽花世業傳來歲歲華流水平分其外野白雲溪鎖這間家二句皺子主漢傚甄氏故事肯搆參奉李中轍記

松湖書塾 在郡東二十里松生洞洪黃兩姓與一方士友修禊搆堂以爲後進講習之所府使申觀朝記

樂隱亭 在郡東二十里王洞都事裵瀞所搆自詩曰晩卜蒼品王水濱齋名樂隱養吾眞晴窓細閱琴書靜小塢初栽菊柳新車馬有時迎長者犂鋤暇日問農人欲知遯跡幽居味宵草庭花共一春○大院君扁額響雲李根鎔石庭李俊鎔嵋堂趙漢國都事權載紀按察使李鑴永府使申觀朝知府吳衡根觀察使金永準俱有題咏李鑴永記

雲盟亭 在郡東二十里三池洞尹致興寓慕之所豊山柳道集撰棵頌

隱溪亭 在安德面文居洞黃秀鍾遺址門徒合力共築咸安趙奎洛趙陵祜英陽南升喆俱有記

彰孝閣 在郡南靑雲洞口黃泰澄表閭巳山趙姓洛記郡守朴濟均撰碑銘青松沈能昌撰棵頌

彰孝閣 在縣東訥仁徐氏表閭見孝婦篇

佛宇

大典寺 在周房山

白蓮菴 在周房山

周王菴 在周房山前有駕鶴樓

普光寺 在郡南五里守護沈洪孚墓

雙溪寺 在普賢山今廢

雙巖寺 在松生縣東今廢

普賢寺 在普賢山今廢

水淨寺 在巴川面松江洞飛鳳山下漢五鳳年間建築

烽燧 古者郡國有急則以此爲通信機關今廢

放光山 在郡北二里

青雲山 在郡南十里

雁芝峯 在安德面甘隱後

南角山 在舊眞寶

堤堰

上坪堤 在府東二十里周圍一千五百三尺水深五尺

安德堤 在安德五里谷周圍一千五百

七十尺水溪九尺 注山堤 在府東六十里周圍一千一百八十尺水溪八尺 巨坪洑 在府
治西巳川上流忠義衛沈欽翀錚居人蒙其利懷其功至今每年有蕫儀 軒谷洑 在郡西三十里申邦
允創築 松生洑 在松生洞前黃元奇創築灌溉數百斗落 林隱洑 在安德面甘隱洞 前
浦洑 在安德明堂洞 馬陵洑 在安德村前土性肥沃 皷坪洑 在松生洞肅宗戊午南
陽洪應亮創築被大水獘汲再從孫大溶重創至今蒙利 大坪洑 在府東面馬坪村前灌溉蒙利 栗
坪洑 在郡西一里普光山洞口 松江洑 在巳川木洞口 皇中洑 在府南面大前洞前 甘
淵隱洑 在府南面甘淵洞源泉 石田洑 在府治南六十里方臺前 德屯洑 在郡西四
十里高臥洞金震陂創築 鳳隱三池 在府東三安村周圍三百五尺水溪三尺尹埴后廷喬英廟

靑己誌卷之一 二十二

甲申使子東天築內池越明年築中池越三年築下池爲灌溉之利頌百世居民口碑 後坪池 在郡
北三十里後坪洞董谷 陽宿池 在府南面陽宿洞谷內丙子九月始役十二月竣功貯水面積略六
千坪池主沈相寬

橋梁

靑松橋 在郡南川昭和七年竣功

古蹟

周王山城 一名紫霞城石築周圍一千四百五十尺三面天作之險內有二溪 安德山城
周圍甚廣頹石尙存 天矢石 自古諺傳周房洞有澤多金鱉當時監務不知何姓名遊山之際取其鱉

到寺膳夫腸而進臨養白晝忽雷雨暴作有黑石大如鵝卵隕自天透瓦屋剝床監務遂蹇起回疾作數日死
名其石曰天矢至今留石于菴中河陰申楫有記 馬陵 在安德村前有大樹古者一老人以馬鞭杪倒
插而生云 碑石 洋夷侵犯非戰則和主和賣國 鐵鏡 金夢鰍甲子得捷於鞍峴丁卯扈駕領戰船
於沁都勤若久留 上以鐵鏡賞功藏在子孫家 王鼎 麗王之姓王故當時物之大者稱王而是鼎也
爲麗代所造而玄璽亂爲麗朝平章事時有大勛勞特賜王鼎後孫尙五至今保守焉驪興閔致兢記

官職 今廢

安東鎭管靑松都護府使 文窠三品座首一人別監二人軍官二十五人人吏四十
人知印十五人官奴十五名使令十五名官婢十五口 軍額 訓鍊都監一人御營廳正軍二十七名砲

靑己誌卷之一 二十三

手保九十七名禁衛廳正軍十四名御營廳資保二十九名樂工保九名資保十五名上納保六十二名工曹
匠人五十名上納保三十九名京驛保三名扈輦隊十九名補充隊五名忠翊衛六十四名校書匠人五十四
名水軍三百六十四名保三十八名東伍別隊十九名步軍九十九名保九十九名以 王后之鄕軍額減數
年條未詳辛未府使尹顯岐新設別砲手二十名

公廨 今廢

客館 在衙舍之南 肅廟丁酉府使成瑛重建有上樑文 純廟壬申府使姜彙鈺重建有上樑文高
宗辛未府使尹顯岐一新重修有重修記閑門樓工庫府倉廚舍幷爲重修今廢 新民軒 一名雙光
軒卽衙軒戊午府使宋徵泰重建十五間○鶴峯金誠一詩曰松館閑樽對絳河夜深乘興飮無何已遣靑童

吹鐵笛更催神女唱梅花風御昔聞凌紫府駕覓今見
颿清霞叱石兄弟仙有籍歸程同謁玉皇家○青鳧八
景知府洪義浩詩曰殘郭抱長天孤亭常突兀斜陽看
更奇紅射春流汨（右玉山晩照）隔水村如畫朝朝澹抹
烟披簑帶雨去官吏學耕田（右金谷朝烟）舊額先生筆
新楣太守吟黃昏故久坐星斗照臣心（右西亭望宸臺）
東西屛淵澄魚可數肩輿手一竿取適非漁父（右南臺垂釣）
元吉毓黃裳東方有沙麓青青萬柏長爲說宗
祊祝（右普光祝慶）一水環三面千松護百家東風花似
錦清絶更繁華（右雲驛賞花）王子吹笛去碧桃空復春
我來見玄鶴知是羽衣人（右周王訪眞）山行六七里奇
勝小香爐轉上桃源境漁舟向有無（右月麓觀瀑）○青
松八景時有朝令使各郡各賦土俗物産以登云故郡
人生員權瀌代郡倅作曰遨遨青松環以諸山境無百
里兩川之間土瘠多石地高先寒候薪候蒸以煥其體
嗟松之人何衣何食何以卒歲○遨遨青松維山維縻

露滴風戾房見其蚕朝畏虎耽夕避蛇冉二月已賣三
盆何待冬寒雞砭春稅可裨敢云其瘁○青松翳翳木
棉花晩始芳始桃野摘已半亦畏商羊亦畏候鴈累嘆
空畦何復繞稡維身有布維供有正維力是競○青松
翳翳麻易而長獵之疏之芟之蒸之漚之洗之績之湘
之美非吉貝功則倍百今秋機杼來頁絺綌服之無斁
○鬱鬱青松崒崒其粟常山己穗針芒難擇而蠒入鋤
乃見翼翼候霜載芟矘爾庭菌沙粒鬆鬆喫苦茹辛實
利峽人○鬱鬱青松兩川可灌東峽不塿疊膝如貫七
翻三耘亦憂稚旱八月黃雲四隣解顔峽人有言有水
田難喫稻九難○青松之山維橡有實畝功既訖筐拾
補之或遇險歲峽人是業和以穀糜雜以菁根無曰秃
髮可以代飧可以究饑○青松之風百里獨古其土磽
确其人勤苦惟實土物不喜外慕東西異畛黑白和光
雖號無文或否或藏自成一鄉 鄉序堂（在客館前今廢）講武堂（在客館東今廢）鳳棲軒（下）

一名平近堂卽眞寶縣衙今廢巡使天坡詩曰地濱難
作望鄉臺客意頓闌節序來氓俗歡娛爭踏草驛程消
息獨憑梅烟霞覺近蓬萊鳥物色看添錦
繡堆冉冉象眞如何問白頭聊試八瓊盃

倉庫（今廢）

大同庫 司庫 南倉（在府治南二十里）縣倉（在府治西五十里）西倉
在府治西七十里軍資米二斗九刀三合二勺雜穀十
一石七斗一合三勺蒸米十一石左水營別餉米二百
七十六石十一斗八刀七合九勺常賑米三石十四斗
一合二勺雜穀九石二斗九刀八勺三司米四十二石
三斗九刀七合八勺惠廳米四十石三斗五刀六合租
二石十三斗三刀三合五勺政府米十一石七斗七刀
九勺雜穀一千二百十五石三斗八刀二合八勺均軍
米十三石十二斗一刀二勺雜穀五十一石一斗九合
五勺守城米十二石五斗二刀九合二勺租一石十四
斗三刀一勺守御廳米二十三石十四斗六勺華城米
四十二石三斗八刀一合廣州米二十六石三斗三刀
七合一勺番餉米五石七斗九刀二合戶曹米三十石
九斗二刀四合一勺別會米五石十斗四刀六合八勺
雜穀八百六十五石二斗七刀五合二勺大邱減毛米
一百四十二石八斗七刀六合八勺山城太四百八石
十三斗四刀五合六勺長鬐甲胄米一百三十九石一
斗三刀四合三勺

眞寶邑倉庫

北倉○社倉在各面（府西距府七里府內距府十里府東距府二十里府南距府四十里縣東距府五十里縣南距府六十里縣西距府七十里縣內距府五十里縣北距府四十里合米一千五百十八石十一斗）

市場

邑市場在府治官門外四日九日 涑水市場在府南四十里今廢爲大前市場三日八日

道坪市場在縣東面五日十日 安德市場在安德面明堂洞二日七日 和睦市場在縣西面九山洞一日六日 眞寶市場在郡北三十里四日九日

驛院 附牧場今廢

青雲驛在府治南十里南距文居驛四十里東距梨田坪驛四十里西距安東琴韶驛六十里北距角山驛四十里中馬二匹卜馬五匹吏四百人奴五十一名婢四十九口 文居驛在府治南五十里西距和睦驛三十里北距青雲驛四十里東距梨田坪驛五十里南距慶州仁庇驛六十里中馬二匹卜馬五匹吏二百二十人奴六十六名婢三十口 和睦驛在府治南七十里東距文居驛三十里西距義城青路驛四十里中馬二匹卜馬五匹吏百三十五人奴八名婢三口 梨田坪驛在府治東四十里北距青雲驛四十里西距文居驛五十里東距盈德南驛四十里南距清河松羅驛七十里中馬二匹吏二百二人奴一名婢一口肅宗辛卯設立 角山驛在眞寶縣東五里距青雲驛四十里 ○ 牧場分養馬二匹每年七月或牧場或京寺受來翼年四月上送本寺 三者院在郡南三十里今廢 枝院在郡西十三里鶴峯金誠一詩曰共憑西嶺望仙鄕雲外千峯吐劒鋩頗借惠連詩筆健片時收拾入奚囊 訥仁院在安德縣東二十里 普施院在眞寶縣東一里 普賢院在眞寶縣東十里 楸峴院在眞寶縣北五里○四佳徐居正詩曰雲磴崎嶇石逕盤山腰有院兩三間雷聲轉壑雙溪合雨脚連空萬木攢馬踏羊腸雲外去人看鳥背嶂中還顧余不是風騷客何事空吟蜀道難

青己誌卷之一 二十六

進貢今廢

人蔘 清蜜 栢子

俸廩今廢

衙祿位五十結米十石太三石公需位十五結米四石官需米一百八十六石民結所出

青己誌卷之一 二十七

青己誌卷之一

青己誌卷之二

先正

李滉字景浩號退溪松安君子脩后不由師承遠紹洛
閩爲東方道學之宗 中宗朝文衡官至判中樞
贈領議政 諡文純 配食 宣祖廟庭從祀文
廟享松鶴書院○有自銘生而大癡壯而多疾中何嗜
學晩何叨爵學究猶邈爵辭愈嬰進行之跲退藏之貞
深慙國恩亶畏聖言有山嶷嶷有水源源婆娑初服脫
略衆訕我懷伊阻我珮誰翫我思古人實獲我心寧知
來世不獲今兮憂中有樂樂中有憂乘化歸盡復何求
兮

儒賢

趙庸號松亭圃隱鄭夢周門人博學能文精於理學高
麗文科禮儀判書 諡文貞 朝鮮朝謫醴泉教
授不倦趙末生尹祥裵恒裵杠皆出其門退溪詩云性
理淵源不易明襄陽稱道二公名如何著述無傳後仰
止高山獨感情 李堣字明仲號松齋松安君子脩玄孫文科官
至戶曹參判性和易簡嚴孝友博學文章
與雅爲世推重著東國史略有文集 李瀣字景明號溫溪松安君子脩后
文學風節宗於一世與弟滉稱
金昆玉季 中宗朝進文官至禮曹參判 仁宗乙巳
劾李芑竟被禍流甲山 宣廟朝 贈吏判 諡貞愍
享淸溪書院有文集 張顯光字德晦號旅軒仁同人邃於性理以
遺逸官至吏曹判書 贈領議政
諡文康享松鶴
書院有文集

學行

青己誌卷之二

沈遜字汝謙號月軒岳隱元符后 世宗朝集賢學士
光廟攝政棄官歸月明臺慷慨終身每登山跡
雨曉窓殘月聞子規聲掩抑哽咽淚沾襟枕北向越
寢必首北含寃茹痛如不欲生癸酉與丹溪河緯地書
曰聞老兄書奏足以動人主之心今國家權歸輔政老
兄不有此言先王付託之意安在哉乙亥寄醉琴軒朴
彭年詩曰應記集賢當日教如今世事
不勝情淹病之席自著誌銘有文集 徐居正字剛中號四佳
衛達城君 諡文忠有文集詩話筆苑雜記太平閑話
自大卯暫寓本府南古麻洞今稱花場世云徐政丞址
李衡月城人月城君延堅子 世祖戊寅登第官
至縣監兄事退居累徵不赴因居于安德縣 趙澍
咸安人字靜卿號耐軒漁溪旅孫少以文學名與靜庵
趙光祖同庚午榜進士尤爲道義交以薦補全泉丞轉
義禁府經歷惡金安老秉官歸道詠霧一絶以刺譏蔽
暗霧漫空作鄣飄日高三丈未全消不嫌遠客征衣濕

只恐成陰蔽大明題院壁而去見者咸歌詠焉愛松生
山水之勝築室卜居眷然有懷土之情乃還咸安著還
鄕錄 贈戶曹參判 閔樞自少志學累舉不中好善疾惡性簡素
寡欲受業于判書金璡門號明智齋承
吉甲之喪祭文曰如及聖門德行
可知爲師心喪三年奬進後學 金漢卿字國寶號道
谷石圃路曾
孫官濟用監正陞知中樞正德丙寅與朴平城元宗
成昌山希顏參靖國勳避士禍挈家南下常曰志行有
補於世然後俯仰無怍與孫愚齋仲暾契許浚密雙湖
權徵著遺事曰志存斂退斂華韜養廣瀨李野淳著行
狀曰訓鍊舉義一事少不留諸方寸蹇衣高蹈等功
名於浮雲寄貞吉於介石超乎萬物之表享道洞祠 趙
庭栢字仲幹號德隱咸安人執義參子蔭別提學文淵
濩智量超邁自己山始居青松安德里講詩禮正
風俗子孫百 李恥字貌甫號望雲加平人官軍資監奉
世貽厥嘉猷 事自龍宮始居安德以離鄕思親之

切竴亭栗木原扁之蟄雲距龍宮數百
里每月必一省親及親没廬墓三年 南繼曾 字善述號雲岡
英陽人松亭須玄孫以學文觀察使金公睟薦 陞通
政壬亂勉兄赴火旺陣作別曰君父有急但竭力於國
事更勿念及於家庭 李庭檜 字景直松安君子脩八世
因奉母移寓青松 孫號松澗受業于門祖退
溪先生門親喪廬墓盡禮 宣廟朝參正宗系光國勲
再知縣皆有去思碑戊戌八眞寶文巖結茅居之因愛
山水之美創建王洞書院享退溪先生癸卯 沈鶴齡 字延
壽號適谷月軒遜孫藥齋盧守愼門人早登師門博學
閱道 明宗朝以薦行薦 除宗簿寺主簿不就嘗移
卜于道洞竴精舍以獎後學丁未聞藥齋謫珍島裹足
往候數月而還己酉聞至友康舟川惟善杖隕流涕曰
師門失衛道人作詩以悲之 朴惺 字德凝號大庵密陽
有文集拓庵金道和有序 人退溪門人壬亂倡

青己誌卷之二 三

義有勲勞享松潭書 趙守道 字景直號新堂孝行赴子
院旅軒張顯光撰狀 以曾孫崍壽 贈司僕正
秦有學行從惟一齋金彦璣門先生獎許其天姿純粹
龍蛇亂迭弟守道東道義陣勉以忠義常西望雲涕背
負雙親奔避得全鄕黨稱 趙純道 字景一號南浦孝行
忠孝玄隱趙基永撰遺事 址子龍蛇亂倡起義
士赴陣之日兄東溪守道弟芝嶽東道偕赴亂而特挽
止曰當此危難之際老親在堂非君無以養親遂相泣
而分定省之暇每念國步之艱委書四方激勵義士援
後輪調米嘗乏絶指揮方畧言若合契時人謂之巴元
助等南浦盧勉獎後學 申楫 字汝涉號河陰文貞公賢
當世士進質之以蓍龜 啓愚伏鄭經世門人文成
均司藝太僕正歷務安求禮密陽三郡仁祖朝寧社
一等功臣事載功臣錄立齋鄭宗魯撰狀有文集 趙
遵道 字景行號方壺庭栢孫十歲從生庭伯兄僕正公
守道及笈於惟一齋金彦璣門先生器重焉以行

義薦 除義盈庫主簿 陞義禁府都事受方臺泉石
之勝自號曰方壺搆亭于其上生母夫人權氏墓在莽
蒼閣顏其堂曰風樹蓋古人思亭遺意也 宣祖丙子
擧義西上聞下城之報北向痛哭即入紫霞洞杜門謝
事自後修日錄每年特書春王 南宇 字而遠號遯齋繼
正月以寓風泉之感享方臺祠 曺子以行儉薦授
參奉生姿稟穎悟好學辨心性丙亂聞講和 徐璘 字德潤號
有悲吟遂隱居不仕題其楣曰大明處士
梅軒僉樞昌孫雲川金涌門人力學能文行誼篤厚尤
勤於事一之誠清操雅度爲士林推詡 明宗戊辰以
儒行禮賓寺參奉兩皐 趙徽 字士美號如愚堂主簿遵
金道行撰狀享德陽祠 道曾孫性至孝遭前後喪
六年廬墓大虎常在側服闋而歸虎三日吽號墓前人
謂孝感卜居知愚洞因自號明斯學倡後生爲己任大
山李象靖追文詩亭有來反供灑掃 趙相抃 字悅卿號
於門之根龜窩金㙆撰狀有文集 二可堂學

青己誌卷之二 四

行遵道五世孫自幼穎悟俊逸反受學不煩訓釋而能
自解諸父希晋三百從傳正其錯諸父奇愛從大山李
象靖遊以道義交推重 英宗甲子生員 正宗甲子
回榜甲寅判書洪義浩以年高德邵奏薦優老典 上
嘉之特陞嘉義立齋 權濂 字希元號厚庵安東人直提
鄭宗魯撰狀有文集 學孝良后密庵李栽門人
英宗朝生員稟性聰穎年甫龍傳詞學曰就文章學問
爲士林師表彙分退書畧做大學條例以爲觀感之資
所著有條修錄小學疑目明誠 趙基永 字天休號玄隱
內外篇有文集龜窩金㙆撰狀 進士相抃孫
英宗丁亥生員早就龜窩金㙆門晩質立齋鄭宗魯著
太極說作啓蒙中墨梅性理說先生歎賞曰眞實之工
渾成德器跋曰此邵子安樂窩之所未有也朱文 權 人以
公拔三十六格之餘意青庵李敦禹撰狀有文集
復 字元悔號晩洲學行濂于大山李象靖門人 正宗
朝生員承襲家學得師門旨訣著聖學始終疏有文

青己誌 卷之二 五

集定齋柳致明撰狀

儒行

趙咸遂字汝成學行守道子官漢城府參軍天賦厚重儀容溫雅才識贍敏詩禮承襲以孫崍壽贈

左承旨李俊咸字秀卿右尹陽春子旅軒張顯光門人閱心學之要造詣精深壬辰隱居花塢養親

至孝有事親詩閑塞乾坤雪滿山北牕風日倍凄寒無兄孰任溫衿責朝暮應勞倚閭看定齋柳致明撰墓表

趙咸一字子有學行遵道子贈司僕寺正遊省吾堂李介立門嘗愛藥谷泉石之勝因自號而終老

沈應濂字仲述忠義清子力究經義奬進後生仁祖朝王果訓導龍蛇亂以親命謹守田廬善事大

母鄉黨以孝稱之事見龍蛇日記蔣八國字致君中樞處勇玄孫受業松巖權好文門官咸南防禦

使學博行修眞城李用鎬撰碣趙咸新字敬夫忠義東道子志操介少好文學篤信孝行士友倚重

而不幸早卒以曾孫大河壽贈掌樂院正李尚賢全義人良靖公樺后愛山水之勝以寓仁智之

趣讀聖賢之書以做涵養之工南實字信甫學行繼曹子有文學德行當朝綱數絶如李梧里李白沙鄭

桐溪諸賢俱投竄邊荒閭不勝悼傷吟詩一絶曰黑雲難蔽天白日必臨土杜門斂跡不復赴舉有文集子孫

居大邱立石南旻柱字汝瞻察訪斗文子姿質渾厚志行純實與李衡爲道義交 英宗朝 贈戶

曹參判金濱字濱源學行漢卿子參奉承襲家庭敦行好學安養林泉不求名利后孫崧鎭撰碣高

應孝字伯樑濟州人乙那后追士官至訓導性本力學嘗與兄應振弟應陟受業于退溪李滉門世稱三

高二姜姜謂霽及靄也旅軒張顯光撰碣金夢良字士徽學行漢卿玄孫參奉承襲家學聯床講磨孝

青己誌 卷之二 六

於事親勤於王事南邃字而直學行繼曹子貞趾南致利門人講明退陶之學望重士友壬辰親病未

赴丙子聞下城之報痛哭入大明洞終身晝山不出參奉 英宗朝 贈司僕寺正南斗一字士彥學

行字子行道御儉薦齋郎 贈掌樂正天性穎悟志氣剛毅學識宏博談論峻正寧海申光詰撰墓誌趙

時寔字王汝學行純道孫 孝宗朝璡中司馬文辭卓行士林矜式趙岌字士仰學行遵道曾孫以

孫相迪壽 贈戶曹參判行義文章志操廉介篤於誠孝居喪廬墓玄孫基壽敍遺稿後權斗經安東

人文學德行爲一方師表有王山書堂南天柱字汝擎學行繼曹曾孫曾政 贈刑參議姿質粹美

志行篤實勉勤經學鄉黨矜式沈世章字士彬察訪鏞子 肅宗朝參奉德性和裕孫履純熟潛修郎

堅仁闐遯播與月灘金昌錫爲同庚之友權澤鴻曰此老平生吾所服人難及處所能天府使成瑍曰物議推

良善鄉風仗典刑佐郎柳應時曰其仁其善天亦知之皆輓語也後孫琥澤撰遺事徐漢儁字秀彥學

行琫孫天性淳古德宇冲和紹述家學渾成眞工以講明斯學爲己任而從業諸賢築龜巖書塾俾公爲洞主

主敎易從 曾孫治撰狀趙大壽字次老文行嗌子稟質忠厚制行純謹孝友篤至著作必以理勝論

夢見周公曰周公孔子天下之大聖也以大聖繼大聖而思欲行其道傳其學則精誠之感捷於影響而夢寐

之間如或見之理固然矣又論君子不器曰體無不具用無不周非若器之各適其用而不能相通則不器之

訓示其宜予觀於稱子貢之器 曾仰之器亦可見君子不器之端南世柱字汝重學行繼曾曾孫鳳

彬秀朗孝友篤至 文學純演體立用正沈世勳字德彝察訪鏡子忠義衛以文學德行奬進後見卜

篆玉山亭于硯堂山北寓講晉之所咸安趙泰益撰碣李鵬齡字九萬孝行之經孫倜儻有奇氣磊

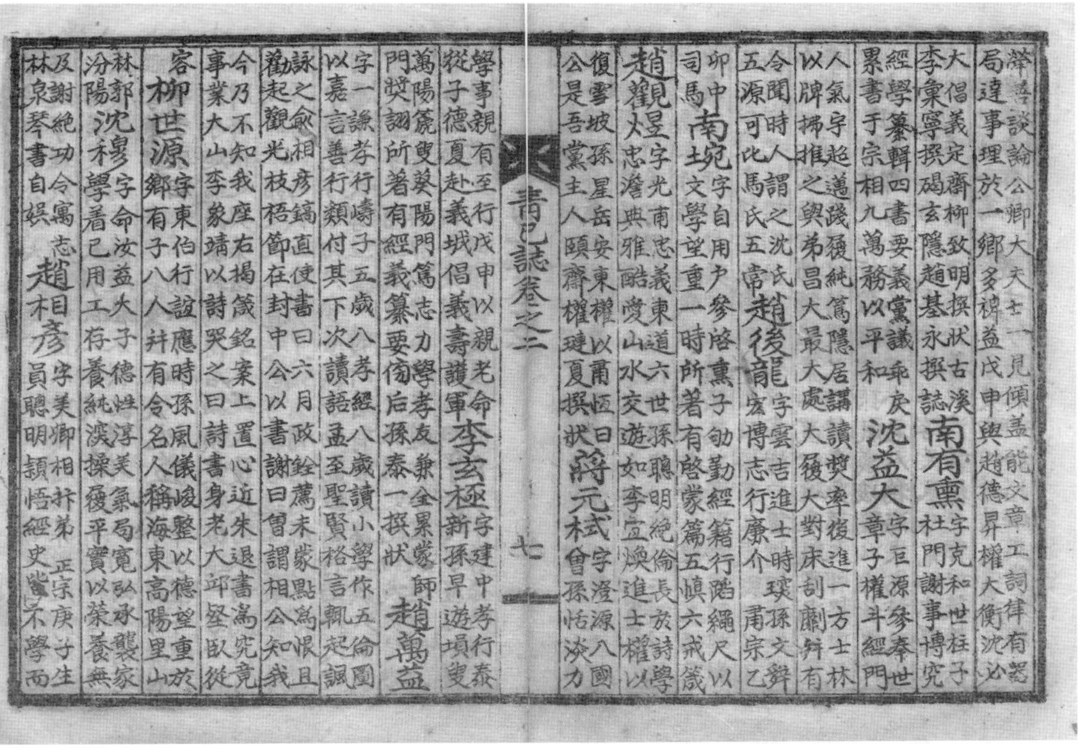

辭學談論公卿大夫士一見傾蓋能文章工詞律有器
局達事理於一鄉多裨益戊申與趙德昇權大衡沈必
大倡義定齋柳致明撰狀古溪南有熏字克和世柱子
李彙寧撰碣玄隱趙基永撰誌社門謝事博究
經學纂輯四書要義黨議乖戾沈益大字巨源參奉世
累書于宗相九萬務以平和章子權斗經門
人氣宇超邁踐履純篤隱居講讀獎率後進一方士林
以牌拂推之與弟昌大最大處大發大對床刮劘弁有
令聞時人謂之沈氏五常趙後龍字雲吉進士時瑛孫文彝
五源可比馬氏五常宏博志行廉介肅宗乙
卯中南埦字自用戶參階熏子劬勤經籍行踏繩尺以
司馬文學望重一時所著有啓蒙篇五愼六戒箴
趙觀煜字光甫忠義東道六世孫聰明絶倫長於詩學
忠濬與雅酷愛山水交遊如李宜煥進士權以
復雲坡孫星岳安東權以甫恆曰蔣元栻字澄源八國
公是吾黨主人頤齋權璉夏撰狀曾孫恬淡力
學事親有至行戊申以親老命李玄極字建中孝行泰
從子德夏赴義城倡義壽護軍新孫早遊塤叟
萬陽篪叟葵陽門篤志力學孝友兼全累蒙師趙萬益
門奬詡所著有經義纂要傍后孫泰一撰狀
字一謙孝行崎子五歲八孝經八歲讀小學作五倫圖
以嘉言善行類付其下次讀語孟至聖賢格言輒起諷
詠之僉相彦鎬直使書曰六月政銓薦未蒙點爲恨且
勸起觀光枝梧節在封中公以書謝曰曾謂相公知我
今乃不知我座右揭箴銘案上置心近朱退書爲究竟
事業大山李象靖以詩哭之曰詩書身老大邱壑臥從
容柳世源字東伯行誼應時孫風儀峻整以德望重於
鄉有子八人幷有令名人稱海東高陽里山
林郭沈穆字命汝益大子德性淳美氣局寬弘承襲家
汾陽學着己用工存養純深操履平實以榮養無
及謝絶功令寓志趙相彦字美卿相抃弟正宗庚子生
林泉琴書自娛員聽明穎悟經史當不學而

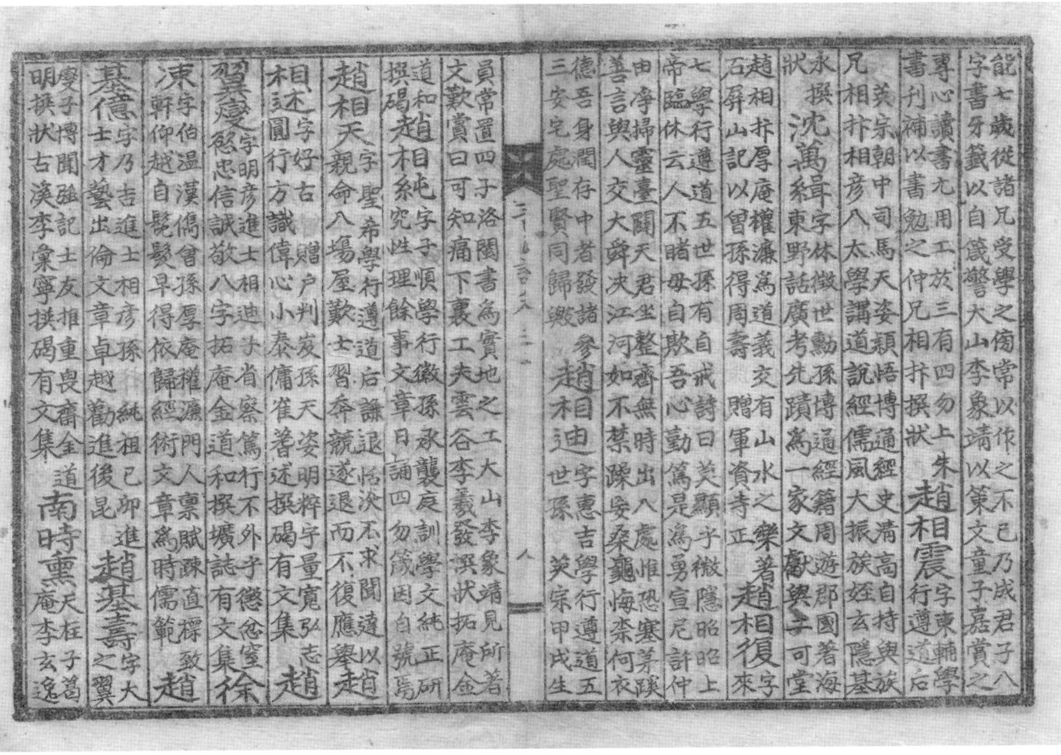

能七歲從諸兄受學之傍常以作之不已乃成君子八
字書牙籤以自箴警大山李象靖以策文童子嘉賞之
專心讀書九用工於三有四勿上朱趙相震字東輔學
書刊補以書勉之仲兄相抃撰狀行遵道后
英宗朝中司馬天姿穎悟博通經史清高自持與族
兄相抃相彦八太學講道說經儒風大振族姪玄隱基
永撰沈萬緝字休徵世勳孫博通經籍周遊郡國著海
狀東野話廣考先蹟爲一家文獻與子可堂
趙相抃厚庵權濂爲道義交有山水之樂著趙相復字來
石屛山記以曾孫得周壽贈軍資寺正
七學行遵道五世孫有自戒詩曰莫顯乎微隱昭昭上
帝臨休云人不睹毋自欺吾心勤篤是爲勇宣尼許仲
由淨掃靈臺闢天君坐整齋無時出入處惟恐塞茅蹊
善言與人交大舜決江河如不禁躁妄桑龜悔柰何衣
德吾身潤存中者發諸參趙相迪字惠吉學行遵道五
三安宅處聖賢同歸轍世孫英宗甲戌生
員常置四子洛閩書爲實地之工大山李象靖見所著
文歎賞曰可知痛下裏工夫雲谷李羲發撰狀拓庵金
道和趙相純字子順學行徽孫承襲庭訓學文純正研
撰碣究性理餘事文章日誦四勿箴因自號焉
趙相天字聖希學行遵道后謙退恬淡不求聞達以
親命八場屋歎士習奔競遂退而不復應舉趙
相述字好古贈戶判宬孫天姿明粹宇量寬弘志
圓行方識偉心小泰儒崔著述撰碣有文集趙
翼夔字明彦進士相迪子省察篤行不外乎懲忿窒
慾忠信誠敬八字拓庵金道和撰壙誌有文集徐
凍字伯溫漢偶曾孫厚庵權濂門人稟賦踈直標致
軒仰越自髫髮早得依歸經術文章爲時儒範趙
基德字乃吉進士相彦孫純祖己卯進趙基壽字大
士才藝出倫文章卓越勸進後昆之翼
慶子博聞强記士友推重畏齋金道南時熏天柱子萬
明撰狀古溪李彙寧撰碣有文集庵李玄逸

門人以孝友錄在鄉學小訥廬相禝撰狀 徐洛 字學源漢儁曾孫厚庵權濂門人風儀截卓氣宇恬弘早
就舉業晚精真工統率後昆敎誨不倦 趙始燮 字聖臣參贊聶曾孫方降有大虎隔牕大吼俄而去
王考參判公以先祖漁溪先生有三虎名字說而今有之可異也以虎瑞錫小字 正宗己卯生員謝恩日
上令誦所製稱汝聲好者三晚以覲學自任立齋鄭宗魯撰狀 南金鐸 字警之有熏孫天姿澄卓文學
溫實手書曾傳格致誠正之要孟氏養志求心之訓終身置案一日三復 沈淳 字君厚軍資監禮遠子早
事文學見解日深自有林泉之樂不以名利易其介 徐濬 字深源漢儁曾孫庭業厚庵權濂門姿性純厚
見解精明熟洽經傳贈富文辭隱跡不售董率後昆 南紀漢 字綱仲世柱玄孫姿性清灑操履貞固孝
友出天經學深造與弟明漢講討書室唱咏山亭有三棣聯宴錄 趙稱慶 字中吉萬益子器局峻整

青己誌卷之二 九

聰明超邁古今書史過眼輒記讀聖賢書有與意處則至忘寢食嘗類粹朱子書皇極數解作書舍銘專心白
敬 柳洛文 字敬範世源孫東巖柳長源門人篤志力學有文集 南明漢 字明仲世柱玄孫姿
性嚴正模範鄉族與兄紀漢築山亭爲棲息之所創築一齋規定學舍條約 趙基喆 字原明知中樞
禮煌子氣質端雅言論溫重力勉經學名重鄉黨 趙宗祜 字大集學行基永子容儀豊偉性度寬和才思
聰敏不勞敎督就正立齋鄭宗魯門所著一源譜名賢錄先生歎賞其見識博洽以畏友待之族叔基宗撰狀
申弘遠 字致亨學行楙七世孫廣瀨李野淳門人早以文章爲京鄉間人纂次聖理集彙及古今通論
啓纂錄彙亭于白石雖上名曰讐石亭 趙甲祜 字琢汝贈工參議五世孫倜儻放言性又剛峻曾
未容人過矣晩而自悔曰呂伯恭讀躬自厚而薄責於人忽變化氣質吾何獨不然以忍字扁齋以自警 申

弘陽 字應瑞弘遠弟以文章名筆中司馬於健陵乙酉試鄭相義方以世誼銘自問 趙觀祜
字聖若基壽子承襲家學清修志操洗山柳止鎬撰碣有文集 南殷喆 字兩亨境五世孫姿質粹美德
氣薰深學究精微行蹈繩尺修通源譜龍山李晩寅撰狀 趙泰祜 字致雍基壽子學術文章士林師表
西山金興洛撰狀潛屋張升遠撰碣有文集 沈範周 字元叙行誼處大玄孫謹勤力學寬厚施人時
人謂今不願帛但使某公一顧臨終命焚草稿曰恐後世因延張大得罪於君子 南熙宅 字宅明文
行大繆子德性淳眞文藝夙就篤於修身爲鄉推重 黃瀷 字學中平海人襄武公希碩后厚庵權濂川沙
金宗德門人得師門旨訣學究性理行蹈繩尺緼櫝不售遯世無悶望重一時有文集鶴坡趙星復撰序遠城
徐活撰行略壺谷柳範休撰墓表 南熙穆 字大而有熏五世孫溫恭慈惠端雅清愼學究門路業垂

青己誌卷之二 十

後昆少好文章門子弟問左右無箴銘公曰前哲箴銘學而未能何示人自爲字定齋柳致明嘉之曰眞實學
人也某也心中有百箴性至孝十一歲遭內外艱哭泣無常王考闓而愈悲公每夜潛往墓所一夜讀伴二兒爲
追之有虎踞墓傍公泰賦極其哀痛而歸其後二兒爲挽止公曰前此或有是賦虎亦有父子之親豈有懼乎
王考病革雪中得華蛇見欬 趙仁祜 字元賓文行基昌子性靜言寡行篤學實藏諸櫝猶蘊王之發
輝闇然章猶錦衣之在中趙性洛撰狀 沈弘周 字景訓通政漢文子德性溫潤風儀頎朗篤行明經
安貧樂育從曾孫義澤撰狀 趙龍震 字和叔甲祜子質相異凡聰明絶類八歲已得作文體制及長
汎濫百家文名重一時有山斗之望 柳致球 字來鳳文行斗文子純祖朝成均生員聰敏博識有文
集參議李彙載撰碣 趙謙祜 字景益泰祜弟篤實志行簡靖自持從孫奎震撰狀舫山許薰撰碣有文集

申晉運字時應天姿近道文學精博安貧力行奬進後學晚年就正於定齋柳致明門申翼浩狀曰踐
修之篤包涵之富洗山柳止鎬銘曰高才篤行懷寶殉身所著有愚一錄郡國錄稽古錄尙志錄有文集拓庵
金道和撰山許薰序李膺協字啓若文孝公㶅后定齋柳致明門人樞衣早登篤志力行洗山柳止鎬
乾曰闡道何年君北學黃卷生涯雪滿頭有文集拓庵金道和序李奎憲字叔文全義人襄靖公樺
后哲宗朝成均生員姿性頴悟志操堅確承襲家學望重鄉黨沈誠之字士行忠義希大玄孫從
遯窩柳養欽學高宗朝禁府都事陞都正明經好學踐履篤實丙申倡義有文集心石齋宋秉珣序府使
申觀朝撰狀溪江朴昇東撰碣拓庵金道和撰誌趙奎洛字中瑞龍震子神采瀅澈志操貞特不以
塵垢物想累其胸次凝於義理邪正之分而無支離苟且之意聞人善言雖異己者稱之如不容口見人過失

直斥而不容貸精於經術使學之者易入深於禮學變常之節無有所失柳膺睦字爰卿豊山人文忠
公成龍后高宗己卯進士文學純正踐履篤實庚戌後廢冠巾杜門深伏爲畢生計著家學淵源錄四禮酌
義文獻博考友巖權準羲撰狀東田李中均撰碣眞城李中沐撰跋趙篤祐字周用同樞景濬玄孫年
十六七通學四書二經見解日益進詞藝日益優抄朱文公晦齋退溪大山書著讀書讚要晦堂張錫英撰狀
族姪性洛撰跋有文集趙性洛字仲五文行景海五世孫篤志力學門路準的躬行實踐表裏如一
授敎後徒以樹一方之風聲趙性台字應三學行徽六世孫西小全興洛拓庵金道和門人聰明才
智有以過人年十數能通經史推數於象象說卦文言深究於璿璣玉衡洪範九疇之要復取心近朱退書諸
篇潛心於日用事爲之間而題懲忿窒慾遷善改過存心養性進德修業十六字爲一生要領而取存心二字

因名亭號

文行

沈弼瑞字羲叟學行遯子博通經史有遺集時蘭字馨叔儒行入國孫天賦聰慧學本性理
李之綱字汝憲學行恥曾孫文辯宏溪鄉黨推重發之爲文蘊之爲德趙時璠字美伯學行守
道孫性賦淳實不露表襮本之以孝餘力學問五棣聯床友愛尤篤人擬之以楊家故事南寬字而達學
行繼曹子姿性剛明言辯簡默文翰兼備鄉隣推詡張慶業字榮伯仁同人遊惟一齋金彦璣門深究
經學與河陰申楫敬亭李民宬爲道義交趙益字伯鎭忠義時璘子性愛風山月以雙清扁其楣日與士友
吟弄自適哀屈原詩曰卓爾貞忠世所仰無清沅水怨何深蕭蕭風樹荒涼夜如見當時澤畔吟李元

華字燦卿孝行泰新子與弟益華寅華俱至孝篤學霽山金聖鐸適庵金台重皆推詡南自熏字
和儒行世材子姿質清雅學識遂博與霽山金聖鐸爲道義交趙巘字而峻學行守道曾孫樑懷濂洛文
詞瞻實遯跡林楔承先裕後李益華字美卿孝行泰新子德望重世與塤叟鄭萬陽篪叟鄭葵陽爲
道義交趙大海字宗一忠義東道玄孫風韻淹雅閑熟禮法當時士友以知禮稱之李寅華
字德輝孝行泰新子有孝行文學澹屋張升遠撰狀適庵權周郁撰碣南垣儒行時熏子以親命贄謁
于密庵李栽門質正疑難服習指敎趙重呂字大哉學行遵道孫養德林泉存心經史以孫景澄壽
贈左承旨衛孫泰祐撰碣後李枝苾字馨伯儒行尙賢孫肅宗朝壽副護軍志操清雅文學純實
晦跡邱園謙拙自守已友以量任與李鵬齡竭誠奉公鄉邑稱平有蠲稅之典南應熏字允和儒行世

靑己誌卷之二 十三

社子勤學篤行推重士友德純性厚模範宗族趙景潛字元亮學行遵道玄孫孝於親有志體之養友
於兄有枕被之同於學有征邁之工勤南道明字源伯儒行天柱曾孫才譜超遵志行高潔克承庭
訓導章後蒙趙景海字宗之學行遵道玄孫器量超凡語到當世事以經濟自任治經業竟爲時司
所誤歸臥王峴自標而竹窩取貞固地廣瀨李野淳撰碣南道興字秉之贈戶判啓熏孫姿性廉介
操守堅確博通經史鄉隣士友多推詡趙相琦字奇玉學行遵道后姿性穎悟早就學問從大山李
象靖墳叟鄭萬陽麓叟鄭葵陽諸賢講質疑旨南瑾字美玉忠義之熏子早歲志學重士友望戊申倡先
公赴義所者定如在家時語及時事輒發憤流涕與厚庵權濂剛窩任必大有大明洞唱酬詩趙相夔
字一卿學行遵道五世孫志氣倜儻不拘細節有敎誤愛人之風而好施與晚晦於玉峴林壑之厓以經史自
娛不求聞達趙相憲字度仲學行遵道五世孫以詩禮文行守先家謨士友推重金龍河
字時見縣監玎后姿質明粹立志篤慎專精力學勅躬端莊孝友天成仁愛兼至李玄迪字仲由孝
行泰新孫早遊墳叟鄭萬陽麓叟鄭葵陽門以篤志力學累被師門推許趙匡國字正汝學行守道五
世孫早有文行倚重鄉黨志操雅潔韜晦養眞從遊訥隱李光庭門趙大鉉字台彦學行守道玄孫姿
稟淸雅制行高潔隱伏山林小無名利之意種松柏竹中其堂而處焉趙萬夔字一甫學行遵道后
隱居求志不慕外榮日與紙筆硯墨松菊梅竹爲友扁以八友玄隱趙基永記沈有大字汝則僉樞世
文子頤養林泉潛心經籍奬進後昆五世孫能昌撰碣南宗漢字章仲儒行世柱玄孫姿性貞介踐
履篤實專心篤學手抄操例以爲觀玩之資沈德泗字聖來儒行萬稷子文詞夙就著周旁誌與進

靑己誌卷之二 十四

士權以復交密南鳳鐸字彬卿儒行有熏孫氣度峻正才諝超遵勉勤經史警發後昆築眞山書室與
弟聲鐸聯床講磨趙曾夔字國賓贈工參議曾孫賦性超詹才器絕人性嗜學手不釋卷嘗居接
于達城養士齋李鼎儼柳寅福見公所製歎曰此眞文苑巨擘南以鐸字擎宇儒行有熏孫心專學文
明辨經義座右有懲忿窒慾樂天知命之箴南道軾字士瞻僉樞必熏孫清標特立篤志好學人有
義理道德之說者惺惺若聰明之自發有異言利說諠恥者昏昏若睡魔之侵因以自警進士權以復進士柳
廷濼有記趙憲夔字忠彦儒行相迪子才志出類十二歲能解易理專意心近之學從子基壽撰狀
南啓溟字聞甫儒行時熏曾孫早就厚庵權濂門聞解益博志業漸熟晩築吝溪精舍啟門守靜以書
史自娛巳山趙性洛撰狀趙相瑗字季益孝行相綱弟博通經史晩樂林泉有四德詩柳斗文
字景韓儒行世源孫東巖柳長源門人篤志力學有文集南泰溟字熙老儒行琬孫篤家先訓奬進後
昆存心制行爲時雅望沈德泌字長源忠義希大孫性度高潔文行典雅趙基宖字士安僉
樞巖玄孫六歲能畫八卦人擬之以古人沙畫弱冠華聞鵠蔚而不以自多常自勵之曰未能踐實自家欲以
區區詞翰見知於人而不幾於名利之自售哉絕謝芬華自請自娛不以榮辱介懷沈虎文字威重儒
行穆孫姿性忠厚文詞精博以求放心尊德性渚人戀三銘書揭座右爲日省資嘗與知府李玄好及金永熙
衰聚校中散逸書冊繕補綱目及事文類聚藏于書樓以待鄉士肄業曾孫宜濬撰遺事趙基益字德
裕相琦孫生姿淳美踐履篤實族兄玄隱基永挽日念功懿先德行周合後師蒼廬李鼎基撰狀趙龜
夔字洛應儒行相復子孝友篤至精敎禮數築齋先塋下追慕風樹之意題壁常棣八章以寓古人莫如之

靑己誌 卷之二 十五

踰屋南回淵上有捿息之所玄隱趙基永撰狀南大樛字子建資憲桂宮孫氣宇軒仰文詞蔚詩禮
庭訓孝友家謨早謝擧業養拙林泉徐晦模字景燁儒行溁子晩洲權以復門人姿質清粹才諝超逸
行高志堅論正詞暢趙英夔字達汝文行景潛孫風儀俊正出度嚴潔學識博洽言論鄭重砥立宗黨
拇數士林趙基城字相達學行守道后氣局俊整文辯淵溁早謝場屋晩樂林泉趙建熤字中
汝忠義東道六世孫凋儁不羈有曠世之度風儀軒豁文詞發越受學于晩洲權以復門蔣聖龍字君
佐中樞禮夏子行明志潔書史自娛有山林高趣徐聖模字希之儒行濬子晩洲權以復門人內承
庭訓外受師說樂善好義爲人柯則金永熙字仲遠嘉善尙海會孫氣宇軒昂學業早成居校任與李
侯玄好及沈虎文裒家校中書冊藏于書籠校規載完趙忠國字君彝忠義東道五世孫純厚慤實
友于兄弟睦於宗族處事謹愼外無驕飾士友推詡南泰樸字國卿瓊會孫文學淳實不喜著述沈
晉文字進若儒行世勳玄孫好學篤行心安理熟隱居謝事竟老林泉蔣八燁字文甫聖龍孫
風采秀朗文詞精簡趙基宗字元禮學行遵道后學識博洽望實俱隆有心上亭記趙基昌
字穉琢龜慶子天姿溫厚用工心學分析朝鮮分野度數抄選朱子書節要終身得力焉族姪觀祜撰孝行曰
血指心誠天亦有感族姪甲祜撰狀普賢山下樂谷之阿有風詠臺沈憲之字夏瑞元文子氣凝威重
品端學正事親不有其身居鄕以模楷見稱全州柳淵龜撰碣沈豐周字禹瑞虎文子風範魁偉襟懷
坦曠德義文行爲士友推重蔣友燁字仲叔伏龍孫篤志劬工遂成學業與進士權以復友善沈
達之字孝可儒行穆曾孫風儀峻整善於辯令文行兼備愼五欽字必道子才器絶倫工精書史著

箴銘以遺子孫韓山李敦裕撰狀權大佑字惟天安東人屛谷榘孫自花山來寓以文望德行爲士
林推許趙基仁字宅中重呂五世孫性度純實儀表魁偉文詞贍博筆法精妙沈烈文字公
碩有大曾孫氣宇凝重文詞風著抄四禮疑義以爲家庭要覽蔣在德字致明聖龍會孫壽護軍承襲
家學守拙養性尤精於筆法徐炳華字錫汝聖模子定齋柳致明門人金王令質仙鶴高標溪學精
文鏞啓後進趙廣祜字魯仲儒行觀煌孫形貌魁偉器局沉溪遂文懿德望重一鄕以天命可畏世
道可畏人心可畏扁以自警族弟謙祐挽曰我觀公一生工夫在於畏慕亭李亨秀撰記南熙亳字致
咸儒行熙宅弟形端性雅文翰純備承襲先模垂裕後昆鐵城李承奎撰記李東協字叔仁壺谷柳
範休門人摳衣侍側隨所見聞而日錄有四端口授錄南熙運字景緯儒行紀漢孫克承先緒垂裕

靑己誌 卷之二 十六

後昆勅躬孝友用工心近李鎭坤字載厚學行恥后重厚資質簡嚴氣局宗族悅服鄕黨敬信沈
永燦字纘之青川君孝門后早承家學至老不懈博洽經史鄕黨推重趙峻祐字聖極學行守
道后賦性淳眞志操廉潔文詞風就筆法勁健晦跡林泉奬進後昆徐炳秀字純汝聖模子性淳姿溫
克承家學文雅才諝堪爲售一世之資而退賦遂初養眞林泂沈峻之字忠立德泗孫受業家庭文華
筆名爲時人膾炙南守明字熙則儒行時熏五世孫從學定齋柳致明門見解日益進志恩日益篤
經旨之疑儀禮之變多質正小訥盧相稷撰碣權商美字尹若學行以復子立齋鄭宗魯門人內性慈
諒外貌秀朗才器聰慧文書數不煩課訓漸至成就金在運字穉循忠義鳳昌玄孫容儀端潔志
行溫雅博涉經史著述精簡著自警箴存心說徐誠熙字明愚儒行洛孫內承庭訓外受蒼軒趙友慤

學性度温雅有文學操守沈禮之字性甫學行鶴齡后博通經史專精易學士友推詡石湖柳道性進
士柳進遠鐵城李鍾夏有唱酬錄沈直之字聖應晉文子才高學勤操約施博風儀軒昂論議肅清
府使申觀朝撰碣曰惟質之美惟器之宏篤行實踐百善彰明南星燦字德賓儒行熙穆子清明姿質
弘大器量早事舉子業人謂詞垣元帥旣而播然曰此非實地事業乃築書室講經義沈鍷字文讚顯
監湖后以文學見重鄉黨壽戶曹參判承旨金鴻洛撰碣南龍夏字聖温宅漢曾孫姿性穎悟學問篤
實編取朱文公以下先儒辨論理氣之說國朝以來諸賢經義解釋之要南星運字聖欽儒行有纂后
篤重寡默孝友忠恕杜門講究題誠正箴自警沈能杰字明彥儒行萬緝玄孫克紹家聲有操守不爲
勢利所奪就質于申晉運門著心近要略南星老字子極儒行金鐸玄孫鳳彩英爽姿質明睿築山亭

青己誌卷之二 十七

爲捿息講讀之所以勸奬後昆爲己任趙性必字李彥廣祐子身彩儼然律己矜莊潛心經籍博聞
強記沈晃之字亨彥烈文子凤儀軒昂志氣恬澹敦行孝友克承詩禮講質申晉運門趙性毅
字仁若中樞禮煜曾孫氣宇凝峻威容德器挺然廣調而曲直剖析如凌江河扳立德峯祠以爲永慕之所
趙性殷字始言亨國玄孫儀形雅潔志操廉介家甚清寒刻苦讀書研經窮義造詣精深族弟性洛撰狀
沈能鎭字聖信儒行弘周子自幼聰穎藻思英逸能立就詞賦著述多爲人秘帳有金谷詩稿知府崔
翼鳳序南錫永字而壽儒行殷喆子進士柳致球門人薰陶大方受說單的窮理邃學爲儒家模範
趙性文字士郁儒行相彥玄孫見識浹洽鄉黨推詡沈宜雲字景龍儒行範周孫性度寬厚
勤於學精於筆令閬夙就宗黨倚重權五奎字明應商美子定齋柳致明門人聰明絶倫文行兼備著

幽齋說自警說紳訓等篇沈敬默字通伯永燦子謹厚持身善文能詩趙寅植字衡重基城子
才藝文詞鄉黨推詡沈應之字應奎學行邃后定齋柳致明門人温恭之行本於天性精深之學見詡
師門纂喪禮要義洪大楫字濟用大舟弟厚庵權濂門人才藝特異文詞博洽究山柳淵好撰碣
南龜錫字君範儒行熙宅孫氣宇峻正德望藉蔚明辨禮書博涉傳詁篤行修身士友敬信沈宜
濬字聖弼僉中樞能鵾子姿性宏毅氣宇嚴正文學贍博持守正大爲士友推重所著有論孟庸釋義及校
中記事達城徐丙懿撰狀權應奎字仲觀鮮美子專精家學倚治擧業潤如精金美玉趙性龜
字禹瑞學行遵道后淳厚之姿篤實之功晦養林泉益求古人之志而誘掖後昆沈鳳之字聖瑞德
潑孫與族兄誠之互相講磨望實俱隆座右揭省箴勉學箴以資朝夕之警潘南朴聖中撰碣日申鍾

青己誌卷之二 十八

洛字于會儒行弘遠孫鳳儀軒昂氣度嚴肅晦跡林泉自娛書史沈宜松字敬達直之孫氣宇峻肅
論議鄭重學業早就士友推詡行誼自有孝悌忠信徐孝源誄曰使世之人惜敬達有如沈君典之不朽千古
否地距萬世曠百二沈一何相符也黃允中字聖執克一六世孫晩洲權以復門人親承旨誨博文能
詩有文集拓庵金道和撰狀府使申觀朝撰序咸安趙奎洛賦趙性魯字宗叟學行遵道后儀容厚重
律己雅勅族弟性完撰狀族弟性洛撰壙記沈宜華字聖三儒行穆后神彩莊毅動止雍容韜晦不
市行修敦篤每夜微誦大學一過昧爽盥櫛以爲常規至老不倦壽通政南仁洙字魯源儒行殷喆孫
宅心平易制行純慤纂輯退陶心學之要以爲觀玩之資趙性博字致若孝行相絅玄孫持身嚴慄學
究精微以四勿箴夙興夜寐箴爲日用克工趙性格字正叔學行守道后賦性温雅勵志好學曾恩

二傳終老用工承先裕後不越規矩趙性完字德明學行基永孫姿性寬厚風儀後整才請過人文詞

凤就句集聖賢格語箴書以自警南萬喆字光彦僉樞必熏后蕪諒之德廉介之行專心程朱之書

纂輯殷周之禮爲一生用工之方臃來後之程義城金秉宗序巴山趙性洛撰狀趙弼奎字應五儒

行相彦五世孫姿性廉介才請起倫文詞博洽淹貫聖賢書理會處趙性璞字荆王曾慶曾孫氣字軒

昂才藝出倫丙申以朝綱紊亂布衣擧義趙永奎字友錫性必子性稟聰敏形貌雅整文藻贍慈筆法

精容動止愷悌言辭簡淡沈能烈字學聖護軍景文孫風儀魁偉文詞夙就金裕鎭字禹鉉通

政性均子儀容端潔性度清直早學徐孝源門服習至訓文學純深訓誨後昆多有成就韓山李敦裕撰碣正

字崔鉉弼撰狀趙泰奎字聚五相憲五世孫文詞簡易志操堅固顯晦有命不惑不尢趙性洛撰誌

李晚榮字公早儒行膺協子早就筆名篤於學文戒子箴云暗室自欺我獨我知全州柳淵龜輓云故

人何所事聰讀父書明趙性漢字紀中龜變曾孫早以文辭見詡鄉黨晩而韜晦栗園有司馬光獨

樂之趣族弟性洛記進士柳膺睦序申相極字一初鍾洛子西山金興洛門人持身儉約宅心平易文

詞精博人擬輔冉沈琥澤字啓五儒行範周曾孫石舍柳基鎬門人高宗朝內部主事資性剛明

文辭精簡學究危微工專踐履論語講義錄全州柳淵龜撰誌著趙采奎字孟輝性博子性度寬弘

才慧超邁忠信本領文辭簡古南圭錫字禹玄熙亮孫氣質純朴文辭贍富杜門謝事窮經籍攄性理

爲究竟沈義澤字禮伯憲之曾孫德性徽柔風儀莊重文辭典雅持守純正尢篤於孝友金鎭

聲字而振忠義鳳昌五世孫西山金興洛門人姿性聰敏孝友篤至學究誠敬工深詩禮貽子孫訓誨書

沈瑀澤字禹玉宜華子高宗朝觀察府主事德性温粹氣宇軒昂文詞贍遂早有聲譽嘗就貢於肯

庵李敦禹門趙圭錫字禹成嘉善貞祐孫稟賦温雅才知聰悟謹愼力學樂善好義早失所怙孝於

偏憧不勝風樹之感至老白首而不廢省墓以心近朱退書爲一生用工又精於禮說沈東澤字平

仲能杰孫受學家庭文辭夙就對策補成均博士早貢于淵齋宋秉璿門登晦堂張錫英門多蒙獎詡以書摯

中華夏靈峯震武往復問難晩以七悔顔其堂咸安趙顯奎記沈宜壽字敬覆能烈子淵齋宋秉璿門

人才魁識博士友倚望金元璧字赫參義城人姿質穎悟才諝聰敏哲宗戊子中司馬

行誼

李碩起眞實縣吏中生員試以子倚貴贈密直使世居邑內俗稱李村天性恭謹常居私室閑主倅

坐衙角聲則下堂拜跪止後就堂凡處鄉之道每事如是縣倅聞之心爲未安作令靑己縣角聲不及之地勸

令移居云柳應時字會甫全州人歧峯復起玄孫嘗値大歉日賑濟一境特除工曹佐郎永鐲子孫户

役沈處大字泰源儒行世章子安分師儉讀書砥行嘗値大無散粟百斛賑一境戊申以伯兄新枣

仲氏卧漳自任家事送兄最大弟履大從姪廷蘷倡義勤王徐致謙字遠兼儒行漢言偶子克承先徽

義及周人厚庵權濂輓云人言未學如嘗學自道無名勝有名進士趙相震誄云家門倚重鄉黨推詡趙

基壁字和汝忠義景濱曾孫淳朴之質本乎天存養之工由於實地立宗大義編子禮曹周窮仁聞播

之鄉里沈德溶字雲甫儒行世勳曾孫德卲學博身修行篤不事名利趙基赫字文應文

行英變子時文夙就筆法精妙八歲丁憂哀毁如成人族姪泰祐撰壙誌金重玉字重甫通政尚白曾

孫聰明絶倫才諳出凡文辯夙就士友推詡曾孫崧鎮撰碣 **南熙敎** 字萬可泰杸子性至孝嘗赴試
水漲人多溺顧謂人曰癃親在堂聞必憂慮卽還値歉歲見暴屍躬持布斂埋 **趙性王** 字景潤文行廣
祐子體幹而貞固容姿沉默有至孝葬先妣在三舍月必一再省宅心處事一以儒程自律率物御衆一以德
意見推守先遺業不以營殖惟以急人爲義頤齋權璉夏撰碣 **金在浩** 字周孟忠義鳳昌玄孫姿性謹
毅德器謙厚持身儉約立心齊整接人款洽御家雍肅當世以篤修君子見稱 **李貞培** 字華甫儒行俊
成五世孫性度淳朴聞人有喪對食却肉年高八耋每當諱辰齊沐盡禮國恤食素鄕人服其懿行緇薦除
僉樞 **沈宜善** 字羲善儒行範周孫肇慶廟參奉進士柳膺睦曰有心適老柏勞力透精金于軒李壽岳
曰大義分金羽眞心謝蠟絶進士柳淵博曰子純心獨我知皆輓語也眞城李中洙撰碣 赤 **趙赫奎**

靑己誌卷之二　二十二

字友顯性玉子稟性剛勒行德溫仁孝養備適友愛隆洽主宗祏之重而篤報本之誠處族黨之衆而劉醆酬
之宜 **趙性濬** 字舜五文行景海六世孫性素淸直志又備伉論事直截而不回至處世貞介而不流徇
窮居寒屋人否其憂而處之泰然嘗有言曰蔬糲弊袍不足恨也錦衣膏粱不足貴也 **南錫玄** 字圭
彥文行星老子氣字淸灑德器厚重痛恨早孤每讀老萊子七十孝奉之書歎息流涕

筆苑

趙咸哲 字幾甫學行純道子存齋郭趍門人文學夙就筆法神妙世稱頂耀十里遭貞夫人憂結廬墓
下後人名其洞曰殯所洞龍蛇之後慨聖殿頹廢重修鄕校改題位版當時交遊名碩芝蘭薰室敎訓諸子蓮
桂滿庭參判李廷楣輓曰南州六十郡吾友二三人獨謂趙夫子可謂王國賓 **李禹** 字季獻文王成公珦弟

筆名著世愛靑松山水之勝嘗寓本府 **趙亨國** 字君平忠義東道五世孫剛毅嚴明淳厚周信行己
有法鄕黨敬服筆法精緻有名于當世 **崔錫信** 字立中號淵璨子筆法通神名遍一世東都公廨亭
樹扁額多有墨跡 **趙文夔** 字子章文行重呂玄孫先公自兆角種楮以紙交易積輒几藏且母夫人
于歸無衣服粧奩之具只以紙數籠來及公生纔六七歲敎篤書寫而得山陰高格多著於世人謂公之名筆
始胚於斧孃 **沈慶老** 字極初忠義汀七世孫生有異質性度不羈善屬文辭藻思逸發當時儕友多
讓步焉有家傳譜書咸稱銀鉤珠玉 **沈能濬** 字舜明僉樞世文后風儀卓越氣宇魁嵬尤精於筆法
趙性健 字道貫文行嗑六世孫性秉剛柔才藝出倫早就文學能成大器妙得山陰格筆翰如流 沈
能勛 字周卿文行敬默子篤承家學文詞博洽筆法尤精名重一時 **趙張奎** 字漢瑞儒行相彥五

靑己誌卷之二　二十三

世孫儀度莊重心志堅確自少志於學精於筆承先業牖後昆爲己任

靑己誌卷之二

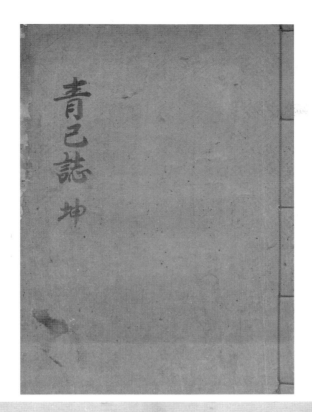

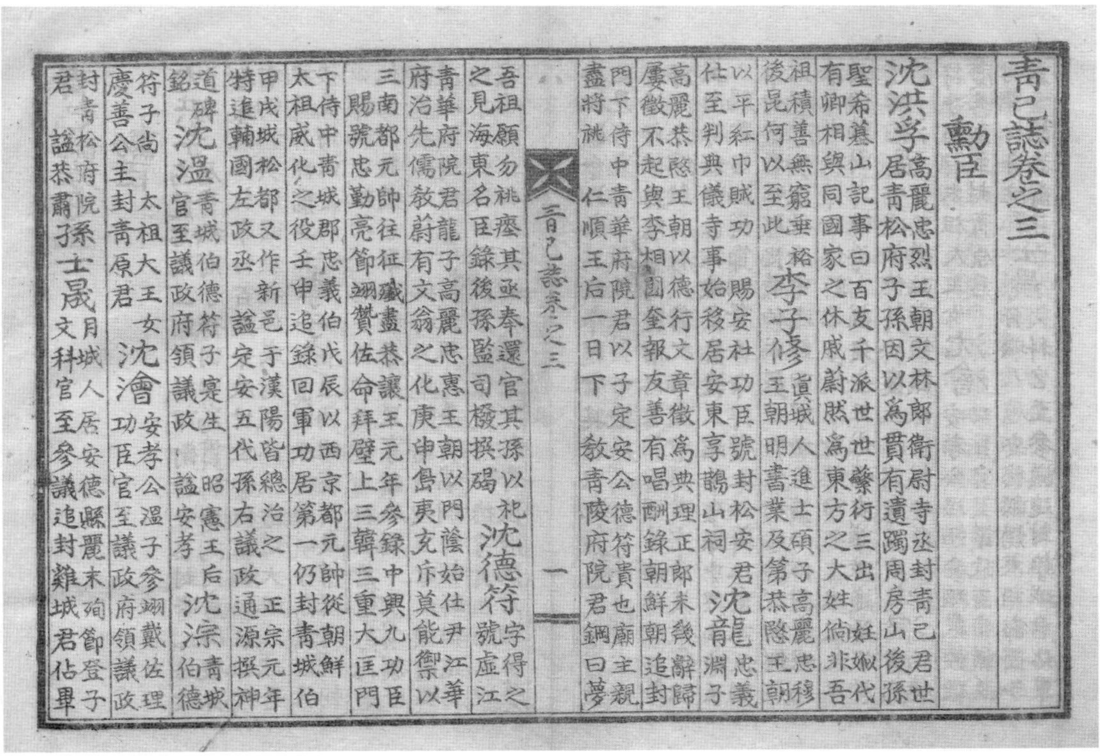

青已誌卷之三

勳臣

沈洪孚高麗忠烈王朝文林郎衛尉寺丞封青已君世
居青松府子孫因以爲貫有遺躅周房山後孫
聖希纂山記事曰百支千派世世蘩衍三出妊娠代
有卿相與同國家之休戚蔚然爲東方之大姓倘非吾
祖積善無窮垂裕李子脩眞城人進士碩子高麗忠穆
後昆何以至此王朝明書業及第恭愍王朝
以平紅巾賊功賜安社功臣號封松安君沈龍忠義
仕至判典儀寺事始移居安東享鵠山祠淵子
高麗恭愍王朝以德行文章徵爲典理正郎未幾辭歸
屢徵不起與李相國奎報友善有唱酬錄朝鮮朝追封
門下侍中青華府院君以子定安公德符貴也廟主親
盡將祧 仁順王后一日下敎青陵府院君鋼曰夢

青已誌卷之三 一

吾祖願勿祧瘞其丞奉還官其孫以祀沈德符字得之
之見海東名臣錄後孫監司橃撰碣號虛江
青華府院君龍子高麗忠惠王朝以門蔭始仕尹江華
府治先儒敎蔚有文翁之化庚申倭夷充斥莫能禦以
三南都元帥往征殲盡恭讓王元年參錄中興九功臣
賜號忠勤亮節翊贊佐命拜壁上三韓三重大匡門
下侍中青城郡忠義伯戊辰以西京都元帥從朝鮮
太祖威化之役壬申追錄回軍功居第一仍封青城伯
甲戌城松都又作新邑于漢陽皆總治之 正宗元年
特追輔國左政丞 諡定安五代孫右議政通源撰神
道碑沈溫青城伯德符子寔生 昭憲王后 沈淙青城
銘官至議政府領議政 諡安孝伯德
符子尚 太祖大王女 沈澮安孝公溫子參翊戴佐理
慶善公主封青原君功臣官至議政府領議政
封青松府院孫士晟月城人居安德縣麗末殉節登子
君 諡恭肅子文科官至參議追封雞城君佔畢

齋金宗直稱其卓然樹立四佳徐居正有拜太守孫先
生問二水三山之說晦齋李彦迪有徘徊慕清德留咏
有孫侯之語墓在文居驛後 **沈順門** 恭肅公澮孫登第官至舍人燕山甲子被禍 明宗朝 贈都
承旨 **孫昭** 字日章雞城君士晟子癸酉中司馬兩試世祖己卯擢賢良科選八南床又魁文藝試陞藝
文館應 敎丁亥李施愛叛兄旭以御史節死咸興上
命平盧將軍朴仲善擧爲從事昭贊畫濟事返葬兄屍
凱還策精 忠出氣敵愾功臣封雞川君 命圖畫其像
藏于勳府 賜副本有世襲世宥之 敎 賜土田臧獲
珊瑚纓玉硯滴象牙刀官至吏曹參判與金宗直爲道
義交所著金烏山賦登樂府 成宗甲午卒 上震悼
撤朝二日 命太常 賜謚襄
敏以子仲暾貴 贈吏曹判書 **沈孝崗** 字孝源號晚愚岳隱元符
孫 中宗朝官戶參錄定難勳 封
靑川君崇祿大夫金宗漢撰狀 **沈連源** 順門子有忠孝大節爲世

名相選清白吏 明宗朝官至領
議政 謚忠惠配享 明宗廟庭 **沈鋼** 忠惠公連源子寔生 仁順王
后 封靑陵府院
君 謚翼孝 **沈浩** 寔生 端懿王后 封靑恩府院君

忠義

沈淵 號安分堂靑已君洪孚子高麗閤門祇侯晚年出補山淸因居石杳村脫屣名利終老林泉有詩曰
平生性僻小營爲一任天公處分宜薇蕨滿山寧學圃
藤蘿繞屋自成籬風無宿約時時到月不相期夜夜隨
外客休傳塵世事北牕高臥夢軒
羲有遺躅望京臺士林寓慕竪碑 **金路** 號石圃義城人高麗太子詹事
龍庇玄孫不護齊申賢門人官大司農麗社屋屢變名
潞璐軺八溪獄山自靖 康獻太祖不忘潛邸舊誼物
色訪之不應與竟世東金若時李集會于元天錫家祭
列聖及扶綱振紀者配祀葛川金熙周撰狀玄隱趙基

永著
遺事 **沈元符** 號岳隱靑華府院君龍子師事益齋李齊賢高麗典理判書一云檢校中郎將麗運
訖與七十二賢同僕八杜門洞有詩曰累世渥殊恩如
今失主君莊山宛舊色漢水何無垠日暮傾葵在宮墟
種黍紛要東古冠帶吁嗟八杜門遂戒子孫勿赴仕宦
壬申登松都市南峴掛冠言志曰王蠋之言我所敬服
見不朝峴言志錄癸酉 康獻太祖以龍潛舊契遣
官致祭見三盟錄有實記享杜門洞書院及景賢祠 **趙
亨道** 字大而號東溪孝行址子受業寒岡鄭逑門當壬亂見國事危急奮然投筆曰男兒事業不必專在
文墨登武科爲備局郎西厓柳成龍爲首相每草文簿
啓議口呼不絶應吁而書筆翰如流見者稱賞與弟
芝嶽東道八火旺山城倡義當光海時家食不仕築亭
於東溪上扁以息親堂戀君軒皆有詩癸亥改王後歷
三營七郡皆有去思碑 陞嘉善二品至副元帥甲子
适亂以精銳先赴亂 扈駕丙子虜亂年七十奮疾從

軍至忠州聞和議成不勝憤惋疽背而卒事載忠烈錄
尊周錄十三忠錄火旺同苦錄八公山同盟錄及兄江
會盟錄享德峯祠有文集信庵
李秉夏撰狀定齋柳致明序 **趙東道** 字景望號芝嶽孝行址子官濟
用監副正自幼卓犖有奇節度略宏濶壬辰仲兄東溪
亨道方赴江右陣臨行奮然告伯兄守道曰老親在堂
兄不可離側仲兄赴陣弟固當隨死投袂往從年十五
丁酉爲本府義將與列邑義將會盟于大邱八公山筭
畫籌策累立戰功丙申率兵八火旺山城與三十二將
呼字各賦聯句與愚伏鄭經世大庵朴惺芝山曺好仁
諸公表德相呼攝韻於公則曰修道倚景望時人謂海
東千古奇壯會云事載龍蛇倡義錄公山會盟錄火旺
同苦錄方伯徐熹淳
祠狀 啓享金臺 **沈淸** 字千一號九松學行鶴齡子宣廟壬午進士博通經史
溪於性理傍究天文曆數嘗夜坐亭上仰觀天像嘆曰
不出數年國有兵禍壬辰倡義八本府噶散土賊以全

倉穀及聞 大駕西遷流涕曰誰謂嶺左七十州曾無
一人義士耶遂引軍南下禦敵於慶蔚之間屢奏奇功
又以軍糧監調運各營未嘗乏絶體察使李元翼以聞
除訓鍊奉事 賜亭號碧節丁酉戰至烏山立殣於
敵丸長子應洛收屍還葬朱砂之棲諸將曰沈訓鍊之
智略敵所讋伏和江之會李應春曰轉漕調兵沈清一
人而已後人至今思慕 名 沈湖字浩然青川君孝開玄
其居曰碧節村有實記 孫官泗川縣監壬亂有
敵燹之功亂後居民震蕩善政撫 沈清字淨然號慕義
愛一境賴安輔國閔泳奎撰碣 青川君孝開
玄孫姿相雄偉氣槩異人年二十五當壬辰亂倡義旅
西至忠州丹月與敵交鋒奮身勇前殉節衣履返葬
尹堭字聖執號濵隱坡平人府使師商子 文宗朝文
科 端宗朝以學行 除禮曹正郎乙亥 除戶
曹判書出八經筵多所補正 端宗東遷顚倒至華陽
亭謁 上王痛哭顧安瑢曰吾王何至斯遂 扈從

不避艱險每夜星馳候問起居焚香祝天以待復位及
仙御賓天不勝痛憤隱於寧海七寶山中設虛位祭
哭 上王服喪三年與權秀才業曰盤桓雲岑下北向痛
哭四拜登飛蓋峯呼秀才而歌曰登彼雲岑兮與子同
懷淒凉白華陽亭上月寂寞紅慶會樓前花不如歸杜
宇聲耶忍聽心自傷碣銘曰生而有魯連之節死而有
王蠋之忠正衣拜誌夜月 李庭柏字汝直號樂琴軒松
蒼菘同志同節生六死六 澗庭檜弟天性剛毅
仁孝五六歲已有成人儀表退陶先生嘗撫頂曰此兒
謹重必大有爲因命寫字公即書進忠孝二字先生大
奇之戊子中司馬壬辰 南胤曹字彦述英陽人松亭須
爲義將享流巖里祠 玄孫通政學識明達志
氣慷慨當壬辰謂弟繼曹曰士當死地死可也今母在
何弟曰爲君事親其義一也兄弟分職不亦可乎公曰
眞吾弟也泣辭母夫人赴忠翼公郭再祐 沈宗明字公
竟殉於火旺山招魂返葬事載倡義錄 晦青

城伯德符后 宣廟朝武科海南縣監壬辰以都摠都
事扈從特 除督戰督運使守臨津殉節 贈兵參
議 謚忠節 正宗癸卯 孫旭雞城君士晟子官至正
旌閭僉樞沈定鎭撰狀 郎 世祖朝以敬差官
奉 使咸興討李施愛遂遇害 上悼 金夢麒字仲祥學
甚 賜祭文曰處命不偸忌身殉國 行漢卿玄
孫倜儻有奇節壬辰倡義赴花山權應銖永陽復城以
摠督將軍籌火攻之策在陣夜歸省親晨還轅門月城
戰 西生役俱有功捷官至 金應夏義城人高麗太子詹
訓鍊院副正事載同苦錄 事龍庇后參奉與弟
應商應周築屛巖書堂於義城郡中沙村西涯柳成龍
扁額安東金壽杰記儞後孫參奉秉植記壬亂與弟應
周殉節 蔣後琬字君佐號龜川中樞處勇后骨格奇偉
於此堂 容貌端嚴世推以干城之器盡誠孝遂
學行佩望一時龍蛇亂以戰功 除王江萬戶拜軍器
主簿又 除聞慶縣監 陞東萊府使拜副摠官兼防

青己志卷之三 五

禦使有治績聞 徐忠述字行可號樂山達城人龜溪沉
谷李爾松撰狀 七世孫早登寒岡鄭逑門篤志
力學壬辰與孫處訥及舍仲息 崔忠孫字君中號河南
遠共赴禦敵見公山倡義錄 慶州人吉城君
有井后官中樞壬辰 崔應參字汝明月城人文昌侯致
與寒川崔認同殉節 遠后判官壬亂倡義錄勳
二 趙咸熙字晦夫號德齋忠義亨道子六七歲已知作
等 詞賦外祖竹牖吳澐奇愛之及長從梧峯申
之悌遊籍記嘉言善行以自鞭策之悌謂其子弘望曰
趙咸熙志學之士也性至孝母夫人吳氏積年宿愼夙
夜不脫冠帶擧扶便體甘苦適口甲子适亂上書于長
兄曰今大駕蒙塵家君赴亂弟當隨死於君父從公洲
陣毒丸中胷漸至危劇齋丸 金夢鰍字季祥號氷巖學
以歸因卒人謂之忠孝兼全 行漢卿玄孫甲子
适亂錄振武勳丁卯胡亂以王涌將 扈駕沁都 王
下褒 教賞賜鐵鏡及和議成極諫而諍 命削奪虜

退復官除訓鍊判官外補黃州牧使韓山李敦裕撰碣沈禮達字彬仲忠義汀子官軍資監正丙子
虜亂倡義傷後孫鍾撰狀趙時璘字宋璟號鳳泉忠義咸熙子穎悟出類言語溫重受業再從祖澗松
堂任道門博涉經傳崇禎甲申後家藏文字必題大明年號以遵先志所著有文文山正氣歌曰心丹殉國死
猶榮志遠存孤生亦苟綱常一脉賴不墜正與天地同其久又題圖隱鄭夢周文集後曰不願奔周抱祭器不
願登山採薇蕨回看宇內我安適死猶甘心寧苟活澗松任道每獎許曰不絕忠義家風黃克一字復
元參奉元奇子仁祖朝武科副司果植柔兆難大駕播遷南漢與李相莞克力扈駕同心贊劃多有捍
衛之勞府使申觀朝撰狀尹忠佑主簿貴琳子辛酉登武科官至訓鍊僉正當丙子亂與家人語丈夫
處世生當報國死當裹革赴雙嶺陣奮身獨前而卒有申部將樹誄文是日夜四更馬嘶于公居洞口家人驚
視則乃公之馬也血流滿鞍家人驚問曰汝雖微物今旣來此汝主生乎馬流涕回顧汝主死乎馬飮泣叩頭
仍斃于庭至今有馬具贈軍器寺判官趙德昇號兩全堂學行守道玄孫天性磊落多膽略戊申亂
父大寬領鄕兵赴松坡陣公又發檄倡義排定部伍剋期啓程將合於安東義陣道聞捷報因罷還人稱忠孝
兩全南之熏字太和號梅溪儒行昊柱子文學德行見重士友戊申從趙德昇倡義聞捷遂罷歸結樹
大明洞下愈益劬學壽同樞義城金秉宗撰碣沈最大字濱源儒行世章子資辨行誼爲士友推重戊
申從趙德昇權大衡李鵬齡同赴國變見倡義錄趙景濱字圖南交行重呂孫工濱於師聖友賢志
存於廉頑立懶戊申倡義與從弟景濮誓死赴陣見倡義錄沈必大字天源中樞世文子戊申從趙
德昇權大衡李鵬齡共赴國亂事見倡義錄金鳳昌字鳴世號素庵司猛應禮五代孫志氣雄豪慷

慨有志節倡戊申義事載倡義錄沈稪大字坦源儒行世章子倜儻有志節英廟戊申與叔兄最
大從兄必大從弟希大從姪廷萬同赴松鶴樓下倡義沈希大字亨源號後松齋忠義清玄孫英
宗朝官司僕寺正文詞宏博志氣超倫慷慨有志節見倡義錄李後聃字仲老讃軍世鳳子才氣英俊
文詞宏濴戊申倡義沈廷萬一作夔字一之號嵋山察訪鐺曾孫志行高潔文學夙就英宗戊申倡
義沈賚良字殷卿忠義汀玄孫官中樞戊申倡義誓死赴陣見倡義錄趙景濮字活源文
行重呂孫戊申變初自謂爲國赴亂吾家世烈遂奮起赴義見倡義錄忠婢是娘孝子權澤萬婢
平居事主誠謹主家偶失火是娘赤身冒焰負女主而出烈焰撲戶不得出遂與同死肅宗朝事聞旌
閭

孝行

沈天潤岳隱元符子官令同正朝鮮國初以先訓退耕於野鞱晦自靖屢徵不起與冶隱吉再有師友
之契其歸田時贈詩以寓同歸之意耘谷元天錫嘗書勸出仕曰抱奇偉之才不必濳藏願出事明主以慰時
望遂答書以示素志太宗朝襃忠孝閭趙址字克立學行渊孫同中樞贈刑曹判書氣宇軒豁不拘
細節以王考命贊居安德仍構亭扁以望雲蓋寓感於狄梁故事及遭先公憂廬墓三年未嘗一至寓所寒岡
鄭逑知咸州每遭廬必稱安丁與士友移建雙溪書堂每月朔會諸生行鄕飮鄕射庭揖禮倣呂氏鄕約講白
鹿洞規命子守道適道就學于惟一齋金彦璣門壬辰送子亨道東道于忌憂堂郭再祐火旺陣嘗與鶴峯金
誠一契義甚重鶴峯時在右伯折簡往復每以國事戀倒語人曰趙址眞杖義人也所著詩文平淡冲雅不爲

媢世悅俗之態權幹有學行性至孝父母之葬親自負土成墳廬墓三年與鄉士倣呂氏鄉約以爲規邑
之人至今儀則焉閔世貞驪興府院君霽玄孫世居此地中宗朝擢孝濂科官至縣監以孝友
聞于朝旌閭申從渭文正公賢后性至孝廬墓終制道啓錄孝行案知丑山郡早解官歸以大耋
陞正三品享西江祠李之經字子常學行恥曾孫贈刑曹參議父病嘗糞以試申演事親
孝家法嚴遭母喪以父在不得自盡及後喪居廬歠粥終制三年內日必三省墓雖風雨不廢因中濕痿躄杖
而後行祭祀必親之愚伏鄭經世撰碣曰聖人所謂十室之邑必有忠信其不謂是耶李埱慶生孫母
氣絶斷指注血遂得回甦李泰新字君振碧珍人耕隱孟專后聰明絶人筆法神妙自齠齡已有神童
之稱及長事親盡孝就養無方靑田李鶴來撰碣申慶男演子贈承政院左承旨性至孝葬父母

於十里外每値冬雪輒往掃鄕人謂之能繼家風鄭繼源字大潤雪壑齋矩后竭力事親特有誠孝
鄕道以聞旌閭贈戶曹參判拓庵金道和撰狀輔國鄭範朝撰碣趙咸世忠義享道子自兒時
孝行特異十一歲母吳氏患風痺手足不仁晝夜不離側衣食梳洗之節躬自調護不使人代十九歲母病卒
劇氣絶斷指進血遂得回甦父年七十赴亂疽背常吮濃血及遭喪歠粥終制遠近嘆服名所居軒曰五宜多
名碩題詠權澤萬儒行斗經子有文行性又至孝事親極誠母歿於火焞多之物不近口父有疾有控
雉躍魚之感前後喪皆廬墓遇雪手掃塋域所著有悲風悲雪等篇皆參義遺義今人流涕英廟丁巳旌
閭知府尹彙貞記碑知府李祖植書扁鄭東熻字汝瞻繼源子生而養志體及葬晨昏奠哭墓所哀
毁有虎來護常如家畜咸稱至孝所感以聞旌閭贈僉樞大宰鄭基會撰誌拓庵金道和製焚黃祝文

趙嶹字士重筆苑咸哲孫通德郎九歲丁先公憂執喪如禮口不近魚肉哀毁不己德溪公常憂其生病
從祖進士公仲父進士公詒誦萬方不一開口只有淚泫然伏枕痛哭滿座揮淚不能抗止李玄述
字仲善文行寅華子早遊塤叟鄭萬陽篪叟鄭葵陽門性至孝母病飛雉入廚兩叟先生以黃雀入幕賀書仁
同張升遠撰狀通庵權周郁撰碣趙彥國字君用忠義東道五世孫儀容俊偉持論醇確篤信孝悌
行實德善丁憂哀毁踰禮幾至滅性遠近稱之以孝累登繡衣薦李允秀撰狀趙相準字平叔忠義景
濱子潛心經史晦跡林樊日用事爲孝經一部親癖欲篤斷指注血回甦延年沈弼良性至孝事親竭
誠及親病身自侍湯旣歿泣血成疾幾至不救友愛篤至二弟家貧責田資活李益馥事親至孝父病
患食雉肉有雉飛入家中執以供親人謂孝感所致趙晉煜字明則學行守道五世孫玄隱趙基永撰

傳略曰世以忠孝爲南州望族生甫四歲先公歿被慈母之教以至成就而以先人之生不得遠養沒不得親
歛爲至痛每忌日盡敬致齊竭誠供具且擇地改葬因廬于墓下以終三月之制事偏慈甚誠家甚貧無以養
或服田或負米一日親廚火絶將適他告急忽於中路風雨大作避林木間俄而雨止有靑銅落在其傍以爲
有還索守坐良久無來者因歸而爲庋閣之供又夏月母病中思菁根而四求難得適家有狗含來一根如新
採者然以供之每求時果梨栗以待不時之思一夜母忽眩倒蒼黃奔往醫家醫言此必食蜈蚣所咽急還用
栗汁還則母已起坐如常喜而問之母曰昏憒中忽思生栗在側五六介取食然後卽差此天有以醫之耶母
年高病篤常在床褥而湯飮諸節不令人代母久不梳髮苛痒難耐公日膏其髮櫬母之首而移其虱以自梳
時宰聞之賜米肉以致養又賜二梳子及疾欲嘗糞甘苦斷指注血幸得回甦以終天年及喪哭泣之哀斂殯

之禮極盡無感及葬距家爲五里許而日日往省雖祈寒盛暑未嘗或廢每大雪亟往掃除哀號尤切樵夫亦憐之爲掃其往來之路服闋而餘哀未盡切切如孺人無所歸年六十四而卽父歿之周甲也及其日攀擗號慟如初喪時幾絶而復蘇因制追服歠粥去菜致喪然後除之圖恤食素如喪考妣爲人淳直儉朴見其外不甚表異而蘊於中者有剛毅不改之操聞其言雖若軟巽而行於事者有高遠難行之蹟噫孰不欲孝孰不欲忠而世降俗偷行之者鮮惟公生長僻陋任情直行非所以求知於人也一片眞衷自然感發爲忠孝者實不愧於三綱實錄而終不免與草木同腐湮沒而不稱悲夫

南泰朴 字仲憲儒行世柱五世孫事親至孝五月之內遭兩親喪合封於慶鳳山廬于墓側雖疾風盛雨不廢拜謁常伏階前而哭當膝處穿陷至數寸一夜風雨大作忽有聲俯首而聽乃其亡親聲也驚起抱魂帛立之他而廬後山左右崩頹獨廬墓不壓

趙基晉 字允之儒行相迪孫性至孝事親有庭鵝氷魚之致養蠶供衣春霜下桑而獨不被害以終蠶功人稱天感有儒狀繡衣褒拓庵金道和撰碣

趙相絅 字士章學行遵道后誠孝篤至母病斷指注血

朴遂基 字盛華學行遲孫天性至孝事親無方家有鬱攸救親幷歿人咸稱孝

南昌漢 字禹瑞儒行世柱玄孫生纔二日失恃以不識慈顔爲終身至痛及其改葬飮白骨乳

趙性元 字穉仁學行基永孫五歲有人與果者懷而獻諸王考王考問曰汝何不食而饋我乎對曰古人有懷橘我何食之王考奇愛之及就文詞八達城試忽心驚棄科具倍日歸家親癠劇篤矣卽夜奄遭罔極人謂懷橘之陸績棄官之黔婁

洪秉河 字士則友愛大舟子進士權以復門人母病幾至隕命斷指注血回甦以延數日人謂誠孝所感郡宰特有褒題

沈能鴻 字士翼忠義廷萬玄孫少著文行事親以孝居喪三年哀毁踰禮因病不起夫人申氏戒子孫執喪勿過哀

金墍 字季叔義城人太子詹事龍庇后天性至孝親病氷魚山蔘竭誠奉供

趙基堡 字君章漁溪旅后家素貧寒身又遘疾承順親志就養無方及其寃逝恐爝八耋親心以慰親不凡語談之其餘悲戚含默而逝弔者皆稱孝

金在鎬 字汝善岱南后性至孝親病願生雉卽八山祝天雉自响响願氷魚往剖尺氷魚自躍躍鄕隣以報太守招賞之安東權五奎撰傳上洛金壽昇有說

姜永奎 字得華晉州人事親至孝卒當親病危劇斷指注血回甦人咸稱孝

徐孝述 字繼彥文行炳華子柳致德門人器局峻整姿性沉默誠孝天至人無間言

林仁得 字仁之醴泉人襄陽君自蕃后自兒時盡心孝養家貧至於求乞而炊飯難餚食之味先嘗而供之父病劇斷指注血延數月之命及喪葬日省墓哭盡哀三年如一日子海鳳觀感其父之行承順無違父病劇亦斷指延三日之命及丁憂朝夕哭如定省之禮海鳳之子世杰基命服習家行幷有孝行其父病劇兄弟俱斷指延數年之命及葬逐日省墓冬夏不廢世杰死基命養其九十老母竭力盡誠居家叱咤之聲未嘗出口母死未葬居處於藁廬中旣葬日必省墓晨往夜歸有虎相隨而行基命之子誠曄亦以其父之養親者養其父父嘗病水漲市阻憂其甘旨之適乏野雉際八家中供進之人謂孝感其父病劇亦斷指居喪一遵家法素有學識尙義氣値凶賑窮發財不惜四世五孝著於鄕里屢登邑報幷崔林著喆府使李德秀壺谷柳範休俱記行蹟

黃德祿 字聖兼襄武公希碩后黃灣門人稟性淳粹早就隸業年十歲遭外艱哭泣祭奠儼若成人壽嘉善有表彰文

李政敏 字自穆三吾六世孫容儀端雅志操耿介每孝事老母侍病嘗糞義城金鎭聲撰誌

崔箕福 字子五尙秀曾孫事親至孝居喪泣血府使以聞除授嘉善

趙性秉 字景學嘉善貞祜子事親至孝

靑己志卷之三 十一

進膳必待命撤而後退病劇齊戒沐浴禱天求以身代偶遭貞疾至於臨化語及曰未得終孝敢何瞑目孫
加元字治賢月城人事親至孝奉養備至及親病嘗願生雉卽往訴天飛雉入前歸而供之願生魚天寒
冰凍有鼈敺魚剖冰求之皆孝感所致人擬之王祥故事沈萬燁字福源儒行世勳孫篤志力學以孝
友見稱鄕黨金柄集字亨緯慶林府院君命元后奉母養志體及母病斷指注血回甦益壽人皆稱
至孝朴仁復字秉勇時健子竭力事親生而養志體歿而盡易戚鄕黨稱孝金三斗彥祥后自
幼有誠孝甫九歲遭父喪泣血廬墓如老成人以出天之孝稱焉吳世周字聖元應大玄孫進士柳
致球門人有文名孝行親病設壇祝天昏夜劑藥之路有虎避賊怨之感吳錫熹撰狀朴基洪字鵬
舉月城人大司成幹后有文名孝行沈鑵誄曰踵以文藥十葉家乘亦備才行孝友溫恭鄭源活字行

青己志卷之三 十二

源東萊人三樹亭諸后親病築壇祈天百里劑藥夜虎護行隆冬剖氷得魚以進調養病輒得痊及致喪廬墓
黃泰澄字來彦平海人襄武公希碩后天性至孝親病有非時松蕈自生三年展墓土坎草枯鄕道薦
繡褒修齋柳廷鎬撰傳有儒狀及實紀琴德音母病氣絶斷指救生孫六錫母病斷指注血
金今竹義城人其母爲虎所攬左手執母右手持鎌搏虎大呼追逐虎乃捨去其母得生 顯廟朝
旌閭承春寺婢也父母年皆九十餘爲就養之計謝其夫六與子女別搆一屋奉其父母奉養備至府使洪
柱震枚報按廉轉聞朝廷李愛曰搏虎救母 肅廟朝 聞 旌閭林喜孫醴泉人天
性至孝志體之供無不便宜親病願生雉適有山雉忽八供而奉之時人比王祥黃雀之感繡衣聞而奇之名
見厚賞之見趙基晉遺事李昊榮字敬眞慶州人以孝行 聞朝旌閭敎官沈能勛撰銘曰誠之爲

用自孝而始公之篤孝誠之而已惟天感衷蠶珠降端異氣齊應蓋自古昔董雞來哺陳犬會食雪筍青青冰
魚白白天所陰隲胡不類錫爛翁至孝惟公儀則今聞不已蒙此褒勅栽風蘭美爲世矜式立揚無窮世顯
厥德凡爲人子視此旌閭李衡雨字慶星慶州人益齋齊賢后篤志力學遇國忌必行素父母
病劇斷指延壽以孝繡薦除敎官 贈戶參命 旌閭復戶子相德自慶州始寓於此金鳳海
字文遠參奉世仁子姿性淳厚孝友篤至侍奉兩親八居溪峽就養無方及遭艱哀毀踰制時稱至孝朴
亨來字元伯密城人文景公忠元后孝事父母妻劉氏亦化遭前後艱廬墓六年祈寒盛暑拜哭無時負
土成三峯哀毀成病則劉氏代之無一日之曠邑大夫及士林表彰金自強字勉汝孟性子官典籍早
孫丁母喪廬墓父喪亦如前喪 聞 旌閭崔鉉九字敬甫慶州人進士包后性孝才敏親癠累年

青己志卷之三 十三

設壇祝天百餘日夢有一老人來曰東山下有良藥翊朝齊沐往得一莖蔘還奉侍湯親癠平復人稱孝感所
致崔鉉翊字純甫進士包后性孝友父病斷指輒欽與兄鉉九友愛尤篤無私貨同甘苦 ○附友
愛趙時琳字輝伯學行守道孫自少志操高尚以孝悌忠信爲世業和樂湛翕爲家政沈萬
迪字惠仲文行有大子族兄萬緝門人安分好學友愛尤篤鄕隣以司馬光稱族孫景文撰狀蔣伏
龍字利見聖龍弟篤於倫理與伯兄食則同案寢則同被日有征邁之樂人擬之以姜肱故事沈敬
熙字聖直儒行穆子文藝夙成行修篤敬克遵先公命名義與兄啓熙載熙永熙弟道熙日聚廳堂對討人
擬之以楊家故事沈元文字仁叔儒行穆孫文辭行誼見重鄕黨世敦孝義素有家法兄弟四人白
首湛樂分多潤寡不有私藏蔣再燁字重甫聖龍孫服習詩禮友愛尤篤與弟七燁八燁萬燁日有

征邁之樂

將在璿字應七文行友煇子姿性剛明學業純實與弟在璣在王日夕講磨式好無猶鄉隣擬之楊善故事

洪大舟字濟卿南陽人敬孫后厚庵權濂門人弟大楫有大瘇三年晝夜吮瘇遂至完療時人稱至友遠城徐活有序完山柳淵好撰碣

孝婦

金氏籍金海角千庚信后年十六嫁青松沈永燁子歸未幾舅病欲潛斷右指出血灌之氣息小通復斷左指以注舅病更甦家人莫之知姑灑掃適見兩箇斷指在房內乃覺新婦所為也士林號額于府尹及巡相有優禮之題

朴氏籍密陽牙山蔣基鎬妻早失所天孝養尊章六十年如一日鄉黨稱之以女史之儔

鄭氏籍慶州良景公熙啓后始華女沈慶亨妻有婦德殫誠竭力姑眼疾願生雉至誠祝天得雉以進皆眼復明世稱孝感所致有本官完文判書李載現著表彰文

申氏籍鵝州懶齋悅道后持平晃鑛孫通德郎漢宗女義城金漢卿后鎭行妻素有貞淑之德早失所天卽欲下從而俄而悔曰舅姑在堂宜保餘年至孝奉養及終斂襄諸具親自務備使無遺感人稱女史之儔事載風化錄

徐氏籍達城柄元女通政尹怫榮妻天性至孝有飛雉之伏採難求之楸生不時之菜鄉道聞而表彰著載京約所三綱續錄士林有闡發之文使之建閣立碑碧珍李泰一撰傳英陽南文洙撰閣記已山趙顯奎撰碑銘曰天畀彝則孝為行源叔世以還行之鮮聞於惟孝婦乃見天植夙夜舅病憂心如塞惶惶厥誠何求不得有雉伏矣有楸特兮其趾孔疏其葉沃若為醴為湯孝婦奉供神佑所格此理不爽彼世頑婦曷不泚額有如不信視彼刻石

貞烈

李氏籍固城世泰女青松沈德洙妻事舅姑極盡誠孝朝夕必親供舅姑命之代婢則恐不精潔定省之際必手撫床褥適其溫淸當乙亥夫死癘獨侍在側百方試藥竟不救斂襄親自為之不委奴僕本生父來卽云無以導命女為念速歸家父還未幾自縊死聞者流涕英宗朝旌閭

李氏琴德音孫婦其夫以絃為沙汰所壓斂殯後數日自縊死肅宗朝事聞旌閭

金氏尹飛龍妻年二十三歸尹氏閱月而夫死金氏奔哭始見舅既葬飲食言笑如常居數月其父來視將還送之門曰不幸失所天義當一死同穴然隱忍至此者徒以未行見禮且未嘗供一日饋饌也今則情禮粗伸當歸見吾夫願勿以導命女為念後數日哭奠其夫生辰是夜自縊死英宗朝事聞旌閭

權氏金始起妻虎噬其夫於庭前以斧斫虎得全其夫事聞旌閭

鄭氏籍慶州復天女忠義沈清后達之妻素有閨德夫嘗病瘇連苦三年幾至不起於是自割其股許稱市肉并酒以進夫病乃得痊絕口不自宣其娣吳氏知其事誦以傳之

趙娘子籍咸安學行守道后性達女生有貞操年十七父癘死母又傳痛兄出避侍母娘與一婢守室卒當奉天寶氏女臨崖蹙之變遂自縊死鄉道嘉其貞烈而會葬肯庵李敦禹拓庵金道和撰傳

黃娘子武襄公希碩后就仁女早失怙恃依於李父持身氷玉偶為被嫌無地申雪指棗樹謂人曰我死此樹必枯三年後花葉復開因自縊死樹果如其言命旌閭

趙氏籍咸安姓民女金彦祥七世孫婦夫病三載每夜祭山得仙藥得差及遭夫喪哭祀過度方至頓絕而哀其一子白首考終有表彰文

金氏籍英陽宗珏女大與白承基妻年十七侍湯親病斷指注血向甦益壽及笄姑病侍湯嘗糞夫出外三十年間養姑不衰及還未幾夫又先歿終身盡為婦之道人謂在家為孝女適人為孝婦從夫為烈女適人三從

朴氏籍密陽大

鳳女慶州金忠相妻夫病三年用藥調護小無懈怠設
壇祈天告以身代一日夫夢星落入口覺以乃差人以
爲烈誠所感鄉里設需褒彰其烈

列傳

張雲翰字章汝文行慶業子承襲家學自有繩尺金漢龍字得雲夢和子姿性純真文詞贍富
愛其烟霞水石之勝入于高溪洞立規謨正風俗張正吾字養文雲翰子學文夙就不墜先模如愚
堂趙徽搩碣趙咸春字閏夫忠義東道子稟性寬柔友愛過人嘗不喜交遊訓誨子弟隱淪以終後
孫居義興徐尚逸字士安學行琫子早承庭訓見重鄉黨創築大坪洑灌漑耕稼至今蒙利朴昌
遠字大而學行琫孫生姿俊鏊文詞贍簡隱而不仕樂在泉石徐漢檟字子準學行琫孫稟性剛
果精敏早承庭訓文詞行誼爲鄉隣所推姜詰周字仲伯晉州人氣質溫雅性度慈諒克述先業勸進
後昆李重開字護軍慶生玄孫戊申變初兄宗開誓死赴陣自任家事而陪兄未赴居常憤惋載倡義錄
徐致裕字敬之學行琫曾孫姿性溫厚尤篤孝友鄉里稱之曰世罕其倫趙巑字文仲學行守
道會孫天稟純真儀容端雅詠襲詩禮不經事物養眞林泉不求人知李三吾字百源守正爾梅子
承襲家學孜孜不懈名所居坊曰慕溪盖寓慕退溪之義也沈萬翕字義徵儒行世勳孫早有文名
氣宇英邁孝友篤至及卒士友嘆曰吾黨之前茅失南墪字學源忠義之熏子與弟璉聯床博約與權濂
趙萬益友善玄一松字君晩牧使得元玄孫當壬亂與村人嚴定約束斂不敢犯賑貧流民境內全
安南躔字明彥忠義之熏子姿性頴悟文學純溪筆法楷健李虎臣字汝賢文行益華孫文行

著世士友推重南春鐸字叔振儒行有熏孫孝友篤行律身齊家李昌胤字慶承儒行後成孫
孝友敦睦行己準正士友推服徐瑱字美如監正斯輪子事親至孝養志養體友愛尤篤且翕且湛朴
時健字相天楣后才質明敏博洽經史沈萬遠字靖諒忠義希大子早承家學晩晦林泉徐
爾綱字汝一儒行漢偈孫稟質慈良文行兼美遊權濂門問嘗問難沈德洙字聖游儒行萬緝子
甫成童有文名嘗有周房山駕鶴樓詩曰周山三十里今日始登臨鶴去巢臺古龍潛瀑沸溪聲名由法典精
彬過文林吾黨追遊路徒聞石磬音二十六卒夫人固城李氏同日死烈事載舊誌南仲鐸字聖由儒
行有熏孫操心愼行不出繩尺文詞夙就士友推重趙麟慶字文梓儒行萬益子志操清高德望藉蔚
早事場屋晩歸香塲以終餘年李亮臣字忠彥文辨清簡士友推詡南之漢字源之儒行有
稟會孫庭襲詩禮師承旨誼望重鄉黨範垂宗族南熙宗字興之儒行天柱玄孫性度寬容儀表正
甫見識精邃鄉黨敬服南宅漢字安仲儒行金鐸子才氣英邁文學純至不幸早世士友咸惜朴
遂正字德甫學行偓孫隱居求志文詞藹蔚趙漢奎字景章麟慶子孝友兼全事親不廢定省
友弟施愛無地日誦常棣八章以寓單子之懷趙仁祜撰狀沈宗海字宗甫文行淳玄孫有學識雅
望奬進後昆南德漢字雲仲文行以鐸子才質豪邁文翰贍富庭承詩禮宗悅敦睦趙基廣
字子居學行適道后清儉自守廉頑立懦雖耄黃急遽不易其介南大崧字仰之户參啓熏曾孫姿
性忠厚志行淳實潛心經籍養德林樊引進後蒙多有啓迪南泰柄字仲膽之漢子持己矜嚴爲學
勤孜誠奉兩世孝稱一鄉趙智熅字仲實漁溪旅后天性至孝定省溫淸必誠必謹家貧耕釣以極甘

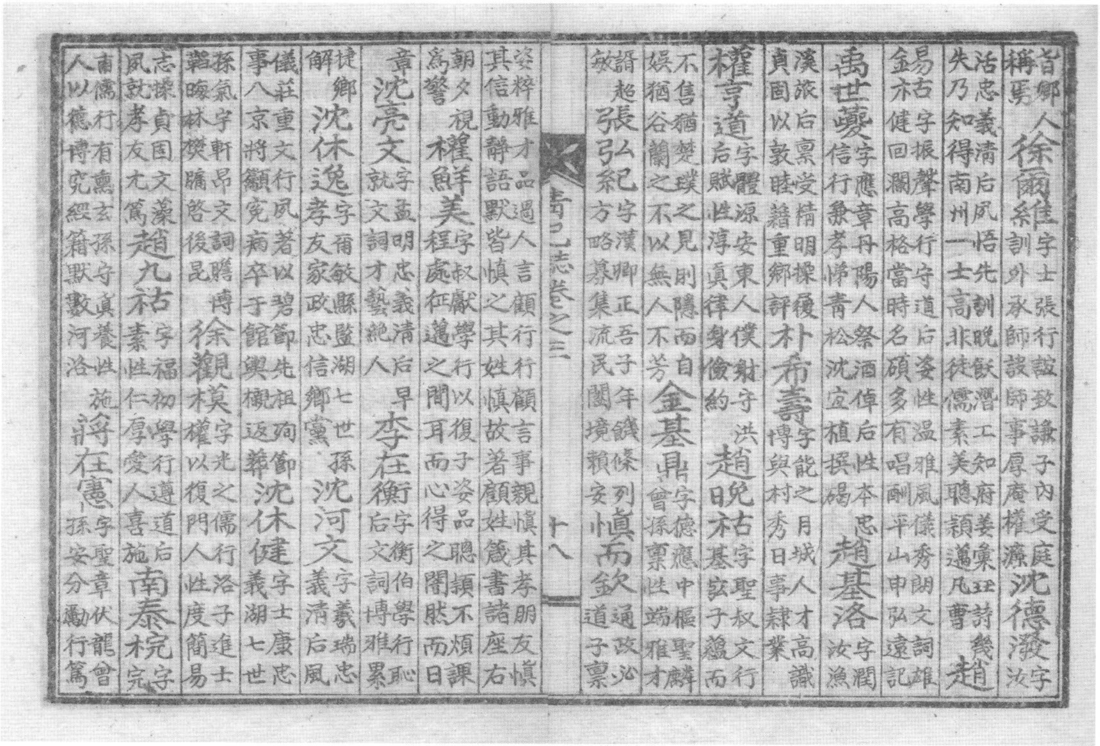

首鄉人稱焉 徐爾維 字士張行誼致謙子內受庭訓外承師說師事厚庵權濂 沈德潑 字汝

活忠義清后夙悟先訓晩歎潛工知府姜橐玒詩幾失乃知得南州一士高非徒儒素美聽穎邁凡曹 趙

錫祐 字振聲學行守道后姿性溫雅風儀秀朗文詞雄亦健回瀾高格當時名碩多有唱酬平山申弘遠記

禹世夔 字應章丹陽人祭酒倬后性本忠信行兼孝悌青松沈宜植撰碣 趙基洛 字潤汝漁

漢旅后稟受精明操履貞固以敦睦籍重鄉評 朴希壽 字能之月城人才高識博與村秀日事隸業

權亨道 字體源安東人僕射守洪后賦性淳眞律身儉約 趙晩祐 字聖叔文行基宏子纔而

不售猶楚璞之見刖隱而自娛猶谷蘭之不以無人不芳 金基鼎 字德應中樞聖麟曾孫稟性端雅才

諳超敏 張弘紀 字漢卿正吾子年饑條列方略募集流民闔境賴安 愼而欽 通政泌道子稟

靑己志卷之三 十八

姿粹雅才品過人言顧行行顧言事親愼其孝朋友愼其信動靜語默皆愼之其姓愼故著顧姓箴書諸座右

朝夕視爲警 權鮮美 字叔獻學行以復子姿品聰穎不煩課程處征邁之間耳而心得之闇肰而日

章 沈亮文 字孟明忠義清后早就文詞才藝絕人 李在衡 字衡伯學行恥后文詞博雅累

捷鄉解 沈休逸 字甫敏縣監湖七世孫孝友家政忠信鄉黨 沈河文 字羲瑞忠義清后風

儀莊重文行夙著以碧節先祖殉節事八京將籲究痾卒于館輿櫬返葬 沈休健 字士康忠義湖七世

孫氣宇軒昂文詞贍博韜晦林樊牖啓後昆 徐觀模 字光之儒行洛子進士權以復門人性度簡易

志操貞固文藻夙就孝友尤篤 趙九祐 字福初學行遵道后素性仁厚愛人喜施 南泰梡 字完

南儒行有熏玄孫守眞養性人以德博究經籍默數河洛施 蔣在憲 字聖章伏龍曾孫安分勵行篤

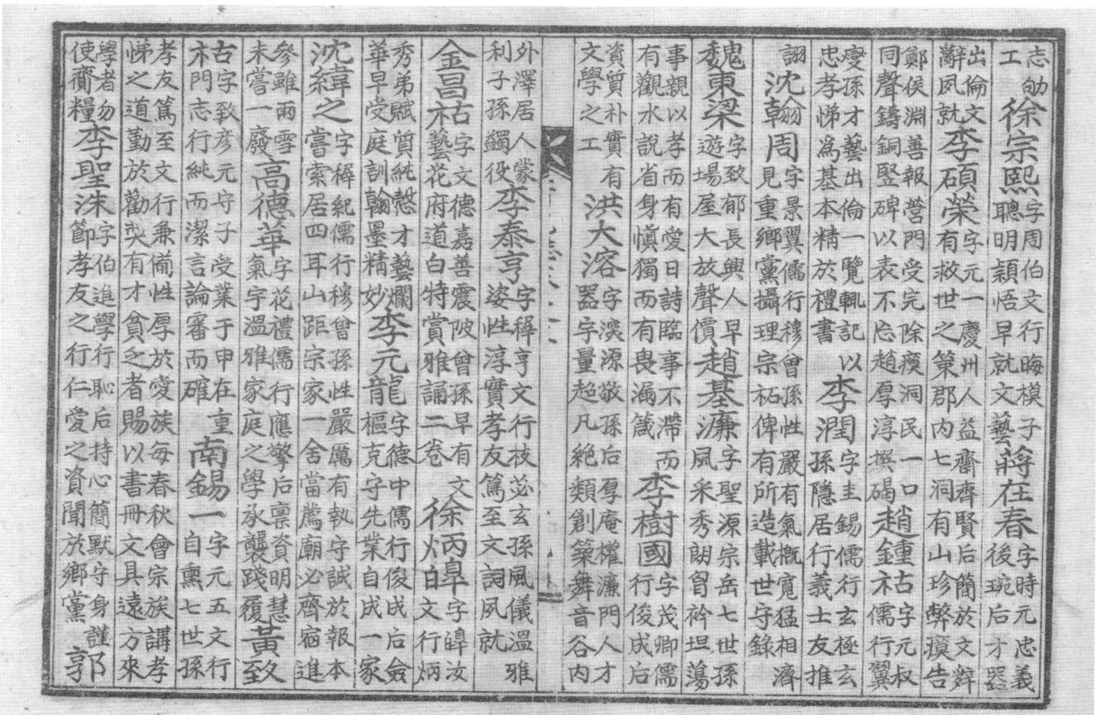

志勉工 徐宗熙 字周伯文行晦模子聰明穎悟早就文藝 蔣在春 字時元忠義後琓后才器

出倫文辭夙就 李碩榮 字元一慶州人益齋齊賢后簡於文辭有救世之策郡內七洞有山珍弊瘼告

鄭侯淵善報營門受完除瘼洞民一口同聲鑄銅竪碑以表不忘趙厚淳撰碣 趙鍾祐 字元叔儒行翼

變孫才藝出倫一覽輒記以忠孝悌爲基本精於禮書 李潤 字圭錫儒行玄極玄孫隱居行義士友推

詡 沈翰周 字景翼儒行穆曾孫性嚴有氣概寬猛相濟見重鄉黨攝理宗祏俾有所造載世守錄

魏東梁 字致郁長興人早遊場屋大放聲價 趙基濂 字聖源宗岳七世孫夙采秀朗冒衿坦蕩

事親以孝而有愛日詩臨事不滯而有觀水說省身愼獨而有良漏箴 李樹國 字茂卿儒行俊成后

資質朴實有文學之工 洪大溶 字溪源敬孫后厚庵權濂門人才器宇量超凡絕類創築舞音谷內

靑己志卷之三

外澤居人蒙利子孫鋼役 李泰亨 字穉亨文行枝茲玄孫風儀溫雅姿性淳實孝友篤至文詞夙就

金昌祐 字文德嘉善震陂曾孫早有文藝花府道白特賞雅誦二卷 徐炳皐 字皐汝文行炳

秀弟賦質純慤才藝燗華早受庭訓翰墨精妙 李元龍 字德中儒行俊成后僉樞克守先業自成一家

沈緯之 字穉紀儒行穆曾孫性嚴厲有執守誠於報本嘗索居四耳山距宗家一舍當薦廟必齋宿進

參雖雨雪未嘗一廢 高德華 字花禮儒行應孳后稟資明慧氣宇溫雅家庭之學承襲踐履 黃致

祐 字致彥元守子受業于申在重門志行純而潔言論審而確 南錫一 字元五文行自熏七世孫

孝友篤至文行兼備性厚於愛族每春秋會宗族講孝悌之道勤於勸獎有才貧乏者賜以書冊文具遠方來

學者勿使齎糧 李聖洙 字伯進學行恥后持心簡默守身謹節孝友之行仁愛之資聞於鄉黨 郭

守義字安中玄風人孝友篤至文詞淵深殫誠爲先宗族敬服崔濟燮字華瑞慶州人司成汭后
隱居讀書奬進後昆趙斗祜字應七漁溪旅后持心敬謹治家清儉有威有儀鄉士稱善南性
喆字善必文行熙亮子氣宇峻絕操守介潔以文行多見稱士友題勤儉二字爲終身受用以眎子孫李
鎭學字致章學行恥後風儀整肅氣宇雄豪得太乙通中神策能量山海閔贇鎬字君穆孝行世
貞后儉拙素行操理精文家政有度門論歸重金鎭萬字原一文行永熙孫鳳儀峻整辨令雄高族曾
祖應楗特加期倚而贈勸學詩男兒年二十勤讀古人書不信看古髮如君昔少渠南紀喆字國彦文
行熙亮子姿性穎悟才行夙就鄉隣士友多有推右蔣漢龍字文五友愛再燁曾孫固窮力學從縣監
金周敎受論語卒于京與櫬還鄉趙性穆字敬元文行寅植子承襲家學不踰繩尺宗族歸重士友
推詡南星五字奎瑞儒行有秉六世孫威儀峻整氣宇軒豁作天理人情論爲修身齊家之方南
麟錫字君振儒行熙宅孫性雅志潔識博行篤承先奬後閫室模楷與兄龜錫聯牀講討有溫公九篤之
風趙東祜字士訓儒行相迪曾孫資質聰悟篤志力學文辨平淡筆格雅華言行謹嚴風儀軒昂
沈能海字元朝文行直之子承襲家庭潛心書史表德令聞著于鄉黨南錫根字贊輝文行宗
漢玄孫儀表肅整志氣剛毅紹述家學服習師詮安養林泉不求名利趙珪字圭瑞通政性濂子倜儻
之姿儒雅之行勉書尚志晦養林泉蔣景鎬字化彦聖龍玄孫忠厚謹慎不露圭角沈能極
字泰叔文行直之子早承家學晩晦林泉處事行誼不逾規度禹相德字儀仁中樞宅洪子氣宇嚴重
秉有詞藻樂善好義鄉里稱焉姜夬秀字仲文晉州人志氣雄峻文詞藹蔚宗族敬服士友推詡裵

與周字大一與海人臨淵齋三益后隱居不售潛心書史著困知錄沈能奎字星五文行晃之子
早承庭訓晩登族叔誠之門氣宇駿驊言論鄭重族叔誠之哀辨惜之以有用之才趙性穆字纘和學
行徽六世孫厭世奔竄遯跡山樊詩禮日用漁樵自娛統率後進倡起一方吳世魯字聖國克成后
進士柳致球門人以文詞見稱青松沈宜植記知府吳衡根贈詩郭璨昌字粲玉紹述先業牖啓後
晃沈宜瑽字聖國文行虎文曾孫儀度莊重辨令峻切勤儉自修又有幹能高宗丙午宮廨全燒
爲鄉望所推被任重建繕理嚴密李相日字公贊學行恥后拓庵金道和門人姿性溫雅不桅不蠟
場屋聲名函筵奬詡南疇錫字禹伯性喆子姿性粹美儀表端正孝友純至文詞精簡李弘模
字賢則儒行尚賢后穩雅之行平實爲田地謹拙爲柯則全州柳淵根撰碣徐孝運字際卿儒行漢
偶后才諝超敏文辨夙就操履有度趙鏞澤字泰善學行守道后品性剛直自縮必往雖蹇自安寧儉金相
不修李亨運字季亨學行庭檜八世孫姿性亢爽氣度溫淳戒子云咬得菜根百事可做
喆字景琳錫秉六世孫有譜帖詩吾祖難林誕厥初至今殘裔敬村閭貽後踵先修譜日偏令不肖薄唏噓
沈能璋字聖春文行有大后謹厚之質宏博之詞全州柳晦植序之曰歸隱于琴溪之上而世無知音
此世道之不幸乃茲山之幸也申東洛字中會儒行弘陽孫氣宇軒豊談論寬裕施之家政孝友爲本
處之鄉隣信義爲主趙成奎字公振筆苑亨國五世孫才識聰敏凡古今書籍戶口田結蹤章野史之
類一經眼輒記尤善琴碁圖筭蔣豐鎬字周彦儒行八國后讀書勤苦臨事明斷鄉黨推稱趙光
奎字明瑞文行基城曾孫姿質聰敏餘事翰墨才高識博輒解奧旨蔣漢倬字景章儒行八國后

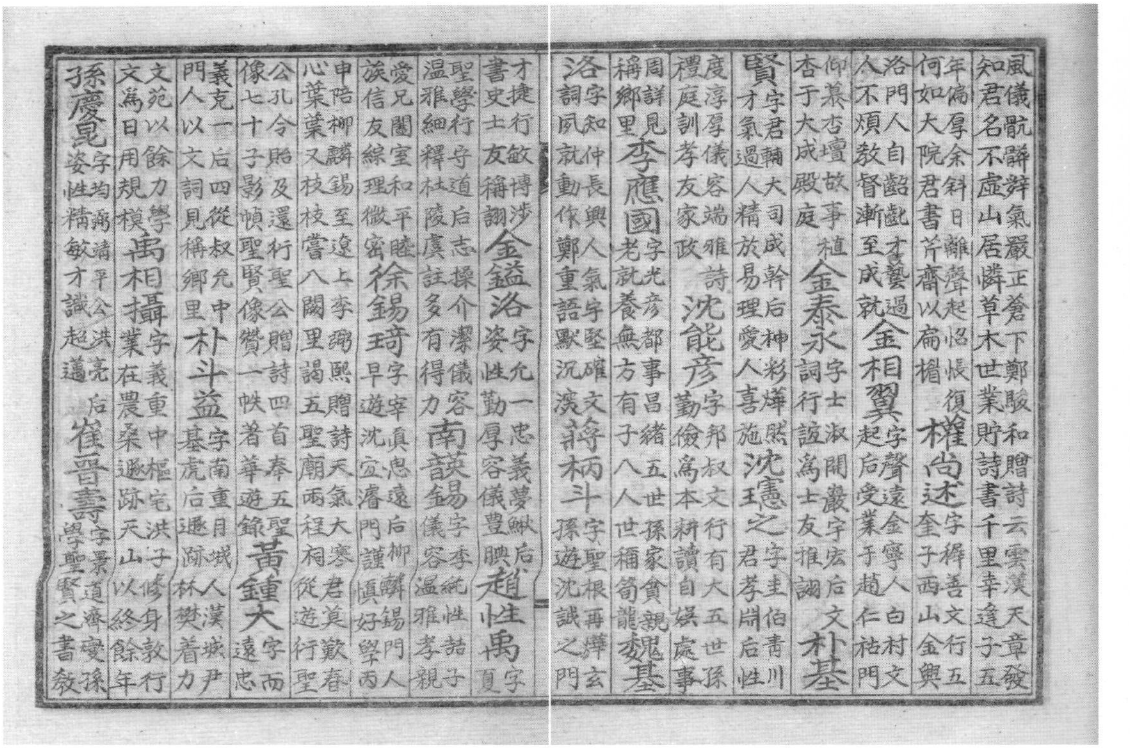

風儀獻辭氣嚴正蒼下鄭駿和贈詩云雲漢天章發知君名不虛山居隣草木世業財詩書千里幸逢子五
年偏厚余斜日離聲起悵悵復何如大院君書芹齋以扁楣 權尚述 字稱善文行五奎子西山金輿
洛門人自齡戲才藝過人不煩教督漸至成就 金相翼 字聲遠金寧人白村文起后受業于趙仁祐門
仰慕杏壇故事植杏于大成殿庭 金泰永 字士淑閒巖字宏后詞行誼爲士友推詡 文 朴基
賢 字君輔大司成幹后神彩燁然才氣過人精於易理愛人喜施 沈瓛之 字圭伯青川君孝友后姓
度淳厚儀容端雅詩禮庭訓孝友家政 沈能彥 字邦叔文行有大五世孫勤儉爲本耕讀自娛處事
周詳見稱鄉里 李應國 字光彥都事昌緒五世孫家貧親老就養無方有子八人世稱荀龍 魏基
洛 字知仲長興人氣宇堅確文詞夙就動作鄭重語默沈潛 蔣柄斗 字聖根再燁玄孫遊沈誠之門
才捷行敏博涉書史士友稱詡 金鎰洛 字允一忠義夢鰍后姿性勤厚容儀豊腆 趙性禹 字夏
聖學行守道后志操介潔儀容溫雅細釋杜陵虞註多有得力 南謨錫 字季純性詰子儀容溫雅孝親
愛兄閨室和平睦族信友綜理微密 徐錫琦 字宰貞忠遠后柳麟錫門人早遊沈宜濬門謹愼好學丙
申陪柳麟錫至遠上李琉熙贈詩天氣大寒君莫歎春心葉葉又枝枝嘗八闕里謁五聖廟丙程祠從遊行聖
公孔令貽及還行聖公贈詩四首奉五聖像七十子影幀聖賢像贊一帙著華遊錄 黃鍾大 字丙遠忠
義克一后四從叔允中門人以文詞見稱鄉里 朴斗益 字南重目城人漢城尹基虎后遯跡林樊着力
文苑以餘力學文爲日用規模 禹相攝 字義重中樞宅洪子修身敎行業在農桑遯跡天山以終餘年
孫慶晃 字均瑀清平公洪亮后姿性精敏才識超邁 崔晉壽 字景道濟變孫學聖賢之書敎

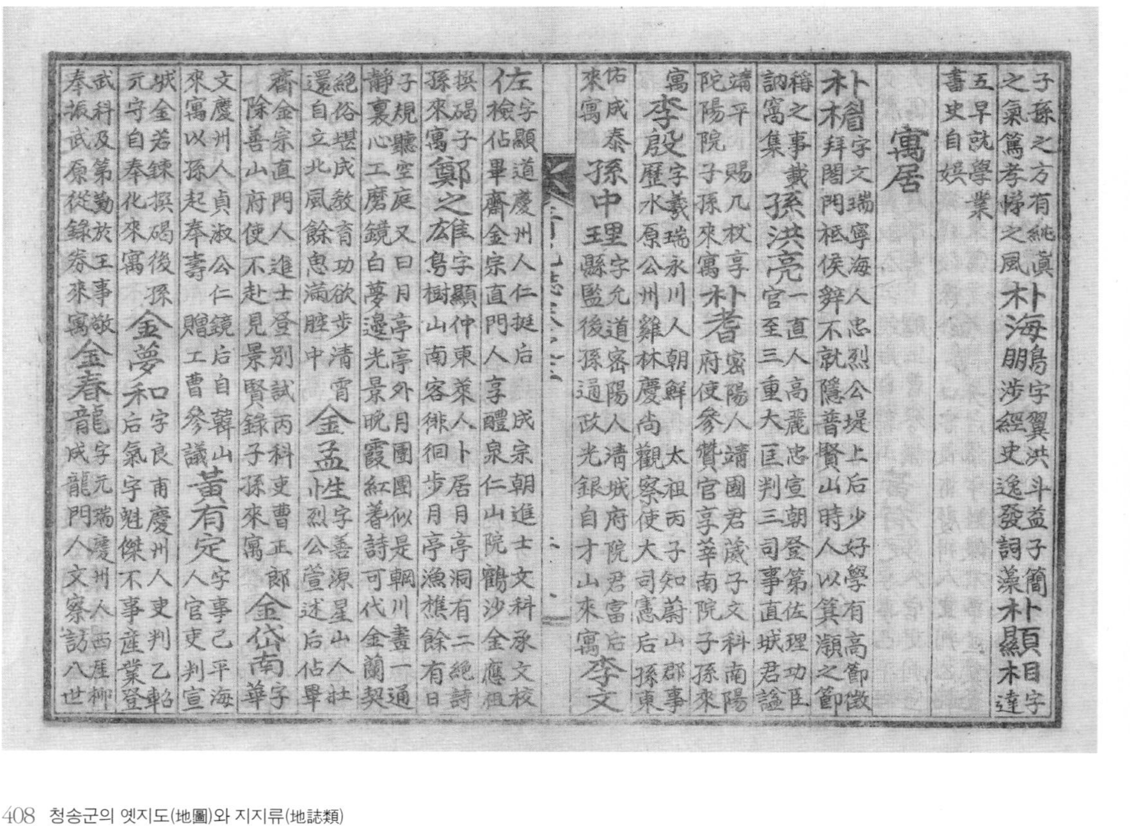

子孫之方有純眞之氣篤孝悌之風 朴海鵬 字翼洪斗益子簡涉經史逸發詞藻 朴顯相 字目達
五早就學業書史自娛

寓居

朴檜 字文瑞寧海人忠烈公堤上后少好學有高節徵拜閣門祗候辭不就隱普賢山時人以箕潁之節
稱之事載詠寓集 孫洪亮 一直人高麗忠宣朝登第佐理功臣官至三重大匡判三司事直城君謚
靖平陽几杖亨院陽院子孫來寓 朴耆 密陽人靖國君蔵子文科南陽府使參贊官亨華南院子孫來
寓 李殷 字羲瑞永川人朝鮮太祖丙子知蔚山郡事歷水原公州雞林慶尚觀察使大司憲后孫東
佑成泰來寓 孫中理 字允道密陽人淸城府院君富后縣監後孫通政光銀自才山來寓 李文
佐 字顯道慶州人仁挺后成宗朝進士文科承文校檢佔畢齋金宗直門人享醴泉仁山院鶴沙金應祖
撰碣子孫來寓 鄭之雄 字顯仲東萊人卜居月亭洞有二絶詩烏樹山南客徘徊步月亭漁樵餘有日
子規聽空庭又曰月亭亭外月團團似是輞川畫一通靜裏心工磨鏡白蓼邊光景晩霞紅着詩可代金蘭契
絶俗堪成教育功欲步清霄還自立北風餘息滿腔中 金孟性 字善源星山人杜烈公萱述后佔畢
齋金宗直門人進士登別試丙科吏曹正郎除善山府使不赴見景賢錄子孫來寓 金岱南 字華
文慶州人貞淑公仁鏡后自韓山來寓以孫起奉壽贈工曹參議 黃有定 字事己平海人官吏判宣
城金若鍊撰碣後孫元守自奉化來寓 金夢和 字良甫慶州人吏判乙軺后氣宇魁傑不事産業登
武科及第勤於王事敬奉振武原從錄券來寓 金春龍 字元瑞慶州人西厓柳成龍門人文察訪八世

孫柄漢自慶州來寓崔山輝字伯玉全州人仁祖甲戌行青松府使以寧社有勳載在功臣錄
贈户曹判書見官案後孫鍾煥以祖先牧民之鄕移居焉尹璠字殷玉坡平人府院君三山后遭龍蛇之
變避入于青松隱居自娛金甲連字四順金寧人忠義公文起八世孫成均生員避壬亂來寓黃
元奇字士章平海人襄武公希碩七世孫志尚高潔襟懷坦曠取山水始居松生仁祖朝以子孫從功崔
克一贈禮賓寺參奉李瑢字鳴玉固城人容軒原后丙子後流落世事文墨自娛後孫來寓
秀字稱玉月城人文昌侯致遠后才諧超越文詞精敏琇就貫于立齋鄭宗魯門多蒙奬詡有文集子孫來寓
徐繼昌字周聖忠述孫將仕郎自大邱南山來寓金錫兼字百朋星山人敎官孝男六世孫成
均進士子孫來寓白忠秀字澤汝忠簡公文寶后壽中檯天賦聰明文辭稍博本於孝友濟以嫻睦

青松誌卷之三

自寧海隨兄忠柱同寓金致命字致行安東人生后官資憲風儀軒豁文藝超越月城李晚榮撰碣
子孫來寓金龜運字聖範錫兼孫文詞裕餘累擧不中樂青鳧山水之勝隱居自娛以終餘年李
道源字極紹月城人益齋齊賢后進士官至忠州牧使曾孫圭晃來寓申光震字聲振平山人
武科營將子孫來寓白忠柱字忠汝忠簡公文寶后壽護軍本端正文詞夙就自寧海來寓朴
燦儀字瑞彥參奉景一世孫自慶州來寓五金利礪字躍汝順天人龜巖慶長后性度廉潔文
詞瞻富有山水之趣自仁同來寓白海運字德老大興人忠簡公文寶后儀度豊偉才藝穎敏淹貫
經史辛卯登第官參議自寧海僑居族孫淳愚撰碣金永養字善之慶州人慶林府院君命元八世孫
素性好學博涉經史不求名利遯跡林泉自慶州來寓金永浩字大然慶州人慶林府院君命元八

世孫議官天性仁厚儀範端雅自慶州隨兄永養同寓南秉仁字彝彥英陽人判書暉珠后定齋柳
致明門人文學行誼筆名著於世鄭一模字道貫烏川人滎陽公襲明后才行兼備中司馬無意仕
進自永川僑居崔命元字伯常海州人恭惠公萬理后壽僉中樞曾孫雲翼來寓禹秉和字致
元丹陽人參判國珍后愛耕讀之宜樂山水之勝來寓李華義字成義文佐后參奉早遊京師晩年
來寓金宇集字功彥慶林府院君命元后監察姿性渾實博涉經史事親盡誠友愛尤篤鄕里賞晦
跡於龍溪山水之勝有十四景詩務安朴鍾晦記曰公以魁偉之姿生於板蕩之世挈家晦跡於漢水東遠遁
徜徉於泉聲岳色之間以終世焉遺躅依然登臨眺望者一寓目而可盡得之矣豈非天造說奇以付公玩樂
之資耶嶺之東有一大嶺頂上屹立巨巖高約數百丈大可百餘圍上尖下圓贅後巨巖懸空穿底星影漏八

故曰星巖自巖分兩枝一枝東落南馳鎭野城而臨滄海逶迤走五里崛然而起者曰雪嶺自此以南蹲蹲延
延行六七里蔚然而高者曰霧藏山稍稍低低殘山姸麓走十里許姸而秀者曰烏峯橫出一枝走坐川岸頭
挂巨巖曰月巖元麓中心姸屈美曲揖星巖而如展幅幅屛者曰屛巖是也一枝西旋南走屈曲十里截然而
起縹緲而秀者曰長嶺南走十里又北回望星巖而馳八十里者曰牛山雄峯巨麓劈破兩夾一條水棧高懸
十餘丈飛流直下瀅洄而渼者曰龍淵瀑沛自此以北勢峻極天者蜒蜒蜿蜿坦坦然作一平岸曰蟠龍山與
屛巖分馳數十里坊曲之排置郊岸之平闊不可勝記而未復相合隔川對坐怳然有相悅之態此公之所以
寓號者其亦以此歟至若龍溪之碧波漢田之樹陰臺之鶴巢淵之釣臺月旗之白灘皆公之胷懷之自發於
吟詠敍暢之餘者而向所謂天造說奇以付公者自剖判以來歷幾千萬年豈無居人未有粧點者必有待

主人矣主人誰金公是也 金河鉉 字致亓光山人愼獨齋集八世孫通訓在奎子參奉性純孝友義賙
窮若南下潛跡樂付漁樵 趙龍漢 字致雲漢陽人禦侮將軍禮琬后世居安東羅川僑居靑松姿質穎
敏才華超邁薰沐家庭博通經史 金世仁 字啓仁慶州人光礪六世孫性度慈良文辭贍富健元陵
參奉有山水之趣自永川來寓 韓漢基 字天有淸州人文簡公尙敬后贈朝奉資性淳謹養生送死
必盡誠敬宰子奎錫來寓東都尹閔致憲採狀 白東喆 字治玉水原人仁傑后以文墨誘進後昆宗族
悅服鄕里稱譽自松都來寓 崔茂膺 字淑三慶州人文昌侯致遠后壽嘉善自忠州來寓 黃鱗
守 字瑞卿判書有定后定齋柳致明諱云數郡聽政得君以警發者多 黃元守 字周祥判書有定后
篤志勉工參尙書于定齋柳致明門多家獎詡有贈詩一絶入扁一梱花盆一圖 鄭鎰 字基中延日人

靑己誌卷之三 二十六

文忠公圃隱夢周后壽副護軍氣字魁偉言論準正能辨是非小無阿私自慶州來寓 金相濟 字致
德宗一白豪性純而嚴和而敬循鄕洗賑救隣里自慶州來寓 歲翁 鎭必 字文輔晉州人壽通政推
數古今盛衰之理濟入普賢山隱居自娛

靑己誌卷之三

靑己誌卷之四

官案

靑寶知郡事曺由仁 通訓太宗戊戌十月來同年十二月移拜盈德縣事 李稚
中訓世宗己亥正月來庚子十二月呈遞 李派若 奉列世宗辛丑正月來壬寅正月遞付濟用
監副正 柳恭 朝奉世宗壬寅正月來癸卯二月呈遞 靑松知郡事金尙寧 中訓
世宗癸卯三月來乙巳三月遭父喪遞 鄭之雅 中訓世宗乙巳五月來丁未正月遞 河澹
朝奉世宗丁未二月來己酉六月呈遞有治績 許澄 奉直郎世宗己酉八月來庚戌閏十二月遞
安起 通善郎世宗辛亥正月來乙卯十二月遞付繕工監副正 柳侑 奉訓郎世宗丙辰二月

靑己誌卷之四 一

來己未六月遞 成自諒 奉訓郎世宗己未七月來壬戌十二月遞 朴昭 通善郎世宗癸亥
正月來丙寅十二月遞付濟用監副正 閔寅 朝奉世宗戊辰二月來己巳七月遞 金斯仲
奉直郎世宗己巳八月來文宗壬申十月卒于官 李達 奉正文宗壬申十二月來世祖丁丑
正月陞通政同年十二月瓜遞 尹洪 奉列世祖戊寅正月來庚辰十月遭母喪遞 靑松都護
府使徐混 奉正世祖庚辰十一月來甲申二月陞通政遞付工曹參議有治績 崔尙柔
通訓世祖甲申二月來同年六月陞通政七月遞號退村 李晨 通訓世祖丙戌八月來辛卯閏九
月遞付掌樂院副正 柳渾 通訓成宗辛卯十月來壬辰十一月移拜昌原府使 洪性綱 通政
成宗壬辰十一月來甲午六月卒于官 閔誠 通訓成宗甲午閏六月來乙未十二月遞 權致

中通訓成宗丙申二月來辛丑二月遞付典設司別坐尹垓通訓成宗辛丑四月來甲辰六月
陞通政遞付上護軍任淑通政成宗甲辰九月來丙午十一月卒于官薛茂林通政成宗丁
未二月來戊申十二月遭母喪遞李居仁通政成宗己酉二月來庚戌二月呈遞趙欽通訓
成宗庚戌四月來癸丑閏五月卒于官崔漢侯通訓成宗癸丑七月來丁巳三月遞李承
寧通訓丁巳五月來壬戌七月遞付司成柳陽春通訓壬戌九月來中宗丁卯二月卒于官以
詩名於世沈順道通政中宗丁卯五月來己巳五月遭母喪遞鄭鵬奉列中宗己巳七月來
壬申九月卒清德決民朝宰有求柏蜜者答曰柏在高峯頂上蜜在民間蜂桶太守何以得之求者有慚悔至
今傳以爲名言裵益臣通訓中宗壬申十二月來丁丑十二月遞付濟用監副正宋徵通訓

三

中宗戊寅二月來己卯四月遞權五紀通訓中宗己卯五月來甲申六月遞付司導寺正李
得全通訓中宗甲申八月來乙酉十二月遞付成均司藝洪修通訓中宗乙酉十二月來庚
寅十二月瓜遞金良彦通訓中宗辛卯二月來甲午四月卒于官俞仲翼通訓中宗甲
午七月來同年八月御使啓罷張世弼通訓中宗甲午十一月來乙未十二月貶罷趙琳
通訓中宗丙申二月來己亥十月呈遞鄭遍通訓中宗己亥十二月來壬寅閏五月貶遞琴椅
通訓中宗壬寅八月來乙巳六月呈遞李敬長通訓仁宗乙巳八月來丁未三月呈遞張漢
輔通訓明宗丁未四月來己酉十二月遞李仲樑通訓明宗庚戌三月以三陟府使來甲寅八
月移拜安東府使號賀淵聾巖賢輔子金就文奉列明宗甲寅九月來丙辰十二月遞張應

璇通訓明宗丁巳二月以濟用監正來壬戌二月遞付典籍李榮嘉善明宗壬戌三月以訓鍊
都正來同年九月遞權鎔通訓明宗壬戌十月以司僕僉正來丁卯九月移拜內贍判官徐克
一通訓明宗丁卯十月來宣祖壬申九月瓜遞郭赳通訓宣祖壬申十月來甲戌六月移拜
晉州牧使邊永清通訓宣祖甲戌八月來戊寅十二月遭母喪遞柳世茂通訓宣祖己
卯二月來同年九月灾傷罷高景虛通訓宣祖己卯十二月來辛巳二月呈遞郭越通政
宣祖辛巳五月來癸未十一月瓜遞金宇宏通政宣祖癸未十二月來丙戌七月瓜遞義城人
字敬夫號開巖進士文科翰林拜待敎由檢詳舍人歷三司監司副提學以清白立朝剛直有文集蒼石李埈
撰狀享涑水書院李光俊通訓宣祖丙戌八月來辛卯八月遞付司成鄭仁貴通訓宣

三

祖辛卯九月來壬辰四月罷鄭愼通訓宣祖壬辰四月來癸巳十二月罷朴惟仁通訓宣
祖甲午正月來己亥二月瓜遞金弘微通政宣祖己亥二月來辛丑三月呈遞號省克堂權春
蘭奉列宣祖辛丑六月來七月遭母喪遞號晦谷黃是通訓宣祖辛丑十月來癸卯七月呈遞
成大業通訓宣祖癸卯十月來甲辰七月罷黃致誠通訓宣祖甲辰八月來丙午六月
罷李詠道通訓宣祖丙午八月以金堤郡守來辛亥八月瓜遞號東巖文純公滉孫康復
誠嘉善光海辛亥八月來甲寅二月瓜遞朴而章嘉善光海甲寅二月來丙辰八月瓜遞吳
澐通政光海丙辰十月來丁巳二月呈遞許旻通政光海丁巳四月來己未九月移拜大邱府使
吳汝檼通訓光海庚申正月來同年六月遭母喪遞李晟嘉善光海辛酉正月來壬戌六月

貶遞 李有慶 通政仁祖癸亥五月來乙丑十二月瓜遞 鄭彥宏 通訓仁祖乙丑十二月
以司僕正來己巳六月貶遞 李久澄 通政己巳八月來辛未十二月貶遞 許恆 通政壬申三月
來甲戌六月貶遞 崔山輝 通政甲戌閏八月來丙子十二月罷號洛南 姜弘重 嘉善丁丑
正月來己卯八月瓜遞 李俔 通政己卯八月來壬午正月瓜遞 梁克遴 通政壬午正月來甲
申二月罷 趙希進 通訓甲申四月來同年九月卒于官 崔煜 通訓甲申十一月來戊子九月呈遞
崔有淵 通訓戊子十二月來己丑七月罷 李後頲 通訓己丑九月來甲午七月瓜遞有遺愛
申湸 通訓孝宗甲午十月來丙申正月罷 李賢頤 通訓丙申二月來丁酉十二月卒于官
金震標 通政戊戌二月來庚子正月貶遞 朴純義 通政顯宗庚子三月來癸卯正月瓜遞
金三樂 通訓癸卯二月來同年六月貶遞 金善英 通訓癸卯七月來甲辰十一月灾傷罷
李行源 通訓甲辰十二月來丁未十一月卒于官 金鼎夏 通訓戊申正月來癸丑十二月瓜遞
具鏊 通訓癸丑十二月來丁巳十月遞付掌令 李晶 通政肅宗丁巳十一月來戊午十二月暗行
御史啓罷 趙益剛 通訓戊午十二月來癸亥三月御史啓罷 李雲林 通訓癸亥四月
來同月因臺評罷 李敏章 通政癸亥四月來甲子二月呈遞 金洪慶 通訓甲子三月來乙
丑五月衙中失火兵符見燒呈遞 李世茂 通政乙丑十一月以善山府使來戊辰二月瓜遞 李
東溟 通政戊辰三月來己巳三月因臺評謫去富寧 李寅煥 通政己巳四月以大司成來庚午八
月呈遞 姜世龜 通政庚午九月來辛未五月呈遞 俞夏謙 通政辛未八月以左副承旨來

同年十月卒于官 宋光璧 通訓壬申正月來癸酉九月有拿命去 李文徵 通訓癸酉十一
月來丙子四月卒于官 洪柱震 通訓丙子七月來戊寅五月呈遞 李相勛 通訓戊寅七月
來辛巳遭父喪遞 姜碩臣 通訓辛巳九月來同年十二月有拿命去 徐文徵 通訓壬午三月
以掌樂僉正來乙酉九月讚慶樓重修丹雘中大廳改丹雘丙戌九月遞 李世晟 通訓丁亥正月以沃
川郡守來同年四月秀孤亭重修丹雘戊子三月與巡使從兄親相避遞 李彥維 通訓戊子四月來己
丑七月移拜星州牧使 趙正萬 通訓己丑九月來庚寅四月移拜羅州牧使 李光朝 通訓
庚寅七月以司僕僉正來甲午四月御史啓罷 李敏英 通政甲午五月來丙申七月瓜遞 成
煥 通訓丙申九月以左通禮來辛丑六月呈遞 金時保 通訓景宗辛丑七月來壬寅四月貶遞

靑己志 卷之四 五

宋徵奎 通訓壬寅九月以扞城郡守來乙巳十二月貶遞 沈鳳輝 通訓英宗丙午二月來
戊申正月呈遞 尹彬 通訓英宗戊申二月以掌令來辛亥二月御史啓罷 朴師漢 通訓辛亥
五月以工曹正郎來壬子正月呈遞有遺愛 洪重耆 通訓壬子正月來丙辰四月移拜光州牧使
遺愛 尹彙貞 通政丙辰五月以前承旨來戊午五月呈遞 宋徵泰 通政戊午六月以長興庫
主簿來壬戌衙東軒新改建因監兵營廢啓陞資同年九月呈遞 鄭錫範 通訓壬戌十二月以司僕
僉正來甲子四月讚慶樓改丹雘丁卯九月瓜遞 俞直基 通訓丁卯十一月以司僕僉正來壬申十
一月瓜遞 李圭輔 通訓壬申十二月以陜川郡守來癸酉十月呈遞 徐有常 通訓癸酉十二
月以信川郡守來丙子六月移拜南原府使 尹東涵 通訓丙子八月以永川郡守來己卯正月以世

嫌不呈到界公禮狀狀罷

趙德洙 通訓己卯二月以榮州郡守來庚辰正月日遭母喪遞

俞彥國 通政庚辰二月以前大司諫來壬午六月瓜遞

柳健 通政壬午七月以兵曹僉知來甲申六月貶罷

尹坊 通政甲申八月以前承旨來丙戌十二月瓜遞

李基德 通政丙戌十二月以前承旨來戊子十月御史復命時以病劇特爲遞

魚錫定 通政 英宗戊子十一月以右承旨來己丑五月以左承旨去

鄭忠達 通訓己丑五月以都摠經歷來辛卯九月陞拜訓鍊正去

李致中 通訓辛卯九月以輔德來壬辰七月文倅幷遞時遞去

申大觀 通訓 英宗壬辰八月來癸巳正月武倅幷遞時遞去

閔鍾烈 通訓癸巳二月以校理來甲午六月巡使相避遞

沈鏡 通政甲午七月以承旨來乙未十二月貶遞

尹勉升 通政 英宗丙申正月以承旨來戊戌七月瓜遞

徐晦修 嘉善 正宗戊戌七月以前參判來己亥十二月貶遞

李世奭 通政己亥十二月以承旨來辛丑六月貶遞

鄭彥暹 通政辛丑七月以承旨來癸卯四月卒于官

林蓍喆 通政癸卯五月以承旨來乙巳六月京遞好士恤民興學祛弊莅官之日擬建樂一齋日與鄕儒吟哦自適禮遇款洽鄕人不忘歲有儀物

任希敎 嘉善乙巳七月以前參判來同年九月卒于官

鄭啓淳 通政乙巳九月以前承旨來丁未十二月瓜遞

姜游 通政戊申正月以前承旨來庚戌正月有拿命去

李濟萬 通政 正宗庚戌正月以前承旨來同年五月以參大稅查報稽滯事罷

申光履 嘉善庚戌五月以參判來辛亥七月京遞

韓光近 通政辛亥七月以前承旨補外來癸丑六月特除承旨去

曺允精 通訓癸丑七月以繕工監副正來甲寅六月貶遞

李普天 通政甲寅七月以前承旨來乙卯十月以參差員上京還職

洪彥喆 通政乙卯十月以前承旨來丙辰十月卒于官

洪義浩 通政戊午五月以前承旨來特敎還職戊午五月受由上京號灣寧

俞漢謨 通政戊午五月以前承旨來同年十二月以前職江陵府海弊事有拿命去

洪受浩 通訓戊午十二月以修撰來庚申八月京遞

李勉齊 通訓庚申八月以豐基郡守來 純祖壬戌六月御史啓罷

金孝建 通政 純祖壬戌六月以曹司衛將來同年十一月遭母喪遞

尹悌東 通訓壬戌十一月以太常正來癸亥三月卒于官

李德鉉 通訓癸亥五月以司僕寺正來甲子十二月陞拜執義

崔光泰 通政乙丑正月以前承旨來丁卯六月瓜遞有遺愛

李枉璣 通訓丁卯七月以通禮來戊辰七月御史啓罷

鄭東幹 通訓戊辰七月以前執義來己巳四月特除承旨

李鉐 通訓己巳四月以工曹正郞來庚午正月遭父喪遞

姜彙鈺 通政庚午正月以承旨來壬申六月瓜遞

尹爔 通訓壬申七月以古阜郡守來丁丑八月瓜滿遞付懿陵令

張瀚 通訓丁丑八月以大邱判官來同年十月陞拜清州牧使

尹日達 通訓丁丑十月以持平來戊寅二月卒于官

沈能栻 通訓戊寅三月以持平來庚辰五月呈遞

尹景鎭 通訓庚辰五月以兼弼善來辛巳十一月除副應敎

金初淳 通訓辛巳十二月以錦山郡守來壬午六月移拜全州判官

李德秀 通訓壬午六月以金川郡守來甲申二月移拜清州牧使

黃儆彥 通政甲申二月以承旨來丙戌六月京遞

洪稷謨 通訓丙戌六月以清道郡守來辛卯六月瓜滿付京職

成近默 通訓辛卯六月以永川郡守來癸巳十月移拜廣州判官

李鐸遠 通訓癸巳十月以前正言來甲午六月移拜東萊府使

李玄好 通訓甲午六月以金堤郡守來 憲宗丙申十

月移拜清州牧使
金箕明通訓憲宗丙申十二月以丹陽郡守來丁酉十二月京遞金鎭
華通訓丁酉十二月以珍山郡守來辛丑五月移拜原州判官李炳斗通訓辛丑五月以高城郡
守來甲辰正月移拜大邱判官李祖植通訓甲辰五月以綏陵令來乙巳十二月移拜清州牧使朴
曾壽通訓乙巳十二月以珍山郡守來戊申六月移拜江陵府使林泰洙通訓戊申六月以高
陽郡守來庚戌六月移拜文川郡守俞致弘通訓哲宗庚戌六月以珍山郡守來癸丑六月貶遞
趙貺天通訓癸丑六月以朔寧郡守來甲寅十二月移拜咸平縣監洪祐信通訓甲寅十二
月以安城郡守來丙辰十二月移拜咸平縣監趙秉穆通訓丙辰十二月以清道郡守來己未正月卒
于本宅朴奎賢通政己未三月以前承旨來庚申五月移拜寧遠郡守嚴錫謙通訓未赴
任避嫌京遞吳基默通訓庚申七月政除來辛酉六月貶遞鄭慶朝通訓辛酉六月以益
山郡守來同年十一月初三日辭遞尹夔一通訓辛酉十一月以茂長縣監來壬戌五月辭遞南
羲重通訓壬戌五月以雲山郡守來癸亥七月移拜咸平李達永通訓癸亥七月以寧越府使來
高宗甲子八月卒于官崔翼鳳通訓高宗甲子十月以尚衣院主簿來戊辰二月移拜仁川府使
沈樂正通訓戊辰三月以仁川府使來己巳九月卒于官尹顯岐通政己巳十月以曹司五
衛將除授壬申正月左承旨遞趙秉弼通訓壬申正月以正言來癸酉十二月京遞尹永善
通訓甲戌二月以京畿麻田郡守來丁丑十二月移拜全羅道沃溝縣監柳敎祚通訓丁丑十二月以
平昌郡守來庚辰四月陞通政辛巳六月卒于官鄭顯英通訓辛巳八月以前校理來癸未正月二

十七日京遞李文鉉通訓癸未三月以平安道孟山縣監來乙酉七月移拜居昌府使李啓
夏通訓乙酉七月以忠清道德山郡守來丙戌六月移拜蔚山府使朴世秉通訓丙戌七月以蔚
山府使來丁亥四月移拜廣州判官李承喜通訓丁亥閏四月以廣州判官除授同年五月未赴任移
拜安山郡守李敎英通訓丁亥五月政以京畿安山郡守來戊子九月移拜豊基郡守曺柏
承通訓戊子九月以楊根郡守來辛卯十二月移拜楊州牧使朴齊普通訓壬辰四月以江原道
杆城郡守來甲午二月移拜襄陽縣監申觀朝通訓甲午二月以梁山郡守來乙未四月二十九日
京遞青松郡守南惟熙通政乙未四月二十九日以副護軍來同年十二月遞吳衡
根通訓丙申三月以永同郡守來戊戌十二月貶遞有遺愛張承遠通政光武三年己亥三月以
秘書丞來庚子二月遭生父喪遞鄭道永通訓庚子五月以全義郡守來辛丑五月移拜豊川郡守
李喆和通訓辛丑五月以祥原郡守來癸卯五月移拜寧海郡守有遺愛李世榮通訓癸卯
閏五月以典讀來乙巳十二月京遞安鍾悳從二品前參判丙午正月二十五日來隆熙元年丁未
七月二十九日卒于官沈宜植以郡主事丁未九月任郡守署理戊申三月解任同年四月再任署
理同十二月解任康琪昇書記生戊申三月九日來同月十六日遭父喪遞錢澤洙通訓
戊申十二月二十日來明治四十四年辛亥六月十七日轉任仁同郡守權泰泳以仁同郡守
明治四十四年七月六日來大正元年壬子十月八日移拜興海郡守金承源以延日郡守大正
元年十月二十日來甲寅二月二十八日退官權泰泳以興海郡守甲寅三月一日再任丁巳十二月

三十日移拜奉化郡守 權丙宣 以義城郡守丁巳十二月二十日來辛酉一月八日移拜高靈郡守
曺正煥 以道書記辛酉一月八日來癸亥三月三十日移拜慶山郡守 宋文憲 以總督府屬癸
亥三月二十一日來甲子十二月二十四日移拜醴泉郡守 朴濟均 以道屬甲子十二月二十四日
來丙寅十二月二十六日移拜盈德郡守 金基善 以善山郡守丙寅十二月二十六日來 昭和二年
丁卯三月三十一日移拜忠州郡守 崔秉轍 以陰城郡守丁卯三月三十一日來戊辰三月十五日移
拜清道郡守 鄭圭瑗 以聞慶郡守戊辰三月十五日來己巳六月十七日退官 蘇鎭夏 以道
屬己巳六月十九日來辛未十二月二十八日移拜醴泉郡守 高亘明 以專賣局屬壬申一月九日來
甲戌九月二十日移拜柒谷郡守 朴文雄 以軍威郡內務主任甲戌九月二十日來

文科

李子修 見勳臣 鄭孝本 世宗乙酉科官至縣監 沈遜 見學行 權孝良 自肅
子 世宗戊午科官至直提學 李衡 見學行 李從允 見仕官 閔世貞 見孝行 申
楫 見學行 鄭胤 孝本孫 宣祖朝科官至縣監 趙時瑗 享道孫 顯宗朝科官至持平

司馬

李碩 見行詮 李子芳 碩子 麗朝生員 朴秀孫 生員 閔世貞 燕山乙卯生員見文
科 曺致唐 生員 趙淵 見學行 閔宗孝 宣祖庚午生員 閔根孝 宣祖庚午生員
沈清 見忠義 趙咸英 孝宗壬辰進士 申光斗 仁廟戊子生員 趙時瓊 見儒行

趙時瑗 孝宗辛卯進士見文科 趙咸章 宣祖戊午進士 趙咸世 孝宗壬辰生員見孝
行 閔光表 生員 權淳 英宗己酉進士 權濂 見學行 趙後龍 見儒行 趙相
抃 見學行 趙相迪 見儒行 趙相震 見儒行 趙始夔 見儒行 申海觀
英宗癸未生員 權以復 見學行 趙相彥 見儒行 閔闇 正宗癸卯生員 申海望
正宗朝生員 閔宗爀 正宗戊午進士 申思永 純祖甲子生員 閔基爀 純祖丁卯生員
趙基億 見儒行 申弘陽 見儒行 申弘運 純祖朝進士 趙基永 見學行
柳致球 見儒行 李璠 哲宗乙丑進士 閔宗鎬 生員 李奎眞 見儒行 柳膺
睦 見儒行 閔晟鎬 進士

武科

嚴弘基 官部將 韓仁風 官萬戶 金聲遠 光海庚申科官判官 金夢龍 光海
庚申科官副正 金克鱗 科 趙儉凱 科 申樹 楫弟官部將 金起男 光海辛酉
科 鄭雲 光海辛酉科官察訪 沈澤龍 科 李彥碩 科 鄭淵明 佶六世孫 宣
祖丙午科官訓鍊判官 徐爾梂 字任重參奉起門玄孫省峴察訪 黃守中 字淑王襄武公
希碩后稟質溫粹孝友篤至 宣祖朝科陞通政 崔協一 字季純判官應參子官宣務郎 柳必
達 字德逸佐郎應時次子 肅宗朝武護軍李子奉源僉中樞 徐孟禹 字仲夏主簿克敬孫武科
宣傳官 崔道善 字舜汝判官應參后訓鍊僉正 沈有澤 字聖水中樞宜祿子訓鍊副正 崔

永好字達右忠義忠孫子官宣教郎朴應坤字厚之月城人 顯宗朝科歷典三驛察訪志氣雄

俊黃止中字汝正襄武公希碩后護軍凧解經史續修五倫行實郡有鐵劵燒失因修繕一如舊章

人稱奇才有表賞朴鼎伯字德彦察訪應坤后副護軍稟性謹厚忠信孝友巴山趙泰奎撰碣黃

壬字長源襄武公希碩后廷必肅宗朝武科以壽資嘉義尹命起字春瑞璿曾孫護軍天性端雅

孝友兩至金聖善字德初慶州人龍驤衛景福宮衛將金璞天金海人角千庚信后登武科密

陽朴貴才撰碣尹起五字春集昭靖公坤后武及第宣略將軍龍驤衛副司果黃斗運字聖

魯平海人玎后忠勳府都事徐錫斗字海慶監正翊輪六世孫忠武衛副司義徐寬洛字順

和學諭渡后官忠義衛

仕宦

沈太山字子高令同正天潤孫 世宗朝副司果潛心力學文藝夙就襟期脫灑喜遊山水始自山清

還居青松月明臺有詩曰歸來松最老百世有餘春有逸稿傳後孫進士相惪序蔣處勇字而義夕

山人文翊公成發玄孫遊佔俾齋金宗直門 成宗朝官知中樞京畿節度使戊午士禍謫晦自靖貞城李中

轍撰碣李從允字可貞學行衛子 世祖朝中司馬兩試 成宗朝登第官至輔德以耽羅海外重

鎮難其人特加通政遺耽羅牧爪滿州民願借一年上重書褒美之賜唐表一襲簡儉清白見濟州名宦

記及東京誌享慕賢祠南溪表沿沫撰碣定軒李鍾祥製常享祝文徐尹龜字任之達城人溪沉玄孫健

元陵參奉己卯士禍後屛絶勳戚八青松享德陽祠李亨遠字叔晦儒行後戊子篤志好學承先隷業

官禁府都事徐起宗字子光參奉尹子中部參奉早承庭訓隱德行誼嘗與洞人議建學舍扁以明

智書堂推公爲山長定規約講後學徐起門字德初參奉尹子隱居修姱以行 除獻陵參奉沈

應洛字伯述忠義清子王果訓導資質超邁文學夙就龍蛇亂隨先公於矢石之中及遭鳥山之變收屍

返葬金應禮字和中學行漢卿曾孫官軍資監司猛天資亢直家法聲聞人稱售世之材後孫絃鎮撰

碣鎮聲著遺事金玎字鳴玉副正夢麒子志道造詣篤學不懈以遺逸 除司圃署別提歷兵刑曹佐郎

爲名村察訪青山縣監臨民莅政節儉者費明嚴自持吏胥不敢售其奸爪還行李蕭然見者以清白稱朴

昌猷字大升學行猩孫參奉資性雅潔器宇軒昂文辭贍博推重鄉黨沈忠達字達可勳臣孝

閑五世孫以儒行按廷日訓導晩籌松齋膈進後昆張惪根記徐克敬字仲直參奉尹曾孫宗簿寺主

簿風儀英卓文對夙就有雅望金得可字大中開巖宇宏子官縣監時有去思碑金日清撰碣南

斗文字天章儒行遼子生姿英特文學夙就鶴峯金誠一每見稱賞 仁廟祖察訪李璉字仲玉器輔

德從允曾孫官奉事勉進後昆訓誨不倦玄得元字貞淑延州人氣節卓異孝友篤至 世宗朝登科

端廟朝星州牧使 端廟禪位痛哭寄書集賢殿郎日解紱歸隱于永陽默方洞終身不復仕與成梅竹朴

醉琴許凝川友善拓庵金道和撰遺蹟後敍碧珍李泰一撰神道碑銘崔尚秀字世賢啓敏子參奉

李性熙字令淑加平人氣字牢確文詞謫蔚官沙斤察訪沈鑴字子警忠義清孫 仁祖朝省

峴察訪忠孝勤儉垂裕後昆後孫義澤撰遺事沈銓字子執忠義清孫 肅宗朝以蔭仕行省峴察訪有

清政碑憂世教之不振與鄭德趙時玹趙時珩刱立屛巖書院祢鄭戒漢字漢之雄曾孫有文行

孝友之稱軍資監正 沈欽 忠義淸孫忠義衛務本踐實自成一家規謨 沈宗源 字而見靑川君
孝嗣六世孫者峴察訪誘導後昆見重鄉黨後孫敬默撰狀 沈一大 字浩源儒行世勳子英廟朝
忠義衛才華早敏捷於屬文時人謂之沈八斗弟希大撰碣 沈仲之 字允中萬曄玄孫參奉學而成
優窮而不失儉約自守以遺後昆 沈休祥 字景輝縣監湖后官都正性度溫厚修姱自養 郭天
翼 字元普早諳文學旣旣窮年主盟詞垣大放名聲參奉 朴壽鎭 字景伯學行崛后璿源殿參奉
朴英奎 字仲彥密陽人 哲宗朝副護軍少遊京洛及中晩世謬奔競遂絶意仕進挈家入山耕田
沈鈵 字極老休祥子通政風稜利劒維畫維匡 沈能圭 字禹玄護軍兼文孫智陵參奉稟賦剛明
儀表耿介文詞精敏 裵燦周 字景章興海人興海君銓后儀表俊秀才德兼備爲業于進士李正德門
靑己志卷之四 十四
多蒙獎詡倚通黃岐之術 有濟衆之功官監役陞通政 沈能禧 字周瑞護軍兼文孫氣宇軒昂言論
雄偉敦寧府都正 沈宜喆 字景八儒行萬緯五世孫東明王陵參奉待人泛愛悅服者衆隨事明辨
碍滯者寡 沈宜春 字殷仲儒行範周孫良學沈 誠之門資性英敏文詞夙就永懷園參奉陞宮內部
參書官 沈瑗澤 字致玉文行宜華子 高宗朝軍部主事神彩玉美志操淸介與弟瑞澤瑨澤征遹
日篤 裵學舜 字華中琴易堂龍吉后義禁府都事遊大院君門下謝絶歸隱樂吾天眞 趙性斗
字用五儒行時璞七世孫志淳業勤廉靜自持奉先殫誠知不忌報本接人無驕知用工有度 高宗朝參奉
陞嘉善 沈之濼 字而善岳隱元符后參奉 李鍾根 字晦春通政元龍子元陵參奉律身勤儉
養親無違 趙性甲 字敬安文行寅植子儀表端潔言論正當官通政 禹章河 字一淸易東倬

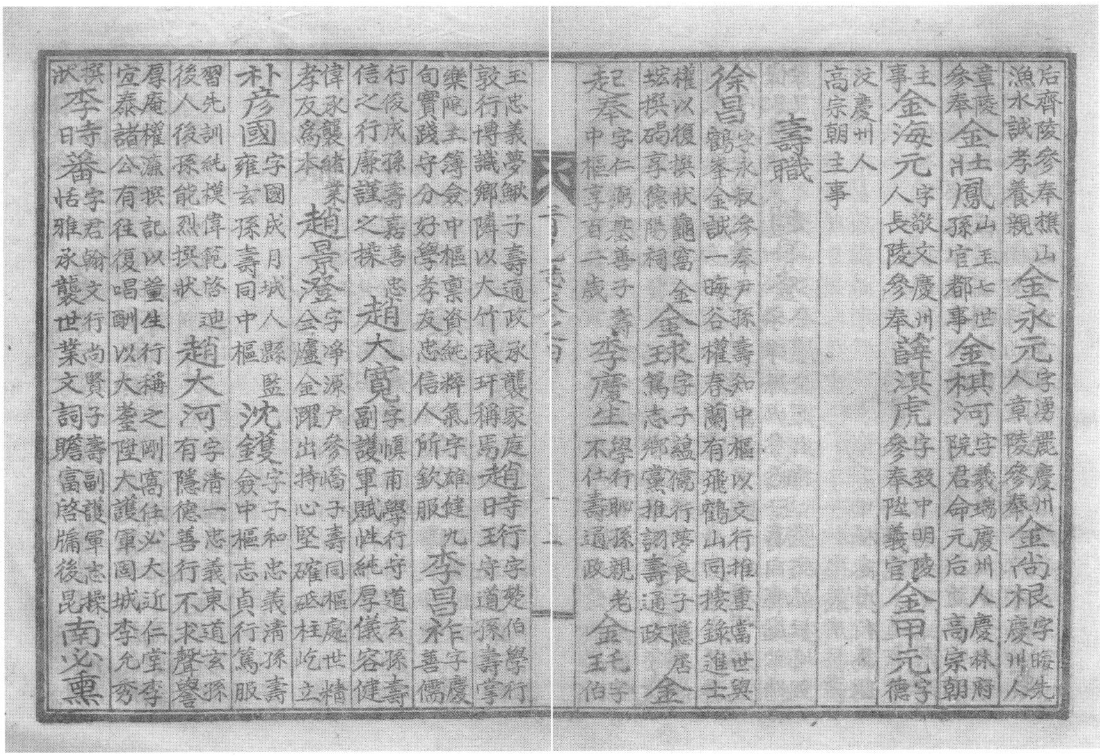
后齊陵參奉樵山漁水誠孝養親 金永元 字湧麗慶州人章陵參奉 金尙根 字晦先慶州人
章陵參奉 金壯鳳 山王七世孫官都事 金棋河 字義瑞慶州人慶林府院君命元后 高宗朝
主事 金海元 字敬文慶州人長陵參奉 薛淇虎 字致中明陵參奉陞義官 金甲元 字德
汶慶州人 高宗朝主事

壽職

徐昌 字永叔參奉尹孫壽知中樞以文行推重當世與鶴峯金誠一晦谷權春蘭有飛鶴山同接錄進士
權以復撰狀龜窩金埴撰碣享德陽祠 金球 字子蘊儒行夢良子隱居篤志鄉黨推詡壽通政 金
起奉 字仁弼孝善子壽中樞享百二歲 李慶生 學行聃孫親老不仕壽通政 金[王乇] 字伯
靑己志卷之四
王忠義夢鰍子壽通政承襲家庭敦行博識鄉隣以大竹琅玕稱焉 趙時珩 字楚伯學行守道孫壽掌
樂院主簿僉中樞稟資純粹氣宇雄健允句實踐守分好學孝友忠信人所欽服 李昌祚 字慶善儒
行俊成孫壽嘉善 忠信之行廉謹之操 趙大寬 字愼甫學行守道玄孫壽副護軍賦性純厚儀容健
偉承襲緒業孝友爲本 趙景澄 字淨源尹參嶠子壽同樞處世精会盧金躍出持心堅確砥柱屹立
朴彥國 字國成月城人縣監雍玄孫壽同中樞 沈鑊 字子和忠義淸孫壽僉中樞志貞行篤服
習先訓純模偉範啓迪後人後孫能烈撰狀 趙大河 字淸一忠義東道玄孫有隱德善行不求聲譽
厚庵權濂撰記以童生行稱之剛窩任必大近仁堂李宜泰諸公有往復唱酬以大耋陞大護軍國城李允秀
撰狀 李時蕃 字君翰文行尙賢子壽副護軍志操恬雅承襲世業文詞贍富啓牖後昆 南必熏

字太和儒行世柱子壽僉樞傲視軒冕頤養林泉 南桂 字浩源忠義之熏子壽贊憲兩世重牢世楠稀
慶厚庵權濂爲詩識其事 金尚海 字達卿刑參判夏文子淳貞之姿孝友之行八旬林下德望俱卲壽
嘉善族姪龍澳撰碣 李世鳳 字章五儒行後成曾孫性行嚴毅敎誨有方壽副護軍 沈穡 字國
卿參奉世章孫讀書勅行鄉黨推重正宗朝壽中樞享八十三 金尚白 字秋白司猛應禮玄孫壽
通政至孝事親篤志力學克守內分絶意外慕六世孫崧鎭撰碣 金王振 字聲遠仁鏡后壽護軍
金聖麟 字大彦英陽人尚書錫中后聰慧超倫詞賦贍妙壽同中樞享年八十四 金鎭陂 字振
世漢龍曾孫壽嘉善享八十一 愼尚忠 襄簡公詮后天性純眞事親極孝壽同中樞 蔣禮夏
字敬承元栻子壽中樞渼於禮學從權斗經學 南道晉 字國南儒行時熏孫姿性淳眞操守牢確文詞

精博士友推詡壽僉樞 趙世煜 字述甫學行守道六世孫壽通政氣宇卓越承襲家學克修詩禮
愼必道 同樞尚忠子言論鄭重志操廉潔不求名利終老林泉壽通政 沈邦良 字時彦忠義汀
玄孫天賦寬厚以善行見重壽同中樞享年九十八推恩三世 趙善煜 字慶安宗岳六世孫氣宇磊落
孝誠純眞親癠沉綿拇血得蘇壽同樞推世賜米肉至終年享百一歲晦谷許縕撰碣 贈三 沈世
文 字士郁同樞鏡子壽僉中樞行雅望士友推詡享年八十八 趙禮煜 字子實儒行大壽孫跡晦
山林心潛書冊承先業牖後昆爲己任壽知中樞享八十六 李仁春 字元叔文行枝苾子壽同樞性
敦彝倫文學餘事韜晦林泉不事場屋日事尋數啓蒙爲己任 趙景濩 字潤中學行遒道后性至孝孺
慕至九耋朔望必展拜家廟壽同中樞 朴景一 字道瑞同樞彦國孫仁廟朝壽司宰監 金彦

祥金海人仁廟朝壽同樞 南大鴻 字漸于儒行時熏玄孫文翰兼精壽副護軍 沈得周
字大必參議德洛孫壽同中樞性度寬厚享百歲再蒙恩 洪受夏 字聖則南陽人敬孫后自大邱始入
松生古縣以文詞見稱壽中樞 吳應大 字時應克成五世孫有文望正廟朝壽嘉善 沈漢文
字濯之儒行穆孫齒德俱卲望重鄉黨壽副護軍享八十九 南泰休 字子永應熏玄孫壽護軍天賦
溫良文詞博洽九旬篤行一心敬義 南大標 字應之儒行時熏玄孫聰明超趠文詞夙就壽嘉善 蔣
台華字原汝聖龍孫壽通政事親極文煒孝喪餘之日必致如在之誠 趙奎五 字應七學行守道后
壽副護軍風儀後整譚論簡默 李元協 字曾則應國子壽通政性度潔而才請敏 南泰樺 字和
汝命海子資質清粹文詞學識爲時推詡壽通政 沈景文 字星應忠義清后文行雅望爲鄉黨推詡

知府趙秉弼有記壽副護軍享年八十八 南熙復 字士休春鐸曾孫壽護軍清雅之資勤儉之行九耋
享壽一心不懈日誦四勿箴爲終身用工之方 沈秉文 字士克文行有大會孫文辭贍富剛毅過人壽
副護軍 沈鍛 字伊善忠義希大曾孫壽通政陞同敦寧蒼下鄭駿和撰狀 李成坤 字叔憲寺
正甫梅后性度峻嚴風儀軒豁紹述家學德卲年高壽護軍外孫金鎭聲撰碣 蔣在亨 字致吉文行八
煒子壽副護軍服習詩禮躬行孝悌樂志丘園不求人知 沈燁之 字汝章儒行世勤五世孫壽知中樞
蒼下鄭駿和有重牢賀章南極星光照德川老人如畫生當筵神仙亦有夫妻樂日月重回嫁娶年壽酌滿斟
紫霞酒賀詩爭唱灼華篇古家稀慶知何自松柏岡陵望鬱然 沈能昌 字汝重文行虎文孫稟性恬雅
度量寬洪律己勤儉待人和厚與弟能昶錫祿友愛篤至宗族孤子者多嫁娶之壽僉中樞享年八十二嗣孫

進澤撰遺事 趙基卓 字聖立文行景潛曾孫姿性康介志操堅強壽副護軍 李在發 字汝
華學行恥壽副護軍 后 沈岡之 字永祚中樞兌文子與從弟 誠之有征邁之樂壽嘉義 沈亨
之 字德祚友愛篤迪曾孫申晉運門人行純文簡勸進後蒙壽通政享年八十三 李奎協 字士文應
國子壽副護軍姿性耿介志操清高 南熙博 字學叟儒行有薰五世孫姓度包容言論鄭重以壽僉樞
曰朝廷優老之禮及於微身感激洪恩海當國忌不御酒肉夜必盥漱北向四拜 李河榮 字聖
琢護軍奎協子八十五壽通政性本修分好善嫉惡 趙貞祐 字汝元儒行優慶曾孫壽同中樞志行淳
實性度仁厚無輕世忤物之心 沈鉒 字元讚縣監湖后壽通政家承孝友心潛經史 金性均 字純
若行誼重王孫壽通政資性溫雅志氣沉重享年九十金鎭聲撰碣 趙性濂 字道應東祐子天性至孝

氷魚野雉累効親 齊 壽通政舉重牢宴 李圭極 字建彦儒行俊成后壽通政 柳弘鎭 字仁
重全州人東林致鎬子壽通政早襲庭訓文行兼備晩卜青松優遊自適享年八十二 沈錞 字應八青
川君孝胤后壽通政資性穎敏涉躐經史安東權秀升撰狀 沈宜錄 字亨九安孝公溫后壽知中樞
勤儉制行見稱鄕隣 沈能益 字景三岳隱元符后壽通政 沈能宅 字穉安忠義希大五世孫
壽僉中樞性度沉重勤儉自持 徐翊輪 字保賢繼昌后壽軍資監正 崔琴楠 字明甫宣教永
好會孫歲荒賑恤至今稱誦壽嘉善 黃河文 字來天司果克一玄孫稟性純厚篤仁人稱齒德俱卲壽
通政 崔啓敏 字士敏嘉善琴禧子壽通政 徐國復 字忠若翊輪孫壽工參議享九十一 姜鳴
世 字元五晉州人壽嘉善 朴赫祚 字仁秀察訪應坤后壽僉中樞天彝忠孝家學詩禮 金元

禹 字景彦慶州人壽通政 朴時榮 字子令學行惺后壽護軍 裵善中 字君瓚興海人琴易
堂龍吉后壽同中樞追刑參祖顯湯贈工議曾 贈三世父謹周 祖相宗贈司僕正 贈 申永祚
字瑞日光震玄孫壽嘉善 禹宅洪 字樂書易東倬后姿稟剛明才志敏捷就學寒山金聖鐸門壽知中
樞義城金鎭城撰碣 金曾洙 字士重岱南后壽通政 鄭世璉 字希玉之雄后壽僉樞 金
致郁 字世榮孟性后壽通政氣質寬裕孝友爲本有子八人敎之有方 金振泳 字璞天五代孫壽
通政 黃道喆 字重吉襄武公希碩后性本勤學至老不懈壽嘉善完山柳淵揖撰碣 白應鎭
字泰彦東喆子壽通政有承襲父兄之訓賙恤隣里之義 李益孝 字士明全州人孝寧大君補后壽通
政校宮移建及客舍重修時優助貲力鄕人稱焉蒼下鄭駿和撰狀 尹顯鄘 字周興昭靖公坤后負笈

請學于徐公洛門守分堅固文識敏妙壽知中樞 魏大壽 字得甫長興人德毅后壽同中樞 尹
顯運 字重任昭靖公坤后性度淳厚壽通政享八十一 黃命喆 字天瑞襄武公希碩后壽嘉善
薛鍾大 字大而淳昌人壽副護軍 魏東晋 字孝敬長興人壽副護軍 金山王 金城人 俊
榮后壽通政金萬秋撰碣 崔貴世 字仁彦慶州人文昌侯致遠后壽嘉善 金道善 俊榮后壽
嘉善英陽南道弘撰碣 玄弼權 字致彦牧使得元后鳳儀偉重性度沉默壽中樞 尹忠柏 白
字成雲坡平人文肅公后壽嘉善追贈三世 瓘 朴尚福 吏參耆后壽副護軍 崔佑永 字明
曾茂膺后壽嘉善 金永鎭 字敬胤尚圭子壽同中樞

贈職

李陽春字彦華輔德從允玄孫以孫亨遠壽 贈漢城府右尹勵志讀書 趙重閵安汝幹學
行遵道孫早就文學篤志力行以曾孫進士相抃壽 贈司僕正 趙時璧字子拱忠義東道孫寬厚
有長者之風以孫大河壽 贈工參議 李爾梅字和叔松安君子脩后婺姓簡重德器粹貽 贈司僕
寺正義城金龍灤撰碣 金爾煜字汝輝通政球子早廢舉業歸遯林泉劬勤經學行全德卹以孫尚
海壽 贈工參議族孫龍灤撰碣 趙嶠字士輝文行重呂子承襲家學服習師詮林下事業卷中旨誠
以子景澄壽 贈戶參判 趙昱字士鎭重閵子學識純熟士友推仰以孫相抃壽 贈承政院左承旨
趙嵫字兌卿學行遵道曾孫以子景瀾壽 贈工參姿性至孝篤於事親聰慧過人餘力劬學尤詳於禮
說 金夏文字子彬爾煜子天賦溫雅學業專精林下七旬獎進後昆以子尚海壽 贈刑參判族孫

龍灤撰碣 趙端字士直忠義東道曾孫敦宗敬族謹守先業以子大河壽 贈戶參判 趙景仁
字完而昱子養德郎圓謹承先緒以子相抃壽 贈戶參判子相抃撰狀 金基善字日休岱南子以子
起奉壽 贈漢城左尹一直孫錫玖撰碣 南啓熏字聖化儒行天柱子戶參判石屛李休運門人 贈
得聞旨訣博究經籍德行醇篤爲時重望所著有困勉錄道山漫筆家訓十五條全州柳淵龜撰碣 沈德
洛字聖源儒行萬緝子以子得文壽 贈工參議有文行 沈兌文學行遯后以子岡之壽 贈同
中樞 金基順字學初慶州人 贈嘉善校理李晩煃撰碣 尹致興字周賢忠義堭后才藝出
倫風儀綽約以子光說壽 贈漢城左尹西坡柳必永撰碣 贈 金億奉字致伯慶州人贈軍資監正
黃喜鍾字明憲襄武公希碩后以子載坤壽 贈嘉義 崔錫萬字禹瑞慶州人文昌侯致遠后

以子佑永壽 贈通政 金尚圭字德偃太師宣平后以子永鎭壽 贈嘉善博涉經史 金相
周字德彦慶州人贈僉中樞

塚墓

靑己君沈洪孚墓在府治南五里普光山辛坐 昭憲仁順兩聖母命遣中使環山種柏劃
給位田且以工曹匠十一名除給祭物軍庚午減布後加定十六名合爲二十七名庚子均田使及其後府
使之爲後裔者拜有位田查結而前後節目册子及改案文書藏之府司使戶長收稅以奉四名日享祀後孫
鳳輝以府使新備香爐石聖希以道伯改修床石公著守永川時改立表石相元詢議宗中補築莎階添備翼
石改竪新碣而前面仍舊書高麗國文林郎衛尉丞靑己君沈洪孚之墓沈墓之於靑松有永世不忘之功邑

號之陞府地方之增益軍額之減數皆以 王妃姓鄕而樓名讚慶亦此意也是以守宰吏民之致敬於此者
非一時崇奉鄕賢之比也○階下有木連抱非檜非柏長十餘文俗稱杉而南中所無之木枝幹貞直靑貫四
時甚可靈異古老有說此木生筍則必誕王妃之兆云○府治東十里中臺山有沈墓甲坐世代諱號官爵無
傳參議成瑍莅府時改封塋域後孫鳳輝以府使掘移偸塚改量七十餘卜地爲祭田自朝家以大典寺永爲
守護齋宮備邊司禮曹兵曹巡營俱有完文崇奉之節與普光墓一體矣甲午更張後山下子孫添補位田及
祭器以奉春秋享祀 進士李碩墓在眞寶縣南枝谷癸坐今巳川面甘南後孫觀察使濵翼撰碣
學士沈遜墓在府治東巨大谷長嶝卯坐臨齋徐贊奎撰碣曰君臣大義天地經常胚胎先懿杜
門家聲卷懷歸藏剷彩韜光滾淺飈揭不濡我裳于規聲中涕淚縱橫煩冤其氣上薄穹蒼秋柏之實烈烈風

霜潛德幽光閟而不彰有封四尺伍伍斧堂縣監李衡
我筆不諛載揭石章用詔千祺永垂無疆
墓在安德縣火峴花心穴卯坐子從允三年居廬故後人稱之以李孝子殯所洞輔德李從允
墓在安德面文居洞內山酉坐南溪表沿沐撰碣參奉徐尹墓在安德面瑟撫谷上麓酉坐
別提趙庭柏墓在安德後山辛坐子直介墓在青龍壬坐司知中樞金漢卿
墓在縣西面梓洞西山酉坐所庵李秉遠撰碣曰轆甲而奮義武之始也葛巾而遂初文之藏也以蹈死之
男而有辨裔之名猗其有得於屈仲消長惟後人之式在道谷之岡軍資監李聰墓在安德面
日隱不死洞子坐田園柳道獻撰碣沈汀墓在郡府南面羅谷亥坐酉陂柳必永撰碣曰琴臺水咽丹
月星蒙過者悲憤往胸雲空歸視公所衣履依藏義騰如斗氣于蒼蒼烈烈儒人捨生同穸撮頭塚珉永眎無

靑己志卷之四　二十二

極通政南繼曹墓在郡西六十里安德面花池山丑坐肯庵李敦禹撰碣曰承英毅緒闡陶
山諦得旅翁許溪芝老契斯足不朽於百世贈判書趙𡊨配贈貞夫人安
東權氏墓在安德縣北金臺山卯坐厚庵權濂撰碣判書公墓在仁同新村艮坐洗馬李光庭撰碣
主簿沈鶴齡墓在府治北五里道致洞艮坐配淑夫人眞城李氏祔心石齋宋秉珣撰墓表曰
闡道早而趨向克正服師勤而操行克篤鶴山柳膺睦撰碣曰赫舄胚光月翁之孫薰沐師承鮮翁之門有子
碧節實自啓發維道之隅羣蒙趨敍維道之阜佳城依鬱道之所存風韻不墜餘三百禩嶠龜載貢未艾遺蔭
始發積厚我銘在茲以示于後參奉徐起宗墓在安德面明堂洞上麓酉坐後孫活撰誌司
僕寺正趙守道墓在安德火峴花心穴辰坐配贈淑夫人密陽朴氏墓同坐雙墳西坡柳

必永撰碣曰家傳漁老學承惟翁有是天資勉以實工嗟不遐壽志業未終猶多可傳刻眎無窮知中
樞趙純道墓在縣西面所斤洞飛鳳山甲坐泰墉崔善述撰碣主簿趙遵道墓
在青松面大谷壬坐密庵李栽撰碣曰顯允漁翁有英皓風公爲其後雅尚謙冲爲國急病糾兵輸粟追遠如
存寓意風木既忠飽孝何德之備克享上壽又多子孫箕疇五福公實有之刻銘茲石以告無期配贈淑夫
人冶爐宋氏閒韶金氏墓在安德縣北金臺山卯坐雙墳此山素以公身後之地而遺生母夫人權氏啓以子
職之道先葬此山而其後公子孫附葬焉副正趙東道墓在安德縣北金臺案山酉坐配令人
月城李氏墓在縣西豆峴午坐安東權相翊撰碣曰汪蹄之年巡遠之志義氣一奮封豕魄虓亂靖紀公咸陟
以纛桓桓儒將屏于樹下孝門求忠微公誰以松山之窈日晃鼓缶墳麓昏唱一命何有遺篇慷慨盟錄煌煌

靑己志卷之四　二十三

無日不章百世之光嗟惟今古孰無兵亂凡百老成視此童觀訓鍊奉事沈淸墓在府治北
五里道致洞後艮坐配淑夫人礪山宋氏祔通庵權周郁撰碣曰公死而魂返故山魂不死兮公死而名垂後
世名不死兮視彼當死不死而名隨而泯者其壽兮山千古兮石千古與天地而悠久兮公南宇墓
在郡南三十里安德面羌梁洞五佳谷壬子響山李晚燾撰碣曰箕山之塚伯夷傳不云乎公亦隱遯者類無
以一時之默默終使落漠於百世之青雲也僉中樞徐昌墓在安德面瑟撫谷先兆左麓酉
坐龜窩金塽撰碣曰有幽南山即公之道隱德未顯後人之嗟有崇四尺我銘非誇贈參議沈淳
墓在府南面羅谷後孫能瀅撰碣僞護軍將元栻墓在府治西十五里新興洞五郞谷午
坐咸安趙仁祜撰碣崇禎處士金是榲墓在府治東松生洞南山未坐義城人號鄙隱丙

靑己誌 卷之四

子後隱居不仕以遺逸薦 除光陵參奉不就 英宗
乙卯曾孫聖鐸登第入爾左議政豐原君趙顯命 筵
奏曰金聖鐸崇禎處士金是樞曾孫 上曰崇禎處士
之名深感予衷特贈司憲府執義文正公許穆撰碣
參判權增撰誌江左權萬拜墓詩天下鄒翁
墓淸風萬古吹文章許文甫洗手作斯碑 申禮男墓
在眞寶縣西 通德郎趙咸哲墓 在府治西十里伊泗里
十里承芳洞 癸坐進士柳膺睦撰碣
南邃墓 在縣東月梅平地庚坐汎庵柳淵楫撰碣曰碣
維公忠孝本立旅翁嗟賞貢老傳習一命循
墻依舊布褐莞彼幽阡平地 禮賓寺徐琫墓 在府內釜
萃偉有銘無愧三尺螭碣 谷後中臺
子坐龜窩金㙉撰碣曰公議可觀興誦信筆莫如知己
百世之下如欲識公之學歸盡觀於諸賢之誄與靑鳧
之 贈左承旨趙重呂墓 在安德縣東愚智谷庚坐倚後
誌 孫泰祐撰碣曰學襲家庭跡肥

卯圖存順及 贈左承旨趙重廉墓 在郡西七十里驛馬
寧謨裕後昆 山未坐六世孫泰祐
撰碣曰於惟府君允襲淸芬器宇峻正襟懷凝靜養眞
林壑克惇行源朗陵父子匡廬弟昆不積于厚曷有其
蕃 贈戶參議趙重尹墓 在縣東外金臺丑坐配 贈淑
夫人鵝州申氏墓附守護 內有
楠木一 校理金聖鐸墓 在巴川面丙南洞子坐號霽山
林特立 鄭隱是樞曾孫葛庵李玄逸門
人 肅宗辛卯進士庚戌按覈使吳光運薦公曰 金玉
其人除 英陵參奉壬子觀察使趙顯命薦公除 靖
陵參奉冬 除司畜別提及肅命丞使引接問曰先儒
說敬字之義甚多未知何說爲要對以程子之整齊嚴
肅似親切 上稱善又 除司僕主簿乙卯春 除丹
城縣監四月中增廣將入試院 上名禮闈主試者敎
曰嶺南賢士當入試闈果能不遺珠否及坼號公果捷
矣放榜日 命戴花入侍親賜 御題一絕曰昨日嶺

南貢擧人今辰頭上桂花新豈徒於爾爲親喜爲余全
門文學臣 命前席次韻以進疏卞師門誣辱安置旌
義後量移光陽以終士林築壇錦陽 南天柱墓 在郡南
爲師弟共尊所樊庵蔡濟恭撰碣 縣東面
烏頭山艮坐安東權相翊撰碣曰士晦而處聲績不彰
惟志與行歷世證嚮於惟敬翁天賦深淳從師勉學處
家篤倫明社已屋蹈海志切案無北曆書表三烈大者
旣立餘行可推玆惟有本盍徵齊楣烏山之幽楸柏蒼
蒼鏡辭詔後 同中樞金稷基墓 在巴川面新興洞仁磨
逸士之藏 山酉坐義城人字坦坦
號一柳堂雲川涌曾孫 宣祖壬寅生員以子昌錫貴
陞護軍同樞配坡平尹氏 贈貞夫人墓祔後拓庵
金道和 僉中樞金相勛墓 在巴川面新興洞仁磨山曾
撰碣 祖一柳堂墓下酉坐配仁同
張氏 贈淑 南有熏墓 在巴川面皇木洞後山辛坐驪
人墓祔後 州閔宗爀撰碣曰靜以存心學

以律身理豈泯 徐漢儁墓 在府東面三宜 府尹柳檜墓
子子孫其振 村吉富山艮坐
在眞寶縣西十五里 楸 李嵩逸墓 在眞寶縣東 沈益大
峴校理金世鎬撰碣 四十里敏谷
墓 在郡東二十里巨大洞仁首谷乾坐進士柳膺睦撰
碣曰猗靑己氏世濟光烈遠自岳隱近逮碧節公生
是家鳳毛丹穴就正函筵默齋之門過從先進月灘慕
斬根天孝友寔由其源報本合族葺家月會因心弟妹
辭包分貝瞻彼仁首衣履 柳魯文墓 在眞寶面角山洞
奉藏載琢貞珉用鑱銘章 鵲翅谷坤坐定齋
柳致明 沈穆墓 在府治西五里硯堂山北麓午坐完山
撰誌 柳淵龜撰碣曰莞彼松鄉嶽瀆靈異休
休我公昭代逸士世襲之懿天畀之職勤以繩家謙以
持己樂此琴書懷珍不市其蓄其藝以貽昆弟耳曷驗公
德視此昌熾硯堂之麓睾如衣履敦操 南世柱墓 在安
其大庸詔千禩配咸安趙氏墓上封 德面

梅尺洞坤坐西坡柳必永撰碣曰行源於孝學本於誠體立用正幸而揚廷據經明義宜大其聲斂而不施天道冥冥懿蹟傳後尚有光晶

同樞南之熏墓 在縣東面愚味谷義城金秉宗撰碣曰尚忠質勤道藝政而肥勇於懍韞不衒名晦積必發理則晳據其遺昺來裔

較沈範周墓 在府治西十里新興洞池谷酉坐荷堂柳喬榮撰碣曰孝友之性得於天者蓋美仁愛之德施於人之是喜布衣令望歷世彌光不食于身始驗于門閭之益昌

柳致任墓 在巳川面丙甫洞子坐壺谷範休孫拓庵金道和撰誌

南星老墓 在縣東面闊日村後酉坐配月城孫氏合封義城金紹洛撰碣曰丙行之卓而志之確由其坯墣吾必謂學誰之不若徵置窮壑一蹟公車抱琴自樂南風不吹東野不平我辯無諛鬱鬱佳城

學校

青松公立尋常小學校 在青松面月幕洞

青松公立普通學校 在青松面月幕洞

眞寶公立普通學校 在眞寶面眞安洞

和睦公立普通學校 在縣西面九山洞

道坪公立普通學校 在縣東面道坪洞

府南公立普通學校 在府南面下洓洞

府東公立普通學校 在府東面新店洞

安德公立普通學校 在安德面明堂洞

巴川公立普通學校 在巴川面官洞

內龍簡易學校 在府東面

紙所簡易學校 在安德面

月亭簡易學校 在縣西面

新村簡易學校 在眞寶面

官公署

郡廳 在青松面月幕洞奏任一判任本官五判任待遇六職員十三

警察署 在青松面月幕洞判任本官二判任待遇三十八

法院出張所 在青松面月幕洞判任本官一職員二

郵便所三 在青松面月幕洞○在眞寶面眞安洞○在縣西面九山洞并判任待遇三職員七

面事務所八 在青松面月幕洞巴川面中坪洞眞寶面眞安洞府東面梨田洞府南面大前洞縣東面道坪洞安德面明堂洞縣西面九山洞面長各一職員并四十九

警察官駐在所七 在巴川面中坪洞眞寶面眞安洞府東面梨田洞府南面大前洞縣東面道坪洞安德面明堂洞縣西面九山洞駐在官各一巡查并十四

學校組合 在青松面月幕洞役員七職員一組合員二十九

金融組合三 在青松面月幕洞眞寶面眞安洞縣西面九山洞

煙草耕作組合 在眞寶面眞安洞

煙草賣捌所 在青松面金谷洞

煙草收納所三 在青松面金谷洞府南面大前洞縣西面九山洞

赤十字社 在郡廳內

愛國婦人會 在警察署內

在鄕軍人會 在警察署內

消防組合八 在警察署當地各面駐在所所在洞

醫院 在青松面月幕洞

農會 在郡廳內

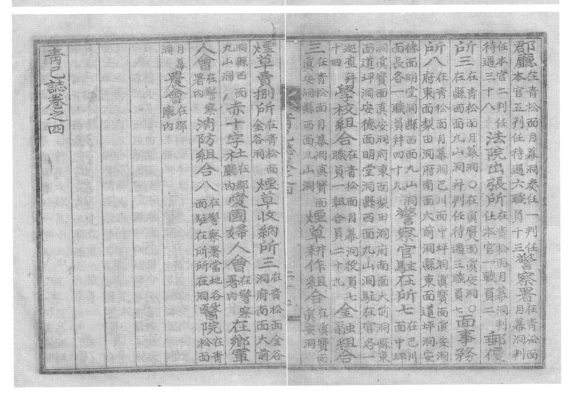

靑己誌卷之四

跋

蓋誌者誌其往事之實跡而以徵信後世者也惟我青
鄉一區地僻而風美民淳而俗厖不見異事而恂恂然
有倉州近古之風壤雖褊小亦嶠南嘉鄉也在羅麗以
前未有文籍之詳實固不可據論而歷漢城五百餘年
之間先賢之遺風往躅猶有未泯文學德行之賢人君
子往往出於巖穴圭竇之中而忠孝貞烈之至行亦有
多聞焉是皆足以範世俗淑人心而其他土壤物産之

靑己誌跋　一

豐肥人民謠俗之儉奢山川形勝之秀麗甚不多讓於
他郡也豈不美矣乎哉邑有前人之誌述而疏略而未
備漏闕之亦多據今而觀之恐不免異日杞宋之歎矣
肆余淺劣竊有慨然於斯遂與同志沈兄相台相光及
族姪鏞禹倡發論議詢告于各門採摭古今懿跡之可
傳於世者積歲勤苦繕成若干編而復屬鄉之僉員勘
正去取序其次第始就完編誠吾鄉惇史也有檮杌之
書而後可以監楚人之賢類有風土之記而後可以攷

晉代之物情則是誌之關於吾鄉也亦或有輔於攷據
之資而旋念孤陋見識經事未熟安保其精詳而無謬
失耶是誠可懼也已覽者恕其庸妄而與之同歸于德
業相勸之藍約則幸也赤鼠陽復月下澣咸安趙廣奎
謹識

邑之有誌猶國之有史家之有乘所以記沿革證故實
也其作庸可已乎惟我青己介在嶺海之間區域褊小
而爲都護之府山水遐僻而有周房之勝風土之美稼

靑己誌跋　二

穡之宜民俗之淳産品之繁則於東南諸州未爲居殿
而累毓坤德爲東朝列聖之莘摯合壤眞城又爲退陶
夫子之發源矣流脈所注餘韻所被忠孝義烈文學德
行往往踵趾於其間而世代浸遠風俗日漓杞宋文獻
幾乎無徵余以鄉之晩生竊慨于是久矣是年春與族
兄相台及趙兄廣奎鏞禹從事是役謹就舊本邑誌縱
而援歷代之闕典橫而摭諸家之實蹟發例分門類補
彙附匝一朞而始克成編凡上下局但識解恂淺筆削

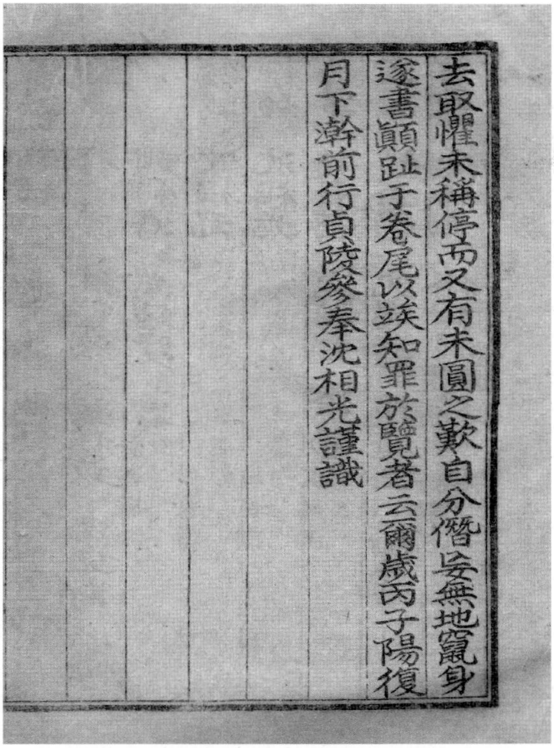

去取懼未稱停而又有未圓之歎自分僭妄無地竄身
遂書顚趾于卷尾以竢知罪於覽者云爾歲丙子陽復
月下澣前行貞陵參奉沈相光謹識

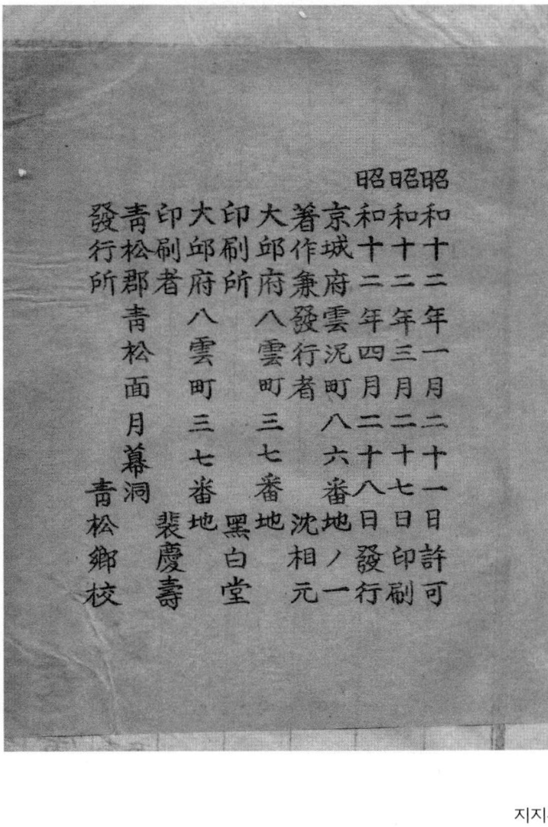

昭和十二年一月二十一日許可
昭和十二年三月二十七日印刷
昭和十二年四月二十八日發行
京城府雲泥町八六番地ノ一
著作兼發行者 沈相元
大邱府八雲町三七番地
印刷所 黑白堂
大邱府八雲町三七番地
印刷者 裴慶壽
青松郡青松面月幕洞
發行所 青松鄕校

교남지嶠南誌(1940) 청송군青松郡 · 진보군眞寶郡

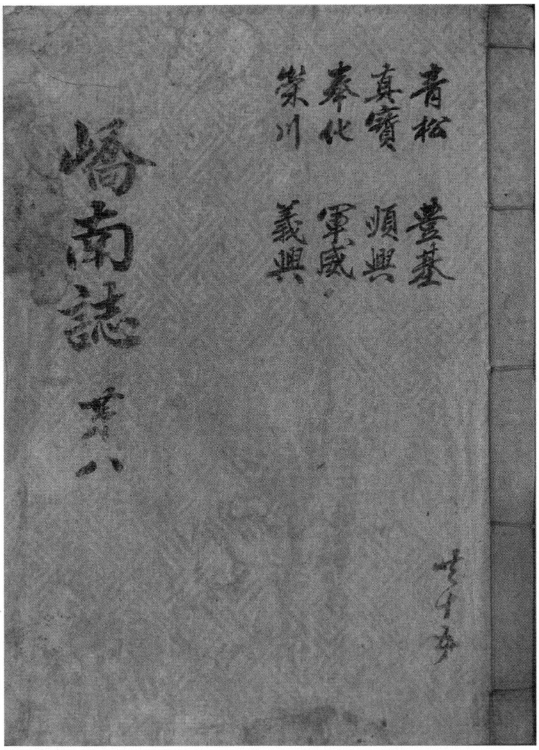

嶠南誌 廿八

青松 豊基
眞寶 順興
奉化 軍威
榮川 義興

嶠南誌卷之二十八

青松郡

沿革　本高句麗青己縣新羅改積善爲野城郡領縣高麗初爲鳧伊又改雲鳳成宗改青鳧屬禮州李朝太祖三年合于眞寶縣世宗即位之年以昭顯王后之鄕陞爲青寶郡後析眞寶置縣監以松生縣來合因改今名世祖朝陞爲都護府

(屬縣)安德縣(在郡南五十三里本高句麗伊火兮縣新羅改緣武爲曲城郡領縣高麗初改今名顯宗屬安東府恭讓王始置監務李朝太祖合于松生縣合于青鳧縣)松生縣(在郡東十五里高麗顯宗九年屬禮州仁宗二十一年置監務李朝世宗合于青鳧縣)高宗建陽元年改爲郡大正三年合眞寶郡上里南西下里四面而爲本郡

青松　嶠南誌卷之二十八　一

地勢及位置　在本道東部東北接英陽盈德西界安東義城南限永川迎日諸郡普賢及周王巨山崛起東南層巒疊嶂嶄巖奇峻著名國內而其支脈逶迤屈曲橫斷中央連接安東龍纏新漢諸川奔流蜿轉多便灌漑東經一百二十九度三北緯三十六度二十六面積五十四方里六百八十八

郡名　青己　積善　鳧伊　雲鳳　青鳧　青寶　青松

官職　郡守(一人)郡屬　其他(各若干人)(舊官員)府使(文從三品)教授(一人)

姓氏　(青鳧)沈金全蔣申(松生)尹盧全　鄭(村)金朴李(幷來)

(安德)金李孫全薛(一作蔣以上興勝)趙權閔申南徐

山川　放花山(在郡北二里自盈德弁峴來爲鎭山)周房山(在郡東三十一里一名周王山自弁峴來)

普賢山一云母子山在安德縣南三十三里自周王山來 龍纏岩在南川上流岩有龍纏之狀故名
刀峴在安德縣南二十二里新寧界自普賢山來 注兒山在郡東三十里盈德界自周王山來 三者
峴在郡南三十八里自於火峴來 普光山在郡南五里自周王山來 柳峴在安德峴東二十一里慶州竹
長部曲界 於火峴在郡南五十二里自周王山來 枝峴在郡西十九里自三者峴來 南川在客館門
外源出於火峴至臨河縣枝村入于眞寶新漢川 安德西川在安德縣西三里源出普賢山至安東臨河縣
爲琴召川 椒川在郡東八里源出月外山入于南川 方臺在安德縣北十里川邊甑岩上有風樹臺 鶴巢
岩在周房山有鶴巢其上故名 落淵在郡東十里月外山旱則禱雨 賢妃岩在普光山下南川上王妃
廖世毓靈故名 旅軒臺在屛岩張顯光徃來遊憩故名 紫霞洞一名高大谷距郡四十一里緣溪二十里有
洞門奇峰嶒岸故名曰大上峰下有淸流白石金蓮玉筍爲境內勝處
風俗 尙儉率觀風案 民淳俗厚洪汝方讚慶樓記 (形勝) 山勢起伏川

流盤迴同上記
面洞 青松面月幕洞德洞釜谷洞月外洞金谷洞青雲洞松生洞橋洞巨大洞 府
東面上坪洞池洞上宜洞扶日洞新店洞梨田洞羅洞內龍洞項洞 府南面甘淵洞
大前洞洪原洞下涑洞九川洞花場洞泥峴洞陽宿洞中基洞 縣東面邱支洞道昌陽洞坪
洞巨城洞訥仁洞開日洞月梅洞 縣西面柏洞德性洞聖才洞柏子洞水洛洞武溪洞
葛川洞豆峴洞德溪洞和睦洞九山洞泉川洞慕溪洞道洞月亭洞沙村洞 安德面
老萊洞斤谷洞紙所洞高臥洞薪城洞明堂洞長田洞甘隱洞文居洞 巴川面德川洞
新興洞地境洞丙甫洞官洞中坪洞皇木洞魚川洞松江洞新基洞甕店洞 眞寶面槐亭
洞新村洞高峴洞時良洞月田洞角山洞眞安洞理村洞廣德洞後坪洞合江洞釜谷洞
基谷洞世長洞○八面八十六洞

戶口 戶數一萬六百七十七戶 人口五萬六千三百七十九人
土地 田六萬九百六十七町四畝二十坪 沓二千九百四十二町二反五畝十八坪 垈三千七百三十
一町三畝十坪 池沼二十一町二反九畝一坪 溝渠四町四反七畝二十八坪 溜池二十六町八畝十九
坪 堤防八反八畝二十坪 雜種地四町五反一畝十八坪 墳墓地一百二十四町三畝二十
三坪 林野四百六十三町四反六畝二十坪 道路六十九町五反二畝二十坪 社寺地四町三反
三畝九坪 河川四町八反八畝二十四坪
賦稅 地稅三萬五千七十圓 地稅附加稅二萬一千六百七十一圓 所得稅附加
稅四圓 戶稅一萬二千九百八十五圓 林野稅六千六百二十二圓 屠場稅九百一圓 漁業
稅五圓 車輛稅一千一百四十六圓 不動産取得稅二千三百四十二圓 雜收入一千
二百三十八圓 面賦課五萬二千四百四十二圓

土產 蜂蜜 松蕈 漆 石蕈 海松子 熊膽 莞草
紫草 白花蛇 羚羊 人蔘
官公署 郡廳 警察署 同駐在所, 面所 登記所(舊公
廨) 客館在衙舍南肅宗丁酉府使成瑍重建有櫟頌純祖壬申府使姜彙玉重建 新民軒東軒英祖戊午
府使宋徵泰重建 鄕射堂在客館東 講武堂在客館東 大同庫 府倉 南倉
在郡南二十里 縣倉在郡西五十里 西倉在郡西七十里 軍器庫在客館北
校院 鄕校在郡北五里窟洞肅廟甲辰以山谷幽險移建于郡東一里菊洞仁祖乙亥又以地勢虛露改建於
門樓傍五步孝宗己亥更以地理不叶移建于郡東舊址(中設位)○金安國詩旌鉞徒勞七十州絲毫未報聖君憂惟將
小學裨治教但恐諸生忽講求 屛岩書院在郡南十里靑雲驛肅宗壬午建同年賜額享文成公李珥文元公
金長生 松鶴書院在安德縣西五里肅宗己卯建享文純公李滉文忠公金誠一文康公張顯光 樂一

齋在官衙東正祖乙巳府使林蓍喆淑建爲選士敎育之所區劃錢財立節目 (壇廟) 社稷壇在郡
西五里 城隍祠在郡西一里 厲壇在郡北三里 (學校) 青松公普校壬子 眞
寶公普校仝上 青松尋小校癸丑 和睦公普校庚申 道坪公普校丁卯
府南公普校庚午 府東公普校癸酉 安德公普校甲戌 內龍簡易校
紙所簡易校
寺刹 周房寺在周房山今廢 普賢寺在普賢山今廢 大典寺在周房山 普光寺在郡
南五里德洞守護沈洪孚墓 雙溪寺在普賢山
官案 (李朝) 青由仁知縣事 李穉 李派若 柳恭 金尙寧
鄭之雅 河澹有治績 許澄 安起 柳侑 成自諒 朴
昭 閔寅 金斯仲 李達 尹洪 徐混府使有治績 崔尙柔
李晨 柳渾 洪性綱 閔誠 權致中 尹垓 任淑
薛茂林 李居仁 趙欽 崔漢侯 李承寧 柳陽春
沈順道 鄭鵬 裵益臣 宋徵 權五紀 李得仁
洪修 金良彦 俞仲翼 張世弼 趙琳 鄭遍 琴椅
李敬長 張漢輔 李中樑 金就文 張應璇 李榮
權鎔 徐克一 郭赳 邊永清 柳世茂 高景虛
郭越 金宇宏 李光俊 鄭仁貴 鄭慎 朴惟仁 金
弘徵 權春蘭 黃是 成大業 黃致誠 李詠道 康
復誠 朴而章 吳澐 許旻 吳汝潑 李晟 李有慶
鄭彥宏 李久澄 許恒 崔山輝 姜弘重 李俔

梁克選 趙希進 崔煜 崔有淵 李後爽 申浣 李
頤賢 金震標 朴純義 金三樂 金英善 李行源
金鼎夏 具崟 李晶 趙益剛 李雲林 李敏章 金
洪慶 李世茂 李東溟 李寅煥 姜世龜 俞夏謙
宋光璧 李文徵 洪柱震 李相勛 姜碩臣 徐文徵
李世晟 李彥維 趙正萬 李光朝 李敏英 成瑍
金時保 宋徵奎 沈鳳輝 尹彬 朴師漢 洪重蓄
尹彙貞 宋徵泰 鄭錫範 俞直慕 李圭輔 徐有
常 尹東洌 趙德洙 俞彥國 柳健 尹坊 李基德
魚錫定 鄭忠達 李致中 申大觀 閔鍾烈 沈鏞
尹勉升 徐晦修 李世爽 鄭彥暹 林蓍喆 任希
敎 鄭啓淳 姜游 李濟萬 申光履 韓光近 李普
天 洪彥喆 洪義浩 俞漢謨 洪受浩 李勉齊 金
孝建 尹悌東 李德鉉 崔光泰 李在璣 鄭東幹
李鉐 姜彙鈺 尹爔 張瀚 尹日逵 沈能杖 尹景
鎮 金礽淳 李德秀 黃儆彥 洪稷謨 成近默 李
鐸遠 李玄好 金箕明 金箕華 李柄斗 李祖植
朴曾壽 林泰洙 俞致弘 趙然天 洪祐信 趙秉穆
朴奎賢 嚴錫謙 吳基默 鄭慶朝 尹夔一 南義
重 李逢永 崔翼鳳 沈樂正 尹顯岐 趙秉弼 尹

永善 柳敎祚 鄭顯英 李文鉉 李啓夏 朴世秉
李承喜 李敎英 曺栢承 朴齊普 申觀朝 南惟熙
吳衡根 張承遠 鄭道永 李喆和 李世永 安鍾
憓 康瑾昇 錢澤洙 權泰泳 金承源 權泰泳 權
丙宣 曺正煥 宋文憲 朴齊均 金基善 崔秉轍
鄭圭瑗 蘇鎭夏 高亘明 朴文雄
人物 (文科)(高麗) 沈洪孚 青松人官文林郎衛尉丞李朝封青己君 沈淵 洪孚子號安分
堂官閤門祇候經學德望爲世推重晚謝名利退老山清有安分吟常登山望京人謂望京臺後士林立碑寓慕 沈
龍 淵子官典理正郎李朝封青華君 沈德符 龍子官侍中佐李太祖錄一等功治事以寬民有病焉爲將相
二十年家無廐貯官止左相封青城伯諡安定 (李朝) 權孝良 安東人世宗朝文直提學 鄭孝本

世祖朝文縣監 沈順門 澮孫燕山朝文舍人甲子被禍明廟贈都承旨 鄭胤 孝本孫中廟文縣監 申楫
平山人文貞公覽后號河陰宣廟進文司僕正昏朝潔身屛跡遊愚伏鄭經世門才學冠諸子有文集
(蔭仕)(李朝) 沈溫 德符子誕昭憲王后官領相諡安孝 沈淙 溫弟尙太祖女慶善公主封青原君
沈澮 溫子參翊戴功官領相封青松君諡恭肅 沈連源 順門子明廟官領相有忠孝大節選清白諡忠惠配
食明廟庭 宗 沈鶴齡 遜孫號道谷明廟官宗簿主簿遊蘇齋盧守愼門明經篤行有文集 沈鋼 連源子誕
仁順王后封青陵君諡翼孝 沈釴 清孫號曉巒肅廟官省峴察訪有善政碑與鄕賢瘞屛岩書院 沈世勳
清會孫號玉山肅廟官忠義衛 有文行奬後學梅塢趙奉益撰碣
(生進)(李朝) 趙時琛 咸安人漁溪旅后號四談中司馬 趙後龍 旅后號新齋中司馬
(忠義)(高麗) 沈元符 龍子號岳隱官典理判書麗亡與七十二賢入杜門洞寄閔安富詩曰魯連何
日蹈東海殷墨當年採首山故國惟餘山海在吾儕堪愧 在人間與圃隱鄭夢周書以示志李朝致祭享開城杜門院

沈天潤 元符子官令同正志行恬退學究性理答耘谷元天錫致仕書曰不幸今者猥蒙徵命冒死哀乞僅獲容
賜以足下之明何不推己以及之遂治隱吉再詩曰不有之子誰叩我閥太宗朝旌閭 (李朝) 沈遜 元符
玄孫號月軒有文學志節世宗朝官學士端廟禍起有詩曰漠々顯陵樹聲々蜀帝魂此心長照日堪愧負君恩因慷慨
自終有遺躅 月明臺有文集 沈淸 鶴齡子號九松文行夙就宣廟進士壬辰倡義有功除訓鍊奉事賜號碧節丁
酉竟戰殉 島山有實記 尹忠祐 坡平人昭靖公坤后光海朝武訓鍊僉正仁祖丙子戰殉雙嶺參錄勳亭菊溪
祠申弘滋撰碣 沈必大 鑊孫有志略英廟戊申 變與趙德昇權大衡倡義 尹廷璘 坤后號藝窩顧齋李
楊門人善文詞習弓馬蔚廟武營將英廟戊申倡義與子護軍以徵同戰殉錄勳俱贈兵參柳廷鎬撰狀
(文學)(李朝) 沈鑊 清孫號琴墅 有文行壽僉樞 沈萬緝 清后號晚川文行夙就著海東野話
贈軍資正 沈有大 遜后號松菴有文行 沈烈文 遜后號守默齋遊柳致明門講質經禮輯四禮疑 沈
萬迪 清后號西岡 早志學有遺稿 沈範周 元符后號松鶴窩溫厚好學荷堂柳喬榮撰碣 沈能杰

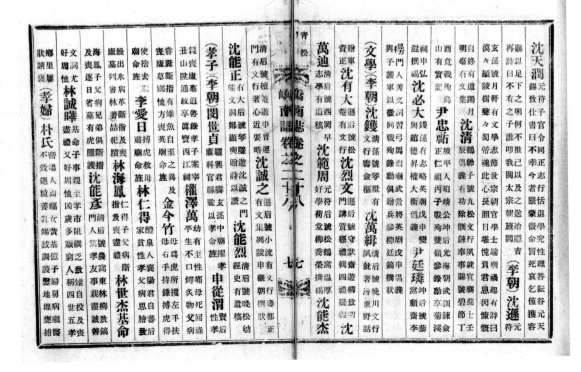

清后號檀菴遊申晉運門有文行著心近要略 沈誠之 遜后號小流有文行壽都正有文集列陵申觀朝撰狀
沈能正 有大后號琴隱遊沈誠之門能文詞鄭顯奭贈詩以讚 沈能烈 淸后號晚松蚄經史有遺稿
(孝子)(李朝) 閔世貞 驪興君霽玄孫中廟擢 孝廉科官縣監以孝命旌 申從渭 賢后性孝
親喪廬墓道啓錄孝子案宰丑山毁通政享贈寶西江祠 權澤萬 幼有至性痛母死回祿平生不口燔炙物父病
嘗糞斷指有魚自至之異 及喪廬墓國恤方喪英廟命旌 金今竹 母爲虎所攫左手扶母右手持鎌搏虎得
使捨去廟命旌 李愛日 搏虎救母肅廟命旌 林仁得 醴泉人襄陽君自蕃后家貧性孝父病思膾致
鰻出氷病革斷指及喪廬墓判書林著喆紀蹟 林海鳳 仁得子父病 斷指及喪盡禮 林世杰 基命
海鳳子父病兄弟俱斷指及喪逐日省墓有虎隨護 沈能彥 淸后號農窩東林柳致鎬門人篤孝友事親盡誠善
文詞尤好周恤 林誠曄 基命子事親至孝市阻饌乏致雖自投及喪盡禮又好周恤凶歲多賑窮人稱四世五孝
鄕里屢狀請褒 (孝婦) 朴氏 密陽人尙福女黃基億子婦舅病癲醫不效絶粒養乳竭誠調護祭地埋病虁捕

蛇釀酒供得愈鄉里狀褒

(烈女)(李朝)**李氏** 琴以絃妻夫爲沙汰所壓死躬檢殮殯即自縊殉英廟命旌 **金氏** 尹飛龍妻婚未幾夫死奔慰舅姑强飮食如常居數月其父來覲告以當死義仍自經殉英廟命旌 **李氏** 固城人世泰女靑松沈德洙妻事舅姑盡誠夫遘癘百方救護及喪躬檢殮襲因自縊殉英廟命旌 **權召史** 金是起妻夫爲虎攫急持斧斫虎得夫全命旌

道路

二等 忠州盈德間五里十六町 **三等** 靑松義城間二里靑松英陽間四里三十四町靑松永川間十三里二町和睦義城間一里 **等外** 月慕金谷間十八町靑松周王山間三里

市場

邑市場 在郡門外四日九日開市 **涑谷市場** 在郡南四十里三日八日開市 **川邊市場** 在安德縣東十里五日十日開市 **和睦市場** 在安德縣西二十里四日九日開市

驛郵

靑松郵便所 **眞寶郵便所**(舊驛院) **文居驛** 在郡南安德縣東十里西距和睦驛三十里北距靑雲驛四十里東至梨田坪驛五十里南距慶州仁庇驛六十里 **和睦驛** 在安德縣西二十里茅峴下東距文居驛三十里西距靑路驛四十里南距義興牛谷驛五十里北距安東松蹄驛四十里 **靑雲驛** 在郡南十里南距文居驛四十里東距梨田坪驛四十里西距安東琴召驛六十里北距眞寶角山驛四十里 **梨田坪驛** 在郡東四十里李朝肅宗辛卯設立東距靑雲驛四十里西距文居驛五十里東距盈德南驛四十里南距淸河松羅驛七十里 **三者院** 在郡南二十六里 **枝院** 在郡西十三里 **訥仁院** 在安德縣東十七里

冢墓

沈洪孚墓 在郡南普光山有短碣書文林郞衛尉丞沈洪孚墓昭憲仁順兩后遠祖兩后皆遣中使命植柏除工曹匠十一名給祭物軍庚午減布後加十六名庚子均田使及其後府使爲后商者亦置位田查結具節目藏府司戶長管收稅行四節祀事郡東中臺山亦有沈墓或云文林郞先世墓或云配位墓至今未詳亦有位田戶長春秋典祀使大典寺守護有禮曺完文

古蹟

周房山城 石築周一千四百五十尺三面天作之險內有二溪諺傳後周王鍍避亂處有石門司倉等洞石藥今雖圮壞金城自是天作溪壑深遠草木繁茂亦多可犂可居之地山連海陲無路可通傍近大邑最合保障有沈洪孚遺躅岩面刻周王洞天文林臬石 **天矢石** 諺傳周房洞有潭多金鼇昔監務逸姓名嘗遊山取其鼇到寺大膳夫輸而進將餐忽雷雨暴作有黑石自天飛下透屋剎床如鵝卵監務驚落匙還疾作而死後人稱其石是名而至今藏于菴事見申楫記 **大遯山** 周王山別名昔東晉周顗八世孫鍍字光滔與壯士百餘人入熊耳山自稱後周天王據南陽欲侵長安唐貞元十五年爲郭子儀一所敗渡遂入居石屛山後唐帝聞知責其頭於麗王爲麗將馬聲以其弟二聲爲先三聲四聲五聲爲後入山擒鍍其子大典號道君以蓮花箭射二聲冑南至三十里落于田名其田日馬冑二聲怒進軍大典令將軍石重鎭衛擊二聲三戰三危故名其洞曰三危山之西有馬田坪亦馬二聲戰處越三日四聲五聲伏兵入角山遂擒周王其夜大典閒潭龍三泣驚觀天文氏星無光鍍母魏氏嘗孕鍍時夢見氏星故大典急下斬竄入果四聲擒周王大典一脫身登空麗王斬鍍頭將送唐渡潦忽失諺傳其日大典作一陣光風人莫開眼乃捲屍歸葬屛山云大典仍削髮結菴屛山北名以遯跡大遯之號亦由此居屛山十五年移住華獅洞屛山南石廩西雲水菴居似 **鄭公淸德** 新堂鄭鵬嘗莅郡著淸德時宰有求柏蜜者答曰柏在高峰頂上蜜在民間蜂桶太守何由以得求者慚悔傳以爲美譚

樓亭

讚慶樓 在客館南世宗己酉河澹剏建肅宗己巳府使李東溟重建宋時烈有記安平大君鎔題額以松柏岡陵○洪汝方記宣德己酉仲春之日遵海而東而北至眞寶轉南行數十里漸見山勢起伏如龍騰而虎踞川流盤迴若欲去而復來松柏蔚乎蒼々煙霞晻其靄々淸幽一洞依然仙境者乃靑松也俄而單吏冠服擁道夾郡守備儀仗迎命白叟黃童鄕學教坊莫不歌詠盛德各有詩章旣禮訖登南樓自是民淳俗厚竟日無狀告者郡守河君澹斯文友也謂余曰是邑乃王后之鄕嘗以縣陞郡第緣地僻使稱館舍未備余徃歲姑募閑徒構廳堂暨此樓願名以記之余曰夫河嶽之靈異者必產其祥祖宗之積累者必有其慶靑原侍中公之先世分秀氣於二樂種仁厚於三韓培養其根本孕鍾其精英迄今坤德母儀玉葉金枝衍我朝鮮億萬世無疆之福登斯樓望其基不得不爲之仰讚也故名之曰讚慶

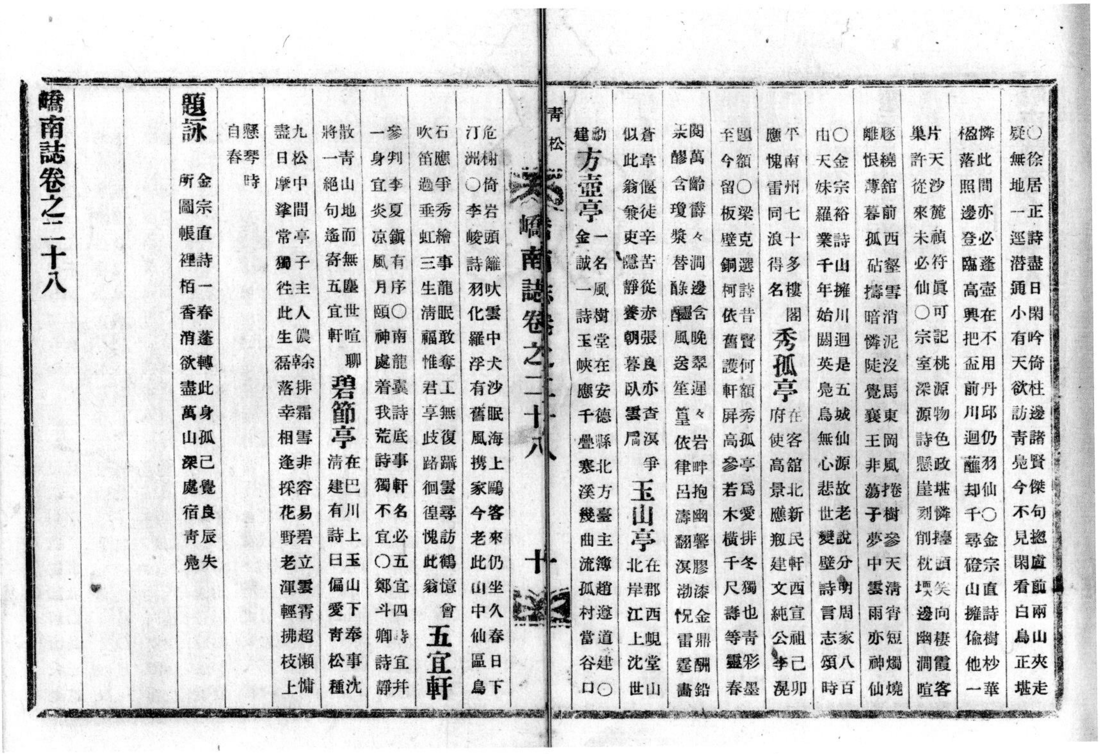

青松 嶠南誌卷之二十八 十

○徐居正詩盡日閑吟倚杜邊諸賢傑句摠盧龍兩山夾走疑無地一逕潛通小有天欲訪青鳧今不見閑看白鳥正堪

憐此間亦必蓬壺在不用丹邱仍羽仙○金宗直詩樹杪華楹落照邊登臨高興把盃前川迴蘸却千尋碧山擁偸他一

片天沙麓禎符眞可記桃源物色政堪憐擡頭笑向棲霞客巢許從來未必仙○宗室深源詩懸崖刻削枕壖邊幽澗喧

慼繞舘前西鑿雪消泥沒馬東岡風捲樹參天淸宵短燭燒離恨薄暮孤砧擣暗憐陡覺襄王非蕩子夢中雲雨亦神仙

○金宗裕詩山擁川迴是五城仙源故老說分明周家八百由天姝羅業千年始闕英鳧鳥無心悲世變壁詩言志頌時

平南州七十多樓閣應愧雷同浪得名

秀孤亭 在客舘北新民軒西宣祖己卯府使高景應搬建文純公李滉

題額○梁克選詩昔賢何額秀孤亭爲愛排冬獨也青彩墨至今留板壁銅柯依舊護軒屛高參若木橫千尺壽等靈春

閱萬齡蔚々凋邊含晚翠遲々岩畔抱幽馨膠漆金鼎酬鉛汞醪含瓊漿替餘釂風送笙篁依律呂濤翻溟渤悅雷霆書

蒼韋偃徒辛苦從赤張良亦杳溟爭似此翁兼吏隱靜養朝暮臥雲扃

玉山亭 在郡西峴堂山北岸江上沈世

勳建

方壺亭 一名風樹堂在安德縣北方臺主簿趙遵道建○金誠一詩玉峽應千疊寒溪幾曲流孤村當谷口

危樹倚岩頭籬吠雲中犬沙眠海上鷗客來仍坐久春日下汀洲○李峻詩羽化羅浮有舊風携家今老此山中仙區鳥

石應爭秀繪事龍眠敢奪工無復躡雲尋訪鶴憶會吹笛過垂虹三生淸福惟君享歧路徊徨愧此翁

五宜軒 參判李夏鎭有序○南龍翼詩底事軒名必五宜四時宜幷一身宜炎涼風月頤神處着我荒詩獨不宜○鄭斗卿詩靜

散青山地而無塵世喧聊將一絕句遙寄五宜軒

碧節亭 在巴川上玉山下奉事沈淸建有詩曰偏愛青松種

九松中間亭子主人儂餘排霜雪非容易碧立雲霄超懶慵盡日摩挲常獨往此生磊落幸相逢採花野老渾輕拂枝上

懸琴時自春

題詠 金宗直詩一春蓬轉此身孤已覺良辰失所圖帳裡栢香消欲盡萬山深處宿青鳧

嶠南誌卷之二十八

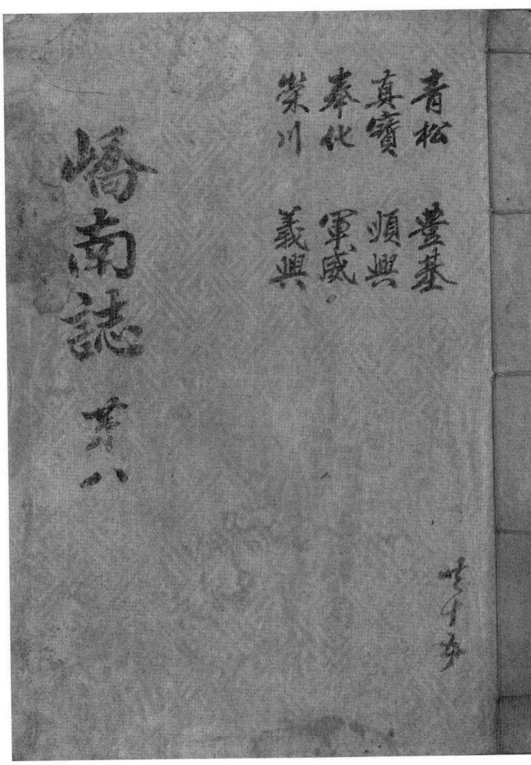

嶠南誌卷之二十九

眞寳郡

沿革 漆巴火縣新羅景德王改眞寳爲聞韶郡領縣助攬縣
景德王改眞安爲野城郡領縣高麗初合二縣置甫城府一云
載岩城 顯宗屬禮州後因敵兵居民一空李朝太祖置甫城監
務世宗合於青鳬號青寳尋罷改令名復爲縣監成宗五年
以縣人琴孟誠毆辱縣監申石同革屬于青松府九年因土
人申訴復舊高宗建陽元年改爲郡大正三年合于青松郡
郡名 漆巴火 助攬 眞安 甫城 載岩 青寳 眞海
眞城 眞寳

舊官員 縣監 蔭六品 訓導 各一人
姓氏 (本縣) 李金朴白全 續 (春甘) 吳 巴吒同以上興勝 權 安東 金
義城 申 寧海 安 竹山 李 廷安月城原州 朴 春川 崔 全州 南 宜寧 鄭 東萊
山川 南角山 在郡南八里自盈德林勿嶺來有祈雨壇 高山 在郡西十里自楸峴來 竜洞山
在郡東二十里自林勿嶺來祈雨有驗 林勿峴 在郡東二十五里自寧海泣嶺來 葦井山 在郡東四
十里自泣嶺來有龍湫 楸峴 在郡西二十里自英陽長葛嶺來 新漢川 在郡北一里源出英陽日月山
南岸石壁四百餘尺因以爲城基而未之築 巴川 在郡南三十里源出青松峴西北流入安東犬項津
風俗 地薄賦重民貧俗儉 觀風案 (形勝) 如入桃源 李滉詩如入桃源是
我鄕玉流丹壁映琴堂老民幸有遊仙枕湾夢時同上釣航
土産 松蕈 紫草 蜂蜜 人蔘 地黃 白茯苓 石蕈

舊公廨 客舘 金正國詩煩機苦厭強登臺秋思引牽客思來嫩蘂相開荒逕菊踈枝應老故人梅露華惹柳
絲條重楓葉漫山錦繡堆忽近龍山吹帽日無人共醉泛霞盃 鳳棲軒 東軒 鄕射堂 軍官廳
將官廳 人吏廳 邑倉 俱在官衙傍 北倉
校院 鄕校 在郡北三里應德洞(小設位)道伯金安國印小學以奬之有詩曰夫子祠宮肅且嚴諸生揖讓儼觀
瞻遐方寂寥文風振小學工夫願更添 鳳覽書院 在郡北十五里宣祖壬寅建肅宗庚午賜額享文純公李
滉 (壇廟) 社稷壇 在郡西三里 城隍壇 在郡南四里舊在郡北 厲壇 在郡北四里
寺刹 水淨寺 在南角山下 三聖菴 在葦井山
官案 (李朝) 成路 太祖朝 鄭宵 金中坤 李敢 定廟 文叔器 太宗
朝 鄭宥 柳濱 朴錦 呂義 張弛 崔淳 朴華 尹
堪 白繪 柳珍 孫之善 金續 李悙 曺由仁 世宗朝

李稚 李次若 柳恭 金尙寧 李師伯 曺尙明 梁
晐 孫士晟 權忖 金堆 權自庸 權誼 田蓄 宋
允智 文廟 金強 世祖朝 黃季夏 孫有文 李長生 李質 金
長孫 睿廟 趙忠光 成廟 申石同 革邑 趙士元 閔誠 權致中 南
季鷹 復設 愼 成宗 李欽 黃瑋 權休 燕山朝 林有童 朴信
亨 金有 洪修 李世勳 中廟 閔慶安 安處禎 金鍊
韓晟 朴亨幹 安堯明 尹萊孫 權檣 朱懿 張世
綱 洪期 郭珣 安義 徐九淵 明宗朝 金綜 尹希洙
朴永漢 李山易 金清 李禮 李孟亨 鄭惟一 成
灝 金斗 宣廟 李時立 金應漢 洪友益 趙徽 成駿德

盧應鼎 姜惟敬 柳雲龍 曺胤禧 任啓英有碑 權好仁
金希契壬辰 黃應淸 李軫 崔山立刱建書院 崔渫 李忭光海
朝 鄭之諴 金汝秋 盧在俊 申純一 李斗南 金聃
齡 申景植 李岦仁廟 李榮仁 崔克良 李時尙 金頛
李祉遐有碑 洪采孝廟 鄭光後 李守誠 金宇仁 蔡翊俊
顯廟 姜碩老 趙嗣文 柳益三 尹明遇有碑 洪受灃肅廟 金世
弼 姜璡 金錫齡 李廷益 嚴纘 慶雲會 崔恒齊
許詷 李鳴東 成璹 洪萬源 李斗相 李鳳年
李增華 鄭亨晋 孟萬錫景廟 朴弼彦英廟 尹世鳳 李泰祥
韓應賓 洪遇箕 具熺 李震炳有碑 李垌 曺命協移建

官啣 金思默 朴行源 林正浩有碑 金善材 朴相珪 李寅
燮有碑 韓榮祖 閔百源 申耆 金思儼 洪大宇正廟 李齊
鵬 權綜 朴誠一 李琇 洪宣輔 金獻祚 朴應煥
申斗漢 李復鉉純廟 李爲彬 李顯綏 金文欽 魏迪
喆 鄭煥恭 權中敏 嚴著 金景寅 曺光振 李建
基 權度 李鏞憲廟 林孝謙 李先耆 申綏 朴敏東哲廟
金周敎 崔浩鎭 李仲淵 鄭淵善 尹冕求 李根厚
洪觀錫 柳沂秀 朴海聞 李仁宇 王濟千 李周
儀 李輔仁 趙章熙 金東潤 任百淳郡守 兪正憲 吳
宖默 盧泰遇 李中喆 慶光國、鄭亨澤 張潤圭

人物（文科）（高麗）白云敏文工曺典書 李碩眞寶人以縣吏中司馬廉謹恭儉追封密
直使 李子脩碩子明書業文判典儀從鄭世雲討紅巾賊有功錄安社功封松安君 （李朝）趙鏞
文禮議判書惇學能文精於性理謫居醴泉教授不倦趙末生尹祥裵桓皆出其門謚文眞 權孝亨文典籍
朴尙範春川人文毅公恒后號稼隱才藝超倫八歲能屬文高廟文正字陞侍講自上有勤敏能文之教有遺稿
（蔭仕）（李朝）申永錫太宗朝中司馬早孤先學旣長承慈訓篤學調江界教導 朴彦弼恒后
號島隱官僉樞文學夙著獎進後學性愛山水日徜徉於招仙臺後士林築亭寓慕 朴涵恒后號菊窩宣廟官判官
慷慨有志節仁廟丙子慟論盟遯迹賦詩與杜谷洪宇定講春秋大義
（武科）（李朝）安復志提學魯生子太宗朝中司馬武府使詩名著時 申命昌成廟武郡守
李應仁宣廟武判官
（生進）（李朝）金近號五友堂中司馬律身嚴謹專心講學旅軒張顯光以老成稱有文集 申周

伯顯廟中司馬讀書一過眼諷誦博學多聞文名著時 權文擧顯廟中司馬事親至孝專心文學有時名
（忠義）（李朝）李禎子脩孫世宗朝邊賊屢侵以判官設鎭寧邊築城藥山後從崔潤德征毛隣衛錄原
從勳歷典州郡有治績贈戶參 申禮男從渭孫遊柏菴金玏門有文行壬辰被虜自決死贈參議 申濼仁廟
武科丙子赴變鎭力戰奮罵死
（儒行）（李朝）權山立號晚翠堂遊鶴峯金誠一門飭躬篤學壽嘉善 金邇達遊石溪李時明
門講究禮書以孝友文學著 權昌業判書覩曾孫號樊谷遊敬堂張興孝門篤學修行登薦剡有遺稿 申
樸從渭曾孫號聲川博學善書亂閙淪盟賦詩寓志有遺稿 丙 宋得吉礪山人密直副使邦英后有文學志
行丙亂倡淪盟自京歸遯本郡庭植梅菊竹因號三隱 權淳號混世齋孝友篤勤力學多聞登薦剡有遺稿
（孝子）（李朝）申祉世祖朝中司馬以孝行除義盈庫副使金宗裕比雪中松柱 申從渭事親
至孝及喪廬墓明居事聞錄孝行案 權曙贈判書琨子有孝行淸德時人推重 權止善天性謹厚事親竭誠

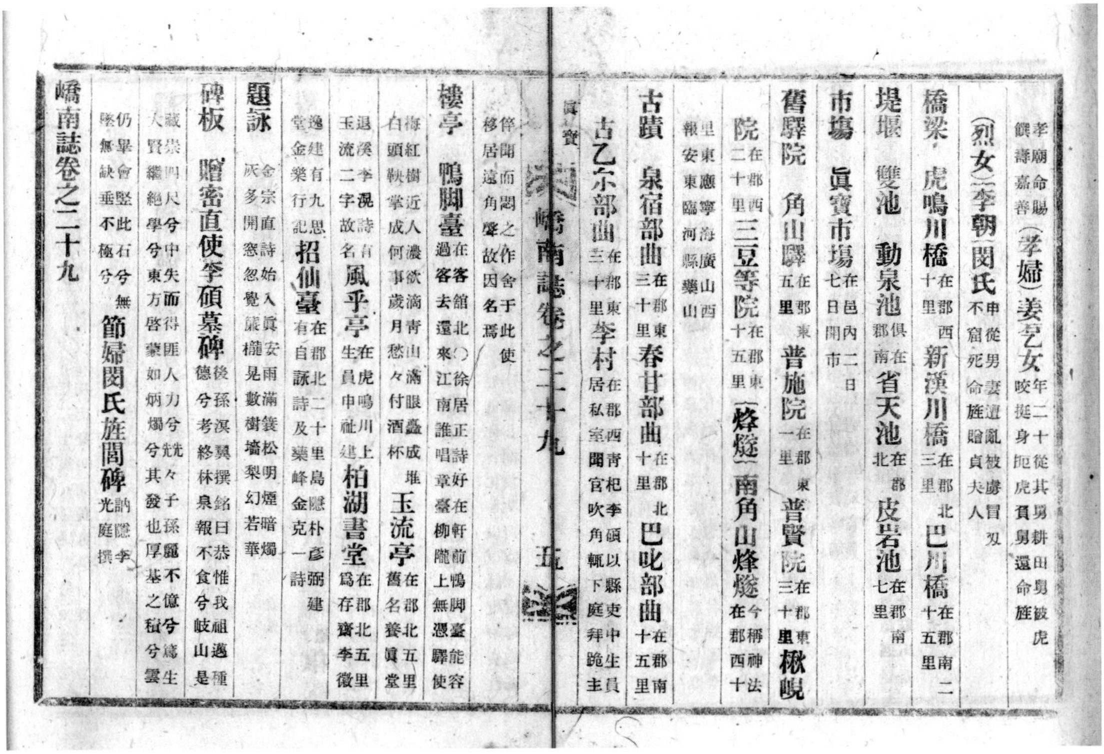

孝廟命賜饌壽嘉善 (孝婦)姜乙女 年二十從其舅耕田舅被虎咬挺身扼虎負舅還命旌

(烈女)(李朝)閔氏 申從男妻遭亂被虜冒刃不屈死命旌贈貞夫人

橋梁 虎鳴川橋 在郡西十里 新溪川橋 在郡北三里 巴川橋 在郡南二十五里

堤堰 雙池 動泉池 俱在郡南 省天池 在郡北 皮岩池 在郡南七里

市場 眞寶市場 在邑內二七日開市

舊驛院 角山驛 在郡東五里 普施院 在郡東一里 普賢院 在郡東三十里 楸峴

院 在郡西二十里 三豆等院 在郡東十五里 (烽燧) 南角山烽燧 今稱神法在郡西十

里東應寧海廣山西報安東臨河縣藥山

古蹟 泉宿部曲 在郡東三十里 春甘部曲 在郡北十里 巴叱部曲 在郡南十五里

古乙尒部曲 在郡東三十里 李村 在郡西青杞李碩以縣吏中生員居私室閭官吹角輒下庭拜跪主

眞寶 嶠南誌卷之二十九 五

倖聞而題之作舍于此使移居遠角聲故因名焉

樓亭 鴨脚臺 在客館北 (徐居正詩好在軒前鴨脚臺能容過客去還來江南誰唱章臺柳隴上無憑驛使

梅紅樹近人濃欲滴青山滿眼矗成堆白頭執掌成何事歲月愁々付酒杯 玉流亭 在郡北五里舊名養眞堂

退溪李滉詩有玉流二字故名 風乎亭 在虎鳴川上生員申祉建 柏湖書堂 在郡北五里爲存齋李徵

逸建有九思堂金樂行記 招仙臺 在郡北二十里島隱朴彦弼建有自詠詩及藥峰金克一詩

題詠 金宗直詩始入眞安雨滿簑松明煙暗燭灰多開窓忽覺簾櫳晃數樹墻梨幻若華

碑板 贈密直使李碩墓碑 後孫溟翼撰銘曰恭惟我祖邁種德兮考終林泉報不食兮岐山是

藏崇四尺兮中失而得匪人力兮耽々子孫麗不億兮篤生大賢繼絶學兮東方啓蒙如炳燭兮其發也厚基之積兮雲

仍舉會竪此石兮無墜無缺垂不極兮 節婦閔氏旌閭碑 訥隱李光庭撰

嶠南誌卷之二十九

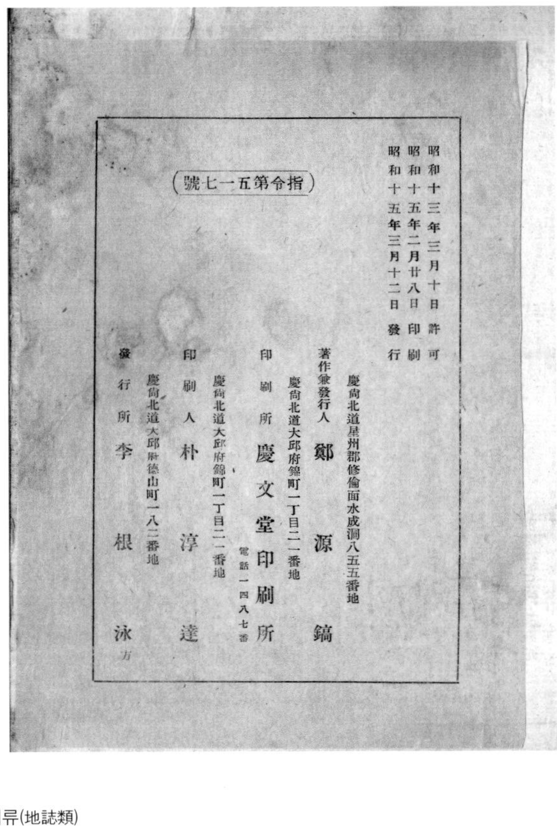

指令第一五七號

昭和十三年三月十日許可
昭和十五年二月廿八日印刷
昭和十五年三月十二日發行

著作兼發行人 慶尙北道星州郡修倫面水成洞八五五番地 鄭源鎬
印刷所 慶尙北道大邱府錦町一丁目二一番地 慶文堂印刷所 電話一四八七番
印刷人 慶尙北道大邱府錦町一丁目二一番地 朴淳達
發行所 慶尙北道大邱府德山町一八二番地 李根泳方